中国房地产行业职业经理人资格认证培训教材

房地产专业知识与实务(中级)

房地产行业认证培训管理中心 编

中国建筑工业出版社

图书在版编目（CIP）数据

房地产专业知识与实务（中级）/房地产行业认证培训
管理中心编．—北京：中国建筑工业出版社，2005
中国房地产行业职业经理人资格认证培训教材
ISBN 7-112-07111-9

Ⅰ．房… Ⅱ．房… Ⅲ．房地产业—企业管理—中
国—教材 Ⅳ．F299.233.3

中国版本图书馆 CIP 数据核字（2005）第 001002 号

中国房地产行业职业经理人资格认证培训教材
房地产专业知识与实务（中级）
房地产行业认证培训管理中心　编
*
中国建筑工业出版社出版、发行（北京西郊百万庄）
新　华　书　店　经　销
北京市兴顺印刷厂印刷
*
开本：787×960 毫米　1/16　印张：30¼　字数：754 千字
2005 年 2 月第一版　2006 年 9 月第二次印刷
印数：3501—5000 册　定价：**47.00** 元
ISBN 7 – 112 – 07111 – 9
F · 608（13065）
版权所有　翻印必究
如有印装质量问题，可寄本社退换
（邮政编码　100037）

本社网址：http://www.cabp.com.cn
网上书店：http://www.china-building.com.cn

本书为中国房地产行业职业经理人资格认证培训教材（中级）用书。在初级的基础上对房地产行业的内部运行规律以及发展方向进行了更加深入的剖析，并介绍了世界上发达国家与地区的房地产发展状况。初级和中级的内容构建了我国房地产职业经理人制度的基本知识体系，体系结构完整，脉络层次清晰，表述简明易懂。

　　本书共分八章。第一章，房地产价格理论与价格策略；第二章，居住区规划与设计；第三章，房地产市场分析；第四章，房地产投资与金融；第五章，房地产中介与服务；第六章，房地产估价；第七章，发达国家与地区房地产；第八章，房地产的发展趋势。

　　本书可供房地产从业人员、高校相关专业师生阅读、学习。

＊　　＊　　＊

责任编辑：封　毅

责任设计：孙　梅

责任校对：李志瑛　刘玉英

中国房地产行业职业经理人资格认证
培训教材编审委员会

顾　问
姚　兵　　中纪委驻建设部纪检组组长、中国建设职工思想政治工作研究会会长、教授、博士生导师

主　任
孟晓苏　　中国房地产业协会副会长、中国企业家协会副会长、中国房地产开发集团公司董事长、博士

副主任
张元端　　中国房地产及住宅研究会副会长兼秘书长、原建设部房地产业司司长、政策法规司司长、教授
顾云昌　　中国房地产业协会副会长兼秘书长、研究员
殷友田　　中国房地产开发集团公司总经理、教授
刘长滨　　北京建筑工程学院管理系主任、教授、博士生导师

委　员
徐东华　　国务院发展研究中心研究员
王江涛　　中国房地产开发集团副总裁
栗文忠　　中国房地产报社长、总编
王　平　　中国房地产业协会城市开发专业委员会秘书长
柴　强　　中国房地产估价师与房地产经纪人学会副会长兼秘书长、研究员、博士生导师
刘洪玉　　清华大学房地产研究所所长、教授、博士生导师
冯长春　　北京大学不动产鉴定研究中心主任、教授、博士生导师
年晓华　　中国人才研究会经济人才专业委员会主任
李　伟　　中国职业经理人资格认证管理办公室主任
刘伊生　　北京交通大学管理系主任、教授、博士生导师
林增杰　　中国人民大学教授、博士生导师
王元丰　　北京交通大学教授、博士生导师
梁运斌　　中央财经大学投资经济系研究生导师、经济学博士
刘　琳　　国家发改委经济研究院投资研究所副研究员、博士后
王学孝　　中国职业经理人资格认证授权房地产行业认证培训管理中心主任、博士

前　言

经过改革开放后的 20 多年，特别是 1998 年以来国民经济快速增长，我国房地产业在国民经济中的地位不断提高，业已成为我国国民经济的支柱产业。房地产开发已成为近年来我国固定资产投资增长的重要推动力量，其地位不断上升。房地产开发投资对当期经济增长的直接和间接贡献程度不断提高。2003 年，房地产开发投资对当期经济增长的贡献度由 11.3% 上升到 19.6%；对当期经济增长的贡献率由约 0.9% 急速上升至约 1.8% 以上，即在 2003 年我国 9.3% 的经济增长率中，约有 1.8% 是由房地产开发投资直接贡献的。

尽管房地产业取得了举世瞩目的成绩，但是，在房地产开发过程中，尚存在很多亟需解决的问题。这些问题的存在，很大程度上取决于从业人员的素质。基于这种现实，《中共中央、国务院关于深化教育改革全国推进素质教育的决定》指出："在全社会实行学业证书和职业资格证书并举的制度。"职业资格证书是经政府认定，表明从事某种职业所必备的专业和技能，是求职、任职、开业和用人单位的主要依据。近期我国将进一步完善职业资格社会化管理体系，增强职业资格证书在社会上的权威性，实现职业资格证书制度与就业制度相衔接的目标。

中国职业经理人资格证书 CCMC（Chinese Career Manager Certification）是对经营管理者的认证，也是对人的价值的认证。为了准确地评价经营管理人才，国家有关文件规定："从事企业经营管理工作必须具备企业经营管理职业资格，未取得职业资格的，企业不得与其签订劳动合同。"获得国家颁发的职业资格证书，可以一举跻入职业经理人阶层，实现自身价值的急剧增值。

房地产职业经理人是中国职业经理人中一个重要的专业管理方向。为了建设一支高素质的房地产职业经理人队伍，大力提高房地产职业经理人的素质，满足市场对房地产管理人才日益增长的需要，根据中共中央《2001—2005 年全国干部教育培训规划》（中发［2001］4 号）、《2002—2005 年全国人才队伍建设规划纲要》及中组部、国家经贸委《关于印发〈"十五"期间全国企业经营管理人员培训纲要〉》（国经贸培训［2001］748 号）的指示精神，决定会同有关房地产管理权威机构开展房地产职业经理人资格培训、考试和认证工作。

《房地产专业知识与实务》（初级、中级）就是为了适应这种需要编写的。本书不仅可以作为房地产项目经理人的培训教材，也可以满足高等学校和相关读者的需要。本书由北京建筑工程学院刘长滨教授主编。参加《房地产专业知识与实务》（初级）编写的有（按章节顺序）：第一章，赵世强；第二章，高唱；第三章，钱雅丽；第四、五章，赵世强；第六章，戚振强，其中第二、三节由王平编写；第七章，张原；第八章，郭立。参加《房地产专业知识与实务》（中级）编写的有（按章节顺序）：第一章，周霞；第二章，高唱；第三章，都昌满；第四章，张卓、周晓静；第五章，都昌满；第六章，周霞；第七章，都昌满；第八章，戚振强。在该书编写过程中，都昌满同志做了大量协调和事务性工作，在此表示由衷的谢意。

本书在编写过程中，参考了大量的文献资料，并得到各个方面的大力支持和帮助；在出版过程中，得到中国建筑工业出版社的全力支持，以精益求精的态度和最快的速度使该书问世。在此对他们为本书所做的贡献表示衷心感谢。

本书虽经认真撰写，但是，肯定还会存在不足，恳请读者不吝赐教。

刘长滨
2005 年 1 月 1 日于北京

目 录

第一章 房地产价格理论与价格策略 …………………………………… 1
- 第一节 房地产价格理论 …………………………………………… 1
- 第二节 房地产价格策略及其影响因素 …………………………… 16
- 第三节 房地产定价程序 …………………………………………… 19
- 第四节 房地产定价策略 …………………………………………… 22
- 第五节 房地产定价方法 …………………………………………… 28
- 第六节 房地产价格调整策略 ……………………………………… 33

第二章 居住区规划与设计 …………………………………………… 38
- 第一节 居住区规划概述 …………………………………………… 38
- 第二节 居住区的规划布局形式与主要规划指标 ………………… 44
- 第三节 住宅建筑和公建建筑规划设计 …………………………… 50
- 第四节 道路和停车设施规划设计 ………………………………… 59
- 第五节 居住区绿化与居住区景观设计 …………………………… 64
- 第六节 居住区竖向设计和管线布置 ……………………………… 70

第三章 房地产市场分析 ……………………………………………… 74
- 第一节 房地产市场分析概述 ……………………………………… 74
- 第二节 房地产市场环境分析 ……………………………………… 79
- 第三节 供求分析 …………………………………………………… 94
- 第四节 房地产项目市场分析 ……………………………………… 106
- 第五节 住宅市场分析 ……………………………………………… 119

第四章 房地产投资与金融 …………………………………………… 128
- 第一节 房地产投资与金融概述 …………………………………… 128
- 第二节 房地产投资 ………………………………………………… 160
- 第三节 房地产金融 ………………………………………………… 216

第五章 房地产中介与服务 …………………………………………… 303
- 第一节 房地产咨询 ………………………………………………… 303
- 第二节 房地产经纪 ………………………………………………… 316
- 第三节 房地产评估 ………………………………………………… 334

第四节　房地产资产管理……………………………………… 337
　　第五节　房地产其他服务………………………………………… 342
第六章　房地产估价………………………………………………… 348
　　第一节　概述……………………………………………………… 348
　　第二节　房地产价格影响因素…………………………………… 361
　　第三节　市场比较法……………………………………………… 368
　　第四节　成本法…………………………………………………… 375
　　第五节　收益法…………………………………………………… 382
　　第六节　假设开发法……………………………………………… 387
　　第七节　基准地价修正法………………………………………… 391
第七章　发达国家与地区房地产…………………………………… 398
　　第一节　美国房地产……………………………………………… 398
　　第二节　英国房地产……………………………………………… 409
　　第三节　日本房地产……………………………………………… 416
　　第四节　香港地区房地产………………………………………… 425
第八章　房地产的发展趋势………………………………………… 434
　　第一节　经济的发展趋势………………………………………… 434
　　第二节　房地产业可持续发展…………………………………… 444
　　第三节　房地产业与信息化……………………………………… 461
参考文献……………………………………………………………… 474

第一章 房地产价格理论与价格策略

第一节 房地产价格理论

房地产价格是房地产经济运行中的一个核心问题,它既关系到房地产所有权和使用权在经济上的实现,也关系到房地产市场运行的秩序和房地产资源的优化配置。

一、房地产价格概述

(一)房地产价格的概念

从经济学角度看,商品价格是商品价值的货币表现,并且由于受市场供求因素的影响,价格围绕价值上下波动。在市场经济条件下,房地产也是商品,同样受供求理论和价值规律的作用。但是由于房地产商品的特殊性,其价格来源于两个方面:

一是来源于从规划设计、土地开发到房屋施工安装等过程的物化劳动和活劳动凝结形成的土地资本价值和房产价值。这部分价值表现出的房地产价格与一般商品价格的形成机理一样,即在社会正常生产条件下,在社会平均的劳动熟练程度和强度下,这部分房地产价格来源于由开发某一土地或建造某一房产所花费的必要劳动时间决定的价值。

二是来源于土地资源的价值,即土地使用权价格(或所有权价格)。对于未经过开发、处于自然物质状态的土地来说,其不是劳动的产物,因而本身没有价值。但作为一种稀缺性的资源,没有价值的土地是有价格的。可见,土地是一种极为特殊的商品。土地价格实际上是对土地预期收益的购买价格。

所以,房地产价格是房屋建筑物价格和地产价格的统一,是房地产商品价值和地租资本化价格的综合性货币表现,也是和平地获得他人房地产所必须支付的代价。它同其他商品的价格一样,既是商品价值的货币标度,也具有调节资源和收入分配的职能。

(二)房地产价格形成的基础

必须同时满足下述3个条件方可形成房地产价格:有用性、稀缺性和有效需求。

所谓有用性是指能满足人们的某种需要，经济学上称为使用价值或效用。如果没有用，人们就不会产生占有房地产的要求或欲望，更谈不上花钱去购买，从而也就不会有价格。

所谓稀缺性，是指现存的数量尚不够满足每个人的需要。一种物品仅有用还不能使其有价格。如果该种物品的数量丰富，可自由取用，尽管对人类至关重要，也不会有价格。只有有用并稀缺，人们才肯付出金钱等代价去占有或使用它，所以房地产要形成价格还必须具有稀缺性。

所谓有效需求，是指人们有支付能力支持的需要。只有购买欲望而无购买能力，或者虽然有购买能力但无购买欲望，都不会发生购买行为。房地产价格要成为现实，而不是有价无市，还要求消费者必须对房地产形成有效需求。

（三）房地产价格的特征

房地产价格既具有一般商品价格的共性，也有其特殊性。与其他商品相比，不同之处主要表现在：

1. 价格内涵不同。一般商品的价格是其劳动价值的货币表现，价格中必然含有生产成本因素，而房地产价格一部分来源于土地开发和房屋建筑安装劳动所形成的价值，另一部分来源于土地"虚幻价值"，即土地资源价值。

2. 房地产价格具有较强的区位性。不同城市区域之间、同一城市区域的不同地段之间，都存在较大的房地产差价。尽管区位并不能代表房地产的一切，但是由于其位置的不可移动性，房地产价格受区位的影响非常明显。

3. 房地产价格实质是房地产权益的价格。由于房地产实体本身不可移动，所以在房地产交易中移转和流动的是房地产的各项权益。实物状况相同的房地产，如果权益状况不同，价格可能会有较大不同。甚至实物状况较好的房地产，由于权益过小，其价格可能较低；而实物状况较差的房地产，如果权益较大，价格可能较高。

4. 房地产价格表现形式和类型具有多样性。比如，由于房地产经营方式的不同，房地产价格表现形式既有源泉价格，即交换代价的价格；又有服务价格，即使用代价的租金。而一般商品主要是买卖价格，较少有租赁价格。人们在对房地产价格进行利用和管理过程中，也产生了多种价格类型。

5. 房地产价格的形成是长期性和个别性的结合。由于房地产价格影响因素复杂而且处于不断变化之中，同时房地产价值昂贵，人们在进行房地产交易时通常是谨慎的，其交易价格也很难在短期内达成。又由于房地产具有独一无二性，进行房地产交易必须进行实地查勘，而且容易受到买卖双方的个别因素（如偏好、讨价还价能力）的影响，所以房地产价格一般随着交易的需要个别形成。

6. 房地产价格具有保值增值性。随着人口的增加、经济与社会的发展和人民生活水平的提高，人们对房地产提出更多更高的要求。再加上土地资源的稀缺以及房地产开发建造的高投入、高风险，使得房地产价格在总体上呈现不断上升的趋势。当然房地产价格的增值性不是绝对的，在有些情况下可能出现相反的趋势。

（四）房地产价格类型

由于房地产价格表现形式和类型具有多样性，可以从不同的角度划分房地产价格的类型，并把握其内涵。

1. 按房地产价格形成基础的不同划分为：市场价格、理论价格、评估价格

理论价格是经济学理论中认为的房地产"公开市场价值"，是长期均衡价格；市场价格是指某房地产在市场上的一般、平均水平价格，是该类房地产大量成交价格的抽象结果，是短期均衡价格。在正常市场情况下，市场价格基本上与理论价格相吻合，并围绕着理论价格上下波动；评估价格是估价人员对房地产客观合理价格作出的估计、判断的结果，它不是真实发生的价格，仅是市场交易价格的参考依据。从理论上讲，一个良好的评估价格等于市场价格，等于理论价格。

2. 按房地产实体形态划分为：土地价格、建筑物价格、房地价格

根据其开发程度的不同，土地价格又可分为生地价、毛地价和熟地价。生地价是指已完成土地使用批准手续，没有或者有部分基础设施，但不具备完全的三通条件（通路、临时水、电），地上地下有待拆除的房屋、构筑物的土地价格；毛地价一般指城市中已完成土地使用批准手续，具有三通等基础设施，但地上有需拆迁的房屋、构筑物的土地价格；熟地价是指具有完善的基础设施，且地面平整，可直接用于建筑的土地价格。建筑物价格是指不含建筑物所占用土地的建筑物部分的价格，需要注意的是，通常人们购买商品住房的价格，是含有该建筑物占用的土地的价格，与这里的建筑物价格的内涵不同。房地价格是指建筑物连同其所占用的土地的价格，它往往等同于人们通常所说的房价。对于同一宗房地产而言，房地价格 = 土地价格 + 建筑物价格。

3. 按房地产权属的不同划分为：所有权价格、使用权价格、转让价格、租赁价格和抵押价格

所有权价格是指交易房地产所有权的价格，所有权是物权的最高形式，是所有权形式中最完整最重要的权利，其他权利只是对其不同程度的分割或削弱，当所有权设定其他权利时，其价格将会有所降低。使用权价格是指交易房地产使用权的价格，在我国由于进入市场流转的是土地使用权，因此地价一般是土地使用权价格，土地使用权价格可因使用年限的不同区分为各种使用年期的价格。转让价格是指房地产权利人将其合法的房地产转移给其他人时所形成的价格，转让可以有多种形式，如买卖、继承、赠与等。租赁价格是指房地产权利人将其合法的房地产出租给承租人，由承租人定期向房地产权利人所交纳的款项，又可分为毛

租金和净租金两类。抵押价格是指以抵押方式将房地产作为债权担保时的价格，由于要考虑抵押贷款清偿的安全性，抵押价格一般比市价要低。前两种价格类型是一级市场价格，后三个是二级市场价格。

4. 按房地产公共价格管理划分为：基准地价、标定地价和建筑物重置价

基准地价是指在城镇规划区范围内，根据用途相似、地块相连、地价相近的原则划分地价区段，按照科学的估价方法，分别评估确定的各区段内的不同用途土地在某一估价期日上法定最高年限的土地使用权平均价格；标定地价是指一定时期和一定条件下能代表不同区位、不同用途地价水平的标志性宗地的价格；建筑物重置价格是某一基准日期，不同建筑结构、用途或等级下的特定状况的房屋，建造它所需的一切合理、必要的费用、税金加上应得的利润。

5. 按政府行为划分为：土地使用权出让价格、征用价格、课税价格、补地价

土地使用权出让价格是指政府将国有土地使用权在一定年期内出让给土地使用者，并由土地使用者向国家支付土地使用权出让金的价款；征用价格是政府因公益事业等需要强制征用的房地产时应支付给原产权人的补偿额，是一种补偿性价格，低于正常市场价格；课税价格是指政府为课征赋税而对房地产评定的价格，一般要按照政府公布的房地产价格标准并适当参考房地产所在区位等因素，或按市场交易价格的一定比例评定；补地价是指变更原出让土地合同中的规定条件时需要补交给政府的一笔地价，主要发生在变更土地用途，增加容积率，转让、出租、抵押划拨土地使用权，出让的土地使用权续期等情况下。

6. 按房地产出让方式划分为：拍卖价格、招标价格、协议价格

采用拍卖方式交易（出让）房地产而形成的价格称为拍卖价格；采用招标方式交易（出让）房地产而形成的价格称为招标价格；采用协议方式交易（出让）房地产而形成的价格称为协议价格。从我国目前城镇国有土地使用权出让来看，通常协议价格最低，拍卖价格最高，招标价格居中。

7. 按商品房销售中出现的价格形式划分为：起价、标价、成交价格、均价

起价是指所销售的商品房的最低价格。这个价格通常是最差的楼层、朝向、户型的商品房价格，甚至有时这个价格并不存在，仅是为了起到广告作用，为吸引人们对所销售商品房的关注而虚设的价格。标价，又称报价、表格价，是商品房出售者在其价格表上标注的不同楼层、朝向、户型的商品房出售价格。成交价格是房地产交易双方实际达成交易的价格，成交价格又可分为正常成交价格和非正常成交价格。均价是所销售商品房的平均价格，具体有标价的平均价格和成交价的平均价格，它反映了所销售商品房的价格水平。

8. 按房地产价格表示单位划分为：总价格、单位价格、楼面地价

房地产价格水平的高低一般通过单位价格得到反映，而非总价。对于单价，

必须正确理解和把握价格单位的内涵。其中楼面地价又称为单位建筑面积地价，是平均到每单位建筑面积上的土地价格，即楼面地价＝土地总价格/建筑总面积，它往往比土地单价更能反映土地价格水平的高低。

9. 按估价方法划分为：比准价格、收益价格、积算价格

房地产估价的方法有多种，其中最基本的估价方法是市场比较法、收益法和成本法，采用这三大方法进行价格评估得到的价格分别称为比准价格、收益价格和积算价格。

二、地租理论

从历史和社会发展的角度看，对地租的研究是从农业生产开始的。在地租地价理论创立的过程中，人们从不同的角度对地租进行探讨和研究，同时把地租理论扩展到土地使用、区位及运输等相关理论上，使地租成为土地经济学等学科研究的重要基础。

（一）地租的概念

从本质上讲，地租是直接生产者在农业或其他产业中所创造的生产物被土地所有者占有的部分，是剩余价值的分配。正如马克思所指出的"地租是土地所有权借以实现的经济形式"。近代西方经济学中关于地租的理解，包括广义地租和狭义地租。广义地租可以理解为租金（Rent），有报酬（Return）及收入（Yield）的意思。泛指物主把他所有的土地、房屋或任何财物（资源）租给他人利用所获得的报酬，即对任何生产要素的生产利用中产生的超额剩余。狭义地租，即通常意义上的地租，专指利用土地所得的超额报酬。因此地租不同于租金，地租只是租金的一部分。在我国，土地使用者向政府支付的全部土地费用就是租金，包括土地出让金（狭义地租）、市政配套费用和土地开发费用等。西方经济学中还有准地租的概念，它是指使用土地以外的其他资源时所付的报酬。本节中主要对狭义地租进行探讨。

（二）马克思主义的地租理论

卡尔·马克思和恩格斯在批判地继承和改造资产阶级早期地租理论的基础上，以科学的劳动价值论、剩余价值论以及科学的利润理论和生产价格理论为指导，结合对资本主义社会地租的深入分析创立了马克思主义的地租理论。主要内容包括：第一，资本主义地租是农业资本家为取得土地的使用权而交给土地所有者的超过平均利润的那部分剩余价值，是资本主义土地所有权在经济上的实现形式，以资本主义土地私有制为前提，其特点在于土地所有权和使用权的分离；第二，资本主义地租的来源是农业资本家雇佣工人创造的超过平均利润以上的那部分剩余价值，是超额利润的转化形式；第三，农产品的社会生产价格决定资本主义地租水平，而农产品的社会生产价格又由劣等地的生产条件决定，因此资本主

义地租水平不是由社会平均土地生产条件决定，而是由全社会劣等地的生产条件决定；第四，资本主义地租根据其产生的原因和条件，可分为级差地租、绝对地租及垄断地租等。

1. 马克思主义的级差地租理论

马克思分析资本主义级差地租以下列假定为前提条件：资本主义的生产关系在农业中已占统治地位；资本在国民经济各部门之间，在农业和工业之间可以自由转移；平均利润、生产价格已经形成；农产品像其他一切商品一样，按照生产价格出售。马克思认为：级差地租是指租用较优土地所获得的归土地所有者所占有的超额利润。

（1）级差地租形成的条件和原因。资本主义级差地租产生的条件是土地本身条件的不同造成的土地自然力的差别，这是产生级差地租的自然基础；而资本主义级差地租产生的原因是土地经营权的垄断，这是超额利润转化为地租的社会经济基础。两者结合才能产生级差地租。级差地租的来源是超额利润。在等量投入的情况下，土地等级不同，土地收益便不同，因此地租额不同。

（2）级差地租的形式。马克思将级差地租细分为两种形式：级差地租Ⅰ和级差地租Ⅱ。同量资本投在等面积的不同条件的土地上，因土地肥力和位置的差别所产生的超额利润，转化为级差地租Ⅰ。在同一地块上各个连续追加的投资的劳动生产率的差别产生超额利润，这种超额利润归土地使用者占有，即为级差地租Ⅱ。

（3）级差地租Ⅰ和级差地租Ⅱ的实体都是超额利润，二者有以下区别：

一是投资方式不同。级差地租Ⅰ是同量资本投在条件不同、面积相等的土地上，因生产率不同产生的超额利润；级差地租Ⅱ是在同一块土地上连续追加投资带来投资生产率差别而产生的超额利润的转化形式。

二是转化为地租的时期不同。级差地租Ⅰ在订立租约时，归属土地所有者；级差地租Ⅱ在租约期内归土地使用者，租约满时，归土地所有者。

三是最低投资限额不同。级差地租Ⅰ是在土地粗放经营下产生的，级差地租Ⅱ则是由于对土地的集约经营产生的，相对来讲，级差地租Ⅰ比级差地租Ⅱ所需的投资量小。

此外，马克思还指出即使在最坏的耕地上也可以产生级差地租。

2. 马克思主义的绝对地租理论

绝对地租是指土地所有者凭借土地所有权垄断所取得的地租。马克思认为，绝对地租形成的条件是农业部门资本的有机构成低于社会平均资本的有机构成，使得农产品的价值高于生产价格。而土地所有权的垄断则是形成绝对地租的原因。他还指出，影响绝对地租量的因素是多方面的，包括农产品市场的供求关系、农业资本的有机构成、农业资本的投资总量等。并且绝对地租的实质和来源同样是农业工人创造的剩余价值。

3. 马克思主义的其他地租理论

（1）垄断地租

垄断地租是由产品的垄断价格带来的超额利润转化成的地租。某些具有特殊自然条件的土地能够生产某些特别名贵而又非常稀缺的产品，这些产品的价格大大超过其生产价格，而且也超过其价值，从而形成垄断价格，并带来垄断利润。这部分利润经由租地资本家转交给土地所有者后，便形成垄断地租。垄断地租来自社会其他部门工人创造的价值，而非农业雇佣工人创造的剩余价值。

（2）矿山地租

矿山地租是指工业资本家为取得采掘地下矿藏财富的权利而向土地所有者支付的地租。马克思提出："真正的矿山地租的决定方法，和农业地租完全一样"。经营矿山开采的资本家同样要缴纳级差地租和绝对地租。

（3）城市地租

马克思认为城市地租以农业地租为基础，城市地租额至少与其毗邻的农业土地等值或者以后者为最低界限；城市土地利用中区位具有极为重要的作用，因此由位置不同形成的级差地租是城市地租的主要形式；城市各种用地类型中，商业用地对位置的反映最为敏感，且商业地租表现出从市中心繁华地段向城市边缘地段逐渐递减的趋势，而且其他用地地租的变化则并不明显，因此城市地租的决定主要是以商业地租的变化为依据的；城市地租具有相当大的垄断性，城市垄断地租主要是由于占据较好位置而形成的垄断价格产生的；城市土地投资的地租效应具有明显的外部性；城市地租也比农业地租更具积累性。

（三）其他西方地租理论

1. 资产阶级古典政治经济学的地租理论

威廉·配第是资产阶级古典政治经济学的奠基人。他主要从劳动价值论和工资论出发研究地租问题。他在《赋税论》中首次提出，地租是土地产出扣除生产投入及劳动者工资后的剩余部分。他还从土壤肥沃程度、耕作技术水平的差异及土地位置距离市场远近的不同等角度引出了关于级差地租的最初概念，并论述了产生级差地租的两种原因的相互关系。配第还认识到地租的数量是受工资数量制约的，在劳动生产率不变、谷物价格不变的情况下，工资的变动必然引起地租反向变动。此外，他对土地使用权的总价值也有独到的见解，指出土地价值即为地租资本化。威廉·配第为级差地租理论奠定了初步的基础。但是由于阶级的和历史的局限性，配第没有提出剩余价值和利润这些独立的经济范畴，而且他把价值的增加和使用价值的增加混同起来，未能揭示地租的本质，也未能指出绝对地租的存在。

弗朗斯瓦·魁奈是法国资产阶级古典政治经济学家，重农学派的创立者。他的地租观主张"纯产品"学说。"纯产品"学说将社会不同的生产部门归为使社会财富扩大的部门和使社会财富相加的部门。魁奈认为，农业因有自然协助而为社会创造财富。农业部门生产的农产品扣除耗费的生产资料、工人和资本家消费的生活资料后，还会有剩余产品，使社会财富扩大。而农业以外的部门只将各种使用价值结合成一种新的使用价值。它只能使社会财富数量相加，而不能使社会财富扩大。魁奈把农业中由于自然协助而生产的超过生产和生活支出的剩余产品称为"纯产品"，并认为，它理应以地租形式归土地所有者占有。他指出"纯产品"只存在于大规模的租地农业之中，小农经济是没有"纯产品"的。他所主张的"纯产品"实质上是农产品价值超过生产费用的余额，是农业工人为租地农场主创造的剩余价值。

亚当·斯密是西方古典政治经济学最优秀的代表人物之一。他是最早系统地研究地租理论的古典经济学家。他关于地租地价的理论主张基本反映在其1776年出版的《国民财富的性质和原因的研究》（通常简称《国富论》）中。他认为地租是作为使用土地的代价，地租不是投在土地上的资本的利息，而是土地所有权所要求的，是一种垄断价格。这一概括从根本上揭示了资本主义地租存在的原因。他指出为使用土地而支付的代价是"产品或产品价格超过这一部分（即补偿预付资本和普通利润的部分）的余额"，这个余额不是利润，而是利润之后归土地所有者无偿占有的部分。他还第一个提出了谷物地租决定其他耕地地租的思想，也谈到了土地肥沃程度、土地位置与级差地租的关系。斯密对地租理论虽有重要的贡献，但其地租观点有些是混乱并且前后矛盾的。他一方面承认地租是劳动的产品，另一方面又说地租和利润不是依赖工人的劳动，而有独立的来源，即由土地和资本产生的。

大卫·李嘉图是资产阶级古典政治经济学的代表和理论完成者，运用劳动价值论研究地租，对级差地租理论作出了突出的贡献。1817年他发表了《政治经济学与赋税原理》，集中地阐述了他的地租理论。首先他探讨了关于级差地租的来源及形态问题。在一定程度上触到了地租的实质，考察了地租的来源问题。他认为，地租是租地农场主使用土地固有的生产力而支付给地主的报酬，只有生产物获得超过必要生产费用以上的超额利润的土地，方可产生地租。因此，李嘉图讲的地租实际上是级差地租。他提出级差地租产生的两个条件：一是土地的有限性，二是土地肥沃程度及位置的差异。他认为，农产品的生产价值是由劣等地的生产条件决定的，因而优、中等地的产品价格，除补偿成本并获得利润外还有超额利润，从而形成级差地租。这实际上是级差地租Ⅰ。对级差地租Ⅱ，大卫·李嘉图也做了考察，并且对于级差地租变动的规律及其影响也作了论述。其次他从劳动时间决定价值的原理出发分析了利润与地租的对立关系。他指出，地租与工资、利润一样都是由劳动创造的价值的一部分，地租的增加必然是利润减少，反之，地租减少利润增加。他谴责地主不劳而获，揭示了阶级之间的矛盾和对立。李嘉图尽管在级差地租理论上有重大贡献，但由于他未弄清楚产品价值和产品价格的差别以及土地所有权的垄断，因而他错误地否定绝对地租的存在。

2. 西方庸俗政治经济学的地租理论

法国政治经济学让·巴蒂斯特·萨伊和美国的托马斯·罗伯特·马尔萨斯是这一理论的主要代表人物。

萨伊的理论基础是从效用价值论入手的生产三要素论。他认为物品价值的惟一基础就是它的效用，这个观点显然是错误的。在他看来，所生产出来的价值，都应归因于劳动、资本和自然力这三者的作用和协力。这三种应当分别得到相应的补偿，即工资、利息、地租。这样萨伊就建立起三种收入决定价值的庸俗理论，其目的是掩盖地租实质，否认劳动价值论。

马尔萨斯在其著作《政治经济学原理》中论述了地租地价理论。他认为地租是总产品价值中的剩余部分。其产生主要源于：土地的肥力、生产必需品所特有的性质、肥沃土地的相对稀少性。他指出地租是自然赠与的，与垄断无关，而且地租会增加一国财富。

3. 西方新古典经济学的地租地价理论

约翰·贝次·克拉克认为地租不是一个独立的范畴，地租与资本无本质差异。地租被视为土地资本的利息，是利息的派生形式。并提出地租由土地的边际生产力决定的原理，得出地租为总产量扣除工资的金额，即为"经济赢余"。

阿弗里德·马歇尔认为，地租由原始价值、私有价值和公有价值若干级组成。其中土地的"原始价值"部分是真正的地租，是大自然赋予的收益。关于地租具体数额的确定，原则上应根据供求理论。

美国土地经济学家阿兰索等对城市化过程中的城市土地问题进行了研究，将边际分析应用于传统的地租理论中，产生了该领域内的革命，形成了新古典主义城市地租理论。阿兰索突出的贡献在于它将空间作为地租问题的一个核心进行了考虑，并首次引进了区位平衡这一新古典主义概念，同时建立了阿兰索地租模型，成功地解决了城市地租计算的理论方法问题。

4. 现代西方经济学的地租理论

现代西方经济学主要集中研究影响地租量的因素及地租量决定的问题。其代表人物保罗·A·萨缪尔森认为地租是为使用土地所付的代价。土地供给数量是固定的，因而地租量完全取决于土地需求者之间的竞争。

（四）地租理论在地价中的作用

土地所有者在转移其土地所有权时，必然会要求取得土地所有权的一方给与相应的经济补偿，这种补偿即土地价格。绝对地租是土地价格存在的根源。级差地租是决定土地价格高低的主要因素，而垄断地租是导致特殊地段土地价格高的主要原因。

在社会主义市场经济条件下，由于土地所有权与使用权的分离，仍然存在着绝对地租、级差地租和垄断地租等多种地租形式。因此，马克思主义地租地价理论仍是我国房地产价格的基本理论之一。建立和完善社会主义地租理论不仅有利于地租理论的发展，也有利于完善社会主义市场经济理论，推动土地制度和住房制度的改革，并有利于充分发挥有效调控和配置土地资源的市场机制。

三、地价理论

土地价格是购买土地所支付的货币数额。从土地价格的构成来看，土地价格应由三个部分组成：真正的地租、土地资本折旧及土地资本的利息，即三部分总和的资本化为土地价格。

（一）马克思主义地价理论

马克思主义地价理论是马克思劳动价值论的具体运用。

马克思主义认为，现实的土地可以分成两个部分：土地资源和土地资本。土地资源本身不是劳动产品，不具有劳动价值，但是土地可以满足人们生产、生活的多方面需求，具有非常重要的、特殊的使用价值。因此在一定的社会经济制度下，土地资源必然被用来在市场上交易，并且通过交易形成价格，即具有非价值形式的、虚幻的价格形式。这种虚幻的价值或价格形式是从现实的生产关系中产生出来的，具有客观性，并且发挥着配置社会主义经济资源的作用。其价格的高低由真正的地租的资本化决定。而土地资本是凝结于土地之中的固定资产，土地资本的价值和价格与其他固定资本的价值和价格在经济上是相同的，具有使用价值和价值，其价格是真实的价值价格。可见，土地资源价格是土地权利在经济上的实现形式，土地资本价格则是土地的投资及其带来利息性地租的资本的收回。

关于土地价格的量的规定，马克思主义认为：地价就是能够带来同地租等量利息的货币数额。土地价格的计算公式可以表述为：土地价格＝地租/利息率。即地价是土地所提供的地租的购买价格，是按普通利息率计算的。土地所有者在卖出土地时，必然要考虑出卖土地所得货币存入银行后得到的利息应当与地租数量相等，否则，土地所有者宁肯继续拥有土地以收取地租。

（二）西方经济学中的地价理论

西方经济学家们更关注的是物的经济价值。只有当某物品具备了有用性、稀缺性及可占有性等三个性质，才可以说具有了经济价值。经济价值主要取决于供求的相互作用，取决于人们占有和使用财产物品的欲望，取决于他的支付能力和乐意支付的程度，以及交换过程中的其他因素。

土地价格是土地经济价值（或称效用）在经济上的反映，是用来购买土地或预期经济效益所付出的代价。土地经过使用后，能够产生受益，将该收益一定利率还原，就得到土地价格。这里的土地收益指经济地租，是在正常情况下，处于最佳利用方向的土地纯收益，即土地总收益扣除土地总成本后的余额，它是土地价值的主要基础，决定着土地价值及价格的高低。其计算公式可以表述为：土地价格＝土地收益/利息率（或还原利率）。

土地的市场价格是土地在市场上所形成的正常交易价格。由土地市场的供给和需求关系决定。当其他情况不变时，需求量大于供给量时，土地市场均衡价格上升，反之，均衡价格趋于下降。由于土地资源的稀缺性，其供给弹性不足。

可见土地市场价格与土地收益价格的决定因素不同，同一块土地的市场价格与收益价格通常是不一致的。一般情况下，土地市场价格高于土地收益价格，土地收益价格是土地供给价格的下限，也是土地供给的起点价格。

四、区位理论

土地区位是一个综合的概念，是指某地块与其他地块在空间方位和距离上的关系，除了地理坐标位置外，还强调自然界的各种地理要素与人类社会经济活动之间的相互联系和相互作用在空间位置上的反映。它是自然地理区位、经济地理区位和交通地理区位在空间地域上有机结合的具体表现。包括可及性、在城市或区域中的地位、与其他地方往来的便捷性、与重要场所（如市中心、机场、港口、车站、政府机关、同行业等）的距离、周围环境、景观等。最佳区位的选择，对于房地产来讲至关重要。

（一）农业区位论

农业区位作为农业生产发展的一种空间分布与组合的表现形式，其布局形式合理与否，事关农业经济效益，对农业发展全局带有决定性的影响。因此，农业区位问题历来备受重视。因地制宜地发展和布局农业生产，是我国历史上由来已久的农业思想。作为一种学说，农业区位论产生于19世纪二三十年代，其标志是德国经济学家屠能1826年出版的著作《孤立国对农业和国民经济之关系》（简称《孤立国》）。

屠能根据在德国北部麦克伦堡平原长期经营农场的亲身经验，系统地阐明了当时条件下农业合理布局的农业区位理论（即"孤立国"模型）。

他首先假设：孤立国与外界无联系；孤立国内只有一个中心城市（市场）；环绕它的是一个广阔的、自然条件均一的可耕平原；国内只有一种运输方式（马车），各种农产品单位距离的运费相等；各地农民生产的农产品，均利用马车运送至中心出售，同时从中心市场购买一切日用品带回家使用；各地的交通与道路发展程度相等，居民生产技术与教育素养等相同，并在随时调整生产方向（土地利用类型）上无任何经济技术上的困难。这样，全国的农地利用和农作物的分布，将形成若干围绕中心的圈带，即形成几个同心圆，称为"屠能圈"。

屠能认为农产品纯收益是市场距离的函数。他提出六种耕作制度，每种耕作制度构成一个区域，各个区域都以城市为中心呈同心圆状分布，这就是著名的"屠能圈"。第一圈称"自由农作圈"，距城市最近，生产易腐副食品即蔬菜和鲜奶；第二圈是林业圈，是体积大而不宜远运的城市薪柴及木料来源；第三圈是轮作圈，主要轮番生产各种粮食，土地集约利用度较高；第四圈是谷草圈，是休耕制的谷物轮作圈，提供的商品、农产品主要为谷物与畜产品；第五圈是三圃农作圈，每年有 1/3 土地用来种黑麦，1/3 种燕麦，其余 1/3 为休耕区，即每一区每隔两年休耕一次，以便恢复地力；第六圈是畜牧圈，主要生产牛奶制造奶酪等高价值产品。在粗放畜牧带的外侧是未耕作的荒野。农地位置靠近中心城市，其地理位置比较优越或者可及性良好，可以节省较多的运费，获取较多的收益，这种多余的收益就是区位的差额地租，即区位地租。屠能对这种区位地租作了系统地说明与分析，并指出区位地租可用如下方程式表示：

$$R = E(P - A) - EFK$$

式中　R——单位面积的区位地租额；

　　　P——产品单位价格；

　　　A——产品单位成本；

　　　E——单位面积产量；

　　　F——单位产量的单位距离运费；

　　　K——离开中心市场的距离。

屠能还深入探讨了形成区形成区位圈的必要和充分条件，分析了由一条可航河流或一个卫星城市的出现而使同心圆带局部变形的情况等。

（二）工业区位论

工业区位理论的奠基人是德国经济学家阿尔申尔德·韦伯。其理论的核心是通过对运输、劳动力及集聚因素相互作用的分析和计算，找出工业产品的生产成本最低点，作为配置工业企业的最优区位。他首先假设：所研究的地域单位是一个孤立的国家或地区；这一区域除工业区位的经济因素外，其他因素，如地形、气候、种族、技术、政治制度等都相同；工业所需原料、燃料、劳动力供应地和消费区为已知，且其他矿藏生产条件、产品需要量、劳动力供应状况和工资不变；运输方式为铁路，且运费与运距和运载吨位成正比。其次，他把为工业寻求最优区位的工作分成三个阶段来进行：第一阶段，暂定劳动费与聚集效益因子都不起作用，只研究运费因子单独起作用的情况下，工业最合理的布局模式；第二阶段，研究在加进了劳动费因子的作用时，上述工业布局模式将发生何种变形；第三阶段，研究当加进聚集效益因子的作用时，这一工业布局模式又会相应地发生何种变形。

1. 运费对工业区位选择的影响

假定在没有其他因素影响下，仅就运输与工业区位之间关系而言，韦伯认为，工厂企业自然应选择在原料和成品二者的总运费为最小的地方，因此，运费的大小主要取决于运输距离和重量，即运费是运输物的重量和距离的函数，亦即运费与运输吨公里成正比关系。在货物重量方面，韦伯认为，货物的绝对重量和相对重量（原料重量与成本重量间的比例）对运费的影响是不同的，后者比前者尤为重要。为此，他对工业用料进行了分类：一是遍布性原料，指到处都有的原料，此类原料对工业区位影响不大；二是限地性原料，也称地方性原料，指只分布在某些固定地点的原料，它对工业区位模式产生重大影响。

根据以上分类，韦伯提出原料指数的概念，以此来论证运输费用对工业区位的影响。即：原料系数＝稀有性原料总重量/制成品总重量。当原料系数不大于1时，相应的原料（或资源）称为纯原料；当原料系数大于1时，相应的原料（或资源）称为失重原料。根据上述分析，韦伯提出三条区位规律：

（1）当生产使用遍布性原料时，最佳区位指向消费地；

（2）当生产使用限地失重性资源时，最佳区位指向原料地；

（3）当生产使用限地纯粹原料时，最佳区位指向是不确定的。

当原料指数不同时，只有在原料、燃料与市场间找到最小运费点，才能找到工业区位。

2. 劳工成本对工业区位选择的影响

所谓劳工成本，就是指每单位产品中所包含的工人工资额，或称劳动力费用。韦伯认为，当劳工成本（工资）在特定区位对工厂配置有利时，可能使一个工厂离开或者放弃运输成本最小的区位，而移向廉价劳动力（工资较低）的地区选址建厂。其前提是在工资率固定、劳动力供给充分的条件之下，在新的地点，劳工成本可能产生的节约比追加的运输费用大。在具体选择工厂区位时，韦伯使用了等运费线对区位选择的劳动力指向条件、工业特征及劳动力指向的环境条件和发展趋势进行研究。同时，还考虑了劳工系数、劳工成本指数（即每个单位重量产品的平均工资成本）和地域重量的影响。劳工成本指数是指生产单位重量产品所需的平均工资成本；地域重量是指生产单位重量产品所运输的重量；劳工系数则是劳工成本指数与地域重量的比值。在同样的社会条件下，劳工系数大的工业，其厂址选择倾向于工资成本低的地点。

此外，韦伯等还认为由集聚因素形成的聚集经济效益也可使运费和工资定向的工业区位产生偏离，在讨论工业区位时，主要应注意一般集中因素（指生产集聚），而不必过于强调特殊集中因素（社会集聚）。而工厂是否受分散因素影响离开工业集聚区，前提条件是看集聚给企业带来的利益大还是房地产价格上涨造成的损失大。

韦伯研究的出发点是成本，但对于其决定因素，韦伯的研究过于简化，忽略掉了许多经济因素和非经济因素，从而无法真正解答工业区位的规律。为了弥补韦伯体系存在的缺陷和不足，瑞典经济学家帕兰德、美国经济学家胡佛、霍特林等经济学家对韦伯体系进行了改进，先后将不完全竞争概念、运费结构和运输方式、线状市场等引入到区位分析中，不断丰富着工业区位理论研究。

（三）中心地理论

中心地理论产生于第一次世界大战后西欧工业化和城市化迅速发展的历史时期，由德国地理学家克里斯塔勒始创。克氏区位理论是从城市或中心居民点的供应、行政、管理、交通等主要职能角度来论述城镇居民点和地域体系的，该理论深刻揭示了城市、中心居民点发展的区域基础及等级-规模的空间关系，有时亦称城市区位理论。他设想某一地区为表面均一的平原，原料和人口分布均等。其概念建立分三个步骤：一是根据已有的区位理论，确定个别经贸活动的市场半径；二是引进空间上组合一起的概念，形成一个多中心商业网络；三是将各种经贸活动（工业区位、城市、交通线等）的集聚纳入一套多中心网络的等级序列中去。克里斯塔勒探讨市场中心和服务范围关系结构时，形成了三角形聚落分布和六边形市场区模型。他还提出了门槛人口概念，根据门槛人口原则，可将各商业、服务行业分为高、中、低不同级别的序列，把各种行业序列按地域再进行归并。按照门槛人口原则和等级序列，克里斯塔勒的市场区结构和分步就是一个由大小经贸点和市场区交错叠合而成的市场网络。任何一个经贸点都在网络中占有一定位置，具有相对固定的市场区，从而整个市场网络形成典型蜂巢状体系。且等级体系受到市场最优原则、交通最优原则、行政最优原则的制约。

克里斯塔勒的中心地理论存在一定的局限性，比如：其理论模型的假定条件发生了变化，而且许多具体因子如资源、地形等会引起城市区位的变异；在一个国家和区域内城市体系较长的形成过程中，消费者的行为原则会发生变化等。但是他为以后动态一般均衡理论开辟了道路。近年来，克里斯塔勒的区位理论在规划实践中得到了较为广泛的应用，理论本身也获得了进一步的发展。

（四）廖什的市场区位论

廖什的理论被认为是现代区位理论的新发展。他把生产区位和市场区位结合起来，把利润原则同产品的销售范围即同市场区位联系起来，以利润来判断企业区位选择的方向。他不认为工业的最低运输成本在工业区位趋势中起决定作用，他既从一般均衡的角度来考察整个工业的区位问题，又从局部均衡的角度考察一个工厂的区位问题。

他假定：一个工业中心的周围是农业区域，农业区域的居民是工业品的购买者；居民的偏好相同；工厂规定它所生产出来的产品价格，消费者负担将产品运送到消费地点的运费。由此，将会发生两种并存的情况：一是只要这些居民的需求是有价格弹性的，那么距离中心点越远的居民的需求就越少；二是以工业所在地为中心的半径越大，到中心点来购买工业品的消费者就越多。假定没有新的企业加入到这个地区，那么工业区位主要由对它的产品的需求量来决定。工业如果设在它能够吸引足够数量的消费者的地点，它就能获得利润，否则就不能获利。他从最大利润原则出发，认为对产品的需求取决于价格高低、需求强度、市场半径、每单位距离的产品运输成本等四个因素的作用，并提出了"市场圈"的概念，分析了区域集聚和点集聚的问题。他还认为，工厂追求的应是总利润量。在平均价格不变的条件下，要增加总利润量，必须使销售量增加或总成本减少。他指出，近代西欧的工业区位正是按产品需求量的大小而逐步形成的。

廖什的区位理论与克里斯塔勒的中心地理论一样，使区位理论由生产领域扩展到市场领域，由局部扩展到一般，从而为具体解决规划问题的动态地域平衡模式奠定了基础。

20世纪50年代以后，随着工业化、城市化的发展，区位理论逐渐从个体经济单位的区位决策发展到总体经济结构及其模型研究，从农业、工业区位发展到了包括运输、商业、服务业、旅游等第三产业在内的综合性区位，判断标准也由运费、劳工成本、利润发展到居住、采购、出行、娱乐、旅游等方面。

（五）区位理论在房地产价格中的作用

首先，区位是房地产价格，特别是土地价格最重要的影响因素，是决定土地利用价值的重要因素。房地产业有句名言：第一是区位、第二是区位、第三还是区位，可见区位对于房地产的重要性。房地产增值很大程度上是区位增值。城市中由于土地区位不同，产生不同的使用价值和价值，使得同类行业在不同的区位上获得的经济效益相差很大，不同行业在同一位置上经济收益也相差很大。由于区位是一个综合因素，因此应当在遵循城市土地利用规划的前提下，综合考虑自然、经济、环境和社会文化等多种因素选择房地产区位。

其次，区位是衡量地租、地价的主要标尺。它促使土地使用者在选用土地时，必须把自己所能在该土地上获得的区位收益与所需支付的区位地租进行比较，然后选择与其经济水平相适应的地段，从而在地租、地价这一经济杠杆的自发调节下，不断进行土地的用途置换，最终形成合理的空间结构。

因此，在对房地产价格进行分析探讨时，应以区位理论作指导，从区位条件入手，深入研究各种区位类型对不同区位地产及地上房产的使用价值和价值产生的影响，这样才能准确地把握房地产特别是土地价格。

其他关于房地产价格的理论，如房地产市场供求理论、城市规划理论等详见本书其他章节。

第二节　房地产价格策略及其影响因素

一、房地产价格策略的概念

价格策略是企业为了实现其定价目标而采取的价格竞争方式，是企业从长期营销活动中积累起来的实践经验的总结。企业可以针对不同的产品、不同的顾客以及竞争者、不同的营销决策，采取不同的价格策略。

所谓房地产价格策略，是指房地产开发企业为了实现其经营目标和营销目标，而对房地产商品在价格的制定和变动方面所采取的所有措施。

与一般商品的价格策略一样，房地产价格策略也由房地产商品价格决定策略和价格调整策略两部分组成。由于房地产商品、购房者消费心理以及所处房地产市场环境的不同，房地产价格决定策略包括新产品定价策略、营销过程定价策略，其中新产品定价策略包括总体定价策略、心理定价策略、价格折扣与折让策略、单一定价和差别定价策略。

二、房地产价格策略的影响因素

房地产价格策略的制定是在一定的内外环境的背景下进行的，将受各种因素的影响。主要包括：

（一）营销组合因素的运用

房地产价格策略与产品策略、渠道策略、促销策略等营销组合因素密切相关。房地产产品策略直接决定着房地产产品的质量、地段、房型、朝向、层次以及周围环境（如交通、学校、医院等设施）、产品组合等，这些都是房地产价格的重要影响因素。不同营销渠道的设计选择决定价格的高低，比如，长渠道与短渠道、直接渠道与间接渠道都会使房地产产品的价格产生差异。此外，促销策略中各种促销手段与方法往往需要与价格联合起来同时使用才能发挥效用，价格策略的实施也要通过促销功能的发挥才能取得成功。所以在制定房地产价格策略时，必须同时兼顾其他市场营销策略的制定。

（二）市场竞争

市场经济最明显的特点就是市场竞争。价格作为市场竞争最基本的工具，受市场竞争程度和状况的影响极大。竞争使得开发商千方百计地降低成本，以争取较大的利润空间；竞争也使得开发商给自己的楼盘慎重定价。市场竞争的必然结果就是优胜劣汰,产品的价格日益趋向于其价值。所以房地产开发企业在同行业中所处的竞争地位在很大程度上会影响到价格决策。这主要体现在如下方面:

1. 房地产开发企业市场的角色定位

企业在市场竞争中的位置,可以分成市场领先者、市场挑战者、市场追随者以及市场补缺者。不同的竞争地位决定了不同的价格策略。市场领先者首先考虑的是稳定价格,以此来稳定市场并保持领先。而市场挑战者为了提高自己的竞争地位成为新的领先者,往往会发动价格挑战来达到目的。

2. 市场占有率

企业要提高市场占有率,最直接的方法就是降低价格。通过降低价格来扩大销售,争取更多的消费者加入到购买者的行列,从而提高市场占有率。

3. 竞争对手的价格策略

竞争对手的价格水平及价格变动会直接影响到房地产开发企业产品的销路以及竞争地位。这就要求企业在进行价格决策时,随时根据竞争对手的价格策略进行调整。

4. 产品差异性

市场竞争在一定程度上表现为差异竞争。而差异竞争主要集中在产品的差异,即楼盘本身素质及各种卖点的不同上。产品的差异化程度越高,所面临的市场竞争越小,其产品本身的惟一性也越大,价格也将不再是销售中的最大难点。此时产品可以提高定价。产品差异主要表现在建筑风格、户型、外立面、小区环境设计等方面。

(三)房地产开发企业营销战略追求的营销效果

房地产开发企业可根据自身的能力和优势,确定企业发展战略,选择不同的目标市场,确定相应的产品营销目标,比如以获取最高利润为目标,或以降低经营风险为目标,或以平衡企业财务成本为目标,或以提高市场占有率为目标等等。不同的目标下制定的营销策略,追求不同的营销效果。短期营销效果以增加销售利润为主;长期效果则以提高企业形象为主。房地产开发企业要实现短期营销效果,势必采用高价策略,扩大销售额,增加利润。而长期营销效果则不着眼于眼前的利益,因而在价格决策上就可以有较大的选择余地。

(四)房地产产品生命周期的不同阶段

房地产产品生命周期的四个阶段有着明显的不同特征,企业在制定价格策略时必须根据不同阶段的特征采用不同的价格策略和其他营销组合。换句话说,价格决策必须考虑到产品所处的不同生命周期阶段。这一点在制定价格变动与调整策略时,尤为突出。

(五)房地产产品建设开发总成本

房地产产品建设开发总成本是指房地产开发企业为开发一定数量的商品房所支出的全部费用。在实现一定的利润目标的情况下，开发商必须在充分考虑其开发成本的基础上定价。通常由下列6大项构成：

1. 土地取得成本：是指取得开发用地某种权益所需的费用、税金等。在完善的市场经济下，土地取得成本一般是由购置土地的地价款和在购置时应由开发商（买方）缴纳的税费构成。目前根据取得土地途径的不同，土地取得成本的构成分为下列3种：

（1）通过征用农地取得的，土地取得成本包括农地征用费和土地使用权出让金等，其中农地征用费包括土地补偿费、安置补助费、青苗补偿费、地上附着物补偿费、耕地占用税、耕地开垦费、新菜地开发建设基金（如果征用城市郊区菜地）、征地管理费等。

（2）通过在城市中进行房屋拆迁取得的，土地取得成本包括城市房屋拆迁补偿安置费和土地使用权出让金等，其中城市房屋拆迁的费用主要包括被拆迁房屋的补偿安置费用、被拆迁房屋室内自行装修装饰的补偿金、搬迁补助费、临时安置费、拆迁费住宅房屋造成停产停业补偿费、房屋拆迁服务费、房屋拆迁管理费等。

（3）通过在市场上"购买"取得的，土地取得成本包括购买土地的价款和在购买时应由买方缴纳的税费等。

2. 开发成本：是指在取得开发用地后进行土地开发和房屋建设所需的直接费用、税金等。在实际中主要包括下列几项：

（1）勘察设计和前期工程费，包括项目可行性研究、规划、勘察、设计、施工准备费（即"三通一平"）等工程前期所发生的费用。

（2）基础设施建设费，又称红线内工程费，一般要求被开发的土地应达到"七通一平"，包括所需的道路、给水、排水、电力、通讯、燃气、热力等的建设费用和土地平整费用。"七通一平"与"三通一平"完全不同，后者是临时的，是为施工服务的。前者是永久性建设，是为未来房地产建成后使用创造条件。这一部分投入形成土地资产价格。

（3）建筑安装工程费，简称"建安费"，一般也称为建筑工程造价，它是房地产开发公司向建筑施工企业支付的建筑房屋建筑的费用，也就是地上建筑物建设发生的实际费用。包括建筑安装直接费用、建筑安装间接费用、施工图预算包干费、施工企业利润和税金、设备工程费等。

（4）公共配套设施建设费，指所需的非营业性的公共配套设施的建设费用，包括小区内管线和道路、绿化、娱乐设施、环境卫生设施等室外工程费，小区内水泵房、变电室、污水处理室、停车场等附属工程费，学校、医院、商店、邮局、派出所、居委会等配套工程费。

(5) 开发过程中的税费。

3. 管理费用：是指为管理和组织房地产开发经营活动而发生的各种费用，包括开发商的人员工资及福利费、办公费、差旅费等。

4. 财务费用：指为筹集资金而发生的费用，主要包括借款利息及其他费用。

5. 销售费用：是指销售开发完成后的房地产所需的费用，包括广告宣传、销售代理费等。

6. 销售税金：是指销售开发完成后的房地产应由开发商（卖方）缴纳的税费，又可分为下列两类：(1) 销售税金及附加，包括营业税、城市维护建设税和教育费附加；(2) 其他销售税费，包括应由卖方负担的交易手续费等。

(六) 消费者心理

在不同阶段，不同的购房者的需求特点也不相同，对于价格的反应和承受能力更不同。因此制定房地产产品价格策略时必须关注房地产的消费者的消费心理，特别是其价格意识和对商品价值的判断心理。比如随着人们对环境保护意识的增强，购房者选房时日益关注楼盘的小区环境及楼盘周边的环境，相比之下，购房者对于户型的关注度则有所降低。在制定价格策略时，就应当注意到消费者这种消费心理的变化。

(七) 法律、政策

国家法律与有关政策均会对房地产价格构成影响。例如，招标、拍卖的供地方式提高了房地产开发的成本。所以制定价格策略时，应当特别关注国家有关法律政策的变化可能给房地产价格带来的影响。

第三节　房地产定价程序

一、选择房地产定价目标

定价目标是指房地产企业通过定价所要达到的预期目的。它既要服务于房地产营销目标和企业经营战略，又是定价策略和定价方法的依据，所以它是整个价格制定工作的灵魂。不同的企业或者同一企业在不同时期所执行的定价目标可能各不相同。一般来说，房地产企业基本的定价目标有：

(一) 追求利润最大化

当项目独特性较强时，可以采取高价定价方法，通常可获得最大利润。但是追求利润最大化不等于追求最高价格，如果企业定价过高，可能导致购买需求下降，反倒降低利润。因此，采取高价定价是需要结合企业内外部条件进行动态分析。

（二）保持或提高市场占有率

市场占有率是企业经营状况和产品竞争力状况的综合反映。房地产开发企业资金占用量较大，规模经济现象明显，企业利润与市场占有率密切相关。一般而言，成长性的公司宜采用市场占有率作为定价目标，通过薄利多销的经营方式，增加企业利润，提高市场地位。

（三）保持价格稳定

由于价格竞争是一柄双刃剑，因此许多房地产企业尤其是资源雄厚的大企业或市场占有率较高的企业，为了能够长期稳定既有市场，往往以保持价格稳定作为定价目标。比如新鸿基在香港市场上采取的就是稳定高价策略，其优质高档的定位也逐渐为市场认同。一些小企业往往为了回避竞争，以对市场领导者的价格为基础进行定价。这种定价目标要求企业不主动调低或调高产品售价。但稳定价格不意味着价格始终保持不变，如果市场需求发生变化，购房者不再接受原价格，企业必须适时调整价格。

（四）加速资金周转

房地产开发需要大量资金的投入，而且占用周期长，某些资金相对短缺的企业，宁愿牺牲部分利润，以加快资金周转为目标进行定价。

（五）树立并维护企业形象

良好的企业形象是企业的无形资产，能为企业创造源源不断的附加值。以此为目标，要求企业产品的定价水平必须与公众对企业的印象相符，如果企业形象是优质高档，就可以选择高价；如果企业形象是廉价实惠，就可以选择相对低价。增强企业形象的定价目标应当与企业的长期战略一致。

当然，在某些特殊情况下，企业也可能需要制定其他的临时性定价目标。但是一旦情况出现转机，这些目标就应当予以调整。

在选择定价目标前，应当充分收集信息，估算项目成本和市场需求，并分析自身与竞争对手之间的产品差异程度，并结合企业的自身实力，进行深入研究。

二、选择房地产定价策略和定价方法

根据所确定的定价目标，应当选择与之相适应的定价策略和定价方法。详细内容见本章第四、五节。

三、确定项目的平均单价

任何一个项目首先必须确定其整体价格水平，即平均单价，并以此作为细部定价的依据。这也是企业最"计较"的一环。平均单价的确定必须根据选定的项目的定价目标、定价策略和定价方法进行。常用方法有评估得分法、最大假象竞争比较法。评估得分法是将待定价项目与附近可比项目的各项价格影响因素进行对比打分，得到比较系数后，对每个可比项目的已知均价进行调整，并对调整后的已知均价进行简单算术平均运算得到待定价项目的评估均价。最大假象竞争比较法则是在附近地区选择与待定价项目的素质和档次最接近的项目，作为最大假象竞争对手。对二者的价格影响因素进行对比分析，确定单项修正额，然后将各单项修正额相加得到价差，这样，即可在最大假象竞争项目均价的基础上确定本项目平均单价。

在确定整体平均单价后，如果是分期开发和销售的项目，则应各期确定时点平均单价。如果项目规划为数栋建筑，则可评价各栋差异因素及程度，如栋距、楼层数、景观等，决定各栋的单体平均单价。

四、确定楼层垂直价差

在制定垂直价值时，通常会决定一个基准楼层，使其单价等于该栋建筑的平均单价，然后评估其他楼层与该基准楼层之间价格差异的程度，从而制定各楼层的相对价格，并使各楼层相对价格的总和等于零。基准层的确定一般须视住宅楼层的数量而定，通常取价格顺序居中的楼层。如14层的小高层可以选择7楼或8楼作为基准层。一般而言，对于带电梯的住宅，楼层越高，楼价越高，反之则低。高层住宅部分的顶楼，由于其私密性高、采光、通风、视野较佳，通常价格也最高。各楼层与基准层之间的价差因产品而异。一般情况下，多层住宅的楼层垂直价差较小；高层住宅其楼层越多，最高与最低单价楼层的价差也越大。此外，市场状况以及目标客户购房习惯等因素也会影响价差幅度。

五、确定楼层水平价差

确定楼层垂直价差后，可评估同一楼层之间朝向、采光、私密性、格局等因素之优劣程度，定出同层平面中各户的单价。通常情况下，住宅朝向东南方向最好，西北方向最差；房屋所临街采光面越多或采光面积越大，每增加一个采光面可考虑每平方米增加价格 100 ~ 200 元左右；私密性可用栋距来评估，调整幅度视同一楼层之户数多少、管理好坏、防火间隔、与邻房高低差，及大门入口距离等有所不同；有景观房屋的售价可比无景观者每平方米多 300 ~ 500 元左右，甚或更高；在同一楼层中，平面格局最好与最坏的价格差距，在 100 ~ 300 元左右为宜。

如果只有单栋建筑，则可以同一楼层的不同户别制定水平价差；如果有多栋建筑，可先制定各栋之间的水平价差，再分别就各栋同一楼层的户别制定价差；如果为直筒建筑，由于各层平面规划均相同，可仅制定一个水平差价即可适用于各层。水平价差的制定可采用三至五人的评估小组提供专业意见综合考量。也可采用因素成对比较法确定水平价差，首先按矩阵形式罗列各影响因素，然后两两比较因素的重要性。例如有两因素 A 和 B，若 A 比 B 重要，则给 A 赋值 1，B 赋值 0；若 A 和 B 同等重要，均赋值 0.5；若 A 不如 B 重要，则给 A 赋值 0，B 赋值1。最后将比较结果汇总,得到各因素的权重值。然后以某个单元作为标准单元,其余各单元均与之进行因素比较,得到各单元各因素比较得分,用该得分与各因素权重值加权平均,得出各单元权重值。将楼层价与各单元权重值综合考虑,最终可确定各单元单位售价。

六、调整价格偏差

逐步制定出各户型的平均单价外,还需测算在此基础上的整体平均单价是否与原单价水平相符。可将各户面积乘以各户单价,得出总价,将此总价除以全部可售面积得到所制定的平均单价,如果与原单价水平不符,可将差异金额等比例调整至相同。

七、选择项目付款方式

付款方式是决定某项目销售成功与否的重要因素之一。对于开发企业来讲,付款方式将直接影响到资金回收的速度;对于置业者来讲,则涉及到付款难度及产品的投资价值等。一般情况下,可以选择一次性付款、分期付款、银行贷款、延期付款等方式。

八、选择价格调整策略

当房地产市场环境、竞争状态、生产成本等价格影响因素发生变化时,或者针对消费者买涨不买跌的心理,为配合销售情况,房地产开发企业有必要根据不同情况,对价格进行调整。

第四节 房地产定价策略

房地产定价策略是房地产企业为了在目标市场上实现自己的定价目标,所规定的定价指导思想和定价原则。

一、新产品定价策略

新产品定价策略是开发企业价格策略的一个关键环节,它关系到开发建设的房地产产品能否顺利进入市场。包括总体定价策略、单一定价和差别定价策略、购房者心理定价策略、价格折扣与折让策略。

(一)总体定价策略

1. 低价策略。在新型房地产商品进入市场时,在下列情况下,可考虑采取低价投放策略,以低价获利,从而提高市场占有率。

(1)扩大市场容量,激发有效需求;

(2)市场竞争激烈;

(3)企业的产品多为低档次的商品房,其价格弹性较大,低价策略可能促进销售;

（4）企业开发成本较低；

（5）试图以低价优势抢占市场。

这种低价开盘的策略包括两种模式：起价和均价都较低；起价低、均价高。由于后一种模式中，通常仅有几套房子走低价，带有过强的宣传目的，并没有真正让利给消费者，到实地购房的消费者，会有较强的失落感，项目本身也给人不诚信的感觉。所以多数开发企业如果决定低价入市，会选择前一种模式。

低价策略的优点主要体现在：首先，对于需求弹性大的房地产产品，消费者低价格比较敏感，低价容易拓展销路；其次，能有效排斥竞争，从而长期占领市场；第三，随着本产品销路的扩大，开发规模也相应扩大，可体现规模效益，降低成本，增加利润。

其缺点主要体现在：第一，产品售价偏低，资金回笼较慢；第二，由于入市价格已经较低，在后续营销过程中，不宜再实施降价策略；第三，有可能由于产品定价偏低，引起消费者对产品质量的怀疑，影响企业形象。

2. 高价策略。为了在短期内赚取最大利润，在下列情况下，对新开发建设的房地产产品刚入市时可采取高价策略。

（1）本产品具有别的项目没有的显著特点或者卖点；

（2）本产品的综合性能较好；

（3）定价在主流价格范围内，开发量适中，开发企业信誉好，这样即使高价开盘，也能在短期内占据市场主动地位；

（4）本类产品市场供不应求。

高价策略的优点主要体现在：第一，开发企业能在短期内实现盈利目标，掌握市场竞争的主动性；第二，其主要的销售对象是收入较高的购房者或猎奇者，这类人属于非价格敏感型，即使高价也不会影响销售；第三，高价入市后，如果有必要，还可实施降价措施；第四，有助于控制市场需求量不至于增加过快，否则企业生产能力跟不上，可能流失潜在购房者。

其缺点主要体现在：第一，售价较高，可能影响销路；第二，高价带来高利润，很容易吸引其他竞争者入市，可能缩短获取高利润的时期。

3. 中价策略。在房地产市场状况较为稳定的区域内售楼时，如果存在下列情况，可以选择中价策略，使得企业在现有市场状况下保持市场占有率。

（1）市场供求平稳，竞争不很激烈，且消费容量较稳定，有相当的成交量；

（2）产品入市后，消费者认同度较高；

（3）本区域内此类产品发展进入了较为成熟的阶段；

（4）开发企业期望获得正常利润。

中价策略的优点是价格平稳，在正常情况下按期实现盈利目标，但是该策略较为保守，所以盈利率和市场占有率均不高。

上述三类总体定价策略各有利弊，开发企业应根据自身实力、项目特点和市场条件灵活运用。

（二）单一定价和差别定价策略

1. 单一定价。即不分楼层或者朝向，不考虑购买对象的不同和购买数量的多少，所有销售单元采用同一价格。

其优点主要体现在：第一，购房者容易确认价格水平，使购房者感到不会因为不善于讨价还价而吃亏；第二，容易树立企业品牌；第三，有利于节省交易时间。

其缺点主要体现在：由于对所有单元实施统一价格，无法体现层次、楼层、朝向、采光等方面的差异，必然导致那些存在缺陷的产品难以售出，进而影响销售利润。

2. 差别定价。即企业可通过确定垂直价差和水平价差，对不同楼层、朝向、户型的单元制定不同价格；可对于不同的消费群体制定不同的价格；也可根据购房者购房后的用途不同采用不同的价格；还可以对不同的交易对象，不同的流通环节，制定不同的价格。

这种定价策略，更能体现开发产品的综合差异，更有利于占领不同的细分市场，更有利于体现企业开发经营的特点，对于不同消费者的不同优惠措施，也更有助于树立企业的良好社会形象，提高企业知名度，比如对教师购房的折扣优惠等。因此，一般情况下，开发商更愿意选择这种定价策略。

（三）购房者心理定价策略

为适应和满足消费者的购买心理，对销售价格进行微调，以期加快销售进度或提高销售利润。通常包括：

1. 尾数定价策略和整数定价策略。

尾数定价策略又称非整数定价策略。这种定价策略依据消费者有奇数价格或非整数价格比整数价格便宜的消费心理，在制定产品价格时，给商品制定一个带有尾数尤其是奇数如1、3、5、7、9的价格。由于房地产产品价格高昂，多精确到十位数。例如，某商品房定价 4990 元/m^2，消费者就会比较容易接受这样的价格。主要是由于：首先尾数定价给人便宜很多的感觉。虽然 4990 元与 5000 元之相差 10 元，但是会使消费者产生 4000 多元和 5000 元之间较大的差距感；其次，某些消费者会认为整数定价相对概括，不如非整数定价那样定价准确、认真，从而在心理上产生对经营者的信任。

整数定价策略，与尾数定价策略相反，是采用合零凑整的方法，把房地产商品价格定位为整数，不带尾数。如果企业开发建设的房地产产品具有特殊的卖点，比如设计方案、内外装修等有别于同类其他产品，或者产品的整体品质较高，消费对象多是高收入者和上流社会人士时，考虑到这类消费者更关注的是产品的档次是否符合自身要求，而且消费者往往以价格作为辨别质量的指示器，所以在定价时，可以采用整数定价策略。比如，某高档写字楼定价为 16000 元/m^2，而不是 15900 元/m^2。这样会使价格升高一个档次，借以满足消费者的高消费心理，是消费者感到该写字楼与其地位、形象及企业知名度相一致，品质优良，从而成为最终的购买者。

2. 追求吉利等习惯心态定价策略。消费者在选择消费时可能会有追求吉利、讲究风水等习惯心理。开发企业可针对该心理制定房地产价格。比如，消费者钟爱 6、8、9 等吉祥数字，房地产定价时可以采用这类数字，比如 4888 元/m^2、6990 元/m^2 等；而对于含吉祥数字的门牌号码，比如 118 号、808 室等，通常应提高售价，也不一定会影响其销量。某些高档次项目如果有风水上的卖点，在制定价格时，也应当有别于其他项目定价。

3. 组合定价策略，即对相关房地产产品按一定的综合毛利率联合定价。对替代性房地产产品，可适当提高畅销单元的价格，降低滞销单元的价格，以扩大后者销路；对于互补性房地产产品，如商品房与车位，应当有意识地降低购买频率低、需求弹性高的房地产商品的价格，同时提高购买频率高而需求弹性低的房地产商品的价格，以促使两类商品销量同时增加。

4. 首尾定价策略，即将本项目最早推出的一些单元，以相对低价出售，带动市场人气，取得促销轰动效应，然后将难以出售的"死角房"也以较低价格出售，形成开盘价格和收盘价格的首尾呼应。

（四）价格折扣与折让策略

即在定价过程中，先定出一个基本价格，然后以各种折扣和折让来激发消费者的购买欲。这实际上是以中间价策略，在原价基础上减收一定比例的货款。灵活运用这种策略，是房地产开发企业鼓励购买、争取购房者的一种有效方法。主要有：

1. 现金折扣。这是房地产开发经常运用的价格策略。在赊销的情况下，开发企业为了鼓励买房提前付款，对于在约定条件下提前付款的购房者给予更大折扣。比如"2/10，30"表示付款期为 30 天，如果客户在 10 天内付款，给予 2% 的折扣。现金折扣分为一次性付款和分期付款折扣，一般情况下，一次性付款折扣率要高于分期付款折扣率。这种折扣策略能使房地产开发企业及时收回贷款，加速资金周转，降低利息负担，房地产开发企业和消费者都可获得好处。

2. 数量折扣。即根据消费者购买房地产商品面积或金额的多少，按期达到的标准给予一定的价格折扣。购买的数量或金额越大，价格优惠幅度就越大。房地产开发企业为了鼓励团体客户批量购买，通常给予数量折扣。如对购买50个居住单元的购房者给予9折优惠，对购买金额达到100万元者给予9.5折优惠等。

3. 职能折扣。即根据各类中间商在房地产产品营销过程中所担负的职能不同而给予不同折扣，也称为贸易折扣。比如，有的中间商还负责收集客户信息并联系客户，有的中间商不仅联系客户，出售房产，还负责办理有关产权登记等工作。开发企业可对其采取不同的折扣，以调动中间商的积极性。

4. 季节折扣。即对在非消费旺季购买房地产产品的消费者提供的价格优惠。比如，在酷暑、隆冬季节，对购房者给予一定的价格优惠。

二、全营销过程定价策略

这种定价策略是指开发企业从项目开始预售全部售完为止全过程采取的定价策略。房地产价格策略是与产品、市场、销售、形象、宣传推广互动的策略，在全营销的过程中，市场营销环境可能是复杂多变的，开发企业在确定新产品开盘价格后，需要根据实际情况结合阶段性营销目标的不同进行定价策略的调整。一般包括：

（一）低开高走定价策略

又称渗透定价策略，即有计划地定期提高售价的定价策略，随着施工建筑物的不断成型和竣工期的逐渐临近，根据销售进展情况，每到一个调价时点，就按预先确定的幅度调高一次售价的策略。这种策略较为常见，尤其适用于经济恢复阶段或人气渐升的项目。

1. 低开高走策略的优缺点主要体现在：

首先，其优点主要是：

（1）便于快速成交，促进良性循环。以低于市场行情的价格开盘，肯定能吸引相当一部分消费者的注意。消费者对产品进行了解后，易产生物超所值的感觉，而且可以预测到其中包含的市场机会和升值空间，所以很容易成交。此外，由于低价优势吸引较多的消费者的关注，即使没有成交，也可营销出热销气氛，从而进一步带动人气。并且，每一次掉价都能使消费者感到房地产的增值，既给前期购房者信心，也进一步刺激潜在购房者。

（2）便于全营销过程中的价格控制。由于开盘价格低，价格的主动权掌握在开发商手中，有利于开发商根据销售状况及市场反应程度，灵活及时地调整价格策略。

（3）有利于加快资金周转。低价开盘，容易打开销售局面，促使资金尽快回笼，缩短投资回收期。特别是在市场不景气时，生存比利润更重要，与其死守价位无法提高销售量，不如低价寻找生机。

其缺点则主要体现在：

(1) 开盘时短期利润不高。由于开盘时低价入市，往往首期利润不高，有的甚至没有利润，开发企业获利希望主要寄托在后续提价期。

(2) 难以改变项目低品位的形象。高品质通常需要高价位支撑，低价开盘容易给人一种便宜没好货的感觉，所以作为局部的促销活动可在短期内采用，但是作为企业长久策略，必然会影响到项目的档次。

2. 适用范围。在下列情况下，可以选择低开高走的策略：

(1) 如果某项目的地点、规划、户型、服务等综合性能和其他产品相比，没有优势或者特色，其定价基础不稳固时，可以考虑根据其较低品质选择较低价位入市。

(2) 项目的开发规模较大，如果一味高位定价，即使某个阶段较为风光，由于销售期太长，而区域性客源是有限的，销售到最后，必然步入困境。因而经过精心策划，选择低开高走策略。

(3) 附近地区类似产品市场竞争激烈，产品定价时必须以增强本项目产品竞争力为主，否则大量的广告等宣传投入只是替他人做嫁衣裳。

3. 运用技巧

低开高走的策略中"低开"的目的是"高走"，要真正做到这一点，必须有效地把握好调价频率和调价幅度，否则由于价格调控不力，比如单价升幅过大或者节奏过快，都可能造成后续销售的停滞。其中调价频率要频，幅度要小，即小幅递涨。一般每次涨幅在3%～5%之间较为合适。调价初期，可配以适当的折扣策略，作为价格局部过渡，销售状况稳定后，再撤销折扣。提价要经过精心策划，并且高度保密，才能收到效果。

此外，在营销全过程中，应该将户型结构、楼层、朝向等不错的好户型分时间段根据市场变化情况，按一定比例分期分批地面市，这样有效地控制房源，也可以满足不同阶段的消费者的消费需求，保证在后期价格上扬阶段，也有一定量的好房源提供给消费者，提高消费者的满意度和项目的声誉。

另外，开盘后应当以时间为基础根据不同的时间段，确定相对应的销售量和价格，并且围绕该时间段的需求重点制定提价计划。

这样，随时掌握市场动态，不断地将价格根据时间阶段的不同，按照一定的调价幅度、调价频率进行调整，并且控制房地产产品面市的比例和数量，就可以创造较为完美的营销过程，较好地实现开发企业的营销目标。

(二) 高开低走定价策略

即撇脂定价策略，其目的是开发商在新开发的项目上市初期，以高价开盘销售，迅速从市场上获取丰厚的营销利润，然后逐步降低价格，吸引其他消费层次的顾客，从而在较短时间内回收投资。

1. 高开低走定价策略的优缺点

其优点主要是：

（1）高价位支撑容易造成先声夺人的气势，树立项目品牌优势；

（2）由于价格先高后低，后续消费者会感觉享受一定的实惠；

（3）开盘后短期内即可获利较高。

其缺点主要是：

（1）如果开盘高价偏离本区域主流价位，资金周转可能相对缓慢，而且价格高，难以聚集人气，可能影响销量；

（2）先高后低虽然使后续消费者享受到了一定的实惠，但是对前期消费者不公平，而且不符合房地产保值增值的规律，当价格下调时，即使是后续消费者也可能怀疑降价的真实原因，对开发企业的品牌有一定影响；

（3）由于开盘价位较高，日后市场状况或者项目本身发生变化时，价格缺少上调空间，直接调整余地少。

2. 适用范围

在下述情况下，可以考虑采用高开低走的策略：

（1）产品本身具有独特卖点或者创新性的高品质；

（2）某些高档商品房市场竞争已趋缓，开发商可以在高价开盘取得成功，并完成大部分预期营销目标后，通过降价将剩余部分迅速售出，以加快资金回笼；

（3）市场竞争过度，或者项目销售期处于经济衰退阶段，开发企业不得不降低售价，以推动市场。

（三）稳定价格策略

即在整个营销期间，项目的售价始终保持相对稳定，既不大幅提价，也不大幅降价。这种策略一般是用于房地产市场状况稳定的区域，而且项目开发规模较小或项目销售期短的情况。

实际上营销过程中价格的变化十分微妙。无论采用哪种策略都不是绝对的。一般发展上都采取"低—高—低"的价格变化节奏。

第五节　房地产定价方法

定价方法是开发企业根据定价目标确定房地产产品及本价格或者浮动范围的技术方法。主要有成本导向法、需求导向法、竞争导向法等。

一、成本导向法

这种定价方法即房地产开发企业在定价决策中，主要考虑产品的成本因素而不考虑或很少考虑市场需求和竞争等方面的因素，是一种按卖方意图定价的方法。一般包括以下几种以成本为中心的定价方法。

(一) 成本加成定价法

所谓的成本加成定价法，是指先计算房地产产品的单位总成本，然后再加上一定比例的预期利润，得到房地产产品出售价格的一种方法。其计算公式为：

单位产品售价 = 单位产品总成本 × (1 + 加成率)

其中，单位产品总成本是单位产品的固定成本与变动成本之和，包含了税金；加成率即为预期利润占产品成本的百分比，它是定价的关键。一般而言，加成率的大小与商品的需求弹性和房地产开发企业的预期盈利有关。需求弹性大，则加成率低，以求薄利多销；需求弹性小的商品，加成率不易过低。

例如，假设某房地产产品每平方米的开发建设成本为 3000 元，预期利润为 30%，则该产品出售时每平方米的销售价格 = 3000 × (1 + 30%) = 3900 元。

该方法从静态出发，其优点主要表现在：计算价格简便易行；由于成本的不确定性，采用该方法可以保持价格的相对稳定性；如果同行业的大多数企业都采用该方法，各企业定价就会比较接近，有助于避免价格竞争。其缺点是它只考虑成本，不能全面反映市场竞争和供求状况的影响，而且容易忽视产品生命周期、顾客需求弹性、消费需求的季节性等因素，缺少灵活性。

(二) 目标收益率定价法

是指企业为了实现预期的目标利润，根据投资总额和估计的总销售面积来确定产品售价。具体定价时，先确定目标利润率，再根据目标利润率计算目标利润额，然后确定单位产品售价。其计算公式为：

单位产品价格 = (产品总成本 + 目标利润) / 预计销售面积

其中，目标利润的计算由于目标利润率的不同，而有多种表现形式。主要有：

1. 目标利润 = 投资总额 × 目标利润率
2. 目标利润 = 总成本 × 目标成本利润率
3. 目标利润 = 销售收入 × 目标销售利润率
4. 目标利润 = 资金平均占用额 × 目标资金利润率

例如：某项目总建筑面积为 30 万 m^2，估计在市场上可实现销售 26 万 m^2，开发成本 6 亿元，企业的目标收益率为成本利润率 15%，则：

该产品售价 = (总成本 + 目标利润) / 预计销售量 = (总成本 + 总成本 × 成本利润率) / 预计销售量 = (6 + 6 × 15%) × 10^8 / 260000 = 2654 元

该方法的关键是合理确定目标利润率的高低。一般来说，确定目标利润率应综合考虑投入资金来源、投资回收期限、产品生命周期、购房者需求弹性、市场竞争状况等因素。其优点是简便易行，而且只要产品能够卖出去，企业就能够获得预期的利润目标，从而保证收入的稳定性。而缺点是根据估计的销售面积计算产品售价，在产品不能顺利出售的情况下，企业利润难以实现。一般较多地运用于市场占有率高或具有垄断性质的房地产企业。

（三）收支平衡定价法

又称盈亏平衡定价法、损益平衡定价法、临界点定价法等。它是以产品销售收入和产品总成本保持平衡为原则的定价方法。在已知产品销售量的情况下，该方法的计算公式为：

单位产品价格 = 固定成本/产品销售量 + 单位变动成本

其中，在已知销售量的情况下：

收支平衡点销售量 = 固定成本/（单位产品价格 - 单位变动成本）

盈亏平衡定价法侧重于总成本费用的补偿，定价从保本入手而不是单纯考虑某种产品的盈利状况对于多元化经营的企业避免经营风险是十分重要的。该方法的缺点是，如果产品销售量预测不准，价格就定不准。

例如，某项目的固定成本为250万元，单位建筑面积可变成本为2500元，预计项目完成后可出售面积为15000m^2，则：

该项目产品的售价 = 2500000/15000 + 2500 = 2667 元/m^2

（四）变动成本定价法

又称边际贡献定价法，目标贡献定价法。是指以单位面积变动成本为定价基础，加上单位产品贡献额，得到房地产产品出售价格的一种方法。其计算公式为：

单位产品售价 = 单位变动成本 + 边际贡献额/产量

边际贡献额 = 销售收入 - 变动成本

如果边际贡献大于固定成本，企业就有盈利；如果边际贡献等于固定成本，企业不盈不亏；如果边际贡献小于固定成本，企业就要亏损。但在特殊条件下，只要边际贡献大于零，即单位产品价格大于单位变动成本，企业既可以考虑进行产品开发建设，因为这样至少能够在一定程度上弥补企业的固定成本。如果边际贡献小于零，企业就应当放弃该产品的开发建设，因为此时企业不仅不能弥补固定成本，而且连变动成本也无法弥补。在实践中，由于以变动成本为基础的低价可能刺激房地产商品销售量的大幅度提高，因此，边际贡献不仅可能弥补固定成本费用，还可能带来盈利。

该方法通常是企业在产品供过于求、生产不足、承接临时生产任务或产品生命周期处于衰落时采用的一种暂时定价方法。

二、需求导向法

以需求为导向的定价方法，是一种以消费者对产品价值的理解和对价格的承受能力为定价依据的定价方法。这种方法是伴随营销观念的更新而产生的新型定价方法。主要包括理解值定价法和区分需求定价法两种。

（一）理解值定价法

又称觉察价值定价法、认知价值定价法等，它是指企业根据购房者对产品价值的认识和理解来为产品定价。在市场营销活动中，营销活动能否顺利进行，很大程度上取决于消费者的价值判断，即消费者对产品的质量、用途、户型结构及服务质量等的评估。因为，消费者买房时总会在同类房地产商品之间进行比较，消费者对房地产商品价值的判断不同，会形成不同的价格限度。因此，理解值定价法的基本指导思想是以消费者对商品价值的感受及判断程度作为定价的基本依据的，而不是按照生产者的成本来定价。

房地产企业首先可以通过直接评议法或评分法来估计和测量非价格因素变量在消费者心目中建立起来的认识价值，然后按消费者可接受程度来确定项目的初始价格，再预测项目的销售量和目标成本，最后进行价格决策。其关键是房地产开发企业要对消费者的判断价值有正确估计。如果估价过高，则商品定价就太高，市场不能接受；如果太低，商品定价就低，房地产开发企业获利就少，甚至无利可图。为了提高消费者对房地产产品的价值判断，房地产开发企业在项目开发初期应当实行差异化战略，做好产品的市场定位，并结合各种营销手段，使消费者更多地了解产品效用。

（二）区分需求定价法

又称差别对待定价法，是指以不同时间、地点、产品及不同消费者的消费需求强度差异为定价的基本依据，针对各种差异决定在基础价格上是加价还是减价。对于房地产来讲，同一种标准、同一种规格、同一种外部环境的商品房，可以根据消费群体、消费数量、产品的外观、户型结构、楼层及有无独特设计等方面的差异而使销售价格相应变化。

在下列情况下，可以考虑采用该方法定价：

1. 市场能够细分，而且不同细分市场显示出不同的需求强度；
2. 高价竞争市场中不能有低价竞争者；
3. 细分后的高价市场和低价市场在一定时期内相互独立，互不干扰。

运用该方法时，应当注意价格差异适度，不致引起消费者的反感。

三、竞争导向法

竞争导向定价是以竞争为中心的定价方法，即以市场上同类竞争者的产品价格为基础，并随着竞争对手价格的变化而调整自己的价格水平，然后再考虑企业产品成本和市场需求。对于房地产企业而言，当本企业所开发的项目在市场上有较多的竞争者时，适宜采用该方法确定楼盘售价，以促进销售，尽快收回投资。

竞争导向定价有跟随型定价法和追随市场领导者定价法和主动竞争定价法三种。

（一）跟随型定价法

又称随行就市定价法，是指企业按照同行业的平均价格水平为本企业产品定价。在竞争激烈而产品弹性较小或供需基本平衡的市场上，这是一种比较稳妥的定价方法，在房地产业应用比较普遍。采用该方法定价的好处主要体现在：

首先，一般情况下，企业认为平均市价是供求均衡的结果。以该方法定价，通常会给企业带来合理和适度的平均利润。

其次，该方法有利于避免激烈的行业竞争，不破坏行业秩序。

第三，消费者更易于接受该方法确定的价格。

但是该方法缺乏特色，不能很好地体现产品特色和本企业的行业地位。因此，这种定价方法多为一些产品特色性不强、行业地位一般的中小房地产企业采用。

具体操作时，可在市场上选择若干类似物业，以其市场售价为参考值，再以事先确定的若干因素作调整系数，进行差异调整。采用该方法定价，企业产品价格并非固定不变的，它要求企业必须密切监视本行业的价格动向，根据竞争对手的价格策略和市场的变化状况进行价格调整。

（二）追随市场领导者定价法

是指按照本行业中处于领导地位的企业的价格水平为本企业产品定价。这是在垄断竞争市场条件下，行业地位一般的企业常用的一种定价方法。这种方法有助于避免招致对手的报复，与竞争者和平共处；而且有助于提升企业品牌。但是采用该方法定价必须以产品质量不低于或者高于竞争对手为前提，否则难以赢得消费者。

（三）主动竞争定价法

是指企业根据本企业与竞争对手的产品差异，主动以价格作为竞争手段来确定价格。与上述两种方法不同，主动竞争定价法不是消极被动地接受本行业的平均价格，也不是仅仅追随市场领导者的价格，而是积极采用价格手段进攻和打击竞争对手。该方法通常为实力雄厚、多产品、独具特色的房地产开发企业所采用。一般情况下，这类企业在区域性市场上处于行业优势，可以借助其良好的品牌形象，让本企业产品价格超过同类物业价格水平。另外，当物业市场出现大量空置时，项目经营者为了尽快实现经营目标，也可能采取排他性的低价。

具体操作时，首先应将市场上竞争对手的价格与本企业初步估算价格进行比较，分出不同价格层次；然后对比本企业与竞争对手的房地产产品，主要包括产品区位、建筑质量、公建配套完备程度、户型结构、建筑设计特色等比较因素，并找出价格差异的原因；最后，结合本企业产品的优缺点，在上述分析的基础上确定价格。同时应密切关注对手价格的变化，并相应调整本企业的产品价格。

第六节 房地产价格调整策略

企业产品价格制定出来后并不是一成不变的，随着时间推移和外界环境的变化，企业需要适时修订或调整自己产品的价格。

一、价格调整可能带来的反应

（一）消费者对价格变动的反应

1. 消费者对房地产商品降价的反应大致有以下几种：

（1）房地产产品的品质可能有问题，销售不佳；

（2）房地产开发企业财务周转可能有困难；

（3）对尾房作促销；

（4）价格可能还会再降；

（5）如果项目尚在楼花阶段，开发企业在房地产产品开发建设过程中有可能发生偷工减料的情况。

2. 对房地产商品调高价格的行为，消费者可能会认为：

（1）该房地产商品品质优越，应赶快购买；

（2）销售顺畅；

（3）房地产开发企业想多赚钱；

（4）涨价可能只是一时假象，无法在高位维持太久。

消费者对价格变动的反应是检验调价是否成功的重要标准，因此，必须认真分析消费者对调价的反应，研究消费者是如何理解这次调价的，从而测定价格调整是否恰当，采取有效的措施。

（二）竞争者对价格变动的反应

1. 针对本企业的降价策略，竞争者的反应可能是：

（1）该房地产商品销售情况不佳，以降价来扭转不利局面；

（2）该企业想通过降价争夺市场；

（3）该企业希望利用降价，来区分产品品质，摆脱竞争；

（4）该企业希望引发同行降价，以刺激总需求；

（5）该产品品质受到消费者批评。

2. 针对本企业的提价策略，竞争者的反应可能是：

(1) 该房地产商品销售状况较好；
(2) 该企业希望能利用涨价区分产品的差异，摆脱竞争；
(3) 该企业可能利用涨价制造热销假象。

价格调整可能会导致竞争者采取意想不到的行动，因此，调价前，企业必须了解竞争者的财务状况、近年来的开发建设和销售情况、消费者的忠实度以及竞争者的企业目标等情况。

二、调价方式

一般来说，调整价格的方式可以归为两大类：

（一）主动调价

在项目销售过程中，为了适应市场供求环境的变化或者本项目生产成本与预期值可能不同等情况，企业可对产品价格进行主动调整。采取的方式有两种：主动提价和主动降价。

1. 主动提价

在下列情况发生时，房地产开发企业可能考虑主动提价：

（1）项目建设过程中，由于土地、建材、人工费等价格上升，导致房地产产品的开发建设成本提高。此时如果维持原价，很可能降低企业预期利润，开发企业通常可通过涨价来转嫁增加的成本；

（2）当市场需求旺盛，产品供不应求时，由于房地产产品生产周期较长，短期供给缺少弹性，开发企业可以通过提价把握市场时机，同时也可缓解生产压力；

（3）开发企业通过技术革新，引入新的建筑技术或者经营管理理念，提升了房地产产品的品位、档次以及舒适度，可通过提价显示其产品的高品质，并补偿技术革新的成本；

（4）发生通货膨胀，使产品的市场价格低于其价值，企业可能不得不通过涨价减少货币贬值造成的损失。

企业决定主动提价时，可通过公共关系、广告宣传等方式，在消费者认知的范围内，把产品成本上涨或者品质提高的真实情况告知消费者，以获得消费者的理解，使得涨价在没有或较少抵触的情况下进行。企业应当注意把握提价幅度和宣传力度，不宜过分夸大成本或者品质的提高幅度，过高提高产品价格。

2. 主动降价

在下列情况发生时，房地产开发企业可能考虑主动降价：

（1）随着市场竞争压力的增加，产品市场占有率下降，企业被迫以降价的方式维持和扩大市场份额；

（2）如果开发企业采取有效措施降低了产品生产成本，可以通过降价的方式提高市场占有率；

（3）如果企业生产能力过剩，可考虑用降价的方式扩大销售；

（4）经济紧缩时，由于币值上升，企业可考虑降价以适应价格总水平的下降。

同样的，企业决定主动降价时，也应当注意到与消费者的沟通，让消费者了解到降价的真实原因，否则可能导致消费者对建筑质量、经营管理水平等产生怀疑，进而影响产品销售，无法实现降价目的。

（二）被动调价

当市场中其他竞争者率先调价后，开发企业可能被迫作出相应的反应。针对竞争者的调价行为，开发企业通常应做好以下两方面工作：

一是认真分析和研究竞争者的调价行为。包括竞争者调价的目的和原因是什么；其价格的变动是长期的，还是暂时的行为；其调价行为可能对本企业产生何种影响；本企业如果对其调价行为做出反应，该竞争者和其他竞争者会作出何种反应等等。

二是制定有针对性的对策。一般情况下，企业可采取如下价格对策：

1. 维持原价

（1）当竞争者调价幅度较小时，开发企业可对其调价行为置之不理。但是可能要承担错失机会、无法收复市场的风险。

（2）当竞争者降价幅度稍大时，可运用非价格手段开展竞争。比如，改进产品、提高物业管理水平等。对于房地产产品来讲，价格不变而增加给购房者的利益通常比直接降价更有竞争力。

2. 跟随降价

当竞争者降价幅度较大时，如果企业的非价格竞争策略难以奏效，且市场对于价格非常敏感时，如果不跟随降价，企业可能失去太多的市场份额，这时应当根据企业具体情况适当降低本企业房地产产品的价格。

三、调价方法和技巧

（一）直接的价格调整

一般情况下，房地产价格上升，说明物有所值，开发企业应当大力宣传，并由此按时今后价格上升的趋势；而价格的直接下调，则不容易被消费者看好，所以开发企业不宜直接宣布其价格的下调，而是通过其他方式让客户感受到价格优惠。

进行直接价格调整时，可以对基价进行调整，也可对差价系数进行调整。对基价进行调整，意味着所有单元的价格都一起参与调整，这是产品对市场总体趋势的统一应对。对差价系数的调整，要求我们根据实际销售的具体情况，对原先所设定的差价体系进行修正,将销售良好的户型或楼层差价系数调高,销售不佳的户型或楼层的差价系数调低一些,以均衡各种类型单元的销售比例,适应市场对不同产品需求的强弱反映。其中,差价系数的调整是房地产开发企业经常采用的主要调价手段之一。

如果打算直接提高价格,在已售套数较多的情况下,可先调高已售户型的价格,借此拉大与未售户型的价差,以促销未售户型。如果已售的套数较少,即可全面调高价格,造成全面涨价的印象;或提高某些产品条件较好的户型,以促进剩余户型的销售。如果打算降价,尽量调整未售户型,以避免引发已售户型客户的不适心理。

(二)调整付款方式

通过调整付款方式来调整价格是相对较为隐蔽的。一般情况下可通过对付款时段、每个付款时段的付款比例、各种期限的贷款利息进行调整,加上价格折扣调整来实现调价目的。

1. 增加或降低折扣比例。增加折扣,或者在原有基础上扩大各种折扣的比例,实际上就等于降低了房地产产品的价格。这种降价方法往往会收到意想不到的效果。比如将一次性付款折扣从98折调到95折。相反,降低折扣,实际上相当于提高房地产产品价格。企业还可设定其他获得折扣的条件,比如团购折扣或者多人同时购房折扣,以扩大销售率。另外,对于一次性付款的购房者,还可设定付款优惠条款。开发企业为促使购房者尽快交款,以回笼资金,可规定购房者在一定期限内付款时可获得相应的优惠折扣。比如10日内付款在原折扣基础上再优惠2%,20日内付款在原折扣基础上再优惠1%等。

2. 降低首付款比例或者延付首期款。如果能在首付款上降低消费者购房门槛,通常能取得较好的销售效果。但是在运用此方式时,应当注意:

首先,降低首付款或者延付首期款会影响到开发企业的融资情况,如果开发企业资本实力不足,不宜采用此方式,更适于采用低价开盘的方式;

其次,应当考虑将采用此方式造成的损失隐含在销售价格中;

另外,应当注意不能违背政府的相关规定。

3. 减免一定期限的供款。比如开发商可与消费者约定,消费者如果采用银行贷款的方式供楼,其前若干期限内的分期还款由开发商来代为偿还。

4. 开展购买赠送活动。除了设定一定的折扣比例外,开发企业还可考虑在售楼时,赠送若干年物业管理、停车位、家具家电、装修等,让购房者感到花同样的钱,享受到更大的优惠,从而间接降价。

(三)其他价格调整方法

在价格不变的情况下,可以在不降低产品质量,不影响企业或品牌声誉的前提下,通过使用较便宜的原材料或零部件、减少某些不太重要的服务等办法间接提高产品售价;也可以改进产品的性能,提高产品的质量,起到间接降价的效果。

四、调价时机

主动调价时,通常可依据销售期和销售率这两项标准,结合消费者接受程度分析,来确定调价时机。一般楼盘的销售期通常为4~8个月,因此进入销售期两个月左右即可考虑调价。此外当销售率达到三成时也可调价。

销售期和销售率应当综合考虑,若进入销售期仅三四周就达到30%的销售率,此时尽管进入销售期不到两个月,但是由于销售形势较好,也可考虑上调价格;如果经过了较长的时间才达到三成的销售率,此时调价危险性较高。在此基础上,应当分析消费者满意程度,如果销售缓慢的原因在于价格,除非希望通过提价制造热销假象,否则维持价格是较优选择。

对于期房来说,工程进度也是确定调价时机的一个标准。随着工程的不断推进,成本在不断发生的同时,各项费用可能与预期值不同,价格的调整就显得很有必要。工程进度与销售期基本上可以合并考虑,从销售策略上讲,期房销售期的安排一般以工程进度为标准。

第二章 居住区规划与设计

第一节 居住区规划概述

居住区是城市的有机组成部分,是被城市道路或自然界线所围合的具有一定规模的生活聚居地,为居民提供生活居住空间和各类服务设施,以满足居民日常物质和精神生活的需求。居住区规划与设计不但是创造一个安全、卫生、便利、舒适的居住生活环境,还直接影响到整个城市的面貌。居住区的规划与设计,应严格执行国家标准《城市居住区规划设计规范(2002年版)》(GB 50180—93)。

一、居住区的规模与组成

居住区的规模大小可以用人口规模和用地规模来表述,通常以人口规模为依据进行分级,按照现行的规范,根据不同的人口规模,分为"居住区"、"居住小区"、"居住组团"三级,也可以采用"社区"的称谓,即:

居住区——大型社区:容纳人口30000~50000,户数10000~16000;

居住小区——中型社区:容纳人口10000~15000,户数3000~5000;

组团——小型社区:容纳人口1000~3000,户数300~1000。

居住区的用地规模受较多因素的影响,主要与居住人口数量、建筑气候区划分以及城市规划的规定有直接的联系,同时还与城市道路交通布局、建设地的综合条件等因素有关。在其他条件相同的情况下,居住区住宅的层数越多,用地规模越小。

居住区规划总用地包括居住区用地和其他用地两部分:

(一) 居住区用地

居住区用地是住宅用地、公共服务设施用地(也称公建用地)、道路用地和公共绿地四项用地的总称。其中各用地的构成为:

1. 住宅用地。包括住宅建筑的基底占地及其四周合理间距内的用地(含宅旁绿地、宅间小路、家务院等)。

2. 公建用地。是指与居住人口规模相对应配套建设的、为居民服务和使用的各类设施的用地,包括建筑基底占地及其所属的专用场院、绿地和配建停车场、回车场等。

3. 道路用地。是指宅间小路和公建专用道路以外的各级车行道路、广场、停车场、回车场等。

4. 公共绿地。是指满足规定的日照要求，适合安排游憩活动设施的、供居民共享的集中绿地，包括居住区公园、居住小区的小游园、组团绿地以及其他具有一定规模的块状、带状公共绿地等。

这四项用地之间，既相对独立又相互联结，是一个有机整体，每项用地按合理的比例统一平衡，其中"住宅用地"一般占"居住区用地"的45%以上，是居住区比重最大的用地。

（二）其他用地

规划用地范围内，除居住区用地以外的各种用地，包括非直接为本区居民配建的道路用地、其他单位用地、保留用地及不可建设的土地等。

在居住区规划总用地所包含的两类用地中，居住区用地是规划可操作用地，所对应的住宅、公共服务设施、道路和绿地是居住区的组成要素。

住宅是家庭私用空间，是提供居住使用的建筑。住宅一般按套型进行设计，每套住宅设有卧室、起居室（厅）、厨房和卫生间等基本功能空间，随着人们对住宅功能需求的提高，住宅设计应该不断完善，比如设置储藏空间、室内运动空间等，满足不同的使用要求。住宅按层数可以分为低层住宅、多层住宅、中高层住宅和高层住宅。低层住宅是指1~3层的住宅，多层住宅是指4~6层的住宅，中高层住宅是指7~9层的住宅，高层住宅是指10层及以上的住宅。住宅还可分为独立式（独院式）住宅、联排式住宅、单元式住宅、塔式住宅等。

公共服务设施是居住区配套建设设施的总称，简称公建，包括以下8类：（1）教育：项目有托儿所、幼儿园、小学、中学；（2）医疗卫生：项目有医院、门诊所、卫生站、护理院。（3）文化体育：项目有文化活动中心（站）、居民运动场馆、居民健身设施；（4）商业服务：项目有综合食品店、综合百货店、餐饮店、中西药店、书店、便民店等；（5）金融邮电：项目有银行、储蓄所、电信支局、邮电所；（6）社区服务：项目有社区服务中心、治安联防站、居委会等；（7）市政公用：项目有供热站或热交换站、变电室、开闭所、路灯配电室、燃气调压站、高压水泵房、公共厕所、垃圾转运站、垃圾收集点、居民停车场（库）、消防站、燃料供应站等；（8）行政管理及其他：项目有街道办事处、市政管理机构（所）、派出所、防空地下室等。

居住区内道路分为居住区（级）道路、小区（级）路、组团（级）路和宅间小路四级。居住区（级）道路是一般用以划分小区的道路。小区（级）路是一般用以划分组团的道路。组团（级）路是上接小区路、下连宅间小路的道路。宅间小路是住宅建筑之间连接各住宅入口的道路。此外，居住区内还可能有专供步行的林荫步道。

居住区内绿地有公共绿地、宅旁绿地、公共服务设施所属绿地和道路绿地，包括满足当地植树绿化覆土要求、方便居民出入的地下建筑或半地下建筑的屋顶绿地，不包括其他屋顶、晒台的人工绿地。公共绿地是整个绿地系统中最主要的部分。宅旁绿地是指住宅四旁的绿地。公共服务设施所属绿地是指居住区内的幼儿园、中小学、门诊所、储蓄所、居委会等公共服务设施四旁的绿地。道路绿地是指居住区内道路红线内各级道路旁的绿地。

二、居住规划的内容和要求

居住区规划的任务是为居民创造一个满足日常物质和文化生活需要的方便舒适、安全、卫生、便利的环境。居住区的规划设计内容应根据城市总体规划要求和建设基地的具体情况来确定，通常包括以下几方面的内容：

（1）选择、确定用地位置、范围；

（2）确定规模，即确定人口数量和用地大小；

（3）拟定居住建筑类型、层数比例、数量、布置方式；

（4）拟定公共服务设施的内容、规模、数量、分布和布置方式；

（5）拟定各级道路的宽度、断面形式、布置方式；

（6）拟定公共绿地、体育、休息等室外场地的数量、分布和布置方式；

（7）拟定工程规划设计方案；

（8）拟定各项技术经济指标和造价估算。

居住区规划设计要求在"以人为本"的指导原则下去创造宜人的人居环境，居住区的规划设计要满足可持续发展的要求，具有一定的前瞻性，达到社会、经济、环境三者统一的综合效益。具体而言，需要满足以下基本要求：

（1）方便：规划设计要充分考虑居民生活行为模式与特征、地方习俗以及新生活需求。选择适合的住宅类型和合理的公建配套项目，设施完善，使用方便；居住区用地布局合理，道路顺捷，交通方便；为居民提供休闲活动场所；设置必要的无障碍设施。

（2）舒适：居住区选址首先要具有良好的生态环境；住宅建筑功能完善，居住环境有良好的日照、采光、通风条件，无空气和噪声污染；有较高的环境绿化水平、良好的小气候；合理利用自然资源，提高居住区自然平衡能力，使之具有健康舒适、可持续发展的居住环境。

（3）安全：居住区的社会安全应周密考虑安全防卫、物业管理、交通安全、社会秩序、人权保障、邻里关系等。居住区各功能系统要配套完善，保证正常运转及防灾抗灾的能力。规划还需满足领域与归属、私密与交往、认同与识别等生理与心理需求。

（4）美观：要求建筑形式与环境协调并具特色；建筑色彩和谐；建筑群体组合与整个居住环境统一完整。

（5）经济：通过合理地规划和设计，降低居住区建设造价，节约利用城市土地，取得较好的经济效益。

此外，居住区规划设计还要考虑到工程技术的优化以及施工组织的便利。

三、居住区规划设计的依据

居住区规划设计必须考虑一定时期国家经济发展水平和人民的文化、经济生活状况、生活习惯与要求，以及气候、地形、地质、现状等，这些都是规划设计的重要依据。

（一）政策法规是规划设计的前提条件

居住区的规划和设计必须严格执行国家的现行政策法规，包括城市规划、居住区规划设计规范及其他相关规范等，它们具有法律效力。其中对居住区规划和设计起重要指导作用的是城市规划。

我国现行的城市规划编制体系，由三个层次的规划组成：（1）全国和省域城镇体系规划；（2）城市总体规划；（3）城市详细规划。上一层次的规划对下一层次的规划起指导作用。

城市详细规划是对一定时期内城市局部地区的土地利用、空间环境和各项建设用地所作的具体安排，根据城市建设的阶段和工作需要，城市详细规划分为控制性详细规划和修建性详细规划。控制性详细规划是确定建设地区的土地使用性质和使用强度的控制指标、道路和工程管线控制性位置以及空间环境控制的规划要求，对居住区的规划和设计有更直接的影响。修建性详细规划是用以指导各项建筑和工程设施的设计和施工的规划设计。

控制性详细规划的主要任务是用一系列的指标和规划要求对土地使用进行有效的控制，并指导修建性详细规划的编制。其基本内容如下：（1）详细确定规划地区各类用地的界线和适用范围，提出建筑高度、建筑密度、容积率控制指标；规定各类用地内适建、不适建、有条件可建的建筑类型，规定交通出入口方位、建筑退红线距离等。（2）确定各级支路的红线位置、断面、控制点坐标和标高。（3）根据规划容量，确定工程管线的走向、管径和工程设施的用地界线。（4）制定相应的土地使用和建筑管理规定细则。

控制性详细规划对地块的控制指标有规定性指标和指导性指标两类。规定性指标是必须遵照的指标，一般为以下几项：（1）用地性质；（2）用地面积；（3）建筑密度；（4）建筑控制高度；（5）建筑红线后退距离；（6）容积率；（7）绿地率；（8）交通出入口方位；（9）停车泊位及其他需要配置的公共设施。指导性指标是参照执行的指标，一般为以下几项：（1）人口容量；（2）建筑形式、体量、色彩、风格要求；(3) 其他环境要求。

城市规划比较偏重于对居住区所在场地的总体利用和总体形态的控制，而设计规范则比较偏重于对一些具体功能和技术问题的要求，如《民用建筑设计通则》、《建筑设计防火规范》等，对居住区内的建筑物的布局和道路交通系统的组织都有具体的要求，是应该遵守和满足的前提条件。

（二）使用特点是规划设计的直接依据

居住区的规划和设计是否与居住区的使用特点和使用要求相吻合，是衡量规划设计完善程度的重要指标。建设完成后，能否充分满足使用者的活动需求，是否为之提供了可能、方便和舒适是决定居住区规划设计质量的关键。因此在规划设计初期，就要充分考虑居住区使用者的需求，如果使用者的需求在居住区规划设计中没有全面地得到反映或者有所偏差，最终会出现两种结果，一是使用上有缺陷，不能满足全部要求，不能实现开发的初衷；一是设计的具体形式未被使用者认同和接受，他们会以自己的方式来使用，造成居住区的形象改变，使规划设计失去意义。这两种结果都会使正常使用受到不同程度的影响，造成不必要的浪费，导致实际运作费用的增加。

为给使用者的居住与生活提供适合的场所，了解使用者和他们的意愿要求，了解使用者的人群构成，分析他们的行为模式和活动规律，对规划设计工作是十分重要的。

（三）场地的自然条件和现状是规划设计的客观基础

居住区的规划和设计不可能脱离建设场地的具体客观条件，如地形、地貌、地质、水文、气候等自然条件，这些条件是不受人为因素的左右的，对规划设计的影响是具体且直接的。主要应注意以下方面资料的收集：

1. 地形地貌

为了解建设场地的形态、坡度情况和地势的走向变化，需要得到建设场地的区域位置地形图和建设基地地形图。通常地形变化小，地势较平坦时，对居住区的规划和设计影响要小一些，规划设计时的自由度较大，而地形地势较特殊时，对居住区的规划和设计影响较大，但也常常为设计人提供了一些特殊的有利条件，做出独具特色的设计。

2. 气象条件

气象条件是促成居住区规划和设计地方特色形成的重要因素之一。

一方面是要了解建设场地所处地区的气象背景，包括寒冷或炎热程度、干湿状况、日照条件、当地的日照标准等；另一方面是要了解一些比较具体的气象资料，包括常年主导风向，冬、夏季主导风向，风力情况，降水量的大小、季节分布，夏季、冬季的雨雪情况等。

由于建设场地及其周围环境的一些具体条件比如地形、植被状况、周围的建筑物情况等等的影响，居住区内的具体气候条件会在地区整个气候条件的基础上有所变化，形成特定的小气候。比如地区的常年主导风向是整体的风向特征，居住区内的通风路线会在地形、树木、周围环境中的建筑物高度、密度、位置、街道走向等因素的影响下有较大的改变；居住区内的植被条件、水体情况也会对温度、湿度构成影响等等。总之，小气候条件会因具体影响因素的不同而不同，这种具体的变化需要认真加以分析和研究。

从节约能源、保护生态出发，居住区规划设计应采取与建设场地区域气候和小气候条件相适应的形式，并应努力创造更加良好的区内小气候环境。

3. 工程地质、水文条件

居住区建设场地的地质、水文条件关系着居住区内住宅和公建位置的选择，也关系到地下工程设施、工程管线的布置方式以及地面排水的组织方式。需要掌握的地质情况包括：地基土的特性、地震震级和烈度以及是否存在不良地质现象等。水文情况包括地表水和地下水的资料。

地基土的不同种类、特性和组合方式关系着地基承载力的大小，将会影响到居住区内建筑物位置的选择，也会影响建筑物基本形态的确定，因为建筑物层数越高，要求地基承载力相应也越大。

地震是不可避免的自然灾害，场地设计应根据基地所处地区的设计烈度以及基地的具体地质地形做出相适应的处理，对于地震多发地区，要考虑好人员较集中的建筑物的位置，应将其适当远离高耸建筑物、构筑物及场地中可能存在的易燃易爆部位，并应采取防火、防爆、防止有毒气体扩散等措施，以防止地震时次生灾害发生。居住区中应设置各种疏散避难通道和场所，建筑物之间的间距应适当放宽。道路宜采用柔性路面。场地内管线设施的材料选用应考虑其抗震强度。

建设场地内可能出现的不良地质现象主要有冲沟、崩塌、滑坡、断层、岩溶、采空区等。一般来说，居住区不会选择在可能出现或具有大型不良地质现象的地区，但在规划设计中还是应对可能的小规模的不良地质现象给予足够重视。建筑物的布局应避开有不良地质现象的部分，或者考虑到这些地质现象可能的影响，并应采取相应的处理措施。

场地设计应考虑到地表水体的水位情况，河湖等的淹没范围，海水高低潮位，河岸、海岸的变化情况。建筑物、道路及其他室外设施与水面、岸线的距离和高差等具体处理方式应根据上述各方面的具体条件来决定。地下水位情况与建筑物的地基工程及地下管线设施有密切的关系，地下水位过高往往不利，对这种情况，应当采取相应的处理方式。此外，居住区场地内雨水的排除方式、方向和路线应根据地表水体的情况和基地中现有的汇水路线来考虑。

对居住区的现状分析主要是针对各类人工工程设施（如建筑物、构筑物、道路、管线等）和人工自然设施（如植被、农田、水塘等）加以确认，并分辨需保留、利用、改造、拆除、搬迁的项目。对基地周边关系分析主要确认所规划的居住区在地域中的关系位置、地位作用、道路交通、周边环境设施、建筑形式、地域风貌等，这些都是规划设计中不可缺少的现场资料和依据。

第二节 居住区的规划布局形式与主要规划指标

居住区的建设受到经济发展、科技进步、人民生活水平的提高不断推动着居住区建设的发展，同时，市场规律也时刻影响着居住区的开发建设。为了切实保护居住者的利益，避免开发的盲目性，必须运用行政手段——国家规范的方式，对居住区的规划和设计进行科学的指导和监督。

一、居住区的结构和规划布局方式

居住区在城市中是一个相对独立的区域，以居住功能为主，同时具备服务、交通、工作、休憩等多种功能，是一个多元多层次的社区。

居住区的结构主要有：

居住区——居住小区——居住组团（三级结构）
居住区——居住小区　　　　　（二级结构）
居住区——居住组团　　　　　（二级结构）

此外，还有独立居住小区和独立居住组团的形式。由于城市规模、基地条件的不同，居住区开发投资的经营管理方式不同，居住区的规划布局形式呈现出多样化的发展趋势。常见的居住区规划布局方式有以下几种：

1. 片块式

居住区的布局形式与行政区的体制划分相统一，按体制规模划分地块，各个地块内布置相应的公共服务设施，将住宅建筑按照日照间距的要求进行布局，不强调主次关系，成片成块地形成自然的片块式布局。"居住区——居住小区——居住组团"三级体制结构的居住区，常常可以按照体制结构划分用地，分别设置各级的中心。

2. 轴线式

轴线式布局通常将线形的道路、绿化带、水体等设定为居住区的轴线，贯穿整个居住区，起到明显的支配作用，其他建筑沿轴线布置，采用对称或均衡的建筑美学构图规则，形成强烈的聚集性和导向性。从而实现整个区域的和谐有序与和谐。

3. 向心式

以区域内的某个建筑物、构筑物、景观为中心，强调其主导地位，其他的空间元素围绕着这一中心进行组合排列，表现出强烈的向心性。这种布局方式比较适宜用于有一定坡度的山地建设场地，可以顺应自然的地势布置环状的路网形成向心的空间布局。

4. 围合式

围合的布局是建筑设计中常用的一种布局方式，对居住区的规划设计而言，就是将住宅和公建沿场地外围周边布置，也可以将公建布置在围合的区域中，形成一个相对封闭的空间，主入口可按环境条件的许可设置在任意方位。围合式布局有利于构建一个完整统一的居住环境，只是在个别建筑的设计时，要注意选用适当的体型和房间的布置方式，以争取好的朝向。

5. 集约式

有的居住区，为了缓解用地紧张的矛盾，将住宅和公共配套设施集中紧凑布置，并开发地下空间，使地上地下空间垂直贯通，室内室外空间渗透延伸，形成居住生活功能完善，水平——垂直空间流通的集约式整体空间。这样可以在有限的空间里很好地满足现代城市居住的各种要求，对一些旧城改建和用地紧缺的地区非常适用。

6. 隐喻式

在居住区规划设计时，以某种事物、某个主题为原型，经过概括、提炼、抽象，形成该居住区内建筑和环境的形态语言，通过建筑物和构筑物的形态、色彩、组合方式等使人产生视觉和心理上的某种联想与领悟，从而增强了建筑与环境的感染力，营造出良好的居住的精神空间环境。

二、居住区的主要规划指标

《城市居住区规划设计规范》中，对居住区的综合技术经济指标提出了原则性的要求和具体的规定。技术经济指标是从量的方面衡量和评价规划质量和综合效益的重要依据。居住区综合技术经济指标分两部分组成，即土地平衡及主要技术经济指标（见表2-1）。

居住区综合技术经济指标系列一览表　　　　　　　　　　表2-1

序号	项目	计量单位	数值	所占比重（%）	人均面积（m²/人）
1	居住区规划总用地	hm²	▲	—	—
2	1. 居住区用地（R）	hm²	▲	100	▲
3	①住宅用地（R01）	hm²	▲	▲	▲
4	②公建用地（R02）	hm²	▲	▲	▲
5	③道路用地（R03）	hm²	▲	▲	▲
6	④公共绿地（R04）	hm²	▲	▲	▲

续表

序号	项 目	计量单位	数 值	所占比重%	人均面积 m²/人
7	2. 其他用地	hm²	▲	—	—
8	居住户（套）数	户（套）	▲	—	—
9	居住人数	人	▲	—	—
10	户均人口	人/户	▲	—	—
11	总建筑面积	万 m²	▲	—	—
12	1. 居住区用地内建筑总面积	万 m²	▲	100	▲
13	①住宅建筑面积	万 m²	▲	▲	▲
14	②公建面积	万 m²	▲	▲	▲
15	2. 其他建筑面积	万 m²	△	—	—
16	住宅平均层数	层	▲	—	—
17	高层住宅比例	%	△	—	—
18	中高层住宅比例	%	△	—	—
19	人口毛密度	人/hm²	▲	—	—
20	人口净密度	人/hm²	△	—	—
21	住宅建筑套密度（毛）	套/hm²	▲	—	—
22	住宅建筑套密度（净）	套/hm²	▲	—	—
23	住宅建筑面积毛密度	万 m²/hm²	▲	—	—
24	住宅建筑面积净密度	万 m²/hm²	▲	—	—
25	居住区建筑面积毛密度（容积率）	万 m²/hm²	▲	—	—
26	停车率	%	▲	—	—
27	停车位	辆	▲	—	—
28	地面停车率	%	▲	—	—
29	地面停车位	辆	▲	—	—
30	住宅建筑净密度	%	▲	—	—
31	总建筑密度	%	▲	—	—
32	绿地率	%	▲	—	—
33	拆建比	—	△	—	—

注：▲必要指标；△选用指标。

（一）用地平衡指标

表2-1 中 1~7 项，居住区规划总用地包括居住区用地和其他用地。表2-2

为现行规范规定的居住区用地平衡控制指标（%），主要反映土地使用的合理性与经济性。居住区用地包括住宅用地、公建用地、道路用地和公共绿地，这四项用地之间存有一定的比例关系。这一比例关系是否合理，以及表2-3中的居民平均占有的用地面积数量是否符合要求，是衡量居住区规划设计是否科学、合理、经济的重要标志。

居住区用地平衡控制指标（%） 表2-2

用地构成	居住区	小区	组团
住宅用地（R01）	45~60	55~65	60~75
公建用地（R02）	20~32	18~27	6~18
道路用地（R03）	8~15	7~13	5~12
公共绿地（R04）	7.5~15	5~12	3~8
居住区用地	100	100	100

人均居住用地控制指标（m²/人） 表2-3

居住规模	层 数	大城市	中等城市	小城市
居住区	多层	16~21	16~22	16~25
	多层、中高层	14~18	15~20	15~20
	多层、中高层、高层	12.5~17	13~17	13~17
	多层、高层	12.5~16	13~16	13~16
小区	低层	20~25	20~25	20~30
	多层	15~19	15~20	15~22
	多层、中高层	14~18	14~20	14~20
	中高层	13~14	13~15	15~16
	多层、高层	11~14	12.5~15	—
	高层	10~12	10~13	
组团	低层	18~20	20~23	20~25
	多层	14~15	14~16	14~20
	多层、中高层	12.5~15	12.5~15	12.5~15
	中高层	12.5~14	12.5~14	12.5~15
	多层、高层	10~13	10~13	—
	高层	7~10	8~10	—

人均居住用地控制指标有上限和下限的规定，确定上限，是为了节约用地，因为我国人口众多，城市建设用地极为紧张，所以要对人均居住用地进行必要的

限制，避免土地资源的浪费。确定下限是为了保证人们居住环境的最低要求。我国这一指标和许多国家相比是定得很低的，如果低于这一数据，则居住区的用地环境就太差了，应视为不合格的用地指标。人均居住区用地控制指标（m^2/人）表中，大城市控制指标低于小城市，对于低层只是适当放松。

此外，在规划用地内还包括一些与居住区没有直接配套关系的其他用地，如外围道路、保留的区外单位用地、不可建的土地等，其中外围道路如城市道路在规划中必定存在，因此其他用地也是一个基本指标。

（二）规模指标

表2-1中8~15项，主要反映人口、住宅和配套公共服务设施之间的相互关系。总建筑面积包括居住区用地内建筑总面积和其他建筑面积。住宅建筑面积与公建面积之和即为居住区用地内建筑总面积。

（三）层数密度指标

表2-1中16~27项，主要反映土地利用效率和技术经济效益。

(1) 住宅平均层数：住宅总建筑面积与住宅基底总面积的比值，即：

住宅平均层数＝住宅总建筑面积（m^2）/住宅基底总面积（m^2）

(2) 高层住宅比例（≥10层）：高层住宅总建筑面积与住宅总建筑面积的比率，即：

高层住宅比例＝高层住宅总建筑面积（m^2）/住宅总建筑面积（m^2）×100%

(3) 中高层住宅比例（7~9层）：中高层住宅总建筑面积与住宅总建筑面积的比率，即：

中高层住宅比例＝中高层住宅总建筑面积（m^2）/住宅总建筑面积（m^2）×100%

(4) 人口毛（净）密度：即每公顷居住区用地上（住宅用地上）容纳的规划人口数量，即：

人口毛（净）密度＝规划总人口/居住区用地面积（住宅用地面积）（人/hm^2）

(5) 住宅建筑套毛（净）密度：每公顷居住区用地上（住宅用地上）拥有的住宅建筑套数，即：

住宅建筑套毛（净）密度＝住宅总套数/居住区用地面积（住宅用地面积）（套/hm^2）

(6) 住宅建筑面积毛（净）密度：每公顷居住区用地上（住宅用地上）拥有的住宅建筑面积，即：

住宅建筑面积毛（净）密度＝住宅总建筑面积/居住区用地面积（住宅用地

面积)(万 m^2/hm^2)

住宅建筑面积净密度,也称为住宅容积率,决定住宅建筑面积净密度的主要因素是住宅的层数、居住面积标准和日照间距。它是决定居住区土地使用强度的重要指标,在一定的住宅用地上,住宅建筑面积净密度高,该居住区的环境容量(住宅建筑量和居住人口量)相应也高,反之,环境容量越低。规定这项指标的最大允许值,是为了制止不顾居住环境质量而大幅度提高土地的使用强度,增加土地的环境容量的开发行为,实践证明,住宅建筑面积净密度对土地的开发强度、地价高低,环境质量及景观效果起着举足轻重的作用。住宅建筑面积密度有着较强的灵敏度和控制性,它是倍受各方关注的指标,应该严加控制。

(7)居住区建筑面积毛密度:每公顷居住区用地上拥有的各类建筑的总建筑面积,即:

居住区建筑面积毛密度 = 居住区总建筑面积/居住区用地面积(万 m^2/hm^2)

或者可以用容积率来表示,即:

容积率 = 居住区总建筑面积/居住区用地面积(万 m^2/万 m^2)

(四)环境质量指标

表2-1中28~32项,反映居住区环境质量的优劣情况。

(1)住宅建筑净密度:住宅建筑基底总面积与住宅用地面积比率,即:

住宅建筑净密度 = 住宅建筑基底总面积(万 m^2)/住宅用地面积(万 m^2) ×100%(%)

也就是住宅覆盖率,住宅建筑净密度越大,住宅建筑基底占地面积的比例越高,空地率就越低,宅旁绿地面积也相应降低,日照、通风等环境也受到影响,而居住人口增加。

住宅建筑的层数和日照间距是决定住宅建筑净密度的主要因素,当用地面积不变,层数越高(日照间距越大)则住宅覆盖率越低,空地率越高;反之,住宅层数越低(日照间距越小),则住宅覆盖率越高,空地率越低。控制住宅建筑净密度的最大允许值是保证居住区居住密度和环境质量的重要因素。

(2)总建筑密度:居住区用地内各类建筑的基底总面积与居住区用地的比率,即:

总建筑密度 = 总建筑基底总面积(万 m^2)/居住区用地面积(万 m^2) ×100%(%)

(3)绿地率:居住区用地范围内各类绿地(各类绿地包括公共绿地和非公共绿地,但不包括立体人工绿化)的总和占居住区用地的比率,即:

绿地率 = 绿地总面积(万 m^2)/居住区用地面积(万 m^2) ×100%(%)

绿地是居住区内的基本生态条件，绿地率是衡量环境质量的重要标志。绿地率不是绿化覆盖率，覆盖率是按照树木长成后的树冠投影面积计算，而绿地率是以绿化用地面积来计算的，要注意区分。

（五）经济类指标

表 2-1 中 33 项，用于居住区开发的可行性研究和经济核算。

拆建比是指拆除的原有建筑总面积与新建的建筑总面积的比值。

对于居住区的规划设计，建筑密度和绿地率是反映居住区环境质量的主要指标，是重要的量化控制与评价标准。能够创造出良好人居环境的居住区必定有合理的规划指标，但好的规划指标并不一定表示能够建设出一个好的居住区。居住区的规划设计必须全面体现定量和定性的综合效益，达到社会效益、经济效益和环境效益的统一与平衡。

第三节　住宅建筑和公建建筑规划设计

居住区的建筑主要分为两类：住宅建筑和公建建筑。住宅建筑是居住区的主体，是开发建设的核心，规划设计好居住空间是居住区规划设计中的主要任务。公共服务设施是依照人们生活活动需要进行配置的，居住区的规划模式不同、建设规模不同，其公共服务设施项目也有所差别。

一、住宅建筑的选型

住宅建筑的设计包含许多方面的内容：套型的选择、层数的确定、剖面形式及立面色彩和风格的确定等等，一个好的住宅建筑总是各方面要素协调统一、与整个居住区的风格和环境协调统一的结果。在众多设计内容中，确定住宅的套型是至关重要的。

住宅建筑应能提供不同的套型居住空间，满足各种不同户型的住户的使用要求。户型是根据住户家庭人口构成（如人口规模、户代际数和家庭结构）的不同而划分的住户类型。套型则是指为满足不同户型住户的生活居住需要而设计的不同类型的居住空间。

（一）影响套型设计的因素

套型的选择主要应该考虑以下几个方面：

1. 居住对象

居住对象主要是从家庭人口构成、户人口规模和家庭生活模式等方面考虑。不同的家庭人口构成形成不同的住户户型，而不同的住户户型则需要不同的住宅套型设计。进行住宅套型设计时，首先必须了解住户的家庭人口构成情况。家庭人口构成可从户人口规模、户代际数和家庭人口结构等三方面考虑。

户人口规模指住户家庭人口的数量，对住宅套型的建筑面积指标和需布置的床位数具有决定意义。在具体时期和地区的住宅建设中，不同户人口规模在总户数中所占比例将影响不同住宅套型的修建比例。户代际数指住户家庭常住人口的代际数。随着社会发展，多代户家庭趋于分解。在住宅套型设计中，要使几代人能够各得其所、相对独立，又要使其相互联系、相互关照。家庭人口结构指住户家庭成员的关系网络。由于性别、辈分、姻亲关系等不同，可分为单身户、夫妻户、核心户等，核心户是指一对夫妻和其未婚子女所组成的家庭。

我国家庭人口结构近年来呈现以下变化特征：（1）家庭人口规模小型化，四口人核心家庭大量演化为三口人核心家庭；（2）社会高龄化，预测下世纪中我国将达到超老龄化社会标准；（3）家庭人口的流动化以及单身家庭的增长。相适应的住宅类型可选择社会性较强的公寓式住宅、老人公寓、两代居以及灵活适应性较强的新型结构住宅等。

家庭生活模式，住户的家庭生活行为模式是影响住宅套型空间组合的主要因素。家庭生活行为模式可分为家务型、休养型、交际型、家庭职业型、文化型等。

不同的生活模式，居住者的生活特点也不同，对功能空间的划分要求也存在差别。随着经济的发展、社会的进步、人们生活水平的提高，家庭生活模式也越来越向着个性化、多样化的模式发展，形成了一些特定的模式人群。在进行住宅的套型设计时，应该依据不同的生活模式，尽可能考虑居住者的生理和心理需求，提供更能适应多种选择的现代化住宅。

2. 住宅设计标准

随着人们的生活水平提高，对住房的要求也越来越高。从"居者有其床、居者有其房"的最低生活要求，发展到住得宽敞、舒适，进而追求居住的文化内涵、艺术品味。我国现代居住建筑，不论在住宅类型、住户房型、居住形式、房屋造型、空间环境等各方面都有很大的发展，呈现大规模、多方位、多元化、多层次的建设局面。

以生活理念设计户型，每户的面积大至 $200m^2$ 以上，小到 $40m^2$。房型样式多种多样，从一室一厅到多室多厅的多种组合，各有所需。在同等的户均面积条件下，可以设计为多种房型布置：大厅小居室、小厅大居室、小面积多空间、大面积少空间等。

目前在我国城市住宅中，$40\sim80m^2$/套的一室户至三室户，可划为一般标准（或称小套型）。1996 年建设部科技司编印的小康住宅的套房面积，大致在 $80\sim120m^2$ 左右（使用面积约 $64\sim95m^2$），设计为两室一厅至三室两厅户，为小康标准（或称中套型）。$120\sim150m^2$/套属于较高级标准（或称大套型），$200m^2$ 以上的大套型可以设计到五室两厅、三套卫生间以上,属于高标准住宅。随着经济水平的提高,户型设计的标准会有所调整。

3. 地方性特点

地方性特点包括不同地区的自然气候特点、用地条件和居民生活习俗等。

目前我国各地区都有相应的地方性住宅标准设计,可作为住宅选型的参考,如炎热地区住宅设计首先需满足居室有良好的朝向和自然通风,避免西晒;而在寒冷地区,不可避免地将防寒保温放在首要位置;坡地和山地地区,住宅选型就要便于结合地形坡度进行错层、跌落、分层入口、错跌等调整处理;居民生活习俗因地域不同而有所差别,居住者对住宅的套型需求因此呈现出地方性特色,需要细心体察,予以考虑。

套型的选择、不同套型所占的比例以及它们的组合,会直接影响到建筑的平面形状和立面体型。住宅建筑设计通常是从平面设计入手。住宅建筑的房间剖面形状通常采用常见的矩形,便于立体的组合和施工的便利,对于顶层的房间,可以采用其他形状如坡屋面,这样的剖面形状使得建筑的立面富于变化。此外,建筑的立面还与建筑的层数有关。建筑的层数受到很多方面的影响,比如城市规划、用地条件、居住区的技术经济条件等等。总之,住宅设计是一项综合性的工作,平面、剖面和立面是相互制约、相互影响的,设计时要充分考虑各方面因素,争取做到协调统一,同时与环境、景观相互融合。

(二)住宅套内设计和套外共用部分设计

每套住宅必须是独门独户,并应有卧室、厨房、卫生间等套内基本的功能空间。套内设计在以下各方面应予以注意:

(1)卧室之间不应穿越,卧室应有直接采光和自然通风。平面形状应尽可能选择有利于床位布置的尺寸,门窗位置要考虑对家具布置的影响。双人卧室不小于$10m^2$,单人卧室不小于$6m^2$。

(2)起居室应有直接采光和自然通风,面积不应小于$12m^2$。起居室内的门洞布置应综合考虑使用功能要求,减少直接开向起居室的门的数量。起居室内布置家具的墙面直线长度应大于3m。无直接采光的厅,其使用面积不应大于$10m^2$。

(3)厨房面积不小于$4~5m^2$,应有直接采光和自然通风,厨房的布置形式有单排、双排、L形和U形,单面布置设备时净宽不小于1.5m,双面布置设备时两排设备净距不小于0.9m,同时,厨房还应进行合理的设备布置,满足操作的功能要求。

(4)卫生间是每套住宅中必须设置的,卫生间要求至少配置三件卫生洁具,其使用面积不小于$3.0m^2$。卫生间不应直接布置在下层住户的卧室、起居室和厨房上层，每个卫生间均应有防水、隔声和便于检修的措施。

（5）每套住宅应设阳台或平台，并设置符合高度要求的栏杆作为安全设施，低层、多层住宅的阳台栏杆净高不应低于1.05m，中高层、高层住宅的阳台栏杆净高不应低于1.10m。中高层、高层及寒冷、严寒地区住宅的阳台宜采用实体栏板。顶层阳台应设雨罩。各套住宅之间毗连的阳台应设分户隔板。阳台、雨罩应做有组织排水；雨罩应做防水，阳台宜做防水。

（6）住宅内宜设置贮藏空间，贮藏空间在住宅中的重要性正逐渐增加，其所占面积也呈逐步加大的趋势。

此外，住宅的套内设计还要注意创造良好的室内环境，日照、采光、通风、保温、隔热、隔声、防潮等要满足规范的要求：每套住宅至少应有一个居住空间能获得日照，当一套住宅的居住空间超过四个时，其中宜有两个能获得日照；卧室、起居室、厨房应满足采光要求的窗地面积比；卧室、起居室应有与室外空气直接流通的自然通风；住宅应保证室内基本的热环境质量，采取冬季保温和夏季隔热、防热以及节约采暖和空调能耗的措施；住宅的卧室、起居室不应与允许的电梯紧邻布置，不得已这样设计时必须采取隔声、减振措施。

住宅的套外共用部分主要包括楼梯和电梯、出入口附建公共用房等，应该做到：

（1）楼梯和电梯是垂直交通设施，住宅多采用双跑式楼梯，楼梯的梯段、踏步、平台及栏杆扶手要满足规范要求。7层及7层以上或最高住户入口楼面距底层室内地面高度16m以上的住宅必须设置电梯，12层及12层以上住宅应设置不少于2台电梯。

（2）住宅的公共出入口应有识别标志，位于阳台、外廊及开敞楼梯平台的下部时，应采取设置雨罩等防止物体坠落伤人的安全措施，设置电梯的住宅公共出入口，当室内外有高差时，应设轮椅坡道及扶手。

（3）住宅不宜设置垃圾管道，当不设垃圾管道时，多层住宅应根据垃圾收集方式设置相应设施；中高层及高层住宅每层应设置封闭的垃圾收集间。

（4）附建公共用房是指设置在住宅建筑中的、为本住宅或与其他相邻住宅服务的设备或办公服务用房，住宅建筑中不宜布置锅炉房、变压器室及其他有噪声振动源等设备用房。如确需布置，应符合防火、隔声及有关专业规范规定。住宅建筑内不宜布置餐饮店，确需布置时，其厨房烟囱应高出住宅屋面，其空调、冷藏设备及加工机械应作减振、消声处理，并应达到环保规定的有关要求。同时，要求住宅与公共用房的出入口应分开布置。

二、住宅经济指标计算

1. 住宅设计应计算下列技术经济指标，以便对住宅建筑进行技术经济评价：

(1) 各功能空间使用面积（m^2）；
(2) 套内使用面积（m^2/套）；
(3) 住宅标准层总使用面积（m^2）；
(4) 住宅标准层总建筑面积（m^2）；
(5) 住宅标准层使用面积系数（%）；
(6) 套型建筑面积（m^2/套）；
(7) 套型阳台面积（m^2/套）。

2. 住宅设计技术经济指标计算应符合下列规定：
(1) 各功能空间使用面积等于各功能使用空间墙体内表面所围合的水平投影面积之和；
(2) 套内使用面积等于套内各功能空间使用面积之和；
(3) 住宅标准层总使用面积等于本层各套内使用面积之和；
(4) 住宅标准层建筑面积，按外墙结构外表面及柱外沿或相邻界墙轴线所围合的水平投影面积计算，当外墙设外保温层时，按保温层外表面计算；
(5) 标准层使用面积系数等于标准层使用面积除以标准层建筑面积；
(6) 套型建筑面积等于套内使用面积除以标准层使用面积系数；套型阳台面积等于套内各阳台结构底板投影净面积之和。

3. 套内使用面积计算规定：
(1) 套内使用面积包括卧室、起居室、厨房、卫生间、餐厅、过道、前室、贮藏室、壁柜等使用面积的总和；
(2) 使用面积按结构墙体表面尺寸计算，有复合保温层时，将复合保温层视为结构墙体厚度扣除后计算；
(3) 烟囱、通风道、管井等均不计入使用面积；
(4) 跃层住宅中的套内楼梯按自然层数的使用面积总和计入使用面积；
(5) 利用坡屋顶内空间时，顶板下表面与楼面间净高低于 1.2m 的空间不计算使用面积；净高在 1.2~2.1m 的空间按 1/2 计算使用面积；净高超过 2.1m 的空间全部计入使用面积；
(6) 坡屋顶内的使用面积应单独计算，不得列入标准层使用面积和标准层建筑面积中，须在计算建筑总面积时，利用标准层使用面积系数反求；
(7) 阳台面积应按结构底板投影净面积单独计算，不计入每套使用面积或建筑面积内。

三、住宅建筑的布局

居住区内的布局方式前面已有叙述，在总体布局方式的前提下，需要进一步对住宅建筑进行定位。为使住宅满足使用功能方面的要求，需要确定相邻住宅建筑的合理间距，选择合理的朝向。

（一）住宅的合理间距

住宅建筑间距分正面间距和侧面间距两大类，通常所说的住宅间距，为正面间距。影响建筑物间距的因素很多，如日照间距、防火间距、防视线干扰间距、隔声间距、管线埋设等。

1. 日照间距

日照间距是保证房间在规定时间内，能有一定日照时数的建筑物之间的距离。日照间距是从日照要求出发的住宅正面间距。住宅的日照要求以"日照标准"表述。决定住宅日照标准的主要因素，一是所处地理纬度，在高纬度的北方地区比纬度低的南方地区在同一条件下达到日照标准难度大得多，所以我国南方地区日照间距较北方地区小。二是考虑所处城市的规模大小，大城市人口集中，用地紧张的矛盾比一般中小城市大。"日照标准"则以日照标准日（大寒日或冬至日）里的日照时数作为控制标准。见表2-4。

住宅建筑日照标准　　　　表2-4

建筑气候区划	Ⅰ、Ⅱ、Ⅲ、Ⅶ气候区		Ⅳ气候区		Ⅴ、Ⅵ气候区
	大城市	中小城市	大城市	中小城市	
日照标准日	大寒日				冬至日
日照时数（h）	≥2	≥3			≥1
有效日照时间带（h）	8~16				9~15
计算起点	底层窗台面				

实际工程中，日照间距通常采用房屋间距与南向前排房屋檐口至后排房屋底层窗台高度的比值来控制，称为日照标准间距系数，不同地区有不同的取值，如北京地区为1.6~1.7。如果住宅建筑按正南向布置，其日照间距按标准日照间距进行计算，如果偏离了正南向，则需要折减换算。

在住宅建筑布局时，建筑之间的正面间距通常以日照间距为主要的依据，一般情况下，只要满足了日照间距，其他要求也就得到满足了。

2. 防火间距

防火间距是建筑物之间防火和疏散所要求的距离，如高层住宅与其他建筑物之间的距离要求至少保证11m，防火间距通常用来确定住宅侧面间距，即山墙无窗户的房屋间距一般情况可按防火间距的要求确定侧面房间距。

由于住宅建筑要求考虑居住者的私密性，所以布置住宅间距时还需要考虑视线干扰问题，如房屋侧面有窗户时可根据情况适当加大间距以防视线干扰，但对于一些用地紧缺的居住区，难以将视线干扰问题列入主要因素，通常只要求满足

（二）住宅的朝向

影响住宅朝向的因素主要有日照和风向，不同地区，不同季节，太阳的位置与高度、风向都呈现一定的规律性。

根据我国所处的地理位置，住宅南向或南偏东、偏西少许角度能获得良好的日照，这是因为冬季太阳高度角小，射入室内光线较多，而夏季太阳高度角大，射入室内光线少，能保证冬暖夏凉的效果。

同样，居住区所在地的夏季和冬季的主导风向对住宅朝向的影响是不可忽视的。根据主导风向，调整住宅的朝向，能改变室内气候条件，创造舒适的室内环境。如合理地利用夏季主导风向是解决住宅房间内夏季通风降温的有效手段，这一点在我国南方地区尤其明显。在北方地区要考虑到冬季北风的影响。为增加通风效果，可以将住宅左右、前后交错排列或上下高低错落以扩大迎风面；将住宅建筑疏密组合增加风流量；利用地形、水面、植被增加风速、导入新鲜空气等。这样，在丰富居住空间的同时并充实了环境的生态科学内涵。住宅朝向的确定，可参考我国城市建筑的适宜朝向表。该表主要综合考虑了不同城市的日照时间、太阳辐射强度、常年主导风向等因素制成，对具体的居住区而言，还与地区小气候、地形地貌、用地条件等因素有关，组织通风时需一并考虑。

居住区内住宅建筑的布局除了要满足功能要求，还要满足经济、美观方面的要求。经济方面，要求选定合适的技术经济指标，合理地节约用地，充分利用空间、方便施工；美观方面，要求运用美学原理，创造和谐、幽美、明朗、亲切、大方及富有个性的居住生活环境。功能、经济和美观三者互相协调统一，才能实现居住的舒适、安全、方便。

四、公共建筑的规划布置

公共建筑是居住区内不可缺少的配套设施，公建配套设施的种类、数量、位置不仅与居民的生活密切相关，还体现出居住区的面貌和社区精神，在经济效益方面也起着重要的作用。

（一）公建配套设施的规划特征

随着经济的发展，人民生活水平的提高，对居住区公建配套设施的种类、数量、品质的要求也不断提高，公建配套设施的规划在居住区里占有越来越重要的地位。公建配套设施的规划具有以下特征：

1. 系统化

居住区公共服务设施是城市公共服务系统的组成部分。城市居住用地按不同人口规模配建相应级别的公建服务设施，其规模、项目、经营等都有其系统的延续性，并受城市规划布局的制约和支撑。同时，居住区还具有相对的独立性，以其特有的居住功能满足居民的物质与精神生活的多层次需求。

2. 综合化

居住者的需求是多样化的，为了提供丰富多彩、自由选择的休闲方式，可以将购物、饮食、娱乐、文化、健身、休憩等多种功能综合配置。这样不仅方便使用，提高设施效率，与住宅建筑互不干扰。同时，集中建设可以节约用地，减少费用并利于经营管理。

3. 步行化

为了保证购物及休闲环境的安全、舒适，公建配套设施在规划设计上应该做到将车行和步行分离，从而创造幽闲氛围，闹中取静。

4. 景观化

在保证使用功能的同时组织环境景观，适当配置绿化、铺地、小品等，提高公共设施环境的文化品位，让人们的紧张生活得到调剂。同时，公共设施环境的景观化更新，可活跃居住区空间单一的格调，利于展示社区风采，并为城市添景增色。

5. 社会化

将公共设施及购物环境视为提供社交活动的场所，沟通供求渠道，提供工作岗位，宣传国家方针政策，维护社区治安，提供家政社会化服务等。公共设施项目与内容随社会发展和市场需要不断充实和更新。

6. 设备完善化

为适应公共活动和购物行为的需求，从安全、卫生、交通、休息、交往的角度考虑，科学地配置相应设施和设备，可以为居住者提供更周到的服务。

（二）公建配套设施的项目与规模

居住区公建配套设施主要服务于本区居民，配置的关键主要是决定选择什么项目以及确定其面积指标。公建配套设施项目按功能性质可以分为教育、医疗卫生、文体、商业服务、金融邮电、市政公用、行政管理及其他等八类，不同种类的设施，使用功能各所不同，设置的原则和要求也有所差别，有的会对用地和位置提出特殊的要求。不同公建配套设施与居民生活的密切程度不同，使用频率也不同，有的设施是居民每日或经常使用的，比如满足居民日常购买的小商店等，设置时要考虑居民使用的便利。一般说来，居住区规模越大，居民人口规模越大，公建设施的服务范围就越大，相应的，公建设施的配置水平就越高，服务等级越高。

1. 配建项目

公建设施是按照居住区的人们的生活活动需要来进行配置的，在《城市居住区规划设计规范》中，对各个项目的设置采用了"应"和"宜"两个词。

"应"表示在正常情况下均应这样做,"宜"是建议在条件允许的情况下应优先这样做。居住区的公建设施应该严格执行该规范,它对经济适用房项目也是同样适用的。公共设施项目通常对应居住区的人口规模进行配置,不同级别的居住区对应配套的公共设施项目不同,居住区的配建项目比居住小区更丰富,比如居住区级配建文化体育类的项目,应包括文化活动中心、文化活动站,并宜配建居民运动场;居住小区级配建文化体育类的项目,应设文化活动站;居住组团或基层居住单位则可以酌情配建文化活动站等。具体的,可以参照《居住区规划设计规范》,各类公建项目均应成套配建,不配或少配则会给居民带来不便。当人口规模介于两个级别之间时,应酌情选配高一级的若干项目。

各级公共服务设施应有合理的服务半径:

居住区级公共服务设施≤800~1000m;

居住小区级公共服务设施≤400~500m;

居住组团级公共服务设施≤150~200m。

2. 配建面积

公共服务设施规模以每千居民所需的建筑和用地面积作控制指标,即以"千人总指标与分类指标"控制(简称"千人指标")。"千人指标"是一个包含了多种因素的综合性指标,具有很高的总体控制作用。根据居住人口规模估算出需要配建的公共服务设施总面积和各分类面积,作为控制公建规划项目面积指标的依据。不同种类的公建配套设施,对应的面积是不相同的,一般应以其经济合理的规模进行配建,以满足各公建项目的自身专业特点要求。《城市居住区规划设计规范》对各公建项目的一般规模进行了规定,这是根据各项目自身经营管理及经济合理性决定的,可供有关项目独立配建时参考。通常,要求在总指标控制前提下,可以对具体指标灵活分配、使用,既能保证总的配建控制,又可满足不同基地和多种规划设计布局下不同公建配套设施的需要。

根据现状条件以及建设基地周围现有设施情况,居住区公共服务设施项目可在配建水平上即项目和面积相应地增减。随着经济的发展,人民生活水平和文化水平的提高,公共服务事业会不断发展,居住区会新增或淘汰一些项目。因此配建公共设施既要考虑当前需要,同时还应该具备前瞻性,要为公建配套设施的发展留有余地。

(三)公建配套设施的布置方式

1. 沿街线状布置

这是一种历史最悠久、最普遍的布置形式。在交通不发达的时代,街道具有购物、交通和人际交往等多种功能,是当时居民日常生活活动的重要场所。当今交通快速、拥挤、污染严重的情况,成为创造祥和的街道空间和购物环境的制约条件。规划时需要考虑道路的性质和走向，运用多种手法，精心设计。这种布置形式还可分为双侧布置、单侧布置以及步行街等方式。

沿街双侧布置适用于街道不宽且交通量不大的情况，街道两侧店铺集中，商业气氛浓厚；当所临街道较宽且车流较大，或街道另一侧与绿地、水域、城市干道相临时，沿街单侧布置形式比较适宜；在沿街布置公共设施的形式中，将车行交通引向外围，没有车辆通行或只有少量供货车辆定时出入，形成步行街。使公共服务设施的环境比较安宁，居民可自由活动。

2. 成片布置

这是一种在与干道临接的地块内，以建筑组合体或群体联合方式布置公共设施的一种形式。它易于形成独立的步行区，方便使用，便于管理，但交通流线比步行街复杂。依据居住区不同的用地和环境条件，由建筑围合出一定的空间，辅以绿化、铺地、小品等。布置时应结合公共建筑的功能和行业特点分组成块。

3. 混合式布置

这是一种沿街和成片布置相结合的形式，可综合体现两者的特点。布置时同样要根据各类建筑的功能要求和行业特点相对成组结合，沿街分块布置，在建筑群体艺术处理上既要考虑街景要求，又要注意片块内部空间的组合，更要合理地组织人流和货流的线路。

以上沿街、成片和混合布置三种基本方式属于平面布局形式，它们各有特点，沿街布置对改变城市面貌效果较显著，但在使用和经营管理方面不如成片集中布置方式有利，若采用商住楼的建筑形式比较节约用地，但需要解决好结构形式、噪声、气味、烟尘与居住的矛盾。在独立地段，成片集中布置的形式有可能充分满足各类公共建筑布置的功能要求，并易于组成完整的步行区，利于居民使用和经营管理，所以组团级公共建筑宜相对集中布置。沿街和成片相结合的布置方式则吸取了其他两种方式的优点。在具体进行规划设计时，要根据当地居民生活习惯、建设规模、用地情况以及现状条件综合考虑，酌情选用。

4. 集约化布置

居住区公共设施除上述平面规划布置形式外，还有集约化空间布置形式，有利于提高土地利用、节地节能、合理组织交通和物业管理等。但在规划设计时要注意将不同的功能空间适当分隔，加强安全管理。

第四节 道路和停车设施规划设计

居住区道路是城市道路的延续，也是居住区的重要组成部分。居民日常生活的交通方式以公交车、自行车、步行为主，私人小汽车近年来发展迅猛，因此在居住区道路的规划设计时应引起足够的重视，此外，自行车和汽车的停放场地也是必不可少的。

一、道路规划设计

（一）道路规划设计的原则

居住区要为居民提供方便、安全、舒适和优美的居住环境，而道路的规划设计直接影响到居民出行的安全和便捷，所以，道路的规划设计需要满足下列基本要求：

（1）道路的规划设计应该因地制宜，根据居住区的地形、气候特征，居住区用地规模、场地周围交通环境条件以及居民出行方式及交通设施发展水平等因素，规划设计经济便捷的道路系统和道路断面形式。

（2）满足居住区内的不同交通功能要求，居民的交通行为存在差别，对道路的要求也有所不同：出外上班、上学的人们出行的目的性强，要求从住宅到城市道路最便捷的道路；休憩的人群需要安全、悠闲的道路，以便漫步、交谈。除了方便人的通行，居住区道路还应为消防车、救护车、市政工程车辆的通行提供方便。由此可见，居住区的道路规划应该充分满足交通功能要求，区别设计。

（3）道路设置应保证居民安全，居住区的道路应避免往返迂回，居住区的内外联系道路应通而不畅，避免外部车辆和行人的通行，道路规划应避免采用对穿的路网布局。

（4）道路宽度满足技术要求和工程管线合理敷设要求，道路的宽度是道路空间的重要因素，道路空间尺度应符合人、车及道路设施在道路空间的交通行为。居住区各类道路应满足最小宽度要求：比如机动车行道，单车道宽 3～3.5m，双车道宽 6～6.5m；非机动车道单车道宽1.5m，双车道宽2.5m；设于车行道一侧或两侧的人行道最小宽度为1m 等等。居住区的地下工程管线种类繁多，对道路的宽度有相应的要求。

（5）道路分级设置，居住区内的道路，根据居住区规模大小，并综合交通方式、交通工具、交通流量以及市政管线敷设等因素，将道路作分级处理，使之有序衔接，有效运转，并能最大限度地节约用地。

（6）道路设置与居住区景观相适宜，居住区的街道是整个居住区空间的有机组成部分，应为住宅建筑、公共建筑及绿地等的布置以及创造具有良好的景观和特色的居住区环境提供有利条件。

（二）居住区道路分级

居住区道路宜分级衔接，以形成良好的交通组织系统，并构成层次分明的空间领域感。居住区道路通常可分 4 级（主要以道路宽度表述），即：居住区级道路、居住小区级道路、住宅组团级道路和宅间小路。对于重要地段，可考虑环境及景观要求作局部调整，如商业街、活动中心等人车流较集中的路段可适当调整宽度。

（1）居住区级道路，是整个居住区内的主干道，是居住区与城市道路网相衔接的中介性道路，在大城市可将其视为城市的支路，在中小城市可作为城市次干道。它不仅要满足由城市进入居住区客货交通需要，还要提供足够的市政管线敷设空间。其路宽应考虑机动车道、非机动车道及人行道，并应设置一定宽度的绿地种植，如行道树、草坪花卉以及道路设施等。居住区一级道路的最小红线宽度不宜小于20m，必要时可增宽至30m。

（2）居住小区级道路，是居住区的次干道，对居住小区来说则是小区的主路，沟通小区内外关系。其道路宽度的确定主要考虑小区内部的机动车与人行交通，考虑到私人小汽车的发展需要，路面宽度要满足两辆机动车错车及非机动车出行的要求，车行道宽度宜为6~8m，人行道宽度1.5~2m。道路红线宽度根据规划要求确定，一般在采暖区不小于14m，非采暖区不小于10m。

（3）住宅组团级道路，是居住小区的支路，对居住组团来说是主路。用以沟通组团内外关系，路面人车混行，确定路面宽度的依据类似居住区二级道路，只是道路交通流量和地下管线的埋设均要小于居住小区级道路，一般按单车道加上行人的正常通道，路面宽度为3.5~5m，在用地条件有限的地区可采用3m。为满足大部分地下管线的埋设要求，其两侧建筑控制线宽度非采暖区不小于8m，采暖区则不小于10m。

（4）宅间小路，是进出住宅及庭院空间的最末一级道路，其平时主要是自行车及人行交通，但要满足清运垃圾、救护、消防和搬运家具等需要。按照居住区内部小型机动车辆低速缓行的通行宽度考虑，宅间小路的路面宽度为2.5~3m，这样也兼顾了必要时私人小汽车的出入。

（三）居住区道路系统规划

居住区内一般有车行道和步行道两大类型的道路系统。车行道担负着居住区与外界及居住区内部机动车与非机动车的交通联系，是居住形象道路系统的主体。步行道往往与居住区各级绿地系统结合，起着联系各类型的绿地、户外活动场地和公共建筑的作用，同时也是步行进出住宅区的基本通道。

居住区的道路系统规划通常是在居住区交通组织规划下进行的，居住道路系统的基本形式，根据不同的交通组织方式可分为三种：人车分流、人车混行、人车部分分流。

人车混行的道路系统是一种常见的居住区交通组织体系，在私人汽车不多的地区，采用这种交通组织方式既经济又方便，对于居住区内部车辆较多的居住区，则存在人车混乱、相互干扰、安全受影响的问题。在人车混行的居住区里，车行道几乎负担了居住区内外联系的所有交通功能，步行道则多作为各类绿地和户外活动场地的内部道路和局部联系道路，更多地具有休闲功能。"人车分流"是指将车行系统和人行系统分开设置，车行交通与步行交通互不干扰，车行道与步行道在居住区中各自独立形成完整的道路系统，此时的步行道往往具有交通和休闲双重功能。这种交通组织方式可以更好地保持居住区内的安全和安静，保证居住区内各行生活与交往活动正常舒适地进行。对于居住区规模不大、用地较为紧张的居住区，可以考虑人车部分分流。

为了实现人车分流，通常可以采取以下两种布置方式：

（1）平面分流，在道路规划时，从平面布置入手，将车行路线和人们的活动路线分开。如将车行道路布置在居住区外围，保证居民在社区内安全自在地活动；或者将车行道路以枝状布置，伸入居住小区或组团内一定的深度，在道路尽端设置停车场或回车场，用警示及活动阻拦设施将车行与人行路网分隔开来，同样可以有效地解决用车和避车的矛盾。

（2）立面分流，在道路规划时，将人行和车行在立体上进行上、下分行，完全避免交叉，这种方式在高层住宅居住区中运用最多，如用坡道引导，将车行道和车场布置在地下，甚至可以直达居民住宅的地下，与电梯口相接近，地面布置为人行道，保证居民通行的方便、舒适与安全；或者车行地面，而将人行道安排在天桥上，这样可以保证车行畅快，但居民的行动会略感不便。

二、停车设施规划

居民出行以车代步的形式，我国目前仍以非机动车为主（主要是自行车），在有的城市居住区，居民拥有自行车的数量几乎接近人均一辆，自行车的停放成为居住区规划设计中必须考虑的问题。为解决自行车的停放，同时又方便居民的交通便利，通常采用住宅建筑的地下存车或楼前的自行车棚等。由于自行车停放所占空间小，无空气污染和噪声干扰，所以停放问题比较容易解决。

随着社会经济的发展，城市私人车辆数量逐年增长，居住区中机动车的停放问题越来越突出。由于对居住区内居民汽车拥有量的发展趋势预测有所区别，停车泊位的规划因此不尽相同，停车位数量的多少通常与居民户数有关，取决于二者之间的比例关系。

（一）停车泊位的布置方式

1. 地面停车场、停车位

居住区机动车在地面的停放可以采用停车场或停车位，组织集中或分散的停放方式。地面停车场是一种露天的集中停放方式，为便于使用、管理和疏散，宜布置在车行道毗连的专用场地上。集中设置停车场要注意规模的控制，过大的停车场不仅占地多，使用不便，同时有碍观瞻，尤其是高楼的俯视，使人感到空洞乏味。

小型的停车场和停车位，可利用居住区、小区或组团的入口，加宽的路边、庭院以及住宅建筑的楼间，由于规模小布置自由灵活，形式多样，使用比较方便，缺点是零散布置，不易管理，影响居住区的整体景观，最好只作为临时或短时间使用。

此外，地面停车场和停车位均应作好绿化，保证一定的绿地率，增加绿荫保护车辆防止暴晒、降解噪声和空气污染。有条件的最好能就近配置休闲场地。

2. 地下停车场

地下停车场集中设置，有利于管理与维护，安全可靠。

地下停车场的位置规划有以下几种方式：利用居住区内广场或活动场地的地下，设置较大面积的地下停车场，可以充分利用空间，节约用地，这种方式对地面空间基本没有影响，只有少量出入口和通风口外露，同时停车场可以完全按照车库的技术要求设计，不受地面使用条件的影响；利用宅间院落、组团庭院或小区的公共绿地的地下空间解决停车泊位的问题，但是这种布置方式要求地下停车场顶上的覆土必须满足规定的深度（否则不能将其地面的绿地记入绿地面积），而且这样的覆土深度一般不能种植乔木；利用建筑物的地下空间布置停车场，停车场的设计和停车数量会受到上部建筑结构的制约，建筑物的开间、进深以及柱网和墙体的布置都会影响到停车位的布置。

地下停车场的地下地上以及多层停车场的层与层之间通常设置坡道进行垂直交通联系，坡道可以设计为直线或曲线形，并满足一定的坡度参数。地下停车场的净高要满足车辆通行的要求，对小型车不应小于 2.20m，轻型车不应小于 2.80m。停车位超过 100 辆时，要求设置不少于 2 个的疏散口。

此外，为保证通道的畅通，地下停车场要求良好的照明、通风，应设置清楚而足够的指示信号灯、警示、消防设备等设施。

3. 独立的停车库

在居住区内建设单层或多层的室内车库，可以相对集中地聚集车辆，对于内部车辆较多的居住区，可以采取这种方式，在小区内选择适当的场地进行建设。但独立的停车库会加大居住区的建设投资，同时占用了一定的用地。

居住区停车泊位的布置应当充分利用场地的地形、建筑的布局、道路的走向等特点，做到因地制宜。规划设计时还应考虑建设成本，力争经济合理。

（二）停车场地的设计

停车场地的设计关键是选择恰当的停车方式和组织合理的交通流线。

1. 车辆停放的基本方式

车辆停放方式关系到车位组织、停车面积以及停车设施的规划设计。车辆停放方式有三个基本类型,即平行式、垂直式和斜列式。

平行式是指车辆平行于行车通道的方向停放。其特点是所需停车带较窄,驶出车辆方便、迅速,但占地最长,单位长度内停车位最少。

垂直式是指车辆垂直于行车通道的方向停放,其特点是单位和长度停车位最多,但停车带占地较宽(需按较大型车身长度计),且在进出时需倒车一次,因而要求通道至少有两个车道宽,布置时可两边停车合用中间通道。

斜列式是指车辆与行车通道之间形成一定的角度(常见的有60°、45°、30°),其特点是停车带的宽度随停放的角度不同而不同,车辆出入及停放均较方便,但单位停车面积比垂直停车要多(特别是30°停放),通常在场地受到限制,不能安排垂直停车时采用。

具体选用哪种停车方式,应根据停车场(库)的性质、疏散要求和用地条件等因素进行综合考虑。

2. 交通流线组织

主要是协调停车位与行车通道的关系以及停车场地的内外联系。

停车场内的停车位与行车通道的关系,常见的有一侧通道一侧停车、中间通道两侧停车、两侧通道中间停车以及环形通道四周停车等。行车通道可为单车道或双车道,以小型车为例,单车道宽度3.5m,双车道6~7m,双车道更为合理。目前国内外采用较多的是中间通道两侧停车,这种方式的行车通道利用率较高。两侧通车中间停车时,若只停一排车,则可一侧进、一侧出,进出车位迅速、安全,但占地面积过大,一般不采用,而设计为中间停两排车。此外,当采用环形通道时,应尽可能减少车辆转弯次数。

协调停车场地内外交通流线,主要是将停车场地内部通行车道、出入口与场地外部道路贯通起来,使进出车辆顺畅便捷、疏散迅速,并保证车流量高峰时段的安全高效运转,这要求停车场的出入口设置在合理的位置,与道路结合便利。

总之,在对社区道路和停车设施的规划设计时,应将两者结合起来进行统一和协调,对居住区的交通方式、交通流量要合理的预测,进行弹性化设计,为将来的发展适当留有余地。尽可能做到:人车分流、通行安全、停车便捷、出行方便。

第五节 居住区绿化与居住区景观设计

住宅区的绿化对于改善居住环境有重要的意义,绿地的设置不仅可以改善空气湿度、净化空气、防风减尘、减弱噪声、调节和改善住宅区小气候,使住宅区成为清洁、舒适的温馨家园,还能够美化环境、有利于居民的心理健康和恢复疲劳，促进物质文明和精神文明的共同发展，因此，在居住区规划设计中必须高度重视绿地的规划布置。

一、居住区绿化的要求

居住区绿地系统应由公共绿地、宅旁绿地、公共服务设施所属绿地和道路绿地组成，形成一个和谐统一的整体，共同创造良好的居住区绿化环境。

（一）居住区绿地规划的原则

居住区绿地的规划主要应从功能、美观、经济等方面考虑，具体应注意以下规划原则：

1. 服从总体规划，特色布局

居住区内建筑的布置及群体组合的方式、道路的规划都直接影响绿地的用地安排。不同的地区，地方文化特色不同；不同的居住区，建筑风格各异；特色是绿化设计中非常重要的一环。绿地系统规划必须服从居住区总体规划，根据地域的气候特征，居民的生活习惯进行设计，不可盲目模仿、照搬照抄。

2. 满足功能要求，科学配置

居住区绿化对环境和区内小气候有重要的作用。首先为了充分发挥绿地的功能，应该对绿地进行科学的规划和配置，比如，除居住区内部集中布置绿地，还应该分散布置一些小块绿地，使绿地指标和功能得到平衡。其次，根据地区和气候的特点，科学选择植物种类，比如华北地区，绿化应充分考虑冬季防风、防尘，夏季通风遮荫，如果一味采用草坪，绿地的功能不能很好地利用，而乔木、灌木、草坪和草花配套的模式，可以取到更好的效果，并实现不同季节、时间都能有优美的绿化景观。

3. 经济实用，因地制宜

合理布置绿地系统，应最大限度利用建设场地原有的自然条件。居住区的绿化有别于公园绿化，主要目的是为居民创造一个生态环境良好、提供一定户外活动场地。本着经济实用的原则，没有必要大动土方，人为造景，在不妨碍住宅区规划用地的前提下，尽可能利用劣地、坡地、洼地布置绿化带，节约好地，尽可能利用原有的绿地、树木，同时，将居住区的绿化与周边自然景观（如小河流、小湖泊、水塘、岩壁、怪石、树丛）有机结合起来，经过人工修饰，创造出更优美、雅致的景观。

（二）绿地布置的形式

绿地布置形式较多，一般可概括为三种基本形式，即规则式、自然式以及规则与自然结合的混合式等。

（1）规则式。规则式布局形式较规则严整，多以轴线组织景物，分为对称式和不对称式。园路多用直线或几何规则线型，各构成因素均采取规则几何型和图案型。如树丛绿篱修剪整齐，水池、花坛均用几何形，花坛内种植也常用几何图案，在道路交叉点或构图中心布置雕塑、喷泉、叠水等观赏性较强的点缀小品。这种规则式布局适用于地势平坦的居住区。

（2）自由式。自由式布局方式以效仿自然景观为主，各种构成因素多采用曲折自然形式，不求对称规整，但求自然生动。这种自由式布局适于地形变化较大的用地，在山丘、溪流、池沼之上配以树木草坪，种植有疏有密，空间有开有合，道路曲折自然，亭台、廊桥、池湖作点缀之用，通常运用我国传统造园手法，以创造别致的景观，取得较好的艺术效果。

（3）混合式。这是规则与自由式相结合的形式，运用规则式和自由式布局手法，既能和四周环境相协调，又能在整体上产生韵律和节奏，富于变化。这种方式对地形和位置的适应性强，便于灵活布局。

（三）居住区绿地的规模

居住区绿地规划布置的标准，按居民平均占有绿地面积（m^2/人）和整个居住用地的绿化覆盖率（绿地率）两种指标来衡量。绿地率按要求应保证大于或等于30%，旧区改造的居住区也要求不低于25%。

对于分级设置的居住区公共绿地，应根据居住区的人口规模，满足表2-5的要求。为了在有限的用地上争取最大的绿化面积，居住区内各公共绿地的绿化面积（含水面）要求不少于70%。对于布置在住宅间距内的组团及小块公共绿地还应满足日照的要求：有不少于1/3的绿地在标准的建筑日照阴影线范围之外。

各级中心公共绿地设置规定　　　　　　　　　　　表2-5

中心绿地名称	设置内容	设置要求	最小规模（hm²）
居住区公园	花木草坪、花坛水面、凉亭雕塑、小卖茶座、老幼设施、停车场地和铺装地面等	园内布局应有明确的功能划分	1.0
小游园	花木草坪、花坛水面、雕塑、儿童设施和铺装地面等	园内布局应有一定的功能划分	0.4
组团绿地	花木草坪、桌椅、简易儿童设施等	灵活布局	0.04

二、居住区绿地系统的规划布置

居住区绿地的分布需要合理规划，成为一个完整的系统。通常采用集中与分散，重点与一般，点、线、面相结合的布置方式，将绿地与住宅建筑、公共建筑、道路、花园、广场相配合，从而形成统一协调的居住区绿地系统，并与城市总体绿化系统相呼应。

（一）公共绿地的规划布置

居住区公共绿地是居住区绿化环境的主体，这种集中布置的绿地可以构建居住区室外生活空间，满足居民各种休憩活动的需要，包括儿童游戏、健身运动、文化娱乐、休息、散步、观赏等。居住区公共绿地包括一定规模的公园、小游园、小块绿地以及具有一定宽度和面积的带状绿地等。居住区用地紧、密度高，公共绿地有限，规划设计时应予以高度重视，寻求最佳方案，以发挥公共绿地的最大效益。

居住区的公共绿地，根据不同的人口规模和组织结构设置相应的中心公共绿地，包括居住区级中心绿地——"居住区公园"、居住小区级中心绿地——"小游园"、居住组团中心绿地——"组团绿地"，以及其他块状带状公共绿地，如儿童游戏场、运动场、林荫道、防护绿带等。

1. 居住区公园

居住区公园按小型综合性公园的模式设计，用地规模一般为 $1\sim 2hm^2$，要求有明确的功能分区，基本的功能分区通常包括安静游憩区、文化娱乐区、儿童活动区和服务管理设施区等。安静游憩区作为游览、观赏、休息用，要求游人密度较小，因而需要较大片的风景绿地，是园内重要部分，宜选择地形富于变化且环境最优的部位；文化娱乐区是人流集中热闹的区域，可和居住区的文体公建如会所、游戏场、表演场地等结合起来设置，这是园内建筑和场地较集中的地方，也是全园的重点，常位于园内中心部位；儿童活动区可以按少年儿童的年龄不同分别设置，各种设施都要考虑少年儿童的尺度，各种小品形式及植物品种颜色要根据少年儿童的兴趣特点进行设计和选择；服务管理设施区设置为游憩居民提供服务的相关设施如公共厕所、小卖部等等，虽然占地不多，为方便使用，其位置的选择和建筑设计也是很重要的。

居住区公园面积较大，功能分区时要注意动静分开，避免园内各项活动之间的相互干扰，此外，应根据人流的集散情况妥善组织交通，主要道路宜为无障碍设计。

2. 居住小区小游园

小游园是主要供居民休息、观赏、游憩的活动场所，万人左右的居住小区中心绿地用地规模不小于 $0.4hm^2$，一般为 $0.4\sim 0.6hm^2$，游园的位置一般要求适中，方便居民使用，一般考虑步行10分钟左右（约500m）。要求园内有一定的功能划分，综合设置中型儿童活动设施、老年人活动设施和一般游憩散步区等基本功能。小游园的绿化配置，一定要做到四季都有较好的景观，适当配置乔灌木、花卉和地面植被。

3. 居住组团公共绿地

组团绿地是结合居住建筑组团的不同组合而形成的公共绿地，靠近住宅，居民尤其是老人和儿童使用方便。组团绿地的特点是用地小、使用率高、布局设施都较简单，用地规模不小于 $0.04hm^2$，其中院落式组团绿地（住宅日照间距内用地）不小于 $0.05\sim0.2hm^2$。服务半径步行 3 分钟左右（约 200m），绿地内宜设花卉、草坪、桌椅、简易儿童设施等。

由于住宅组团的布置方式和布局手法多种多样，组团绿地的大小、位置和形状也是千变万化的，所以组团绿地的规划要求结合基地情况灵活布置，如住宅为周边布置，住宅中间设组团绿地，可以在相同的建筑密度下获得较大面积的绿地，同时环境安静有封闭感，大部分居民都可以从窗内看到绿地。组团绿地所处的位置不同，使用效果会有所差别，对组团内住宅的环境影响也不同，所以，组团绿地规划中最重要的是确定绿地的位置，要注意的是，应避免绿地对邻近住宅居民生活的干扰。

（二）宅旁绿地的规划布置

宅旁绿地即住宅四周或两幢住宅之间的绿化用地，它与居民日常生活的关系密切，宅旁绿地的主要功能是美化生活环境，阻挡外界视线、噪声和灰尘，创造一个安静、舒适卫生的生活环境。

宅旁绿地的布置应该与住宅类型、层数、间距、建筑群体组合形式密切配合，布局的形式要根据建筑的高低、地形起伏的不同而不同，既要注意绿地与住宅的协调统一，又要保证各幢住宅建筑之间的绿化特色，如住宅呈行列式排列。为方便区别，不同空间的宅旁绿地的树种和布局形式应有差异，住宅的向阳和背阴侧，应该有针对性的选择树种，东、西侧，可种落叶大乔木，借以减少夏季东西日晒，如条件较好，可采用常绿乔灌木及花草。如为点式住宅，其周围绿化面积较为开阔，可以采用成片草坪与乔灌木组合，形成较大面积的绿色效果。

宅旁绿地的布置应该因地制宜，在住宅建筑群中加入尽可能多的绿色因素，使有限的住宅庭院空间产生最大的绿化效应。

（三）公建附属绿地的规划布置

居住区内各类公建配套设施旁通常都布置一定面积的绿地，以改善公建配套设施的环境，同时结合居住区的用地情况，将公建配套设施与住宅建筑适当分隔。此类绿地的规划，应该优先满足公建配套设施主体建筑的功能要求，有针对性地进行设计，不同使用功能的公建，其附属绿地的设计应该有所区别，选择的布局方式、面积规模和植物种类也不同，如居住区内的小学或幼儿园，绿地面积和其主体建筑的面积之比可以较其他公建适当增大，绿地内应种植较高大的乔木，阻隔噪声对邻近住宅的干扰。

（四）道路绿地的规划布置

道路绿地是指居住区内各种道路两旁的绿地，包括行道树和小块草坪等，它连接着居住区小游园、宅旁绿地，一直通向各个角落，是组织联系各小区绿地的纽带。居住区的道旁绿化在居住区占有很大比重，与居民生活关系十分密切。

居住区道路的绿地布置应根据道路级别、性质、断面组成、走向、地下设施和两边住宅形式而定，由于性质不同，大致可分为主干道、次干道、小道三种：主干道旁绿地可选用枝叶茂盛的落叶乔木，作为行道树，以行列式栽植为主，行道树带宽度不应小于1.5m；次干道旁连接着居住区主干道及小路等，以居民人行为主，绿化树种、形式与宅旁绿化、庭院绿化布局密切配合，以形成相互关联的整体；宅间或住宅群之间的小道可以在一边种植小乔木，一边种植花卉草坪，道路转弯处不能种植高大的绿篱，以免阻挡人们骑自行车时的视线，靠近住宅的小路旁绿化，不能影响室内采光和通风。

三、居住区景观

居住区景观是整个居住区形象的表现，居住区的建筑及建筑的群体组合、庭院空间、绿化和道路系统等以及居住区的人文特色，共同形成了居住区的景观。

随着经济的发展，生活水平的提高，追求个性、风格独特的居住区受到人们的欢迎，为了实现居住区的"以人为本"规划理念，建设丰富多彩的居住区，需要在居住区规划中强调个性化、特色性的景观设计。景观设计主要从以下方面着手：

1. 重视人文景观，延续传统文脉

人文景观是历史文化财富，是不可再生的文化资源。居住区是构成城市的单位之一，居住区应当充分体现城市的建筑文化传统、历史文脉和城市景观环境等因素，在规划初期，要注意收集人文资料，对建设基地环境的景观特点、历史古迹、地方习俗及民族文化等相关资料进行研究分析，掌握居民、政府管理部门及开发者对居住区的人文因素的要求。

2. 因地制宜布局

"因地制宜"是居住区规划设计的一个根本性原则，居住区建设场地各不相同，规划时必须善于把握地形、地貌和地物作为设计的依据，合理布置建筑、绿地、道路和广场等元素。居住区的规划还需要特别重视鸟瞰景观，鸟瞰景观是居住区规划设计成果的反映，是居住区视觉美的重要组成部分，为增强居住区总体形象的观赏性，应该结合基地的特征，设计出具有韵律感、次序美的鸟瞰景观。

3. 注重建筑形式和风格的统一

居住区最主要的功能部分和最突出的主题是住宅建筑，住宅建筑的体型、色彩、空间轮廓等形成了居住区的主要景观，在很大程度上控制了整个居住区的风格和个性。住宅建筑的设计首先应该注意统一性，在统一中求变化，运用建筑美学的构图规律，创造美好的物质和精神空间环境。

4. 布置环境小品丰富居住区景观

居住区中根据景观设计需要灵活布置环境小品，可以起到美化环境的效果，对环境小品的规划应该注意整体性、艺术性、实用性、趣味性的统一，避免盲目模仿，照搬照抄。通常是结合公共绿地和公共商业服务中心、庭院、广场、街道等公共场所，设置水景、假山、花坛、雕塑、亭台、回廊、坐凳、石桌等建筑小品，使居住区更加生动和亲切。

第六节 居住区竖向设计和管线布置

居住区规划在平面布局的基础上，还要进一步做第三度空间的规划布置，以充分利用和塑造地形，并与建筑物、构筑物、道路、场地等相互结合，达到功能合理、技术可行、造价经济和环境宜人的要求。为方便居民的生活，居住区内布置了大量的工程管线，需要进行科学地布置，使管线与建筑的相互关系合理，并尽可能地减少投资。

竖向设计和管线布置是对居住区的工程规划，是居住区规划设计中重要的有机组成部分，将直接影响到居住区内居民的生活，应该引起足够的重视。

一、竖向设计

建设场地不可能全部处在设想的地势地段，场地的自然地形往往不能满足居住区内各个建筑物的布置要求，所以，必须进行竖向设计，将场地地形进行竖直方向的调整，充分利用并合理改造地形，确定合理的设计标高。竖向设计就是对居住区内地面及建筑物的高程（标高）的设计和安排。

竖向设计的内容和要求主要有以下几方面：

1. 选择场地平整方式和地面连接形式

建设场地的天然地形往往要经过人工改造后，才能成为满足建设条件的地形，平整天然地形的方式主要有三种，即平坡式、台阶式和混合式。

平坡式是指将地面平整成一个或多个坡度和坡向的连续的整平面，其坡度和标高都较和缓，没有剧烈的变化，一般适用于自然地形较平坦的基地，其自然坡度一般小于3%。对建筑密度较大、地下管线复杂的地段尤为实用。

台阶式是指将标高相差较大的地块相互连接形成台阶式整平面，以梯级和坡道进行交通联系。这种设计适用于自然地形坡度较大的基地，其自然地形坡度大于3%。建筑密度较小，管网线路较简单的地段尤为适用。

混合式即平坡式和台阶式混合使用，根据地形和使用要求，将基地划分为数个地块，每个地块用平坡式平整场地，而地块间连接成台阶，也可以在局部采用一种整平方式，其余场地用另一种方式。

设计地面在处理不同标高之间的衔接时，需要作挡土设施，一般采用护坡和挡土墙，需要布置通路时则设梯级和坡道联系。室外竖向挡土设施不仅是工程构筑物，通过精心设计也可以成为美化环境的建筑小品。

选择适合的地面连接形式，主要考虑基地自然地形坡度、建筑物的使用要求及建筑间的关系、基地面积大小、地质条件（如土质类型等）、施工方法等因素，尤其应该力争减少土石方工程量，减少工程投资。通常需要做综合技术经济比较，以确定最合理的方案。

2. 确定场地地坪、道路及建筑的标高

主要是确定建筑物的四角标高、室内外地坪标高，以及建筑物之间的地坪标高的关系。

影响标高确定的主要因素有五个方面：第一，防洪、排水的需要，要保证雨水顺利排除，场地不被水淹没，建筑不被水倒灌，通常要求场地要高出设计洪水水位 0.5m 以上。第二，场地地质条件的影响，主要是指建设场地的地下水位标高和地基的承载能力。第三，与城市道路的交通联系，考虑到居住区内外道路的衔接，以及区内道路系统的便捷、平顺，确定标高时应参照建设场地的周边道路和建筑的标高，考虑场地内外道路连接的合理性。第四，减少土石方工程量的原则，设计标高一般情况下尽量接近自然地形标高，避免大挖大填。第五，居住区空间景观的要求，确定建筑的标高和室内外高差，以及建筑物之间的标高关系时应该考虑到居住区的空间轮廓景观及空间的连续与变化，使景观反映自然、丰富生动。

建筑室内地平标高要考虑建筑物至道路的地面排水坡度，最好在 1%～3% 之间，一般允许在 0.5%～6% 的范围内变动；当建筑有进车道时，室内地平标高应尽可能接近室外整平地面标高，室内外高差一般为 0.15m；当建筑无进车道时，室内高差的幅度可稍增大，一般为 0.45～0.60m。

道路标高要满足道路技术要求、排水要求以及管网敷设要求。在一般情况下，雨水由各处整平地面排至道路，然后沿着路缘石排水槽排入雨水口。所以，道路不允许有平坡部分，保证最小纵坡≥0.3%，道路中心标高一般应比建筑的室内地坪低 0.25～0.30m 以上。

3. 拟定场地排水方案

应根据场地的地形特点，划分场地的分水线和汇水区域，合理设置场地的排水设施，做出场地的排水组织方案，排水方式一般分为暗管排水和明沟排水：暗管排水用于地势较平坦的地段，道路低于建筑物标高并利用雨水口排水。雨水口每个可担负 0.25～0.5hm² 汇水面积；明沟排水用于地形较复杂的地段，如建筑物标高变化较大、道路标高高于建筑物标高的地段、埋设地下管道困难的岩石地基地段、山坡冲刷泥土易堵塞管道的地段等。

二、管线综合布置

管线工程是保证居住区内建筑正常使用功能的基本条件之一，随着建筑的发展，管线工程涉及的工程量也不断增加。管线综合布置的目的就是在符合各管线技术规范的前提下，统筹安排各管线的合理空间，解决各管线之间以及管线与建筑物、道路以及绿化等之间的矛盾，为各管线的设计、施工及管理提供良好条件。

管线的敷设方式有地下、地上和架空三种形式。居住区宜采用地下敷设的方式。地下管线的走向宜沿道路或与主体建筑平行布置，并力求线型平直、短捷和适当集中，尽可能减少转弯、减少线路交叉、减少管线与交通线路交叉，此外，还应考虑管线与建筑、构筑物、绿化以及与城市管网的衔接等周边关系。

（一）主要工程管线的用途和特点

（1）给排水管，给水管网是由水厂或独立水源送至用户的有压力管线，可采用钢、铸铁或水泥管，通常埋于地下，一般生活和消防用水可合用同一管道，生活和生产用水一般分开设置。排水管是将建筑内的污水、废水排走的管线，通常采用混凝土管，将污水排入市政管网，经污水处理后再排入河道。

（2）煤气、天然气管，民用建筑的煤气、天然气管通常都埋入地下，是根据用户的用气压力要求，经调压设施调压后输送到建筑内部。

（3）热力管，有蒸汽管和热水管之分，通常采用钢管保温管道系统埋入地下或设置在地下管沟里。

（4）雨水管，一般独立成系统，由管网排到河道。

（5）电力线路，由发电厂或变电所将电能输送到用户，电力线要求绝缘，采用架空或埋地两种方式，在管线布置时，要满足电力线和建筑之间的距离要求。

（6）弱电线路，主要包括电话、广播、电视、网络线路，可以采用多芯、光纤及同轴等电缆。一般要求远离电力网线。

（二）管线布置的原则

（1）地下管线从建筑向道路布置，由浅渐深，依次为通讯、电力、热力、煤气、给水、雨水管，最后为污水。

（2）地下管线一般不能设置在车行道路下，尽量设于建筑和人行道之间，遇特殊情况，需要设在车行道路下时，应采取加固措施。

（3）地上管线的设置要注意人行、车行的安全，不能影响建筑的采光和通风，也不能影响绿化面积。

(4) 管线设计需要多个专业的配合,在场地设计时,对管线应进行综合设计,协调各个专业,解决管线敷设的矛盾。一般应遵循临时让永久,小管让大管,可弯让不可弯,新设让原有,压力管让自流管,施工量小让施工量大的原则。

(三) 管线与周边建筑物、构筑物、绿化以及与城市干线网的关系

管线综合布置应充分考虑敷设对建筑物、构筑物安全的影响,通常要求各类管线应与建、构筑物之间保持必要的水平距离,这样也可以防止管线受到腐蚀、沉陷、震动或压迫。

压力管线均与城市干线网有密切关系,如城市给水管线、电力管线、煤气管线、暖气管线等要与城市干管相衔接;重力自流管线与地区排水方向及城市雨水、污水管相关。居住区的管线综合应与周围的城市市政设施及本区的竖向规划设计互相配合,多加校验,才能使管线综合方案具有可行性。

地下管线一般应避免横贯或斜穿公共绿地,以免影响绿化效果和损坏管线,如暖气管会烤死树木,而树根生长又往往会使管线破损。如必须穿越时,要尽量从绿地边缘通过,以保证绿地完整,同时要与绿化树种间保持必要的水平距离。

工程管线的布置和埋设都有各自的技术要求,随着城市基础设施的不断完善和生活水平的逐步提高,不同地区根据具体情况会不断增设新管线。规划阶段应考虑近远期结合,居住区各级道路和建筑控制线之间的宽度确定,要考虑基本管线的完善和新增管线的敷设预留位置,为远期发展创造有利条件,以免今后增设管线影响整个管线系统的合理布置,带来不必要的困难。

第三章 房地产市场分析

第一节 房地产市场分析概述

20世纪90年代中后期，中国沿海地区的房地产热对国民经济造成了很大的冲击，21世纪初期对房地产投资增长过速的担忧也一度引起了政府的关注，2004年4月27日，国务院下发通知，将房地产开发固定资产投资项目（不包含经济适用房）资本金比例从20%提高到35%及以上，这样的宏观调控对房地产市场影响可以说是巨大的。从这个层面上来说，政府相关管理部门和从业者需要认真研究房地产市场，对房地产市场进行认真分析并得出自己的判断。作为房地产开发商，面对着日益激烈的竞争和不断变化的消费需求，也同样需要进行房地产市场分析，判断整体经济形势、行业发展和竞争状况，以及具体细分市场的供求缺口等。

一、房地产市场分析的思路

房地产市场分析的详细程度根据所掌握的资料和市场分析的目的而定，一般来说，进行房地产市场分析需要以下方面资料和信息，见表3-1。

房地产市场分析所需要的资料和信息　　　　表3-1

	地区市场						专业物业市场						项目物业市场					
	供给			需求			供给			需求			供给			需求		
	过去	现在	未来	过去	现在	未来	过去	现在	未来	过去	现在	未来	过去	现在	未来	过去	现在	未来
经济																		
人口																		
区位																		
地点																		
心理																		

表3-1中的市场信息包括三个层次（地区市场、专业物业市场和项目物业市场）、两个方面（供给和需求）、三个时段（过去、现在和未来）和五个基本影响因素（经济、人口、区位、地点和心理），共90个单元，具体说明如下：

1. 三个层次

地区市场是特定范围内影响所有类型房地产市场行情的市场环境，它包括所有类型的物业，因而也叫做地区房地产市场。这样的地区可以是整个国际范围，也可以是一个国家或一个城市。如果把地区房地产市场作为研究对象的话，那么影响因素就不只限于房地产业的范围，还包括一个地区的总体经济发展速度及产业结构，如地区经济发展的速度、人口的增长、收入的增长及就业等方面的影响。

专业物业市场是指按照物业的基本类型分类的市场环境，如写字楼市场、住宅物业市场、商业物业市场等。那些只对某种类型的房地产市场行情有影响的条件和因素，就构成专业物业市场环境。如房改政策可能直接影响住宅的供给与需求；城市的功能规划也可能使城市的某个地段的写字楼成片地开发；一个城市如果确定了把旅游业作为其支柱产业，则对酒店类物业的需求量将会大大增加。

项目物业市场是指进行开发时需要直接研究的物业市场环境，它多数情况下是开发商正准备开发的项目，或准备投资的一块土地等。个案项目是市场分析的最终目标层，它要以上述分析作为依据，再加上对项目个案有直接影响的因素的分析，如项目所在地点的自然环境和条件等。

2. 两个方面

市场分析的主要任务就是分析供给与需求，分层次地分析各种影响因素，实质上就是要分析供求的变化。所以每个层次的分析都应包括两个方面。任何影响因素都会直接和间接地影响房地产的供给和需求。例如在地区市场上，第三产业的增长，外资企业的增加，显然会有利于写字楼市场上需求的增长，再如，在项目的所在区域，有无重要的道路建设规划，也会直接影响项目的吸引力范围和客流的数量。由供给和需求的分析进而可以分析供求缺口及价格的变化等。

3. 三个时段

对一个项目的市场分析，看起来是对市场的某个时点的状况进行判断，但它必须是在对市场进行长期跟踪的基础上进行判断。所以在进行市场分析时，一定要有历史的概念，既要了解市场的过去一段时期的变化情况，又要对市场将来一定时期的发展趋势有清楚的把握。了解市场发展变化的来龙去脉，才能正确判断每一变动的影响力。

4. 五个影响因素

严格地说，对房地产市场造成影响的因素，可能来自各个方面，但主要的就是来自于经济方面、人口方面、区位环境条件、地点的自然条件及法律的、人文心理方面的因素。各个方面的因素，构成项目物业所在的市场环境。因此要认识项目物业所在的市场环境，就要考察这五方面的变动及其影响。当然，对于特定的项目市场，可能有其他的特殊的影响因素，这在分析时也要纳入考虑范围。

可见用以上的框架，大体上覆盖了市场分析时所要关注的各种信息。每个单元格里的某一种信息的分析都可以认为是一个整体思路的一个步骤。当然并不是说每一步骤都必须由房地产市场分析人员亲自去做，也并非每个项目都要从始至终地完成每一步的分析。

在掌握以上信息资料的基础上，可以按照以下三个步骤进行市场分析：

第一步，地区市场分析。确定项目物业所在的地区和专业市场，把它们放在整个地区经济中。考察它们的地位和状况，找到影响这个市场变化的主要因素，并通过直接地或间接地资料分析，对地区经济发展进行预测，从而发现它对专业物业及子市场的影响。例如通过人口、就业、收入等资料，推算对专业物业的需求增量。

第二步，专业市场分析。在专业市场的层次上首先要进行市场细分，再将各子市场的物业的供给量和需求量进行对比预测，从而发现各子市场的需求潜力及分布状况。

第三步，房地产项目市场分析。在房地产项目市场的层次上，根据前面对市场潜力的估计，进行竞争对手的分析，估计目标物业的市场占有率；同时进行消费者的研究，以确定本项目的竞争特点。

通过以上分析步骤，就可以完成一个面的市场分析。完善的市场分析不仅要在时间上跨越过去、现在、未来，在空间上覆盖整个地区市场（国内市场、国际市场）和项目所在地点，而且分析的每一个环节都应是相互联系的，上一个步骤得出的结论应作为下一个步骤开始时必须的已知输入变量。这些输入变量加上下一个步骤中的新的限定条件，又可以得到一个新的输出变量，也就是这一步骤的结论。这样的思路才可谓是全面而周延的。

例如，通过对地区市场的分析，我们可以得到地区经济增长、人均收入提高、购买力提高的结论。通过对以往人均收入与购买力的研究，对需要的零售业的增长速度及水平进行预计，零售物业的需求增量将作为一个输入变量，在下一步分析中成为一个基础数据；在专业市场分析中，通过对零售物业市场的细分，同时通过对各子市场的发展速度及历史上的出售率、出租率及租金、售价进行总结、预测，就可以估计总的零售物业市场潜力及需求增量。通过每个子市场的需求增量和供给预测的对比，就可得到子市场的供求缺口。供求缺口是这一步骤的结论，又是下一步项目物业市场分析的基础数据。在项目所在子市场供求缺口已知时，各竞争物业的分析就可以将未被满足的需求，按照各竞争对手的市场占有率进行分配，从而估计到项目的市场占有率及可能的收入。同时通过对比，也可以估计其租金和售价。估计的租金和售价又成为可行性研究的基础数据。

二、房地产市场分析的基本内容

（一）市场分析的类型及含义

第一节 房地产市场分析概述

房地产市场分析是一个很广泛的概念，由于研究分析的角度、对象、目的及方法不同，分析的内容便显得错综复杂。如果分析的服务对象不同，分析的内容和方法也就会有很大差异，有些市场研究分析是为开发商做的，例如某个楼盘的营销分析；有的市场研究分析是为政府服务的，例如某城市大型商业物业需求的预测。不同的分析对象，分析的内容、角度也是不同的，有的研究分析是针对某一个楼盘的，例如某住宅项目的可行性研究；有的研究分析是某一种类型的物业的研究，例如某一城市写字楼供给及需求分析；有的研究分析是比较宏观的，例如某城市房地产业发展趋势及特点。分析研究的目标也是不同的，有些项目要求准确地估计项目的市场价值、吸纳率、投资回报率，有的项目则不要求有量化的结果。

因此，有必要对各种类型的市场分析分别定义，从而更清楚地认识它们各自所分析问题间的内在联系。

从广义上说，要进行一个全面而周延的房地产项目市场分析，就要进行以下方面的工作。

1. 估价

估价就是对房地产市场价值进行评估，这也往往要对项目房地产进行详细的分析和研究。如果是对一个已经确定用途的项目进行估价，就无需进行土地最佳用途和最佳利用的研究；如果是一块空地，则必须进行最佳用途和最佳利用的研究，进行最佳用途和最佳利用方案比较。选择最理想的投资，于是估价便引出一系列延伸的市场研究分析。对于不同的项目，估价所涉及的市场分析的内容不同。

2. 成本—收益分析

成本—收益分析一般是针对公建项目进行的，政府常常需要作这方面的分析或委托一定单位进行分析，例如论证一座大桥的成本和收益，不仅要考虑直接收益，还要估量其间接影响。这种分析不需要营销分析或回报率估计等方面的研究，一般说来要进行需求预测。成本—收益分析构成相对独立的一类市场分析，它的研究方法也比较独立。

3. 可行性研究

可行性研究是确定项目是否可以得到所期望的回报率的一种研究，它所涉及的也是一个特定的项目物业。可行性研究要求对项目的造价和售价进行预测，得出投资回报率的预测。要想对项目的造价、租金和售价进行预测，就离不开项目的营销分析。

4. 营销分析

营销分析是运用市场细分技术，把房地产市场分组，从中选取需求空间较大的对象群，根据它们的需要，为开发提出建议和设想的一种研究。营销分析包括对竞争对手的分析，因为同一个需求空间往往会吸引若干的同类开发项目，认识竞争对手的竞争特点，才能确定项目的竞争特点，并预计项目的市场份额及吸纳量。营销分析的结果是量化的，例如准确地估计市场份额、售价和租金，为下一步进行可行性分析做准备。换句话说，营销分析的结果也可以停留在提供策划建议的层次上。

5. 专业市场供求分析

营销分析对目标市场的定位与选择，是以对项目所需的某种类型物业市场的细分，以及对细分后各子市场需求空间的比较为基础的。某种类型物业及其子市场的供给与需求分析就构成市场供求分析的主要内容，通过对某种类型物业及其子市场供求对比，可以发现各子市场的供求缺口，从而发现未被满足的需求空间。供求分析不仅确定市场供求的过去和现状，关键是要对供求进行预测。也就是说除了要解决市场容量问题，也要解决进入市场时机的选择问题。

6. 土地最佳用途和最佳利用分析

严格地说，为一块土地选择用途是一项非常复杂的工作（一般说来，为一个用途选地点的情况比较简单，因为某一用途自身对于地点和区位的要求是比较明确的。例如，麦当劳连锁店就有它自己的独特的选址技术，而且成功的概率很大），往往要对项目地块所在的区域与类似的区域进行比较，发现市场空档，在有两个或两个以上的可选用途时，就要对每一种可能的用途进行进一步的分析比较，最终选择利益最大化的利用方向。

7. 地区经济分析及预测

任何物业的价格起伏及供求变化，其基础的影响因素是来自物业所在地区经济环境。对地区经济环境的基本判断是对各类物业市场研究的基础。地区经济分析的内容分为两个部分：一是地区经济的基本趋势；二是地区房地产业的发展趋势。地区经济的发展速度方向，以及房地产业的发展方向、增长速度，对整个地区的所有房地产业的发展都有重要的影响。

从以上分析可以看出，市场研究的各个部分，对市场研究的内容上各有侧重，但各部分之间又是相互联系的。它们从不同层面、不同角度反映了房地产市场的状况，所以说各个部分的研究对认识房地产市场都是不可少的。

（二）根据市场研究的目的确定房地产市场研究的工作内容

虽然严格地说，对房地产市场的认识应包括各个方面、各个层面，但是由于项目不同，市场研究的目的不同，不是所有的市场研究分析都包括所有类型的市场分析内容的。市场分析人员必须根据具体目的和要求进行必要的研究分析。

通过以上各类型房地产市场分析的定义、特点，以及它们之间的相互关系的分析，可以根据实际要求，对必要的研究内容进行组合，从而提高研究工作的成效。对于不同类型的研究目的，最终的市场分析报告是不同的，见表3-2。

根据不同目的进行房地产市场分析的内容　　　　表3-2

市场研究的种类	使用对象	使用对象的要求						
		地区经济分析	多种用途比较	专业市场供求分析	营销建议	吸纳量	售价及租金预测	回报率预测
地区经济分析	政府	做	不做	不做	不做	不做	不做	不做
最佳用途和最佳利用分析	开发商、政府	做	做	不经常做	不经常做	不经常做	不经常做	不经常做
专业市场供求分析	开发商、政府	做	做	做	不做	不做	不做	不做
营销分析	开发商、咨询公司	不做	不做	做	做	做	不做	不做
可行性研究	开发商、投资人	不做	不做	做	做	做	做	做
估价	开发商、投资人	不做	不做	不做	不做	不做	做	做

上表中的每一类型的市场分析，还可以根据具体要求加以细化。同一项市场分析可能希望解决许多问题，但总有一些问题是最急于解决的，对管理决策的重要性也更大一些，这样需要对研究分析的目标按重要程度来排序。同样，为达到明确、可控和可监督要求，对研究分析的目标应具体化，使其具有可操作性。

例如，一项市场分析的目标具体化和程序可能如下所示：
（1）确定某住宅开发项目的盈利水平；
（2）确定购房者的基本需求特征；
（3）确定本项目周边竞争楼盘的供应情况和价格水平；
（4）确定本项目周边竞争楼盘近两年的广告推广情况；
（5）确定购房者对卫生间数量和布局的需求特征。

第二节　房地产市场环境分析

研究房地产市场不能仅局限在房地产领域内，房地产业的发展变化与外界经济环境及其他产业有密切的联系。这些联系是认识房地产市场变化的线索。只有关注宏观经济背景的变化，深入理解房地产与宏观经济环境的相互联系，才能对房地产市场有敏锐的洞察力，理解和分析房地产市场的变化时才会有更多的思路，才能更有预见性。所以在地产商及专业投资顾问公司，无不认为宏观经济分析是必要的。此外，进行房地产市场分析，同样需要分析房地产市场总体趋势，把握房地产政策、城市规划等影响房地产专业市场和项目市场的状况。因此，本节着重对房地产市场环境分析进行探讨，主要从经济形势分析、房地产总体市场分析、房地产政策影响分析、基础设施建设对房地产市场影响等几个方面展开。

一、宏观经济形势分析

（一）如何进行宏观经济形势分析

宏观经济环境是不断变化的，宏观经济分析的方法也是不断发展的，所以进行宏观经济分析只不过是一个不断向市场环境的实际状况趋近的过程，也是企业适应市场环境的必要过程。不能指望有一成不变的分析程序，也不能指望每一次研究的结果一定预测得很精确。所以进行宏观经济分析对于房地产企业来说，既不能做专业的宏观研究工作，也不能完全没有，而是在尽可能好的研究效果与尽可能少的投入之间，找到一个必要的平衡。较好的做法应该是把常规研究和专题研究结合起来，进行定期的和不定期的分析。

定期分析是要求企业把对各种宏观经济及地区经济分析成果收集起来，进行研究并把它当作定期进行的程序化工作。房地产投资顾问要善于利用吸收专业机构的研究成果中对自己有用的结论。一些专业研究机构，定期发布研究成果，房地产公司可以配合这些定期的成果公布，进行与自己有关的定期分析。从专业分析的内容来看，与房地产业相关的宏观经济分析一般包括两个方面：一是总走势预测，二是政策分析。基本趋势分析一般是定期的，每年岁末年初会有权威的走势分析的报告。政策分析一般是从财政、货币、收入、价格、外汇这五大方面进行。所以定期地阶段性地跟踪不会花费太多的资源。一般来说全国性宏观经济分析可每半年进行一次，而所在城市的地区经济观测，则可一个月进行一次。

宏观经济生活中经常会有许多无法解析的重要事件发生，例如香港回归、中国加入WTO等。这类事件的分析，任何一家房地产企业都没有现成的研究成果和经验可直接借用，都要重新学习。而且，这类事件的分析，只靠某个领域的专家是不行的，而是要及时进行不定期的、多方合作的、非程序化的研究。

程序化的定期的研究成果，是房地产投资顾问从事宏观经济分析和房地产市场分析所必需的资源。常见的此类资源有免费的，也有有偿。同时也可以借鉴这些成果的表现形式，这些形式无疑是增大了研究成果的权威性和可信性，也增加了研究成果的表现力和价值。

（二）进行宏观经济分析应关注的内容

宏观经济分析和地区经济分析并非房地产投资顾问和开发商的专业，但是有多种专业研究机构的预测、分析报告可以借鉴。

宏观经济分析一般是从两个视角展开的，一是从时间连续性上进行分析，从历史的波动推测未来的走势。一是从时间的横断面上进行分析，分析某一时点或某一时期中各种影响因素的作用方向、部位、结果等。

经济趋势是房地产市场的一个背景，因此可以把某一个时点的房地产市场放

在一个历史的波动轨迹上,判断它的发展态势。作为房地产顾问或开发商应特别关注以下内容:

首先应该关注的是整个国民经济和地区经济的发展走势与发展速度。房地产业是国家和地区经济的构成部分,是众多产业行业中的一个,经济形势总体的走势和速度与房地产业发展走势和速度是相关联的。

其次应该关注国家及地区经济政策的整体方向和动态,虽然国家的宏观经济政策不会直接影响房地产业,但可以指示出宏观经济环境的状态。国家宏观经济政策主要有财政、金融货币、收入、价格、对外经济五个方面。国家会根据市场运行状态来制定施政的方向和部位。例如是进行结构调整,还是进行总量平衡,是针对消费市场还是针对生产资料市场、资金市场。通过政策的动向可以判断房地产所在的总体市场环境是过热还是偏冷;是通货紧缩还是通货膨胀;未来的发展方向是进一步抑制还是更加活跃。当然应该认识到,政策制定者从发现问题到出台政策有一个时滞,所以时时地跟踪政策动态,有利于把握整体脉络,有利于预测经济波动对房地产业的影响。特别是估计房地产业波动的方向、波形及拐点时,要进行适当的修正。

专家们的政策建议对房地产业内人士来说,也是值得注意的。比如凡是影响个人收入的政策,都会影响到房地产业,失业保险、医疗改革无不对房地产业有巨大的影响。

第三方面应关注的是重大事件的发生、发展及其影响。有些事件的发生是无法预料的,房地产业不得不跟踪和关注事态的发展,同时利用"外脑"来进行解析。

(三)可借鉴的宏观经济及地区经济分析的成果

1. 专家分析成果

由国务院研究室工交司、国家体改委宏观调控体制司、国务院发展研究中心、《管理世界》杂志社、中国企业评价中心联合组织实施的中国经济宏观景气专家调查问卷系统,自1991年建立以来,每半年调查一次。每次调查在问卷设计上基本保持内容、结构的稳定性。由对当前的宏观经济形势评价、未来时期经济状况预测、今后体制改革和宏观调控政策措施的建议三个部分构成整个问卷的骨架。这种做法的好处是,由于专家队伍基本稳定,能够有效地保证整个问卷和历次调查在逻辑上的一致,便捷地进行答卷质量检验和对国民经济运行进行连续追踪观察。

2. 景气分析预测

除了政府机构以外,我国一些专业机构定期及时公布景气报告。其中最具权威性的机构是国家信息中心的"中经宏观景气动向",它对国民经济运行的先行和同步经济指标进行动态跟踪,根据经济周期波动理论,编制和发布"中经"景气动向指数宏观经济预警信号,并以数据分析图表形式提供各类重要月度经济指标序列,使用户更直观地把握当前经济景气变动的方向和幅度,定量地对景气局面进行判断和测度。

我国各大城市也有各自的景气报告系统,比如北京市统计局每月发布各项经济指标的统计数据,并发布了北京市宏观预警监测图。通过对各项经济指标的分析,可以较直观地说明北京市经济的动向及其背后的原因,以2000年初的宏观经济预测为例,我们可以发现北京市的经济总体水平处于低谷,所有重要经济指标的增速均下降。我们可以据此预测下一年的房地产市场的表现。

3. 企业调查报告

企业调查(Business Surveys)是指依据经济的现行状况和未来趋势对企业或公民个人进行的一种意向调查。

它是通过问卷形式进行的一种抽样调查。市场经济体制国家早在20世纪中叶就已开始进行企业调查,如法国和德国是在20世纪50年代初开始进行企业调查的。到目前为止在世界范围内已有50多个国家的100多个机构定期(如按月、季)进行企业调查。

我国的企业景气调查也开始多年了,如中国人民银行调查统计司企业与居民调查处早在1994年以前就开始了对5000户工业企业景气调查。每一次调查都包括对当前的宏观经济总体运行态势的评价和预测,每季度在《经济研究资料》上发布一次。国家统计局综合司也组织定期的中国企业景气调查。

通过对企业景气状况的调查和动态比较,可以了解企业经营状况、生产状况、应收账款、库存情况,税后利润情况、负债情况、用工状况及下一阶段的走势。它不仅分析出宏观景气的基本态势,还综合分析了景气变动的基本原因及下一个时期的政策选择。

(四)宏观经济分析所需的基本数据

进行宏观经济分析及地区经济分析所需的基本数据,应包括以下几个方面:

1. 全国社会经济统计指标

(1)总量指标

包括GDP、人口、进出口等总量指标。

(2)结构指标

包括GDP,第一产业、第二产业、第三产业等结构指标。

(3)水平指标

包括职工平均工资、人均居住面积等水平指标。

(4)动态指标

包括零售价格指数、固定资产投资、价格指数、贷款利率、通货膨胀率等。

数据来源：统计年鉴、经济统计年鉴。

2. 地方经济统计指标

（1）宏观年度经济指标

包括 GDP，GNP、GDP 指数、人均 GDP、固定资产投资需求、社会消费品零售总额、进出口总额、商品零售价格总额、进出口总额等。

数据来源：各地方市统计年鉴。

（2）宏观月度经济指标

包括：

第一、二、三产业的 GDP；工业方面：工业综合效益指数等；商业方面：社会消费品零售额、社会商品购售存总值等；投资方面：固定资产投资，开复工面积、竣工面积、商品房屋销售建筑面积、商品房销售额等；外经外贸及旅游方面：进出口总值、新批三资企业人数、接待入境旅游人数等；财政方面：财政收入、财政支出；金融方面：银行存款余额、银行贷款余额、金融机构现金收入、金融机构现金支出、期末居民储蓄存款余额等；物价方面：居民消费品价格指数、商品零售价格指数等；收入方面：职工数、职工平均工资；人口方面：人口总数、家庭规模、出生率、死亡率等。

数据来源：地方经济发展月报。

3. 房地产业统计

（1）全国房地产统计指标

投资方面：全国总计、国有单位投资、商品房建设投资、土地开发投资、计划总投资等。

资金方面：年末节余资金、本年资金来源、各项应付款合计、国家预算内资金、国内贷款、债券、利用外资、自筹资金、定金及应收款等。

开发量方面：本年购置土地面积、完成开发土地面积、施工面积、竣工面积、销售建筑面积等。

销售方面：商品房销售面积、销售额、销售价格。

（2）地方房地产统计指标

土地开发方面：土地开发投资、土地使用权出让金、土地开发面积。

开发投资方面：开发投资额等。

开发量方面：商品房施工面积、新开工面积、竣工面积等。

销售方面：商品房销售额、销售面积、销售价格。

资金方面：上年末节余资金、本年资金来源、各项应付款合计、国家预算内资金、国内贷款、债券、利用外资、自筹资金、定金及应收款等。

数据来源：中房指数、国房指数、房地产开发投资月度统计、快报摘要、中经网、地方经济信息网及地区政府网站。

二、房地产市场总体趋势的分析

及时跟踪房地产市场的动态，了解房地产市场的行情，把握总体趋势，就能把握住市场变化的大方向。

对房地产市场总体趋势进行分析时，要求研究者运用各种方法对地区房地产市场形势进行总体概括和描述，包括景气状况、房地产市场行情、市场动态、政策法规的分析及规划的变化等。

对房地产市场行情的分析方法，目前有指数分析法、景气指标分析法、区位商分析法、投入产出分析法、价格及销售量分析法等。下面主要介绍价格指数分析法。

（一）指数分析法

观察市场行情的变动，最简单而常用的方法是观察其发展变动的速度，通过计算其发展速度不仅可以了解市场行情的变动方向，而且可以知道其变动幅度。连续观察这种变动，就可以描述市场行情的波动。指数分析法正是基于此而产生的。

指数分析法是由每年各月市场行情指数直接与上年同月市场行情指数相比，得到周期性波动及不规则变动的相对数，以此来反映市场行情周期性变化的一种测定方法，其计算公式为：

$$CI_{t,i} = \frac{Y_{t,i}}{Y_{t-1,i}} \quad (i = 1,2\cdots,12)$$

式中 $CI_{t,i}$ 为第 t 年第 i 月的周期性行情波动及不规则变动的相对数；$Y_{t-1,i}$ 为第 $t-1$ 年第 i 月的市场行情指数；$Y_{t,i}$ 为第 t 年第 i 月的市场行情指数。

（二）价格指数在房地产市场行情分析中的应用

运用价格指数进行房地产市场总体分析，在我国已有多年的经验，这种研究在实际经济活动中起到了极其重要的作用。除了国家统计局研制的国房景气指数中包括有房地产价格指数系列以外，中房指数系统也在我国房地产业发展中发挥了巨大的作用。中房指数系统是由国务院发展研究中心、中国房地产业协会、中国房地产开发集团于1994年联合发起创立，包括了我国大多数城市的房地产价格指数。它是以某一城市不同区域若干个具有代表性的住宅项目为样本，对其成交情况、价格、营销措施等进行全面的监控，以此来反映该区域的房地产市场状况。除了这两个具有权威性、综合性的指数外，还有一些实用性强的价格指数系统活跃在北京的房地产市场上。北京伟业指数就是这样一种实用指数。相对于国房景气指数的权威，中房指数的宏观，伟业顾问公司推出的伟业指数则比较注重微观，比如它按北京市场物业类型细分为普通住宅、公寓、别墅、写字楼；按区域细分为：二环、三环、四环、中关村地区或CBD地区等。

在城市房地产业发展状况的分析中,最需要的是对整个城市房地产市场价格的有效描述。研究城市及城市内分区域、分类物业、分聚集区等详细的价格指数,是最受开发商及各种委托人重视的。房地产价格指数与房地产景气指数不同,它仅就价格这一个经济变量进行跟踪记录,而没有加入开发企业数量、开发面积等多种相关因素,因此它对于市场行情的波动更具有表现力,更直接,更及时。当然价格波动背后的原因还要进一步分析才能看清,所以房地产价格指数的解释性不如房地产景气指数。因此要深入研究市场的波动原因进行市场预测还必然依靠房地产景气指数进行综合分析,而要及时地了解房地产市场的动态,则直接运用房地产价格指数更有效。

1. 价格指数在房地产市场总体分析中的应用

运用房地产价格指数可以回答哪些问题呢?在进行某一项目的决策之前开发商都会就房地产市场总体状况及走势进行研究和判断,除了探讨房地产总体趋势外,还会关心不同区位、不同类型物业、不同档次物业、不同聚集区的物业等的价格走势。运用价格指数来反映市场状况是一种方便且较准确的做法。

具体来看,运用房地产价格指数可以帮助我们得到以下方面的研究和判断。

(1) 判断总体价格走势

由于开发商受信息的限制,很多凭经验的判断往往是不正确的。经常会有这样的情况,经验告诉某开发商近期的房子颇为好卖。但实际上他看到的只是某个区位、某个项目、某种物业的情况。如果看一看全市的房地产综合价格的走势,情形可能就完全不同了,甚至有时是与他的经验完全相反的。因此,对一个地区或城市的总体价格的指数描述,可以让开发商清楚地看到价格发展的历史过程,并了解目前的价格水平还有没有上升或下降的可能。

(2) 分析不同物业的价格走势

在大多数情况下开发商在寻找投资顾问进行市场行情的咨询或自己研究时,对土地和项目的用途是已经有了设想的,但是也有一些项目在购置土地阶段还没有决定开发项目的物业类型,在经济处于复苏阶段或大规模土地购置与开发完成以后,开发项目的物业类型和土地用途的确定是非常关键的。所以市场分析人员必须对物业类型进行分类研究,报告不同物业类型的价格状况,让人们了解各时段中,哪一类物业价格上涨或下跌得更快。这种长期跟踪的必要性还在于不同物业的价格波动周期不同步,在经济波动的周期性变化时,各种物业的反应速度不同。比如经济复苏初期,别墅价格启动的要比普通住宅早一些,写字楼市场价格受国家对外经济影响比较快。因此不同物业市场的价格趋势必须作为房地产市场总体研究的一部分,才能反映市场的完整状态。

(3) 分析不同区位物业的价格走势

房地产市场具有明显的地域性，即使完全相同的物业在不同地点价格也可能相差甚远。随着城市建设的发展，不同区域在整个城市中的功能定位也影响着不同物业的一个房地产项目的研究，一定要综合考虑它周边的环境和所在区域物业市场的价格状况及其走势。因此，利用价格指数描述不同区位的物业市场是必不可少的。此类描述可根据不同的需要对市场进行不同的划分。

按城市方位或距离市中心的位置划分。例如城市可以分为东部、西部、南部、北部，以及东南、西南、东北和西北部。

按物业用途划分，可以把物业分为住宅、商铺、写字楼、别墅等。

按相对中心区的位置划分，例如北京市可以把物业分为二环路以内、二环路到三环路、三环路到四环路、四环路到五环路等。

按开发热点区位划分，例如北京市可以分为中关村、亚运村、CBD 地区等聚集区。

按城市的行政区划分。表 3-3 所示就是按城市行政区分类的北京市城八区内销住宅价格指数。

北京市城八区内销住宅价格指数　　　　　　　　　　表 3-3

	东城	西城	崇文	宣武	朝阳	海淀	丰台	石景山
2001 年 2 季度	8655	7795	7237	6644	5903	6385	4264	3974
2001 年 3 季度	8710	7919	7717	6602	6073	6395	4454	3997
变化幅度（%）	0.64	1.59	6.63	−0.63	2.88	0.16	5.21	0.59

（4）价格指数数据库

建立一个及时反映物业市场价格的数据库，需要随时收集项目的信息资料，进行市场调查、定期地更新信息内容。市场调查常采用电话采访和实际调查两种方法。针对不同项目所做的市场调查的内容也有所不同，基础性市场调查的内容一般有：项目名称、项目地点、开发商及其联系方式、证照状况（是否具备五证两书）、价格（包括起价、均价、折扣等）、户型比、入住时间、开工时间、建筑面积等。根据市场调查的结果及时地录入和更新价格指数数据库。表 3-4 是一个市场调查数据汇总表，可制作成包括必要信息的 Excel 工作表，并可计算出价格指数，绘制出价格指数走势图。

市场调查数据汇总表　　　　　　　　　　表 3-4

项目名称	类型	位置	起价	均价	总建筑面积	物业管理费 [元／（月·平方米）]

由于市场调查的内容非常详细，不但可以明了市场的价格走势，还可以对各个物业的性能价格比进行评价，比如通过比较地点、户型、设备、规模等，可以发现哪个楼盘性能价格比最好。通过市场调查还可以发现市场上的最新动态，对市场价格的变动更具体的解释，说明价格波动背后的原因，进而对下一步的价格变动可以做出较准确的预测。

对于市场的总体趋势分析要依靠多种价格指数工具，通过国房景气指数来判断整个房地产经济的景气状况，从而判断投资是否能够搭上高速发展的快车。通过中房价格指数和伟业综合物业价格指数，可以了解总的价格走势，以及所在城市的房地产总体走势。此外还必须通过对各区域价格指数的分析和解释，了解所在地点周边市场的特点。总之，可以通过宏观的总量指标了解入市时机是不是最好，通过地区的、区位的结构性指数指标来定位投资地点和物业档次等。

可见价格指数在房地产市场研究中的作用是极为重要的，也是多方面的。

三、房地产政策影响分析

政府作为房地产市场的管理者，通过控制土地的出让和转让、对土地使用进行限制、对房地产业运行所需资金政策的制定调整等，极大地影响着房地产市场。因此，关注和分析政策是房地产市场分析的重要工作，然而政策分析很难归纳出一套方法或操作程序，因此有人说，房地产政策分析不是一种技术，而是一种艺术。

（一）房地产政策对房地产市场的影响

房地产市场受政策的影响十分明显，所以所有的房地产商和投资顾问都明白房地产政策分析的重要性。但是对于房地产政策的日常跟踪，以及对于政策的学习和分析却显得不够及时和深入。

房地产政策的影响是普遍的，对于所辖区域内的所有地块、所有种类的物业和所有的楼盘，都有影响，它不仅会影响价格，甚至会影响施工进度和产品形式。

1. 房地产政策对价格的影响

尽管房地产价格的波动有其固有的周期性，但是政策的影响也起到不小的作用。

例如，2003年上海市房地产销售平均价格增幅超过20%，但到2004年上半年，上海房价涨幅明显趋缓，市房地产交易中心统计的"全市商品住房预售价格"累计涨幅7.4%，市统计局统计的"全市商品房销售价格"累计涨幅7.9%。2004年1~6月，上海房价月均环比涨幅1.3%，明显低于2003年全年月均环比涨幅2%的水平，而2%这个数据还包含了2003年"非典"期间楼市清淡的因素在内。其主要原因是上海市贯彻落实了中央的上半年出台的宏观调控政策，此外还在房地产交易方面出台了许多政策予以调整规范，其中涉及到期房限转、中低价配套房政策、经济适用房以及动拆迁管理相关政策等。

上海市出台的《关于预售商品房转让问题的决定》，明确指出：自2004年4月26日起，预购人购买的预售商品住房应当在竣工并取得房地产权证后进行转让，并按规定办理房地产转移登记；在取得房地产权证前，房地产登记机构不办理预售商品住房转让的预告登记。期房限转对一手房市场的影响在酝酿期内已经显现，期房销售中除炒家预订减少外，二手房市场上也逐步挤出了一批纯粹靠短期炒作获利的投资者。这一政策的直接作用在于拉长了变现时间。期房限转后就算有的投资客能通过先签订合同，再等产权证下来进行交易这样的变通方法来实现期房交易，但投资客如果想套取到真金白银，那也至少是一年以后的事情。一些投资客对于期房未来预期的不确定性，已经不敢轻易介入期房投资领域。

此外，为提高商品房交易信息的透明度，规范商品房销售行为，方便房地产登记，2004年3月30日起上海全面实施商品房网上备案和登记制度。截至7月12日，上网销售的楼盘数已达822个、上网房屋总计1075万m^2，9万多套，网上累计销售房屋345万m^2，2.9万套。目前，日均成交量已达600多套，网上备案系统已经成为市民查询房源信息和购房的主要平台，"信息公开、规范交易、便民利民"效应正在逐步显现，对于增强市场供求信息透明度、扭转市场信息不对称的状况发挥了重要作用，合同上网使信息透明和销售规范，对房地产价格也产生了较大的影响。

2. 房地产政策对开发热点分布的影响

房地产政策影响开发热点的分布，全国各地都有不少这样的例子，较典型的例子是北京的中关村和CBD两大热点开发区的形成。1999年6月国务院下发了《关于实施科教兴国战略加快建设中关村科技园区的指示》的批复，从此中关村成了北京一大房地产开发的热点区域。批复之后，立刻启动拓宽白颐路、拉直成府路的工程，中关村的住宅立即成为抢手货，出现了许多著名的楼盘和大规模的社区。

3. 房地产政策对开发产品形式的影响

以北京为例，其四环路以外的项目多采用多层或连体别墅形式，就与绿化带政策有关。因为这一政策规定，绿化带内的项目限高9m。

4. 房地产政策对施工进度的影响

2001年6月26日，中国人民银行发出了《关于规范住房金融业务的通知》（以下简称《通知》）。

对于开发商贷款，《通知》做了严格限定，首先开发企业贷款应主要投向适销对路的住宅开发项目，其次该企业自有资金应不低于开发项目总投资的30%，同时开发项目必须具备"四证"（《国有土地使用证》、《建设用地规划许可证》、《建设工程规划许可证》和《建设工程施工许可证》）。期房预售的多层住宅主体结构封顶、高层住宅完成总投资的三分之二时,银行才准许动用对买家发放的个人住房贷款。

这一政策使很多楼盘的施工进度受到了影响,很多已经预售的楼盘因为这一政策的出台,而只能拿到消费者的首期付款,而得不到银行的贷款,所以不得不放缓开发的进度。这说明了房地产政策对施工进度同样有影响作用。

由于房地产市场与政府的特殊关系,政府对房地产界的干预是必然的,因此政府以土地收益的保有和增长为政策的核心,开发商、消费者、投资人只有在这个基础上发展自己的利益。

还应看到市场失灵是政府干预的起点和根据,但并不等于政府干预就一定比市场的作用好。由此可以推论,房地产的价值并不一定随着土地政策、房地产政策的发展而增值。

政府制定房地产政策,不是每时每刻代表大多数人的利益,特别是不可能总是代表低收入人群的利益,因此,带着市场经济自由主义的态度,或者抱着政府弥补市场失灵的美好期望,或者把公平的期望和责任寄托给政府的想法显然是不恰当的,以这样的观点去理解、评价、分析政策是会引出错误的结论的。

(二)房地产政策分析与政策影响分析

房地产政策分析与房地产市场政策影响分析不同。前者分析的是政策本身,也许这个政策还没有成形,目的是为了帮助政府进行决策,制定出解决问题的方案。但后者分析的是某项政策对房地产市场的影响,目的是为房地产商提供投资决策参考,两者的分析过程也有差别。

1. 房地产政策分析

制定公共政策之前对待解决的问题不一定很明确,因而政策目标也不易确定。政策分析包括以下步骤:

(1)将有关问题分解为一些能被处理的相对独立的问题,这样才能解决现实问题;

(2)建立评估标准,评估标准包括对成本的关注、政策的效力、政治上的可接受甚至投票的公正性,从一开始就要就政策的价值取向达成共识;

(3)确定可供选择的政策,在明确了目标和建立评估标准后,就有可能制定出一套可供选择的方案;

(4)评估可供选择的政策,评估确定哪些方案是可行的,哪些则不可行,哪些是需要付出昂贵代价的;

(5)选择政策;

(6)监控政策实施结果。

2. 房地产政策影响分析

房地产政策影响分析是为房地产市场分析服务的。它包括以几个步骤:

（1）进行政策信息的收集，房地产市场的相关政策很多是来自本部门的主管单位，也有很多是来自本部门以外的，所以关注和收集各种渠道的政策信息就非常困难，但这一步是非常重要的；

（2）正确理解政策信息的真正含义，这就要理解这一政策的来龙去脉，分析它产生的背景以及它的政策目标，当然包括潜在的政策目标；

（3）对政策的影响进行分析，包括政策影响的当事人、部位，判断政策影响程度等；

（4）对房地产开发提出相应的建议。

（三）房地产市场政策影响分析的方法

房地产政策的影响已构成房地产市场环境的主要内容，要理解房地产市场的发展和变化，就必须连续经常地跟踪房地产市场政策的动态，理解其中的信息内容，判断其影响和作用的部位、程度，并根据政策要求采取措施，调整行为，以获取最大限度的市场收益，并避免损失。市场分析人员要进行房地产政策影响分析，需要做到以下几点：

（1）跟踪市场政策动向信息，了解最新政策动态及其背景；

（2）要认真领会政策信息的内容和含义，并把相关政策联系起来分析，比较其中的差异或进行前后对比，发现其中的变化和联系脉络，由此判断政策目标和意图；

（3）判断政策影响的确切部位以及对各主体的影响程度；

（4）要尽可能地对政策影响进行定量分析，当然在数据不全或不可靠的情况下，不应勉强运用数量分析，特别是运用计算机模型，这种做法更适用于学术研究；

（5）分析说明政策的后果，特别是对供求关系的影响，进行必要的预测，这一点在分析房地产价格走势的时候经常用到；

（6）尽可能地进行政策评论，如评论它的缺失之处，这样可以预测政策的未来趋势。

正如前面所提到的，政策影响分析是一门艺术而不是一种技术或技能，这就使其分析的方法不可能完全固定。正因为如此，成功的管理者不只是分析家，更多地是一个组织者；不只是技术专家，更多地是政治家。所以从这个角度来说，房地产政策影响分析只是给开发商或投资人提供信息，起一些辅助决策的作用，帮助决策者处理好各种公共关系和社会关系。

还应该认识到，在政策影响分析中运用大量的定量分析是不可取的，因为政策问题远没有数学方法要求的那么抽象和精确。

总之，对政策影响分析的期望不可过高，在目前的信息条件和市场条件下，政策影响分析是不可能做到完美的，它只能帮助决策者将问题确定下来，把大方向确定下来，尽可能地使决策建立在理性的基础上。

四、城市规划与基础设施投资对房地产市场的影响分析

城市规划一般是通过政府公共基础设施投资行为对城市发展和房地产开发起到实质影响，只有通过基础设施投资和政策法律的制定等政府行为才能改变城市和地区的实体状况，所以研究规划对房地产市场的影响，必须结合政府基础设施投资来分析，规划的影响实际上也就是基础设施投资对房地产的影响。只有了解基础设施投资的动向，才能准确把握时机选择增值潜力大的地点、区域。因此，本文的规划影响分析主要是分析基础设施投资的影响。

基础设施主要由交通系统、通信网络、园林绿化和大型公共设施构成，它的建设开发有点（如大型公共建筑的建设）、线（如道路的建设或水路的开通）、面（如开发区的建设）三种形式，所以它对房地产市场的影响也可以从三方面来认识（以北京为例）。

（一）点状基础设施建设对房地产市场的影响

一座立交桥的修建，一个交叉路口的改建都可以称为点状交通设施的建设。下文以立交桥的兴建为例，着重分析在立交桥建设的整个时期内，对其周边物业价格的影响。

位于北京市西直门地区的西直门立交桥是车流进入内城的交通要道之一。长期以来，由于原设计已不能适应当前交通量大幅上升的压力，西直门立交桥已成为此地交通道路系统的最大瓶颈。因而，在1999年3～10月，北京市政府斥巨资对此地交通状况进行改造。这对于周边物业价格的影响如何呢？

表3-5列出了位于西直门桥影响范围内（以西直门为圆心，半径为2km）的12个商品住宅在1998年3季度至1999年4季度各时间段的销售价格。由于各项目开盘时间、工程进度、项目形象等个性存在一定的差异，所以，选取12个项目的均价作为分析的样本，加以比较。可以发现，1998年3季度至1999年4季度均价一路下降。

北京西直门地区商品住宅1998年3季度至1999年4季度均价（单位：元/m²）　表3-5

时间 价格	1998年		1999年			
	第3季度	第4季度	第1季度	第2季度	第3季度	第4季度
均价	8341	8248	8063	8040	8000	7957
均价变化	—	-93	-184	-23	-25	-58

从整个过程可以看出，均价的降低幅度是一个由大变小的过程。1998年4季度至1999年1季度均价下降幅度增大，而从1999年1季度至1999年2季度售价下降的幅度猛然变小，其后均价变化基本保持不变。在西直门桥建设的初期

抑制了价格继续大幅下跌。但由于点状基础设施建设规模小，影响范围小，未能使房价止跌回升。考虑到1998年市场整体价格呈下降趋势，可以认为，点状基础设施的建设对周边商品住宅价格无大影响。点状基础设施的建设起初造成环境的破坏，致使房价大幅下跌，但工程完工以后负面影响逐步消失。

（二）线状基础设施建设对房地产市场的影响

一条轨道的兴建，一条公路的改扩建都可称作交通设施的线状建设形式。下面以北京东四环路周边（以东四环路为对称轴线，0.5km左右为对称半径）商品住宅的均价为例，加以分析。

位于北京市东部地区的东四环路经过1998年9月~1999年9月的建设，成为城市四环路中最先通车的一段。它的建成通车缓解了东部南北向交通的紧张状况。表3-6中列出了东四环路影响范围内的13个商品住宅项目在东四环路工程的筹备期（1997年4季度至1998年2季度）、建设期（1998年3季度至1999年2季度）、竣工期（1999年3、4季度）的销售均价。

东四环地区商品住宅1997~1999年均价表（单位：元/m²） 表3-6

时间 价格	1997年				1998年				1999年			
	1季度	2季度	3季度	4季度	1季度	2季度	3季度	4季度	1季度	2季度	3季度	4季度
均价	6000	5000	5300	5522	5655	5874	5964	5858	5858	5943	5771	5663
均价变化	—	-1000	300	222	133	219	90	-106	0	85	-172	-108

从表3-6中不难发现，在东四环路建设的9个季度内，前4个季度销售均价持续上涨，且涨幅较大，后2个季度销售均价出现了下降。各个时段的特点也很明显，均价随着东四环路的兴建而出现较大提升，在筹备期和建设初期，出现了明显的涨幅，在建设的中后期，均价较稳定。竣工期项目的售价出现了一定的下滑。结合北京市整体房地产市场的因素加以考虑，在1997年4季度至1999年2季度，北京市商品住宅价格指数呈下降趋势，东四环路周边商品住宅项目依然呈上升趋势，这与东四环路的修建有直接的联系，竣工期后，利好影响消失，价格出现回落。可见，公路的修建对周边商品住宅价格确实能起到一定的影响，在其筹备期和建设期这种利好影响尤为显著，其潜力也会充分显现出来，但在竣工期，这种利好消息对周边物业价格的影响潜力大大减弱。

（三）面状基础设施建设对房地产市场的影响

对某个区域进行大规模的市政改造或重新建设，都可称为面状开发。在北京典型的面状开发有城市危改、新区的建设开发等，下面以北京望京新区市政基础设施开发对周边商品住宅的影响为例，加以分析。

望京地区的开发最早始于1989年，延续至20世纪90年代中后期，望京地区已开发为一个市政基础设施较为完善的新兴住宅区。伴随着基础设施的不断建设，望京地区的高品质住宅项目逐步增多。

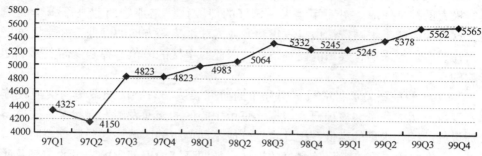

图 3-1　北京市望京地区房价变化情况（单位：元/m²）

从图 3-1 可看到房价一路上涨，曲线上升较平缓，平均每个季度的涨幅虽不大，但总体上涨幅度并不小，从 1997 年 1 季度的每平方米 4325 元上涨至 1999 年 4 季度的每平方米 5565 元，上涨幅度达到每平方米 1240 元。这说明，面状基础设施的建设规模较大，持续时间较长，影响范围和时间也就较大，这种影响带动了整个区域的发展，提升了区域内的房价。

城市规划对房地产市场的影响是一种间接的影响，一般来讲是城市规划得好坏，影响城市房地产投资的回报，影响厂商和居民的定址决策。在城市发展战略、方针、城市功能确定的情况下，改变具体的房地产项目周边环境的力量是城市基础设施的投资，所以房地产市场分析者应当十分注意这一重要的影响。只有了解基础设施投资的动向，才能准确把握时机选择增值潜力大的地点、区域。

（四）基础设施对写字楼市场的影响

写字楼开发受规划影响，尤其是交通因素的影响甚为显著，这类物业除少数自用外，都是以投资为目的。开发者将其出租给其他使用者，由物业的使用者使用其提供的空间进行经营活动，以所得收益支付物业的租金。因此区位的选择对写字楼物业有着特殊的重要性。写字楼的区位选择一般遵循两个原则：

1. 交通通达原则

交通通达原则包括两方面：最小空间距离原则和最短时间距离原则。前者指写字楼根据其办公职能要求，应分布于交通最方便的区位，即通达性最好的区位，以便于商务往来。后者指写字楼应位于人流集散最方便的区位。写字楼所在的地点，不仅要考虑到通达性的好坏，同时还应考虑到快捷性的问题，因为一个地段即使道路四通八达，但由于拥挤程度过高，难以通行，仍是无法充分发挥效益。随着交通的发展，时间距离对人们越来越重要。因此物业的区位应实现人们的最短时距要求。

2. 接近 CBD 原则

CBD 是城市人流、物流、资金、信息的中心及城市社会经济活动的焦点，具有极大的扩延效应。对写字楼来说，好的地段往往是那些商业高度繁华的地段。这种地段能带来融资、信息收集和专业人才汇集等方面的好处，并能提供更多居住、出行、采购、娱乐的便利条件，因此写字楼的区位选择是受商业繁华度影响的。

2001年的一项关于北京写字楼分布的研究表明，写字楼的聚集与交通设施水平有着密切的联系。该项研究根据北京市中心区的交通设施发展状况，按道路交通设施的综合水平的高低，把北京划分成不同等级的区域。这项调查表明，写字楼的分布恰恰是在交通设施最好的地区，如四环路内以朝阳区为主的东部及北部地区，调查时有6座写字楼在售，最有潜力的海淀区中关村一带有12座写字楼在售，复兴路及西长安街沿线有15座写字楼在售，崇文区、丰台区只有2座写字楼在售。

城市干道是写字楼的选址时主要考虑的交通设施，其次分别为城市快速路和立交桥。地铁作为独立的交通设施，其吸引力并不大，它与地面交通结合对写字楼的分布影响还比较显著。轻轨是北京新兴的交通设施，由于新近建成，其周边尚未有写字楼出现，它的实际影响还难以确定。公路的起点均位于低繁华度地区，写字楼通常是不会选择这样的位置，所以公路设施对写字楼的布局的影响是微乎其微的。

第三节 供 求 分 析

一、供求分析的基本内容

（一）商圈的界定

对于某一地区某种类型物业的市场分析，首先要确定其商圈，目的是为了确定一个研究范围，避免泛泛研究的无效工作。不同项目的商圈是不同的，对于商铺物业来说，商圈是它的服务半径所涉及的范围；对于住宅来说，商圈是客户来源的范围。比如距项目一个小时车程范围内的地区；最容易定义的是那些为政府进行的物业市场分析，它们的商圈一般就以一个城市、一个地区或一个街区，总之是以行政区划为界限来定义商圈的。

但是，如果是对某一类型的物业进行市场分析，就要区别特定物业的情况进行商圈的定义。不同用途、不同特征的物业，它们的服务范围是不同的。一个小区级商业物业的商圈是以小区为服务范围的，而度假型别墅区的商圈可能是全市或全省。

显然商圈不一定是一个圆形的范围，它可能因为一些因素的影响而变成不规则的，比如一条铁路把两个距离很近的楼盘分在两个不同的商圈，距高速路很近的商场或住宅的商圈，可能会因为高速路的建设而使其商圈扩大到很远，也可能因为一座高架桥修建被遮避起来，因而商圈变小了。

市场研究工作中，研究人一般总是先根据路程或服务半径划定一个范围，再在实际调查中，根据经验进行商圈的修正。

（二）市场细分

对某一类型的物业进行市场分析，还要对这一类的物业进行再分类，通常未经细分的市场供求分析意义不大。进行市场细分应包括两方面的工作，一是对产品的细分，即根据产品的用途、特点、性能等对市场供给的产品进行分类。二是对需求方的细分，即根据消费者的特性把消费者分为具有各种共同特征或消费偏好的群组。

不同的物业，细分的标准不同。最基本的分类标准可以有档次、地域、收入、人口等。不同物业的细分标准将在以下的各章分别讨论。除了基本标准外，实际的分析中有时要对产品按不同的性能组合进行细分，那就需要对产品的设计、工艺方面的知识有相当的了解，当然这就超过了市场研究的范围，已经进行到了产品策划和设计的层次。但是了解产品的性能，对于研究市场，进行市场细分和供求分析无疑是极有益的。

进行市场细分目的是要寻找某类子市场与某组消费者之间的配合关系。无论是大众化产品开发，还是差异性营销，都必须进行这种细分和配合关系的组织。大众化的产品，要找到人口最多、需求量最大的消费组进行营销。差异性营销则是针对某一种特定的客户组进行针对性的开发，以求在绝对数量相对少的客户中提高市场占有份额。

住宅市场的需求分析，需要对住户的家庭或个人进行分类，分类的标准是年龄、性别、职业、婚姻状况、家庭规模等。商业用房的消费者是商家，因此商业用房市场的分析要按经营形式、商品的种类、规模等对商家进行分类。写字楼的消费者中，有不同的行业，不同工作类型，因此，对写字楼需求的分类主要是按行业进行。可见对需求进行细分的标准和方法是不同的。

供给和需求经过分类后，把供给量和需求量进行对比，差额便是供求缺口，关键是要找到供给与需求规律性的关系。什么样的住户需求什么样的房屋，一般是通过房屋开支在收入中的相对比例，来确定其相应的消费群体的对应关系；什么样的商家需要什么样的商铺，需求面积多大的商铺，一般是由单位营业面积的营业额来推测的；什么行业的办公工作需要什么样的办公室，需求面积是多少，一般是按人均占有办公室面积来推测的。

进行市场细分是任何一种商品供求分析的前提，也是任何商品的市场营销的基础工作。在市场细分的基础上，就要进行各个子市场的供求比较，在比较需求空间的基础上确定目标市场，针对目标市场进行开发和营销，这就是人们常说的市场定位。在对各个子市场进行供求分析时，市场细分的工作不可能是很细的，所以在市场定位这个层次上对产品只能是进行初步分类。在房地产市场的初步定位时，要确定产品的基本性能和特点，如楼型、套形、设备、平面布局等，这些是在开发过程开始后不可能频繁改动的。

这些性能决定着产品的档次和价位。

经过各个子市场的供求比较，选择一个目标子市场，就完成了初步的定位，这只是完成子市场定位的一部分工作，下面的工作将是怎样扩大在子市场的占有份额。于是要对同类产品进行比较，在产品的性能细节上下功夫。提高产品的性能价格比，超过竞争对手，从同类产品的客户中争取更多的客源。这步工作可以边开发边进行调整、设计。

需要更细的市场细分。需要对产品的设计和生产有更深的了解，必须依靠设计师和建筑师的专业指导。这是项目的产品策划或产品定位的过程，策划的好坏对产品的营销起着非常重要的作用。

寻找一个目标子市场除了根据供给量与需求量的总量比较以外，还要对需求进行比较和分析，进行供给与需求的结构上的比较。不仅把供给的档次与需求的收入层次进行匹配，还要把供给的不同产品特征与需求的非经济特征（如人口结构、教育程度、心理特质等）进行配比。所以在研究产品特征的同时，还要研究消费者的偏好，这样才能完成子市场的进一步定位。

进行市场细分可以分为两个层次，一个层次是进行经济特征方面的研究，即市场定位。第二个层次是进行非经济特征方面的研究，即产品的特性、消费者的偏好等，即产品定位。

进行市场细分的根本目的是组织需求和供给的匹配关系，对于市场研究来说，这种细分的必要性，还在于它可以使研究的范围缩小，使市场调查的工作更加有效。

（三）供求缺口的分析

市场细分之后要进行的工作就是子市场供求数量的分析。首先要分析供给量。供给量分为潜在供给量和现在供给量两部分。需求量的分析也分为潜在需求和有支付能力的需求，也称为有效需求。不同物业供求数量的分析方法不尽相同，要根据市场的特性来研究不同物业供求数量的分析方法。应尽可能地进行需求缺口分析，即把不同子市场的供给量与需求量进行对比，需求大于供给的差额就是供求缺口。比如，把某一区域的住宅供给细分为三个档次。对应于不同档次的供给有不同层次的需求，不同层次的需求可以按收入进行细分，经过对比可能会发现高档次住宅的供给量已经大于需求量，而低档的住宅供不应求，于是可以把低档住宅的供求缺口当作目标市场。再比如，对一个街区的商铺物业进行分析后发现，这个街区缺少的是一个专门店，而不是购物中心或便利店，那么这就是一个供求缺口。

当然，通过子市场的供求对比，只是确定目标市场的基本方法，并不是惟一有效的方法。在市场普遍不太景气的情况下有可能会出现这样的情况，即通过供求对比发现，每一个子市场都已是供过于求了。那么这时只有两种可能的做法，一是停止房地产项目的开发，等市场转好以后再进行投资，二是采取差异营销的策略，区隔新市场，也就是对需求进一步的细分，寻找目标客户。

即使是每一个子市场都已供过于求，即在每个档次都存留有许多空置房，仍有开发商可以开发出新的有特点的楼盘产品，创下好的销售业绩。即使是在供求分析中发现已无路可走的情况下，还是可以通过产品的定位和策划设计，提高性能价格比，从众多竞争对手中脱颖而出。有这样一个笑话，两个人在森林里，见有一只老虎正接近他们，其中一个人赶紧起身系鞋带，这时另一个人对他说："你不用跑了，咱们跑得再快，也跑不过老虎。"那人却说："我不用跑过老虎，我只要跑过你就行了"。说明通过供求分析方法得知"老虎"要来时，产品的定位、策划及客户层的重新区隔才是逃离险境的方法。

供求分析虽不是惟一有效的方法，但这种研究分析可以使开发商认识到竞争的激烈程度。在现实的市场研究工作中，由于资料的限制，使很多市场研究人员无法确切估计供求缺口，有的只做供给分析，而不进行需求分析，或者只做供给和需求的分析，而不做供求缺口的分析。这样的分析严格地说都是不利于开发商正确决策的。常见的分析报告是通过单方面的研究供给，说明别人都在生产什么，哪些卖得快，而后得出的建议是也去生产什么。这样的建议是有很大风险的，当市场的供求缺口已经填满了以后，从众的策略是非常危险的。

二、供给量及供给结构分析方法

供给量的数据对开发商来说是极其重要的。进行供给量分析不仅要分析上市的供给量，还要分析准备上市的供给量，不仅要知道供给总量，还要知道供给量的结构。

很多开发商在项目开发前并没有做认真的市场供求分析，原因之一是获得信息十分困难，开发商很难找到权威的、系统的、准确的市场信息。政府掌握大量信息多数是保密的，没有起到指导市场的作用，这不仅对开发商来说是一种经济损失，对于政府也同样是一种损失。政府要为积压产品承担各种不良影响，处理纠纷、投诉，制定特别的政策为空置房找出路，应有的税费收入减少，管理工作陷入被动。正是由于事先引导开发市场不够，导致事后要为开发商收拾乱子。

政府拥有充分的信息，这些信息使它可以全面掌握市场的状况。按照房地产的开发程序，开发商要进行房地产开发，每一个开发步骤都要向政府上报各式文件。据了解在整个房地产项目开发过程中，要经过100多个程序，报批和呈交的各种文件不下300种。

这些信息足以让人们掌握市场方方面面的状况。然而这些信息分散在不同的部门和环节，也给信息研究造成很大的不便。目前不少机构为了及时掌握市场供求信息，就不得不花大量的人力物力用于实地调查，见到新楼盘广告就去实地调研，沿途见到工地就进去问问，这种原始的办法费时费力，调查的数据还不准确。它只反映市场新开工楼盘的情况，或者只反映了开始预售楼盘的资料，而且这当中还有人为力量难以避免的误差。

所以，最好的办法是政府开发出一种信息查询或分析工具，开发商提供市场投资的指导。

开发利用信息资源，不仅要认识到信息资源对于市场分析的重要性和必要性，还需要有正确的方法。那么如何运用政府现有的信息来分析市场指导市场呢？

（一）开发程序与管道分析方法

在划定了研究范围和类别以后就可以进行供给量的分析了，供给量的分析包括现在供给量和潜在供给量的分析。进行现在供给量分析主要是运用市场调查的方法，而潜在供给量分析就要依据政府审批开发项目过程中形成的各种数据资料。要利用这些数据资料，就要对开发程序有所了解。

按我国房地产管理法的规定，土地出让或划拨之前，要由政府进行土地利用的总体规划及功能分区规划。土地批租和划拨以后，建设单位要上报建设规划和施工方案，再由政府主管部门批准，获得建设规划许可证和建设工程开工许可证。在获得了建设规划和建设工程开工许可证以后，才可以申请预售，得到商品房预售许可后就可以卖期房。

现房和期房都是现在房屋供给量。要对未来时期房屋供给量进行预测，还应了解在预测期将竣工项目的供给数量。预测期将竣工的项目数量、建筑面积可以通过建设工程开工许可证发放部门得到。当然，每天可能都会有新的项目竣工，也会有新的项目申请立项报建。每天都可能会有新的项目获得建设规划许可证或建设工程开工许可证、商品房预售许可证。因此只有把整个管理过程当作一个流动的过程，把一个个审批环节连接起来看成是一个"管道"，分析"管道"中各部分的数据，才能从中获得所需要的信息，图3-2为管道分析法示意图。

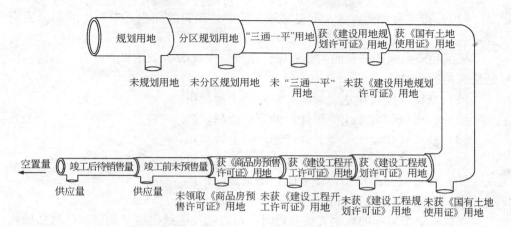

图 3-2　管道分析法示意图

在图 3-2 中可以看出从政府部门应能获得的信息包括有：

（1）规划用地面积，即政府已做了总体规划的用地面积。

（2）分区规划用地面积，即政府做了功能分区规划的用地（如规划住宅用地、商业用地等）面积。

（3）做过"三通一平"的用地面积，即对详细规划用地进行了"三通一平"的开发，"生地"变成了"熟地"的面积。

（4）获得《建设用地规划许可证》用地面积，即建设用地单位向政府提交用地申请书和有关建设项目的详细资料，政府批准并获得了《建设用地规划许可证》，有了具体项目用地的确定选址的面积。

（5）获得《国有土地使用证》用地面积，即获得土地使用权的用地面积。

（6）获得《建设工程规划许可证》用地面积，即做了详细规划的用地面积，也就是为了进行项目的开发做了较为详细的平面布局规划（包括容积率的确定，建筑物的摆放布置，道路及出入口的方向等），设计方案获得批准的面积。

（7）获得《建设工程开工许可证》用地面积，即建设单位向政府提交了项目的进一步详细资料（包括概算、预算、施工图等），并得到政府的《建设工程开工许可证》的用地面积。

（8）获得《商品房预售许可证》用地的面积，即按国家规定，建设单位获得了规划许可证和开工许可证，向国家交付了全部土地使用权出让金，在项目地块完成了 25% 的投资，并获得《商品房预售许可证》的用地面积。

（9）竣工前未预售量，即由于实行预售制度，使一部分商品房以期房的形式上市成交，在项目竣工前尚未售出的面积。

（10）竣工后待销售量，即要在竣工后继续销售的面积，未售出的部分为空置量。

根据我国房地产开发的主要程序，在政府审批的各个环节上可以了解的与供给量有关的数据有：

(1) 获得《建设用地规划许可证》的土地面积。
(2) 获得《国有土地使用证》的土地面积。
(3) 获得《建设工程规划许可证》的土地面积。
(4) 获得《建设工程开工许可证》的土地面积。
(5) 获得《商品房预售许可证》的土地面积。

（二）潜在供给量的分析方法

当政府审批过程的数据无法获得时，可以运用土地供给量的资料估算新增房地产供给量。

潜在土地供给量的来源包括三部分：

1. 新建城区的土地供给量（M_1）

$$M_1 = 规划城区面积 - 已开发建成区的面积 - 已出让的面积$$

2. 旧城区改造过程中可供开发的土地量（M_2）

$$M_2 = 规划改造面积 - 已改造面积$$

3. 工业仓储改变用途可供开发的土地量（M_3）

$$M_3 = 工业仓储实际面积 - 工业仓储规划面积$$

潜在土地供给量　　　　　$M = M_1 + M_2 + M_3$

算出土地的供给量后，将土地供给量乘以各类型物业的建设用地所占的比重，就可得出该类型物业的建设用地量，例如，算出2010年某市城市用地为15000hm^2，按照规划，住宅建设用地占城市建筑用地的比重为25%，则住宅建设用地的面积为3750hm^2，再将住宅建设用地面积乘以住宅建筑的平均容积率，则可算出2010年前的新增商品住宅面积。

（三）现有市场商品住宅存量的分析方法

运用已竣工量和销售量的资料估算现阶段商品房供给量。现有市场商品住宅存量应该以获得销售许可证的商品住宅面积为主要分析对象，根据平均销售周期分摊到各年进行累计计算。实际中，某些项目即便没有获得销售许可证仍然可以投入市场。为了不重复计算，我们将商品住宅面积作为现有市场商品住宅存量（K），而将未出让土地使用权的土地供给量作为新增商品住宅面积总量（S）。

例：以北京市为例，说明现有市场商品住宅存量的分析方法。

根据国家统计局2000年上半年的统计，北京市场商品住宅施工面积总量为2486.53万m^2。表3-7为北京市历年竣工与销售面积统计。我们在统计已竣工面积的时候参考历年平均销售周期（统计数据表明北京市部分优秀项目的销售周期为 0.499 年），忽略 1994 年以前的竣工面积（认为在此之前的住宅已被市场消化）。同时考虑到二手房市场还未成熟，假定目前购房者的购买力不会向二手房市场转移，这样历年在售面积之和为 1914.95 万 m^2（即记为 K）。

北京市历年竣工与销售面积统计（万 m^2）　　　　表 3-7

	1994 年	1995 年	1996 年	1997 年	1998 年	1999 年	2000 年上半年	合计
当年商品房竣工面积	383.53	503.56	441.86	483.31	588.71	908.26	453.03	3762.26
当年商品房销售面积	149.03	186.28	188.13	241.91	376.84	484.71	220.41	1847.31
历年剩余在售面积	234.5	317.28	253.73	241.4	211.87	423.55	232.62	1914.95

这样现有市场商品住宅存量 2486.53 + 1914.95 = 4401.48 万 m^2，在 2000 ~ 2010 年内消化这些住宅，每年市场平均需要吸纳约 440 万 m^2。

根据前面已经计算出的住宅建设用地到 2010 年总的供应面积为 $3750hm^2$，按照平均容积率 1.6 计算，则 2010 年前新增商品房面积为 6000 万 m^2，平均每年新增供应为 600 万 m^2，则每年市场总的（潜在）供应量 $Q = S + K = 600 + 440 = 1040$ 万 m^2。

（四）供给量结构分析方法

供给量的分析在整个地区的市场研究中具有重要意义，但是它只能给开发商一个较为笼统的供求状况的概念。在进行项目的决策时，仅仅知道总的供给量显然是不够的，开发商还要详细了解某一种类物业中某一类型产品供给量的大小，了解这一类型产品在周边区域内供给量的大小，这就需要进行供给量的结构分析。

1. 对区域市场供给量的结构分析

对区域市场供给量结构进行分析，要求在供给量分析基础上收集某一区域的资料，然后对该区域的产品按户型、面积、价位进行分类，分别计算其供给量。

例如，通过收集北京市 CBD 及周边地区的住宅项目一定数量的楼盘，经过分析，发现 CBD 及周边地区的项目价格水平分布如表 3-8 所示。

CBD 及周边地区部分住宅项目价格水平　　　　表 3-8

价格水平（元/m^2）	5000 以下	5000 ~ 6000	6000 ~ 7000	7000 ~ 8000	8000 以上
面积（m^2）	120000	121000	240000	290000	1305000
比例（%）	5.78	5.83	11.56	13.97	62.86

同理，可分析其面积水平，见表 3-9。

CBD 及周边地区部分住宅项目面积水平　　　　　　　表 3-9

面积水平（m²）	80 以下	80~120	120~150	150 以上
套数	899	4797	3728	4262
比例（%）	6.64	35.44	27.54	31.48

2. 对不同区域市场供给量结构的比较分析

在对某个区域的市场供给量结构进行分析以后，还可以将各区的供给量结构进行对比，从而发现各区域的特征。例如，将 CBD 地区住宅项目和中关村地区住宅项目按价格水平所占比例进行对比分析，可以发现这两个地区在供应结构上的不同。

（五）供给量数据的获得

以上的供给量分析要依据大量市场调查资料和数据，在政府的数据资料不能公开，无法用于市场研究的情况下，很多公司只能依靠实地的市场调查来进行供给量的统计和结构分析工作。在上述分析中所用到的数据，是通过市场调查人员填写调查表得到的。可以说实地调查是任何一个房地产市场分析工作人员必做的基本工作。在这些数据的基础上，分析人员才能对一个地区的房地产市场的供给量进行总量和结构分析。不同公司有不同的格式的市场调查表，但是其基本内容是相似的。

三、需求量分析

需求量分析应包括需求潜力分析和需求偏好分析。需求潜力分析方法有三种，一是运用人口资料进行分析；二是运用家庭规模资料进行分析；三是运用收入资料进行分析。

需求偏好分析将在第四节消费者研究中进行分析。

（一）人口增长与住宅需求潜力

运用人口资料分析潜在住宅需求的方法，在实际中应用得相当普遍，很多关于市场预测的教科书也多次介绍过其原理。运用人口资料进行住宅消费需求的预测，就是要掌握新增人口数量及人均居住面积的数量。

住房面积需求总量（S）由每年新增人口需求面积（S_1）和原有人口需求增加面积（S_2）、年拆迁面积（S_3）三部分构成，即 $S = S_1 + S_2 + S_3$。

（二）人口结构与住户规模变动对商品住宅需求的影响

人们常说的户型实际上是建筑设计上的套型。"套"是指家庭独用的空间范围，其中应具备为满足家庭生活行为所必需的活动空间。

家庭作为社会的细胞，社会发展和文化模式深刻地影响着家庭行为和生活方式，户型是为住户使用服务的，所以人口结构和家庭结构的变化也影响着户型的变化。

1. 人口结构对需求的影响

在年龄结构上，由于人口平均寿命的增长和出生率下降趋势导致人口老龄化，在对老年人的一项调查统计中发现，老年人口中 75% 有配偶，25% 丧偶或离异。老年人口中有 89.09% 的人完全能自理，有 36% 不愿意与子女居住在一起。老年人的住房观念应当引起房地产开发商的注意。

2. 家庭规模对需求的影响

在家庭规模上，现代化的大生产促使家庭成员从业自立、消费分散，家庭结构松散，家庭观念淡化。一方面，居住水平的提高，住房的增加，为家庭的分化带来有利条件，另一方面，家庭成员之间的抚养和赡养关系及传统道德观念的制约，又维系着家庭关系，家庭分化与维系矛盾交织。户均人口的减少，即套型规模的缩小成为必然趋势，同时又形成"分而不离"的核心家庭模式。

家庭规模的变化，如近几年来的一人户、二人户比例的增加，大家庭占总户数的比例缩小，将使得套型规模有减少趋势。

3. 家庭人口构成与套型的基本种类

套型不但与家庭规模大小有关，还与家庭的人口构成有关，即除家庭的人口数外，还必须考虑家庭成员的性别、代际关系、年龄大小、是否结婚等。表3-10列示了家庭人口构成与居住空间类型的对应关系。

家庭构成与居住空间类型 表3-10

套型基本类型	户型规模	户型的人口构成
BL	1	一人户
B_dL	2	(1) FM；(2) HW；(3) HS；(4) WD；(5) FH；(6) HM；(7) WS；(8) WF；(9) WM；(10) HD
B_dB_sL	3	(1) HWS；(2) HWD；(3) HWF；(4) HWM；(5) H_2S；(6) H_2D；(7) HSD；(8) HSF；(9) HSM；(10) HDF；(11) HDM；(12) HFM；(13) W_2S；(14) WSD；(15) W_2D；(16) WSF；(17) WDF；(18) WFD；(19) WMD；(20) WFM
$2B_dL$	4	(1) HW_2S；(2) HW_2D；(3) HWSF；(4) HWDM；(5) HWFM；(6) HSDM；(7) H_2SF；(8) H_2DF；(9) HSFM；(10) WSDF；(11) W_2SM；(12) W_2DM；(13) WDFM

续表

套型基本类型	户型规模	户型的人口构成
$2B_dB_sL$	4	(1) HWSD；(2) HWSM；(3) HWDF；(4) HSDF；(5) H_2SM；(6) H_2FM；(7) HDFM；(8) WSDM；(9) W_2SF；(10) W_2DF；(11) WSFM
$2B_dB_sL$	5	(1) HW_2SF；(2) HW_2SM；(3) HW_2DF；(4) HW_2DM；(5) HWSDF；(6) HWSDM；(7) HWSFM；(8) HWDFM；(9) H_2SFM；(10) H_2DFM；(11) HSDFM；(12) W_2SFM；(13) W_2DFM；(14) WSDFM
$2B_d2B_sL$	6	(1) $HWFM_2S$；(2) $HWFM_2D$；(3) HWFMSD；(4) HWF_3S；(5) HWF_2SD；(6) HWF_2DS；(7) HWF_3D；(8) HWM_3S；(9) HWM_2SD；(10) HWM_2DS；(11) HWM_3D；(12) HFM_3S；(13) HFM_2SD；(14) HFM_2DS；(15) HFM_3D；(16) WFM_3S；(17) WFM_2SD；(18) EGM_2DS；(19) WFM_3D；(20) FMHWDB；(21) HFMWDE；(22) FMHWSB；(23) FMHWSE

说明：表中 B_s 为单人卧室，B_d 为双人卧室；L 为起居室；H 为丈夫；W 为妻子；S 为儿子；D 为女儿；F 为父亲；M 为母亲；B 为兄弟；E 为姐妹；下标数字为数量。

运用家庭人口和家庭规模的资料可以分析出家庭人口结构的变化趋势。家庭人口数与住宅的居室数量有直接的关系，从中可以推断需求对户型的要求。

（三）收入与住宅需求潜力

住房需求与人口有关，更与人们的收入状况有密切联系。通过市场问卷调查可以发现住宅需求与收入之间的关系，从而指导开发商进行住宅开发。2000年9月中国消费者协会进行了题为"北京市商品房消费"的定点问卷调查活动，本次活动对分布在北京市14个区县的2099位被访者（其中绝大部分是前去各商品住宅售楼处的意向购房者）进行了问卷调查，对调查结果进行研究，获得了北京消费者对于商品房消费的许多有价值的数据和结论。调查结果表明有25.1%的家庭月收入在2000元以下，有29.8%的家庭月收入在2000~3000元，有23.1%的家庭月收入在3000~5000元，有10.5%的家月收入在5000~8000元，有5.6%的家庭月收入在8000~10000元，有5.9%的家庭收入有10000元以上。被访者中有42.3%的人可承受的最高购房总价为20万元；26.9%的人可承受购房总价为20~30万元；67.2%的人只能承受30万元以下的购房总价；只有5.9%的人选择购房总价100万元以上。家庭月收入在8000元以上的消费者中，有5.5%的人最高可承受购房总价为20万元以下，有8.9%的人最高可承受购房总价为30万元，有17.3%的人最高可承受购房总价为50万元。如果以购房总价50万元为一档，那么可承受购房总价50万元以下的占31.7%，50~100万元的占32.5%，100~150万元的占19.4%，150~200万元的占10.5%，200~300

万元的占 3.4%，300 万元以上的占 2.5%，承受 100 万元以上总价的人数共占 35.8%。家庭月收入在 8000 元以下的消费者中，有 47.1% 的人最高可承受购房总价为 10 万元以下，有 29.2% 的人最高可承受购房总价为 20～30 万元，有 15.2% 的人最高可承受购房总价为 30～50 万元，有 6.5% 的人最高可承受购房总价为 50～100 万元。有 1.4% 的人最高可承受购房总价为 100～150 万元，有 0.6% 的人最高可承受购房总价为 150～200 万元，有 0.1% 的人最高可承受购房总价为 200～300 万元。

如果与住宅供给状况对比一下可以发现，北京市各热点区段商品住宅的供给价格平均总价在 60 万元以上，而对消费者的调查结果则表明，有 69.2% 的家庭只能承受总价在 30 万元以下的商品住宅。可见市场的供求矛盾不是总量的矛盾，而是结构上的矛盾。在每年近 1000 万 m^2 的供给量中，50% 为总价 60 万元以上的商品住宅；而在近 1000 万 m^2 的需求方面，70% 的需求是总价为 30 万元以下的商品住宅。如果按供给面积计算供给结果的话，至少有 10% 的总价在 60 万元以上的商品住宅面积，对应 30% 的相应价格的需求。在中高档次的商品住宅市场上，供过于求的局面是很明显的。如果再考虑到许多高收入层人士进入经济适用房市场的可能性，中高层次上供过于求的状况将更加严重，而中低档住宅则严重地供不应求。

（四）需求量数据的获得

需求量的数据可以从两类资料中获得，一类是直接调查的一手数据，另一类是二手资料。进行直接调查对房地产市场研究是必不可少的，通过直接调查可以及时发现消费需求的变化。

消费者调查是了解消费者市场需求的重要手段。购房需求的调查对象可以是全体居民、特定的人群、已购房者，或是意向购房者；调查的方式可以是面访、电话访问、小组讨论、一对一的深入访谈。选择什么群体进行调查，选择什么方式进行访谈，要看调查的目的，并且要设计一份好的调查问卷。

调查问卷一般是就一些与建筑功能有关的问题，而不是与风格品味有关的问题，因为与建筑风格品味有关的问题涉及许多心理学方面的东西，很难得到准确的结论。即使是关于功能方面的问题，问卷的作用也是有限的，因为被访者有时分不清 $7m^2$ 的卫生间与 $8m^2$ 的卫生间有多大的区别，对于 3m 的净高也没有什么感觉。问卷的设计者有时也会提出一些似是而非的问题，容易引起歧义，比如有的问卷调查"你购房时最看重的因素"时，列出的可选项包括：环境、地点、景观、小区配套等这些容易混淆的概念，让被访者无法回答。

在调查问卷中还应有一个重要的调查内容就是关于消费者的媒体习惯，这种调查有助于进行广告策划。

调查问卷中第三个重要内容应是消费者自身的信息，即客户特征，这对于了解消费者是非常有效的。通过这种调查问卷的积累和分析，对了解消费者的消费偏好会很有帮助，所以这种调查要经常地进行。

第四节 房地产项目市场分析

从开发商的角度来看，从事房地产市场分析的最终目的还要落实到具体的项目上来，也就是说需要从项目分析的层次来分析市场，因为只有项目才能实现开发商的目的——获得利润。在前面分析的基础上，分析者需要把注意力集中在该类物业的需求缺口及其他相似物业和竞争对手的楼盘上。通过与竞争对手楼盘的比较，估计项目物业的市场份额和预测项目入市时的价格，为可行性研究中的技术经济分析打下基础，也为营销策划提供了关键的数据。

一、房地产项目一般特性的分析

认识相似物业、评价竞争对手是市场分析的重要内容，只有知己知彼才能在有限的市场容量空间中占有一席之地。分析者要对房地产项目的每一个有可能影响其竞争性能的特征——进行分析和评价。评价应从项目的通达性、关联性、可视性、项目所在地区及地点的自然条件，以及项目的经济、法律特性等几个方面入手。

（一）法律特性的分析

分析者通过分析项目或竞争对手的法律特性，可以知道所有者所拥有物业的产权状况，例如，获得土地的渠道是协议出让，还是拍卖、招标、挂牌出让；出让年限是多少；出让合同中还有哪些规定；项目的规划条件，即开发的限制条件，相关的标准及要求；详细规划条件，即确定项目的种类设计；对土地开发及基础设施的要求；建筑标准，如设计风格等；环境及污染限制的条件，等等。只有搞清这些法律限制之后，才能准确评价房地产项目的价值，及其在产权方面的优势和劣势。

（二）经济特性的分析

竞争对手的经济特性包括的内容很多。例如，销售价格和租金水平；各种价格折扣；促销手段中的技巧；付款方式上的某种特殊设计；采用怎样的定价策略等。这些因素对于营销能力的影响是极大的，因此分析人员应重视这些方面信息的分析。

（三）项目所在地点自然条件的分析

房地产项目的分析，离不开对项目所在地点自然条件的分析。项目地点的自然条件有时形成对项目开发的限制，有时也会给项目带来独有的优势。项目地点的自然条件包括以下几个方面。

1. 地点物理条件
（1）地块的面积；
（2）地块的形状；
（3）地块的高度、深度、角度。

2. 地表的自然状况
（1）地貌（坡度和地形）；
（2）地表土质和景观；
（3）地基状况；
（4）水文地质条件；
（5）植被状况。

3. 建筑的物理特性
（1）建筑物的布置；
（2）建筑物的质量；
（3）配套设施空间布局；
（4）构筑物的设计（如遮蔽式的通道、道口……）；
（5）构筑物内的通行模式（平面布局、通道、朝向……）。

4. 便利配套
（1）停车场的特色（空场的大小、停车场与建筑物的相对位置、入口、通道等）；
（2）安全性设施。

（四）项目的关联性分析

关联性属于项目地点的非自然条件，是指项目在社会交流网络中所处的相对位置。

与社会交流越方便，占用的交通、交流网络的数量越多，关联性就越好。人流、物流、资金流及信息流都要通过各种网络流通，这个网络由一些有形或无形的设施构成。

不同用途的物业，不同的使用者对关联性的需求不同。房地产市场分析人员应能够确定不同物业和不同的使用者所要求的关联性。

关联性又可分为以下两个方面：

1. 通达性。通达性即来往于项目地点和目的地点的方便程度，比如商业物业的使用者——零售商希望很快达到销货地点，住户希望很快到达上班、上学的地点，在写字楼里上班的人希望很快到达上班地点或回家。所谓方便程度不仅指行程的长度，还包括是否拥挤、是否安全（特别是对孩子来说）、是否有特别的交通限制等。

2. 可视性。可视性也是关联性的一个重要方面，表明某项目同周围环境相比，对视觉吸引力的大小。通过视觉的传播也是一种交流，这一点对于商业物业和一些写字楼物业来说是很重要的。

二、对不同用途物业特性的分析

不同物业对关联性、环境、功能方面的要求不同，应分别考察不同物业的特性及关联性方面的需求，特别是对其竞争能力和市场前景有较大影响的因素。

（一）住宅物业特性的基本要素

1. 财务特性

（1）每月的租金水平或价格水平；

（2）存、停车空间的额外租金；

（3）所有者与租赁者之间在使用数量上的分配比例；

（4）空间和单位的吸纳率；

（5）付款方式及折扣；

（6）物业管理费；

（7）其他相关的税费。

2. 建筑特性

（1）建筑物的使用年期；

（2）建筑物的条件；

（3）单位的面积；

（4）房间的数量；

（5）房间的种类；

（6）特殊设计：平层、错层、复式、天井、阳台、落地窗、飘窗、内在设施等。

3. 地点特性

（1）娱乐性设施：游泳池、网球场、健身房、俱乐部；

（2）景观质量；

（3）停车场的设施。

4. 环境特性

（1）与就业中心的接近程度及沿途的环境；

（2）与商业中心的接近程度及沿途的环境；

（3）与娱乐设施、文化设施的接近程度及沿途的环境；

（4）与各种交通枢纽的接近程度及沿途的环境；

（5）与停车场和空旷地的接近程度及沿途的环境；

（6）与主要干道的接近程度及沿途的环境；
（7）与学校的接近程度、沿途的环境及学校的质量；
（8）与医院、消防、公安部门的接近程度及沿途的环境。
（二）零售物业特性的基本要素
1. 财务特性
（1）每平方米租金及租赁安排；
（2）租金折扣方案及其他租赁安排；
（3）可用于零售或出租的面积；
（4）可用的期限；
（5）可用的其他条件；
（6）进一步的租赁改进方案。
2. 地点特性
（1）停车位的数量和质量；
（2）停车区的照明数量和质量；
（3）现有的保安措施；
（4）从停车区到零售区的环形走廊及遮蔽走廊；
（5）进入道路系统的通道；
（6）是否有足够的装运设备、防火通道等。
3. 环境特征
（1）与主干道的关系；
（2）与日间行人密集区的接近程度；
（3）商业区或附近其他店铺的类型和数量；
（4）周边各商业区的年期和租金条件。

三、评价房地产项目及竞争对手的方法

要对项目及其竞争对手进行评价，首先是要把主要特性分解成一个个可测量的因素，并用一些指标进行描述，对项目的特性进行评分，最后对项目进行评分汇总，根据汇总情况就可以知道项目相对于其竞争对手的竞争状况。

（一）对项目特性进行分解

首先把所要研究的特性（包括财务特性、地点特性、环境特性、建筑特性等）及其构成因素确定下来，制定一些指标衡量这些特性构成因素。

例如，要评价项目的地点特性，可以将通达性分解成以下构成要素：
（1）与就业中心的接近程度；
（2）与商业中心的接近程度；
（3）与各种交通枢纽的接近程度等；

(4) 与学校的接近程度。

（二）对项目的特性进行评分

在确定了项目特性的构成要素后，可以将该项目的构成要素同其他多个项目的构成要素进行比较，如果该项目的构成要素在所有项目中处于平均水平，可以记为 5 分，如果处于最佳水平，可以记为 10 分，如果处于最差水平，可以记为 0 分。评分时，要注意请一些有经验的专家分别打分，如商业专家、建筑设计专家等，将他们打分予以平均，作为本项目与竞争项目比较时的分值。

（三）对项目特性进行打分汇总并估算市场占有率

对项目的所有特性的构成要素都打完分并取得平均值分，将平均值乘以各构成要素的权重，得到项目的得分数。再将项目的得分数与所有竞争项目的得分数之和的比值相比，得到的百分比可以理解为项目的可能的市场占有率。通过分析，可以进一步考察和分析竞争对手，还可以对这个项目的潜在市场获利能力作出评价。

下面列表说明对项目与竞争对手比较情况，见表 3-11。

项目的各特性要素与竞争对手比较　　　　　　表3-11

		权重	项目A	项目B	项目C	项目D	项目E	项目F	项目G	项目H	项目I	合计
财务特性	租金或售价	0.1	5	5	3	4	0	6	0	4	2	
	管理费	0.1	4	2	3	5	5	6	2	5	5	
建筑特性	房龄	0.03	4	3	6	6	7	2	2	4	1	
	单位面积	0.02	4	1	2	7	1	3	1	1	3	
	房间的数量	0.02	1	3	2	4	4	1	1	1	3	
	房间的功能和种类	0.03	2	4	5	7	0	5	7	2	4	
	楼层	0.03	2	2	5	2	3	4	5	2	2	
	电梯	0.02	6	2	4	2	1	4	3	6	2	
	阳台	0.02	7	7	1	3	2	1	4	7	7	
	其他设计要素	0.03	6	2	1	3	5	2	4	6	1	
环境特性	游泳池	0.03	6	1	6	5	5	7	6	6	5	
	网球场	0.03	5	5	5	5	0	1	4	7	3	
	健身房	0.03	1	2	0	6	4	1	5	5	5	
	会所	0.03	6	2	5	4	4	0	4	1	2	
	景观质量	0.05	6	2	3	4	0	3	1	6	5	
	停车场	0.03	7	3	2	8	2	3	2	6	1	

续表

		权重	项目A	项目B	项目C	项目D	项目E	项目F	项目G	项目H	项目I	合计
地点特性	与就业中心的接近程度	0.1	4	4	2	3	0	5	3	4	4	
	与商业中心的接近程度	0.1	3	7	4	1	5	1	3	3	7	
	与各种交通枢纽的接近程度	0.1	3	7	4	0	6	4	6	7	3	
	与学校的接近程度	0.1	6	4	4	2	3	4	5	3	7	
	得分合计		4.33	4.07	3.35	3.4	2.96	3.68	3.3	4.37	4.07	33.53
	市场占有率（%）		12.9	12.1	10.0	10.1	8.8	11.0	9.8	13.0	12.1	100

从表 3-11 中可以得到每个项目各自的得分，它们占总体分数的百分比可以理解为可能的市场占有率。这当中得分最高者为占有率最高者，因为这里所列出的是影响项目市场获利能力的主要影响因素，也是各项目的特性所在。当这些项目的特性能够较好地满足使用者的需要时，它们就会提高其在市场上的竞争力。同时，为各项目的特性打分时，也是根据消费者、使用者的满足程度来判断。满足程度大者得分高，得分高者市场竞争力强。

从理论上说，市场占有量可用以下公式计算：

市场占有量 = 总需求量 × 市场占有率

我们可以预先大致示出未被满足的需求缺口。假设在项目所在区域内，写字楼的总需求量为 $300000 m^2$，那么就可以知道项目物业的市场占有量为 $300000 \times 12\% = 36000 m^2$。

此外，我们还可以清楚地看到各竞争对手的竞争特点，也就是人们常说的"卖点"。表 3-11 中带有阴影的部分代表各个项目不同的特性比较中得分最高者，也就是各个项目的竞争特色，或者说"卖点"。

四、消费者研究

房地产开发经营过程中，房地产开发商经常会提出下列的问题：本项目所面对客户群体有什么特征？如何才能把他们寻找出来？有哪些指标可以描述这些客户？要回答这些问题，必须进行消费者研究，鉴别出房地产市场面对的消费者的基本定性特征，进而运用一定的调研方法测量出各类消费者规模的大小。根据上述研究得出的定性和定量特征，来确定开发项目应具备的基本功能特性。

（一）房地产市场消费者的特征

消费者对住宅及其附带的服务的需求直接受到消费者的人口统计特征的影响，具体包括消费者的年龄、性别、种族和民族、收入、职业、教育、生命周期阶段、家庭规模、居住地、所处地理区域和城市规模。

1. 消费者的人口统计特征

(1) 年龄

消费者的年龄不同，其经济实力和负担也不同，从而对住宅的需求特征也有极大的差异。在确定单身公寓的需求时，我们一般不宜将调查人口年龄确定为低于18岁和高于30岁。当一个人年龄低于18岁时，或者依附于家庭，或者处于不住家的状态，但经济上往往依靠家庭。而高于30岁时，通常已经建立自己的独立家庭，经济上已经自立，因此，以高于30岁的人群来确定对单身公寓的态度时，肯定会得出有偏差的结论。同样，在研究二室一厅和三室一厅户型结构住宅的需求时，调研人群的年龄同前者也应有所区别。

(2) 性别

由于历史、文化和社会等方面的原因，男性和女性人群的经济实力、社会地位、购买决策的决定权力和对待风险的态度有很大的差异，这些差异的性质在不同国家或一个国家的不同地区也体现出多样的特征。例如，男性的经济实力和社会地位往往优于女性，在某些国家和地区，妇女甚至完全依附于男性，在决策中基本不具备权力。另外，男性相对而言更愿意冒险，而女性则较为谨慎。因而，在消费者特征研究中，性别可以作为一个非常重要的过滤因素。例如，确定购房需求时，如果我们将调研群体定义为年龄在25~40岁之间的男性，调研结论一般与市场实际情况可能相差并不太大，基本上可以作为需求估计的依据。

(3) 种族和民族

在我国，通常不存在种族的差异问题。消费者民族差异对房地产市场的影响也不显著，在实际分析中，几乎可以将此因素忽略。

(4) 收入

在房地产市场分析中，消费者的收入水平是一个极其重要的人口统计特征。在同一房地产细分市场上，收入水平直接导致了对不同档次房地产及其附带设施和服务需求水平的差异。例如，对于低收入者来讲，住宅的户型、面积、得房率、交通通达程度是最重要的几项指标，而对于高收入者，上述因素则不太看重，比较重视的是住宅所蕴含的社会地位属性、面积充裕程度和物业管理优越程度等因素。

(5) 职业

个人职业在某种程度上影响着人们的价值观和对待特定事物的态度，可以称之为职业定势。例如，一般的工人家庭对住宅装饰倾向于细部的完美、经久耐用和过于华丽的外表。白领阶层则比较倾向于简洁明快又富于一定的艺术气氛。另外，工作的性质也会使消费者对住宅的需求产生一定程度的变化，如教师、研究人员、科学家等在一般的卧室之外，往往还需要一间宽敞的书房或工作室。

(6) 教育

消费者接受各层次类别的教育，一方面是一个学习知识和获得特定技能的过程，另一方面也是在学习价值观、态度及处理问题的方式。这两个方面都随着一个人受教育程度的差异而发生变化。例如，在房型满意度调研中，当两个人都认为某一房型不错时，其内在的含义可能会因教育程度的差异而不同，一个人可能更看重细部设计中空间利用充分，另一人可能会看重整体设计中对居住私密性的处理方式。

(7) 生命周期阶段

表3-12是美国著名营销学专家菲利普·科特勒在其著作《营销管理——分析、计划和控制》一书中对家庭生命周期阶段与购买和行为模式的分析，虽然与我国家庭情况有些差异，但也有较强的指导意义。从中可以清楚地看到家庭生命周期的不同阶段，人们购买行为模式的变迁，其分析对本部分主题的突出意义就在于：目标客户处于何种周期阶段，我需要开发什么类型的住宅满足他们的需求。

家庭生命周期和购买行为概述 表 3-12

家庭生命周期阶段	购买和行为模式
1. 单身阶段：年轻、不住在家里	几乎没有经济负担，新观念的带头人，娱乐导向。购买：一般厨房用品和家具、汽车、模型游戏设备、度假用品
2. 新婚阶段：年轻、无子女	经济比最近的将来要好，购买力最强、耐用品的购买力高。购买：汽车、冰箱、电炉、家用家具、耐用家具、度假用品
3. 满巢阶段一：最幼的子女不到6岁	家庭用品采购的高峰期，流动资产少，不满足现有经济状态。储蓄部分钱，喜欢新产品，如广告宣扬的产品。购买：洗衣机、烘干机、电视机、婴儿食品、胸部按摩器、咳嗽药、维生素、玩具娃娃、手推车、雪橇、冰鞋等
4. 满巢阶段二：年幼的子女6岁或超过8岁	经济状况良好，有一些家庭中妻子有工作，对广告不敏感，购买大型包装品，配套购买。购买：各类食品、清洁用品、自行车、音乐课本、钢琴
5. 满巢阶段三：年长夫妇的和尚未独立的子女同住	经济状况仍然较好，许多中家庭中妻子有工作，一些子女也有工作，对广告不敏感，耐用品购买力强。购买：新颖别致的家具、汽车、旅游用品、非必需品、船、牙齿保健劳务、杂志
6. 空巢阶段一：年长的夫妇，无子女同住，劳动力中的骨干	在高级住宅区拥有自己的住宅，经济富裕有储蓄，对旅游、娱乐、自我教育尤感兴趣，愿意施舍和捐赠，对新产品无兴趣。购买：度假用品、奢侈品、家用装修用品
7. 空巢阶段二：年长的夫妇，无子女同住，现已退休者	收入锐减，赋闲在家。购买：有助于健康睡眠和消化的医用护理保健产品
8. 鳏寡阶段：尚在工作	收入仍较可观，但也许会出售房子
9. 鳏寡阶段：退休	需要与其他退休群体相仿的医疗用品，收入锐减，特别需要得到关注、情感和安全保障

（8）家庭规模

家庭规模的大小与住宅开发的关系尤为密切，在特定的价格区间内，开发商往往要考虑住宅总面积为多大时最受消费者欢迎，厅室布局如何才算合理。当一个地区家庭规模较小，基本上为三口之家时，过大的户型就可能不适合，而这一地区普遍是三代共处时，小户型的格局就无法满足人们的需要。

2. 消费者的购买行为特征

消费者购买行为特征主要是描述实施某种购买行为的主体、时间、地点、原因和方式。从房地产开发商的角度来说，掌握消费者的购买行为特征，就可以"对症下药"，投消费者之所好，缩短产品向消费者转移的时间和过程。按菲利普·科特勒的观点，消费者的购买行为也是一种刺激——反应模式。描述和分析消费者购买行为的反应，我们就可以反观消费者接受的刺激及其效果、两者之间的因果联系及其强弱程度，进而得出对管理决策有益的信息。

具体来说，消费者购买行为特征可以用以下几个问题来描述：

（1）是谁买？

从购买决策过程来看，不同的人群在购买过程中的角色是不同的，这些角色形态有：

①发起者，指提出或有意想购买某一产品或服务的人；

②影响者，指其看法或建议对最终决策具有一定影响的人；

③决策者，指在是否买、为何买、如何买、哪里买等方面的购买决策作出完全的或部分的最后决定的人；

④购买者，指实际采购人；

⑤使用者，指实际消费或使用产品或服务的人。

以住宅的购买决策为例，发起者可能是家庭中的一员如父亲或母亲；周围的邻居或同事对这项购买决策可能会有相当大的影响，他们可能会指出住宅存在着质量问题、开发商信誉问题等；决策者可能是一个家庭中经济地位最高的人；购买者有可能是家庭的户主，也有可能是中介代理机构。因此完整地描述购买主体特征对回答房地产开发商"谁是自己的潜在客户？谁最有可能购买自己的产品？"的问题，显得尤为重要。

（2）如何买？

"如何买？"是指消费者的购买方式，如住宅的付款方式上有一次性付款、分期付款和利用抵押贷款付款等形式，开发商如果知道什么样的消费者采取何种付款方式，那么就可以据其所需设计相应的营销推广规划。例如，通过市场调研，开发商获知目前购房者中有90%利用向银行申请抵押贷款的方式购房，于是在营销推广规划中增加考虑如何事先建立与银行沟通相关事宜的渠道。

(3) 何时买？

住宅或其他房地产类型的购买决策的时间性不是很强，这不是一个重要的购买行为特征。不过，购房者在同样条件下，也有"买涨不买跌"的心理，在房地产市场处于较为繁荣的阶段时，跟从性的预期性购买会增加，人们购买的时间会提前，反过来，市场低迷时，购买的时间就会推后。

(4) 在哪里买？

通常说来，房地产开发商要选择最佳的投放广告和销售的地点，那么，对消费者购买地点的行为特征的研究就显得富有意义。例如，住宅的销售地点有固定的展销场所如长年专设的购屋中心，定期的展销场所如各城市中定期开办的春季和秋季房地产展销会，现场销售场所如各楼盘自行设立的销售点等。

(5) 为什么买？

"为什么买？"涉及到购买的动机或为了满足什么样的需求的问题，通常在住宅市场上，人们的购买主要是出于自住的需要及其变化，也有一部分是基于投资的目的。前者往往会随着人们的收入水平、经济实力及家庭人口结构的变化而变化，后者则与各种投资机会的相对收益率的变化有关。

3. 消费者的社会性特征

人是不能脱离开其生存的社会环境的。从本质上看，人是社会性的，是受所处的社会环境的制约的。既然如此，对消费者特征的描述就要说明其社会性的特征。

(1) 对示范群体的追随

对示范群体的追随最直接的例证就是，同一社会阶层的人群有聚居的倾向，这种倾向当然有收入水平比较类似的原因，但不能忽视人们对本社会阶层的跟从心理。在低收入者聚居区，高收入者往往不愿意入住，撇开社会治安、个人偏见等因素，主要是人们处于同一社会阶层聚居区有一种舒适感和随意感，不会显得格格不入。例如，某房地产开发商拟在上海市某处开发高档别墅，通过市场调研最终作出放弃的决定，主要原因就是这一区域周边主要是低收入居民，市场需求调研发现多数潜在客户都表示不会在该处置业。

(2) 家庭结构及其主导权

随着社会的发展，现代家庭结构已逐渐趋向于小型化，家庭代际关系趋于扁平，如上海市三口之家的结构形态最为普遍。在这种家庭结构下，各家庭成员的相互关系比大家庭聚居要简单得多，对不同种类商品和服务购买的决策的影响也不尽相同。

(3) 角色和地位

每个人都处于复杂的社会环境链条的某一个环节，从不同的角度来看，其承担的角色和相应的地位就会呈现丰富多彩的特征。一个人角色不同，周围人对其的要求也不同，地位也会随之变化。这些角色和地位特征都或多或少地影响着人们的购买行为。

4. 消费者的心理特征

我们对消费者特征"形象"描绘的最后一个方面就是其心理特征，主要表现在以下四个方面：

(1) 动机

对消费者动机进行分析的比较流行的理论就是马斯洛的需求层次理论，他指出在某一特定阶段人们受到各种具体需要的驱使的原因，他认为人类的需要可按重要程度排列，人们会首先满足最迫切的需要，当这一需要得到满足以后就不再会对人们产生激励作用了。从这一理论的角度来说，判断人们目前所处的需要层次，对提供何种商品或这种商品的何种特性有非常直接的意义。例如，在上海住宅市场上，市场热点的转移就反映了人们需求层次的转变。（参见表3-13）当然这是市场主体购买者的需求层次的变化，在同一时间截面上，还是有人们不同需求层次的区分的。

上海住宅市场的热点和需求变化　　　　　　　　表3-13

市场热点变化	需求变化
得房率	要求较宽敞的居住面积
户型设计	种类居室功能齐全
绿化环境	健康、新鲜的空气
生态环境	舒适、人与自然的和谐共存

(2) 知觉

一个人会对有些事物"视而不见"，而对另外一些事物则会倾注大量的注意力，在心理学上称之为"选择性知觉"，是人所共有的一种现象。最为明显的例子是，49.99元与50元的差异微乎其微，但人们往往会觉得前者便宜很多，因为人们的注意力通常会集中在显得最重要的因素上，会先看到49元，而夸大了两者之间的差别。选择性知觉对测试广告效果和满意度调研有突出的意义，在其后的专题研究问卷中就会用到。

(3) 学习

简单说来，学习是人们在生活过程中由于经验而引起的个人行为的改变。人类行为的形成和变化莫不与学习有关。在市场研究实践中，研究人员可以通过测试人们的学习过程，来判断某项促销计划、房产广告、房型设计方案等的有效性,从而据此修改计划方案,提高方案的适用性和有效性。

(4) 信念和态度

信念和态度是关于人们对于某些事物所持有的一定的看法,如好坏的评价和感情上的接受与否等。这种信念和态度影响着人们的行为,如一个人拥有"无商不奸"的态度时,与任何厂商打交道时都会怀有敌意,防范意识较强。在实践中,如产品忠诚度和知名度测试调研中,就涉及到对人们信念和态度的研究。

5. 消费者的支出模式分析

对消费者的支出模式进行研究是商业物业市场分析重要的前提。在进行实际的分析中,研究者最大的困难是缺少收入及消费支出的资料,因为它涉及到住户的生活秘密,我国内地还没有这方面的详细统计,收入与支出的调查,主要是借助各城市的城市居民家庭收支入户调查,典型抽样,每个城市只调查300~500户。只有全国城市居民的统计信息是公开的,对于分析一个地区的市场几乎毫无用处。香港特别行政区在统计法保密条款的保证下,定期(通常为每月、每季度、每半年)公布对居民收入及消费支出的调查,从而为市场分析提供了有用的数据,所以这里我们只能借助这些资料进行说明。

表3-14是一组香港某商圈内不同收入的住户的支出模式。

住户的消费结构的部分分析　　　　　　　　　　表3-14

收入分档 (港元)	平均值 (港元)	消费额占消费支出的比重			
		食物		衣服	
		在家	在外	男人	女人
合计	11419	10.1%	3.7%	1.89%	2.7%
1000~3000	2000	29.9%	5.7%	2.2%	4.27%
3000~3999	3500	21.9%	5%	1.92%	3.76%
4000~4999	4500	19.4%	4.6%	1.75%	3.32%

上表这个例子说明,不同收入组,在不同的商品上花费是不同的,首先对商圈内各收入组的人口数量有明确的概念,然后要对各种商品的消费额占收入的比重有明确的统计。这样才能推断商圈内哪些产品供不应求,需要增加营业面积。

(二) 关于房地产消费的几点假设

在以上理论的启示之下,可以就房地产消费需求动机、行为,以及学习、决策过程,提出以下的假设:

第一,住宅市场需求数量虽然是有限的,但是由于人们的消费受到社会心理因素的影响,住宅消费市场需求的质量是不断提高的。因此,需求潜力从理论上说是永远不会饱和的，人们对建筑物的要求越来越趋向个性化、时装化。

第二，由于社会心理因素的影响，住宅消费会不断地向高档化发展。在一种追求财富的社会心理支配下，人们对于建筑物的审美也会向更加精纯和超凡脱俗的方向发展。这使建筑产品的设计可以完全摆脱功能和舒适要求的限制向纯符号性的、艺术性的空间无限的拓展。所以在市场永不会饱和的假设下，还可以得出的另一个假设，即产品的变幻是永无止境的。

第三，产品的时尚和消费偏好的变化，总是被少数富裕的精神贵族们引领着的，他们只处于消费人群构成的金字塔尖上，人数有限，但消费能力却很强，只有能在设计和产品的制造方面不断创新的开发商才能进入这个消费层的市场中。而大多数消费者和开发商是分布在消费人群构成的金字塔的中间，在这个层次的市场上，创新的空间有限，产品的个性差异也不大，因此这个层次的市场会在一定时期内达到饱和，竞争比在金字塔尖上更激烈。因此对于这个市场层次的大多数开发商来说，研究供求就成为必修之课。

第四，消费需求偏好是不断变化的，当主流市场处于饱和状态后，高端消费的示范作用会引导这个市场从困境中走出来。这时的主流市场的消费需求就会向较高的层次发展。仿造高端消费的行为会给开发商提供新的发展空间。这种消费偏好的变动周期多则 3~5 年，少则 1~2 年，从近年来的市场热点的不断转移中我们可以看到，从塔楼到板楼过渡用了 3~5 年，而从板楼到多层则用了不到两年，从多层到连体别墅不到一年就流行开了。从户型上看，人们从接受 $60m^2$ 到 $90m^2$ 可能用了三至五年，从 $90m^2$ 到 $120m^2$ 则可能不到两年，从 $120m^2$ 的户型再到复式 $150m^2$ 甚至 $180m^2$ 的更新换代，则用了不到一年。可见在产品更新换代的过程中，开发商要不断把握市场接受的主流产品的变化，随时了解消费偏好的变化动向。

第五，对于处于金字塔尖上的人群的需求特点要有特殊的理解，他们一般不易受广告的影响，要打动他们需要寻找他们潜在的特殊的感受，因为他们是自我定向的。

第六，对于准成功人士，则可以根据自我塑造的心理需求，进行广告说服。也可在公共场合单纯扩大影响，借鉴条件反射理论，使产品根植于受众的无意识的记忆之中。

第七，当社会出现多元化、个性化发展的趋势时，人们从众的心理会越来越弱，这就为个性化的产品提供了市场空间，因此对于消费者心理特质的分析就更加重要，定位和细分标准不仅是停留在经济层面，也要发展到心理层面和行为层面，于是关系营销、服务营销的重要性将越来越大。

第八，人们学习有被动的也有自觉的，随着人们文化水平的提高，自觉学习的比重会加大,从营销手段上看,数据库营销及相配套的高科技手段,就变得越来越重要。

第九,当人们的生活水平提高,基本需求被满足之后,会出现生活方式的明显分化,一部分人会趋向高自我控制、高公众化的精英式生活方式,另有很多人又越来越变得自我驱动,发展出个性化和低自我控制的私密性的生活模式,因而产品变得更具有自我表现、宣泄、自慰和享乐的功能。

(三) 消费者研究的过程

对消费者的研究通常有两个方法,一是通过定性调研来完成,采用二手资料研究法和专家访谈法等,二是通过现场调研的方法得到,这需要通过设计合适的调查问卷。这与一般市场调查方法区别不大,这里就不详细讨论了。

第五节 住宅市场分析

前面所述是进行一般房地产市场分析的基本步骤和方法,对于具体物业类型的房地产市场,分析方法有其特点和不同之处。从市场规模来看,住宅在增量房地产市场上占据了主导地位,例如,2003全国按金额计算住宅开发量占到总开发量的50%以上,商品房销售面积中住宅占80%以上。市场研究者往往会根据研究目标的不同对住宅市场的某个局部进行分析,以期寻求与当前决策或调研问题相关的信息。下面以住宅市场为例,说明进行住宅市场分析的关键点和注意事项,需要注意的是,由于前文已经对房地产市场分析作了论述,因此,本节仅讨论住宅市场分析的某些方面,而要进行一个完整的住宅市场分析报告或其他类型物业的市场分析报告,需要结合该类型物业市场特点,参照前文所述步骤进行详细分析。

一、住宅市场的特性

从市场研究的角度来看,住宅市场的某些特性特别引人注目,也是研究时考察的重点内容。

1. 住宅产品结构复杂,附带相关因素较多

住宅产品是多种因素的一种综合体,与单一功能的消费品有着显著的差异。简单列举一下,我们就会发现,住宅的建筑质量、建筑结构、房型设计、内部装修、通风采光、配套设施、升值潜力、付款方式、社会环境、自然环境、售后服务、物业管理、开发商资质和信誉等因素交织在一起,形成了一个非常复杂的产品结构体系。

2. 住宅的区位或地段的价格差异较为明显

通常所说的住宅区位或地段是指特定地块的地理和经济空间位置及其与相邻地块的相互关系。还有一种更广义的区位概念,是指人类一切活动,包括经济的、

文化教育的、科学卫生的一切活动以及人们的居住活动的空间布局及相互关系。可以说区位是所有经济、社会、历史、文化和心理影响的综合反映，而消费者又是这些影响的传承者，在住宅购买决策中显示出极强的区位偏好，由此也对同一城市不同区域住宅市场的供求关系产生影响，其突出表现就是住宅价格的区位落差。对区位偏好的深度分析是确定住宅市场需求的一个非常重要的前提条件。

3. 购买频率较低、购买决策复杂

由于住宅相对于人们的收入水平来说，所占的比重极大，是一个人（家庭）在整个生命周期中最重要的消费品和投资资产。在一个较为稳定的社会环境中，一般人购买住宅的频率很低，一生中通常也只发生两三次，这样，消费者购买决策复杂、过程漫长自不待言。

4. 住宅市场与消费者的长期收入关系较为密切

消费者对住宅的购买力或称支付能力是其长期收入的积累，人们现有的收入水平及其对未来的预期左右着当前的住宅购买决策，而未来的收入预期又受国民经济的发展水平和趋势、地区经济的发展水平和趋势、人们的职业地位及发展趋势、个人生命周期阶段、家庭的结构和规模等因素的影响。因此，确定住宅市场中消费者的购买力是一项相当困难的任务。

5. 消费者的购买决策与融资机制相关

消费的现时性和收入积累的长期性，使得消费者对住宅的购买还受到金融市场的影响，如贷款可得性、贷款条件、利率水平及发展趋势等。在其他条件相同的情况下，金融市场的发达程度与住宅市场的繁荣呈现着极强的相关关系。

6. 住宅购买和持有决策与人们的资产组合状况联系紧密

住宅是人们生存的一种基本的消费品，同时又是一种重要的投资品，可以说住宅具有消费和投资的双重属性。人们选择购买并持有住宅还会考虑住宅的预期收益是否超过其他可以持有的金融资产的收益率。另外，人们还常常把住宅作为一种具有良好的抵御通货膨胀的工具，在投资活动中居于十分重要的地位。

二、地区经济分析

在房地产市场研究中所进行的地区经济研究，主要是确定一个地区经济的容量及其发展潜力。在一个持续增长、新兴行业层出不穷的地区，人们的收入水平也呈高速提高的态势，对各类产品（包括房地产产品和服务）的需求都会增长。反之，在一个持续萎缩的地区，对各类产品的需求都会下滑，这时，人们收入水平的下降将直接影响对住宅的支付能力。

描述一个地区的经济状况，通常可以考察下列一些指标及其变化趋势：

1. 经济增长率

从经济学的意义上说，经济增长代表了一个经济社会长期的生产能力的上升趋势，经济增长率是判断这种速度的重要指标。一个地区的经济增长率高而且稳定，意味着各类产品的市场空间的不断扩大，人们的收入水平的持续提高，及对住宅需求量的放大。

2. 储蓄、消费和投资水平

储蓄和消费之间呈现一种此消彼长的关系，一般说来，储蓄水平的高低决定了一个地区可供投资的资源的数量，而消费水平的高低又决定了相关行业的市场需求水平及其变动。在收入给定的条件下，储蓄水平较高，意味着消费水平过低，两者之间只有保持一个比较合理的水平才能促进本地区的增长。投资水平的高低一方面反映了厂商对未来经济的预期，另一方面也会使当前各类产品的供求关系发生变化。

3. 人均收入水平

人均收入水平是一个地区经济各类产品和服务购买力的基础，当人们收入分配的比例给定时，收入水平的上升直接意味着可供用于住宅的支出部分增加。因此研究者往往对这一指标更为重视。

4. 就业状况

一个地区的就业状况反映了这个地区的活力，对人们的收入及其预期有相当重要的影响。当就业状况较差时，人们的收入水平上涨的可能性较低，人们也会产生较差的预期，在消费支出和购买住宅方面会更为谨慎。

5. 收入房价比

收入房价比反映了一个地区的居民对住宅价格的承受能力，当这一比例过高时，居民的承受力较低，会影响住宅的销售。

6. 贷款利率

由于人们购买住宅需要较长期的收入来支撑，而各种金融工具就是融通现在和未来资金的重要手段，贷款利率则代表了利用金融工具的代价。当贷款利率较高时，居民购买同样的住宅要支付更高的代价，很容易理解，这时人们的支付能力实际上下降了。

7. 一般物价水平

一般物价水平的高低或通货膨胀率的状况对住宅需求的影响比较有趣。通常人们把住宅看作是一种良好的抵御通货膨胀的投资品，在名义贷款利率不变的情形下，通货膨胀率水平较高，意味着人们的实际负担减轻，人们反而会增加住宅的购买量。另一方面，通货膨胀率较高时，人们对经济形势会产生疑虑，会认为政府将采取紧缩性的宏观经济政策，受资金供求关系的影响，名义利率水平会大幅度提高，当贷款主要采取浮动利率抵押贷款时，对居民住宅购买意愿的冲击最大。

上述一些指标的历史和现状数据，在住宅市场研究精度要求不高的情况下，可以直接通过政府的相关统计资料来获得。不过，如果研究问题较为重要或要求的精确度较高，这些数据就不能直接利用，需要进行一些调整。这是因为，政府的统计目的与实际市场研究的目的不同，而且这些数据带有一定的滞后性，往往比较笼统，可能会将重要的区域信息合并在国家或城市层次。研究者就必须根据研究目的，结合日常的一些快速统计资料及相关的报道进行调整。

另外，运用这些指标描述地区经济状况时，很重要的一个方面就是预测其今后的变动趋势和幅度，根据这些指标的变化，研究者才能准确把握住宅市场的未来走向。

三、供求关系分析

住宅市场的供求关系分析大致可以分为三个层次：

第一个层次为供给分析，就是在给定某种或某些特征，如位置、档次、房型、价格等的条件下，确定这一地区特定产品类型的供给量及未来的变化趋势。

第二个层次为需求分析，就是在上述特征条件下（在操作中要将这些特征与消费者特征，如收入水平、受教育水平、年龄、家庭结构等对应起来），确定这一地区特定消费者（家庭）的总人数（总户数），并在给定付款方式、贷款条件和贷款利率的情况下，确定需求量。

第三个层次为供求关系分析，就是将上述两个层次得出的供给量和需求量进行比较，一方面比较现期供求关系，确定是否存在供求缺口，缺口出现在什么方向，大小如何。如果我们能够发现有未被满足的需求，这就是市场机会之所在。另一方面，我们还要比较未来的供求关系，确定在未来是否存在供求缺口以及缺口的方向、时间和大小，以确定未来的住宅需求量。

具体操作中可以计算各类住宅的供求比，即用需求量除以供给量，当供求比大于100%时，表明需求量大于供给量，即存在供给缺口，该值越大意味着需求潜力越大。反之，当供求比小于100%时，表明需求量小于供给量，即存在需求缺口，在该类住宅市场上不存在投资机会。

下面举一个假设的例子，来说明如何用供求比概念来分析供求关系，见表3-15～表3-18。

某区域市场各类住宅需求量　　（单位：套）　　表3-15

住宅类型	2001年	2002年	2003年
一室一厅	228	240	212
二室一厅	1265	1875	1950
三室一厅	658	770	831
四室以上	47	56	75

第五节 住宅市场分析

某区域市场各类住宅供给量 （单位：套） 表3-16

住宅类型	2001年	2002年	2003年
一室一厅	280	254	189
二室一厅	1100	1370	2200
三室二厅	650	820	900
四室以上	50	30	39

某区域市场各类住宅供求比 （单位：套,%） 表3-17

住宅类型	2001年			2002年			2003年		
	供给量	需求量	供求比	供给量	需求量	供求比	供给量	需求量	供求比
一室一厅	280	228	81%	254	240	94%	189	212	112%
二室一厅	1100	1265	115%	1370	1875	137%	2200	1950	89%
三室二厅	650	658	101%	820	770	94%	900	831	92%
四室以上	50	47	94%	30	56	187%	39	75	192%

上述分析也可以价格为变量来细分，即计算不同价格区间的供求比。由上表我们可以看出，在2003年一室一厅和四室以上的房型存在着供给缺口，有市场投资机会。

某区域市场各价格区间住宅供求比 表3-18

价格区间 （元/m²）	2001年			2002年			2003年		
	供给量（套）	需求量（套）	供求比	供给量（套）	需求量（套）	供求比	供给量（套）	需求量（套）	供求比
1000以下	33	67	203%	25	45	180%	48	60	125%
1000~1999	54	48	89%	38	27	71%	80	95	119%
2000~2999	78	108	138%	88	65	74%	100	135	135%
3000~3999	120	200	167%	135	160	119%	125	200	160%
4000~4999	135	150	111%	158	174	110%	150	180	120%
5000~5999	122	129	106%	177	230	130%	130	150	115%
6000~6999	80	78	98%	105	130	124%	80	75	94%
7000~7999	33	30	91%	25	28	112%	20	25	125%
8000~8999	40	44	110%	36	36	100%	30	35	117%
9000以上	21	15	71%	18	22	122%	20	25	125%

由上表可以清楚看到，在 2003 年价格在 3000～3999 元之间的住宅有较大的需求潜力。

四、产品分析

从分析结构上来说，对房地产开发商本身项目产品的分析，与对竞争对手项目的分析没有区别，也应按上述竞争分析的基本步骤来确定。

如果开发商是在本项目已经基本完成或在产品销售存在问题时，进行住宅市场的研究，那么更多要考虑的是产品如何重新定位以适合消费者的需求。开发商要根据前面的几项分析确定新的产品定位。如果开发商是在项目设计阶段进行研究，则要结合前面叙述的相关内容，尤其是要结合对潜在消费者的特征的分析，由此来确定本项目设计的基本思路。

在产品分析中，应着重对下面几个方面进行深入的研究：

（1）房屋类型，即是建造高层、小高层还是多层？如果是高层，是板式还是点式？是否进行错层设计？如果是多层是否设跃层？等等。

（2）户型，即主要户型的主要房间数量，是三室二厅还是二室二厅还是其他？

（3）面积，即主要户型的面积，是 130m² 还是 100m²？

（4）房型结构，即各类功能区的配置，如卧室、客厅、餐厅、厨房、卫生间、走道和阳台等的面积和布局。

（5）室内装修，即是否装修？装修到什么程度？

（6）停车场，即是否设置停车场？是地上还是地下？

（7）物业管理，即住宅区由什么类型的机构来管理？服务的档次？等等。

（8）其他要求。

五、消费者分析

（一）购买力分析

简单说来，住宅市场研究中的购买力分析就是研究消费者的收入水平与住宅价格之间的关系。在实际分析中，就是要计算各收入区间的人群在一定融资手段的安排下可以购买的房价范围。

例如，在抵押贷款年利率为 6%，首付款为 20% 时，我们可以按表 3-19 计算出各收入层次的人群可以承受的房价范围。

各收入层次人群可承受房价范围　　　（单位：元）　　　表 3-19

家庭月收入	每月付款额	可承受的贷款额	考虑首付款后可承受的最高房价
1000 以下	<400	55 832	69 790
1 000～1 999	400～800	55 832～111 609	69 790～139 511
2 000～2 999	800～1 200	111 665～167 441	139 581～209 301

续表

家庭月收入	每月付款额	可承受的贷款额	考虑首付款后可承受的最高房价
3 000~3 999	1 200~1 600	167 497~223 273	209 371~279 092
4 000~4 999	1 600~2 000	223 329~279 106	279 162~348 882
5 000~5 999	2000~2 400	279 162~334 938	348 952~418 673
6 000~6 999	2 400~2 800	334 994~390 770	418 742~488 463
7 000~7 999	2 800~3 200	390 826~446 603	488 533~558 253
8 000~8 999	3 200~3 600	446 858~502 435	558 323~628 044
9 000~9 999	3 600~4 000	502 491~558 267	628 113~697 834
10 000~10 999	4 000~4 400	558 323~614 100	697 904~767 624
11 000~11 999	4 400~4800	614 155~669 932	767 694~837 415
12 000 以上	4 800	66 9988	837 485

在上述计算中有以下几点假设：

（1）根据一般家庭用于除住房以外的其他支出情况，正常时，用于支付抵押贷款每月付款时不超过35%～40%，如果超过这一限度，其生活质量会大受影响。上例中，每月付款额以不超过家庭月收入的40%计算。

（2）贷款年利率以6%计算，实际计算时可以当前利率及其变化趋势调整。

（3）贷款年限以20年计算，实际计算时可以贷款年限的调研确定，假如通过调研发现人们贷款年限为16年，则可在计算公式中代入重新计算，必要时还可以根据不同收入水平人群的贷款年限分组计算。

（4）还款方式采用按月等额还款，实际计算时以银行实际还款方式为准。

由表3-19，如果某户家庭的月收入为3200元，可查得其能承受的房价在21～28万元之间。

根据各收入区间人群所能承受的房价，再结合当前市场价格情况，就可以分析判断该区域市场的购买力情况。进一步，我们还可以根据本节人口统计特征分析中所确定的每一收入区间的家庭比重，来确定整个区域各收入层次的购买力。

（二）人口统计特征分析

关于消费者特征的研究，其中心就是人口统计特征调研。可以说，人口统计特征分析是住宅需求分析的基础。

人口统计特征研究要分析下列一些要素：

（1）人口规模，待研究区域的总人口数及其变化趋势。

（2）家庭数量及其变化趋势。

（3）家庭规模构成，待研究区域中各类家庭所占的比重，如大家庭、三口之家、单亲家庭和单身的比重。

（4）人口年龄构成，待研究区域中老年人、中年人、青年人等所占的比重。

（5）人口职业构成，待研究区域各类职业人口所占的比重。

（6）人口性别构成，即待研究区域人口的性比。

（7）人口教育构成，待研究区域各教育层次人口所占的比重。

以上论述了住宅市场分析中所需要关注的几个问题，这几个方面问题是进行住宅市场分析需要加以关注的问题，但并不构成住宅市场分析的全部。同时还要注意的是，其他类型的物业如写字楼物业、商业零售用房物业、工业物业等，其分析的侧重点可能各不相同，但大体方法则和住宅市场分析差不多。

以下是某咨询公司所撰写的北京市房地产市场研究报告的目录，特录于此，供读者参考。

第一部分：北京宏观经济分析
1.1　北京历年地区生产总值（GDP）分析
1.2　固定资产投资与 GDP 关系分析
1.3　房地产投资与 GDP 关系分析
1.4　房地产增加值与 GDP 关系分析
1.5　人均指标分析
1.6　小结

第二部分：北京房地产总体市场分析
2.1　房地产供给分析
2.2　房地产需求分析
2.3　房地产价格分析
2.4　房地产市场特点分析
　　2.4.1　房地产投资增速快，占固定资产投资比重高
　　2.4.2　供需两旺，供求比例趋于合理
　　2.4.3　空置率逐步下降，市场吸纳能力加强
　　2.4.4　房价收入比较高，但下降趋势明显
　　2.4.5　物业结构调整，商品住宅及商服用房比例增加

第三部分：北京分物业市场分析
3.1　住宅市场分析
　　3.1.1　普通住宅分析
　　3.1.2　公寓分析
　　3.1.3　别墅分析

3.1.4　经济适用房分析
3.2　办公楼市场分析
　　3.2.1　办公楼总体市场分析
　　3.2.2　办公楼分区域市场分析
　　3.2.3　办公楼市场小结
3.3　商服用房市场分析
　　3.3.1　商服用房总体市场分析
　　3.3.2　商铺分析
　　3.3.3　商服用房市场小结
第四部分：北京房地产市场预测分析
4.1　北京住宅市场需求预测
　　4.1.1　从城镇人口和城市化水平预测
　　4.1.2　从人均居住面积的提升预测
　　4.1.3　从住宅存量变化预测
4.2　北京住宅市场供给预测
　　4.2.1　从住宅开发投资预测
　　4.2.2　从城镇住宅建设活动预测
4.3　结论
第五部分：北京房地产业相关政策分析
5.1　土地管理政策
5.2　小城镇政策
5.3　经济适用房政策
5.4　二手房政策
5.5　绿化隔离带政策
5.6　其他政策
　　5.6.1　城市房屋拆迁政策
　　5.6.2　金融政策
附录一：北京市"十五"规划
附录二：北京市城市概况

第四章 房地产投资与金融

第一节 房地产投资与金融概述

一、房地产投资基本原理

（一）投资要素原理

在假定投资的动机是来源于赚取净利润的前提条件下，只有当投资收益大于投资成本时，投资者才会投资。因此，理解投资必须考虑三个基本要素：收益、成本和预期。房地产投资也离不开这三个基本要素。

1. 收益

投资的一个非常重要的因素是产出水平，产出在一定意义上支配着收益。由于投资资金不断流动变化，不确定性普遍存在于经济生活中。也就是说，风险与收益是紧密联系在一起的，收益的表现形式可以是利润，利润应该包括与风险相联系的三种不同的报酬：

（1）社会风险补偿。收益中的一部分是在良好的经济环境条件下的超额利润，用以补偿诸如破产或萧条这样的经济风暴时期的损失。

（2）承担风险的收益。由厂商所承担的某些风险不可能被全部分散或加以保险。但是投资商一般都是厌恶风险的——他们必须得到风险补偿才会持有这样的风险资产。

（3）创新利润。在一个持续创新的世界中，企业家从创新中能得到利润或暂时的高额收入。

只有当投资商能够售出更多的产品或使产品成本较为低廉时，才能给投资商带来额外的收益。房地产开发中的成片开发可以发挥投资资金的规模收益，而房地产投资商千方百计地降低建造成本，就是为了获得更多的收益。因此，建材价格的涨落和地价的起伏，是房地产投资商所关注的投资风险。努力减少这些风险，是为了获得风险收益。一般来说，收益的总体水平受国民经济周期变化的影响，收益效用支配着经济周期中投资的变动方向。投资资金总是向着收益效用较高的方向流动，当房地产投资利润高于社会平均利润时，房地产投资领域就会吸收投资资金。

2. 成本

利率和税收是影响投资成本的两个重要因素。利率在经济中具有重要作用，市投资成本和总需求的一个重要决定因素。实际利率等于名义利率减去通货膨胀率，即实际利率＝名义利率－通货膨胀率。利率作为经济生活中的一种调节工具，具有两种职能：首先它是那些想积累财富的人进行消费、储蓄、投资的决策依据；其次，它也是一种资源配置的手段，促使投资者选择具有最高收益率的投资项目。然而，随着被积累的资本越来越多以及收益率递减规律的作用，资本收益率和利率将会由于竞争而有所下降。当利率下降时，会刺激投资，储蓄资金有可能流向包括房地产在内的投资领域，由于房地产具有保值增值功能，因而对资金更具有吸引力。

税收的增减，直接影响房地产投资成本。如：土地增值税的开征，影响着房地产投资成本，尤其是土地增值额的评价标准不同时，将会导致不同的土地增值额评估结果，从而影响房地产投资成本的大小。

3. 预期

投资中的第三个因素是投资商对未来的预期。投资归根结底是对未来进行风险决策，所决策的也就是未来收益能否大于投入成本。由于未来事件非常难以预测，因此投资决策随着对未来事件的不同预期而有所不同。房地产投资一般是长线投资，因而对未来的预期就显得格外重要。房地产投资中对土地区位的预期和对房地产需求的预期将直接影响着房地产投资类型的决策。

（二）边际成本及规模收益理论

1. 边际成本递减规律

边际成本递减规律是描述总成本的变化率与产量之间关系的规律，是根据微观经济学中的成本函数导出的微观经济规律。它是投资决策的重要原理之一。边际成本曲线随产量的增加迅速降低到最低点，过最低点以后，便随产量的增加而迅速上升。总成本是生产一定产量所必须支付的全部成本。表示总成本和产量之间关系的公式被称为成本函数。

边际成本开始时随产量的增加而迅速下降，降到最低点以后，便随产量的增加而迅速上升，上升的速度比平均可变成本更快。

由边际成本递减规律可以看出，投资成本与投资规模不是呈线性比例关系，在房地产投资中也是如此。因此，房地产投资决策需要注意投资规模研究，已确定合理的成本收入。

边际成本递减规律是规模收益理论的前提和基础。

2. 规模收益理论

规模收益理论是描述投入与收益之间关系规律的理论。西方经济学认为，根据一种可变投入的生产函数，可以得出边际产品递减规律。即在其他投入固定不变的情况下，随着一种可变投入的增加，总产品的增量即边际产品在超过某一点后就开始递减。

微观经济学根据上述关系将生产分为三个阶段。第一个阶段是收益递增阶段，第二个阶段是收益递减阶段，第三个阶段是负收益阶段。在第一阶段，每增加一个单位的可变投入都能提高平均产量，因而边际产量高于平均产量。这表明和可变投入相比，不变投入太多，很不经济。在这一阶段，增加产量是有利的。有理性的投资商不会停留在这一阶段内的任何产量上，他必定会增加可变投入，扩大产量。第二阶段的起点是边际产量等于平均产量的那一点，第二阶段的终点是边际产量等于零的那一点。有理性的投资商总会在从可变投入的平均产量最大值到边际产量为零值的区间中进行选择。在第三阶段，可变投入的边际产量为负值。这时，每减少一个单位的可变投入都能提高总产量。这表明，和可变投入相比，不变投入太少，很不经济。在这一阶段，减少可变投入是有利的。有理性的投资商不会停留在这一阶段内的任何产量上，他必定会减少可变投入。

由此可见，第二阶段是投资商的投资范围。但是，在第二阶段的产量中，投资商究竟选择哪一点即选择哪一产量进行投资，不仅取决于生产函数，还取决于成本函数。

在短期内某些投入不是固定不变的情况下，投资商不仅可以使用更多的劳动，而且可以使用更多的土地，更多的厂房、机器等设备，以扩大生产规模。生产规模的变化必然会引起产量的变化。西方经济学将产量和生产规模之间的关系分为三种情况：规模收益递增、规模收益递减、规模收益不变。

首先是规模收益递增。各种生产要素的投入数量按照固定比例增加，而产量增加的比例超过所有投入增加比例的情况叫做规模收益递增。换一个说法，产量变化率大于投入变化率的情况叫做规模收益递增。

其次是规模收益递减。各种生产要素的投入数量按照固定比例增加，而产量增加的比例低于所有投入增加的比例，也就是产量变化率小于投入变化率，这种情况叫做规模收益递减。

最后是规模收益不变。各种生产要素投入增加的比例和产量增加的比例相等，即产量增长率等于投入增长率的情况叫做规模收益不变或固定规模收益。

规模收益理论将生产划分为三个阶段，即一定技术水平下，一定量的土地上可变投入与产出的变化可划分为三个阶段。在第一阶段每增加一个单位的变量资源，都能使土地上的产量急剧增加，每一单位的平均收益递增；但是，由于变量资源与固定的土地资源在数量上没有能够充分配合，土地生产潜力没有能够充分发挥出来，因此投资者一般不会停留在这一阶段，而要继续增加投入。在第二阶段，随着可变资源投入的不断增加，在现有的技术水平下，土地的产量不断上升至最高点。如果继续增加变量资源投入，土地的产量将不再上升，甚至降低，理智的投资者不应继续增加投入，扩大规模。在第三阶段，随着变量资源的投入增加，边际收益和平均收益进一步递减，从而导致总收益递减。因此只有在第二阶段，投入的可变资源与土地的比例相适应，是投资者应该选择的收益与投入相比最合理的阶段。这一规律在土地经济学中称为土地收益递减规律。

土地报酬递减规律是指在技术不变的条件下，土地的集约利用有一定的限度。当增加土地的投入时，土地的收益呈递增趋势。当土地的开发超过某一点时，从土地中所获得的收益开始呈现递减的趋势，即生产物增加的比例低于投入土地的劳动增加的比例。例如，在美国曾做过这样的研究：在一块面积为 160 × 172 英尺（约 48.8m × 52.4m）的土地上修建大楼，其地皮价值为 150 万美元，应修建几层楼，其投资利润率最高？当修建一座 5 层办公楼时，其投资利润率是 4.36%，10 层为 6%，15 层为 6.82%，20 层为 7.55%，25 层为 6.72%，30 层为 5.56%，从中可知，报酬递减点是在 20 层以后。

（三）资本资产定价模型

资本资产定价模型（Capital Asset Model）是夏普等学者在 1964 年前后提出来的，夏普也因此获得 1990 年诺贝尔经济学奖。资本资产定价模型（CAPM）主要是针对证券市场设想的，但对其他包括房地产在内的投资也有借鉴作用。

一般来说，任何一种证券的收益并不是因人而异，而只取决于它自身的风险和市场，取决于它和市场的关系。描述这种证券的期望收益率与其风险之间关系的方程就被称为资本资产定价模型。

资本资产定价模型是建立在下列假定条件基础之上的：

1. 证券市场包含许多买者和卖者，他们中的任何一个人的买卖行为均不能影响市场上的价格，而且他们均有平等的投资机会。

2. 没有交易费用或所得税。

3. 所有的投资者都不需要任何费用即可得到所有的投资机会的信息，因此他们对所有的投资机会的期望收益率和方差（协方差）均有相同的估计。

4. 在相应范围内，所有的投资者均能借或贷任何数目的资金，而且不会影响利率；同时，对所有投资者来说，借款利率都等于贷款利率。

5. 对所有投资者来说，他们具有相同的回收期。

上述条件说明，这个设定的市场是个完全市场（perfect market）。事实上，在现实生活中，完全市场是不存在的，房地产市场也是一个不完全市场，然而，无论在理论上还是在实践上，资本资产定价模型对于探讨投资的风险和期望收益之间的关系，都具有一定的指导意义。

资本资产价模型可以表示为：

$$E(r_j) = i + (E(r_m) - i)\beta_j$$

式中　$E(r_j)$——投资收益率；

i——无风险利率；

$E(r_m)$——平均投资收益率；

β_j——风险系数。

从上面的公式可以看出，任一证券的期望收益率可以分为两个部分，一部分是无风险利率i，另一部分是由于风险存在而增加的风险补偿$(E(r_m) - i)\beta_j$。风险越大，则风险补偿越大，亦即对该股票的期望收益率就越大。

从上式显然可以看出，β_j在那里实际上已成为证券风险大小的衡量标志，称为风险系数。

资金市场平均收益率$E(r_m)$和无风险利率i是给定的。事实上，如果$\beta_j > 1$，则有$E(r_j) > E(r_m)$，这个结论从公式$E(r_j) = i + (E(r_m) - i)\beta_j$中显然可以得到。这就说明，如果$\beta_j > 1$，则证券$j$的风险要大于市场证券组合的风险，因而$E(r_j)$当然应大于市场证券组合收益率的期望值$E(r_m)$；反之亦然。若$\beta_j < 1$，则$E(r_j) < E(r_m)$。

根据资本资产定价模型，在房地产投资组合中，可以得到以下结论：如果房地产单项投资的风险大于投资组合的风险，那么，其要求的期望回报就大于房地产投资组合的期望回报。也就是说，房地产投资组合在减少投资风险的同时，其投资回报也降低了。

（四）贝叶斯定理和风险测定

贝叶斯定理也称贝叶斯公式，是概率论中一个著名的定理。它得名于它的发现者——18世纪英国牧师贝叶斯。贝叶斯定理指出了根据已知的先验概率和条件概率，推算出所产生的后果的某种原因的后验概率的方法。

一般地，诸事件A_1，A_2，…，A_n，两两互斥，事件B为事件$A_1 + \cdots + A_n$的子事件，且$P(A_i) > 0 (i = 1, 2, \cdots, n)$，$P(B) > 0$，那么，按概率论中的乘法定理，有：

$$P(B)P(A_i \mid B) = P(A_i)P(B \mid A_i)$$

所以

$$P(A_i \mid B) = P(A_i)P(B \mid A_i) / P(B)$$

又按全概率公式，得

$$P(B) = P(A_1)P(B \mid A_1) + \cdots + P(A_n)P(B \mid A_n)$$

因此可以得到$P(A_i \mid B)$的表达式：

$$P(A_i \mid B) = P(A_i)P(B \mid A_i)/[P(A_1)P(B \mid A_1) + \cdots + P(A_n)P(B \mid A_n)]$$
$$(i = 1,2,\cdots,n)$$

这一公式即为贝叶斯公式。

贝叶斯公式在房地产投资中也具有重要的应用价值。

【例 4-1】 已知有10种房地产股票,其中 5 种是商业购物中心,3 种是写字楼,2 种是工业厂房。商业购物中心、写字楼和工业厂房的亏损率分别为1/10、1/15、1/20,盈利情况下的回报率分别为 20%、15% 和 10%。现在想知道,如果随意购买这 10 种股票中的一种,并且能盈利,那么这种股票是商业购物中心、写字楼和工业厂房的概率各为多少?期望回报率又是多少?

设 A_1,A_2,A_3 分别表示商业购物中心、写字楼和工业厂房,B 表示购买股票后能盈利,则:

$$P(A_1) = 5/10, P(A_2) = 3/10, P(A_3) = 2/10$$
$$P(B \mid A_1) = 9/10, P(B \mid A_2) = 14/15, P(B \mid A_3) = 19/20$$

要计算 $P(A_1 \mid B)$、$P(A_2 \mid B)$、$P(A_3 \mid B)$

按乘法定理,有

$$P(A_1 \mid B) = P(A_1) P(B \mid A_1) = P(B) P(A_1 \mid B)$$

所以

$$P(A_1 \mid B) = P(A_1) P(B \mid A_1)/P(B)$$

又按全概率公式,得

$$P(B) = P(A_1) P(B \mid A_1) + P(A_2) P(B \mid A_2) + P(A_3) P(B \mid A_3)$$

因此

$$P(A_1 \mid B) = P(A_1) P(B \mid A_1)/[P(A_1) P(B \mid A_1) + P(A_2) P(B \mid A_2) + P(A_3) P(B \mid A_3)]$$
$$= 45/92$$

同理可得

$$P(A_2 \mid B) = 28/92, P(A_3 \mid B) = 19/92$$

投资期望回报

$$E = P(A_1 \mid B) \times 20\% + P(A_2 \mid B) \times 15\% + P(A_3 \mid B) \times 10\% = 16.41\%$$

从以上例子可以看出,利用贝叶斯定理可以求得后验概率,并且可以推测在一定条件下各类房地产投资的风险概率。

(五)风险—收益及风险—效用原理

1. 投资风险—收益分析

一般说来。风险和收益之间总是相生相伴的。投资的风险—收益分析可以通过风险—收益等价曲线(图 4-1)来量化。所谓"等价",就是说风险与预期收益之间存在着一定的转化关系，风险大的项目预期收益高，风险小的项目预期收益低。在投资者看来，不同的风险项目对应着相应的预期收益率，并且风险与收益是等价的。风险—收益曲线清楚地表明了这些关系。一般用概率作为对风险的估计，表示风险的大小；收益用预期收益率表示，通过对不同的投资者对待风险的态度给出风险—收益曲线。在这条曲线上，任一点所对应的风险与预期收益，投资者均认为是等价的。在图4-1中，当风险度为0.3时，取得的预期收益率为15%；当风险度为0.4时，取得的预期收益率为20%，投资者会感到同样的满足。

投资的风险—收益等价曲线分析在房地产投资决策中是非常重要的，为房地产投资者进行风险分析提供了一种量化工具。房地产投资商在进行诸如商业中心、写字楼、住宅、花园别墅、工业厂房等投资项目决策时，可以根据不同风险程度下的收益率来决定是否值得冒此风险。

2. 投资风险—效用分析

投资者在进行投资时，对于方案选择一般遵循以下两条原则：①相同收益率的方案，选择风险小的方案；②风险相同的方案，选择收益率大的方案。然而在实际生活中，投资决策除了考虑投

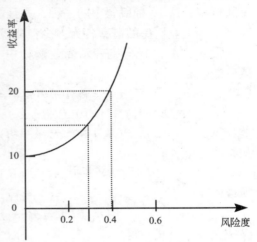

图 4-1　风险—收益等价曲线

资方案的效益外，还与投资者对于风险的态度及其对后果的偏好程度有关。一个投资方案的决策，不仅与决策者所处的社会经济环境有关，而且还与决策者本人的地位、素质、心理状态有关。投资决策者对待风险的态度往往是决定投资行为的重要因素。这样，在进行投资决策分析时，风险—效用分析就显得非常重要。

在决策中，运用效用标准去选择投资方案，必须比较效用的大小。效用的具体量度称为效用值。效用值是对几种方案相比较得到的相对值。一般来说，一旦每个条件结果变成现实，就会引起决策者的心理感受，或高兴，或不满意，这样每一个条件结果都对应一个效用值。由此，通过比较效用值的大小，来决定方案的取舍。

效用值具有二重性，一方面具有客观性，效用大小与一定的客观条件有关，通过测算其相对数值量，将其用于不同决策方案的比较；另一方面，它也有主观性，受决策者个人对待风险态度的影响。一般将人们对待风险的态度分为三种：①回避风险型；②冒险型；③中间型。

第一种是回避风险型，这种人在投资决策时，力图追求稳定的收益，不愿冒

较大的风险,在选择各种投资机会时,对预期收益大但风险也大的项目往往采取回避态度,而倾向于预期收益小但风险也小的项目,把效用看得很重。这样投资虽然容易成功,但不会有多大收益;投资者如果失败也不会受到致命的打击,还有较多回旋余地。

第二种是冒险型,这种人有较强的进取心和开拓精神,为了追求较大的利益,宁愿承担较大的风险。在风险程度不同而且收益也不同的方案之间进行选择时,他们往往选择预期收益大、风险也大的方案,有时尽管投资方案的成功率较小,但由于预期收益很大,也乐于争取,甚至不惜付出孤注一掷的代价。这种人可能获得巨大的成功,也可能一败涂地。

第三种是中间型。上述两种对待风险的态度处于两种极端情况,介于二者之间的属于中间型,他们认为有风险和没有风险的结果没有多大差别,认为效用值与期望值是一致的,在决策中往往利用期望值作为选择方案的标准。

效用理论对决策者来说是十分有用的。当投资者试图摆脱风险时,潜在利润的预期收益便不足以衡量一项风险投资的吸引力了。此时,合理决策产生于可选方案与其效用的比较。投资风险—效用原理对于房地产投资决策分析具有一定的指导意义。如,进行诸如商业购物中心、普通住宅、花园别墅等项目的投资决策时,便存在着商业购物中心收益大,风险也大;普通住宅风险小,收益也小;花园别墅的收益和风险介于两者之间这一情况。这时,回避风险型的投资者有可能选择普通住宅项目,冒险型的投资者有可能选择商业购物中心项目,而中间型的投资者则会通过计算,选择期望收益最大的投资项目。

二、房地产金融的基本知识

房地产金融主要研究房地产融资的方式、数量、期限、利率以及决策的全过程。在这里主要介绍房地产金融的基本知识,包括房地产金融的资金来源,影响房地产金融的社会经济因素,利率及其相关问题,房地产融资中的资产收益,房地产开发,消费贷款类型等问题。

(一) 房地产金融中的资金流及资本来源

1. 房地产金融中的资本流

在古代,房地产的转移是在房地产所有权人和购买者之间进行的。这时房地产的参与者仅为交易双方,面对面交易;可能是物物交换,也可能是货币同房屋的交换,在货币和房屋的交换中,货币同房屋产权形成逆向运动。19 世纪后,随着住宅合作社的出现,房地产交易变得复杂了。特别是第二次世界大战以后,其变化可以概括为两点,一是由单一的资金变成资本(现金和信贷)转移;二是由双方交易变成三方或双方,而大宗的房地产交易多为三方交易。

现代西方国家房地产金融中的资本流可见图 4-2。

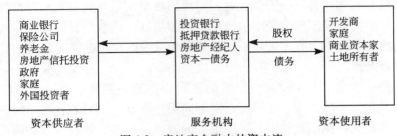

图 4-2 房地产金融中的资本流

在整个资本流通中包括三方参与者。一是资本使用者,包括开发商、房屋预购者等;二是资本供应者,包括储蓄家庭、银行、保险公司、中央和地方政府等;三是处在两者之间的各种服务组织,它们从储蓄、商业银行中筹集资金(资本),又将资本投放到房地产的买方,使房地产的融通过程更简单,效率也更高。

房地产金融中的资本可以以股权和债务两种方式通过服务机构在资金供应者和资本使用者间流动,有时几家大型银行组成的银团通过发行资产股票直接投资房地产。

图中债务使资本使用者给中介服务机构或直接给资本提供者在一定时期按一定方式偿还债务的承诺。股权由资本提供者拥有,股权的拥有说明资本使用者有偿还债务的义务,同时也有权取得剩余的收入。

2. 资金来源

我国房地产金融体系还不完善,资金来源比较单一。过去主要来源于政府对银行的投入和居民储蓄,目前扩大到公积金和股票市场等。世界多数市场经济国家房地产金融的来源是多样化的,资金来源渠道的多样性是建立完善和稳定的房地产金融市场的关键。

(1) 保险公司

在美国,保险公司主要从事长期贷款。这些资金被用来开发购物中心、办公楼和大型住宅楼。20世纪80年代,保险公司是美国房地产金融业的支柱,并创造了不少融资手段。

(2) 商业银行

近几年商业银行在美国房地产金融中起着重要的作用,其营业范围扩展到房地产抵押市场,发放的贷款多是短期和中等额度的。商业银行既向开发商发放开发建设贷款,也向房地产经纪人和房地产公司发放贷款。我国目前的商业银行体系还很不完善。

(3) 储蓄贷款银行

储蓄贷款银行的主要存款来自消费者,其主要资产是抵押住宅。储蓄贷款银行在美国产生于 19 世纪，在住宅抵押贷款和商业房地产贷款方面起着重要作用。储蓄贷款银行同英国的建筑业协会有很多相似之处。20 世纪 80 年代前期，其业务主要为家庭抵押贷款，现在已将重点转移到其他类型房地产投资，主要为多户型住宅。

（4）互助储蓄银行

互助储蓄银行产生于美国东海岸，主要投资于当地的房地产，在住宅抵押贷款和商业房地产贷款投资方面很活跃。

（5）抵押银行

抵押经纪人及其公司最基本的功能就是从大型金融投资者那里吸收资金，然后分发到开发商、房地产所有权人或购买者手里。抵押经纪人作为放款人和借款人的中介，向双方收取一定的服务费。我国目前还没有这类中介机构。

（6）房地产信托投资公司

房地产信托投资公司是为股东的利益而经营一组房地产的公司。该类型公司股票可以公开买卖，投资业务一般分散在一组房地产上，从购物中心、办公楼到公寓和饭店。

我国房地产开发资金主要来源于国家拨款、银行信贷。目前，从金融市场和用户方面集资的渠道越来越多，金额也不断上升。

我国现阶段整个资金来源及运作过程可以用图 4-3 表示。

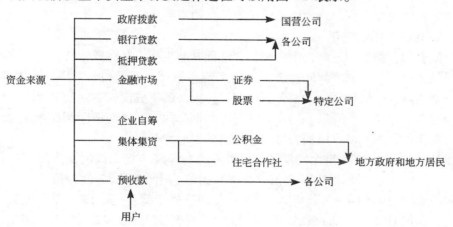

图 4-3　房地产开发资金来源及运作图式

（二）影响房地产金融市场的社会经济因素

房地产是人们的重要生活资料和财产形式，其价格受社会经济因素的影响，金融活动也受到社会经济因素的制约。研究影响房地产金融活动的社会经济因素是进行房地产融资决策的重要内容。

1. 通货膨胀的变化

在市场经济条件下，物价指数起伏不定。通货膨胀现象的产生一方面会影响市场销售情况，另一方面也会改变原来的资产估价结果而使房屋价格产生波动。一般地，同宏观经济波动相适应，房屋价格也产生周期性波动，被称为房地产周期。房地产周期是由房屋的供应滞后现象产生的。开发商从发现市场需求，做出决策进行建设，到供应市场有一段时间，在这段时间内可能需求已被满足或供应过剩，结果就产生了房屋的供应在时间上总是落后于需求，在数量上可能会超过或低于需求，形成房屋供应滞后现象，导致房地产周期的产生。

很多西方研究者认为，房地产周期是整个宏观经济景气（周期）的晴雨表，即可以根据房地产周期来预测宏观经济周期。房地产周期的指示指标为房屋空置率，它是房屋在推向市场一定时期（一般为1~2年）后，空置房屋（没有出租或售出）占房屋总量的百分数。宏观经济同房地产经济周期的关系是复杂的，不同地区或不同时间有不同表现，宏观经济既可影响、决定房地产周期，房地产周期也可预示经济景气状况。

在通货膨胀发生的早期，由于保值的作用，可能会出现房屋销售不错的现象。随物价的继续上涨，房屋价值增长可能落后于物价上升速度，这时就会出现房屋市场的低迷，贷款拖欠和呆账现象时有发生。所以预测未来经济景气状况是避免出现空房率上升、贷款拖欠或导致呆账的重要手段。

2. 银行利率的变化

随着物价指数的下降，中央银行会降低其贴现率，各商业银行为了发放更多的贷款也会降低其利率。同物价上升利率调高相反，由于利率下降，房屋经营、管理费用降低，银行贷款的债务负担变轻，更多的家庭能够达到贷款要求，所以这个时期也是房地产开发、销售较旺盛的时期。西方市场经济国家往往是通过银行金融手段，即利率手段调控房地产市场的。

从我国自1988年至今的发展也可以看出利率随市场的波动及房地产市场的变化。1988年我国国民生产总值（GNP）的增长率由11.3%逐渐降为1989年、1990年的4.4%和4.1%，可以说1990年经济处于低谷期。1991年起经济逐渐恢复，GNP增长率为7.6%，1992年和1993年分别上升到12.8%和13.4%，达到了峰值。在随后的几年中GNP又趋下降，分别为11.8%和10%，但仍处于较高水平。我国物价指数变化同国民生产总值有类似的起伏，1992年为5.2%，1993年为13.3%，1994年为21.7%，1995年为14.8%，1996年为6.1%，1997年为2.3%；利率则有相反的变化规律，1992年前利率较低，1993年5月和7月两次提高利率，幅度高达3.42%，再加上银行的保值补贴，银行利率居高，房屋销售量迅速下跌；1996年取消保值补贴，再加上5月和8月两次降息幅度达3.51%，我国房地产有上升趋势；1997年再次调息后，银行房地产抵押贷款利息也下调。这时我国形成了一个中速增长、低通胀的增长时期，再加上住房制度改革步伐加快，自1997年年中以来普通住宅销售趋旺。

国内生产总值增长率、利率和物价指数三者共同作用影响了整个国民经济的发展状况，同时三者紧密相连：国内生产总值增长率的升高，往往伴随着物价的上涨，过高的物价上涨又产生通货膨胀现象，这时国家多采用提高利率的办法，将资金吸收到银行，减少投资，降低通货膨胀；过高的利率会使国民经济停滞，所以又会采取降低利率促进投资的政策。我国1988～1998年共形成两次周期性波动，每次波动都对商品房投资产生重大影响。截止到1997年底，全国共有7000多万平方米的房地产空置，是上一轮经济过热的后遗症。

3. 所得税法的变化

我国还没有形成完善的所得税制度，所以所得税法的变化对房地产开发、销售的影响不大。在西方国家很多人将投资房地产当作减免税收的有效手段，所以也称房地产为税收的避风港。购买房地产是一种投资活动，可以从以下四个方面避税：（1）购房造成所得减少而使得当年纳税量降低；（2）在累进税率条件下，所得减少会出现税率降低的现象；（3）会计准则中允许的折旧率同实际折旧率不同，多数情况下大于实际折旧率，从而降低房屋纳税量；（4）由于房屋增值而减少的所得税。

1986年美国进行税制改革，在税法中折旧年限延长，折旧率下降，利息减免被取消，使购房产生的税隐蔽减小，从而降低了房屋的销售，房地产价格下滑，对美国房地产市场产生了不小的冲击。

1994年我国颁布土地增值税对房地产市场也是一次不小的冲击。原计划1994年7月1日实施，但房地产开发从设想到推向市场要有1.5～4年的时间，如果在立项阶段没有土地增值税，而在销售时实施，会使销售利润下降。所以在实施细则中将7月1日后开发立项而不是销售作为征税的依据是合理的。自1997年以来，国家在全国范围内取消48项行政性收费，据计算可使房价降低3%～5%左右，会对市场行情有一定影响。

4. 货币汇率的变化

如果说利率可以调整国内房地产投资规模的话，汇率则可以调整完全市场经济国家间的资金流动。汇率的变化有两方面的作用：（1）当汇率下降时，为了保值，很多人会投资本国房地产；（2）当货币升值时，又会使本国货币流到贬值国家，而投资房地产是一种较快速的转移方式。

20世纪80年代中期以后，日本贸易顺差大增，致使日元坚挺；同时美国房地产价格下降，再加上日本国内利息太低，就使得大量日元流入美国的房地产业。由于美国的房地产业长期低迷，加上日元的持续升值，使不少投资于美国房地产业的日本房地产商以失败告终。

5. 日用品价格的变化

日用品价格的变化对不同发展水平国家有不同的影响。日用品价格的变化可能会导致人们购买力的变化，使投资于耐用消费品上的资金减少。发展中国家恩格尔系数多在50%左右，也就是在人们的家庭所得中约有一半消费在食品上，所以食品价格的上升随房屋的销售有很大影响。1994~1995年我国通货膨胀系数达20%，其中60%~70%是食品、粮食价格拉动的。由于家庭近一半的收入用在食品上，食品大幅度提价，使人们在房屋、耐用电器等方面的消费大减。西方发达国家恩格尔系数多在30%~40%，而花在汽车、住房上的费用也在30%~40%，所以任何引起汽车消费上升的因素都会影响房屋的销售。20世纪70年代左右的石油危机曾对西方的房地产市场产生不小的冲击。

6. 房地产证券和其他投资工具回报率的变化

在房屋购买被普遍作为投资工具的情况下，其他投资工具如股票、期货和收藏品的回报率较高，也会影响房屋购买活动，使大量房地产投资进入其他领域。在西方国家，房地产证券的价格随着世界金融市场的波动而变化。在利率下降时，房地产股票价格上升，房地产股票的收益增加。从我国1991年房地产股票上市后的运作情况看，房地产股票较其他股票的收益高且稳定，一般收益较其他股票可高出40%~50%。

7. 金融政策

房地产抵押贷款政策是随宏观经济和金融政策而变化的。在国家收紧银根的情况下，贷款利率会上升，贷款比率会下降；反之，当国家鼓励房地产投资时，又会降低抵押贷款利率，放宽贷款额度，扩大贷款期限。1997年以后，国家将住宅业作为新的经济增长点和消费热点，鼓励开发适销对路的普通住宅。国家降低了抵押贷款利率，延长了抵押贷款期限。还款额的降低会使更多家庭达到贷款标准，可以促进空置商品房的销售。这也是通过空置房的销售，将开发商拖欠银行的数千亿元房地产开发贷款收回的重要措施。国家可以通过抵押贷款政策调控房地产市场，如有的城市将商品房的销售对象扩大到非城市居民，有的城市甚至将城市户口作为促销的重要手段。

8. 社会福利制度

从购买力的角度讲，收入越高，则房屋自有率就越高，但从目前世界各国房屋自有率情况看并不完全如此（见表4-1），这是各国社会条件、社会服务体系和社会福利不同所致。好的社会福利制度使很多家庭不愿拥有自己的住房，如瑞士、瑞典等国家，社会发展水平高，但房屋自有率并不高。

世界各国家庭房屋自有率（1993年） 表4-1

国家	瑞士	德国	荷兰	奥地利	法国	瑞典	丹麦	加拿大	日本	美国	挪威	英国	意大利	澳大利亚	新西兰	比利时	希腊	西班牙	爱尔兰
房屋自有率%	30	40	45	50	53	55	60	62	62	65	66	66	67	68	68	72	73	80	82

据1998年4月份的调查，我国城镇房屋家庭自有率仅为30%，租用单位房屋的占49%，另有6%从市场租房，15%为其他。据统计，2000年底我国东部沿海城市房屋自有率已上升到80%以上，我国已进入高房屋自有率国家行列。由于我国正处在市场经济的转变过程，住房制度正在加速改革，房租将大幅度提高，福利性住房制度将寿终正寝。这些政策的变化将对我国的房地产市场产生重要影响。

另外，还有很多因素影响房屋市场和抵押贷款市场，如房屋市场供应的多少、土地政策、经济适用房政策、廉租房政策等。研究影响房屋供应量和影响市场物价、利率等的社会经济因素并预测未来发展趋势是进行抵押贷款决策的宏观政策。

（三）利率

人们购买或投资房地产一般处于两个目的，一是精神享用或使用；二是取得经济收益或保值。所以房屋的购买是一种投资行为，它的成功与否主要取决于未来市场行情的变化，特别是市场景气状况、物价和利率变化以及其他政策的改变。在完全市场经济条件下，银行利率将房屋的价值同其收益连在一起，当利率变化时，房屋价格和收益都可能发生变化。房屋价格和收益的变化对房屋抵押贷款的决策是非常重要的。

一部分人收入高而当时又不能全部将其消费或投资，会将其储蓄起来换取对未来的购买力；而另外一些人希望提高当前的购买力又缺少所需资金，这就产生了资金的借贷关系。利息是借款人付给放款人所借款项的租金。利息对借款人而言是资金的使用成本，对放款人而言就是资金的时间成本。

1. 名义利率和现值

名义利率也称票面利率，是借贷机构所承诺的利率。假设银行对某一债券承诺年利率为10%，期限为4年，那么4年后所有本金一次付清。假设债券面值为100元，则4年后100元一次全部付清，同时每年要付10元利息。这里的10%就是名义利率。利率或贴现率为投资者未来期望收益的现值同投资时市场价的比值，二者都起源于资金的时间价值。现值为未来不同时期受益的贴现值，即时间为零（即投资时间）时的价值量。

2. 利率集

随借贷期限、时间不同，其利率的大小不一，这些从低到高的所有利率组成一个利率集。利率集当中各利率之所以不同时因为借款期限、流通性、风险大小以及手续费等方面有很多不同，克服这些风险对基本收益影响的要求也不同。

利率或贴现率包括几个方面的费用，下面以1987年美国流行的抵押贷款利率11%为例加以说明。

①无风险短期实际利率（3%）。国家债券是各种债券中风险最小的一种。一是国家的信誉，二是国家可以增发货币保证还款。但由于期限长、交易困难，也有一定风险。随着期限的缩短，其流动性变好，持券人可以较迅速地兑换成现金，风险降低。在美国，一般将3个月国库券的利率定义为无风险利率。在我国，可以将银行活期存款利率视为无风险利率。无风险利率是风险最小的一种。

②通胀溢价（4%）。通货膨胀可以使实际收益率低于名义收益率，或者说由于通货膨胀的发生，原收益的购买力下降。为弥补收益（货币）购买力的降低，利率应高于无风险利率一定比例（通胀指数）以克服通胀对收益购买力的影响，使购买力保持不变，这就是通胀溢价。

③期限溢价（2%）。期限溢价是为弥补资金长期归银行而引起的风险和不确定性的溢价。期限长短不同，期限溢价也就不同。在美国，这种溢价是10年期国库券利率高出3个月期国库券利率的百分数。1987年美国10年期国库券利率为9%，较3个月国库券利率高2%，即期限溢价为2%。目前，我国抵押贷款每延长1年，利率升高0.18%。

④差价（2%）。差价是用于补偿抵押手续费、服务费以及违约风险和其他不确定性因素而产生的收益降低风险，一般为2%。

3. 实际利率

①定义。由于预测到未来物价会波动，因而利率也随之起伏，这常常会困扰抵押借款人和放款人。由物价上升而导致的利率攀升会增加借款人的资金使用成本，反过来又会降低放款人的收益。名义利率是放款人按当前状况向借款人征收的货币成本，没有剔除通货膨胀的影响。实际利率是表面利率经实际或预测的货币购买力变化校正后的利率，它是借（贷）款人所付（取得）利息（润）率减去通货膨胀后的利息。物价指数是通货膨胀的衡量标准，可以说明购买力的变化情况。

②物价指数校正。一般贷款合同所用的利率为表面利率。我国通常使用的储蓄保值率实质上就是通货膨胀溢价，是利用物价指数对利率的校正。一般借贷双

方可以通过协商而达到双方满意的利率的实际收入。假设放款人愿将现金以4%的年息贷出，那么在贷款期间，同一货币单位必须具有相同的购买力，否则实际利率就要变化。如果甲某贷出100元，一年后可以收回104元，它较一年前100元的购买力提高4%，这里假设一年中货币的购买力保持不变。如果物价指数上升4%，这样一年后104元的购买力就同一年前100元的购买力相同，利息收益被物价的上升所抵消。

为了取得一定的收益，如4%，银行必须要求近8%的表面利率，也就是必须考虑可能的物价上升对一年后货币购买力的影响，应将物价上升部分从名义利率中减去，以求得实际利率即4%，这里的8%为名义利率。为了避免物价上升造成的购买力损失，放款人和存款人通常都追求一个较高的名义利率。由于对未来物价指数的预测不同，要制定一个被借贷双方都能接受的利率有时是困难的。

4. 利率的期限结构

贷款期限不同，利率不同，这种差别可以称为期限结构溢价。不同期限贷款的利率不同是由利率期限结构利率所决定的。可以这样理解：①放款人会认为未来物价可能会升高或未来借款人需求更大，结果利率更高。为了弥补未来更高收益投资机会的损失，放款人会提高长期贷款的利率。②放款人担心资金被长期禁锢。当利率变化时，长期借贷人借贷价值、收益（成本）都会发生变化，所以放款人为了避免长期放款流通性差有可能造成的损失，对长期贷款要求一个高利率；而借款人为避免以后利率变化可能带来的损失，也愿付较高的利率而长期借款。③金融市场潜在期限的不一致。很多放款人不愿发放长期贷款，以减少风险，而借款人又认为长期贷款更安全，对长期贷款的要求较高，结果就产生了借款人愿意支付较高的贷款利率，使更多的金融机构进入长期信贷市场。④借款人还必须支付一个随期限增长而增加的期权溢价。因为贷款期长，借款人会在对放款人最不利的时候提前还款，结果会使放款人受损，这种损失为期权溢价。

5. 利率和可贷资金

贷款市场上可贷资金的供给和需求决定了基本利率的高低。一些个人或企业为了满足现在的开支，需要借款，构成需求方；而另外一些个人或企业有多余资金愿意出借，构成供应方。

可贷资金的多少取决于利率水平。利率升高，可贷资金增加，但需求降低，如图4-4所示。D为需求曲线，随着利率的降低，可贷资金增加形成自左至右降低的趋势，说明借款人借款欲望增加。供应曲线S_1由左往右逐渐升高，说明在利率升高时，放款人对放款的愿望增加。两曲线的交叉点就是在这种情况下的利率（I_1）和可贷资金数量（F_1）。中央银行可以根据市场行情调整货币供应以调节可贷资金的多少。当货币供应减少时，供应曲线上移（S_2），就导致可贷资金减少（F_2）和贷款利率升高（I_2）中央银行就是这样通过调整货币政策，从而影响借贷市场和房屋抵押贷款市场。

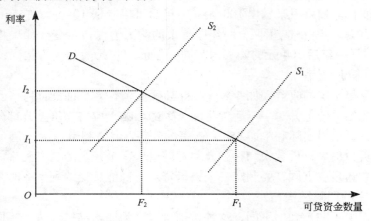

图4-4 利率同可贷资金数量关系图

6. 利率同风险溢价

利率集有4个组成部分：无风险利率、通胀利率、期限溢价以及差价。差价是弥补各种风险、转手费用等的费用。

在决定某一投资时，如果利用抵押贷款购买一房屋时，投资者要达到预期的收益。多数投资者都有达不到期望收益的风险，这些风险可能产生于抵押人，可能产生于变化不定的社会经济条件，也可能产生于对利率和未来收益的乐观预测等。所有这些由预测因素而造成的风险，在将来收益贴现时，在贴现率中都应有不同的利率溢价来补偿。

预测误差的大小及预测投资收益出现的几率大小决定了风险的大小。一项投资有出现概率不同的几种受益的可能性，这时投资的期望收益是各种可能收益以出现概率为权重的加权平均值。风险的大小可以表示为同期各种期望收益的加权离散系数。当未来可能收益的离散程度加大时，标准差升高，风险加大。

为了能吸引更多的投资者和放款人，每一投资的溢价应足够消除其风险。风险溢价是名义利率同具有一定损失几率的期望收益的差值，实质上是贷款利率同无风险利率的差值。贷款利率必须高于期望收益率，否则贷款人将把资金投到其他领域。

（四）资产收益率

在房屋抵押贷款中，特别是商业性房屋抵押贷款中，房屋的收益有多种计算方法，不同的计算方法得到的收益含义不同。这是因为虽然房屋是购房人购买的，但其中有银行的股本，所以房屋的收益一部分被银行以利息的方式拿走，一部分交税，剩余的才是购房人的所得，于是就出现了资产收益率、股权收益率和税后内部收益率的区分。

1. 资产收益率

资产收益率说明整栋房屋的收益状况。一般是先求得资产的净营业收益，即营业收益减去全部经营费用后的剩余。资产收益率是资产总的收益率，而不管资产的股本构成和归属，仅能说明整个资产的收益可能性。计算公式为：

$$\text{资产收益率} = \text{净营业收益} / \text{资产总投资}$$
$$= (\text{营业收益} - \text{经营费用}) / \text{资产购买价格}$$

要求得净营业收入就要预测经营期限内各种可能的收益和经营费用。

2. 权益收益率

用抵押贷款购得的房屋，其资产可以分成两部分，一部分为欠银行的债务，即银行借款；另一部分为购房者所拥有的权益，在开始时，它相当于首付款所占的比例。与之相对应，资产的收益也被分成两部分，首先，放款人取走借款利息，这是借款合同中规定的；其次，减去还本付息额后，剩余的净营业收益就是购房人（权益人）所得，它是税前收益。

权益收益率是抵押人所拥有的自由资金（权益）的收益率，其数值为税前收益同自有资金的比值。计算公式为：

$$\text{权益收益率} = \text{税前收益} / \text{自有资金}$$
$$= (\text{净营业收入} - \text{年还债额}) / \text{自有资金}$$

权益收益率是抵押人能够掌握的税前收益率。年还款额中，一部分为还利息，一部分为还本金。在计算中，还本部分使购房人占房屋的股本增加，也就是收益，还债是指还利息。所以要计算权益收益率就应计算每年的还款额中利息和本金。购房时的自有资金为首付款额，而经过一定时期还款的自有资金实为购房人在房屋中拥有的股本，它是首付款额加上各年还本总额。

3. 有效收益率

有效收益率也被称为内部收益率，它是贷款人实际能够取得的收益率。有效收益率是能使未来收益和房屋购买价（或抵押价）之和的贴现值等于现值的贴现率。有效收益率同贴现率和现值之间的关系非常密切，用公式表示为：

$$\text{资产价值} = I_1/(1 + IRR) + I_2/(1 + IRR)^2 + \cdots + I_n/(1 + IRR)^n$$

式中　I_n——第 n 年收益；

　　　IRR——内部收益率。

在以上计算中没有考虑税收和资产增值部分，在现实中税收可以调整人们的行为，而资产增值又往往是投资的主要收益部分。税后内部收益率是为使未来若干年税后收益的贴现值等于现权益（自有资金）的贴现率，用公式表示为：

$$自有资金 = 税收收益_1/(1+IRR) + 税后收益_2/(1+IRR)^2 +$$
$$\cdots + 税后收益_n/(1+IRR)^n$$

税后内部收益率是购房人能够真正取得的收益率。

在这里，资产收益说明的是整个资产的收益状况，没有考虑到资产的股权构成以及债务；权益收益说明的是去除债务后，购房人（权益人）按其股本所能取得的税前收益率；税后内部收益率则是购房人实际能取得的收益，它是进行抵押贷款决策最好的判断标准。在实际运行中内部收益率和净现值比较常用。

（五）信贷、担保贷款和抵押贷款

1. 信贷和担保贷款的定义和区别

（1）信贷

在计划经济条件下，银行作为国家银行主要是吸取社会资金，再贷款给国有企业。这时的借贷是以企业的信誉为还款保证的，也可以称为信贷。自由市场经济条件下，信贷的发生主要是银行贷款给那些信誉好、经济实力强、效益好的企业，因为只有这样的企业才能保证银行资金的安全性并使银行取得一定的效益。

（2）担保贷款

在市场经济条件下，银行为了使自己借出的资金有良好的安全性，往往要求借款人在借款的同时提供一定的还款保证方式，这种贷款为担保贷款。按担保的方式不同可以分为保证贷款、质押贷款、抵押贷款和抵押（或质押）加保证贷款四种方式。

保证贷款是在贷款人出现违约时，由第三人提供保证和代偿的贷款方式。质押贷款是指贷款人或第三人等将等价的各种凭证交给贷款行，作为贷款还款的担保而产生的借贷关系。抵押贷款是指房屋所有人或购买人将房屋或预购房屋作为自己偿还贷款或履行合同的担保而进行的借贷关系，它是担保贷款的方式之一，也是房屋担保贷款中最常见的方式。国外房地产金融一般仅讲抵押贷款。

（3）三者的关系

由于房屋具有位置的固定性和价值的稳定性，所以最符合抵押贷款的要求。在西方国家，购买房屋的贷款都是抵押贷款。我国长期推行的是银行向国有企业发放信贷。随着民营经济的发展，前几年推行了第三者担保的借贷方式，1992年建设银行上海分行开始了抵押贷款购房的实验。1997年中国人民银行颁布了全国第一个个人住房担保贷款办法，将我国的住房贷款制度向前推进了一步。利用预购房屋作抵押，依其价值而不是其他物品作为还款保证，这时的房屋抵押贷款才是真正意义上的房屋贷款购买方式。随着我国房地产市场的发展和完善，住房抵押贷款将成为最主要的住房贷款方式。在美国，抵押贷款证券化指的就是抵押贷款。我国目前推行的保证贷款、质押贷款或抵押加保证的贷款由于涉及权力关系复杂，其债权不能证券化。

(4) 信贷同抵押贷款的关系

信贷和抵押贷款是金融市场不同发展阶段的产物，两者存在着很大的差别：①信贷以企业自身的信誉和自身的经济实力作为还款保证，而房屋抵押贷款是以其拥有的房屋价值作为还款保证。②一般认为抵押贷款较信贷的安全程度更高些。在西方国家有这么一种说法，有一个人准备买一个书包到银行申请300美元贷款而被拒绝，但当他准备购买房屋申请20万美元贷款时，却顺利地得到了这笔贷款。这一点充分地说明了动产与不动产、信贷同抵押贷款的区别，说明了抵押贷款的安全。③一般商业企业仅能取得自由资产30%~50%的贷款，而购房可以取得房价的70%~90%的贷款。这些都充分地说明了信贷同抵押贷款的区别。房屋的不可移动性、价值的稳定性使购房最适宜抵押贷款。

2. 抵押贷款、质押贷款和保证贷款

(1) 抵押贷款

借款人将预购房屋或者其他房屋作为抵押物向银行借款的方式称为抵押贷款。抵押房屋的价值作为还款保证，如遇有违约等情况贷款行可以向法院申请拍卖，拍卖款用于弥补自己的债务，弥补或减少违约损失。

1) 抵押贷款的操作程序。利用预购房屋或其他房屋作为购房借款的还款保证的中心就是鉴定抵押房屋的价值，并保证其价值不降低。所以只有按严格的程序进行操作才能达到这一目的。具体流程见图4-5和图4-6。

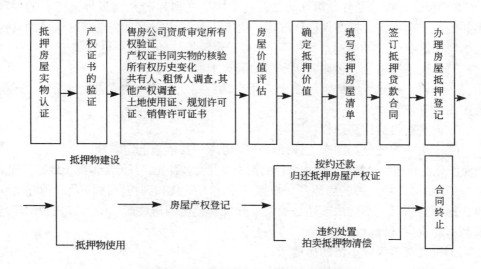

图4-5 抵押贷款的操作程序图

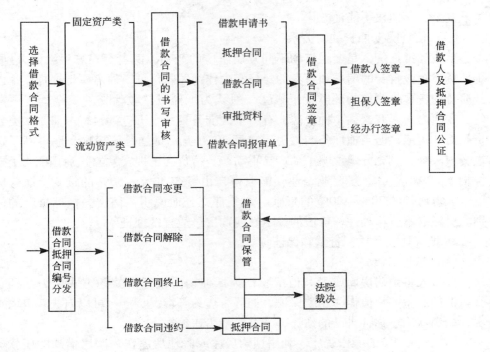

图 4-6　借款合同管理流程图

在贷款的整个期限范围内，借款合同按以下程序操作：

2）设定抵押的条件。可作为抵押物的房屋（房地产）为抵押人所有的房屋和其他地上定着物、抵押人已经取得的国有土地使用权以及贷款银行认可的其他法律规定的财产（如房地产期权等）。可设定为抵押的房地产可以细分为：

①依法通过出让、转让方式取得的国有土地使用权；

②公司、企业、经济组织或个人所有的厂房、仓库、办公楼、商店、宾馆、自用住宅等建筑物；

③依法获得的住房期权；

④依法有权处分的国有土地使用权、房屋和其他地上定着物；

⑤依法承包并经发包方同意抵押的荒山、荒沟、荒丘、荒滩等地的土地使用权。

3）不可设定抵押的房地产。根据《中华人民共和国担保法》及其他相关法律，凡是有争议、不合法或违法建设、开发和销售的房地产以及不准入市的房地产都不能设定抵押。具体如下：

①权属有争议或不清的房地产；

②已依法公告在国家建设征用拆迁范围内的房地产；

③用于教育、医疗、市政等公共福利事业的房地产；

④列为文物保护的古建筑，有重要纪念意义的建筑物；

⑤被依法查封、扣押或采取其他诉讼保全措施的房地产；

⑥未依法登记领取权属证书的房地产；

⑦未经中国注册会计师确认已缴足出资额的外商投资企业的房地产；

⑧行政机构所有的房地产，政府所有、代营的房地产；

⑨耕地、宅基地、自留地、自留山等集体所有的土地使用权，但法律允许抵押的除外；

⑩划拨土地使用权。

4）设定抵押贷款时应注意的事项。我国正处在计划经济向市场经济转变的过程，房地产的类型及产权结构比较复杂，所以在产权多元化或产权不全的房屋设定抵押时，应注意以下问题：

①共有房屋的抵押。共有房屋每个人都有权设定该房屋的抵押权，但须取得其他共有人的书面同意。以份共有的房地产设定抵押时，抵押价值以抵押人本人所有的份额为限；以共同共有的房地产设定抵押时，全部房地产均为抵押财产，抵押物变卖时，其他共有人负有连带责任，在以变卖款偿还债务后，其他共有人有权向抵押人追偿。

②出租房屋抵押。在抵押人将以出租房屋抵押时，应将房地产的租赁情况告知抵押权人，也必须将抵押情况通知承租人，原租赁合同继续生效。如租赁期满而抵押期尚不到，承租人若需继续租用，除经抵押人同意外，还须经抵押权人同意。如果抵押人违约，而租期不到，房地产被强迫拍卖时，不影响承租人的承租权，该房地产新的所有人应与承租人重新签订租赁合同。已出租的公有居住房屋和未设定租赁的出租居住房屋不能设定抵押，因为上述两种房屋都要保证承租人的承租权，使抵押权的实现受到很大限制，实际上丧失了抵押担保的意义。

③房改房的抵押。房改房一般采用成本价和标准价出售给职工，由于房改房是优惠价售房，在房屋处理时有很多限制，所以在设定抵押时，抵押价值不是完全的市场价值。

成本价房屋。以成本价购买的具有完全产权的房屋，在设定抵押时抵押合同应符合有关规定。由于这种房屋在住满5年后才能处置，处置抵押物时，应首先扣除土地出让金和税费（上交国家），剩余才能用于归还银行债务。

标准价房屋。以标准价购买的房屋设定抵押时，由于抵押人仅拥有房屋的部分产权，所以抵押价值仅限抵押人拥有的部分价值，它可以按购买时标准价占成本的比例计算。同时，还应注意，处置时抵押人应住满5年。

最近，不少城市为了促进房屋二级市场的发育，已取消了5年期限等限制条件。

④新增建筑物问题。在设定抵押权后，存在新增建筑物的归属问题，即它是不是抵押物的一部分。《城市房地产管理法》第51条规定："房地产抵押合同签订后，土地上新增的房屋不属于抵押财产。"这说明抵押合同生效后，在地面上新建的房屋或其他建筑物不属于抵押物。因当时的抵押标的不包括这部分，所以在评估抵押价值时也没有将之包括在内，如处置时将之纳入抵押物，则将抵押人的其他财产归入抵押物，对抵押人是不公平的。

为了避免房地产抵押时出现土地使用权与房屋异其主体的现象，法律规定抵押权人在拍卖时可以依法将土地上新增加房屋与抵押财产一同拍卖，但对拍卖新增房屋所得，抵押权人无权优先受偿。在现实生活中，新增房屋可能同原抵押房屋相互组成功能一体的建筑群，二者的价值相互影响，组合价值远超过二者的单独价值，这时就很难计算新增房屋价值、抵押物价值，为债务的处置增加了困难。

5）抵押期限。房屋的抵押期限应同借款期限一致，对于新购房屋做到这一点是没有问题的。但对于利用其他房屋设定抵押时，一定要注意其他房屋的所有权或使用权是否有限制，能否达到借款期限的要求：

①以通过出让、转让方式取得的土地使用权或其上的建筑物设定抵押的，抵押期限不得超过出让合同规定的使用年限减去已经使用年限后的剩余年限。

②以有管理期限的企业所有的房地产设定抵押时，抵押期限不得超过企业的营业期限。

③以有上市时间限制的房地产设定抵押的，抵押期不得短于规定的限制上市年限减去已经使用年限后的剩余年限。

④以经房产部门鉴定有确定的使用年限的房地产设定抵押的，抵押期限不得超过房地产的使用年限。

6）抵押权的物上请求权。贷款人对抵押权有物上请求权，也就是说包括抵押物所有权人在内，无论谁非法侵害抵押物，抵押权人都可以以权利人名义独立请求法律保护。物上请求权可以分为以下5种类型。

①停止侵害请求权。适用于抵押人或第三人拆毁房屋、砍伐林木、恶化土地质量等情况，这时贷款人为保证抵押物财产价值而行使物上请求权。

②请求恢复原状或提供额外担保。贷款人发现抵押人改变房屋结构或破坏房屋功能而使房屋价值降低的，抵押权人可以要求抵押人恢复房屋原状，或提供其他等额（房屋价值降低额）财产担保。是恢复原状，还是提供额外财产担保，要视具体情况，凡是能保证贷款人资金安全而容易执行的方式就是最好的方式。如抵押权人将房屋的门拆掉，最好的办法就是恢复原状；如果将全部房屋拆掉，恢复原状已不可能，这时就可以提供其他等价财产担保。

③消除危险请求权。适用于抵押房屋有遭受某种损坏的情况，如抵押房屋面临土地滑坡、塌陷的危险，这时贷款人可以要求借款人采取一定措施消除这些危险，保证房屋的安全性。

④排除妨碍请求权。在抵押房屋被非法查封、必要的通道被非法堵塞等场合，这时贷款人为保证房屋的功能完整性，可以请求行为人消除以上障碍因素，恢复房屋功能。

⑤损害赔偿请求权。在侵害人主观上有过错，客观上有损害事实，且房屋的功能下降，价值降低到不能足额偿还抵押贷款的情况下，抵押权人可优先获得损害赔偿金，优先清偿债务。

7）拍卖抵押房屋的注意事项。抵押人违约后，抵押权人可以采取抵押房屋折价、拍卖和变卖三种方式。其中拍卖作为一种公开的竞买活动，由最高出价者购得拍卖标的，较其他方式能更好地保护抵押人的权益，同时也能最大限度地实现债权人的担保债权。拍卖是一个严格的法律过程，应遵守有关法律规定。

①拍卖应办理的手续。在实践中，抵押权人、抵押人和法院都可以成为拍卖的委托人，但抵押权人或抵押人作委托人时应双方协商一致，达成协议。委托人应当委托在工商行政管理部门注册的拍卖企业作为拍卖人。

委托人委托拍卖房地产应提供下列材料：$a.$ 身份证明；$b.$ 授权委托书；$c.$ 拍卖房屋的所有权证明或依法处置房屋的证明或其他材料。如果拍卖人接受委托，应与委托人签订书面委托拍卖合同。

合同中应载明以下事项：$a.$ 委托人、拍卖人的姓名或名称，住所；$b.$ 拍卖房屋的处所、名称、状况、建筑面积、用地面积、四至界限等；$c.$ 委托人提出的保留价；$d.$ 拍卖的时间、地点；$e.$ 拍卖标的交付或者转移的时间、方式；$f.$ 佣金及其支付的方式、期限；$g.$ 价款的支付方式、期限；$h.$ 违约责任；$i.$ 双方约定的其他事项。

拍卖人应当于拍卖日 7 日前发布拍卖公告，展示拍卖标的，并提供查看拍卖标的的条件及有关资料。拍卖时，竞买人的最高应价经拍卖师落槌等明示方式表明拍卖成交。如果最高应价低于保留价，则应价不发生效力。拍卖成交后，买受人和拍卖人应当签署成交确认书、委托人、买受人应当持拍卖人出具的成交证明和有关材料，向房地产管理部门办理产权过户手续。

②房屋拍卖后的清偿顺序。根据有关规定，房屋拍卖的款项依下列顺序分配：$a.$ 支付处分抵押房屋的费用，包括出售、拍卖抵押房屋的费用、法院的诉讼费；$b.$ 扣除抵押房屋应缴纳的税款，包括契税、房产税、土地使用税、土地增值税、印花税等；$c.$ 偿还抵押权人的债权本息及违约金；$d.$ 剩余金额返还抵押人。如果房屋拍卖所得价款不足偿还前三项费用的，不足部分抵押权人可向抵

押人追偿。

③重复抵押时价款的分配。根据《担保法》第35条规定，就一个抵押物可以重复抵押。在同一栋房屋上可以设定两个以上抵押权，这些抵押权性质上都是优先权，在实现抵押权时，按其优先顺序可定义为第一顺位抵押权人、第二顺位抵押权人等。《担保法》第54条规定："同一财产向两个以上债权人抵押时，拍卖、变卖抵押物所得的价款按照以下规定清偿：（一）抵押合同已登记生效的，按照抵押物登记的先后顺序清偿；顺序相同的，按照债权比例清偿；（二）抵押合同自签订之日起生效，该抵押物已登记的，按照本条第（一）项规定清偿；未登记的，按照合同生效时间的先后顺序清偿，顺序相同的，按照债权比例清偿。抵押物已登记的先于未登记的受偿。"从中可以看出抵押登记的重要性，低位的抵押权人由于受偿位次低，所以风险较大，这也是很多金融机构不愿给已抵押房屋再抵押或二次抵押的原因之一。

房地产抵押必须进行抵押物登记，属登记生效的抵押合同。抵押合同的登记日期为登记部门在登记簿册上记录的登记日期，该日期也是抵押合同的生效日期。如果两次抵押是在同一天登记，则形成顺序相同，不再区分登记的具体时间。抵押权实现时，应按比例清偿债权。一些城市推行的组合贷款就属于这种类型，抵押人违约时，住房资金管理中心同银行按当时的贷款比例受偿。也由于同样的原因，第一顺位抵押人为了本银行贷款的安全性，应尽可能地避免同低位银行同时登记抵押。

④房屋拍卖时的优先购买权。在抵押房屋被拍卖时，应保证下列人员的优先购买权：a. 已出租的抵押房屋的承租人；b. 共有房屋的其他共有人；c. 与抵押房屋不宜分割或者有共同配套设施的房屋所有人；d. 按优惠价购买的公有住房的原产权人或微利房的原出售单位。

在拍卖房屋前，抵押权人应当书面通知以上四种享有优先购买权的相关人，以便使其到场行使其权利。优先购买权人愿以最高价购得拍卖房屋，则在同等条件下上述四种人享有优先购买权。

在第三人为购房人提供房屋抵押，在贷款期限届满，购房人没有还本付息，出现违约情况时，第三人拥有的已用做担保的房屋被拍卖，第三人失去房屋所有权。按《担保法》规定，为购房人提供房屋担保的第三人在抵押权人实现抵押权后，有权向债务人追偿，也可以放弃这种权利的行使。

8）期房抵押贷款的办理。期房也称为楼花。在利用预购房屋进行抵押贷款时，房屋还没有竣工，因此，无法进行房屋登记，这时借款人借款的保证是购房合同具有的权利，随着房屋的竣工，购房人取得房屋的各项权利。在这个抵押贷款过程中，抵押人随工程建筑进行的过程所获得的各种权利，都置于贷款人的抵押权下，直至贷款清偿。为了保证贷款的安全性，这种抵押贷款要进行两次登记，一次是期房（楼花）的抵押登记；一次是竣工后，在房屋通过质量检查和验收后办理的房屋抵押登记。

（2）质押贷款

质押也称为质权。质权是债权人所享有的通过占有债务人或第三人移交的质物而使其债权优先受偿的权利。设立质权的人为出质人，享有质权的人，为质权人。利用动产或其他权利做质押而取得的购房贷款为质押购房贷款。

1）质押的基本特征。

①质权人对质押财产享有占有权。质押要求债务人或第三人将其占有的出质财产，如有价证券等，移转给债权人（质权人），这是占有的转移，是质权不同于其他担保方式的重要特点。

②质权人对质押物所生的孳息享有收益权。由于质权人对债务人或第三人出质的财产享有占有的权利，所以，由质权人收取出质财物所生的孳息则更为便利。但是，质权人收取的孳息必须用来清偿债权。

③质权人有决定拍卖或变卖质押财产的权利。这里讲的有权是指在债务届满时，债权人未能清偿的情况下，质权人在同出质人协商后，最终有权在质物折价、拍卖和变卖三种方式中任选一种，而不需经过法院裁决。

④质权人享有妥善保管质押财产的义务。由于质权人依法占有债务人或第三人出质财产的权利，当然也就产生妥善保管质押物的义务。因质权人保管不善而产生的质押财产灭失或损坏，质权人应当承担民事赔偿责任；质押财产转移给质权人占有时，质权人在此期间所支付的必要的保管等费用，应由出质人支付。

2）质押同抵押的异同。质押和抵押是贷款中两种主要的担保方式，两者既有联系，又有区别。

①质押与抵押的共同点。二者的相同点主要表现在以下几个方面：a. 两者都属于物权的担保方式；b. 二者都是以取得抵押或质押财产价值为目的；c. 质权和抵押权都因债权的存在而存在，同债权不可分离；d. 质押和抵押都是以抵押财产的价值优先受偿。

②质押与抵押的区别。a. 质押中质权人对债务人或者第三人出质的财产，享有占有权；质押合同自出质财产移交给质权人占有时，合同开始生效。在抵押中，抵押权人不占有抵押物，抵押物仍由债务或第三人占有、使用；抵押财产应办理登记，抵押合同在登记后，自登记之日起生效。b. 在质押中，出质财产所生的孳息由质权人占有；在抵押中，抵押物所生的孳息由抵押人收取。c. 在质押中，在债务人期满而没有履行其义务的，质权人和出质人在处理出质物方面不能取得一致意见时，质权人可以独立做出决定，依法变卖或拍卖出质财产，并优

先受偿。而在抵押时，抵押权人对抵押财产有请求权，在双方协商一致的情况下才能处置抵押物；如不能取得一致意见，要向法院起诉，抵押权人无权直接处理抵押物。d. 在质押中，质权人对出质财产有妥善保管的义务，如果因保管不善致使质押物灭失或者损毁的，质权人要承担其法律责任。抵押中，抵押权人不占有抵押物，当然也就没有保管的义务。

3）质押的参与人及其权利和义务。

①质押的参与人。质押的参与人实质上指的是质押法律关系主体，即在质押中享受权利和承担义务的当事人。在质押法律关系中包括：债务人或第三人是以其动产或权利充当质押财产交付给债权人占有，而作为债权担保的人也称为出质人；主债权人是指接受债务人或者第三人交付的动产或权利为质押财产的人，也称为质权人。质押按质物的不同，可以分为动产质押和权利质押。我国个人住房贷款主要是指权利抵押。在权利质押中可以成为主体资格的当事人有企业法人、合伙组织及公民个人，而国家机关、公益事业单位、社团法人、企业分支机构及职能部门不能为他人的债务提供质押而成为出质人。但是，当这些机构成为主债务人时，可以自己作为出质人。

②质押参与人的权利和义务。

下面以动产质押为例说明质押人、出质人的权利和义务。

出质人的权利：a. 在质权人不能妥善保管质押财产，而造成质押物灭失或损毁的，出质人有权要求质权人承担民事责任，提前清偿或返还原物；b. 出质人按约履行债务或提前清偿的，出质人有权要求质权人返还质物。

出质人的义务：a. 出质人按约将质物移交给质权人；b. 出质人应支付质权人在保管质押物时的保管费用和实现质权的各项费用，如质物估价、质物拍卖等费用；c. 出质人不得与质权人在合同中约定在债务履行期届满质权未受清偿时，就将质物的所有权转移为质权人所有；d. 质物折价或拍卖、变卖后，其债权数额不足部分，由债务人清偿。

质权人的权利：a. 质权人享有占有质押物的权利；b. 债务人不履行债务，质权人未受清偿时可以与出质人协商，决定变卖质物的方式并优先受偿；c. 在质物有损坏或价值明显减少时，如果有侵害质权人权利时，质权人可以要求出质人提供相应的担保，如出质人不提供，质权人可以变卖质物来清偿；d. 质权人有权收取质物所生孳息。

质权人的义务：a. 质权人不得与出质人在合同中约定，在债务履行期届满而质权人未受清偿时，质物的所有权就转移为质权人所有；b. 质权人负有保管质物的义务，因保管不妥造成的损失要负民事责任；c. 债务按约履行或提前清偿的，质权人应当返还质物；d. 质物被变卖、拍卖后，其超过债权数额的价款部分应归还出质人。

4）质押物。根据《担保法》第 75 条规定，下列权利可以质押：a. 汇票、支票、本票、债券、存款单、仓单、提单；b. 依法可以转让的股份、股票；c. 依法可以转让的商标专用权、专利权、著作权中的财产权；d. 依法可以质押的其他权利。

《个人住房贷款管理办法》中没有对质押物作具体规定，但在生效日期时指出按《担保法》第 76 条至第 79 条的规定执行，这四条实际上就是对质押物及其生效日的规定。根据中国人民银行的一些解释，质押物主要是指各种债券和存款单等有价证券。

①债券。债券是表明债权、债务关系的一种凭证。从债权人角度讲，是指债权人具有按照约定的条件取得固定利息和到期收回本金的权利；从债务人角度讲，是指债务人约定在一定期限内还本付息的义务。由于利息是固定的，所以债权人的收益、还本付息量也是固定的，债券较其他银行凭证的价值更稳定。

我国债券可以分为国库券和公司债券。国库券以国家信誉作为还款保证，是风险最小的债券，也被称为金边债券；国家重点建设债券也有类似的属性。公司债券以公司的财产和未来利润为还本付息的保证，所以其安全性取决于未来公司的经营状况，收益好，还款有保障，风险就越小。公司债券的收益安全性取决于公司的信誉，信誉越好，风险就越小。我国个人住房质押贷款中的质押物主要有：凭证式国库券、国家重点建设债券、金融债券、AAA 级企业债券。

记名公司债券设质，设定人以背书交付公司债券的方式进行，一经背书交付，立即发生效力并可以对抗第三人。无记名公司债券设质，以交付方式进行，一经交付，即发生效力，并可对抗第三人。同时，无记名公司债券持有人，可以随时请求将其所持无记名公司债券改为记名公司债券。

②存款单。存款单是由银行或其他储蓄机构签发的，由存款人按照一定利率支取存款利息及存款本金的有价证券。以存款单质押的，为了防止意外情况的发生，出质人与质权人应签订协议并通知银行，以确保权利质押的实现。

各种债券或存款单的到期日先于债务履行期的，质权人可以在债务届满前兑现或者提货，并与出质人协议将兑现的价款用于提前清偿所担保的债权或者向与出质人约定的第三人提存。

5）权利质押合同。根据《担保法》第 65 条的规定，权利质押合同应包括以下内容：

①被担保的主债权种类和数额。主债权种类主要是指主债权为何种债权，如是买卖合同债还是侵权行为债或无因管理债等。同时，还必须将主债权的数额记载清楚，只有主债权数额明确，权利质押合同才好签订。个人住房质押贷款合同

中应明确注明借款人借款的目的是购买自用住房；并应采取多种手段，如借款用转账方式划转到售房单位在银行开立的账户，来保证这一目标的实现。

②债务人履行债务的期限。在主债中，债务人履行债务的时间界限，也就是债权人行使质权的期限。

③质物的名称、数量、质量、状况。质物的具体状况，是指标的物及其具体数量、质量和自然状况。在个人住房质押合同中主要包括各种债券和存款单，如果是企业债券，则企业信用等级应为AAA级，这样可以充分保障债权人的资金安全性。权利质押中的权利必须是一种可移转的适用质押的财产性权利。

④质押担保的范围。《个人住房贷款管理办法》中没有对质押担保的范围做具体规定，根据《担保法》第67条和中国农业银行质押贷款合同样本的某些条款，质押担保的范围包括：主债权、利息、违约金、损害赔偿金、质物保管费用和实现质权的费用等。

⑤质物移交的时间。质物移交时间是指出质人将权利标的物移交给质权人占有的时间，即质权人取得质权的时间。这也是权利质押合同生效的法定条件。

⑥当事人认为需要约定的其他事项。除上述条款外，当事人双方认为还需要补充或增加其他条款时，经当事人双方协商同意，也可以作为权利质押合同的条款。

⑦补正。权利质押合同不完全具备上述规定内容的，可以补正。补正是在质押合同条款内容不完全具备或者有所欠缺的情况下，经当事人双方协商进行的补充、修正。

《担保法》第64条规定，出质人和质权人订立权利质押合同时应采用书面形式，口头约定质押合同是无效的。

权利质押合同的生效是指合同发生法律效力的时间界限，依质物的不同而有差异：a. 以债券和存款单出质的，应当在合同约定的期限内将权利凭证交付质权人。质押合同自权利凭证交付之日起生效；记名公司债券一经背书交付，立即发生效力并可以对抗第三人；无记名公司债券，一经交付，即发生效力。存款单交付后，应通知存款银行核实，并不得挂失等，这时才真正发生效力。b. 以依法可以转让的股票出质的，出质人和质权人应向证券登记机构办理出质登记，合同自登记之日起生效。c. 以有限责任公司的股份出质的，质押合同自股份出质记载于股东名册之日起生效。其中债券和存款单出质生效的日期对个人住房贷款质押是重要的。

6) 权利质押的效力。对个人住房质押贷款的质押标的主要为各种债券和存款单。其标的范围的效力包括：凭证书，存款利息或债券利息，违约金和损害赔偿请求权及其他权利。另外，还应注意以下几个方面：

①优先受偿的效力。在债务履行期限届满,质权人未受清偿时,质权人应与出质人协议将出质标的物转让,并从所得价款中优先受到清偿。

②对出质人权利的限制。出质后,出质人未经质权人同意,不得将质押标的物转让或者许可他人使用。经双方同意后,质押标的物可以转让或者许可他人使用,但是转让费用、许可费用应向质权人提前清偿或者向质权人约定的第三人提存。

③质权人占有权利证书的权利。质押设定后,出质人应将质押凭证或权利证书移交质权人占有,如果出质人不能履行义务或提供其他担保,出质人则无权收回质权人留置的权利凭证。

④质权人必须履行应尽的义务。权利质押设定后,质权人在享受权利的同时,应履行应尽义务: a. 质权人不得约定出质人在债务届满前就将质押的权利转让或许可他人使用。b. 质权人对所占有的权利凭证应当妥善保管,因保管不善而造成灭失、损失的,质权人应承担责任。c. 在债务清偿或其他原因致使质权消灭的,质权人应及时、安全地返还所占有的权利凭证。d. 在质押期届满,债务未清偿而使质押标的被转让等时,其所得的超过债务以上的价款,质权人应将其退还出质人。

⑤权利质押权的消灭。权利质押权的消灭是指权利质押权的法律关系或者权利质押中出质人与质权人的权利义务关系在事实上的不复存在。权利质押权的消灭产生于以下三种情况: a. 质权因质物灭失而消灭。质权是债权人拥有的通过质物而担保其债权优先受偿的权利,因此质权同质物紧密相连,质物灭失,质权也就不存在。质物灭失,如果是质权人保管不妥原因产生的,质权人应负责任;如质权人采取措施后,由于质物本身原因而造成的,出质人应向质权人支付相应的赔偿金额;如果质物的灭失是由于第三人的侵权行为,侵权人应向质权人支付损害赔偿。虽然质权可随质物而灭失,但债权在质物灭失后通过所得的赔偿金而得到清偿。《担保法》第 73 条规定,质权人因质物灭失得到的赔偿金额应作为出质财产。b. 质权随债权的灭失而消灭,债权的设立和存在是质权存在的前提,二者是一种主从关系,如果没有债权的发生和存在,就谈不上质权。c. 质权因实现而灭失,质权的实现有两种情况,一是债务人履行了债务,质权人债权已受清偿的,质权随债权而灭失;二是债务届满,而质权人债权没有得到清偿,质权人依法将质物变卖、折价或拍卖,其价款优先偿还质权人债务,债权清偿后随之消失,质权也自动消灭。

(3) 保证贷款

保证是债务的当事人以外的第三人对债务人履行债务负保证责任,如果债务人不履行,由保证人代为履行或承担责任的一种担保制度。保证债务履行的第三人，为保证人，其债务被担保履行的人，为被保证人。

1) 参与人及其关系。保证是为担保债权实现而设立的，目的在于赋予债权人保证权，以便在债务人不履行债务时救济债权损失，承担债务责任，在债务不履行时，从表面上看原来债权人同债务人的债务关系，变成为三方当事人，即保证人、债权人和主债务人（被保证人）组成的担保关系。

①债权人与主债务人之间的主债权债务关系。这种关系如买卖关系、借贷关系，是保证关系成立和存在的前提条件，在三方关系中处于基础性和主导地位。

②主债务人与保证人之间的委托保证合同关系。这是保证人与主债务人之间的内部关系，与债权人无直接关系。债权人不管保证人与主债务人之间的约定如何，只要其债权得到保证就可。

③保证人同债权人之间的保证关系。这就是通常所说的保证关系。根据《担保法》规定，保证人向债权人保证履行债务的，应与债权人订立书面合同，确定对主债务的保证范围和保证期限等。在主债务人不履行债务时，保证人作为债务人代偿。

2) 保证的特征和性质。

①保证的特征。同抵押、质押相比，保证是以保证人的全部资产提供的担保，而前二者则为物的担保。同物的担保相比，保证有很多特征：a. 保证人负无限责任，可防止债权人担保物意外损失风险；b. 相对于物的担保，保证具有易于设定和执行的便利；c. 保证人以全部财产承担责任，无须以特定财产，省却了执行中的诸多不便。

同时，也可以看出保证也有很多不足之处：a. 保证人资力可能变化无常，使保证没有物权担保稳定，这也是很多人愿意接受物权担保的重要原因；b. 保证人原则上享有先诉抗辩权，加重了对债权人的负担和不利。

相对于人的担保而言，物的担保有以下优点：a. 人的担保是一种债权关系，没有优先受偿权；而物的担保是一种物权关系，具有优先清偿的权利；b. 担保物权有追及的效力，债权人可追及担保物之所在行使权利，以直接满足债权；c. 有的国家规定，因保证是债权效力，物的担保是物权的效力，当二者并存时，若债权人一并要这两种担保，原则上债权人应先行使担保物权，不得舍物而诉人。

②保证的性质。作为债权担保方式之一的保证，具有债权担保的基本特征，但又有一些自身属性：a. 人身性。同物的担保相对应，保证属人的担保，是以保证人的人身信用为基础而成立和存续的，是人与人之间的请求权，是一种债权，具有人身属性。b. 从属性。保证因担保而设，因而具有从属性，主要表现在：保证的成立和有效，以主债的成立和有效为前提；保证的范围原则上应小于主债；保证随主债的转移、变更、消灭而转移、变更、消灭。c. 代偿性。保证是以保证人的

财产和信誉做担保，在主债务人不履行义务时，由保证人代为履行或偿付，这也是保证同其他担保方式的一个区别。d. 转移性。由于保证人的出现，债权人在债务人不履行债务时，应向债务人追偿的权利，转为向保证人追偿，保证人成为债权人的新债务人和债务人的新债权人。e. 独立性。保证有其自身的独立性，保证合同的无效、解除等并不影响主债的效力。

3）保证人的条件。保证人是在保证关系中负有担保义务的人，它既可以是自然人，也可以是法人。无论是自然人，还是法人或其他组织，应满足以下两个条件。

①保证人须具有民事主体资格。自然人的民事主体资格主要表现为具有完全的民事行为能力。我国法律规定年满18周岁以上的公民是完全民事行为能力人，16周岁以上不满18周岁的公民以自己的劳动收入为主要生活来源的，视为完全民事行为能力人。只有完全行为能力的人才能担当保证人，而无民事行为能力、限制民事行为能力的人则不能成为他人的保证人。

在法人中企业法人毫无疑问可以作为保证人，但《担保法》及其他司法解释中都规定，企业法人的分支机构（如分公司、业务代表）、职能部门因不具有独立的法律地位，则不能充当保证人。在有法人书面授权的情况下，分支机构可以承担授权范围内的保证。

根据《担保法》的规定，学校、医院等以公益为目的的事业单位、社会团体，即使是独立的事业法人，也不得充当保证人。机关法人是国家权力的行使机构，它以国家的名义行使着管理社会的职能，《担保法》也规定国家机关不能担任保证人。不具有法人资格的合伙组织，只要经过核准登记，可以以合伙名义进行民事活动，充当保证人。

②保证人须具有代为清偿债务的能力。由于保证人可能以自己的相应财产承担保证责任，因此，保证人应具有清偿能力。可以按主债务的履行期限作为判断保证人清偿能力的标准，如合同订立时，保证人无相应财产担保，但只要在主债务人履行时，保证人能取得足以代偿全部债务的足够财产，也应认为保证人有清偿能力。

4）保证人承担保证责任的财产范围。保证人承担保证责任的财产范围，因不同的民事主体而有不同的要求。

①公民作为保证人承担保证责任的财产范围。单个自然人为他人保证的，用以保证的财产须是其所有的除维持保证人自身及其家庭生活所必需费用以外的财产。个体工商户无论是以其字号还是以业主的名义作为保证人，如是个人经营的，以个人财产承担；家庭经营的，以家庭财产承担；个人财产与家庭财产无法划分的，视为以家庭财产承担。

②企业作为保证人承担保证责任的财产范围。全民所有制企业法人、集体所有制企业法人两类企业作为保证人的，以其授权经营管理的财产或以企业所有的财产承担保证责任。中外合资经营企业、中外合作经营企业、外商独资企业作为保证人的，以该企业所有的财产承担保证责任，法律另有规定的除外。私营企业中的有限责任公司、股份有限公司经企业决策机构同意作为保证人的以该公司的全部资产承担保证责任。

5）保证合同的概念与法律特征。保证合同即保证人与债权人之间订立的，保证人保证在债务人不履行义务时，代其向债权人履行或清偿的一种协议。保证合同可以单独订立，也可以在主合同中作出专门约定。

保证合同具有以下法律特征：①保证合同是从合同，它随着主合同——保证贷款合同的成立、消灭而成立和消灭。②保证合同是有名合同，在合同发生纠纷时，需直接依据该合同的法律规定。③保证合同是单务合同，保证人只承担保证义务，而债权人仅享受权利。④保证合同是诺成性合同，合同的成立以合同的签字为依据。

6）保证合同的内容。保证合同的内容是指合同中包含的确定保证人与债权人权利和义务的条款或条件的总和。根据《担保法》的规定，保证合同应包括以下内容：①被保证的主债权种类、数额；②债务人履行债务的期限；③保证的方式；④保证担保的范围；⑤保证期限；⑥双方认可的其他事项。

第二节　房地产投资

一、房地产投资目标的选择

（一）房地产的拥有方式和投资方式

房地产投资从某种意义上讲是为了获得房地产产权（置业投资），或者是在进行房地产开发后利用房地产（产权）交易来实现资本增值（开发投资）。进行房地产投资，必须要了解房地产的产权形式，需要了解以什么方式去拥有房地产和组建房地产投资主体（企业）。

1. 房地产的产权

房地产产权是由房地产制度规定的，受到国家法律保护的财产权，是相对于房地产的完全的排他性权利。它是土地和房屋所有权、使用权、租赁权、抵押权等多项权利的统称。其中房地产所有权是其权力最充分的一项物权，它包括对房地产占有、收益和处分等权能，是房地产其他物权（使用权、租赁权、抵押权等）的源泉和出发点。

在我国土地所有权只有两种基本形式：国家所有和集体所有。《中华人民共和国宪法》第十条规定:"城市的土地属于国家所有;农村和城市郊区的土地,除由法律规定属于国家所有的以外,属于集体所有;宅基地和自留地、自留山,也属于集体所有。"第九条规定:"矿藏、水流、森林、山岭、草原、荒地、滩涂等自然资源,都属于国家所有,即全民所有;由法律规定属于集体所有的森林、山林、草原、荒地、滩涂除外。"我国房屋的所有权形式多样,除国家所有和集体所有外,还可以为私人所有、外国投资人所有,以及由这四种房屋所有权基本形式衍生出来的多种所有制共同所有。因此,在我国,同一宗房地产,其土地所有权与地上建筑物的所有权往往是不一致的。在房地产投资中,除政府投资外,房地产投资者通常是取得土地使用权和拥有房屋所有权。

应当指出,房地产所有权较一般商品而言,在任何国家都是一种不完全的产权。房地产所有者只能在一定范围内对自己的房地产进行自由处置。政府对于房地产保留有警察权和征用权。政府对于房地产的警察权主要体现于房地产开发要受到中央或地方政府的某些规划和建筑法规的限制;政府对于房地产的征用权主要体现在政府根据公共事业发展需要可以对私有房地产征为公用。所谓征用,它具有强制性、经济补偿性。

2. 房地产拥有的方式

房地产拥有的方式主要有四种:

(1) 个人单独拥有

即个人拥有房地产的所有权。个人能够在一定的范围内对自己的房地产进行自由处置。

(2) 分别共有

即将一房地产分割为许多小的单位,例如,将一幢住宅分割为若干楼盘,将一个停车场分割为若干停车位等,每一共有人拥有其中的一个或几个单位。在分别共有的情况下,每个共有人可以个别处分其拥有的部分。

(3) 共同共有

即房地产的开发由大家集资共同投资,并按照各人所占资本比例或事先的约定分配盈余(或分摊损失),但是每个人对共同共有的房地产并没有自己所有的部分,对所共有的房地产的处分及其他权利的行使,必须经过全体共有人的同意。

(4) 信托共有

即通过购买房地产股票或债券,形成共同基金进行房地产投资,对房产以企业股份公司或信托投资公司的形式共有。信托共有,投资者是共同基金所投资房地产的所有人,但他们中个人没有对资产的处分权(类似共同共有),却可以在证券市场上自由转让其持有的房地产股票或债券(类似分别共有)。

3. 房地产投资的方式

房地产的拥有方式实际上是由房地产的投资方式决定的，房地产的投资方式也决定着投资企业的组织形式。房地产投资方式主要有以下几种：

(1) 个人直接投资房地产

个人直接投资房地产，在房地产置业投资中，特别是个人购买住宅的情况是非常常见的。在房地产开发投资中，个人出资组建企业进行房地产开发，即由个体企业进行房地产投资，目前在我国也日益增多。个人直接投资房地产，拥有对所投资的房地产的所有权，投资者个人对房地产开发的财务、业务、人事等具有控制权。房地产开发利润全部归个人所有，投资者个人也要承担房地产开发的全部风险。

个人直接投资房地产的好处，一是可以运用有关会计制度和税收优惠政策进行避税；二是可以自己进行房地产的投资管理，避免因代理人的疏忽或不负责任带来的损失。个人直接投资房地产的缺点也很明显，主要是：①投资者要全部承担房地产投资盈亏的风险。如果一项投资的房地产无法产生足够的收入来抵偿其债务支出，投资者还必须要用个人的其他资产来偿付。②由于房地产投资占用资金多，个人的财富集中于少数几项资产，达不到分散风险的目的。③直接投资房地产比其他投资方法承担更多的流动性风险。

(2) 合伙投资房地产

合伙投资房地产是指两个或更多的人建立合伙企业投资开发和经营房地产。每个参加合伙企业的合伙人各自出资（有时也可以是财物、技术或劳务），按照共同商定的合约决定房地产投资中每人分担的责任和分享的利润。合伙企业通常不是法人，它与个体企业一样要承担无限责任，交个人所得税。

合伙投资房地产，可以将各个合伙人少量的资金、财物、技术或劳务聚集起来形成投资房地产需要的资金规模，即使小额投资者也可以投资房地产，享受房地产投资高额回报。但是，合伙人对合伙投资的房地产不得随时要求分割，合伙人对合伙事务有执行的权利和义务；合伙关系确定后，未经过全体合伙人同意，不许新成员加入。合伙投资房地产，个人投资风险降低了，但它缺乏变现性。合伙投资房地产获得的共同利益，常常要等到再筹资或出售房地产时才能为投资者全部分享。

房地产投资合伙企业按照合伙人承担的责任差别，可以分为普通合伙、有限合伙和隐名合伙等几种类型。

①房地产投资普通合伙企业由合伙人共同出资，共同经营。每个合伙人的地位是相同的，利益与损失由每个合伙人依照各自投入资金的比例或事先的约定参加分配或分摊。每个合伙人都有参与房地产投资决策和管理的权利。房地产开发

由于其专业性强，一般很少采用普通合伙企业的形式进行投资。

②房地产投资有限合伙企业由一个普通合伙人负无限责任，其他合伙人负有限责任，但企业只能由负无限责任的合伙人经营，其他合伙人不得干预。采用有限合伙企业的方式进行房地产投资，有限合伙人可以不须精通房地产投资知识，他们虽然无权过问房地产投资管理活动，但对债务偿还的责任也有限，有的有限合伙企业甚至在招募合伙的约定中规定有限合伙人可以完全保有其投入的资金。有限合伙形式使投资者获得在直接投资房地产中无法得到的好处，比如可以较少承担投资的义务和责任、组合小股初始投资以产生规模经济等。另外，由于投资多元化、物业选择和管理专门化可以大大减少投资风险。因此，采用组建有限合伙企业的方式投资开发房地产，在房地产投资中相对较多。当然，有限合伙形式也有其不利之处，例如通常所说的与房地产投资有关的所得税优惠条件对有限合伙人来说可能只是画饼。因为，普通合伙人的行为不受有限合伙人的限制，他们的行为可能造成所有合伙人在所得税方面的期望优惠的丧失；而许多人以此为安慰的有限责任问题到头来可能是无限的。因为如果某一有限合伙人因急需资金需要退出合伙关系时，就会发现并不是想退就能退的。由于很少有人愿意购买有限合伙股份，所以除非普通合伙人愿意购回有限合伙人股份，否则退出合伙关系将蒙受巨大的损失（因为合伙关系可能被视为一种应税实体，退出某种有限合伙关系，或者合伙关系本身解散，可能带来意想不到的税收责任，这一税收责任可能会超过从退出合伙或解散合伙分得的税前现金）；更为关键的一点是有限合伙投资形式的价值如何估计至今仍未能很好解决。

③房地产投资隐名合伙企业是指合伙人建立有限合伙企业进行房地产投资时，有的合伙人不愿意公开其身份和姓名，并避免承担无限责任的情况。它在房地产投资中的利弊同组建有限合伙企业的方式投资开发房地产相似。

(3) 房地产公司投资

房地产投资者建立房地产开发公司来进行房地产投资是我国房地产业中比较普遍的现象。房地产公司是按照《公司法》组建并登记的以营利为目的的企业法人。公司投资房地产，由于公司是法人，每年要交纳营利事业所得税；在有些国家税后盈余分派股东时，股东还要将股利并入所得，再次交纳个人综合所得税；有重复征税现象。根据我国《公司法》的规定，公司主要包括有限责任公司和股份有限公司两种。

1) 有限责任公司

有限责任公司是由两个以上、50个以下股东共同出资组成，不公开发行股票，每个股东是以其出资额对公司承担责任，公司是以其全部资产对债务承担责任的企业法人。其特征是：①公司不得发行股票，对股东各自的出资额由他们自已协商确定，股东认购的股金支付并成立公司后，由公司出具书面的出资证明书，作为他们各自在公司中享有权益和承担责任的凭证。②公司的股份一般不允许任意转让；特殊情况下需要转让的，必须经过全体股东半数以上同意，且其他股东有优先购买权。③公司成立后不能随意增加股东数量。④股东可以参加公司管理业务，法律上允许公司所有权与经营权合二为一。⑤公司财务不须公开，但应当按照公司章程规定的期限将财务会计报表送交各股东。⑥有限责任公司的建立、营业、解散比较简单，其筹措资金的能力和规模有限，竞争力不如股份有限公司。以组建有限责任公司投资房地产开发，不仅能够使股东的有限资金可以投资房地产，获得房地产投资的丰厚利润，也因为股东对公司债务的责任都是有限的，其责任仅限于股东的出资额，无需对公司债务负无限连带清偿责任，也减少了房地产投资的风险。

2）股份有限公司

股份有限公司是指全部资本由等额股份构成并通过发行股票筹集资本，股东是以其所认购股份对公司承担责任，公司是以全部资产对公司债务承担责任的企业法人。其特征是：①资本划分为等额股份；②公司的股份可以依法转让，其股票可以在社会公开发行；③公司股东数量不限制，在我国要求成立股份有限公司至少要求有5个以上的发起人；④股东个人财产与公司财产分离，股东对公司债务负有限清偿责任，以认购的股票额为限；⑤公司的所有者与经营者一般是分离的；⑥财务公开；⑦坚持股份公司的资本不变、资本维持和充实、资本确定三原则。投资者利用股份公司进行房地产投资就是购买房地产股票，其好处是在以组建有限责任公司投资房地产开发的优点的基础上，由于股票容易变现，避免了一般房地产投资方式的变现风险。

(4) 房地产信托投资

房地产信托投资与房地产股份有限公司投资一样，是房地产证券投资，属于房地产间接投资的范畴。房地产投资信托公司通过发行债券、股票或收益凭证的方式来募集资金，以共同基金的方式营运，从事房地产投资。这种以共同基金进行房地产投资的方式主要有三种：①直接投资购买房地产。②投资房地产抵押贷款赚取利息。③投资房地产抵押贷款证券。

根据投资性质的不同，可以将房地产信托投资分为产权信托投资、抵押信托投资和混合信托投资三种形式。产权信托投资的目的在于获得房地产项目的产权地位；有些抵押信托投资主要从事于长期贷款，另外一些则专门从事短期举债筹资来进行房地产开发；混合信托投资带有产权信托投资和抵押信托投资双重特点，其活动特点也具有产权投资人和抵押债权人的双重性质。

房地产信托投资以房地产投资信托公司形式来募集资金，和房地产股票投资相似,能够吸引小额的资金进行房地产投资,并具有良好的变现性,房地产债券具有保值和增值作用,并由于信托基金受到政府(如证券监督管理委员会)的严格监督,安全性较好。同时,有的国家只要基金的运作以及股利的发放符合有关规定可以免去部分所得税。如在美国,《国内税收法》第856款规定了经过资格论证的房地产信托投资公司的免税地位。这样,房地产信托投资者不仅可以获得与直接房地产投资相关的若干好处(与房地产投资相关的投资活动包括与房地产活动有关的服务、装修、临时房屋出租等),而且还不会像一般公司那样重复征税,同时还可以享有将资金直接投放到房地产实物投资中所没有的较高的流动性。房地产投资信托收益凭证在证券市场上市,可以扩大证券市场规模,使得资本市场更加健全。不动产投资容易产生暴利,将房地产所有权以有价证券的形式分散于社会大众,有利于促进社会公平。房地产信托投资公司的资产一般由房地产、抵押票据、现金、现金项目和政府债券等组成(表4-2)。房地产信托投资和公司投资比较虽有节税利益,但却不能享受直接购买房地产那样的避税优惠。房地产信托投资,将资金交由基金经理代为投资与管理,投资者不具有管理和控制房地产投资的机会。

房地产信托投资公司的年末资产负债表　　(单位:万元)　　表4-2

资　　产	上年期末数	期末数	负债与所有者权益	上年期末数	期末数
土地、开发与建筑贷款			负债		
其他贷款			银行借入与商业票据		
拥有的房地产	……	……	抵押贷款		
赔款准备金			抵押债券	……	……
其他资产			其他债务		
			总负债		
			股东股本		
总资产			负债与所有者权益		

在美国,要通过房地产信托投资公司的资格论证,需要满足以下条件:①股份应为至少100名股东持有,在任何纳税年的最后半年内,5名或更少的大股东所占的份额不能超过全部股份的50%。②房地产投资信托在房地产运作中只能作为被动投资者,而不能作为主动投资者。但作为主动投资者的房地产经理可以拥有高达35%的房地产信托投资公司的股权。③至少有75%以上的资产由房地产、抵押票据、现金和政府债券组成,在筹集资金后的第一年内,使用新产生的资本购买的股票和证券可以被视为该75%资产中的一部分。④至少有75%的毛

收入来自租金、抵押投资收入和房地产销售所得。使用新筹集的资本购买股票和证券获得的收入可以在一年内被视为该75%毛收入的一部分。⑤至少95%的普通收益（与资本收益相区分）应在每一财政年度的年末之后一年内分配给股东。这一规定对于某些非现金收入可以灵活掌握。

投资于房地产信托投资公司的股东的地位类似于房地产有限合伙中有限合伙人的地位，他们可以从公司的以下属性中获得利益，这些属性包括：有限责任、集中管理、运作的持续性，以及在不必发生额外纳税的情况下自由转让股份等。与其他一些普通股票投资者一样，房地产信托投资者也需面对类似风险，房地产信托投资公司的股票在市场上的价值受到市场波动和公司本身的营运业绩的变化的双重影响。产权投资信托的红利可能随着房屋出租率的下降或不可预见的营运成本的增加而下降。一般的房地产抵押举债经营所面临的风险，在抵押投资信托方式中都有体现。借款人可能拖欠贷款的偿还，使信托收入减少，反过来减低支付分红的能力。没收抵押品导致贷款丧失，使房地产信托投资股票的先进分配和净资产都出现减少。房地产投资信托凭证可以在证券市场交易变现，但是其价格也会随着股票市场波动而起伏，这也是某些投资者所不喜欢的。

（二）房地产投资对象的类型和特点

房地产投资，按照开发对象划分，它包括两大类型：地产开发投资和房产开发投资。

1. 地产开发投资

地产开发投资，是以土地开发为主的房地产开发与经营活动，通过土地资源利用或价格增值来取得投资的报酬（利润）。

（1）地产开发，按照其获利的途径不同可以分为三种基本方式：

①生物开发。投资者向土地投资，以土地为基本生产资料和劳动对象，在土地上进行生物的栽培或养殖，从生物产品的销售中获得投资的利润。这种土地开发方式，实际上就是农业开发，是历史最悠久和最普遍的土地开发方式。向土地投资，开发荒山、荒地、荒水、荒滩，通过农业综合开发，促进农、林、牧、副、渔业全面发展，在我国许多农村是房地产投资的最佳选择，对于我国人多地少的国情，它具有重要战略意义，也具有重要的现实意义。

②土建开发。主要是指投资者开发经营成片土地的行为。成片土地开发是投资者在取得了国有土地使用权后，依照规划对土地进行综合性的开发建设，平整场地，建设给排水、供电、供热、道路交通、通信等公用设施，形成工业用地和其他建设用地条件，然后进行转让土地使用权，经营公用事业；或者进而建设通用工业厂房以及相配套的生产和生活服务设施等地面建筑物，并对这些地面建筑物从事转让或出租的经营活动。成片土地开发，开发者应当编制成片开发规划或

者有可行性研究报告,明确开发建设的总目标和分期目标,实施开发的具体内容和要求,以及开发后土地利用方案等。成片土地开发,开发者实施成片开发规划,并达到出让国有土地使用权合同规定的条件后,才能转让国有土地使用权。成片土地开发,开发者对其房地产企业依法自主经营管理,但是在开发区域内没有行政管理权。投资者同其他企业的关系是商务关系。成片土地开发,开发者投资报酬来源于土地成熟度提高后,熟地和生地的价格差以及经营公用事业的利润;或者是建设通用工业厂房以及相配套的生产和生活服务设施等地面建筑物,并对这些地面建筑物从事转让或出租经营活动的利润。

③市场开发。投资者购买土地,并非是要进行土地开发,而是通过房地产市场进行土地权属转移,使土地价格增值来获得投资报酬的行为。土地市场开发,以土地为商品交换对象,取得土地是为了转手出售,其利润来自土地使用性质的潜在改变(土地用途变更)带来的买价和卖价的差额,或者是来自土地买和卖的时间差造成的土地价格增值额。土地市场开发,其本质是土地投机,它容易造成土地闲置和浪费,在我国法律上是不准许的。《中华人民共和国城市房地产管理法》第38条规定:"以出让方式取得土地使用权的,转让房地产时,应符合下列条件:其一,按照出让合同约定已经支付全部土地使用权出让金,并取得土地使用权证书;其二,按照出让合同约定进行投资开发,属于房屋建设工程的,完成开发投资总额的百分之二十五以上,属于成片开发土地的,形成工业用地或者其他建设用地条件。转让房地产时房屋已经建成的,还应当持有房屋所有权证书。"《中华人民共和国城镇国有土地使用权出让和转让暂行条例》第17条第二款规定:"未按(土地使用权出让)合同规定的期限和条件开发、利用土地的,市、县人民政府土地管理部门应当予以纠正,并根据情节可以给予警告、罚款直至无偿收回土地使用权的处罚。"在国际上,土地市场开发有的国家是合法的,但是为了减少土地闲置和浪费,也必须交纳空地税。

(2) 地产开发投资,按照区域划分,在农村主要是农田投资和森林投资;在城市主要是新兴城镇或开发区投资和老城镇的旧城改造。

地产开发投资的对象不同,在房地产投资上的特点也不一样。

①农田投资。农田投资是指房地产投资者将其资金购买一定数量的农田,通过农业开发和经营,以期获得利润的行为。

农田投资的基本特点包括:

a. 大多数国家的法律规定农田的所有者可以终身拥有他的土地,并且可由他的法定继承人继承。农田的承租人一般不能转租他的土地,所以大多数农田投资者往往是买下所投资的农田,成为土地的所有者。在我国农田为集体所有,农田投资者一般只能取得其土地使用权,农民进行农田投资主要是采取责任承包的

办法。外资进行农田投资,独资者采取土地征用为国家所有后,再出让的办法;合资者有的是集体将土地作价入股。

b. 在农田投资中,农田的价值或投资额的高低主要是土地的肥沃程度,它决定着农作物产量和农业收入的多少,因此直接决定了农田投资的利润。

c. 农田投资由于受到土地生产力的限制,其所获得的利润通常低于其他行业的投资。但是因为人们对农产品——粮食、蔬菜、水果、肉、蛋、奶等的需求是稳定的,相对于其他产品而言弹性很小,市场需求的可预测性好,风险也相对较小。

d. 由于人口增加和经济发展,非农业占用土地增多,耕地的稀缺性更加突出。投资者购买农田,其土地价格增值快,有的几年就会翻一番,农田投资有利于土地资产的保值和增值。由于许多农产品(如粮食、棉花等)属于战略物质,农产品短缺容易造成社会不稳定,在发达国家,开发和经营农田,可以享受政府对农业保护政策的优惠。

e. 在国外,有的国家规定农田变更为非农业用地前,必须要进行一定年限的农业种植;承租一块不能转租的农田也无法进行房地产交易。

因此,农田投资也往往是土地投机者进入房地产市场的先行步骤。即使是以种植为目的的农田投资者,他本人不从事农业生产,往往可以雇佣一个经理来管理农场;或者成为某个精明农场主的合伙人,合伙人身份通常可以使投资者避免购置农田所带来的复杂的法律问题。

②森林投资。森林投资是山区土地开发最普遍的投资类型。

森林投资相对于其他投资而言,具有以下特点:

a. 由于森林生长慢,成材周期长,森林投资是房地产开发中获得投资利润需要时间最长的投资类型。森林投资者要等十几年,甚至几十年才会获得稳定的收入。因此,为了鼓励森林投资,许多国家政府对森林投资者都实行特别优惠的政策。投资者只要将规定资金投入森林开发和经营,无论是否有林产品可以出售,政府将根据森林长势定期预付给投资者一定的利润,对森林投资的收入实行减税或者免税。

b. 森林投资的标的是树木和土地,森林投资者往往也是森林的拥有者。除非森林已经有相当比例的成龄树木,一般对于森林投资要获得稳定的年收入是很困难的。森林中的林木一般是森林投资利润的主要来源,这些树木如果遭到病虫害、火灾、暴风、洪水等自然灾害,其损失可能需要几年,甚至十几年才能补救。因此,森林投资风险较农田投资大,其投资报酬率一般也高于农田投资。

c. 随着世界成龄森林面积的减少,经济发展对木材需求的不断增加,森林作为一种稀缺资源使木材价格上涨速度高于通货膨胀速度,投资森林,可以避免通货膨胀的风险,经营森林也可以保持一定的利润水平,森林投资往往是长期投资的热点。

d. 森林投资,其生态效益往往超过经济效益。为了提高人居环境质量实现社会经济的可持续发展,森林投资即使无利可图,政府部门和社会有识人士往往也会出资进行森林保护和植树造林,改善生态环境。

③新兴城镇或开发区地产投资。新兴城镇或开发区地产开发是通过征用和购买的方式获得自然土地或者农用土地的使用权,并将自然土地或者农用土地改造为城市的载体,成为城市的发展空间和建设基地,成为城市人们生产和生活场所。新兴城镇或开发区地产投资,是属于成片土地开发,其利润形成是通过土地资产增值实现的。因为自然的土地或者农用土地不能完全适合城市经济生活和社会发展的需要(属于生地,土地的价格低),必须要对土地进行开发和改造,如基本的"七通一平"(平整土地、通上水、通下水、通电力、通道路、通煤气、通电信、通热力等)和其他公用设施建设(变成熟地,土地的价格高),城市地产开发使土地价格增值。新兴城镇或开发区地产投资的主要特点包括:

a. 新兴城镇或开发区地产投资,其投资目标是土地,主要是通过土地整理后,使其形成工业用地和其他建设用地条件,房屋建设不是主要的。房地产投资者主要从事地产经营,把土地使用权作为一种特殊商品进入市场流通,按照一定的法律规定和程序进行土地使用权的转让、出租、抵押等,以此来取得投资报酬。

b. 新兴城镇或开发区地产投资,其主要费用中土地征用费用在土地开发成本中占有较大的比例,而房屋拆迁、安置费用相对较小。区域内基础设施建设大多是空白,需要重头开始,但是其可以超前规划、高标准建设。

c. 新兴城镇或开发区地产投资,地产投资利润的高低,主要取决于土地的优势区位。由于它是在成片土地上新建城市,给一切希望在房地产开发和经营上大展宏图的人提供了充分的选择余地。新兴城镇或开发区土地利用规划有一定弹性,它有可能是由投资者编制的;投资者可以根据自己的条件,选择其认为最适合的项目、最理想的地段进行投资。而不像老城区那样,好的地段早被人占去;对后来的投资者来说,要找到好的地段、好的投资机会很难。

d. 新兴城镇或开发区地产投资,由于它是在一片空地上进行经济建设,其经济景气和人气需要重新凝聚,能不能吸引更多的投资者参加其城市建设和经济发展,存在着一定的不确定性,有一定的投资风险。但是,由于它对于一个地区的改革开放经济结构调整、生产布局优化、工业化和城市化发展作用巨大,所以地方政府都是积极鼓励的,政府将给投资者许多优惠政策。投资者只要认真研究其区域城镇体系形成和发展的规律,了解其新兴城镇或开发区的规划,对新兴城

镇或开发区的发展潜力、人口增长、交通运输发展、基础设施建设等情况有充分认识，准确地占领最优区位的地块，其地产开发的成功率很高，投资者是能够取得理想的报酬的。我国一些成功的开发区，其经济发展速度一般都高于所在区域国民经济发展的平均水平，其土地增值快，就给地产开发者带来了丰厚的利润。

e. 我国有些开发区和新城镇建设，其最先是以地产开发投资开始的。由于在开发区和新城镇建设初期资金紧张，主要是采取成片开发、生地批租的方式。例如，在浦东新区开发初期，为了加快启动开发，就采取"资金空转，支票运行，土地批租，成片开发"的模式。政府将土地使用权作为投入，财政、开发公司、土地管理部门三者货币资金空转，土地使用权到位于国有资产控股的开发公司，再由开发公司实施"七通一平"开发任务和招商引资活动。

④旧城改造地产开发投资。随着城市各业的现代化和人口的不断增加，不仅城区有向外扩展之势，还出现许多开发区或者卫星城镇，也引起了老城区生产力布局的相应变化。例如，人们对环境质量的日益重视，城市产业结构和生产布局调整，城市中心地区的有些工业企业，特别是那些环境污染严重的企业，会被迫向城区以外的地方迁移。原来这些企业所占用的土地会空出来，为房地产开发提供了难得的空间，成为房地产投资的良好机会。随着老城区建设用地的减少，城市现代化建设水平提高，老的建筑物有的越来越不经济，明显不符合现代化的要求，拆旧建新十分必要，这也因此成为房地产投资者进取的目标。旧城改造，城市土地用途重划，是旧城改造地产开发投资的现实基础，其利润来源在于土地不同用途间的价格差，也来自土地利用集约化水平的提高。旧城改造地产开发投资的特点主要有：

a. 旧城改造的主要对象是城市中心城区的一些危棚、简屋和一些污染搬迁的工厂，其在城市区域中往往占有十分良好的区位，按照最有效利用原则估计地价应当是高的，由于过去利用不合理，往往贬低了其地产价值。房地产投资者发挥自己的创新能力，发现最佳的土地利用途径，可以使其土地开发带来较大的价格增值。

b. 旧城改造地产开发投资与新建设城镇或者开发区地产投资比较，老城区已经形成一定的城市经济发展基础，其人气相对较旺，许多影响房地产开发的因素具有确定性，所以其地产开发和经营的风险相对较小。就其土地取得和开发费用分析，旧城改造地产开发投资很少有征地费用，市政基础设施建设的投资也较小，但是拆迁安置费用大。拆迁安置工作有时是决定旧城改造地产开发可行性的关键。投资者关于旧城区居民拆迁安置的方案，在政府土地出让招投标中，有时比土地出让报价更重要，完善的居民拆迁安置方案更加具有竞争力。

c. 旧城改造地产开发，往往有利于城市经济发展，关系到城市居民人居环境的改善，对于社会的安定团结也有积极的促进作用，政府也会采取鼓励性的优惠政策。与新建设城镇或者开发区房地产开发比较，旧城改造需要考虑城市历史文化和优秀建筑物的保护，注意同城市不改造地区土地利用结构和功能的协调统一，城市规划和土地用途选择方面的弹性相对较小，规划管理严格。

d. 在一些旧城改造经验丰富的地区，老城区的改造通常并非是统统拆除重新建设，而是非常重视建筑物的有效利用和改造。以住宅为例，就是要保留、维修其大体完好的房屋，拆除其破烂不堪的，而以新房代之。高质量的建筑就像一件衣服，"新三年，旧三年，缝缝补补又三年"；著名的历史城市的构成，更像是一件永远使用的绣花衣，破旧了需要顺其纹理加以织补。这样，随着时间的推进，它即使成了"百纳衣"，还是一件艺术品。要处理好过去、现在和未来的关系，走城市"有机更新"的道路。

e. 城市旧城改造，往往可以通过地产经营来弥补基础设施投资的不足。例如，通过土地整理和用地重划，将都市中原来存在的一些杂乱不规则的地形地界和畸形零碎不合经济使用的土地，加以重新整理，进行交换分合，并配合兴建各种公共设施，使土地利用价值增加，土地利用集约化水平提高。然后，在不减少原来土地所有者或者使用者房地产利益的同时，拿出部分土地出售，作为兴建各种公共设施投资的费用。这样，旧城改造既没有增加政府财政负担，又使城市面貌焕然一新。

2. 房产开发投资

房产是指建立在土地上，已明确了权属关系的房屋以及由此而衍生的其他设施和构筑物（如水塔、烟囱、围墙等等）。房产投资是指投资者为了获得利润而将资本投入到房屋建设与租售行业的行为。房产开发投资，按照房屋的用途，可以分为：商业房产开发投资、工业房产开发投资、住宅开发投资和特殊物业开发投资等类型。房屋的用途不同，房地产投资的特点也不一样。

（1）商业房地产投资

商业房地产，有时也称为经营性物业或收益性物业，包括商务办公楼（写字楼）、旅馆（宾馆、饭店、酒店、招待所等）、商店（商场、购物中心、商业店铺等）、餐馆、影剧院和出租商住楼等。商业房地产的购买者大都是以投资为目的的，靠物业的出租经营的收入来收回投资并赚取投资收益。只供自己用的较少。

商业房地产市场的繁荣除了同当地的经济社会发展水平有关外，同工商贸易、金融保险、顾问咨询、旅游业等的发展紧密相关。这类物业由于一次性投资资金数量巨大，一般是以机构（单位）投资为主。物业使用者多用其提供的空间进行经营活动，并用部分经营所得支付物业租金。由于经营者的经营效益在很大程度上取决于其与社会接近的程度，所以位置对于这类物业有着特殊的重要性。

商业房地产投资，投资者的收益主要依赖于租户，而不是只靠投资者就可以使其资金流量最大化的。因此，租户的信誉也是影响商业房地产投资收益的一个重要因素。这也常常是投资者难以控制的环节，它使得商业房地产投资的风险增加。

（2）工业房地产投资

工业房地产通常是为人类的生产活动提供人住空间，它包括重工业厂房、轻工业厂房和近年来逐步发展起来的高新技术产业用房。工业房地产投资，其房产建成后，既有出售的市场，也有出租的市场。重工业厂房由于其建筑物设计需要符合特定的工艺流程的要求和设备安装需要，通常只适合特定的用户使用，因此不容易转让交易。高新技术产业（如电子、计算机、精密仪器制造业等）用房，由于其建筑物设计的共同性，很多行业可以通用，其房屋具有较强的适应性。轻工业厂房介于上述两者之间。目前我国各个开发区流行的标准厂房，多为轻工业用房，出租和出售两种经营方式并存。工业房地产，相对于其他类型房地产，其适应性差，不能按照市场变化情况，适时地改变房地产用途，影响市场竞争力，对房地产投资者来说，就意味着具有较大的风险。

（3）住宅投资

住宅主要是供人们居住的房屋，包括普通住宅、公寓和别墅等。这类房地产投资主要是以满足自己使用需要为目的，在房地产市场上以个人购买的比重较大。由于一栋住宅可以细分为楼盘销售，其每个投资者一次性投入的资金在房地产投资中相对来说是小的，但是，居住是人类生存和发展的基本需要，所以其市场交易量是很大的。随着人们生活水平的提高，人们经济收入增加，支付能力增强，对住宅消费的水平也在不断提高，因此住宅的市场潜力很大，投资风险相对较小。由于社会中人们的能力不同，社会财富分配不平衡，在任何国家和地区，总有些人无法自己解决自己的居住问题，从而也使得住宅既具有商品性（许多人依靠房地产市场来购买自己的住宅），也具有福利性，政府和社会有义务向那些无法解决自己居住问题的人提供帮助，给他们提供住房补贴或低租金住房。

（4）特殊房地产投资

特殊房地产，是指娱乐中心、赛马场、高尔夫球场、飞机场、车站、码头等物业。特殊地产投资，由于房地产用途的特殊性，需要得到政府的特别许可，需要进行特殊管理。特殊房地产投资虽然要靠日常经营活动来回收投资和取得利润，但是像飞机场、车站、码头等由于具有垄断性和公用事业的性质，其价格并不是完全按照费用—效益确定的。像高尔夫球场，其收入的取得主要是以出售会员证的方法。特殊房地产投资，像有些基础设施项目，多属于长期投资，政府往往还要提供补贴。

　　房地产投资类型划分的方法很多，不管如何划分，作为房地产投资者在确定投资目标前，应当对各种类型房地产投资的对象及其投资特点有一个明确认识。无论何种房地产投资，收益和风险都是并存的（见表4-3，表4-4）。风险小，投资报酬率往往也低，房地产投资者要取得理想的收益，应当在对各种类型房地产投资的对象及其投资特点认识的基础上，审时度势予以判断和选择。

各种房地产投资类型的特点　　　　　　　　　　　表 4-3

类型	收益影响因素	投资特性	主要风险	主要可能投资者
空地或生地	①需求拉动；②城市化发展；③便利的区段位置；④交通类型及通达性；⑤土地分区使用、城市规划；⑥最佳土地利用	①具被动性；②流动、变现性差；③投资报酬率低或周转期长；④具有增值潜力；⑤没有折旧；⑥资本利得税高；⑦费用资本化	①承担管理成本，需要维护；②求售是可能不易脱手；③增值大小不确定	①投机者；②发展商；③长期投资者
住宅公寓等	①社区人口增加；②收入提高；③位置的方便性和通达性；④入居者的社会地位	①交易活跃；②变现性较好；③可利用金融杠杆操作、报酬率高；④可以出租和增值；⑤可以加速折旧避税；⑥课征一般所得及资本利得税	①管理的变动，对大规模的物业可能需要雇用专业管理者；②租户的占住	①获得享受避税的高收入者；②适合能支付自备款的任何投资者
办公楼	①地区经济发展水平；②连续性地段；③公司、企业的地位和信誉；④承租客户的相容性	①当未租押时可以较灵活使用；②流动性、变现能力尚可；③固定收入和房价增值；④租税折旧抵扣；⑤课征一般所得及资本利得税	①管理的变动，需要提供服务水平；②建筑物衰败过时；③商业活动位置转移	①需要避税的高收入者；②如能提供自备资金及专业管理人员，则适合各类投资者
仓库	①工商经济活动；②便于转移运送的地理位置；③适合长久运用的结构设计	①具被动性，常为长期租押；②流动性、变现能力尚可；③适宜杠杆操作；④按期租赁收入；⑤租税抵扣优惠；⑥课征一般所得及资本利得税	①由于生产设备、技术等作业改变而引起的建筑物衰败过时；②出入交通运转变化	①适合较高现金流动及有限责任管理的退休人士；②有适宜的自备资金且希望避税的人士

续表

类型	收益影响因素	投资特性	主要风险	主要可能投资者
社区购物中心	①社区成长；②人口及有效需求；③相当有利的竞争地段位置；④便利的停车区域；⑤具有社区采购倾向的承租客户组合	①具主动灵活性、变现性；②适合杠杆操作；③固定的投资收入和产业增值；④课征一般所得及资本利得税	①承租客户适当配合；②需要提供适宜的管理服务；③空置率的考虑；④竞争变化；⑤建筑物的衰败过时	①巨额投资者②考虑避税及其他利益的大户
旅馆/汽车旅馆	①地点的方便性和通达性；②旅客、商务、消闲及会议的需求；③各类设施和服务的组合	①具主动灵活性、变现性；②可适当杠杆租赁；③租赁收入及价值增值；④税租抵扣；⑤课征一般所得及资本利得	①客房周转率；②需要专业管理服务；③竞争变化；④需要一定的经济规模	①希望避税及适当的自由资本者；②愿意自我经营、维持管理的小型产业投资者

不同房地产类型投资特点 表4-4

投资因素 房地产类型	安全及保值	投资的利润	现金纯收入	增值的可能	风险与利润比较	需要管理的程度	对专门技术要求	本利平衡多少	特 点
银行、邮局及其他政府的建筑	4	1	1	1	1	0	0	1	安全，保值
租客具有信用的公共公司，租金固定	3	2	1	1	1	0	0	2	安全
租客具有信用的公共公司，出租金外参加利润分成	3	2	1	2	1	0	0	2	安全，有增值可能
商店及购物中心	2	2	2	2	1	2	2	2	受地段、环境等影响最大
办公楼	2	2	2	3	2	3	3	2	受地段影响，须专门技能
旅馆	2	3	4	3	4	4	4	2	需管理程度高，纯收入好
公寓	3	2	2	2	3	3	2	2	增值的可能性好
单幢住宅	3	2	1	4	1	2	2	3	增值的可能性好
住宅区、商业区土地	2	0	0	3	1	0	0	2	
市郊土地	2	0	0	3	3	0	2	3	

注：4＝最高/最多；3＝很高/很多；2＝普通/平常；1＝很低/普通；0＝无需。

（三）房地产投资目标的选择

房地产投资者了解了不同房地产拥有方式的优点和存在的不足，认识了不同房地产类型投资的特点后，如果有房地产投资的热情，就可以进行房地产投资目标的选择。

1. 房地产投资目标选择的重要性

房地产投资要取得成功，实现低风险，高额报酬，房地产投资目标的正确选择是关键。

（1）房地产投资目标的选择具有不可改变性

房地产属于不动产，具有位置的固定性，并且一旦建成，就在相当长的时期内具有不可更改的特点。房地产投资项目建设周期长，事先不可预见性因素多，投资风险大。要取得投资的成功，需要有充分的规避风险、控制风险和转移风险的能力。

房地产投资目标的正确选择，意味着：①投资者对房地产建设优势区位的占领，确认房地产项目建设选址符合投资对象的区位要求。②投资者对房地产市场未来的发展有较为清晰的把握，确定的房地产投资对象适合于自己的开发能力，对房地产投资的成功充满必胜信心。③投资者对城市规划进行了认真研究，确认了投资的房地产项目是对其土地进行最佳利用。

（2）房地产投资失败对于投资者事业的发展影响很大

房地产投资需要资金数量大，一般说来，大部分投入资金靠的是金融机构融资。如果房地产投资目标选择不合理，投资者无力在计划期间完成房地产项目的建设，出现资金周转困难，就会使房地产投资者背上非常沉重的债务，单是利息就可能造成房地产投资者破产。房地产投资目标的正确选择，意味着房地产投资者不仅能够把握好房地产的投资机会，也可以控制投资进程，有能力保证房地产开发中资金使用出现良性循环。而且好的投资项目在未来随着时间的推移，将会出现价值的上升，有良好的增值效益。

（3）房地产投资目标选择符合经济社会发展需要

房地产投资需求是由经济社会发展需要所决定的。房地产是社会经济生产和生活的必要条件，房地产业是国民经济的基础产业，应当走在经济发展的前面，对社会经济发展起到积极的推动作用。但是，房地产是属于固定资产，投资占用资金多，不进行合理控制，出现固定资产投资规模过大，会出现经济过热现象，也不利于国民经济的健康和协调发展。房地产投资目标的正确选择，意味着房地产投资与国民经济发展水平相适应，不仅存在着社会的潜在消费需求，也具有现实的购买能力，存在着有效需求。房地产投资目标的正确选择，可使未来房地产市场不会出现过量的空置商品房，而且还有利于盘活存量房地产及社会总供给与总需求的平衡，促进资源的优化配置。

2. 房地产投资目标的选择

一个理想的投资项目，它对于投资者来说，应当使投资本金具有安全性，投资对象具有较高的变现性，具有报酬率高而风险较小的特点，有利于抵御通货膨胀，可以保值、升值。房地产投资者选择投资目标应当认真分析影响房地产投资目标实现的因素，主要包括：

（1）房地产投资者的自有资金

一般说来，房地产投资者自有资金应当占房地产项目投入资金总量的25%~30%。房地产投资者自有资金多，其选择房地产投资项目的自由度较大。

（2）投资经验

房地产投资目标的选择与投资经验有密切的关系。投资经验丰富的投资者，选择投资目标就比较果断，对投资风险心中有数，投资利润获得相对容易些，效果好些。

（3）风险承受能力

每个投资者虽然都是厌恶风险的。但是，每个人对风险的偏好是有差别的，由于风险越大，投资报酬率越高，所以在房地产投资目标选择时，敢于冒险的，往往容易选择富有挑战性的房地产投资项目，其利润相对也高些。对于有些高风险的投资项目，进行选择时应当首先作好风险防范，采取相对保守的态度。

（4）期望回报率

房地产投资项目的选择是否具有可行性，是房地产投资者的期望收益水平所决定的。如果房地产投资项目的利润率高于房地产投资者的期望回报率，就是可行的。相反，则房地产投资者会放弃此投资项目。

（5）市场竞争情况

房地产投资项目的选择，往往受到房地产开发竞争情况的影响，房地产竞争激烈的项目，常常会引起投资者的兴趣。有的投资者在市场竞争激烈时，为了占领有利的建筑地段，有时会投资一些原计划目前不投资的项目。当然，也有的投资者，不愿意参加激烈竞争，有可能退出原来计划的投资领域。

房地产投资目标的选择，是对房地产投资的目的的权衡和比较的结果，也是上述各种因素相互作用和影响的结果。当然，房地产投资目标的选择，主要是进行投资机会研究；房地产投资者在进行目标的选择时，应当有多个备选方案，以便进一步做可行性研究择优选择，使房地产投资决策最佳。

3. 房地产投资目标选择应当注意的问题

房地产投资，发现适合于投资者条件的理想投资目标，是房地产投资走向成功的关键。房地产投资者在房地产投资中，总是希望风险小，而投资报酬率高。一个明智的房地产投资者，在进行房地产投资目标选择时，都十分关注下列问题：

(1) 学习别人成功的经验，善于寻找合作伙伴

房地产投资，经验是每个投资者所感到不足的。但是，经验是快速投资行动的基础，有经验的投资者在进行投资目标选择时，既准确又及时。所以，任何房地产投资者，在进行房地产投资时，要认真学习，吸取别人房地产投资成功的经验和失败的教训。房地产投资者，为了弥补自己的知识缺陷，应当寻找好的合作伙伴，以他人之长补自己之短，扬长避短，使房地产投资获得较大的成功。房地产投资，需要多种专业人士共同合作，需要投资者有良好的合作精神，能够与人建立起风险共担、利益共享亲密合作关系。

(2) 充分利用房地产经纪商、经纪人和物业咨询公司等中介服务

房地产经纪商、经纪人和物业咨询公司等中介服务机构的专业人士，由于长期从事房地产业务，对于房地产价格、房地产市场、房地产开发等方面具有较详细的了解，掌握了较多的房地产业务资料。房地产开发投资者，邀请职业道德好，有信誉的中介服务机构或有关专业人士帮助进行房地产投资目标选择，可以弥补投资者对于房地产投资目标知识的不足，提高投资目标选择的正确性。

(3) 房地产投资者要注意收集投资信息，并重视实地调查

消息灵通是房地产投资机会把握的关键。房地产投资，因为房地产市场和交易特点的影响，资料非常分散，缺乏比较标准，价格都是个别交易形成的，要获得有效、有价值的信息并不容易。房地产投资者必须时刻做房地产资料收集的有心人，注意从报纸、广播、电视、学术期刊等方面收集有关房地产的信息，发现好的投资机会。房地产投资者看到自己想要的房地产信息，一定要有"尽信书，不如无书"的精神，重视实地调查，避免为错误的消息或夸大了的消息所蒙蔽。

(4) 注意创新，发掘房地产投资对象的潜在价值

房地产投资是一种创新过程，不能人云亦云，投资者要有自己的见解。成功的房地产投资者不仅能够发现房地产的一般价值，而且应当判断出房地产的增值潜力，为自己带来更加丰厚的投资报酬。例如，正确判断房地产投资目标区位变化，改良房地产与周围环境的关系，适时地改变房地产用途，妥善进行房地产改造和装修工作，完善基础设施配套，充分利用广告宣传手段扩大影响，改善企业形象和建立良好的公共关系，加强房地产经营管理等等，都有可能使房地产的价值倍增。房地产投资者，独具慧眼，发现房地产的增值潜力，对于房地产投资收益的提高具有极其重要的作用。

(5) 房地产投资者选择投资目标要善于变主动为被动

房地产投资目标的选择，一般是投资者对投资对象的主动寻找。在房地产市场，像许多其他的交易一样，往往主动者是有求于他人的，有时不被人理解和接

受；被动的状态在谈判中可能较为有利。房地产投资者，针对自己投资偏好，利用广告、广播等媒体，讲明自己的意图，往往可以使投资对象自己找上门来，可以事半功倍。投资者适应一些地区招商引资的需要，根据对方提出的项目来选择投资机会，往往更能获得理想的投资效益。

(6) 房地产投资目标的选择一定要强化法制观念

房地产投资争取地方政府和有关人士的合作，有利于保证房地产开发工作的顺利进行。但是，房地产投资一定要充分认识到房地产交易实质上是产权交易，依法办事非常重要。它可以避免将来房地产开发中出现的许多纠纷（特别是产权纠纷）可以避免或减少房地产开发经营过程中不合理的行政干预，维护房地产投资者的合法权益。房地产投资目标的选择必须明确房地产的产权关系，依法取得有关开发手续决不能有蒙混过关的思想。不依法办事，有时会使房地产成为违章建筑，房地产投资劳而无功。

二、房地产投资经济评价

(一) 房地产投资经济评价概述

1. 房地产投资经济评价内容

投资项目的经济评价就是利用一些特定的经济参数和分析方法，考察投资项目在经济上是否可行，预计的经济收益如何，并进行多方案的比较和风险分析的一项工作。投资项目经济评价是可行性研究的重要组成部分和核心内容，也是投资管理中的重要环节。

房地产投资是众多投资形式中的一种，较之其他投资形式，一般回收期较长，收益可观，但风险也大。因此，在进行房地产投资之前，要进行缜密的调查、分析和策划，要对所选定的投资项目进行详细的可行性研究，包括经济评价与风险分析，从而对房地产投资项目作出正确的投资决策。这样，可以避免由于盲目投资而造成的经济损失，使房地产投资建设项目以最少的投入，得到最大的产出，即获得最佳经济效益。

由于投资项目经济评价在经济建设中的重要性已被广泛认识，也得到了广泛的应用，因此，在长期的实践过程中形成了一套规范化的基本程序。虽然目前世界上各大咨询公司在具体做法上不尽相同，但都遵循着一条基本的规律，即分阶段、有步骤、由浅入深地进行研究。通常的做法是把研究工作的全部过程分为四个阶段，即投资的机会研究阶段、初步可行性研究阶段、详细可行性研究阶段和评价决策阶段。

投资项目经济评价的主要手段是以定性分析和定量计算相结合，且以定量计算为主的方法，对拟建项目在技术和经济上进行全面的分析和计算。项目的财务测算和效益分析是投资项目经济评价中最为重要的定量计算部分，也是企业投资决策者十分关注的决策依据。

房地产投资项目经济评价的主要内容包括：

第一，财务分析的静态指标评价。此方法比较简单，容易理解，但没有考虑资金的时间价值。对投资项目的财务经济效益分析不够全面准确，一般只用于作项目的初步评价或粗略评价。

第二，财务分析的动态指标评价。此方法考虑到了项目的整个寿命期，也考虑到了资金的时间价值，其结果比较全面准确，但计算比较复杂。

第三，项目风险程度的分析。风险是由人们对未来行为的决策和客观条件的不确定性而可能引起的后果与预定目标发生多种负偏离的综合。这种负偏离包括偏离的方向、大小以及偏离的各种程度。风险分析通过全面研究、分析计算，预测这种风险，为投资项目决策提供可靠依据。

2. 房地产投资经济评价指标体系

从理论和实践上来看，一个理性的投资者必定会要求其作出的投资方案具有一个较理想的回报，并且一般来说，都选择回报率较高的项目作为投资对象。然而，这里所谓的回报率指标并不是惟一的，人们设计了一些经济指标来反映投资项目在经济上的效益或回报。这些经济指标可以划分为静态指标和动态指标。

所谓静态指标，是指没有货币时间价值的指标。为此，这些指标并不能完全反映经济活动的真实情况，但是，由于其计算简便，经济含义直观，在项目的初步分析中得到广泛的使用。静态指标包括投资利润率、静态投资回收期和投资效果系数。

动态指标考虑了资金的时间价值，能够更科学、更全面地反映投资项目的经济活动状况，因此在房地产投资分析中，其应用较为普遍。并且，在进行项目评价时，一般都是以动态指标为主，静态指标为辅。常用的动态指标包括动态投资回收期、净现值 NPV、盈利指数 PI、年值 AE 和内部回报率 IRR 等。

在讨论之前，将常用字符的含义定义如下：

F_t：各年的净现金流量；

P：期初投资款；

i_0：基准回报率；

NPV：净现值；

IRR：内部回报率。

（二）房地产投资静态分析

静态指标值是指投资项目在不考虑时间因素，即不考虑资金时间价值的情况下来考察项目盈利能力的一种指标值。在建设工期短的小型项目投资分析中，静态指标值有一定的应用价值。对大中型投资项目，在投资机会研究或初步可行性分析阶段，它也有着广泛的应用。常见的静态分析指标值主要有投资利润率、投资利税率和静态投资回收期。

1. 投资利润率

投资利润率又称投资收益率，是指房地产投资项目开发建设完成后正常年度的年利润总额（或预计回收期内的平均年利润额）与项目总投资额的比率。其计算公式为：

投资利润率 = 年利润总额或平均年利润额/项目投资总额 × 100%

式中：项目总投资额是包括贷款利息的总投资；年利润额是房地产开发商品的年销售收入，如商品房销售收入、土地使用权的转让收入等。按照收益计算内容的不同，实际工作中将投资利润率分为税前投资利润率和税后投资利润率两类。

将所得的项目投资利润率与一个事先确定的可以接受的投资利润率标准（基准投资利润率）相比较，便可判定该项目的投资经济效益。如果预期的投资利润率高于或等于基准投资利润率，说明该项目投资经济效益高于或相当于本行业的平均水平，可考虑接受；若预期的投资利润率小于基准投资利润率，则该项目经济效益尚未达到平均水平，一般不予接受，或要对该项目的投资计划与开发方案重新制订。当采用投资利润率对两个或两个以上的方案进行比较时，一般先与基准投资利润率相比较，排除小于基准投资利润率的方案，再选择投资利润率最大的方案为优选方案。

投资利润率这个指标值越大，说明该项目的投资效益越好。如房地产投资项目可行，其投资利润率应高于行业平均利润率水平。

投资利润率指标值的优点是计算简单、直观，易于理解；缺点在于正常年度利润额的选择有困难，因为房地产投资项目的销售收入是根据房地产市场行情，以及推销能力和预售情况等来反映每年的销售收入业绩的，很难确定其正常年份的利润额，所以按预计回收期内全部售完的几年内的平均值为年利润总额来计算投资利润较为合理。

投资利润率指标一般适用于投资额小、比较简单的项目的财务评价，对于各年收益不同的两个方案进行比较并作方案选择时，是不适合的。

2. 投资利税率

投资利税率是指房地产投资项目开发建设完成以后正常年度的年利税总额（或预计回收期内或全部售完的几年内的年均利税）与项目总投资的比率。其计算公式为：

投资利税率 = 正常年利税率总额或平均年利税率/项目投资总额 × 100%

投资利税率指标值越大，说明项目或方案的获利能力越大，为国家所作的贡献越大。

3. 静态投资回收期

静态投资回收期是指以项目的净收益来抵偿全部投资（包括固定资产投资和流动资金）所需要的时间，它是反映房地产投资项目在静态情景下投资回收投入资金能力的一个主要静态指标值。当房地产开发的商品供出租经营时，静态投资回收期对于评价项目投资的经济效益有较大的实用价值。其原理为：

当

$$\sum_{t=0}^{n} F_t = 0 \text{ 时}$$

项目投入资金正好与项目的赢利达到平衡，即收回了全部投资。

式中　F_t——各年的净现金流量；

n——静态投资回收期。

静态投资回收期可直接利用全部投资现金流量表的累计净现金流量计算求得，当累计净现金流量等于零或出现正值的年份，即为项目静态投资回收期的最终年份。考虑到项目经营收入的均衡性问题，实际的投资回收期有两种计算方法。

（1）按平均收益额计算静态投资回收期

当项目投入经营后，每年的收益额大致持平、比较均匀时，可用项目的年平均收益额作为计算投资回收期的依据。

投资回收期＝项目总投资/项目年平均收益额

式中的项目投资额一般也应考虑投资贷款利息。项目的年平均收益额是由项目的年平均营业收入（租金收入）扣除年平均经营成本（不含折旧）及各种税金后的余额。

这里之所以要从年平均经营成本中扣除固定资产折旧费，是因为折旧费的提取，本身就是用于回收投资的，当计算投资回收期时，为避免重复计算，应将折旧费从经营成本中扣除。

（2）按累计收益额计算静态投资回收期

对于年收益额不太均衡、相差较大的项目，可用累计收益额来计算项目的投资回收期，即以项目净现金收入累计值等于项目总投资所需要的时间为投资回收期。其计算公式如下：

$$\text{项目投资总额} = \sum_{t=0}^{n} F_t$$

式中　F_t——第 t 年的净现金流量；

n——静态投资回收期。

与投资收益率法一样，采用投资回收期法进行项目的经济效益评定时，需要先拟订一个作为评价尺度的基准投资回收期。这个基准投资回收期反映了同类项目在当时条件下的平均水平。如果该项目的投资回收期小于或等于这个基准投资回收期，则该项目或该项目的投资方案是可取的；否则，便是不可取的。在进行多方案评价优选时，如单从经济效益考虑，则应选择回收期尽可能短的方案。

静态投资回收期的着眼点是项目的清偿能力。实际上，用静态投资回收期来评价项目，是以投资支出的回收快慢作为决策依据的。用静态投资回收期来评价房地产开发项目的经济情况，其优点是简明、直观、易算，也便于投资者粗略地衡量投资回收的风险。但是这种方法的缺点在于没有考虑回收资金以后的情况，没有考虑资金的时间价值因素，因而这一指标值无法全面反映房地产开发经营项目在整个经营过程中或在整个寿命期内的真实资金流量的时效性。所以，这一指标值常用于对项目建设的投资回收的粗略评价。要对项目投资回收情况及资金回收时效性进行全面、仔细、准确地评价，就必须将动态投资回收期指标和其他指标一起使用。

（三）房地产投资动态分析

1. 净现值（NPV）

所谓净现值，就是将投资期内不同时间所发生的净现金流量（现金流入与现金流出之差），以一定的贴现率贴现到投资期初，并将各期的净现金流量现值相加，所得之和即为净现值。也就是说，用一定的贴现率将投资期内的净现金流量贴现为现值，并取其总和，称为净现值。

这里所选用的贴现率一般为基准回报率。基准回报率是基本建设投资管理部门为筛选建设项目，从拟建项目对国民经济的净贡献方面，统一制定的最低回报率判别标准，按照行业制定的基准回报率叫做行业基准回报率。

由此看来，基准回报率或行业基准回报率好比是一个门槛，只有那些收益比基准回报率高的投资项目才能成为投资决策备选方案。

基准回报率可由下式表示：

$$i_0 = i + (r - i)\beta$$

式中　i——无风险利率；

　　　r——资金市场平均收益率；

　　　β——风险系数。

从上式我们可看出，基准回报率可分为两部分：一是无风险利率 i，它是对货币的时间报酬。其含义是，投资者现在不消费而到以后消费，应该要有报酬。二是风险报酬 $(r-i)\beta$。风险报酬对投资者来说是必要的，因为投资总是要有风险报酬的，否则人们就会将钱存入银行。

一般来说，投资回报率都大于基准回报率 i_0。

净现值 NPV 的计算公式如下：

$$NPV = \sum_{t=1}^{n} F_t(P/F, i_{0,t}) - P$$

如果将 P 看做投资方案 0 年度的净现金流量 F_0，那么上式可以写成：

$$NPV = \sum_{t=0}^{n} F_t(P/F, i_{0,t}) = \sum_{t=0}^{n} \frac{F_t}{(1+i_0)^t}$$

从上式可以看出，净现值就是投资期内逐年净现金流量现值的代数和。

净现值大于零，即 NPV > 0，表示投资项目的资金产出大于项目的资金投入。或者说，该投资项目可实现的投资收益率，会超过用作贴现率的最低投资期望收益率。据此，可以判断该投资项目可以盈利。

净现值小于零，即 NVP < 0，表示投资项目的资金产出小于项目的资金投入。或者说，该投资项目可实现的投资收益率，低于用作贴现率的最低投资期望收益率。据此，可以判断该投资项目是亏本的。

净现值等于零，即 NPV = 0，表示投资项目资金的产出等于项目资金的投入，或者说，该投资项目可以实现的投资收益率正好等于用作贴现率的最低投资期望收益率。据此，可以判断该投资项目不赔不赚。

【例 4-2】 有一项投资，投资者投资 1 500 000 元购买一栋住宅用于出租，共租出 10 年。租约规定每年年初收租，第一年租金为 150 000 元，每两年租金增加 10%，在租约期满后，将物业售出，得到收益 1 350 000 元，贴现率为 12%，运用 NPV 方法来判断该方案是否赢利，见表 4-5。

净 现 值 算 法 例　　　　　　　　　　表 4-5

年期	投资额（元）	租金收入（元）	贴现率（12%）	贴现后租金收入（元）
0	-1 500 000	150 000	1	150 000
1		150 000	0.8929	133 935
2		165 000	0.7972	131 538
3		165 000	0.7118	117 447
4		181 500	0.6355	115 343
5		181 500	0.5674	102 983
6		199 650	0.5066	101 143
7		199 650	0.4523	90 302
8		219 650	0.4039	88 703
9		219 650	0.3606	79 193
10 年末出售		1 350 000	0.3220	434 700

所以，净现值 NPV = 售楼收益 + 租金总收入 - 投资额
　　　　　　　　 = 434 700 + 1 110 587 - 1 500 000
　　　　　　　　 = 45 287 元

由于 $NPV>0$，因此该投资方案可以赢利。

净现值指标是投资分析与评价中最常用的指标之一，在房地产投资分析中也得到广泛应用。它的优点在于考虑了项目投资期内各笔资金的时间价值，对投资项目的净利润有明确反映，净现值越大，项目净利润越高，经济效益越好。

然而，净现值的局限性也是明显的，主要表现在以下两方面：

①贴现率不易确定。净现值计算少不了贴现率，那么贴现率取多大才适宜呢？这是一个难以给出准确答案的问题，贴现率取值的准确与否，对净现值指标的影响很大，尤其对长期经营项目和后期资金流量较大的项目更为明显。一般来说，贴现率的大小选择要考虑银行存款利率高低、项目经营风险程度、通货膨胀率等因素。

②NPV是一个绝对指标，没有反映出投资的单位回报，而反映投资单位回报的动态经济指标，常用的是 IRR。

2. 内部回报率（IRR）

在项目投资过程中，使现金流入现值的总和等于现金流出现值的总和的贴现率，称之为内部回报率。也就是说，内部回报率是指项目在投资期内资金净现值等于零时的贴现率；其表达式为：

$$NPV = \sum_{t=0}^{n} F_t/(1+i)^t = 0$$

式中　i——内部回报率，通常记为 IRR。

内部回报率，表示项目在投资期投入资本在项目中的盈利能力。也可以说，它反映了单位货币投资成本平均每年从项目中获得的现金净收益。

从 IRR 的定义可以看出，投资者至少要获得比 IRR 更高的回报率才会有利润，假如低于 IRR，则表示投资者不仅不能获得任何利润，而且还会赔本。

内部回报率 IRR 一般很难直接求解出来，通常采用线性内插法来求解。假设有两个非常接近的贴现率 i_1 和 i_2。一般来说，$|i_1-i_2|<3\%$，并且满足下列不等式：

$$\begin{cases} NPV(i_1) > 0 \\ NPV(i_2) < 0 \\ i_1 > i_2 \end{cases}$$

则

$$IRR = i_1 + NPV(i_1)/[NPV(i_1) - NPV(i_2)] \times (i_2 - i_1)$$

【例4-3】　在表4-7中，当贴现率取12%时，$NPV=45287>0$。设贴现率为13%，计算 NPV，进而求取 IRR。见表4-6。

IRR 的计算表 表 4-6

年期	投资额（元）	租金收入（元）	贴现率（13%）	贴现后租金收入（元）
0	-1 500 000	150 000	1	150 000
1		150 000	0.8850	132 750
2		165 000	0.7831	129 212
3		165 000	0.6931	114 362
4		181 500	0.6133	111 314
5		181 500	0.5428	98 518
6		199 650	0.4803	95 892
7		199 650	0.4523	90 302
8		219 650	0.3762	82 619
9		219 650	0.3329	73 110
10 年末出售		1 350 000	0.2946	397 710

所以，净现值 NPV = 售楼收益 + 租金总收入 - 投资额
= 397 710 + 1 078 079 - 1 500 000
= -24 211

$IRR = 12\% + 45287/(45287 + 24211) \times (13\% - 12\%) = 12.65\%$

这表示，投资者要获得利润，回报率必须高于 12.65%。

计算 IRR，无需事先假定贴现率，可以直接计算出项目盈亏平衡时的贴现率，减少了人为主观性，因而内部回报率 IRR 是最常用的动态指标。但其要比计算净现值等复杂得多，尤其是 i_1 或 i_2 的初始值选取，i_1 与 i_2 之间的间隔长度等问题。然而，随着计算机技术的应用和日益普及，这些问题已经不再是什么难题，通过反复迭代，步长可以取 0.01，甚至更小。

IRR 是投资项目净现值 NPV 等于零时的贴现率，也就是说，它是投资项目在不亏不盈情况下的贴现率。如果一个项目的贴现率高于内部回报率 IRR，项目的净现值小于零，说明投资项目将亏损。如果贷款利率等于内部回报率 IRR，则项目的净现值将小于零，出现亏损。因此，内部回报率 IRR 是投资项目所能承担的最高贷款利率。只有当贷款利率低于内部回报率 IRR 时，投资项目才有可能盈利。因此，投资项目的内部回报率越高，其所能承受的贷款利率就越高，投资风险就越小。

IRR 的作用有如下几点：
① 内部回报率可以指出投资者能够承受的贷款利率上限。
② 与基准收益率比较，能够评判独立项目的取舍。
③ 能够比较互斥项目单位投资回报的优劣。

3. 动态投资回收期（N）

动态投资回收期是指在考虑了资金的时间价值的基础上，以投资项目所得到的净现金流量现值抵偿项目初始投资的现值所需要的时间。设动态投资回收期为

N,则其计算公式如下:

$$\sum_{t=1}^{n} F_t(P/F, i_0, t) \le P$$

$$\sum_{t=1}^{n+1} F_t(F/P, i_0, t) > P$$

$$N = n + \frac{P - \sum_{t=1}^{n} F_t(P/F, i_0, t)}{F_{n+1}(P/F, i_0, n+1)}$$

式中 F_t——各年现金流量;

P——期初投资额;

n——投资期;

N——动态回收期。

【例 4-4】 有一个房地产投资项目,期初投入 750 万元,各年现金流量见表 4-7。

动态投资回收期的计算表　　　　　　　　　表 4-7

年期	净现金流量（F）	ΣF	净现值（NPV）	ΣNPV
0	-1000	-1000	-1000	-1000
1	161	-839	148	-852
2	168	-671	141	-711
3	169	-502	130	-581
4	174	-328	123	-458
5	179	-149	116	-342
6	207	58	123	-219
7	207	265	113	-106
8	207	472	104	-2
9	207	679	95	93
10	337	1016	149	242

通过表 4-8 的计算可以得到:

动态投资回收期 $N = 8 + 2/95 = 8.021$ 年

或者 $N = 9 - 93/95 = 8.021$ 年

投资回收期这一指标特别适用于风险较大的投资项目。一般来说,预先有确定的投资标准回收期,用计算出来的投资回收期和标准回收期进行比较,如果某方案的投资回收期小于标准回收期,则该方案可以考虑接受,反之则不可取。

利用动态回收期这一经济指标时,有以下几点结论:

①动态投资回收期的长短,受到所选用的贴现率大小的影响。因为在动态投资回收期计算过程中的资金现值与所采用的贴现率有关。

②在静态投资回收期的基础上,引入资金贴现概念,完善了投资回收期的概

念，即不仅要回收资本的投入量，还应该按期望的投资回报率回收投入资本所应得到的货币时间价值。贴现率越大，则净现值越大，因而投资回收期就越长；反之，则越短。

投资回收期这一经济指标在进行投资评价时，具有明显的局限性。这一指标只强调投入资本的回收快慢，而忽视了投入资本的盈利能力，更没有考虑投资回收以后的收益情况。因此，一般来说，不宜以投资回收期来作为评价投资方案的主要指标，而只能作为辅助指标。

4. 净现值率（NPVR）和盈利指数（PI）

一般来说，如果考虑初始投资资金的影响，仅以净现值为依据，则不足以判定净现值较大的项目其投资效益较高。为了进行互斥项目的比较，应知道产生这些数值大于零的净现值所对应的初始投资额。所谓净现值率，是净现值和初始投资（P）的比率，即：

$$NPVR = \frac{\sum_{t=0}^{n} F_t(P/F, i_0, t)}{P} = \frac{1}{P} \sum_{t=0}^{n} \frac{F_t}{(1+i_0)^t}$$

盈利指数 PI 是单位投资带来的收益现值，其表达公式为：

$$PI = \frac{\sum_{t=1}^{n} F_t(P/F, i_0, t)}{P} = \frac{\sum_{t=0}^{n} F_t(P/F, i_0, t) + P}{P} = \frac{NPV}{P} + 1$$

一般来说，PI 的值越大越好，如果 $PI \geq 1$，则投资方案可以接受；如果 $PI \leq 1$，则该投资方案需舍弃。

【例 4-5】 有 A，B，C 三个投资项目，见表 4-8 所示。如果以净现值作为评判标准，则应该选择方案 B，其净现值为 276.4，但其初始投资也最大，为 2 000，因此，难以说方案 B 为三者中最佳者。然而，若用净现值率作为标准，只有项目单位初始投资对应的净现值最大者，该项目才称得上最佳。很显然，应选择方案 A，因为此方案的净现值率为 24.3%，在三个方案中最大。

净 现 值 率 计 算　　　　　　　　　　　表 4-8

n	A	B	C	折算系数（10%）
0	-1000	-2000	-1500	1
1	500	0	600	0.9091
2	500	1300	0	0.8264
3	500	1600	1500	0.7513
NPV（10%）	243.4	276.4	172.4	
$NPVR$（10%）	24.3%	13.8%	11.5%	
PI	124.3%	113.8%	111.5%	

上述现象是：在互斥方案的选择中，净现值 NPV 与净现值率 $NPVR$ 表现出不一致性，即两种方法的评价结果不一样。

然而，在独立方案的选择中，如果 $NPV>0$，则 $PI \geqslant 1$；如果 $NPV<0$，则 $PI<1$。因此，在评判任一独立方案的取舍时，这两个方法总是一致的。

（四）房地产投资不确定性分析

1. 房地产投资不确定性分析概述

（1）房地产投资不确定性与风险

房地产投资不确定性是指在缺乏足够信息的情况下，估计可变因素对房地产投资项目实际值与期望值所造成的偏差，其结果无法用概率分布规律来描述。

房地产投资风险是指由于随机原因所引起的房地产投资项目实际值与期望值的差异，其结果可用概率分布来描述。

房地产投资不确定性与风险是有区别的。其区别就在于一个是不知道未来可能发生的结果，或不知道各种结果发生的可能性，由此产生的问题称为不确定性问题，另一个是知道未来可能发生的各种结果的概率，由此产生的问题称为风险问题。

（2）房地产投资不确定性或风险产生的原因

一般情况下，房地产投资产生不确定性或风险的主要原因如下：

①项目数据的统计偏差。这是指由于原始统计上的误差，统计样本点的不足，公式或模型的套用不合理等所造成的误差。比如说，项目固定资产投资和流动资金是项目经济评价中重要的基础数据，但在实际中，往往会由于各种原因而高估或低估了它的数额，从而影响了项目评价的结果。

②通货膨胀。由于有通货膨胀的存在，会产生物价的浮动，从而会影响项目评价中所用的价格，进而导致诸如年销售收入、年经营成本等数据与实际发生偏差。

③技术进步。技术进步会引起新老产品和工艺的替代，这样，根据原有技术条件和生产水平所估计出的年销售收入等指标就会与实际值发生偏差。

④房地产市场供求结构的变化。这种变化会影响到产品的市场供求状况，进而对某些指标值产生影响。

⑤其他外部影响因素。如政府政策的变化，新的法律、法规的颁布，国际政治经济形势的变化等，均会对房地产投资项目的经济效果产生一定的甚至是难以预料的影响。

当然，还有其他一些影响因素。在项目经济评价中，如果想全面分析这些因素的变化对项目经济效果的影响是十分困难的，因此在实际工作中，往往只着重分析和把握那些对项目影响大的关键因素，以期取得较好的效果。

（3）不确定性分析的作用

房地产投资不确定性分析是项目经济评价中的一个重要内容。之所以这样说，是因为前面所述对项目进行评价时，都是以一些确定的数据为基础的，如项目总投资、建设期、年销售收入、年经营成本、年利率、设备残值等指标值，认为它们都是已知的，是确定的，即使对某个指标值所作的估计或预测，也认为是可靠、有效的。但实际上，由于前述各种影响因素的存在，这些指标值与其实际值之间往往存在着差异，这样就对项目评价的结果产生了影响，如果不对此进行分析，也就是不对项目进行不确定性分析而仅凭以一些基础数据所作的确定性分析为依据来取决项目，就可能会导致投资决策的失误。比如说，某项目的标准折现率 i_c 定为8%，根据项目基础数据求出的项目内部收益率为10%，由于内部收益率大于标准折现率，因此根据方案评价准则自然认为项目是可行的。但如果凭此就作出投资决策则是欠考虑的。因为还没有考虑到不确定性问题和风险问题。比如说，只要在项目实施的过程中存在通货膨胀，并且通货膨胀率高于2%，则项目的风险就很大，甚至会变成不可行的。因此，为了有效地减少不确定性因素对项目经济效果的影响，提高项目的风险防范能力，进而提高项目投资决策的科学性和可靠性，除对项目进行确定性分析以外，还很有必要对项目进行不确定性分析。

（4）不确定性分析的内容和方法

不确定性分析包括盈亏平衡分析、敏感性分析两种方法，其内容各有不同。对项目进行不确定性分析的内容和方法，要在综合考虑项目的类型、特点、决策者的要求、相应的人力财力等条件来选择。

2. 盈亏平衡分析

盈亏平衡分析又称损益平衡分析。它是通过盈亏平衡点（BEP）分析项目的成本与收益的平衡关系的一种方法，也是在项目的不确定性分析中常用的一种方法。

投资项目的经济效果，会受到许多因素的影响，当这些因素发生变化时，可能会导致原来盈利的项目变为亏损项目。盈亏平衡分析的目的就是找出这种由盈利到亏损的临界点，据此判断项目风险的大小及对风险的承受能力，为投资决策提供科学依据。

（1）基本思路

盈亏平衡点是指项目既不盈利也不亏本状态下的规模，也称保本点，求取盈亏平衡点是盈亏平衡分析的目标。盈亏平衡点是房地产投资项目盈利与亏损的分界点，在这一点上，项目的收入等于支出，净收入等于零。它是企业的销售收入扣除销售税金后与成本相等的经营状况。因此，盈亏平衡点又叫收支平衡点、临界点、保本点、损益平衡点等。

合理区分房地产投资项目的固定成本和变动成本是盈亏平衡分析方法的前提

条件。房地产项目开发经营成本与其他商品经营成本一样,按成本额与开发数量的关系可以分为固定成本与变动成本两大类。固定成本,是指在一定范围内不随开发量(销售量)的变化而变化的相对稳定的成本,如建筑机械费用、固定资产折旧费、公司管理人员工资等。可变成本,是指那些随着开发量(销售量)的变化而变化的成本,如建筑安装工程费(包括建筑材料费)、勘察设计费等。

开发量、成本、利润之间存在一定的相互关系。投资开发量可以看做是销售收入和总成本的变量,从而使开发量与利润之间建立起函数联系,计算出开发量的变化对利润的影响。这个数学函数关系见下式:

利润 = 销售收入 - 销售税金 - 总成本

根据房地产投资项目的开发量与销售收入或总成本之间的变化关系,盈亏平衡分析可以分为线性盈亏平衡分析和非线性盈亏平衡分析。

(2) 线性盈亏平衡分析

①线性盈亏平衡分析的假设条件

a. 房地产产品的总销售收入和生产变动成本与房地产开发面积(或者产品产量)成线性关系。

b. 房地产产品的投资开发量和销售量相等,即开发的房地产产品能全部销售出去。

c. 房地产产品的固定成本在开发和租售期内保持不变,即固定成本为常数。

d. 销售收入随开发面积的变化而变化,但平均单位售价为常数。

e. 计算所使用的各种数据是正常生产年度的数据。

②线性盈亏平衡分析的计算分析过程

由于总成本与销售量成线性关系,可以将总成本用如下公式表示:

$$C = C_F + C_V$$
$$= C_F + C_X Q$$

式中 C——总成本;

C_F——固定成本;

C_V——可变成本;

C_X——单位产品的可变成本;

Q——开发数量。

设销售收入(扣除销售税金和附加)为 S,单位产品销售税金及附加为 t,销售单价(含销售税金和附加)为 P,则可以得出:

$$S = PQ - tQ$$

设利润为 E,则有:

$$E = S - C = (PQ - tQ) - (C_F + C_X Q)$$

$$= (P - C_X - t)Q - C_F$$

当盈亏平衡时，$E=0$，即：$E = (P - C_X - t)Q - C_F = 0$

设盈亏平衡时的开发数量为 Q^*，则有：

$$Q^* = C_F/(P - C_X - t)$$

③线性盈亏平衡分析的应用

【例 4-6】 某房地产开发商拟投资一房地产开发项目，该项目固定成本为 9800 万元，单位面积的可变成本为 2800 元/m²，项目建成后预计平均售价为 8400 元/m²，销售税金及附加为 700 元/m²，开发商拟获利 6000 万元。试求项目盈亏平衡时的开发数量及目标利润开发量。

依题意可知，

$C_F = 9800$ 万元，$P = 8400$ 元/m²，$C_X = 2800$ 元/m²，$t = 700$ 元/m²，目标利润 $E = 6000$ 万元。

则项目的盈亏平衡点为：

$$Q^* = 9800 \times 10^4/(8400 - 2800 - 700) = 20000 \text{m}^2$$

目标开发量为：

$$Q_E = (E + C_F)/(P - C_X - t)$$
$$= (6000 + 9800) \times 10^4/(8400 - 2800 - 700) = 32245 \text{m}^2$$

由此可知，该项目至少开发 20000m² 才能保本，若要盈利 6000 万元，则需开发 32245m²。

(3) 非线性盈亏平衡分析

线性盈亏平衡分析是以项目的销售收入、生产成本与开发量呈线性关系为前提的。但是，在实际开发经营中，单位产品的可变成本与销售价格不一定是以线性关系发生变化的，因此，销售收入和生产成本与开发量的关系不一定呈严格的线性关系。例如，当销售量大幅增加，导致市场需求趋于饱和时，其边际产品价格会逐渐下降；或者由于产量形成规模效应时，将使产品的边际成本下降，然后随着产量的进一步上升，边际成本又将增加。在这种情况下，就需要采用非线性分析方法对以上情况进行分析。

非线性盈亏平衡分析的计算过程是：先建立收入函数 $S(Q)$ 和成本函数 $C(Q)$，再通过解方程式 $E = S(Q) - C(Q) = 0$，既可求得保本量 Q^*，这时，Q^* 将会有多解。

【例 4-7】 某公司生产销售某一种建筑材料，该项目的固定成本为 28 万元，单位可变成本为 80 万元，单位销售价格 260 元。现在为了促销，公司按销售量的 1% 递减售价，同时将按销售量的 1% 递增可变成本。请分析：在多大的规模内该项目将盈利，最大的盈利产量将是多少？

依据题意：
$$S(Q) = (P - Q \times 1\%) \times Q$$
$$C(Q) = C_F + (C_X + Q \times 1\%)Q$$
$$Q = S(Q) - C(Q) = (P - Q \times 1\%) \times Q - C_F - (C_X + Q \times 1\%)Q$$
$$= (260 - Q \times 1\%) \times Q - 280000 - (80 + Q \times 1\%)Q$$
$$= 0$$

求得 $Q_1^* = 2000$，$Q_2^* = 7000$，既项目产量在 2000～7000 范围之内将盈利。最大盈利时的产量，即为对 $E = S(Q) - C(Q)$ 求导后等于零时的 Q 值，$E' = [S(Q) - C(Q)]' = 0$ 时，$Q = 4500$，此时达到最大盈利。

3. 敏感性分析

(1) 敏感性分析的含义和作用

敏感性分析是通过分析、预测房地产投资项目的某些不确定性因素发生变化时，项目经济评价指标因此而受到的影响程度，进而从中找出敏感性因素，并确定其影响程度的一种分析方法。假设某不确定性因素发生很小的变化，就会对项目经济评价指标产生很大影响，则可认为该项目对该因素很敏感。

在房地产投资分析中，经济评价指标通常有净现值、内部收益率、利润等；而不确定性因素通常有开发成本、租售价格、租售率、利率、建设周期等。经济评价指标对某种因素的敏感程度可以有两种表示方法：一是用表格表示某因素按一定比例变化时所引起的评价指标的变化幅度，即敏感性分析表；二是用图解法表示评价指标达到临界点时，某个变量可能的最大值，即敏感性分析图。

敏感性分析的作用和目的在于找出项目的敏感性因素，分析其变化范围和对项目有可能造成的影响程度，从而全面了解项目有可能出现的风险及程度，考察房地产投资项目的抗风险能力，为项目投资决策提供参考依据。在进行多方案项目比较选择时，可以通过敏感性分析，选择那些敏感性小、承受风险能力强、稳定性较好的投资方案。

(2) 敏感性分析的方法和步骤

敏感性分析着重对项目最敏感的关键性因素（通常为不利因素）及其敏感程度进行分析，可分为单因素分析和多因素分析。单个因素变化的分析较简单，但必要时，需要分析两个或者两个以上因素变化对项目经济评价指标的影响程度。由于多因素分析方法比较复杂，下面主要介绍单因素分析方法及步骤。

第一，选择经济评价指标。进行敏感性分析时，首先需要选择那些最能反映投资项目经济效果的评价指标，将其作为分析对象。房地产项目的敏感性分析通常可以围绕净现值、内部收益率、投资回收期（动态或者静态）、利润等指标进行，可以与项目财务分析时所采用的指标一致起来。

第二，选择不确定性因素，确定其变化范围。影响项目经济效果的因素多种多样，要选择好不确定性因素通常应遵循这样几项原则：①该因素在可能变动的范围内将对项目经济效果产生较强烈的影响；②该因素发生变化的可能性较大，并且这种变化通常将不利于项目经济目标的实现；③突出重点，对重要的或者敏感性强的因素进行分析。房地产项目的不确定因素一般有：项目投资总额、租售价格、出租率或者空置率、经营成本、建设周期、利率、建筑面积等。

各因素的变动范围可以根据市场调查结果、统计资料、类似项目的比较和分析者的经验等作出综合性的考虑后得出，如 ±5%、±10% 等。

第三，分析因素变动对项目经济评价指标的影响程度。首先，假定其他因素不变，分别计算某特定因素在设定的变化幅度下，各评价指标的变动结果。然后，对每一个因素的每一次变动重复以上计算。最后，将各运算结果制作成表格或者图形，清晰地表示评价指标对因素变动的敏感程度（见表 4-9、表 4-10、图 4-7）。

某项目关于售价变动的敏感性分析表　　　　　　　　　　　　　表 4-9

经济指标	基准方案	售 价 变 动					
		-15%	-10%	-5%	5%	10%	15%
内部收益率	17.81%	7.55%	10.97%	14.39%	21.23%	24.65%	28.07%
投资利润率	15.91%	4.93%	8.59%	12.25%	19.57%	23.23%	26.89%

说明：由该表可以看出售价在不同的变化幅度范围内对各经济指标的影响，从而有利于决策者准确判断和防范项目的风险。

某项目内部收益率（*IRR*）的敏感性分析　　　　　　　　　　　表 4-10

	IRR	差异
正常	12.69	0
投资增加 10%	10.58	-2.11
开发周期增加 1 年	10.88	-1.81
开发成本增加 10%	12.3	-0.39
销售收入减少 10%	10.25	-2.44

说明：从该表可以看出，在相同变化幅度下，收入的变动能使内部收益率产生更大的变化，所以收入为敏感性因素。

三、房地产投资风险分析

（一）房地产投资风险概述

1. 房地产投资风险的含义

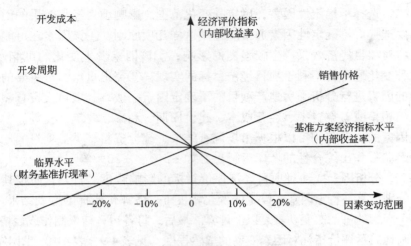

图 4-7　某项目敏感性分析图

风险的定义最初出现于 1901 年美国的 A. M. 威利特（A. M. Willet）所著的博士论文《风险与保险的经济理论》中："风险是关于不愿意发生的事件发生的不确定性的客观体现。"这一定义强调了风险的客观性和不确定性。其后许多专家在此基础上给风险下了各种大同小异的定义。如英国的史蒂芬·鲁比认为："在投资决策活动中，风险可以被认为是决策的实际结局可能偏离它的期望结局的程度"。美国的培尔（Pyhrr）等人也在其著作中提到："风险是投资者不能收到期望的或要求的投资收益率的偶然性或可能性"，"风险是相对于期望收益或可能收益的方差"，等等。

风险的定义很多，但大致可分为两类：第一类定义强调风险的不确定；第二类定义强调风险损失的不确定性。

事实上，风险是反映一种特殊的事件，这种事件会带来多个不确定的结果，而且每个不确定的结果的出现都有一个可测定的概率值。因此，风险是一个事件的不确定性和它可能带来的不确定的结果的综合效应。

2. 房地产投资风险的特点

房地产投资具有周期长、投入资金量大、资金变现能力差等特点，因而房地产投资风险也具有其自身的特点。这些特点有：

（1）多样性。由于房地产投资的整个过程涉及到社会、经济、技术等各个方面，因而其风险也表现出多样性，相互间的变化也呈现出极其复杂的关系。

（2）变现差。由于房地产投资投入的资金量大、周期长，并且房地产市场是个不完全市场，房地产也不像其他资产如存款、国库券等可以随时变现，因而其变现风险也较大。

(3) 补偿性。由于房地产投资具有风险,因而投资者一般对承担的这一风险在经济上要求补偿,这一补偿也叫风险溢价或风险回报。

房地产投资风险与股票、债券、外汇、黄金和古董等投资风险各有特点。有的企业家对我国南方某城市的各类投资风险进行了比较,其风险大小的次序如表4-11所示。

各类投资风险大小次序　　　　　　　　　　　表4-11

投资类型	风险量	投资类型	风险量
债券	1.75	房地产	7.17
黄金	1.94	股票	7.36
古董	4.37	期货	7.50
外汇	7.08		

可以看出,房地产投资风险比债券、黄金、古董、外汇大,而比股票、期货小。

3. 房地产投资风险类型

房地产市场是千变万化的,变化的根本原因是由于一系列的不确定性因素的存在。这些不确定性因素的影响产生的动态变化会给在房地产市场中交易的商品经营者带来各种不同形式的风险。划分风险的方法很多,如系统风险和非系统风险,纯粹风险和投机风险等。这里根据风险因素的性质不同,将房地产投资风险分为政策风险(包括政治环境风险、经济体制改革风险、产业政策风险、房地产制度变革风险、金融和环保政策变化风险、法律风险)、社会风险(包括城市规划风险、区域发展风险、公众干预风险、住客干预风险、治安风险)、经济风险(包括市场供求风险、财务风险、地价风险、融资风险、国民经济状况变动风险)、技术风险(包括建筑材料改变和更新风险、建筑设计变动和计算失误风险、建筑生产力因素短缺风险、信息风险等)、自然风险(如火灾、风暴、洪水、地震、气温风险)和国际风险(包括国家风险、国际政治风货币汇率变化风险、国际经营风险等)。

(二)房地产投资风险定性分析

1. 房地产投资政策风险分析

政策风险是指由于政策的潜在变化有可能给房地产市场投资者带来各种不同形式的经济损失。政府的政策对房地产业的影响是全局性的。房地产政策的变化趋向直接关系到房地产投资者的成功与否。房地产业由于与社会经济发展紧密相关,因此,在很大程度上受到政府的控制,政府对租金、售价的限制,对外资的控制,对土地使用的控制,对环境保护的要求,尤其是对投资规模、投资方向以及金融的控制,以及新税务政策的制定,都对房地产投资者构成风险。在市场环境还不完善的条件下,政策风险对房地产市场的影响尤为重要。因此,房地产投资商都非常关注房地产政策的变化趋势，以便及时处理由此而引发的风险。政策风险因素可以细分为政治环境风险、经济体制改革风险、产业政策风险、房地产制度变革风险、金融政策变化风险、环保政策变化风险和法律风险等。这里将着重对经济体制改革风险、房地产制度变革风险、金融政策变化风险等进行分析。

（1）经济体制改革风险

一个国家的经济体制决定着经济的发展方向和国民经济的结构比例以及经济运行机制。如果对这种体制进行改革，就意味着对各种产业之间的比例进行调整以及对整个经济运行机制的改变。对房地产业来说，这种改变的结果会出现两种情况：一是通过改革，政府将房地产业在整个经济中的地位进行调整，如果政府房地产业在国民经济中的地位降低，减少投资于房地产业的资金，房地产商品市场的活力将会减少，这将给房地产商品生产者和经营者都带来损失。这种损失不一定体现在房地产商品的绝对价格降低上，主要是市场上的交易活动减少。

另一种情况是经济体制改革后房地产业内部结构发生改变，或者说房地产业发展的模式发生改变，房地产市场结构比例发生改变。这种改变会给有些房地产投资者带来生机，但对另一些房地产投资者则带来损失。比如，中国香港近年来工业结构的转型，导致了对厂房需求下降，而对写字楼等楼宇的需求上升。各种厂房生产者和交易者无疑受到很大损失。又如，在我国内地20世纪80年代开始的经济体制改革及对外开放政策，土地由无偿、无限期、无流转使用制度转变为有偿、有限期、有流转使用制度，土地成为商品，房地产开发者和经营者有了赚取利润的机会，这是对整个中国房地产市场带来的正面"风险"结果。

（2）房地产制度变革风险

①土地使用制度改革风险

土地使用制度改革会对房地产商品的价值产生影响，如果使这种价值降低，房地产市场中经营者和投资者就会蒙受损失。比如，使用年期、补偿和收费的规定等都可以导致开发成本的增加。土地使用制度改革风险的另一方面体现在政府改变使用土地的一些具体技术政策方面。比如，在出让土地的方式上，政府可以采用协议、招标和公开拍卖三种方式，采用不同的方式可以给投资土地的投资者带来不同的成本。例如，政府以协议方式出让土地使用权时，没有引入竞争机制，这种方式由于缺乏公开性和平等竞争，人为影响的因素较多，出让方和受让方的灵活性都较大，土地的出让价格一般都较市场地价低。由于缺乏公开性和公平性，投资者能否获得土地的风险较大。招标方式引进了竞争机制，综合考虑规划、地价、投资者的资信情况等多种因素，即在评标时既考虑投标者的报价，同时还对投标规划设计方案和企业的资信情况进行综合评价。对投标者来说，中标的可能性带有很大的不确定性，有失去中标的可能，这就意味着投标者会面临准备投标的所有时间和资金无偿支出的风险。对于公开拍卖出让方式来说，它充分引进了竞争机制，排除了许多主观因素。然而，拍卖这一出让方式对拍卖者和竞投者都有很多的要求。对拍卖方来说，不仅要事先公布竞争土地的位置、面积、用途、土地使用年限及付款方式、付款时间，而且还要事先制定好规划设计方案并公布其要点，如建筑密度、容积率、建筑层数及建筑总面积、绿化率等，以便竞投者进行投资决策分析。对竞投者来说，必须在参加拍卖竞投之前，对拍卖地块的基础设施状况、环境状况对投资的影响以及该地块的区位对客户的吸引力进行充分的实地调查和分析，详细测算建筑成本，分析市场情况和走势，制定多种出价方案，特别是掌握竞标的极限地价，以便做到心中有数。

另外，政府为了避免地价过分偏离市场价格，可能会采取一些调控政策，这些政策可能会给房地产投资者带来不同程度的损失。比如，政府可能在一定情况下实行高地价政策，以控制土地的出让数量；并会行使优先购买权，对一些价格较低的地块实行优先购买，这会给房地产开发商带来增加成本的风险。相反，当房地产市场炒风盛行、地价飞涨时，政府为了平抑地价，压抑土地投机行为，往往会实行低地价政策，抛售一批价格较低的土地，这将给囤积土地待价而沽者带来很大的风险。

②住房制度改革风险

住房制度改革风险主要是指国家和政府对住房方面的投资政策的改变对房地产商利益的影响。比如，如果政府推行福利政策，大量建设公房或福利房，就会将居民的主要兴趣和需求吸引过去，而房地产开发商或经营者推行的市场商品房会受到需求短缺的压力，导致市场交易活动减少而蒙受损失。我国内地的住房体制是一个典型的例子。在房改初期，政府推行"双轨制"、"多轨制"，使大量公房、福利房与市场上的商品房同时存在，这种做法的结果是极少有个人真正进入房地产市场，人们都愿意等"免费"的公房，因此许多房地产开发者盲目开发大量住房，但售不出去，导致巨大的经济损失。而我国香港地区的情况则相反，由于政府逐渐缩小公房比例，间接地将房地产的部分需求推到市场中去，因而活跃了房地产商品市场。

另外，在住房制度方面，政府推行楼花买卖管制规定、抵押贷款限制等也可以影响楼市的活跃程度，减少市场交易活动，从而给房地产商品经营者带来影响。房地产投资受政策制约甚大，房地产业由于投资大、周期长，在投资商的决策与国家的政策调整（主要指国家对房地产投资的政策）存在一定的差距或矛盾时，该投资商必然会面临政策变动所带来的风险。比如说，在即期市场上，某项房地产开发很有发展前景，但长期市场的变化要受到国家政策调整的影响，因此，每项投资都有由政策调整而带来的投资损失的可能性。

2. 房地产供求风险分析

任何市场的供给与需求都是动态的和不确定的。这种动态不确定性决定了市场中的经营者收入的不确定性，因为经营者的收入主要是由市场的供给和需求决定的。房地产市场中的经营者所承担的这种风险比在一般市场情况下要大些，因为房地产商品的价值受供求影响的幅度很大。比如，当供给短缺或是需求不足时，都将令房地产市场的主体，即买方或卖方中的一方受到损失。这种由于供给与需求之间的不平衡而导致房地产经营者的损失，就是供求风险。这是整个房地产市场中最重要、最直接的风险之一。只有对房地产供求关系作出客观、准确的判断，并进行科学的预测，把握房地产市场供求关系变化的客观规律，才有可能规避该风险。供给和需求是紧紧联系在一起的，分析供给离不开需求，而分析需求也离不开供给。据有关统计资料显示，至1995年底，我国未售出的新建商品房面积累计达到5046万 m^2，其中商品住宅面积有3000多万平方米。然而，城市居民的住房问题仍然相当严峻，至1996年底，全国城市中人均居住面积不足 $4m^2$ 的缺房户为300多万户，且尚有3000多万平方米的危房需要改造更新。这就充分说明供给和需求是密切相关的，房地产投资过程中的供给过剩，实际上就是需求不足，更准确地说是有效需求不足。

一般来讲，市场需求分潜在需求和有效需求两种。潜在是一种欲念上的但无经济购买力的需求。比如，在有的地方，人们的住房水平非常落后，人们对住房的需要客观上和欲念上都很强。但是，在这些地方，人们经济收入很低，还没有形成对住房的购买能力。因此，这些地方对住房的需求是一种潜在需求。有效需求是具有经济购买能力的现实需求，即既有客观上的需要，又有经济上的购买能力。在分析房地产需求时，应着重分析有效需求。当然，也不能忽视潜在需求，因为潜在需求在一定的条件下可以转化成有效需求。例如，随着我国经济的发展和人民收入水平的提高，在一些经济发达地区，对高档住宅的需求已不完全是潜在需求，其中已有一部分转化成为有效需求。

潜在需求是否能成为有效需求，或者在多大程度上可以转化为有效需求，是市场需求的主要风险，在有些情况下，潜在需求还包括虽有客观上的需求和购买力，但由于其他因素，人们不愿将购买力投入到这种需求上。比如，在我国，住房租金曾经极低，很少有人愿意将储蓄用于购买住房。可见，对住房的需求将主要受居民收入、房价和租金水平等因素的制约。当居民收入不断增加时，对住房数量和质量的追求欲望也会上升；反之，则会下降。而当房价或租金水平上涨时，在一定程度上会抑制需求；反之，则会刺激需求。

住户规模变化对房地产商品需求量影响很大。住户规模也称为家庭规模，是指居住在一个建筑单元内的人口数。住户规模减小，相应地对住宅单元的总量需求会增加。年轻人成家后，一般都单独居住，这在一定程度上增加了住宅需求，但对商业和工业楼宇的需求却没有什么影响。

人们对住宅的需求，首先是经济、合理和实用，在此基础上，还要求宽敞、舒适和与环境的协调。因此，每套住宅的面积也是随着经济发展状况和人们对住宅的追求心理的变化而变化。中国烟台市实行房改后，每套住宅比改革前平均减少了 5m² 的建筑面积，对此，世界银行的报告中称："烟台实验具有突出意义的贡献是企业向居民出售的新建住宅面积降了下来……这是生产者对买房者已在考虑将来支付能力问题加以关注的直接反映。"所以，单位住宅面积的变化，也会对住宅投资市场的需求和供给产生一定的影响。

随着经济的发展和国民收入水平的提高，需求与消费结构将向丰富多彩和较高层次的方向转变。比如，人均收入的增长会使普通住宅、高级公寓和别墅的比例关系发生变化。又如，一个地区经济增长的速度和对外交流的程度将影响写字楼和购物中心所占的份额。

(三) 房地产投资风险定量分析

1. 投资风险的度量

由于风险的特性，对风险的度量可以用数学函数表示为：

$$R = f(P, K)$$

式中　P——各种不确定性的概率；
　　　K——所有不确定结果的数量值。

这种效应的数量值就是风险的度量。

度量风险的大小，实际上是度量那些不确定性结果之间的差异程度。这种差异程度越大，表明不确定结果的综合效应越难以确定，从而事件的风险就越大。为了从数量上进行度量，随即变量的标准差所表征的正是变量的离散程度，将事件的所有不确定结果之间的标准差定义为风险的度量指标是合适的，其计算公式可写为：

$$R = \sqrt{\sum_{i=1}^{n}(K_i - \bar{K})^2 P_i}$$

$$\bar{K} = \sum_{i=1}^{n} K_i P_i$$

式中　R——风险的度量指标；
　　　n——不确定结果总的数目；
　　　P_i——第 i 个不确定结果发生的概率；
　　　K_i——第 i 个不确定结果的数量值；
　　　$\bar{K}$——所有不确定结果的期望值。

例如，某房地产投资者拟投资高档写字楼，由于市场条件的变化，他所能获得的回报率是不确定的。假设这个事件的不确定资料如表 4-12 所示，计算结果表明，这项投资的风险值为 0.1727。

高档写字楼的投资回报率预测　　　　　　　　　表 4-12

经济状况	发生概率	投资回报率
萧条	0.2	-10%
平稳	0.5	15%
繁荣	0.3	50%

$$\bar{K} = (-10\%) \times 2\% + 15\% \times 0.5 + 50\% \times 0.3 = 20.5\%$$
$$R = \sqrt{(-10\% - 20.5\%)^2 \times 20\% + (15\% - 20.5\%)^2 \times 50\% + (50\% - 20.5\%)^2 \times 30\%}$$
$$= 0.1727$$

普通住宅的投资回报率预测　　　　　　　　　表 4-13

经济状况	发生概率	投资回报率
萧条	0.2	4%
平稳	0.5	15%
繁荣	0.3	25%

$$\bar{K} = 4\% \times 2\% + 15\% \times 0.5 + 25\% \times 0.3 = 15.8\%$$
$$R = \sqrt{(4\% - 15.8\%)^2 \times 0.2 + (15\% - 15.8\%)^2 \times 0.5 + (25\% - 15.8\%)^2 \times 0.3}$$
$$= 0.0732$$

如果该投资者改高档写字楼投资为普通住宅投资。他预测到的回报率仍然是不确定的，假设这项投资的不确定性如表 4-13 所示，这项投资的风险度量值为 $R = 0.0732$。计算结果表明，投资普通住宅回报率的风险比投资高档写字楼回报率的风险要小得多。

可以看出在经济萧条时，高档写字楼的租售可能惨淡，因此会出现亏损，回报率为 -10%；而对普通住宅市场的冲击可能较小，回报率仍为 4%。经济平稳发展时，回报率一致。经济繁荣时，写字楼火爆，回报率会很高，为 50%；而对普通住宅影响较小。

2. 金融变化风险

政府改变金融政策会对整个房地产市场产生很大的影响，房地产商品的生产者和经营者都会因此赚取利润或亏损。

1980~1992 年，国务院在不同时期根据国内的宏观经济形势，发布了一系列金融方面的政策措施。如1980年，让所有在建楼堂馆所一律停下来重新审查，各级银行不再拨款，这些措施一出台，房地产市场就立即冷淡下来，交易活动减少，商品房开发的损失立即出现。20世纪90年代初我国的房地产热，正是由于在经济过热时中央银行银根不紧，利率过低，而且贷款条件一味放宽以鼓励房地产开发，导致流通中货币增长过快，地皮、建材供不应求，价格上涨，房地产开发成本加大，房地产价格上涨，超过了社会购买者的有效需求和购买力，致使许多楼房积压。1993年，为了抑制国内通货膨胀，中央采取了宏观经济调控政策，银根紧缩，导致大量的房地产施工不足。由于房地产开发需要较长的时间和大量的资金，金融紧缩政策使房地产失去了银行信贷的有力支持，开发商先期投入的资金无法收回，资金缺乏，楼宇无法按时完工，有的被迫缓建、停建，从而使大量高层住宅楼盘积压。以深圳房地产业为例，1993年宏观调控，深圳房地产市场首当其冲，被列为重点调控对象，高层住宅积压资金逾百亿元，已完工的住宅单位中有200万 m^2 空置待销，整体住宅空置率达10%，而在建的高层住宅数目依然庞大，建筑面积达400万 m^2。同时，花园别墅物业也大量空置，甚至有价无市。

利率的变化对房地产投资回报的影响是较明显和直接的。假如房地产经营者投资购买一物业并将物业出租从而收取租金以获取收益。我们可以用投资回报率来表示经营者获取利益的大小。在这种情况下，投资回报率可以用租金收益率来表示。即

$$\delta = R/H$$

式中　δ——收益率；

　　　R——全年租金收入；

　　　H——物业的年初市价。

【例4-8】　一个市价为200万元的商铺预计全年租金的贴现收入为20万元，则

$$\delta = 20/200 = 0.1$$

很明显，R/H 比率越高，说明经营者的投资回报率越高，这种方式的投资也越具有吸引力。

然而，投资物业收取租金只是一个有资金的投资者为了获取投资回报率的一种方式。投资者也可以通过其他投资方式获取投资回报。比如，投资股票以获取股息，投放在银行以获取利息等。应该注意的是，投放在银行以获取利息的方式基本上是一种无风险的投资，其他方式的投资的不确定因素很多。因此，在上面分析的情况下，如果银行利率 i 高过租金的收益率，则很少有投资者会投资在物业上。或者说，租金收益率要大于银行利息率才有可能吸引资金投资在物业上。

因此，假设 2 年后物业的市价为 H_1，物业的投资总收益应大于利息收入，这样可以写为

$$R + H_1 - H > H \times i$$

即

$$R/H > i - (H_1 - H)/H$$

令 $\Delta H = (H_1 - H)/H$ 为楼价升降幅度，则

$$R/H > i - \Delta H$$

例如，当 R/H 为 9%，楼价升幅为 3% 时，若银行利率为 10%，此时房地产市场对资金具有吸引力；若银行利率为 16%，则房地产市场对资金就不具有吸引力。再以香港物业市场为例。1981 年，香港的通胀率高达 15%，银行优惠利率也高达 20%，香港楼市下滑，整个物业市场萧条。1983 年 10 月，香港政府实施联系汇率，这样，港元利率的走势随着美元利率而变化，政府对利率的控制权减弱，银行利率偏低，通货膨胀率相对较高，这助长了香港房地产市场的兴旺和发展。比如，1991 年，尽管香港通胀率达到 13%，优惠利率却只有 9.5%，使 20 世纪 90 年代初香港物业市场十分兴旺。这说明利率对房地产市场的影响是十分明显的。

3. 房地产按揭风险分析

在香港，通常所说的按揭的真正意义是抵押。本书所说的楼宇按揭，基于如下含义：楼宇按揭贷款是指购楼者以所购得的楼宇作为抵押品而从银行获得贷款，购楼者按照按揭契约中规定的归还方式和期限分期付款给银行，银行按照一定的利率收取利息。如果贷款人违约，银行有权收回楼宇。

香港的楼宇按揭贷款利率经常变动，有时一年之内频繁变动 10 次之多。贷款利率一般根据香港银行公会利率小组公布的最优惠利率而确定。1991 年 9 月以后，香港新的楼宇按揭贷款利率从最优惠利率加上 1.25 厘上升至 1.75 厘。但是，期间优惠利率又经多次变动，1995 年 2 月 4 日，香港银行公会宣布银行利率上调半厘，最优惠利率为 9 厘，而标准楼宇按揭贷款利率为 10.75 厘。最优惠利率的变动会影响按揭利率的变化，但不是惟一的调整原则。一般契约都规定银行有权随市况调整利率。

年期是指楼宇按揭贷款分期偿还的期限。根据消费者委员会调查的结果，香港的东亚银行和大部分中资银行的按揭贷款长达 25 年，其余多数以 20 年为最长。年期一旦签约确定，则必须每月按期付款，若延迟供款，将会受到罚息；提早还款，则有可能被银行要求补息。

贷款额与按揭比率有关。所谓按揭比率，是指贷款额与楼价的比率，最高按揭比率为七成，香港楼宇按揭率曾经达到九成。

以下主要以香港房地产市场为例，说明房地产按揭风险。

(1) 房地产按揭对房地产市场的影响

目前的香港楼宇按揭措施对楼市的影响是不可低估的,对楼市的价格、需求和投机活动都有着直接的影响。

1993年秋季,正当香港地产市场整体趋于活跃、楼市价格不断上升之际,香港两家大银行汇丰银行和恒生银行突然宣布实施一系列收紧楼宇按揭的新措施。这些措施有六条,主要包括:①限制提早归还银行按揭款。即凡一年内全数偿还按揭款者,罚款由当时的1万元增至5万元(或由当时的尚欠收款的1.5%增至3%)。②限制出租物业的按揭。即两行不再提供出租物业的按揭贷款,即使为租约期满收回自住者也不例外。③限制申请按揭人的家庭月收入水平。即只接受有充分入息的家庭直系成员的借款,取消以前一并考虑其他担保人入息的做法,且月供款额压低至供款人月收入总额的四成。④限制公司借款人。汇丰银行维持公司借款人申请手续费2000元的水准,有关公司的董事若无密切家庭关系,手续费将调升至借款额的0.5%,最低收费为5000元。而恒生银行则由当时的1000元申请手续费提升至2000元。⑤限制按揭贷款使用日期。即银行一经批出按揭贷款,按揭人必须在60天内支用,拖延者即取消按揭。⑥限制楼花按揭的时间。两家银行都不再为超过6个月入伙的新楼花提供按揭。

银行在楼市异常活跃、楼价暴升时,采取这一系列紧缩按揭措施,是为了控制风险承担,保障自身商业利益。然而,客观上对楼市产生了极大的影响,新措施出台后,地产股票普遍下跌,恒生指数急挫60多点。香港两个最大型的楼盘,新鸿基地产的雅典居和恒基兆业的富荣大厦曾被很多炒家和置业者一致看好,由于新按揭措施的出台,发售时极不理想,问津者比预期的大大减少。

①影响房地产供求

银行提供按揭贷款是要承担风险的。风险越大,所要求的风险溢价越高。银行处理这类风险的途径有两条:一是通过上调利率而提高风险溢价从而补偿风险所带来的成本;另一种方法是利用诸如对按揭比率的限制和将楼宇作为抵押品等按揭配给政策来减低风险及成本。这些措施的实施,都将影响按揭信贷量。

当按揭利率下降时,由于房地产业的信贷成本降低,进而有可能刺激房地产信贷需求,使按揭信贷量增加,此时,楼宇需求有可能增加,进而刺激房地产的供给;反之,则压抑楼宇的需求和供给。

同样,如果银行采取较宽松的按揭配给政策,则会刺激房地产的需求和供给增加;反之,若紧缩按揭配给政策,则有可能冷却楼市。

政府可以通过适当的方式,引导按揭信贷量供应的幅度,从而调节房地产的供求,间接调控房地产市场的发展方向。

有的专家通过分析指出,似乎按揭比率对楼市的影响要比利率的影响更大。

这是因为首期所需的资金对房地产需求有着显著的影响。一般居民置业，其首期付款是相当困难的。假如一个单位的楼宇市价为100万元，如果按揭比率为九成，则首期要付10万元；而如果按揭比率为七成，则首期付款为30万元。这对一般居民来说是一个不小的数字。因此，1994年港府督促银行收紧按揭，按揭比率最高为七成，楼市很快由沸腾转变为冷却状态。而1995年的利率上调，却影响不大。香港《文汇报》1995年2月15日的社论中称："利率只是影响楼市的其中一个因素，而且不是很主要的因素。整体经济的发展对于楼市所造成的影响是更大的，就算利率偏高，但随着整体经济发展推动工资上升及赚钱机会增多，楼市仍可向上发展"。

②压抑"炒风"

楼宇按揭政策的放松，会使房地产投机活动相对增多；而如果采取紧缩政策，则可以压抑"炒风"，打击房地产中的投机行为。

假设有一物业售价100万元，以年息12%做八成按揭，15年分期，年租金收益7万元，供款2年后，楼价上升至110万元。此时若炒家抛出，偿还清银行贷款余额后，净收入约为7.5万元，回报率为37.5%。

银行采取紧缩政策后，则可以重创投机活动，"炒家"难以在短期内将抵押楼宇转手。

1993年汇丰银行的提前还款额是惊人的：5月份为64600万元，6月份为69500万元，7月份为7200万元。提前偿还供款余额的数量越大，说明楼宇转手的频率越高。据业内人士估计，雅典居第九座原来的买家中，可能有超过四成是"炒家"而非自用者。因此，当银行的紧缩政策出台后，压抑了炒作行动，而使销售平淡。

香港楼宇按揭的发展动态一直吸引着地产发展商的密切关注。据《信报》1995年2月15日报道，地产发展商认为，本港楼价已大幅度调整，银行对承造楼宇按揭的风险亦告大幅下跌，港府应减少对楼市的干预，改变现行七成按揭的指引，让银行自行决定本身的楼宇按揭政策，并有意同银行联手发行楼宇按揭证券。

(2) 楼价跌落风险

房地产价格是变幻莫测的，时涨时落。此时如房地产价格低落到一定界限，当因借款人收入不足而不得不违约时，贷款商就有可能会承受一定的损失。比如，贷款时房地产价值100万元，发生违约后贷款商不得不将其拍卖，拍卖时可能只值60万元，贷款商则承受40万元的损失，贷款商还需要支付拍卖费、律师费以及其他手续费。

当楼价下跌时，借款人会考虑继续供款是否值得，进而有可能产生违约现象，这种风险是有可能存在的。因为当剩余供款总额大于购置相同功能物业所需付出的代价时，即从理财角度考虑，业主会认为继续供款不如重新购置相同功能的物业，这时违约现象便有可能发生。

目前，许多银行采取的按揭政策是：一年以后才可以提前全部偿还贷款，按揭最高比率为70%。在这一政策下，当年期为10年时，只有楼价下跌幅度超过40%，才有可能出现因楼价下跌而违约的风险。

一般来说，按揭利率与贷款期限和抵押率有关，贷款期限越长，或者抵押率越大，按揭利率越高。这是因为贷款期限越长，抵押率越大，按揭违约风险也越大。

(3) 按揭人收入变化风险

按揭人收入变化风险是指当按揭人的收入发生变化，特别当收入明显减少，而无力支付按揭款，从而可能放弃房地产的情况。这种情况对按揭人和银行影响都很大。对按揭人来说，意味着损失财产；对银行来说，则意味着要将房地产变卖，而收回的资金可能比最初所提供的按揭款少，从而蒙受损失。

当然，通过延长供款期，可以减少每月的供款额，从而可以减轻因收入下降而产生的压力。然而年期越长，偿还本金的速度也越慢，在这个漫长的供款过程中，又增加了违约概率。

借款人的入息增长速度、来源及稳定性都有可能导致违约风险的发生。当然，入息下降或不足，违约现象不一定就发生。当入息下降但仍大于供款时，借款人可以减少其他方面的开支而全力支付供款；另一方面，当入息不足以支付月供款时，借款人还可以再贷款或寻找其他财源。一般来说，按揭人收入变化风险是一种小概率事件。

(4) 按揭利率变化风险

当按揭利率上升时，要么每月增加供款，要么延长供款期限，这两种途径都增加了违约概率，从而给按揭双方带来损失。

如果每月增加供款，客户则有可能承受不起而放弃借款。如果延长供款期限，其间又增加了违约概率。因此利率越上升，违约风险越大。

经济学家普遍认为，按揭比率是影响按揭双方违约行为的一个主要因素。一般来说，按揭比率越高，违约风险越大。

不过，香港的楼宇按揭信誉普遍很高，违约个案极少。有关专家曾估计，违约案例低于0.5%。因此，香港银行普遍将房地产按揭业务看作是一个低风险的交易，愿意提供较高的按揭额及较长年期的贷款，因而，楼宇按揭业务在香港银行间的竞争非常激烈。

四、房地产投资决策

（一）房地产投资决策概述

1. 房地产投资决策的含义

（1）决策与房地产投资决策

简单地说，决策就是对需要处理的事情作出策略上的决定。人们在日常生活和工作实践中，可能采取各种行动，到底选择哪一种行动，一般是根据目前自己所处的环境、条件，并充分考虑自身所具备的条件和存在的不足，预测周围环境及条件发生变化对自己的影响等，最终选择一种对自己最有利的行动方案并按此执行，这就是决策。

投资决策就是围绕事先确定的经营目标，在占有大量信息的基础上，借助于现代化的分析手段和方法，通过定性的推理判断和定量的分析计算，对各种投资方案进行选择的过程。在房地产投资活动中，一般都会有不同的投资方案可供选择。如何利用有效、准确的分析方法实现正确的选择，在众多投资方案中选出最佳方案，就是房地产投资决策。正确的决策不仅取决于决策者个人的素质、知识、能力、经验以及审时度势和多谋善断的能力，而且需要决策者熟悉和掌握决策的基本理论、基本内容和类型，以及应用科学决策的基本方法。

构成一个房地产投资决策问题，必须具备以下几项基本条件：

①有明确的决策目标，即要求解决什么问题。确定目标是决策的基础，决策目标应明确具体，并且可以是定量描述的。

②有两个以上可供选择和比较的决策方案。一个决策问题往往存在多种实施方案，决策的过程也就是方案的评价和比较的过程。

③有评价方案优劣的标准。决策方案的优劣必须有客观的评价标准，并且这些标准应当尽可能地采用量化标准。

④有真实反映客观实际的数据资料。客观准确的原始数据资料与科学正确的决策方法一同构成了科学决策的双臂，二者缺一不可。

（2）房地产投资策略

房地产投资策略是指为房地产投资决策而事先安排的计划。主要内容包括：

①预备进行何种房地产投资，如土地开发投资、房屋开发投资、房地产经营投资、房地产中介服务投资还是房地产管理投资。

②准备采用何种筹资方式，如自筹、借款还是通过发行有价证券。

③如何合理使用资金，如有计划地分阶段投入资金，减少风险；提高投资效益。

④如何确定投资方式，如在时间上有中、短、长三种方式，在规模上有大、中、小三种形式，可以选择获利最高、风险最小的一种。

⑤如何确定经营方式,如出租或出售,一次付款还是分期付款,或低息贷款,以及选择最佳促销手段来赢得市场竞争力等。

投资策略是实现正确投资决策的基本条件。

(3)房地产投资决策的基本要素

房地产投资决策系统一般由四个基本要素组成:

①决策者。即投资的主体,是具有资金和投资决策权的法人。

②决策目标。就是要求房地产投资在房地产开发经营过程中,在投资风险尽可能小的条件下,以最少的投入得到最大的产出。

③决策变量。是指决策者可能采取的各种行动方案,各种方案可以由决策者自己决定。

④状态变量。是指决策者所面临的各种自然状态,许多状态包括各种不确定性因素。投资者必须对房地产开发经营过程中可能出现的不确定性因素加深认识,并利用科学的分析方法,分析不确定因素变化对房地产投资可能带来的风险,这样才能确保房地产投资的顺利进行。

在房地产投资过程中,要求决策者认真分析存在的各种变量,把决策思路建立在可靠的数据资料及准确分析的基础上,避免盲目决策和主观臆断,保证决策目标的实现。

2. 房地产投资决策的程序

房地产投资决策过程一般包括确定决策目标、拟订决策方案、优选决策方案和执行决策方案等四个基本步骤。

(1)确定决策目标

房地产投资决策的目的就是要达到投资所预定的目标,所以确定投资决策的目标是投资决策的前提和依据。确定投资决策目标的关键在于,进行全方位的市场调研和预测,通过周密的分析研究,发现问题并认清问题的性质,从而确定解决问题后所期望达到的结果,使投资的目标具体明确,避免抽象或含糊不清。

(2)拟订决策方案

在进行房地产投资决策过程中,根据已确定的目标,拟订多个可行的备选方案。可行方案或备选方案就是具备实施条件,能够实现决策目标的各种途径或方式。判断某一方案是否可行,总的原则是按技术经济学原理给予评价,即该项目在技术上是否先进,生产上是否可行,经济上是否合算,财务上是否盈利。拟订可行方案时要敢于创新,突破传统的思维模式,使拟订出的备选方案更具有创造性。方案制定者必须尽可能地收集与方案有关的数据资料,并进行严格论证、反复计算和细致的推敲,使各可行方案具体化。制定可行方案时还需要注意各方案整体上的详尽性以及相互间的差异性,这样才可能进行方案的全面比较和选择,避免遗漏最优方案。

(3) 优选决策方案

各种可行方案拟订出来后，进一步的工作就是对这些方案进行比较、分析和评价，从中选出符合要求的方案进行实施，即可行方案的优选。要对每一个备选方案的有关技术经济和社会环境等各方面条件、因素以及潜在问题进行可行性分析，并与预先确定的目标进行比较并作出评价，对决策和可行方案的约束条件和限制因素进行分析，在现有条件下选优；对每一个备选方案可能发生的潜在问题作科学的预测，以便事先防范，减少潜在问题发生的可能性。然后根据决策目标，详尽分析每一个备选方案的经济效益、环境效益和社会效益，即进行最后的综合性评价。

优选决策方案的关键之一是要掌握方案的选择标准，即以什么样的标准来衡量各可行方案的优劣。传统的决策理论一直采用"最优"标准，如"最大利润"、"最高效用"、"最低成本"等。但是，由于现实中受各种因素的影响和限制，这种"最优"判断标准在实践中很难操作。因此，现代决策理论以"满意"标准取代"最优"标准来判断可行方案的优劣。即所选择的方案基本上能够实现决策目标，能够取得令人满意的结果，就是一个理想的实施方案。优选决策方案的关键之二是优选方法的实际运用。在整个决策过程中，最终选定的方案是否科学合理，在很大程度上取决于优选方法。选择决策方案的方法很多，后面将专门讨论。

(4) 执行决策方案

决策的目的在于付诸实施，优选方案是否科学合理也只有通过实践才能得到最终检验。决策执行过程中，人的因素非常重要，即执行者对决策方案的理解程度和遇到风险时的应变能力是决策执行是否顺利的关键。决策方案执行过程中还应建立健全必要的检查制度和程序，注意信息的反馈，以便了解决策执行的进度和实施结果，确保实施结果与决策期望的一致性。如果在执行阶段发现原先的决策方案存在不足，或因客观环境的变化导致原先决策的某些不适应性，应及时对其作出必要的纠正和修订，以确保决策方案的顺利实施。

3. 房地产投资决策的类型

根据房地产投资决策的不同目标和不同性质，可以分为以下几种类型：

① 决策目标多少划分，可以分为单目标决策和多目标决策。

② 决策制定的方式划分，可以分为单层决策和多层决策。

③ 按决策掌握的情报资料、信息的性质不同划分，可分为确定型决策、不确定型决策和风险型决策等。

④ 按决策使用的分析方法划分，可分为定性分析决策和定量分析决策。

这里主要介绍确定型决策、风险型决策和不确定型决策。

（1）确定型决策

确定型决策是指影响决策的因素或自然状态是明确肯定的，且一种方案只有一种确定可以预期达到的结果。决策的方法有两种：根据已掌握的每一方案的每一确切结果进行比较，直接选出最优方案的决策法称为单纯选优法；在未来的自然状态完全明确的情况下，通过建立合适的数学模型，求出最优方案的决策法称为模型选优法。

（2）风险型决策

风险型决策又称随机型决策，是指每一种方案的执行都会出现若干种不同的结果，并且各种结果的出现都有一定的概率，即每种选择都存在风险。进行风险型决策应具备以下几个条件：

①要确定决策者希望达到的明确目标。

②要有两个或两个以上可供选择的方案。

③每个方案要存在两种或两种以上不以决策者主观意志为转移的自然状态。

④不同方案在不同自然状态下相应的损益值可以计算。

⑤决策者根据科学的理论和经验，可预先估计或计算出各种自然状态出现的概率。

风险型决策由于决策者对待风险的态度不同，进行方案比较的标准即决策准则也不相同。

（二）房地产投资决策方法

房地产投资决策方法种类繁多，但总的来说可分为定性分析方法和定量分析方法两大类。这里就这两大方法进行分析、阐述。

1. 定性分析方法

在房地产投资决策的过程中，由于有些因素难以定量描述，而且遇到的问题、环境等都比较复杂，所以采用定性分析的方法更为适用。定性分析的方法通常有以下两种类型。

（1）经验判断法

这种方法被普遍应用于一般决策中，但缺乏严谨的投资分析。在一些房地产投资刊物中，广告商向投资者推荐的各种房地产投资技巧，如"出租办公楼赚头大"、"店面投资盈利高"、"别墅住宅高享受、低投资"、"公寓式商住楼投资增值快"等等，可引导和诱惑大众的投资决策行为，这些都是利用一般房地产投资的经验积累进行的投资判断。这种方法直观易用，但分析不深入，只能作一些直观的表面性的描述。

（2）创造工程法

这一方法是建立在人的直观、灵感和经验以及形象思维和创新能力基础上的创造技术的总称。其主要技术方法包括畅谈会法、综摄法、形态方案法和主观概率法等。创造工程法的关键是运用人们创造性的思维能力和创造性的技术方法，去认识、分析和解决问题。例如，畅谈会法就是美国著名创造工程学专家奥斯本首先提出的一种在短时间内能调动极大创造力的行之有效的方法。通过召开专家会议，使与会者自由思考，畅所欲言，互相启发，引起思维共振，形成宏观智能结构，并产生组合效应，从而诱发出更多的创造性思维。综摄法是美国戈顿教授创造的方法，它是利用非推理因素，通过召开一种特别会议来激发群体的创造力，其实质是对表面无关事物的联想结合。

2. 定量分析方法

定量分析方法是指采用数量指标和数学模型进行房地产投资决策的方法，主要工作是对决策问题进行定量分析、计算，以求得决策问题的最优解，从而作出科学的决策。在决策分析中常用的定量分析方法有确定型决策法、风险型决策法和不确定型决策法三大类。

（1）确定型决策法

房地产投资经济分析中常用的确定型决策法主要有单纯选优法和模型选优法两种。单纯选优法又可分为绝对法和相对法。

①绝对法

绝对法是指以房地产投资的效益或费用的绝对值大小来评价投资决策方案的优劣或是否可取，包括净收益法、净现值法、净年值法、现值成本法、年成本法、动态投资偿还期法和静态投资偿还期法等。

a. 净收益法。净收益是指房地产投资全过程中总收入扣除总成本的余额。若净收益大于零，则方案可取；若净收益等于或小于零，则不可取。在净收益大于零的方案中，净收益最大的为首选方案。由于净收益未涉及到资金的时间价值，故一般适用于短期房地产投资决策。

b. 净现值法。净现值是指根据房地产业或不同房地产投资类型的基准收益率或假定的折现率，将计算期内各年的投资收益折算成基准时点的价值之和，它是反映房地产投资项目在计算期内获得盈利能力的动态评价指标。若净现值大于或等于零，则说明决策方案可以接受，且净现值越大，方案越优；若小于零，则不可取。

c. 净年值法。就是将所有现金流换算为与其等值的年金，这些年金的代数和便是净年值。净年值大于零，说明该项房地产投资决策在经济上可行；若有两个以上方案可供选择，则净年值最大者为优。

d. 现值成本法。当房地产投资收益无法估计或两个以上决策方案效益相似时，可以将项目所耗费的一切费用都换算为与其同期的现值；并以现值成本作为取舍方案的一种经济分析方法，称之为房地产投资决策的现值成本法。现值成本最小者为最优。

e. 年成本法。在若干个房地产投资决策方案收益相同或近似的情况下，难以判断孰优孰劣，便以等值的平均年成本来评价，年成本最小者为最优。

f. 动态投资偿还期法和静态投资偿还期法。若以房地产投资项目的净现值偿还全部投资现值所需的时间（一般以年计）来分析评价项目是否可取或方案的优劣，就可称之为动态投资偿还期法。若不考虑货币的时间价值则是静态投资偿还期法。该方法通过比较偿还期长短来选择投资项目。若项目偿还期小于标准偿还期，则项目投资回收速度较快，且偿还期越短方案越优。

②相对法

相对法是指以效益和费用的比率来评价、比较房地产投资决策方案的优劣或是否可取的投资决策分析方法，包括内部收益率法、效率费用比法、净现值收益率法等。

a. 内部收益率法。内部收益率法即内部回报率法，是指经济净现值等于零时的折现率。若内部收益率大于或等于零，则方案可行，但还应与该行业或部门的基准收益率相比较，若大于等于基准收益率，则该项目有行业竞争力，且越大越优；若小于基准收益率，则未达到行业平均利润率，可以放弃该投资项目。内部收益率一般用插入法和试差法求取。

b. 效益费用比法。效益费用比法是指投资过程中所有效益流的现值与所有成本流的现值的比率。若效益费用比小于1，则说明入不敷出，不宜投资；若效益费用比大于或等于1，则可以投资，且越大越优。

c. 净现值收益率法。净现值收益率法是指项目净现值与全部投资现值之比，即单位投资现值所获得的净现值。这一动态评价指标优于投资收益率法。投资收益率是指正常年的净收益与总投资之比，这一指标较为简便、直观，但未考虑资金的时间年限，因而应用范围较窄。

③模型选优法

是指运用数学模型来解决在一定的约束条件下，如何实现效益最大或花费最小的技术经济问题。常见的有线性规划、多元回归、灰色系统决策等方法。

（2）风险型决策法

这种方法要求决策者根据几种不同自然状态可能发生的概率开展决策工作。在房地产开发过程中，大量的决策问题都具有某种潜在的风险，而其风险多数遵循统计规律。因此，风险型决策是很重要的决策方法。方法的具体实施有以下几种类型：

① 期望值法

根据概率论的基本知识，利用数学期望值对房地产投资方案进行优化决策。

【例4-9】 某房地产开发经营公司计划开发建设住宅小区，有两个备选方案，两个方案的建设经营期限均为6年。方案A是进行大规模开发，需投资2亿元；方案B是进行小规模开发，需投资1亿元。根据市场调查和预测，该时期住宅需求量大的概率为0.8，需求量小的概率为0.2。两个方案的年损益值如表4-14所示。

损 益 值 表　　　　　　　　　　　　　表4-14

投资方案	年损益值		期望值
	需求量大 $P_1=0.80$	需求量小 $P_2=0.20$	$E(x)$
A方案：大规模开发	6000	−2000	6400
B方案：小规模开发	3000	1000	5600

为了评价两个方案经济效益的好坏，我们用数学期望值分别计算两方案6年内的净收益期望值，并通过比较，选择期望值较大的方案为优方案。利用公式：

$$E(x) = \Sigma x_i P_i$$
$$E(A) = [6000 \times 0.8 + (-2000 \times 0.2)] \times 6 - 20000$$
$$= 6400 \text{ 万元}$$
$$E(B) = [3000 \times 0.8 + (1000 \times 0.2)] \times 6 - 10000$$
$$= 5600 \text{ 万元}$$

比较两方案损益值的期望，得出：$E(A) > E(B)$。所以选择大规模开发建设方案比选择小规模开发建设方案获利要多。

② 决策树法

决策树法也是利用期望值进行选择决策方案的一种方法，只不过用树状图来表示对某个含风险投资方案的未来发展状况的可能性和可能结果所作的估计和预测。树型决策方法不仅能够解决单阶段决策问题，且更适于多层决策问题，它使多层决策层次分明、直观易懂，也便于计算和分析。画决策树的过程，实质上是拟定各种决策方案的过程，是对未来可能发生的各种条件进行周密思考、预估的过程，也是对决策问题一步步深入探索的过程。

【例4-10】 本例将上例加以补充和拓展，将建设经营期分为前1年和后5年两期考虑。根据对该地区住宅市场的调查和预测，前1年住宅需求量较大的概率为0.8，如果前1年市场需求量较大，则后5年住宅需求量较大的概率为0.9；如果前1年市场需求量较小，则后5年需求量较小的概率为0.9。试问在此情况下，那种投资方案为最优方案？

具体做法是：先画出决策树图（图4-8），并定出决策点及其可采纳的投资方案；再定出状态点，并在各状态点画出各种可能的情况的概率；最后估计有关数据，如在不同情况下的损益值。

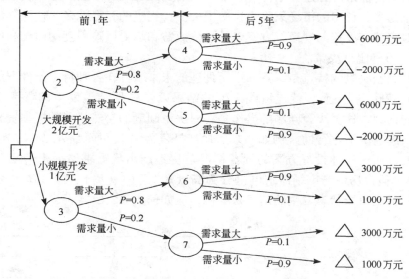

图4-8 决策树示意图

图中，□表示决策点，所引出的分支叫方案分枝；○表示状态点，其数字表示方案的期望值，所引出的分枝，叫状态枝，分枝上的数为概率大小；△表示结果点，边上的数字为每个方案在相应自然状态下的损益值；直线段表示分枝，有方案枝和状态枝。

按决策树分析、计算要求，其过程从右至左，逐步推进。

首先根据图4-10中右端的收益值和概率，计算各期望值如下：

点④：$E(A_4) = [6000 \times 0.9 + (-2000 \times 0.1)] \times 5$ 万元 $= 26000$ 万元

点⑤：$E(A_5) = [6000 \times 0.1 + (-2000 \times 0.9)] \times 5$ 万元 $= -6000$ 万元

点②：$E(A_2) = [6000 \times 0.8 + (-2000 \times 0.2)] + [26000 \times 0.8 + (-6000 \times 0.2)] - 20000$ 万元 $= 4000$ 万元

点⑥：$E(B_6) = [3000 \times 0.9 + (1000 \times 0.1)] \times 5$ 万元 $= 14000$ 万元

点⑦：$E(B_7) = [3000 \times 0.1 + (1000 \times 0.9)] \times 5$ 万元 $= 6000$ 万元

点③：$E(B_3) = [3000 \times 0.8 + (1000 \times 0.2)] + [14000 \times 0.8 + (6000 \times 0.2)] - 10000 = 5000$ 万元

由此可见，在这种市场状态下，选择小规模投资开发要比大规模开发收益大,因为 $E(B_3) > E(A_2)$,市场风险小。其原因在于开发经营前 1 年的市场需求量和好坏程度不同。根据题意分析表明:如前 1 年市场需求量小,则后 5 年需求量小的概率为 0.9,即意味着前 1 年由于市场不景气,房屋售不出以至影响到后 5 年的销售前景。在这种条件下,小规模投资开发理所当然要比大规模投资开发风险小得多,负担的市场风险小,而损失少,相应的获得就多。这充分说明市场因素对房地产投资的规模、方案以及经济效益和承受风险程度的影响和作用。

(3) 不确定型决策法

这种类型决策的特点是,不知道所处理的未来事件在各种特定条件下的明确结果(自然状态),而且就连可能发生的结果以及各种结果发生的概率也不知道。换句话说,这类决策问题的操作是在对决策问题的自然状态的概率资料毫无所致的状态情况下进行的。例如,某房地产开发经营公司面临 A_1、A_2、A_3 备选投资方案,而这三种投资方案的损益情况与房地产市场需求情况密切相关(见表 4-15),假设房地产市场需求可以分为高(B_1)、中(B_2)、低(B_3)三种状态,这三种是市场状态发生的信息未掌握,应如何决策?

决 策 损 益 表　　　　　　　　　　表 4-15

投资方案 (A_i)	市场需求 (B_i)		
	B_1	B_2	B_3
A_1	2475	1650	1050
A_2	2790	1545	750
A_3	2130	1020	495

在此情况下决策,由于信息不全,有较大的主观随意性,所以只得提出若干不同的决策准则作为不确定型决策的依据。这些决策准则包括:

1) 最大最小值准则

也称极大极小准则或瓦尔特准则。这一准则主张在方案比较和选择时,不应过于乐观,把事物的结果尽量估计得坏一点,所以也称之为悲观法,然后在各种最坏的情况下找一个最好的方案。比如我们将每一个方案在各种可能状态下的净现值的最小值确定下来,然后从中选出其值最大的那个方案,该方案为所要选择的最佳方案。其数学表达式为:

$$V = \max_{A_i} \min_{B_j} \{c_{ij}\}$$

式中　　V——对应于最优决策的损益值;

$\min\limits_{B_j}\{c_{ij}\}$——对应于某种方案 A_i,各种自然状态 B_j 所对应的损益值中的最小值。

最大最小值准则通常运用于投资者对投资结果要求稳当、慎重的情况下，其根本思想是不求有功但求无过，以保险和避免发生较大的损失作为效用标准。

以表 4-18 为例，最大最小值准则法的决策过程是：

① 求各决策方案中的最小损益值

$$A_1 = \min\{2475, 1650, 1050\} = 1050$$
$$A_2 = \min\{2790, 1545, 750\} = 750$$
$$A_3 = \min\{2130, 1020, 495\} = 495$$

② 找出各决策方案极小值中的极大值

$$V = \max\{1050, 750, 495\} = 1050$$

③ 选择方案。由于各方案极小损益值的极大值（即 1050）对应的决策方案是 A_1，故 A_1 是最优方案。

2）最大最大值原则

也称极大极大准则或逆瓦尔特准则。这一方法正好与最大最小值准则法相反，它主张选择方案时应当采取乐观态度，即所选的方案是一个能够提供获得最大盈利机会的方案。表示决策者的评价准则是要追求最大的损益值，对投资开发充满了乐观的情绪，故也称为乐观法。其数学表达式为：

$$V = \max_{A_i} \min_{B_j} \{c_{ij}\}$$

式中　　V ——对应于最优决策的损益值；

$\min_{B_j}\{c_{ij}\}$ ——对应于某种方案 A_i，各种自然状态 B_j 所对应的损益值中的最大值。

以表 4-15 为例，最大最大值准则法的决策过程是：

① 求各决策方案中的最大损益值

$$A_1 = \max\{2475, 1650, 1050\} = 2475$$
$$A_2 = \max\{2790, 1545, 750\} = 2790$$
$$A_3 = \max\{2130, 1020, 495\} = 2130$$

② 找出各决策方案最大值中的最大值

$$V = \max\{2475, 2790, 2130\} = 2790$$

③ 选择方案。由于各方案最大损益值的最大值对应的决策方案是 A_2，故 A_2 是最优方案。

这一方案的缺点是，一旦未来客观转台出现最不利的情况时，企业往往难以获得预期的投资收益，甚至还会发生亏损。

3）最小最大值原则

又称萨维奇准则或遗憾准则。决策者可以构成一个用机会损失值或后悔值代替损益值的收益表。所谓机会损失值，就是指在某个特殊事件中的收益以及对这个事件选择了最佳行动而造成的效益损失差。收益计量时，机会损失值就代表人们未能选择最有利的行动而造成的效益损失量。在使用最小最大值准则时，决策者期望把最坏的事件具体化，从而使所选择的方案能给出最小的最大机会损失值。

以表 4-15 为例，最小最大值准则法的决策过程是：

①求各决策方案中的最大损益值

$$A_1 = \max\{2475, 1650, 1050\} = 2475$$
$$A_2 = \max\{2790, 1545, 750\} = 2790$$
$$A_3 = \max\{2130, 1020, 495\} = 2130$$

②找出各决策方案最大值中的最小值

$$V = \min\{2475, 2790, 2130\} = 2130$$

③选择方案。由于各方案最大损益值的最小值对应的决策方案是 A_3，故 A_3 是最优方案。

4）折衷准则

对于那些观点介于极端悲观和极端乐观之间的决策者而言，赫威茨（Hurwicz，1951）曾提出一个折衷的准则，故折衷准则又称为赫威茨准则。据此，决策者对每一个决策方案取其最大和最小损益值的加权平均值，然后选出最大加权平均值者为最优方案。而权重通常根据决策者的经验而定。若每一决策方案最大值的发生概率为 α，则最小值的发生概率为 $(1-\alpha)$。

5）机会均等准则

又称拉普拉斯准则，即决策者在决策过程中，不能肯定各种自然状态出现的概率，便认为是等概率的。即如有 n 个自然状态，则每个自然状态出现的概率为 $1/n$，然后按照风险决策的损益最大期望值做出决策。

第三节 房地产金融

一、房地产金融机构及管理

（一）房地产金融机构的组织体系

1. 建立房地产金融机构的必要性

房地产金融机构是房地产金融运营的载体，是房地产资金融通过程中处于资金供应者和资金需求者之间的信用中介组织，包括为房地产资金融通提供配套服务的其他金融组织。建立房地产金融机构的必要性主要有以下几个方面。

（1）房地产资金融通的需要

在社会经济领域的商品生产和交换过程中，一些部门、企业、事业单位和个人出现货币资金闲置不用，而另一些部门、企业、事业单位和个人急需补充货币资金，在房地产开发、流通和消费领域也不例外。金融机构通过发挥其信用中介职能，筹集资金，发放贷款，调节房地产开发、流通和消费领域的资金余缺。

（2）房地产资金结算的需要

房地产资金的筹集和运用，涉及到货币资金的收付，银行等金融机构具有支付中介的职能，拥有科学的结算网络，通过账户的设置、结算工具的运用、结算方式的选择，能方便房地产资金融通各方资金的了结和清算，满足各方货币资金收付的要求。

（3）落实国家房地产业政策的需要

房地产的发展必须和整个经济发展相协调，重视和加强房地产的宏观调控，把房地产的重点放在居民住宅建设上，确保房地产业持续稳定健康发展是房地产业发展的政策要求。为落实国家对房地产业的政策，需要房地产金融机构的配套服务，如建立住房金融体系，为住宅开发、流通和消费提供政策性的融资和保险等金融服务，为人人享有适当住房和大力改善居住环境创造外部条件。

（4）房地产财产保险与人身保险的需要

因自然灾害和意外事件，房屋财产有遭受损失的可能性。为了对房屋财产所有人和相关利益人提供保障服务，需要有房地产保险金融机构来承担此项任务。此外，在房地产经济活动中的个人参与者，无论是以单位的名义还是以本人的名义，都可能面临着意外的人身伤害等情况，也需要人身保险金融机构提供保障服务，而房地产保险金融机构具有这些方面的保险功能，可以起到保障房地产经济、金融活动正常运行的作用。

（5）适应房地产证券市场发展的需要

社会主义市场经济的发展，推动了筹资途径的多元化，房地产开发经营企业通过发行股票、债券筹集资金成为一种可供选择的筹资途径，而要发行股票、债券乃至参与证券市场的交易活动，都离不开房地产金融机构的代理服务。

2. 我国房地产金融机构的现状

（1）我国房地产金融机构的概况

我国房地产金融机构目前是多头并进，已经从无序走向有序。我国从事房地产金融业务的商业银行是我国房地产金融机构的主体，并且以国有独资商业银行为主导。从事房地产金融业务的商业银行本身设有房地产信贷部或者住房信贷部，主管或者从事银行的房地产金融业务。商业银行与其他从事房地产融资及相关金融服务活动的保险公司、信托投资公司、证券公司等非银行金融机构共同构成了目前中国的房地产金融机构体系。这种组织体系的形成，是与我国基本建设投资体制改革、我国商业银行和其他金融机构的业务发展分不开的，是与我国城镇住房制度的改革相关联的。从 1978 年改革开放后，城镇住房制度开始改革，1987 年烟台和蚌埠各自组建了一家住房储蓄银行，其他城市大多由政府委托银行设立房地产信贷部，专门办理有关住房生产、消费资金的筹集、融通和信贷结算等业务。以向房改提供金融服务为主要特征的房地产金融已经在全国有了进一步发展。据统计，到 1994 年底，全国性银行设立的房地产信贷部约为 5000 家，在支持各地购建房的同时，还帮助各地分期分批地实现解困、解危计划。

不过，由于不少从事房地产金融业务的全国性银行所属机构既承担政策性业务又从事商业性业务，在房地产金融业务发展中，有的银行利用政策性优势展开不公平竞争，有的以政策性业务为幌子逃避中国人民银行金融政策的管理，使得一些房地产金融机构业务的正常营运受到一定的影响。总之，当时在房地产金融组织的运作体制上存在着一定的无序情况。

1994 年 12 月，为了加强对政策性住房信贷业务的管理，推进城镇住房制度改革，中国人民银行、国务院房改领导小组和财政部联合颁布了《政策性住房信贷业务管理暂行规定》，对政策性住房信贷业务进行了界定，在明确了政策性住房信贷资金的来源、运用和政策性住房信贷业务的管理以及利率、计划、财务等问题的同时，规定了中国建设银行、中国工商银行和中国农业银行为办理政策性住房信贷业务的指定银行。除了上述指定银行和烟台住房储蓄银行、蚌埠住房储蓄银行以外，其他任何金融机构均不得吸收政策性住房资金存款和办理政策性住房信贷业务。

1995 年下半年，为清理房地产信贷业务，中国人民银行总行在《关于清理房地产信贷业务有关问题的通知》中强调，各银行的房地产信贷部为该银行内部业务部门，有关银行必须加强管理，各银行房地产信贷部设立的分支机构一律撤销，今后中国人民银行各分行原则上不再批准设立新的银行房地产信贷部。

1996 年 7 月，为促进商业银行加强内部管理，发挥整体经营功能，提高综合经济效益，中国人民银行要求各商业银行对所属房地产信贷部的对外营业机构进行清理，强调各商业银行及其分支行设立的房地产信贷部为商业银行的内部业务部门，不具有企业法人资格，不得以自身的名义对外营业。规定凡未经中国人民银行批准、自行设立的房地产信贷部对外营业机构（包括营业网点）一律予以撤销，经中国人民银行当地分行批准设立的"三部"对外营业机构原则上要进行撤并，对经营规范、业务量较大、撤销或并入营业部确有困难的，可以向中国人民银行当地分行申请改建为办事处或分理处。

1998 年 4 月，中国人民银行扩大了经办住房委托业务的金融机构范围，除了烟台、蚌埠两城市继续由住房储蓄银行办理住房委托业务外，在其他地方，将原来只能由中国工商银行、中国农业银行、中国建设银行三家银行办理的住房委托存、贷款业务扩大到所有国有独资商业银行和交通银行。另外，允许所有商业银行在所有城镇对所有普通商品住房办理个人住房贷款。在此情况下，住房储蓄银行由于业务单一，也没有被正式认定为政策性银行。迫于竞争的压力，这两家住房储蓄银行开始考虑向综合性商业银行发展，经过中国人民银行批准，两家住房储蓄银行相继进行了综合性的股份制商业银行的改制工作，明确加入了城市商业银行的行列，其中烟台住房储蓄银行仍然保留原来的名称。由于上述变化和发展，从而进一步确立了商业银行在房地产金融业务中的主体角色。

此外，保险公司根据《中华人民共和国保险法》，实施了财产保险和人寿保险的分业经营，并且加大了房地产领域的业务，与房地产有关的财产保险和人寿保险品种逐步增加。证券公司在《中华人民共和国证券法》和其他有关法规的规范下，积极介入房地产企业的上市融资和购并业务，规范自己的行为。信托投资公司经过整顿和重新登记，根据《中华人民共和国信托法》和其他有关法规，也开始推出房地产信托投资等业务。房地产金融机构开始走向有序发展，尽管目前我们还缺乏真正意义上的专业房地产金融机构，但是可以预料，专业的房地产金融机构会出现在中国的金融机构体系中。

（2）房地产金融机构

可以从事房地产金融业务的金融组织分成五大类：银行类、保险公司类、信托投资公司类、证券公司类和其他类（本书把从事房地产金融业务的金融机构称为房地产金融机构，把其中的银行、保险公司、信托投资公司、证券公司等分别称为房地产银行、房地产保险公司，房地产信托投资公司和房地产证券公司等，简称为银行、保险公司、信托投资公司和证券公司）。

1）第一类：银行类

①中资银行（包含外资部分参股的银行）

a. 国有独资商业银行，包括中国建设银行、中国工商银行、中国银行和中国农业银行。

b. 全国性股份制商业银行，包括交通银行、中信实业银行、招商银行、中国光大银行、中国民生银行、华夏银行。

c. 区域性或地方性股份制商业银行，包括深圳发展银行、上海浦东发展银行、广东发展银行、福建兴业银行、上海银行、烟台住房储蓄银行和其他城市商业银行。

随着商业银行体制改革和对外开放进程的进一步加快，中资商业银行吸引外资参股、合资的步伐也会进一步加快。国有独资商业银行也开始进行股份制改造。不过，中资或者中资控股的商业银行仍然是我国房地产金融业务的主要承担者。这些商业银行的房地产金融业务主要有：

（a）办理房地产开发经营企业、房屋管理部门的流动资金贷款与存款业务；

（b）办理企事业单位和个人购买商品房抵押贷款业务；

（c）办理居民住房储蓄存款和住房贷款业务；

（d）受托办理城镇住房基金存款、企事业单位住房基金存款和个人住房基金存款（含住房公积金存款）；

（e）受托对缴纳公积金的职工发放购、建、大修自住住房抵押贷款，对实行房改的单位购买、建造职工住房发放抵押贷款；

（f）对合作建房、集资建房提供贷款；

（g）办理住房建设债券存款、合作建房存款、集资建房存款；

（h）办理开户企事业单位以房地产为抵押的其他各类贷款；

（i）办理房地产业务的银行结算工作；

（j）对于房地产贷款尤其是个人住房抵押贷款实施证券化。

商业银行除了主要承担房地产存贷款和结算业务外，还积极从事与房地产有关的咨询、房地产保险代理等业务。

②外资银行

a. 合资银行，是指外国的金融机构同中国的金融机构在中国境内合资经营的银行，如厦门国际银行、上海巴黎国际银行。

b. 外国银行分行，是指外国银行在中国境内的分行，如花旗银行、标准渣打（麦加利）银行等在中国设有分行。

c. 独资银行，是指总行在中国境内的外国资本的银行，如泰华国际银行。

这些有外资的银行也可在其业务经营范围内从事房地产金融业务，如提供购买外销商品房的抵押贷款、住房储蓄与住房贷款等。

2）第二类：保险公司类

①中资保险公司（包含外资部分参股的保险公司）

a. 国有独资保险公司，包括从事财产保险的中国人民保险公司和从事人寿保险的中国人寿保险公司等。

b. 全国性股份制保险公司，包括从事财产保险的中国太平洋财产保险股份有限公司、华泰财产保险股份有限公司、中国平安保险股份有限公司（产险）等和从事人寿保险的中国平安保险股份有限公司（寿险）、新华人寿保险公司、泰康人寿保险股份有限公司和中国太平洋人寿保险公司等。

c. 区域性股份制保险公司，主要包括从事财产保险的天安保险股份有限公司、大众保险股份有限公司、华安财产保险股份有限公司等保险公司。

中资保险公司目前是我国房地产领域保险业务的主要承担者，从事房屋财产保险、建筑工程一切险、商品住宅综合保险、自购公有住房保险、房屋质量与责任保险、住房抵押贷款还款保证保险、住房抵押贷款人寿保险和房地产业人身保险等。

随着中国保险业改革的不断深化和对外开放的进一步进行，国有独资保险公司和股份制保险公司可望通过外资参股、合资和规范上市等多种形式，调整股权结构，理顺产权关系，强化公司治理结构，规范公司运作，在房地产保险等领域发挥更大的作用。

②外资保险公司

a. 合资保险公司，如中宏人寿保险有限公司、中保康联人寿保险有限公司等。

b. 外国保险公司分公司，如美亚保险公司、美国友邦保险有限公司等在中国境内设有分公司。

根据《中华人民共和国保险法》的规定，同一保险人不得同时兼营财产保险业务和人身保险业务，有关房地产领域的财产保险和人身保险分别由财产保险公司和人寿保险公司承担，不过财产保险公司可望也能够从事房地产领域的人身意外险和健康险业务。

3）第三类：信托投资公司类

信托投资公司包括中国国际信托投资公司、中煤信托投资有限责任公司、上海国际信托投资有限公司、华宝信托投资有限公司、上海爱建信托投资有限责任公司、中海信托投资有限责任公司、北京国际信托投资公司、济南英大国际信托投资有限责任公司、陕西省国际信托投资股份有限公司、中泰信托投资有限公司、西部信托投资有限公司等数十家。随着中国信托业的发展和中国金融业的进一步对外开放，外资也有望进入信托业。

信托投资公司的业务范围比较广，与房地产有关的业务主要有受托经营房地产资金信托业务，受托经营房地产财产的信托业务，受托经营房地产投资基金业务，作为投资基金或者基金管理公司的发起人从事房地产投资基金业务，经营房地产企业资产的重组、购并及项目融资、公司理财、财务顾问等中介业务，受托经营房地产企业债券等债券的承销业务等。

4）第四类：证券公司类

证券公司主要有海通证券股份有限公司、中国银河证券有限责任公司、申银万国证券股份有限公司、国泰君安证券股份有限公司、湘财证券有限责任公司、国通证券股份有限公司、渤海证券有限责任公司、华泰证券有限责任公司、中信证券股份有限公司、天同证券有限责任公司等百余家证券公司，它们承担着房地产证券的承销、房地产投资基金管理、房地产股票上市公司的改制辅导等工作。

随着中国证券业的发展和《外资参股证券公司设立规则》的发布，中国证券业将进一步对外开放，外资也有望加快进入中国证券业。

5）第五类：其他类

其他类包括金融资产管理公司、信用社、财务公司、金融租赁公司、投资基金管理公司等非银行金融机构和视作金融机构的典当行等。

第二、第三、第四和第五类都有外资介入的情况。上述五类金融机构的运作分别受金融监管当局如中国人民银行、保险和证券监管部门等的监管。

3. 房地产金融组织体系的发展设想

房地产金融组织体系是指在一定的经济条件下，为房地产开发、经营、管理、服务和消费过程筹集、融通、清算资金，提供多种金融服务的若干金融经济组织构成的一个整体。对于是否要建立健全房地产金融组织体系，尤其在是否要再建政策性房地产金融机构上存在有这样两种主要观点：一是不赞成再建房地产金融机构，认为在今后相当长的一段时间内，房改金融业务仍将由专业银行承办；二是要再建政策性房地产金融机构，如国家计委、建设部提出了建立国家政策性住宅银行的设想。从房地产金融发展趋势来看，应该要建立健全房地产金融组织体系。

（1）建立健全房地产金融组织体系的必要性

① 建立健全房地产金融组织体系是金融组织体制深化改革的要求。

随着金融体制改革的深化，我们已经改变了原有的中央银行、专业银行和非银行金融机构这一金融组织体系，建立了包括金融监管当局、政策性银行、商业银行和非银行金融机构在内的新的金融组织体系框架。就政策性银行而言，在世界贸易或区域贸易自由化进程中，即使在中国已经成为世界贸易组织成员国后，国家给予政策性银行的特殊待遇将不适用于国民待遇原则，外资银行不能享受。

目前政策性房地产金融业务主要体现在政策性房改金融业务上，而这项政策性业务几经改革，目前由商业银行作为受托业务承担当地相应的房改金融业务。尽管已经改变了过去一些受托银行利用政策性业务的优势与其他银行进行不公平竞争的状况，但是，对于丰富房地产金融组织体系的构成还是显得有所不足。从金融体制改革深化的角度看，还需要丰富房地产金融组织的机构类别，建立专业的房地产金融机构，包括建立政策性房地产金融机构和商业性房地产金融机构。

② 建立健全房地产金融组织体系有利于金融业的正常运作

专业的房地产金融机构的建立有利于各类金融机构的协调发展，满足需求者的需要，如建立商业性的住房储蓄银行，利用商业性住房储蓄银行资金来源和资金运用低利率的特点，为购买住房者提供部分低利率资金，并且与政策性置业发展银行的住房贷款以及商业银行商业性住房贷款结合起来，满足购房者合理的需要。这样，一方面可以降低购房者借款购房的资金成本，克服政策性置业发展银行资金提供的数量限制；另一方面，可以为一些商业银行减少由于过多的资金来源带来的麻烦，主要是资金运用的压力。

③建立健全房地产金融组织体系有利于城镇住房制度的改革

在我国经济城市化发展过程中，作为基础性产业的房地产业应该有较大的发展。事实上，一些城市已经把房地产业作为当地经济发展的支柱产业。建立健全房地产金融组织体系，建立专业的房地产金融机构，有助于充分体现国家产业政策和住房政策，促进工业厂房、商业楼宇和居民住房等物业的生产、流通和消费的良性循环，有利于商业性金融机构更好地自主经营、合理地发展商业性房地产金融业务；有利于政策性房地产金融机构更好地实现政策性房地产金融发展目标；有助于实现国家住房发展目标，提高人民群众的居住水平。而建立政策性房地产金融机构将更好地贯彻国家深化改革城镇住房制度的决定，为政策性房地产工程提供政策性金融服务；更有效地承担国际金融组织如世界银行的房地产贷款的转贷任务，促进政策性房地产业的发展。

(2) 建立健全房地产金融组织体系的设想

顺应建立一个政策性金融与商业性金融相分离、以商业银行为主体、多种金融机构并存的金融组织体系的金融体制改革要求，应该建立专业的房地产金融机构，形成与商业银行等商业性非专业的房地产金融机构分工协作、有相应法规和自我约束机制的房地产金融组织体系。

在这个新的组织体系中，商业性房地产金融可以由新设立的住房储蓄银行、现有商业银行以及其他商业性金融机构来经营。至于政策性房地产金融机构可以设立置业发展银行等政策性房地产金融机构，形成商业银行、住房储蓄银行、置业发展银行与其他商业性和政策性房地产金融机构并存，商业性业务与政策性业务相分离的房地产金融组织体系。

对于置业发展银行的运作，可以与住房公积金的管理与运用联系起来。另外，置业发展银行根据资金状况和政府的住房政策对购买微利住房的城镇中低收入者提供购资便利，为微利住房和公益性微利房地产的开发、经营、管理、服务提供筹集、融通、清算资金等金融服务。基于房地产具有不可移动性这一自然特征，房地产市场主要是地方性市场这一特征，以及房地产消费者的收入水平带有很大的地域性，城镇居民居住水平提高与地方政府的相关工作目标具有很大的关联性，因此应建立地方性的置业发展银行。

置业发展银行是一个由地方政府（省级政府以及享有省一级经济管理权限的计划单列城市）出资发起，并可由下一级地方政府出资参建，还可寻求上一级政府（或中央政府）的支持，组成一个不以盈利为主要目的而要从社会发展的角度来评价项目和支持单位（微利房地产开发单位以及机关、事业单位）和中低收入者置业的金融机构。对于原先承担政策性房地产金融业务的房地产金融机构使用的有关资产等，可采用收回投资或有偿的方式取得。置业发展银行的资金来源除了各级政府的出资外，还包括全面推行公积金制度后归集的资金、出售公有住宅回笼的资金、提高公有房租后增加的资金以及置业发展银行向其所在地运作的国内商业性金融机构发行的置业发展银行债券所吸收的资金、金融创新筹资工具吸收的资金和其他专项资金及各项捐款。

置业发展银行的组织结构可以采用理事会领导下的行长负责制，并设立监事会，监事会组成人员中要有若干社会人士参加。理事会成员由出资的各级政府委派，并吸收中央政府有关部门人士参加，以利置业发展银行运作并能体现中央政府的意图。理事会是置业发展银行的最高权力机构，其主要职责是确定置业发展银行的运作目标和运作政策，聘任或解聘置业发展银行的行长，根据行长的提名聘任或解聘副行长。监事会由理事会选举产生，其职责是对置业发展银行的运作进行监督和检查。行长执行理事会的决定，组织置业发展银行的业务活动。

置业发展银行的组织形式可根据其服务范围的大小而定。除总部以外，可在服务范围内的各行政区域设置办事处，在主要房地产市场设立派出机构，必要的时候某些业务可委托在当地的其他金融机构代办，以方便客户。

专业的政策性与商业性房地产金融机构与商业性非专业的房地产金融机构相互分工、相互协作，开拓房地产金融业务新品种，必将有助于房地产业的正常发展。

（二）房地产金融机构的任务

房地产金融机构的任务是为房地产业筹集、融通资金并提供结算和其他金融服务。

1. 房地产金融机构的筹资任务

房地产开发、流通和消费各环节都需要大量的资金投入，房地产金融机构发挥金融机构的筹资职能，广泛筹集各类资金，支持房地产开发、流通和消费。房地产金融机构以有效的方式、方法及工具，向社会筹集资金，或者代理房地产开发经营企业向社会直接筹资。房地产金融机构的筹资任务具体包括以下几个方面：

（1）吸收企业、事业单位和个人等的闲置未用资金

房地产金融机构将国民经济各部门、各企业、机关、团体和居民个人的暂时闲置未用的资金聚集起来，尤其是把这些单位和个人与房地产开发、流通和消费有关的资金集中起来，作为房地产金融机构筹资的主要来源。

（2）积极归集住房公积金、旧公房出售资金和房屋维修基金等各项房改资金

房地产金融机构，尤其是政策性房地产金融机构要承担起归集住房公积金、旧公房出售资金和房屋维修基金等各项房改资金的职责，积极支持住房制度改革，将个人的一部分消费资金引到住房消费上来。

（3）代理房地产开发经营企业向社会直接筹集资金

房地产金融机构承担证券筹资媒介职能，代理房地产开发经营企业向社会发行公司股票、债券，归集股票、债券资金，代理发行政府有关机构发行的住宅建设债券，帮助房地产开发经营企业归集房产销售预收款等。

（4）利用其他筹资工具归集资金

房地产金融机构通过发行金融债券、吸存保险费、办理转贴现、再贴现等业务，归集资金。

2. 房地产金融机构的投融资任务

筹集资金是投融资业务的基础，投融资业务是资金筹集的归宿。房地产金融机构投融资任务主要包括以下几个方面：

（1）房地产投资活动

房地产金融机构，尤其是房地产信托投资机构、证券经营机构运用所筹资金及自有资金，从事房地产股票、债券的买卖以及房地产信托投资机构等直接投资于房地产开发建设。

（2）房地产开发与经营贷款

房地产金融机构利用所筹资金及自有资金，对房地产开发经营企业在开发与经营活动中需要的生产性周转资金提供贷款。

（3）房屋抵押贷款

房地产金融机构利用所筹资金及自有资金，对购房的单位和个人提供以房地产作抵押的贷款。此类贷款包括购买商品房抵押贷款、购买公有住房抵押贷款等，帮助房屋消费者提前享用明天的钱，从而缩短购房需求与资金筹集之间的时间差，支持居民住房消费。

（4）其他资金运用任务

房地产金融机构的其他资金运用包括信托贷款、信托投资、委托贷款、保险资金的营运等。

3. 房地产资金结算任务

房地产金融机构发挥支付中介职能，为房地产经济活动提供结算服务，其服务包括如下几个方面：

（1）住房公积金结算

公积金是为推行住房商品化，实施房改政策而推行的一种带有强制性的政策性储蓄。实行公积金办法的职工个人按月缴交占工资一定比例的公积金，单位亦按月为职工缴交按职工工资一定比例的公积金,两者均归职工个人所有。住房公积金由房地产金融机构按月定期为缴交者办理缴交结算,并日常办理支取、移转等结算业务。

(2) 房租和物业管理费结算

租住公房的职工每月缴纳的房租和住在私房的房主按期缴纳的物业管理费等,都可利用支票、现金或自动转账系统等通过房地产金融机构办理结算。

(3) 购售房资金结算

购房者购买房屋,包括分期付款方式和通过贷款按期还本付息方式购房,购房者都可利用支票、银行本票、现金或自动转账系统,通过房地产金融机构定期办理结算。

(4) 其他资金结算

房地产开发经营企业日常经营活动中除上述有关结算业务以外的结算,如取得土地使用权支付的价款、购买办公设备的付款等都可通过房地产金融机构办理结算。此外,还有其他单位通过房地产金融机构办理的结算等。

4. 其他金融服务任务

房地产金融机构的任务除了筹资、投融资和结算服务之外,还包括其他金融服务,如房地产保险服务、房地产投资咨询、代编代审房地产项目预决算、代编房地产开发建设项目招标标底、提供抵押房地产价值估算、代理房地产买卖和代理房地产租赁等。

房地产金融机构提供其他金融服务,一方面可拓宽房地产金融机构服务领域,扩大社会影响,吸引客户,提高房地产金融机构的信誉;另一方面,还可增加房地产金融机构的收益,增强房地产金融机构的实力,降低房地产金融机构投融资活动的风险。

(三) 房地产金融机构的管理

房地产金融机构的管理包括金融、外汇、保险和证券管理部门等对房地产金融机构的监督管理和房地产金融机构内部的管理两个方面。金融、外汇、保险和证券管理部门主要包括中国人民银行、国家外汇管理局、中国保险监督管理委员会和中国证券监督管理委员会。

中国人民银行从成立至1983年,既行使货币发行和金融行政管理职能,又从事信贷、结算、储蓄等业务经营活动,机构遍及全国城乡。1983年9月,国务院决定中国人民银行专门行使中央银行职能,不再办理一般银行业务。1995年,随着《中国人民银行法》的颁布,中国人民银行的地位和职责得到了法律上的确立。中国人民银行在国务院的领导下,对全国金融机构、金融市场和金融业务进行统一的监督管理,包括对房地产金融机构及其业务进行监督管理。1997

年11月全国金融工作会议后,将监管证券经营机构职能开始移交中国证券监督管理委员会统一监管,1998年11月起对保险业的监管职能移交给新成立的中国保险监督管理委员会。

国家外汇管理局是我国的国家外汇管理机关,1979年3月由国务院批准成立,原与中国银行为一个机构,1982年划归中国人民银行直接领导,现为中国人民银行代管的国家局。国家外汇管理局审批房地产金融机构外汇业务资格和范围,对房地产金融机构的外汇业务进行监督管理,如对外销商品房外汇抵押贷款作出规定等。

中国保险监督管理委员会于1998年11月18日成立,目前是全国商业保险的主管部门,中国保险监督管理委员会根据国务院授权履行行政管理职能,依照法律、法规统一监督管理全国保险市场,包括对涉及房地产的主要保险险种的基本条款和费率作出规定,对保险公司上报的其他保险条款和费率进行审核备案等。

中国证券监督管理委员会最初是国务院证券委员会的监督管理执行机构,1992年10月经国务院批准成立,依照法律法规对证券市场进行监管。1998年4月,根据国务院机构改革方案,国务院证券委员会与中国证券监督管理委员会合并,组成新的中国证券监督管理委员会,作为全国证券期货市场的主管部门。中国证券监督管理委员会的监管工作也包括对房地产领域的证券期货工作等进行监督和管理。

1. 中国人民银行对从事房地产金融业务的银行的管理

中国人民银行对从事房地产金融业务的银行的管理包括设立管理和日常管理。

(1) 设立管理

从事房地产金融业务的银行的设立,包括独立的房地产金融专业银行和商业银行都须经中国人民银行的审批。

中国人民银行审查设立申请时,应当考虑经济发展的需要和银行业竞争的状况。中国人民银行按照有关法律规定审批银行机构的设立、变更、终止及其业务范围。

经中国人民银行批准新设立的商业银行,凭中国人民银行颁发的经营许可证,向工商行政管理部门办理设立登记。

政策性的房地产金融机构的设立,一般还要经政府有关部门批准。

(2) 日常管理

中国人民银行为履行对金融业监督管理的职责,需对银行等金融机构实施日常的监督管理。这种日常管理主要体现在以下几个方面:

①发布有关对商业银行进行监督管理和开展有关业务的命令和规章。

②有权要求商业银行等金融机构按照规定报送财务报告资料。

③有权对商业银行等金融机构的存款、贷款、结算、呆账等情况随时进行稽核、检查监督。

④有权对商业银行等金融机构违反规定提高或降低存贷款利率的行为进行检查监督。

⑤有权对政策性银行的金融业务进行指导和监督。

商业银行已经或者可能发生信用危机，严重影响存款人的利益时，中国人民银行可以对该商业银行实行接管。

中国人民银行还应介入商业银行的解散、撤销、破产过程，实施清算监督。

2. 中国人民银行对从事房地产金融业务的信托投资公司的管理

中国人民银行对从事房地产金融业务的信托投资公司的管理也包括设立管理和日常管理。

（1）设立管理

从事房地产金融业务的信托投资公司的设立，包括独立的房地产专业信托投资公司和一般信托投资公司都须经中国人民银行的审批。

中国人民银行可以根据经济发展的需要和信托市场的状况对信托投资公司的设立申请进行审查。

经中国人民银行批准新设立的信托投资公司，凭中国人民银行颁发的信托机构法人许可证，向工商行政管理部门办理设立登记。

（2）日常管理

中国人民银行为履行对信托业监督管理的职责，需对信托投资公司等实施日常的监督管理。这种日常管理主要体现在以下几个方面：

①发布信托投资公司从事信托业务的有关组织和管理的规章。

②定期或者不定期对信托投资公司的经营活动进行检查。

③对监管中发现的重大问题，有权质询信托投资公司的高级管理人员，并责令其采取有效措施，限期改正。

④责令管理混乱、经营陷入困境的信托投资公司采取措施进行整顿或者重组，并可以建议撤换高级管理人员，在必要时可以接管有关信托投资公司。

中国人民银行同样还应介入信托投资公司的解散、撤销、破产过程，实施清算监督。

3. 中国保险监督管理委员会对从事房地产保险业务的保险公司的管理

中国保险监督管理委员会在其履行对保险业实施监督管理职责中，包括对房地产保险业务的管理，其中涉及对保险公司、保险经纪公司、保险代理机构、保险公估行等保险相关机构和保险代理人、保险经纪人等保险从业人员的监管。这里主要介绍对保险公司的监督管理。

我国目前还没有专业房地产保险公司，房地产保险业务作为保险公司业务的一个重要方面，正不断得到开拓和发展。保险监督管理委员会作为保险监督管理部门对房地产保险业务的管理主要通过对保险公司设立管理和日常管理来实施。

(1) 设立管理

设立保险公司，必须经中国保险监督管理委员会批准。中国保险监督管理委员会审查设立申请时，应当考虑保险业的发展和公平竞争的要求。保险监督管理委员会按照有关法律规定审批保险公司的设立、变更、终止及其业务范围。

经中国保险监督管理委员会批准设立的保险公司，由中国保险监督管理委员会颁发经营保险业务许可证，由申请人凭证向工商行政管理机关办理设立登记。

(2) 日常管理

①制定商业保险主要险种的基本保险条款和保险费率，接受保险公司拟订的其他险种的保险条款和保险费率的备案。

②检查保险公司的业务状况、财务状况及资金运用状况，有权要求保险公司在规定的期限内提供有关的书面报告和资料，如营业报告、财务会计报告及有关报表等。

③规定保险公司运用的资金和具体项目的资金占其资金总额的具体比例。

④对违反规定提取或结转各项保险准备金，或者未按照有关法规办理再保险，或者严重违反资金运用规定的保险公司实施限期改正措施，限期内保险公司未予改正的，可对保险公司采取整顿措施。

中国保险监督管理委员会对损害公共利益，可能严重危及或者已经危及偿付能力的保险公司实行接管。

中国保险监督管理委员会还应介入保险公司的解散（人寿保险公司不得解散）、撤销、业务转移、破产等过程，实施清算和业务转移的监督。

4. 中国证券监督管理委员会对从事房地产金融业务的证券公司的管理

中国证券监督管理委员会依法履行对从事房地产金融业务的证券公司的监督管理的职责，其监督管理主要通过对证券公司的设立管理和日常管理来实施。

(1) 设立管理

设立证券公司，必须经中国证券监督管理委员会审查批准，分类颁发业务许可证，由申请人凭证向工商行政管理机关办理设立登记。

(2) 日常管理

①制定涉及证券公司业务经营的行政规章。

②对证券公司进行检查和调查，并可以要求证券公司提供、复制或者封存有

关资料。

③负责对证券公司从业人员进行注册及日常监督管理。

④对证券公司高级管理人员实行谈话提醒制度，并且可以对经营管理中出现问题的证券公司高级管理人员进行质询，责令其限期纠正。

此外，中国证券监督管理委员会还对证券公司的变更、终止事项进行审批等。

5. 房地产金融机构的内部管理

以商业性的房地产金融机构为例，房地产金融机构应当按照现代企业制度的要求，建立并健全符合《公司法》规定的治理结构。房地产金融机构的内部管理主要包括以下几层管理：

一是权力机构的管理，包括房地产金融机构的股东大会、股东会或其他有关部门决定房地产金融机构的经营方针，行使《公司法》和金融法规或其他有关法规赋予的职责。

二是董事会的管理，包括建立和完善独立董事制度，执行权力机构的决议，决定房地产金融机构的经营计划，制定基本的管理制度等。

三是经理人员的日常经营管理，包括组织实施董事会的决议，拟订具体的规章等。

四是具体业务人员的业务管理。

五是监事会和房地产金融机构内部稽核（审计）、监察部门的监督等。

内部管理涉及财务管理、人事管理和经营管理等方面。财务管理主要是资本金管理、现金管理、成本管理、财产管理和利润管理。财务管理要遵守国家的法律、法规和财政金融政策，做好财务收支的计划、考核和分析工作，有效筹集和运用资金，依法计算缴纳国家税金。人事管理的内容主要是招聘员工、培训员工、任用员工、进行工作和工资审评等。经营管理的内容主要是根据经营计划和目标安排组织开拓各种房地产金融业务，分析经营过程，保证经营活动安全。

内部管理由房地产金融机构各部门分工负责，相互协作，完成房地产金融机构的经营计划，实现既定的经营目标。

（四）房地产融资主体

1. 房地产融资主体的含义

融资主体是指金融机构提供服务的对象，尤指融资机构提供服务的对象。融资机构作为信用中介，是通过借贷两个行为构成资金供应者和资金需求者之间的中介地位的。这个信用中介是贷者和借者的集中，其意义在于以融资机构的信用来代替企事业单位和个人的信用，从而能大量地集聚资金，并对资金进行有效的分配，为信贷资金进入生产和再生产领域提供条件。

作为融资机构服务对象的融资主体包括资金融通的各种供需者。就房地产融资主体而言，它是指房地产资金融通过程中处于房地产融资机构房地产资金融通供需者地位的有关部门、企事业单位和个人。房地产融资机构根据处于需方地位的房地产融资主体对房地产经营和消费的资金需求，合理利用处于供方地位的房地产融资主体提供的房地产资金，采取适当的房地产融资形式，为房地产融资主体提供服务。

2. 房地产融资主体的种类

房地产融资主体按照不同的划分标准可以有多种表现形式。这些分类形式又互有交叉。

（1）按照所融通资金的物质承担者的经济形态来划分，房地产融资主体可以划分为房产融资主体和地产融资主体。

（2）按照所融通资金的地域来划分，房地产融资主体可以划分为城市房地产融资主体和农村房地产融资主体。

（3）按照所融通资金的所有者或使用者划分，房地产融资主体可以划分为国有房地产融资主体、集体房地产融资主体和个人房地产融资主体等。这种划分是与我国土地归国家或集体所有，由企事业单位和个人使用相联系的。

（4）按照所融通资金的用途划分，房地产融资主体可以划分为专业性的房地产融资主体和非专业性房地产融资主体。专业性的房地产融资主体是把房地产作为经营对象的企业和个人投资者，而非专业性的房地产融资主体仅是把房地产作为一种载体（生产或生活空间）从事活动的企事业单位和个人。

3. 房地产融资主体的特征

我国实行土地公有制，国家所有或集体所有的土地不能买卖和转让，但土地的使用权可以出让或转让。拥有土地所有权的各级政府土地管理部门和土地集体所有者是地产资金的融资主体，土地使用权的所有者也是地产资金的融资主体。房屋的融资主体是指房屋的所有者或使用者。房地产融资主体包括与房地产有关的所有者和使用者。

当房地产作为商品进入货币经济领域后，参与房地产生产、交换、分配和消费的各方才有了资金融通的真正要求，才有了房地产的融资主体。从事房地产开发经营的房地产开发经营企业通过融资活动进行房地产的开发、买卖和租赁，获取利润，其根本性质与经营一般商品的企业的融资主体是一致的，但与一般商品经营企业作为融资主体相比较，又有自己的一些特点。具体表现在以下几个方面：

（1）经营对象的差异

房产与一般经营对象相比在于价值较大，使用年限较长，而地产仅使用年限的使用权,而不是所有权。经营其他商品的经营者其的对象是所有权与使用权相统一的。房地产经营者考虑资金融需要考虑时间因素、金额因素、融资时效等问题。

(2) 经营对象的价值构成差异

房产的价格包含了房屋及其所占土地的土地使用权价格,而一般商品价值是由原材料等物化劳动的价值和工人劳动创造的活劳动的价值。由于地价受土地稀缺性因素和经济周期影响较大,地价在呈上升趋势中仍可能存在较大的波动性,从而也给房地产融资带来风险性。

(3) 经营对象充当担保品的形式差异

由于房地产具有物质方面和经济方面的特征,属于一种价值较高的不动产,经营者可以将其作为担保品而取得借款,融通资金。与一般属于动产的商品不同,经营者以房地产作抵押取得借款,一般只采取不转移占有的方式,将该财产作为债务的担保,而一般属于动产的商品用作担保取得借款,不只采取不转移占有的方式,更多的是采取移交占有的方式,将该动产作为债务的担保,取得借款,融通资金。

二、房地产抵押贷款

世界发达国家为了发展房地产,主要通过各类房地产金融机构融通房地产资金,拓宽房地产筹资的主渠道。其中,金融机构贷款是房地产资金的非自有资金的主要来源,而房地产抵押贷款作为一种特殊的担保贷款,是目前各发达国家普遍采用的主要贷款形式。这里首先将对房地产抵押贷款的种类、特点及作用作简单概述,然后结合我国的房地产抵押贷款发展情况,重点介绍商业银行住房抵押贷款和政策性住房贷款(住房公积金)的运作。随着我国房地产业近几年的高速增长,住房抵押贷款市场的许多潜在风险也不断积聚和显现,这里将就这一问题做初步的探讨,并从完善和健康发展中国房地产抵押贷款市场的角度,借鉴发达国家的先进经验,以发展住房抵押贷款保险和住房储蓄银行业务为重点,提出我国房地产抵押贷款市场的发展构想和创新思路。

(一) 房地产抵押贷款概述

1. 房地产抵押贷款及其种类

(1) 房地产抵押贷款

房地产抵押贷款是指银行以借款人或第三人拥有的房地产作为抵押物发放的贷款。抵押物担保的范围包括银行房地产抵押贷款的本金、利息和实现抵押物抵押权的费用及抵押合同约定的其他内容。房地产抵押人在抵押期间不得随意处置受押房地产,受押房地产的贷款银行作为抵押权人,有权在抵押期间对抵押物进行必要的监督和检查。在贷款债务履行期届满,贷款人未清偿贷款本金和利息的，贷款银行可以与借款人协议以抵押的房地产折价或拍卖、变卖该抵押物所得的价款偿还贷款本金和利息；协议不成的，贷款银行可以向法院提起诉讼，通过法律途径清偿贷款银行的债权。

设定房地产抵押权的土地使用权是以划拨方式取得的，依法处分该房地产后，应当从处分所得的价款中缴纳相当于应缴纳的土地使用权出让金的款额后，贷款银行方可优先受偿。

抵押的房地产折价或者拍卖、变卖后，其可用于清偿的价款超过贷款银行债权数额的部分归借款人所有，不足部分由借款人清偿。

（2）房地产抵押贷款的种类

房地产抵押贷款按不同的分类标准可划分成多种类型。

①按贷款对象分类，主要有：

a. 企事业法人房地产抵押贷款。这是贷款银行向实行独立经济核算并能承担经济责任和民事责任，符合房地产抵押贷款条件的企事业法人发放的房地产抵押贷款。

b. 个人房地产抵押贷款。这是贷款银行向符合房地产抵押贷款条件规定的个人发放的房地产抵押贷款。

②按贷款用途分类，主要有：

a. 房屋开发抵押贷款。房屋开发抵押贷款是指贷款银行以房地产开发经营企业拟开发土地的土地使用权作抵押而发放的贷款。房屋开发抵押贷款和土地开发抵押贷款又称房地产建设贷款。

b. 购房抵押贷款。购房抵押贷款是指贷款银行以上述企事业法人和个人所购房屋作抵押而发放的贷款，包括职工住房抵押贷款、商品房抵押贷款等。

c. 其他用途的房地产抵押贷款。它是指贷款银行所发放的不是适用于所抵押房地产的开发建设和购买的贷款，而是用于其他生产性或消费性贷款的抵押。

③按贷款利率确定方式和计息方法分类，主要有：

a. 固定利率房地产抵押贷款。这一抵押贷款的主要特色是在固定利率条件下，定期、定额还本。也就是在贷款后，每期（通常为一个月），借方除了按一定利率缴还贷款利息外，还须定额摊还本金。

b. 浮动利率房地产抵押贷款。这一抵押贷款允许贷款利率能在短期内（每半年或1年）随利率上升压力而作相应调整。

c. 可调利率房地产抵押贷款。即可根据资金市场供需情况调整贷款利率的房地产抵押贷款。

上述三种贷款在具体计息上有复利计息和单利计息之分，还款方式有固定还本和固定付款等之分。

2. 房地产抵押贷款的基本特征

房地产抵押贷款的基本特征是指房地产抵押贷款的本质属性，这是它与其他贷款的区别所在。房地产抵押贷款有以下三个基本特征。

(1) 以抵押为前提建立的贷款关系

从融通资金的方式来说，抵押贷款是以抵押物的抵押为前提而建立起来的一种贷款关系，其他贷款关系则不以抵押物的抵押作为前提。抵押贷款是按一定的抵押方式，以借款人或第三人的财产作为抵押物发放的贷款，是一种依据贷款项目的风险程度和抵押物价值评估发放的贷款。与抵押贷款不同，保证贷款是主要以第三人承诺在借款人不能偿还贷款时，按约定承担一般保证或者连带责任保证为前提而发放的贷款；质押贷款则是按一定的质押方式经借款人或第三人动产或权利作为质物发放的贷款。

在这里，尤其要注意抵押贷款和质押贷款的区别与联系。抵押贷款中用来抵押的财产是房地产或动产，而质押贷款中用作质押的则是动产或权利；在抵押的情形下，债务人或第三人不转移抵押财产的占有权，而质押则是债务人或第三人将其动产、权利移交债权人占有；在抵押贷款和质押贷款中，抵押物在债务履行期届满前所有权属于抵押人与出质人；应当由抵押人、出质人与贷款银行签订相应的抵押合同、质押合同，并依法办理登记。

(2) 以房地产抵押为条件的贷款

通常情况下，房地产抵押贷款的借贷双方都不是为了直接取得房地产资产，而是以作为抵押物的房地产作抵押为条件而发生资金的借与贷的行为。房地产抵押贷款的实质是一种融资关系而不是商品买卖关系，对于房地产抵押贷款的借方而言，其目的是通过借款融资而取得购买房地产等资产的资金，实现对房地产等资产的拥有，而不是为了出售出押的房地产；对于房地产抵押贷款的贷方而言，其取得房地产抵押权的目的并不是要实际占有房地产，而是为了在贷出资金未能按期收回时，作为一种追偿贷款本息的保障。一旦借方不能按期偿还贷款时，贷方只是为了维护自己的权益而被迫依法处分抵押的房地产，此举措不是房地产抵押贷款方的本意。

(3) 房地产抵押贷款的现实性

房地产抵押贷款的现实性主要体现在它与保证贷款相比较之中，保证贷款方式中保证人所承担的实际责任发生在贷款偿还时，而不是发生在保证贷款时，因此是一种未来责任，是未来而非现实的责任担保，这种未来责任可能是一种虚拟的保证责任。这是因为如果借款人债务到期不能如数归还贷款本息时，保证行为才可能实际发生，因此在办理保证担保时，保证方并不一定需要提供实实在在的保证财产。而房地产抵押贷款一般是现实的责任担保，房地产抵押贷款的抵押行为是借款方获得贷款时必须发生的现实行为，虽然抵押的房地产是否会实际转移到作为抵押权人的贷款方手中将视贷款能否偿还也有两种可能，但借款方在获得房地产抵押贷款的同时，抵押人必须提供实实在在的抵押财产，否则，借款方就不能获得贷款。可见抵押责任是现实的，房地产抵押贷款具有现实性。

3. 房地产抵押贷款的作用

近年来，我国房地产抵押贷款迅速发展，在房地产经济和金融领域的作用正不断地表现出来。

(1) 增强工薪阶层的购房能力，促进住房自有化和房地产消费市场的发展

房地产抵押贷款的出现和发展，是以银行业务经营多样化和房屋买卖与房地产市场的发育为基础的。购房可以说是大部分人一生中最重大的投资项目，但是住房消费面临的问题是消费者短期支付能力与昂贵的住房价格之间的矛盾。房地产抵押贷款的推出，可以增强工薪阶层的购房能力，使得那些达到一定收入水平的工薪阶层，只要能支付一笔数额较小的首期款（一般为住房全价的20%或30%），就可将拟购房产的产权作抵押，获得贷款银行的融资，提前实现住房需求，促进住房自有化和商品化，扩大房地产消费市场。

(2) 增强房地产开发经营企业的经济实力，发挥自有资金的财务杠杆功能，促进房地产业的发展

房地产抵押贷款的发放为房地产开发经营企业获得债务资金提供了有利条件。房地产开发经营企业可以在支付了拟开发地块的地价以后，以拟开发的地块作为抵押物，取得贷款银行的融资，从事该地块的开发。在土地开发完成以后，房地产开发经营企业仍可以将该地块上将建成的房屋与该块土地一起抵押给贷款银行，获得资金融通。房地产开发经营企业以少量的自有资金，吸收大量的外来资金投入，增强了房地产开放经营企业的经济实力。在房地产开发建设的报酬率大于债务成本率水平的情况下，房地产开发经营企业向银行进行举债筹资，将产生正的财务杠杆作用，从而会导致房地产开发经营企业的盈利增加。同时，举债开发也增强了房地产开发经营企业对借款需求的风险约束，促使房地产开发经营企业强化按期偿还房地产抵押贷款本息的能力和自觉性，以利于按时赎回出押的房地产，促进房地产业的正常运行。

(3) 发挥储蓄功能，调节居民消费行为，促进经济的平衡发展

房地产抵押贷款尤其是住房抵押贷款具有储蓄的功能，这种功能的体现有两种情况：一种情况是，居民一旦获得住房抵押贷款，随即实现住房消费，但同时为了以后分期偿还住房抵押贷款本息，需要进行储蓄，积聚资金，以保证按期偿还本息，这是一种先购买了住房而后必须参加储蓄的情况；另一种情况是，居民要想获得住房抵押贷款，首先要参加住房储蓄，在存足一定金额和一定期限后，

可以获得数倍的住房抵押贷款，而后须按期储蓄偿还住房抵押贷款本息。可见，住房抵押贷款具有较强的储蓄功能，从总体上讲，住房抵押贷款可以节约储蓄时间，把居民长期储蓄的购买能力通过住房抵押贷款方式变为现实的购买力。房地产抵押贷款还可以调节居民的消费行为，有利于居民建立较为合理的消费结构。而且，通过住房抵押贷款的推广，可促进房地产业及其相关行业的发展，由此也可促进国民经济的全面平衡发展。

(4) 确保银行贷款的安全性，保障银行贷款效益，促进房地产金融的发展

房地产抵押贷款的发放，借贷关系人要按照《担保法》和《贷款通则》等法律、法规的规定先行签订借款合同和房地产抵押合同。通过借款合同和抵押合同，明确规定各项借贷条件和一般作为抵押人和抵押权人的借贷双方的权利和义务，这就从根本上保障了贷款的本息偿还以及作为抵押物的房地产的处分有法可依。银行贷款以房地产作抵押，改变了贷款以信用为主的传统贷款方式。银行发放了房地产抵押贷款，在该贷款本息收回之前，拥有对该抵押房地产的抵押权。无论是居民个人还是企事业单位包括房地产开发经营企业，一旦不能按期归还贷款本息，贷款银行可以依法处置抵押的房地产，以偿还贷款本息。我国《担保法》明确规定："债务履行期届满抵押人未受清偿的，可以与抵押人协议以抵押物折价或者以拍卖、变卖该抵押物所得的价款受偿，协议不成的，抵押权人可以向人民法院提起诉讼。"这样，就使房地产抵押贷款的风险降低到最低程度，最大限度上确保了贷款的安全。同时，也给贷款银行本身带来了较为稳定的贷款收益，有利于房地产金融贷款业务的良性循环和相关金融服务的扩大，促进房地产金融业的发展。

(二) 商业银行住房抵押贷款的运作

1. 住房抵押贷款的利率

购买房地产，牵涉资金庞大，必须大量融资。因此，融资成本和借贷条件包括年限、还本方法、利率等，成为投资者的重要考虑因素之一。利率是资金成本，利率的任何变动都将对投资的价值产生影响。在市场经济体系下，市场利率取决于货币市场供给和需求的相互作用。在贷款市场上，房屋贷款的需求是由对房屋的需求引申而来的。在供给方面，人们可以把贷款看作贷方的一种投资决定。

从经济学的角度来看，购买或投资于一种资产的需求量大小应该由该资产所含的报酬率及风险而定。资产所含风险越高，则补偿这些风险所需要的风险贴水就越高。因此，发放贷款所要求的利率可以表达为

$$I = r + p + f$$

式中 I——贷款利率；

r——实质利率或实际利率；
p——预期通货膨胀率；
f——风险贴水。

实质利率是指贷方牺牲现在消费的机会，而将资金让给借方先使用所应该获得的报酬。在贷方收回贷款之后，可能因为通货膨胀而使贷方所收回的本金无法购买到借贷之前的物品，为了弥补购买力的损失，贷方会要求相当于通货膨胀率的补偿。

实质利率加上通货膨胀率，一般称为名义利率，是购买政府公债的报酬率，这一部分可以认为是不含风险的。

风险贴水，是对贷方所承担的风险的补偿，这些风险包括：①违约风险。因违约后求偿的法律程序复杂，抵押品往往无法完全补偿贷方的损失，从而违约风险也就无法完全避免，但是却可以采取技术手段将其控制在一定范围之内，用一定的附加利率予以弥补。②利率风险。即因未来市场利率水平波动而使投资者蒙受损失的可能性。资金市场上的利率不是一成不变的，例如通货膨胀率上升后市场利率就会相应上升。而房地产贷款通常都是长期的，如果贷款利率是固定的，其他利率因通货膨胀率上升而上升，则其所发放的房地产贷款会受损失。③流动性风险。即贷方有时会因遭遇财务困难而必须出售其所持有的贷款合约。为了在市场上及时出手，有时必须降价销售，可能因此受到损失。

我国现行的商业银行住房抵押贷款最高期限为不超过30年，贷款利率以5年为界，分为两档，1~5年为4.95%，5年以上至30年为5.31%。住房贷款利率可以按照央行规定在下年初进行调整。

2. 住房抵押贷款的首付款

首付款为房屋总价和抵押贷款的差额，也称为借款人在抵押房地产上的净资产权益。为了减少贷款风险，银行发放的住房贷款额总是要小于抵押物的市场价格，因此，购房者需要一次性支付一定比例的首付款。首付款是衡量住房抵押贷款风险的一个重要指标，首付款比例的高低取决于房地产评估的准确性、市场的发育程度、变现成本的高低和借款人的资信等级等因素。当市场发育程度不够和相关法律法规保证不完善的情况下，银行处置抵押房的变现成本很高，所以首付款不能太低，要保证在扣除抵押房变现成本后仍能偿付贷款余额。因为银行放贷目的不是要取得受押的房产，而是要安全地收回本金并获得利息。当然，首付款也不能太高，若门槛太高，即束缚了住房的有效需求，也不利于扩大住房信贷业务。

根据《中国人民银行关于规范住房金融业务的通知》（银发［2001］195号）和《中国人民银行关于进一步加强房地产信贷业务管理的通知》（银发

[2003] 121号），我国目前严禁发放"零首付"个人住房贷款。商业银行只能对购买主体结构已封顶住房的个人发放个人住房贷款。对借款人申请个人住房贷款购买第一套自住住房的，首付款比例不低于20%；对购买第二套以上（含第二套）住房的，应适当提高首付款比例。

3. 住房抵押贷款的还款方式

住房抵押贷款的还款方式对居民的购房能力有重大影响。目前我国银行在办理住房抵押贷款业务时，主要采用的是固定还本法和固定付款法。为了能吸引更多的客户，目前国内的商业银行正大胆借鉴国外成功的经验，设计出符合我国国情、形式多样的、满足于各档次家庭收入的住房消费者需要的住房抵押贷款还款方式。

（1）固定还本法（CAM）

固定还本法在国内被称"等额本金还款法"，其主要特色是定期、定额还本，也就是在贷款后，每期借方除了缴贷款利息外，还需要定额摊还本金。由于固定还本贷款每月还本额固定，所以其贷款余额以定额逐渐减少。因此，每月付款及每月贷款余额也定额减少。固定还本贷款并不很流行，主要是每月偿付的本息总额并不固定，造成混乱不便；同时每月总付款逐月减少，这对初次购屋的人不利。这是由于初次购屋的人，家庭经济情况才开始改善，可能无法支付高额本息，但是随着时间的延续大多能够逐渐增加所得，改进付款能力。因此，固定还本贷款的多少正好与借方的经济能力呈现反方向变动。其计算公式为

每月还款额 = 贷款本金/还款期限 +（贷款本金 - 累计已还本金）×月利率

（2）固定付款法（CPM）

固定付款法在国内被称为"等额本息还款法"，其主要特色就是每期支付贷款本金与利息的总和都相同。因此我们可以将这些每期相同的付款看成是年金，这些付给贷方的年金，其现值总和必等于贷款的现值。在贷款初期，所支付的贷款本息支出大部分是利息支出。随着还本的增加，每期所欠贷款逐月减少，因而所支付的利息也随着减少。同样的条件下，在贷款初期固定还本贷款的支付额大于固定付款法的每月支付总额，在末期则反之。如果贷方的所得是逐渐增加的，贷方的偿债能力也会逐渐增加，那么固定付款法的付款方式比固定还本法的付款方式更能配合贷方的经济能力变动情况，尤其在期初时固定还款法的付款远低于固定还本法，更能吸引一些目前收入较低而以后收入增长潜力大的购房人。其计算公式为：

每月还款额 = 贷款本金 × 月利率 ×（1 + 月利率）^{还款期限} / [（1 + 月利率）^{还款期限} - 1]

比较以上两种还款方式，有以下特点：

①从每月支付的本息来看，CPM 是固定的，而 CAM 在开始时比 CPM 高，然后逐月递减，这意味着，初借钱购买房屋时，CAM 的负担比 CPM 重。这对一般经济尚未稳定、而初借钱购买房屋的人不利。所以，CPM 的方法能够使更多经济不好的初购买房屋者拿到贷款，这对房价刚刚起步的中国相当合适。

②从贷方的角度来看，CAM 的还本速度较快，风险比 CPM 小。但是只要经济发展速度快，借方的收入保持相应增长，则随着时间延续，违约的风险反而减小。而且，这些地区的房价都上涨得很快，所以贷方手上持有的抵押物也越来越值钱，因此在违约的情况下也较有保障。

（3）渐进加付法（GPM）

渐进加付法是国际上十分通行的消费信贷形式，但目前在国内还较少被银行所采用。渐进加付法的发明主要是用来降低通货膨胀对借方付款能力的冲击。这是由于在预期物价上升时，贷方会把预期通货膨胀率算在利率里，从而使得贷款利率和预期通货膨胀率以同一幅度上升。贷款利率上升不但带来每期贷款支付的增加，更会改变借方的贷款负担结构。

通货膨胀使得每期支付增加，从而对贷款初期的借方造成较大的财务压力。这是因为真正影响借方财务压力的是所支付贷款的购买力，而非贷款本身。由于通货膨胀使同样的本息支出在贷款末期的购买力减少，因此贷方必须在初期收到巨额的贷款增多购买力，这样贷方所收到的总贷款本息的真实购买力才能维持其原来计划的水平。因为借方在贷款初期通常经济状况不好，如果真实负担增加，那么能借到贷款者就会减少。渐进加付法就是提出来弥补这个缺陷的，其主要特征在于减轻期初的本息支付，然后逐渐增加支付，其计算方法较为复杂。

渐进加付法具体又可分为等比累进还款法和等额累进还款法。前者是指借款人在贷款发放一定时间内，每月等额还款，以后在每期还款额基础上增加一定比例的还款额；而后者则在上期还款额的基础上增加一定额度的还款额。

渐进加付法的好处主要在于减轻贷款者的期初负担。许多有意购买房屋的人可能在考虑购买房屋时，收入较低无法支付贷款。此时，若贷款能改变还款的结构，使借方在贷款初期负担较低的贷款支付，然后逐渐调高贷款支付，则可以吸引更多的有购买房屋意愿的投资者。而且如果借方所购买的房屋很有升值潜力的话，则更为理想，因为即使借方的经济能力未获得改善而不能偿还贷款，贷方也因有价值逐年上升的抵押物做保障而不至于损失过重。现在我国的情况与渐进加付法成功的条件不谋而合。例如，上海地区，房价已高，许多人无法负担每期的贷款支出，因而不能购买房屋。但是这些人的未来收入将会随着经济成长而大幅度提高。渐进加付法能将贷款支付结构转变，减轻贷款初期的负担，使贷款负担和借款者的能力配合。另外，房地产价值上升的机会较大，在房地产价格上升后，即使借方的经济能力无法支付贷款本息，作为抵押品的房地产也能有足够的价值保护贷方的本息。

4. 国外住房抵押贷款工具

国外的金融机构为了能吸引更多的客户，设计了各种各样的抵押贷款类型以满足不同经济水平、社会背景家庭的需要。下面将简单介绍几种比较常见的住房抵押贷款工具。

(1) 可调利率抵押贷款

可调利率抵押贷款是美国的一种新型复杂的抵押方式，其利率可随标准金融指数变动。利率的变动可对每月付款数量、贷款期限、未偿贷款余额或上述几方面情况的综合产生影响。在抵押条款中，可对定期的或累计的利息额或付款的允许变动数量加以限制，又称可变利率抵押贷款。

这一信贷工具产生于20世纪70年代美国通货膨胀高涨时期。其优点是：①因利率可变，所以其初始利率较固定利率抵押贷款的利率要低，可以吸引更多的客户。②因利率低，还款额低，所以达到贷款标准的客户多，有利于银行在贷款时做更全面的评价，选择性更大。③利率变动，还款额数量变化，可避免固定利率持续高时还款额的压力，减少违约现象。④在高利率时取得的贷款，随着市场利率的降低，还款额减少，不会出现市场利率低而贷款利率高对抵押人不利的情况，迫使抵押人违约或进行二次抵押。

(2) 逆向年金抵押贷款

这种方式使用的目的是为了在不必出售房地产的情况下，开启房地产所有者拥有的权益。房地产所有人通过出售一部分房地产权益或以房地产作抵押获得收益或贷款，并以此购买年金，用于晚年生活支出。一种形式，是用于父母同子女之间的出售部分权益。父母向子女出售一部分房地产权益，子女以取得抵押和向父母付款的方式购买。这样，可以免交不动产税。父母则用获得的收入从保险公司购买年金合同，以维持晚年的生活。另一种形式，是房地产所有人直接同金融机构签订合同，金融机构获得房地产的抵押权，并向房地产所有人发放贷款。房地产所有人就用所获贷款购买年金。当房地产所有人死亡或发生其他突变情况时，金融机构就将不动产出售，把收益中的一部分用于清偿债务。逆向年金抵押贷款为一些希望拥有不动产而又缺乏现金使用的老年人提供了方便，同时也起到活跃市场的作用。但是，由于房地产只有在出售后贷款人才会有现金收入，加上借款人还本付息的能力低，因此这种贷款金额一般较小。

(3) 特大尾数抵押贷款

特大尾数抵押贷款是国外一种分两阶段偿付的贷款方式，一部分按计划分期偿付，剩余部分在合同到期时一次付清。目的是为了增加贷款安全系数，向借款人转移部分通货膨胀风险。运用这种贷款方式，关键是要确定好借贷双方都认可的贷款年限，按照本息均摊方法计算每月付款额，借款人可以一次性偿还所有贷款余额，也可根据当时的利率标准，双方约定一个续期贷款时限。这样，既解决了购房者一时无钱对长期贷款的需求，又能有效地向借款人转移部分利率风险，无论是对金融机构还是对贷款购房的借款人来说都是十分有利的。

(4) 两周付款式抵押贷款

这是西方国家金融界最近发放的一种住房抵押贷款方式。它是在固定利率与每月付款一次的基础上，改每两周付款一次，一年付款 26 次。这种改进虽然简单地将每月付款一次改为每两周付款一次，即每月付款增加一次，但由于货币本身存在着时间价值等因素，从而大大减轻了还款负担，实际效果相当明显。举例来说，一笔 30 年期、100 万元、年利率为 5.04% 的抵押贷款，采用等额本息还款法，每月付款额为 5393 元。如果采用每两周付款一次，则每期需支付 2208 元，即每月支付 4416 元，比每月还款要节省 977 元。显然，这种还款方式比较适合那些单位发放工资时间不同的双职工家庭。

(三) 住房公积金制度

1. 我国住房公积金制度的建立

住房公积金制度是我国在城镇住房制度改革当中，在借鉴新加坡经验的基础上结合我国国情加以创造性发展应用的一种长期性住房储金制度。住房公积金制度规定实行住房公积金办法的职工按月缴交占工资一定比例的住房公积金，职工所在单位也按月缴交占职工工资一定比例的住房公积金，两者均归职工个人所有。随着经济发展和职工收入的变化，可以分别调整职工和单位的缴交率，或调整计算住房公积金的工资基数。住房公积金制度是一项强制性住房储蓄制度，具有长期性、义务性、互助性和社会保障性的特点，公积金储蓄实行个人储存、单位补贴的原则。

我国的住房公积金制度于 1991 年最早在上海实行，1992 年扩展到北京、天津、江苏和浙江等地，1993 年又陆续扩展到辽宁、吉林、黑龙江、河北和湖北等地。1994 年 7 月，国务院转发的《关于深化城镇住房制度改革的决定》明确指出了要"全面推行住房公积金制度"，决定发布之后，全国 35 个大中城市、213 个地级以上城市建立了住房公积金制度。1996 年 2 月国务院住房制度改革小组第十次会议确定 1996 年房改工作的重点是"全国建立住房公积金制度"。自国务院在 1998 年 7 月 3 日颁布的《关于进一步深化城镇住房制度改革加快住房建设的通知》和在 1999 年 4 月 3 日颁布的《中华人民共和国住房公积金管理条例》（国务院令第 262 号）后，各地按照"房委会决策、中心运作、银行专户、财政监督"的基本原则和要求，采取一系列措施，加速了住房公积金制度的发展。为了进一步完善住房公积金管理，健全住房公积金监督管理体系，从根本上解决目前住房公积金使用和管理中存在的问题，2002年3月24日国务院又以350号政府令的形式对《条例》进行修改，并予重新实施。随着管理政策的完善和住房制度改革的深化，住房公积金制度逐步成为我国归集政策性住房资金、解决职工家庭住房问题的重要政策措施。实行住房公积金制度，可以使职工通过公积金的储蓄，逐步提高职工家庭解决自住住房的能力，有效地调整职工的消费结构，促进建立国家、单位和个人三者结合筹资建设住房的机制，推动住房商品化的发展，达到城镇住房制度改革的目标。

根据国家建设部的资料，截至2003年9月底，全国累计归集住房公积金5016亿元，归集余额3467亿元，全国职工因购建住宅和退休等累计支取住房公积金1549亿元；累计发放个人住房委托贷款2075亿元，个人住房委托贷款余额1375亿元，占归集余额的40%，支持了276.4万户职工家庭购建住房。其中，上海、北京、浙江、天津个贷余额占归集余额的比例分别达到96%、75%、63%和58%。西部地区中，青海、内蒙古个贷发放率分别达到42%和39%。

2. 住房公积金的主要内容

（1）住房公积金的缴纳人和所有权人

住房公积金的缴纳人是指国家机关、国有企业、城镇集体企业、外商投资企业、城镇私营企业及其他城镇企业、事业单位、民办非企业单位、社会团体及其在职职工。随着住房公积金制度的完善，住房公积金储蓄的对象有扩大的趋势。住房公积金的本质属性是工资性，职工个人缴纳的住房公积金是由单位在发工资时代扣的，单位缴纳的住房公积金实质上是把低工资时单位用于住房实物分配的工资，以货币形式分配给职工，从而达到转换住房分配机制的目的。因此，职工本人缴纳的住房公积金和单位缴纳的住房公积金，其所有权都属于职工个人，是职工个人的住房基金。

（2）住房公积金的缴存

住房公积金的缴存由职工所在单位工作人员经办，经办人员每月将职工工资中扣除的住房公积金，连同单位缴纳的住房公积金，在规定时间内一起存入由住房公积金管理机构在其委托银行开设的"住房公积金专户"中。住房公积金月缴存额等于职工的住房公积金缴存基数乘以缴交率，职工的住房公积金缴存基数一般为职工本人上一年度的月平均工资，住房公积金缴交率可根据经济发展状况和职工生活水平的变化调整，一般在当年上半年公布，并于当年7月份起开始实行，住房公积金缴存额确定后1年内不变。

（3）住房公积金的支取

住房公积金属于个人所有，但其支取有一定的限制。职工有下列情形之一的,可以提取职工住房公积金账户内的存储余额:①购买、建造、翻建、大修自住住房的;②离休、退休的;③完全丧失劳动能力,并与单位终止劳动关系的;④出境定居的;⑤偿还购房贷款本息的;⑥房租超出家庭工资收入的规定比例的。职工住房的内部装修、房屋养护、住房租金和认购住宅建设债券等费用,不得用住房公积金支付。

职工离退休、调离当地、出国定居,其结余的住房公积金本息可以办理支取手续。职工在职期间去世,其结余的住房公积金本息,可由继承人或受遗赠人根据《继承法》的有关规定办理支取手续;职工无继承人也无受遗赠人的,职工住房公积金账户内的存储余额纳入住房公积金的增值收益。

职工应当持提取证明向住房公积金管理中心申请提取住房公积金。住房公积金管理中心应当自受理申请之日起3日内作出准予提取或者不准提取的决定,并通知申请人;准予提取的,由受委托银行办理支付手续。

(4) 住房公积金的转移、中断和恢复

职工变动工作单位时,其公积金本息转入新单位名下的职工个人公积金账户,该职工住房公积金账号也作相应调整。职工因故脱离工作单位,中断工资关系时,其住房公积金缴存随之中断,结余的住房公积金本息仍保留在原单位名下的职工个人住房公积金账户内,该职工住房公积金账号不变。职工恢复工作时,如在原单位发工资的,则继续在原单位缴存住房公积金;如变动单位的,则应办理住房公积金转移手续。

职工使用住房公积金购买或建造的住房出售后,如果其中某成员需另购住房时,则应将职工原购买住房运用该成员的住房公积金如数存入该成员的住房公积金户名内,才可购买。

(5) 住房公积金储蓄的计息、对账和查询

住房公积金储蓄的利息于每年6月30日按上年7月1日银行挂牌的住房公积金储蓄利率结息,并自结息日起自动转存。但在实务上,目前有的城市规定当年存储的公积金的利息比照银行活期利率结算。活期存款结息日为每年的6月30日,6月30日结息后按三个月整存整取计息。

住房公积金的对账由经办金融机构于每年6月30日结息后两个月内开具单位、职工住房公积金明细账户对账单,同单位对账,并委托单位与职工对账。单位和职工如需要查询住房公积金账户余额,单位可向经办金融机构查询,职工可向单位查询,也可持单位证明文件至经办金融机构查询;经办金融机构一般只办理本次结息期前1年的查询业务。

(6) 住房公积金贷款

住房公积金贷款主要分为两类:一是向单位发放的住房专项贷款,另一类是

向职工发放的个人住房公积金贷款。这里主要介绍个人住房公积金贷款。

个人住房公积金贷款是指公积金管理机构运用所归集的公积金委托银行向职工个人购建自住住房或翻修、大修自住住房发放的贷款。这里所指的住房应该是在职工所在城市的城镇区域内，职工能获得房屋产权的住房；借款人应为正常履行住房公积金缴存义务的职工；借款人向银行偿还公积金贷款的担保是所拥有的产权住房作抵押物；个人住房公积金贷款的贷款基金，主要来源于单位和职工缴存的住房公积金。

1）公积金借款人的条件。同时符合下列条件的职工，可以经申请成为公积金贷款的借款人：①具有本市城镇常住户口；②申请前连续缴存住房公积金的时间不少于六个月、累计缴存住房公积金的时间不少于两年；③所购买的房屋符合市公积金中心规定的建筑设计标准；④购房首期付款的金额不低于规定比例；⑤具有较稳定的经济收入和偿还贷款的能力；⑥没有尚未还清的数额较大、可能影响贷款偿还能力的债务。

2）贷款限额标准。每项公积金贷款金额应当同时符合下列限额标准：①不得高于按照借款人住房公积金账户储存余额的倍数确定的贷款限额；②不得高于按照房屋总价款的比例确定的贷款限额；③不得高于按照还款能力确定的贷款限额，其计算公式为：借款人计算住房公积金月缴存额的工资基数×规定比例×12个月×贷款期限；④借款人的每笔贷款额度不高于规定的额度，比如目前上海规定不超过10万元。

3）贷款的期限、利率及还款方式。公积金贷款的期限按照当地有关部门的规定办理，最长不超过30年。公积金贷款的利率一般按照国家规定在住房公积金计息利率的基础上加规定利差，并随同住房公积金存款利率的调整而调整。住房公积金贷款的还款方式主要有按月等额本息还款和按月等额本金还款两种。

3. 住房公积金管理和监督

建立规范和高效的住房公积金管理与监督机制，是实现住房公积金安全运用和保值增值，以及实现住房公积金政策保障性和社会互助性的根本保证。

（1）住房公积金的管理原则

住房公积金是职工个人所有的住房基金，实施统一归集管理后，社会积累总额巨大，积累增加速度快，因此，对住房公积金的管理受到政府部门的重点关注。

根据各地的实践经验，国务院《关于深化城镇住房制度改革的决定》明确指出，住房公积金管理要坚持以下原则：①责权利一致，由各级政府设立专门的住房公积金管理机构，负责住房公积金的归集、支付、核算和编制使用计划等管理工作；②地方政府和专业银行是委托与被委托关系；③住房公积金管理机构不能当作金融机构，住房公积金的存贷款等金融业务一律由当地人民政府委托指定的专业银行办理。④住房公积金要专款专用，只能用于住房建设和住房改革，严禁挪作他用。

(2) 住房公积金管理

根据《中华人民共和国住房公积金管理条例》，住房公积金管理的决策机构是住房公积金管理委员会，负责住房公积金管理运作的则是住房公积金管理中心。

住房公积金管理委员会在住房公积金管理方面履行下列职责：①依据有关法律、法规和政策，制定和调整住房公积金的具体管理措施，并监督实施；②根据本条例第18条的规定，拟订住房公积金的具体缴存比例；③确定住房公积金的最高贷款额度；④审批住房公积金归集、使用计划；⑤审议住房公积金增值收益分配方案；⑥审批住房公积金归集、使用计划执行情况的报告。

住房公积金管理中心是直属城市人民政府的不以营利为目的的独立的事业单位。可以在有条件的县（市）设立分支机构。住房公积金管理中心与其分支机构实行统一的规章制度，进行统一核算。住房公积金管理中心履行下列职责：①编制、执行住房公积金的归集、使用计划；②负责记载职工住房公积金的缴存、提取、使用等情况；③负责住房公积金的核算；④审批住房公积金的提取、使用；⑤负责住房公积金的保值和归还；⑥编制住房公积金归集、使用计划执行情况的报告；⑦承办住房公积金管理委员会决定的其他事项。

(3) 住房公积金的监督

住房公积金的归集、提取和使用等，应当受到财政和审计等政府部门的全程监督，同时，更应接受住房公积金缴存人的监督，即社会监督。

住房公积金管理中心接受社会监督的形式，主要包括以下方面：①接受社会审计部门的审计，审计内容包括住房公积金的收支情况，住房资金的运用情况，住房公积金管理中心的成本费用开支情况，住房公积金管理中心的纳税情况等；②住房公积金管理中心结算年度终了后两个月内，须将包括住房公积金财务报告向社会公布，并且每年向社会公布一次工作报告，内容包括归集的住房公积金、单位基金、参与建房计划、发放个人贷款和资金增值等；③职工、单位有权查询本人、本单位住房公积金的缴存、提取情况，住房公积金管理中心和受委托银行不得拒绝；④职工有权揭发、检举、控告挪用住房公积金的行为。

4. 我国住房公积金制度的发展构想

(1) 我国住房公积金制度实施中遇到的问题

随着我国住房商品化、社会化的全面推开，我们面对的将是以职工个人购房消费为主的买方市场，在这种形势下，现行住房公积金贷款制度暴露出一些弊端，制约了房地产经济的发展。

1）住房公积金覆盖面窄，缴交率低。根据建设部资料，截至2003年9月，按照在岗职工计算，全国还有约40%、4430万职工没有建立住房公积金制度。有相当一部分城镇职工因单位的经济效益差而迟缴甚至不缴住房公积金，此外，大部分私营企业和三资企业的职工未能进入公积金体系。但是在中国，往往是这些职工改善住房条件的需要最迫切，也最需要获得政府的政策扶持。另外，我国大部分地区实行单位、个人各按职工工资5%的比率缴纳住房公积金，在我国人均工资水平较低的情况下，人均归集金额非常有限。因此，尽管近几年我国住房公积金增长速度较快，但目前高房价、低收入的现状下，公积金总的归集规模还远远满足不了住房生产与消费的需要。

2）公积金使用效率不高，违规使用情况严重。在现行体制下，由于因缺乏资金投资手段和渠道造成资金大量沉淀，使用率不高。截至2003年9月，约有1375亿元个人住房委托贷款余额（约占归集余额的40%）沉淀在银行，没有发挥效益，造成了职工利益的损失，加大了资金保值的风险，这不符合资本受益原则。另外，由于住房公积金没有营运的目的和机构，这块资金实际在住房制度改革成为了地方政府可支配的资金，当地政府部门为了形象和政绩挪用、占用住房公积金就是理所当然的事情，不良债权的形成，也不可避免。有些地方因公积金占用严重，不能收回，为了维持运转，已停止给职工计息，公积金制度的信誉遭到了冲击。

3）公积金管理工作不规范。按《条例》规定，住房委员会是住房公积金管理的决策机构，但大多数地方没有健全住房委员会制度，以致公积金的管理实际上是地方政府分管领导说了算。目前存在的违规发放住房建设项目贷款、挤占挪用住房公积金、违规分配和使用增值收益等问题，根源就在于此。此外，在公积金管理中心的内部管理上也因缺乏竞争机制和目标模式造成机关作风，加上缺乏专业人员，使住房公积金管理因服务不善，造成信誉和形象受到影响，长此以往，将使公积金制度失去活力、缺乏竞争力。

(2) 发展和完善我国住房公积金经营管理体制的思路

1）改进住房公积金缴存方法，增加住房公积金的总体规模。

①实行弹性公积金缴存制。我国地域广阔，居民收入水平和住房需求状况不一，而住房公积金的缴存比例却是全市统一的，缴存比例适应性差。如果允许职工在全市统一规定的缴存比例基础上，自行确定住房公积金的缴存比例，将会增加住房公积金的归集额。因为住房公积金存款免征利息税，一些有金融投资意识或急需改善住房条件的职工愿意增加住房公积金的缴存额。

②在有条件的单位可追加住房公积金。在实行住房公积金制度以前，国有企业实行住房实物福利分配。在实行住房公积金制度以后，住房实物分配开始向货币化分配转化。货币化分配的资金包括企业为职工所缴纳的住房公积金，实际上来源于原先企业用于为职工建房或买房资金的一部分。为了提高职工的住房购买能力，尽快解决职工住房问题，在一些效益好的单位可追加住房公积金。具体办法就是单位给职工所补助的住房公积金超过职工个人所交的公积金份额。

③依靠法律手段大力推行住房公积金制度。对于单位来讲，资助其职工缴存住房公积金是应尽的义务；对职工来讲，单位的资助部分是应该享受的权益，任何单位都不应剥夺。只有通过使住房公积金归集工作的法制化，才能推动和促进各种经济成分，特别是非国有经济成分建立住房公积金制度，在法律的约束下，凡是与企业签订劳动合同的个人，都应缴纳住房公积金，企业也必须为职工承担同等数额住房公积金。同时加大住房公积金缴交环节的监管力度。由政府部门牵头，组织财税、房改、审计、金融等部门参加联合监管，对拒不执行国家房改政策，擅自不建立住房公积金制度，不交、欠交或截留挪用公积金的单位进行必要的处罚。

2）实行存贷挂钩，使住房公积金的使用更合理。我国的住房公积金在贷款时，只注重借款人的支付能力，却很少评估他对住房储蓄的贡献。这种做法会产生收益分配不公问题，同时加大了住房储蓄长期融资的风险。我国的住房公积金，实行"低存低贷"。住房公积金贷款的使用人享受的住房公积金贷款与商业性贷款的利差，实质上是公积金缴存者"低存"损失的资金收益。更为突出的是，那些没有能力从公积金取得贷款的储户，许多是中低收入群体，相反，那些能尽可能地将公积金低息贷款用足的人，常常是社会中的中高收入者。形成了大多数中低收入者用自己的储蓄为少数中高收入者购房提供补贴的扭曲格局。这种住房公积金储蓄与贷款的不对称运作机制所带来的风险也是显而易见的。解决这个问题的方法在于借鉴德国住房储蓄银行模式，逐步改革住房公积金制度。

3）充分发挥公积金的住房保障功能，重点解决中低收入家庭购房困难。由于目前全国各地的房价节节攀升，普通的家庭尤其是一些市政动迁户无力承担巨额的购房款，因此，决策者应当大胆创新，充分利用住房公积金，使中低收入家庭改善住房条件。具体的手段包括：

①结合各地实际情况，及时调高公积金贷款比例。由于房价上涨，原先个人住房公积金贷款的最高限额也应当作出相应调整。2003年底，广州已经率先把住房公积金贷款最高限额由原先的16万元大幅提升至25万元，目前正酝酿进一步提高到50万元；与此同时，北京住房公积金贷款额上浮30%、最高可贷40万元的政策已经出台；目前上海也正在酝酿大幅提高住房公积金贷款最高10万

元的限制。

②建造公积金住宅小区。可借鉴各地经济适用住房建设的经验，吸取其教训，充分发挥住房公积金管理规范的优势，建造比经济适用住房更经济的住房公积金住宅小区，集中供给住房困难者，这是解决低收入家庭住房困难的一个比较可行和有效的办法。

③借助金融创新，先租后售，给予中低收入动迁户购房期权。具体操作方法为：由住房公积金管理中心出面，通过信托公司定期发行短期债券（例如利率为3.0%的5年期债券），所募集资金作为动迁户专项补充公积金，定向使用，只为动迁户提供贷款，利率按照现行住房公积金贷款利率计算。同时，政府可以让动迁户先租后售，租金由政府预先从给动迁户的动迁货币补偿金中扣除，在租期（例如5年）结束后，允许动迁户以迁入当时的价格购买该商品房，这样，动迁户的搬迁积极性必然大大提高。这样的金融创新工具，既帮助了动迁户尽早享受"乔迁之喜"，又为政府减少了在解决动迁户安置问题过程中的直接或间接损失，可以作为现行公积金制度的有益补充。

4）完善住房公积金经营管理体制，变住房公积金管理中心为独立法人。按《条例》规定，"住房公积金的管理实行住房委员会决策、住房公积金管理中心运作、银行专户存储、财政监督的原则"。这种管理体制，形式上似乎完美无缺，但在实际运作中，却存在着很大的弊端。住房公积金管理中心担负着公积金归集、支付、使用、核算的职能，应为能独立承担债权、债务责任的法人单位。而目前大部分管理中心为具有实权的市房改办、财政局、建委的隶属机构，或是与地方房改办一套班子两块招牌，并非独立的能承担民事责任的法人单位。在没有法人资产和独立经济利益约束的情况下，公积金管理中心很难建立起有效的监督管理机制，如规范的会计、审计、信息披露制度和风险防范机制等。

同时，公积金管理中心不具有承担风险的能力。按照中国人民银行颁布的《贷款通则》，银行作为"受托人只收手续费，不承担贷款风险"，因此住房公积金的贷款风险事实上只能由公积金管理中心承担。资本金的存在是金融企业创立和营运的基本条件，法人的独立资产是经营者承担负债风险的担保性资金，而公积金管理中心没有任何自有资产，经营的绝大部分资产，无论是建房、购房贷款还是证券投资（国债），百分之百都来自负债（老百姓的存款）。一旦出现支不抵债问题，公积金管理中心无能力承担清偿债务的责任。这种筹资无成本、负债无风险的运行机制可能引发的潜在信用危机和社会危机是十分巨大的。

因此，确定公积金管理中心独立的法人地位，有利于规范其会计、审计、信息披露、内部风险管理和外部监督机制，使之更好地发挥融资和投资作用。

（四）个人住房抵押贷款的风险与防范

1. 我国个人住房抵押贷款的发展现状

个人住房抵押贷款是房屋购买者以所购买的住房为抵押担保品向银行申请贷款，然后以所贷的款额作为房费付给建筑开发商，再以年金的形式按月向银行支付款项以还清贷款。抵押贷款的目的是为了减轻购房者的支付压力，让更多的中低收入者可以购买住房，因此其借贷期限较长，一般为20~30年。中国个人住房抵押贷款业务始于1992年，1997年以来迅猛发展，我国个人住房抵押贷款余额的增长速度十分惊人，至2003年底，累计余额已达11780多亿元（见表4-16），在商业银行总资产中的比例从1997年的0.3%上升到2003年的9.27%。

我国个人住房抵押贷款余额　　单位：亿元　　表4-16

年份	1997	1998	1999	2000	2001	2002	2003
余额	281	710	1576	3684	6380	8260	11780

我国个人住房抵押贷款业务的迅速增长，是由其特性所决定的。对于银行而言，与其他中长期贷款相比较，个人住房抵押贷款在以下三个方面具有独特的优势。

（1）流动性

个人住房抵押贷款是分期付款的，每年均有现金回流，包括逐步偿还的本金和各期利息。而其他种类的中长期贷款，不论是流动资金贷款还是固定资产贷款，贷款期限内的大部分时段贷款本金不具流动性，只有贷款利息采取附息方式时有少量的现金流。因此，个人住房抵押贷款有利于提高资产的流动性，增强短期偿债能力。目前国内银行业正在积极探索的个人住房抵押贷款证券化，以使银行整体资产的流动性进一步提高。

（2）安全性

个人住房抵押贷款在风险控制方面有一定的优势。个人住房抵押贷款的对象主要为具有稳定经济收入者，其信用要高于一般企业信用。目前人行规定购房者必须支付不低于20%的首付款，这使得个人住房抵押贷款率一般高于125%，同时，随着我国房地产交易市场逐步成熟，住房变现成本降低，这使得收回贷款有较大的保障。另外，在发放个人住房贷款时，还可以要求在住房抵押的基础上，实行住房抵押贷款保险或住房置业担保公司担保等方式降低贷款分险。

（3）盈利性

个人住房抵押贷款的综合盈利性高于其他贷款。自2004年10月29日始，5年期以上的个人住房抵押贷款的利率为5.31%，5年期以上的其他贷款的利率为6.12%,两者相差0.81个基本点,但由于个人住房抵押贷款的流动性好,考虑到回流资金再投资收益,再加上个人住房抵押贷款的不良资产率远低于其他贷款,个人住房抵押贷款的盈利一般高于其他中长期贷款。

2. 对个人住房抵押贷款的风险认识

目前商业银行都将个人住房信贷作为信贷业务扩张的重点,使得个人住房抵押贷款规模在银行资产中的比重迅速上升。但在当前特定的金融市场环境下,个人住房抵押贷款还是面临着许多潜在的风险,如果商业银行不能将这些风险进行有效的识别与控制,那么,未来个人住房贷款的快速扩张反而可能成为商业银行的一个不容忽视的风险源。

(1) 信用风险

信用风险主要是指借款人由于家庭、工作、收入、健康等因素的变化,不能按期或无力偿还银行贷款,被迫违约放弃所购房屋,从而给银行利益带来损失的违约风险。

由于目前国内个人收入的不透明和个人征税机制的不完善,银行不能通过个人税单,准确了解借款人的收入情况;同时,国内也没有个人信用资讯等系统,帮助银行了解个人资信状况。银行只凭借借款人提供的工资收入证明等材料了解其还款能力,很难进行准确的风险判断。

值得指出的是,个人住房抵押贷款属于中长期信贷,其还款期限通常要持续20~30年左右,在这段时间中个人资信状况面临着巨大的不确定性,信用缺失以及个人支付能力下降的情况很容易发生,往往就可能转换为银行的贷款风险。而中国目前个人住房贷款中的浮动利率制度,使得贷款者承担了相当大比率的利率风险,这使得贷款者在利率上升周期中出现贷款违约的可能性加大。

(2) 房地产商转移的融资风险

房地产行业是一个典型的资金密集型的行业,其对于融资的依赖程度明显高于一般的工商行业。由于房地产开发贷款的风险程度相对较高,目前中国人民银行对房地产开发贷款加强了监管,而个人住房抵押贷款作为是商业银行积极拓展的业务领域,通常享有利率的优惠。因而个人住房抵押贷款可能成为房地产企业积极以合规或者不合规的方式争取的融资渠道,使得房地产融资的风险向个人住房贷款中转移。比如当前房地产融资中的一些"假按揭"贷款就是一个代表性的现象。

(3) 流动性风险

个人住房抵押贷款是一种长期性消费贷款,客观上要求银行有稳定的资金来源与其相匹配。对于银行来说,个人住房信贷等中长期贷款的快速增长和比率的迅速提高,可能会带来流动性风险。流动性风险的具体表现就是银行资产结构中的中长期贷款比重过高,现金和国库券等不足以应付提款需要,又缺乏及时融入现金的手段和渠道。目前对于一些资产规模较小、资产种类较为单一的部分城市商业银行来说,实际上已经开始面临流动性问题。

(4) 操作性风险

从银行内部操作风险的角度看,由于缺乏必要的相关法律约束,再加上各大商业银行之间激烈的竞争,银行的房贷部门有时为了扩大其业务范围,竞相降低贷款人的首付比例,或者放松贷款人的审批条件。在操作过程中,没有严格的抵押住房登记制度,贷款的前台、中台与后台没有进行责任上的严格区分,对客户的资信情况没有进行严格把关。银行缺乏完善的贷后管理,没有对借款人进行有效的跟踪监控,直接影响到贷款的偿还。此外,银行普遍缺乏严格的档案管理,造成个人抵押贷款业务的档案资料流失,使银行贷款面临极大风险。

3. 个人住房抵押贷款风险防范机制的建立和完善

从未来的发展趋势看,中国的个人住房贷款会有很大的发展空间,但是,如果在目前相对欠缺的风险管理机制下进行个人住房信贷业务的快速扩张,未来必然会给商业银行带来巨大的风险。因此,当前应当把建立和完善个人住房抵押贷款风险防范机制作为商业银行风险管理的重点。

(1) 建立适合中国国情的个人信用制度

个人信用制度指能证明、解释与查验自然人资信,能监督、管理与保障个人信用活动的一系列具有法律效力的规章制度与行为规范,包括个人信用登记制度、个人信用评估制度、个人信用风险预警制度和个人信用风险管理制度等。这就需要设立专门的信用机构,信用授予人将信用消费者日常在金融机构和商业机构的信用支付情况连续地提供给信用机构,由信用机构将这些信息汇同来自司法、税务等机构的公众记录加以整理、分析,记入该消费者的历史档案,当授信人面对消费信贷申请时,可以从信用机构获得申请人的信用报告,并据此做出决策。由于信用机构的建立还有待时日,银行为了化解信用风险,必须在其审批个人住房贷款的过程中扮演好信用机构的角色,将个人信用作为考查的重点,设立相关的个人信用档案,这里最为关键的就是建立专业化、规范化、初具规模的数据库,为信用管理打好基础,对已有借款人以及贷款申请人违约的可能性做出预测;并建立信用缺失的预警机制,一旦发生信用危机,就可以立即采取补救措施。同时,还应当鼓励个人信用信息在金融机构之间的共享,因为贷款人可能同时在不同的金融机构或者同一金融机构设立在不同地区的营业网点申请住房贷款,信息的共享使借款者更加高效、准确地做出决策。

(2) 建立住房个人抵押贷款双重保险制度

学习美国的成功经验,建立政府担保体系和商业保险体系相结合的个人住房抵押贷款担保体系。政府担保体系的建立主要是为了解决中低收入家庭购房担保问题，是社会保障体系的一个有机组成部分，可以扩大银行个人住房抵押贷款发放规模，增加社会福利总水平，又可有效地减少信息不对称和道德风险等问题，降低银行抵押贷款风险，促进房地产金融的发展。而商业保险体系可以克服政府担保能力有限、覆盖面积狭窄的不足，通过商业保险机构和商业银行的合作、信息资源共享及相互监督，有效地防范个人住房抵押贷款市场的风险。

（3）加快实施个人住房抵押贷款证券化

为了化解个人住房贷款带来的流动性风险，应积极鼓励商业银行采取市场化的手段转移风险，推进资产证券化市场的发展。建立和发展住房抵押贷款二级市场，即房地产抵押债权转让市场，使房地产贷款由商业银行创造出来以后，可以转售给其他投资者，或者以抵押贷款为担保，发行抵押贷款债券。

（五）住房抵押贷款保险

1. 国外住房抵押贷款保险机制

（1）美国——政府机构担保与商业保险相结合

美国拥有世界上最发达的住房抵押贷款市场，1999 年底，美国住房抵押贷款占 GDP 的比重为 54%，而中国自 1998 年下半年取消福利分房，到 2003 年底，中国个人住房抵押贷款余额占中国 GDP 比重仅为 10.09%。美国繁荣的住房抵押市场为广大居民建房、购房提供了充足的资金支持，使美国的住房自有率一直稳定地保持在 66% 以上。美国住宅金融业的成功，是与建立完善的住宅抵押贷款保险机制以及政府有力的引导和调节分不开的。

经营住房抵押贷款保险的政府机构主要是指联邦住宅管理局（Federal Housing Administration，FHA）和退伍军人管理局（Veterans Administration，VA）。1934 年美国成立了联邦住宅管理局（FHA），专门负责经营住房抵押贷款保险。它主要对居民重建、新建住房或购买新旧住房的贷款提供担保。FHA 的保险对象主要是购房债务支出占家庭收入 29%~41% 的中、低收入居民的住房贷款。FHA 最大承保额为贷款本金与累计利息之和，即为抵押贷款提供 100% 的担保。FHA 担保由法律规定并受法律保护，具有国家信用性质。因此，经 FHA 保险的住房贷款，其借款条件比普通住房抵押贷款更优惠，借款人只要首次支付相当于房价 5% 的款项，就可以得到长达 30 年期的银行住房抵押贷款。FHA 对向中、低收入家庭购房提供可担保的抵押贷款金额制定了最高限额限制，这主要是防止人们利用政府担保的抵押贷款来购买过于奢侈的住宅，同时 FHA 会经常根据房地产市场行情和居民收入水平对担保抵押的最高限额进行调整。FHA 保险通过建立由借款人支付保险费组成的"互助抵押贷款保险基金"，为解决美国中低收入家庭的住房问题发挥了重要的作用。

1944年美国国会制定法案,允许退伍军人管理局(VA)对达到规定服役时间的退伍军人及其在世配偶提供住房抵押贷款担保。与FHA保险不同的是,VA担保的抵押贷款可以是固定利率的,也可以是可调整利率的,并且只对其中的部分贷款提供担保,而非100%担保,担保的比例依贷款的金额而异。

1957年威斯康星州成立美国第一家私营保险公司以来,一大批私营抵押保险公司如雨后春笋相继成立。私营抵押保险公司对不符合政府担保保险的其他人群进行保险。按美国相关法律规定,私营抵押保险公司所提供的保险仅限于银行抵押贷款额的20%~30%。例如购房者首付20%,银行贷款额为80%,则贷款保险额为16%~24%。私营保险审批手续简便,范围广泛,既可以是固定利率的,也可以是可调整利率的抵押贷款,贷款/房价比可高达95%。灵活的经营方式、便捷的服务和多样化的险种,使近年来美国私营抵押保险市场份额不断扩大。

美国的住房抵押保险模式一方面通过政府保险照顾到特殊人群的住房消费,另一方面通过私营保险降低了银行的贷款风险,从而保证了美国房地产业和住房金融业的健康、稳定发展。

(2) 英、德等欧洲国家——人寿保险和财产保险相结合

西欧国家的住房抵押贷款保险模式与美国则完全不同,它是通过引入人寿保险来实现住房抵押保险的。英国、德国等西欧国家的金融机构在发放住房消费贷款时,要求借款人购买人寿保险,此时投保人必须做到:保险金额与住房抵押贷款金额相一致;保险期限与抵押贷款期限相等;保单的持有人和受益人是贷款银行。当借款人在保险期内因死亡、残疾丧失劳动力而无力偿还时,由保险公司给付保险金,借款人或其家人可以用这笔保险金来支付贷款余额,确保了其对房产的所有权。此外,尽管西欧国家在法律上没有明文规定购房者必须购买房屋财产保险,但对于购房者来说,一套住宅常需要动用他们的多年积蓄,一旦遇到自然灾害,所造成的损失也是一般家庭不能承受的,再加上他们具有较高的保险意识,在实际运作时借款人一般都会购买抵押房屋财产险。这种将人寿保险和财产保险相结合的保险模式,其优势首先是可以降低银行的信贷风险,其次是最大限度地保障了借款人的利益。

(3) 加拿大——利用国家信用发展国家住房抵押贷款保证机制

加拿大抵押贷款与房屋公司(CMHC)是加拿大联邦政府下属的国营企业,是1945年为解决二战退伍老兵的住房问题而成立的,后来则主要为中低收入者解决住房。CMHC开展的主要业务有四项:一是住房金融;二是科研和信息转让;三是兴建经济适用房;四是国际贸易。

目前住房金融的主要业务为提供住房抵押贷款保险计划。CMHC鼓励有关银

行和金融机构为中低收入者提供最高长达25年的住房抵押贷款业务。为促进此项业务，由CMHC为金融机构提供住房抵押贷款保险，在保险期内提供全额100%借款损失保险，一旦发生不能偿还贷款的情况，CMHC将为金融机构提供相应的补偿，降低他们此项业务的风险，从而获得长期稳定的收入。中低收入者办理住房抵押贷款保险后，最少只需支付5%首期房款即可进行购买，否则首期至少应一次付款25%，借贷利率也得到降低。对于借贷银行来说，也大有益处：一是贷款风险大大降低；二是银行可释放部分资金从事其他业务，银行储备金降低；三是借贷标准统一，不同银行间可相互借贷，统一估算；四是提供简化自动的贷款程序。截至1999年底统计，加拿大共提供了42亿加元的住房抵押贷款和3亿加元的抵押贷款保险。1999年资助了31万幢房屋。其中首付5%的房主占总数的3%，办理自动贷款手续的不低于85%。目前参与此项业务的银行和金融机构有137个，尽管市场竞争激烈，但由于游戏规则一致，做到了公平合理竞争。

2. 我国住房抵押贷款保险机制

（1）我国住房抵押贷款保险的概况

我国目前个人住房抵押贷款实行的抵押加保险制度，使得住房保险成为获得住房贷款的一个不可或缺的环节。我国住房抵押贷款保险主要有三种形式：一是房屋财产保险。房产险是保险公司的常规业务，凡以抵押方式申请个人住房贷款时法定必须购买房屋财产险，这种保险已随着抵押贷款的推广而普遍推行。二是抵押贷款保证保险。建设银行和工商银行在提供个人住房抵押贷款时，都规定抵押贷款人购买财产险时必须同时购买保证保险，期限为整个贷款期限，担保金额为全部贷款，保费一次付清，并且缴纳30%的首付款。在中国人民保险公司推出的《个人购置住房抵甲贷款保证保险条款》中规定了个人住房抵押贷款保证保险和房屋财产保险"捆绑"销售。三是住房抵押贷款寿险。该险种是保险公司向借款人提供的一种保额递减式的人寿保险，购房者在办理借款手续时即购买人寿保险。在保单有效期内如果被保险人身故或完全残疾，由保险公司代替贷款家庭偿还所欠的贷款余额。目前美国友邦保险公司上海分公司已推出这种保险险种。这种险种自向市场推出以来，已引起购房者的和房地产商的浓厚兴趣，其发展前景看好。

（2）我国住房抵押贷款保险存在的问题

住房抵押贷款保险对于化解银行信贷风险、解决个人住房问题、刺激个人住房消费起到保驾护航的作用。但由于住房抵押贷款保险在我国起步较晚，经验较少，存在诸多问题。目前我国住房抵押贷款保险主要存在着以下五个问题。

1）政府在住房抵押贷款保险和担保体制中缺位。为抵押房产办理保险是世界各国银行开展住房金融业务普遍采用的方式。由于抵押贷款制度的高风险性和房地产抵押贷款保险具有较高的社会效益，住房抵押贷款保险在许多国家尤其是其发展的初级阶段都被定义为政策性保险业务，由专门的政府机构主办或得到政府的大力支持。如前所述，美国和加拿大都有政府建立的专门的贷款担保机构，由担保机构承担风险。而我国抵押房产保险市场发展滞后，政府在住房抵押贷款保险和担保体制中缺位，政策性的保险机构尚未建立。我国现在的抵押贷款保险机构主要是商业性的保险公司，转轨时期个人收入的不稳定性急剧增大，社会风险、经济风险都在增加，道德风险和逆向选择等因素，使普通纯商业性保险公司不愿意承受房地产抵押贷款保险的风险。目前银行在发放住房消费信贷时，遇到的首要问题是借款人找不到真正意义上的担保人，从而导致银行在发放住房贷款时，只能通过提高购房首期付款的比例、缩短抵押贷款期限、繁琐的贷款审批手续等措施来规避信贷风险，这严重阻碍了住房信贷市场的成熟与发展壮大。

2）保证保险与信用保险混淆。在西方成熟的房地产保险市场上，当贷款银行以购房者的信用为保险标的，以自己为受益人，与保险人签订因购房者不能如期付款而造成损失时，由保险人赔付该损失的保险合同，这种保险合同就是房地产信用保险合同。保险费由银行缴纳，因为受益人是银行。而当购房者以自己的信用为保险标的，以自己为受益人与保险人签订由于自己收入流中断而不能如期还款时，由保险人代为付款的保险合同则是房地产保证保险合同。保险费由购房者缴纳，因为受益者是购房者个人。

而目前我国各家公司试办的房地产保险业务则是保证保险和信用保险的混合物，缴费义务与受益权利严重扭曲，不符合保险制度中权利与义务对等的基本原则。国内开办的所谓"住房消费信贷保证保险"的通常做法是：银行同意办理购房贷款手续的前提是要求借款人把自己所购房产抵押给银行，同时，为了防止购房者不能还款时银行拍卖抵押房产所得不能弥补贷款本息的风险，再要求购买商品房的借款人与保险公司签订一份由购房者缴费、由银行受益的"保证保险"合同。在借款人因死亡、失踪、伤残、患重大疾病或经济收入减少而在一定期限内无法履行还款义务时，由保险公司负责赔偿银行的损失。银行或者将抵押房产的追偿权和处置权转让给保险人，或者自己处置抵押房产，处置所得不足以弥补贷款本息时再由保险公司补足差额或在事先约定的保险金额内给予赔付。

显然，这种保险业务并不是真正意义上的保证保险，也不是真正意义上的信用保险，银行不缴纳保险费也不作为投保人，但却得到了信用保险才有的保险赔付；而购房者虽然缴纳了保证保险的保险费，自己却不能得到应有的保险，缴费义务和受益权利严重扭曲。

3）住房抵押贷款保险险种匮乏，保障范围不够大。国外一些成熟的金融市场上，对住房抵押贷款主要有以下三类保险的保障：防范抵押物灭失风险的财产险、防范借款人不履约风险的抵押贷款寿险和抵押贷款保证保险。根据国际惯例，第一类保险是购房者获得抵押贷款时必须购买的，后两类保险则至少应选择一种，这样才全面保障贷款机构和借款人双方的利益。现在我国市场上普遍采用的抵押房产保险基本上仍局限在《个人住房贷款管理办法》中规定的房屋财产保险，即上述三类中的第一类，抵押贷款寿险和抵押贷款保证保险的开展处于起步摸索阶段，只有少数几个区域性的保险公司拥有。

4）房地产保险业务中对风险的划分不合理。在我国当前的房地产保险业务中，银行则试图把成本转嫁给借款人、把风险转嫁给保险公司的条件下获得房地产抵押和信用保险的双重保障，完全规避自己的信贷风险，这是不符合市场经济逻辑也是不负责任的思路。保险公司收取了一份保费却承担了包括购房者的道德风险、行为风险（应属于银行缴费的信用保险的保险责任）以及引致购房者收入流减少或中断（应属于购房者缴费的保证保险的保险责任）的一切风险，这在中国目前信用经济尚待逐步建立的今天，风险之大，保险公司是难以承受的。

5）保费昂贵，设计不合理。这主要表现在：①保险金额过度，在保险金额的厘定上不按贷款金额，而是按房屋售价作为保险金额，没有扣除消费者首期付款，增加消费者保费负担；②申贷人本应可以选择一次性或逐年缴纳保费，但目前各家保险公司规定整个保险期限的保费必须一次性缴清，且部分公司的条款对于一次性缴清的计算方法并不合理；③保险费率过度，即住房按揭保险在出险率极低的情况下却一直维持着较高的费率水平。

近两年，上海、北京、杭州等一些大城市在保费设计等微观层面有了许多改变：费率降低，保障范围扩大，缴费的方式也较以前合理。但就全国范围来看，上述问题仍然存在。

(3) 我国住房抵押贷款保险机制的发展构想

住房抵押贷款保险作为我国住房抵押贷款发展的有力保障和保险市场的险种创新，对于解决中低收入家庭购房需求，促进抵押贷款一、二级市场同步发展都具有极其重要的意义。我们可以借鉴国外住房抵押贷款保险的成功经验，发展我国的住房抵押贷款保险。

1）建立政府住房抵押贷款保险机构。从美国、加拿大住房抵押贷款保险机制的发展可以看出，政府保险机构的直接介入对于降低住房贷款的信用风险，推动住房抵押贷款的增长发挥了重要作用。我国处于住房抵押贷款开办初期，由于居民收入水平低下，发放住房贷款的金融机构所面临的信用风险则更大，这在一定程度上制约了住房贷款业务的发展，而国家信用在广大居民心目中已树立了良好的形象,设立政府抵押贷款担保机构,以政府信用和雄厚的资金实力为借款人提供保险,极大地降低信用风险,更加有利于开展住房贷款业务及启动潜在的住房需求市场。政府住房抵押贷款保险机构作为政府实施社会保障制度的一个组成部分,应向中、低收入者,特别是低收入阶层实行政策倾斜,还可以通过对住房保险的规定、限制来规范住房金融领域的借贷行为,进而起到调控、平抑住房金融市场的作用。

2)大力发展商业性住房抵押贷款保险机构。政府担保机构毕竟不能包揽一切住房抵押贷款保险业务,不能为所有收入阶层提供住房抵押保险。这就需要大力发展商业性住房保险机构。政府给予住房保险某些单项优惠,如减免营业税、所得税等,这些优惠措施对于国家整体税收来说影响很小,却能体现对保险公司经营住房抵押贷款保险的政策倾斜。与政府机构相比,在投保人的选择上,商业性保险机构应以高收入者为主;在资金的来源上,也不能依靠财政投入,只能依靠自身的实力,建立充足的资本金,必要时可在金融市场上通过发行有价证券的形式融通资金。

3)银行加强对贷款风险的审查,实行自由保险。为实现平等的银保合作关系,银行应对借款人的资信、经济来源、抵押物等方面进行严格的审查,建立购房者个人信用档案,以降低贷款风险。对于资信好的可以放宽贷款期限或者减少首付额度;对于钢混结构的新房可以自由选择是否保险,并把保险作为优先贷款的条件;对于砖混结构、木制结构或年限长的旧房采取强制保险的方式。银行不能因为要求借款人购买保险可以将信贷风险转嫁给保险公司,从而放松对贷款人的资信审查。这样不利于住房信贷资金的良性运转和抵押贷款保险业务的顺利开展。对于风险较高、首付款额较低的借款人可以提高利率,并把借款人投保住房抵押贷款保险作为取得优惠住房抵押贷款的必要条件,适当放宽贷款期限,提高贷款额度,降低利率,采取灵活多样的还款方式。

4)开发新的险种,发展真正意义上的保证保险和信用保险。目前我国住宅抵押贷款保险品种单一,需求不旺。保险公司应结合我国国情,致力于开发设计保费更为合理、受投保人欢迎的险种。目前的险种设计主要是维护贷款人的利益,在房屋受损及购房者人身伤害后的补偿行为,转移了银行风险。但作为购房者,更关心的是在因意外而无法还款的情况下,房屋的保全问题。因此除了积极发展现有的财险、寿险之外,保险公司还应积极发展真正意义上的保证保险。由购房者支付一定数额的保费,当其因失业等问题而暂时无力偿还贷款时,由保险公司负责支付,购房者有收入时偿还保险公司垫付的资金。这样明确了权利和义务,可以提高购房者购买保险的积极性。同时开发信用保险,由银行支付保费,当处理抵押房屋仍无法弥补贷款损失时,从保险人那里获得补偿。

5）制定合理的保费标准及保险期限。保险公司应该根据购房者信用、房屋的类型、房屋的价值、首期付款的比例等方面制定与风险相匹配的费率。另外，鉴于住房抵押贷款保险出险率较低的情况，应在整体上降低费率。保费坚持按年或月收取；现房保险期限以整个贷款期为限；期房应该以交房日为准起算；保险金额以贷款金额为主，且根据购房者还款情况实行保额递减。

6）完善有关法律法规制度。目前我国住房抵押贷款保险法规法律还未形成体系，缺乏具体可操作性。由于房地产经济涉及到方方面面的社会问题，法制不健全，违约行为界定不清，保险赔偿工作就无法正常开展。应尽快建立一套关于违约抵押住房的产权处置、违约人的具体安置、抵押房的拍卖、出售及税收等有关细节予以规范和保障的法律法规体系。

（六）住房储蓄银行业务

1. 德国住房储蓄银行业务模式

（1）德国住房储蓄银行业务的概况

在德国，住房储蓄是指在自愿、互助基础上建立的一种封闭式的合同制储蓄体系。其主旨在于通过互助合作达到住房融资的目的，即通过共同储蓄帮助存款人筹措资金，获得属于自己的住房。由大量的储蓄者参与形成一个互助集体，该集体归集的资金只能服务于集体内的成员，也就是说，只有存款人才有资格从该机构得到贷款。

德国的住房储蓄银行是专门从事个人住房抵押信贷服务的、具有独立法人地位的金融机构，采取自愿互助性储蓄为主和政府奖励为辅的融资机制。"固定利率、低息互助"，是德国住房储蓄制度的核心原则。德国住房储蓄制度是一个封闭运转的融资系统，独立于德国资本市场，存贷款利率不受资本市场供求关系、通货膨胀等利率变动因素的影响，并且贷款利率明显低于市场利率。

1921年，德国的第一家住房储蓄银行出现以来，至今有80多年的历史。德国住房储蓄银行专业办理住房储蓄业务的迅速发展则主要是在第二次世界大战后，在战后德国住房严重困难并缺少资金的情况下，住房储蓄业务的发展对重建家园和获得个人住房方面起了决定性的作用。发展到今天，德国的住房储蓄银行已经形成了一整套成功经验和运作方式，为解决居民购房资金问题起了很大作用。到2002年，德国的住房储蓄银行有近40家，总资产已达3000多亿马克，拥有的住房金融业务量占全国住房金融业务总额的20%左右。德国家庭中约有30%参加了住房储蓄，使德国成为世界上居住水平最高的国家之一。并且，德国居民形成了相对固定的融资模式，即一般通过向多家金融机构贷款以获得购房所需要的足够资金，抵押贷款期限为20~30年，住房抵押贷款来源包括：40%~50%贷款来自于住房储蓄银行，30%~40%来自于各种商业性抵押贷款，其余10%~20%是家庭积累。

(2) 德国住房储蓄银行业务的运作模式

1) 住房储蓄银行的业务经营范围。德国对住房储蓄业务实行严格的分业管理。德国的《住房储蓄银行法》规定住房储蓄银行的主要业务为住房储蓄业务，而且只允许住房储蓄银行办理此类业务，其他银行不得从事住房储蓄业务。住房储蓄银行所吸纳的资金及储户的还款必须专款专用，不得用于风险交易（如证券交易），以保证住房储蓄银行的安全运营，从而保障储户的利益。

2) 住房储蓄合同的签订。储户根据自己的住房需要和储蓄能力与住房储蓄银行签订《住房储蓄合同》，随后储户每月有规律地进行储蓄。住房储蓄合同一经签署，储户即拥有了日后从住房储蓄银行得到贷款的权利。住房储蓄合同额由存款额（存款+利息+政府奖励）和贷款额两部分组成，其中贷款额约占合同额的50%。

住房储蓄合同分成几种不同的类型，相应地客户每月存款额和还款额占合同的比例也不同。在签订住房储蓄合同时，储户需要选择合同类型，但在得到贷款前，合同类型可以改变。合同类型变更后，还款类型也做相应变更。

住房储蓄合同期限由存款期和贷款期组成。存款期依合同总额及月度存款额而定。例如，标准合同的存款期约为2.5~8年（依存款方式而定），还款期约为8.5年。

住房储蓄存、贷款不管期限长短，均实行固定的利率。通常存款利率为1.25%~2.5%，贷款利率为2.75%~5.25%。住房储蓄的存、贷款利率一般低于资本市场利率。

3) 配贷。住房储蓄银行把储户的住房储蓄合同额付给储户，称为配贷。银行配贷资金来源包括存款、利息、补贴资金、还款额以及在必要的情况下从商业银行拆借的资金和其他资金。客户存款和还款的行为对住房储蓄银行每个月用于配贷的资金量有着重要影响。配贷条件为：①达到最低存款额（通常为合同额的50%）；②达到最低评价值。

住房储蓄银行每月月底对达到最低存款额的储蓄合同计算一次评价值。计算评价值是为了衡量储户对集体所做贡献的大小，其公式为：

$$评价值 = 利息额 \times 评价值系数 \times 成绩系数 / 合同总额$$

其中，利息额为截至评价当日储户的存款累计产生的利息；评价值系数由不同合同的类型决定；成绩系数则是对超出最低存款额部分的存款的奖励。

由于银行当月可提供的配贷资金有限，银行须对已满足配贷条件的合同依据评价值的高低进行排序，依次对储户配贷直至当配贷资金用完。住房储蓄银行不能够对客户承诺可得到配贷的具体时间。

当储户有资格配贷时，银行将书面通知储户。储户如果准备接受配贷，必须在配贷前一个月向银行提出书面声明，银行接到书面声明后即准备资金以付款；储户如果不接受配贷，也可以将存款取出。

接受配贷的储户须再与住房储蓄银行签订一份贷款合同，并按银行要求提供相应的贷款担保和保险。

4）短期接替贷款和预先贷款。如果储户在已经达到最低存款额的条件但其他条件未满足时需要建房或购房，住房储蓄银行可为其安排在合作的商业银行得到短期按揭贷款或为其直接提供短期接替贷款。等到该储户满足了配贷条件后再从住房储蓄银行得到住房储蓄贷款，把短期贷款接替过来。储户在短期接替贷款期间只支付贷款利息，储户从住房储蓄银行得到配贷后，每月向住房储蓄银行归还其应付的还款额。

如果储户在签订住房储蓄合同时就要建房或购房，也可以立即从合作的商业银行或住房储蓄银行得到预先贷款。预先贷款利率与商业贷款利率相同，储户只需偿还贷款利息。在该储户满足了配贷条件后再从住房储蓄银行得到住房储蓄贷款，并偿还预先贷款。

5）住房储蓄银行业务的营销。德国的住房储蓄银行大多不设立分支机构，其业务主要通过与其合作的商业银行的营业网点和建立外围推销员体系两种方式开展，住房储蓄银行为此支付佣金。这种独特的营销方式可以节约人工费及办公费用，降低经营成本，取得良好的经济效益。

6）住房储蓄银行的服务费收入及分配。与住房储蓄银行合作的商业银行和外围推销员负责推销住房储蓄银行的产品，并与客户签订住房储蓄合同。住房储蓄银行向每个客户收取合同额1%的服务费，其中约80%（即合同额的0.8%）作为佣金支付给合作银行或外围推销员。

7）政府对住房储蓄的奖励。在德国，政府以向住房储蓄者颁发住房储蓄奖金的形式扶持住房储蓄业务发展。政府愿意这样做主要是基于以下原因：住房储蓄业务适用于所有居民，帮助居民获得自己的住房，起到一定的养老保障作用，既促进社会稳定又减轻国家负担；住房储蓄体系独立于资本市场之外，不受资本市场及其利率波动的影响，为住房市场稳定地提供资金，促进住房市场稳定发展；住房储蓄资金与特定用途相连，可直接支持政府的住房政策。

2. 发展我国的住房储蓄银行业务

（1）我国住房储蓄银行业务发展回顾

1987年，我国开始在烟台进行住房体制改革试点，在居民收入水平较低，同时缺乏银行信贷支持的前提下，烟台市政府借鉴国外经验，报经国务院批准成立了烟台住房储蓄银行。当时与烟台住房储蓄银行一起作为住房金融改革的试点还有蚌埠住房储蓄银行。在成立之初，烟台住房储蓄银行业务单一，只能开办低息抵押贷款业务，而其资金来源除了各企事业单位缴存的住房基金外，就只有老百姓为了从这家银行获得低息贷款而存入的仅能获得活期利息的储蓄存款。之后烟台住房储蓄银行又把住房储蓄分成两种：如果存款人不买房，就能获得等同于其他商业银行一样的利息；如果存款人买房，就只能获得活期存款利息。到了1989年后，为治理通货膨胀，国家出台相关政策，包括要求所有银行三年内不得给予房地产开发商贷款支持，这使得缺乏贷款渠道的烟台住房储蓄银行的经营出现困难。1995年，烟台成立了住房公积金管理中心，烟台住房储蓄银行就把过去筹集住房基金的功能交给这个办公室，并逐步向一般的商业银行转型。2001年，烟台住房储蓄银行通过增资扩股改制为综合性的股份制商业银行，名称仍为"烟台住房储蓄银行"。2003年，烟台住房储蓄银行正式更名为恒丰银行股份有限公司，成为第11家全国性股份制商业银行。而蚌埠住房储蓄银行也在2000年已与其他几家城市信用合作社合并组建成蚌埠市商业银行，加入了城市商业银行的行列。可以说，十几年来这两家住房储蓄银行并没有真正借鉴国外住房储蓄银行成功的运作经验，各方面停滞不前，仅是面向房地产开发企业开展存贷业务，而且无论是总资产，还是业务量，均无法达到规模效应和预期效果。因此，这两家"住房储蓄银行"并不是真正意义上的住房储蓄银行。但是，这两家银行多年来的发展积累了许多经验和教训，这为目前建立国内真正意义上的住房储蓄银行提供了有益的启示。

2002年10月，经中国人民银行批准，德国施豪住房储蓄银行与中国建行合资成立中德住房储蓄银行，注册资本为1.5亿元，建行和施豪银行分别拥有其中75.1%和24.9%的股份，2004年2月15日，中德住房储蓄银行在天津正式开业。德国施豪住房储蓄银行是德国最大的住房储蓄银行，至今已有70多年住房储蓄业务经验，德国每13人中就有1人与施豪银行签有《住房储蓄合同》。除在本土开展业务外，还在斯洛伐克、捷克、匈牙利等国家建立了专门从事住房储蓄业务的合资银行。中德住房储蓄银行的经营模式完全从施豪银行引进，资金封闭运作，只向住房储蓄客户吸存，也只向自己的住房储户放贷，此外不进行任何其他投资，储户的存贷利率差是它惟一的利润来源。其最大的经营特色，就是提供低息住房贷款，目前推出的最优贷款年利率仅为3.3%，远低于国内的各种个人住房商业贷款。当然，在吸收客户存款时，它的利率也要低于一般商业银行或公积金存款，但是天津市政府提供免税的政府补贴：在储蓄阶段，存款利率为1%时，补贴存款利息的50%；存款利率为0.5%时，补贴存款利息的100%。因此，在目前的住房贷款市场，该住房储蓄业务还是极具竞争力的。

(2) 我国发展住房储蓄银行业务的意义

在我国开展住房储蓄业务的目的是：结合中国的实际情况，引进德国住房储蓄银行的成功经验和先进技术，利用中国国有商业银行的网络优势，提供住房储蓄与住房贷款相结合的金融服务，成为中国住房金融市场积极和有益的补充，促进中国的住房制度改革和住房消费。

1）住房储蓄业务可以为住房建设提供稳定资金来源，稳步促进住房市场发展。住房储蓄可以为住房市场稳定融通资金：①住房储蓄资金定向用于购建住房，因此资金的归集和使用都很稳定；②住房储蓄业务执行的是低存低贷的固定利率，资金封闭运转，独立于资本市场之外。因此，当市场利率波动，使资本市场不易于向住房市场融资时，住房储蓄却不受影响，仍能按计划向住房市场稳定地融通资金，住房储蓄业务对稳定推动住房建设、持续促进国民经济增长起着积极的作用。

2）住房储蓄业务可以促进中国住房制度改革的进程。通过住房制度改革，住房分配货币化措施已逐步到位，居民要获得住房只能到市场上购买，而大部分居民需要经过一定年限的住房资金积累，再利用一部分贷款来购买住房。住房储蓄业务的设计流程正吻合了大部分居民的住房资金积累和住房融资需求过程。尤其是货币化住房补贴，即把补贴按月计入职工个人账户的方式，非常利于职工参加住房储蓄，居民前期可以利用住房补贴按月稳定存款，到一定年限后获得贷款购房，然后仍利用住房补贴按月还款。因此，住房储蓄可以积极配合房改措施的实施，发挥促进住房商品化进程的作用。

3）住房储蓄业务是中国住房金融体系的必要补充。当前世界各国普遍实行的住房金融制度主要可分为三种类型：一是资本市场融资制度，主要表现为商业银行贷款方式；二是强制性住房储蓄制度，表现为住房公积金方式；三是合同住房储蓄制度，表现为住房储蓄方式。目前，我国个人住房金融体系由商业银行贷款和公积金贷款组成，在住房需求旺盛、住宅产业高速增长阶段，如果成立住房储蓄银行开办住房储蓄业务，不仅为住房金融增加了一种产品，丰富了住房储蓄贷款与公积金贷款及商业银行贷款等不同金融产品的组合形式，而且补充和完善了中国的住房金融体系。

（3）我国发展住房储蓄银行业务的配套建议

1）完善相关法律法规支持系统。完善的法律法规支持体系是发展我国住房储蓄银行的保证。在住房储蓄银行发达的德国，已经形成了一套完整的法律法规体系来保证住房储蓄银行的有效运作，如《德意志合作银行法》、《储蓄银行法》和《抵押银行法》等。为了保证我国住房储蓄银行的规范发展，应尽快制定住房储蓄银行迫切需要的相关法律法规，特别是《住房储蓄银行法》，规定住房储蓄业务只有住房储蓄银行可以办理，其他商业银行、综合性银行不允许介入；同时规定住房储蓄银行不能随意动用储蓄存款进行股票或其他风险交易，只能购买国家规定没有风险的证券，保证资金只用于住房融资。这样可使参加住房储蓄的主体和客体以及运行机制有法可依。

2）逐步改革住房公积金制度，使其向住房储蓄银行模式转变。德国住房储蓄银行与我国住房公积金都具有以个人抵押贷款为主、低存低贷、封闭式运行的特点，但是我国住房公积金在许多方面与住房储蓄银行存在较大差异，主要表现在：①目前的住房公积金资金管理中心是一个"行政化"机构，实行"房委会决策、中心运作、银行专户存储、财政监督"的管理体制。看上去很完善，但在实际运作中，公积金的所有者无发言权，更无资金管理和监督权，导致公积金经常被当作准政府资金支配使用，挤占、截留、挪用公积金的现象屡屡发生。②住房公积金是强制性储蓄。在强制性融资安排中，公积金的存款者和贷款者经常出现不一致现象，即大部分公积金存款者可能在相当长的时期内，甚至一生都不向公积金要求贷款。③我国住房公积金在配贷时，没有最低储蓄年限要求和最低存款额限制，贷款最高限额依各地资金充裕程度而定；只注重借款人的支付能力，却很少评估借款人对公积金的贡献，并实行浮动利率。这些使得住房公积金更像一个金融中介机构而非真正的互助性储蓄，产生的经济效益和社会效益不尽如人意。在这种情况下，建议改革住房公积金制度，变强制性储蓄为自愿性储蓄，使住房公积金资金管理中心朝着科学的住房储蓄银行模式发展，逐步演化为住房储蓄银行。

3）加强国内住房储蓄银行与商业银行之间的合作。一般来讲，商业银行是国内业务网点最多的金融机构，住房储蓄银行可以利用其网点开展更加广泛便利的业务，客户也可以再从商业银行得到建房、购房的资金，如抵押贷款等。商业银行可以从中得到佣金，而住房储蓄银行也可以为商业银行职工的住房储蓄提供便利。

三、房地产信托

（一）房地产信托概述

1. 信托的产生及其发展

信托是指资财的所有人（自然人或法人）按照自己的目的或利益，将其所拥有的资财委托给他人或信托机构代为管理或处理的一种经济行为。这是一种财产经济管理制度，它以财产为核心，以信任为基础，以他人受托管理为方式。也就是委托人基于对受托人的信任，将其财产权委托给受托人，由受托人按照委托人的意愿，以自己的名义为受益人的利益或者特定目的，进行财产管理或者处分的行为。

信托起源于古代对遗嘱的执行和对私有财产的管理。遗嘱信托可以追溯到大约四千年以前的古埃及，但真正具有财产管理制度性质的信托则发端于英国。13

世纪英国的尤斯（USE）制，就是第三者受托为委托者管理土地的制度，是信托的雏形。封建时代的英国，宗教信仰浓厚，虔诚的教徒们常常在临终前把土地等财产捐赠给教会，从而使教会占有的土地财产增多。在英国的封建制度下，封建君主可因臣民的死亡而获得包括土地在内的财产，教会获得捐赠，且教会占有土地不缴税，影响了封建君主的收入。教会拥有的土地越多，对封建君主的利益侵害就越大。为了维护封建君主的利益，英王亨利三世（1216~1272年）制定颁布了《没收法》。该法规定凡以土地捐赠给教会的，将予以没收。这个法规的颁行，影响了教会的利益，教徒们为了规避《没收法》的规定，往往采取把土地委托给第三者使用，然后由第三者把使用土地所得的收益转交给教会。通过这种做法，教会仍为受益者，其实质与教会直接接受捐赠的利益相同，也达到了教徒向教会多作贡献的目的。在这种做法中出现了委托者、受托者和受益者三者之间的关系，产生了"尤斯"，即代为使用。这种以信任为前提的受托，也就是信托（Trust）的词源。

"尤斯制"不仅流行于教会接受教徒们的变相捐赠土地上，而且还运用于一般人的土地捐赠上，这些人想把土地送给家属，也采用这种方式，他们委托第三者代为管理土地，将土地使用收益交给委托者家属，以防土地被没收和缴纳继承税。英国早期的信托是以宗教为目的而产生的，后来又扩展到为社会公益、为个人理财等方面。信托对象也从土地发展到商品、货币等财产，信托关系也随着19世纪末英国政府颁布《受托人法》和《官方选任受托人法》而开始有了法律保护。这两个法律明确了受托人的义务，法院有权任命和监督受托人。随着经济的发展，社会经济关系日趋复杂，人们为了有效地处理某些自己无暇顾及或者无力顾及的经济事务，以达到自己预期的目的和经济利益，便需要将自己拥有的资金或者财产委托给可信赖和有能力的部门去处理。这样，信托就从以个人承办发展到由专门的信托机构承担，由不以营利为目的的无偿信托发展到有偿信托。

最早的专业信托机构出现在美国。美国自英国引入信托后，信托关系突破了个人之间的信任关系，发展成为一种以公司组织的契约形式。1822年美国"农民火灾保险与放款公司"开始兼营以动产和不动产为对象的信托业务，后改名为"农民放款信托公司"，成为最早出现的一家专业信托公司。此后，信托也由个人信托发展到社团信托；信托经营的内容也不限于一般的动产和不动产，还包括了有价证券。这种发展尤其以1865年南北战争结束后，因经济建设高潮的兴起，许多公司都以发行股票和债券来筹资从事建设而带来的有价证券热为标志。从此，信托公司开始具有了金融机构的性质，它通过开展信托业务，将民众零星的闲散资金汇集成铁路建设和矿山开发所需的巨额资金，发挥了融资信托的作用，使信托业成为金融业的一个重要组成部分。

到了20世纪初，英美的信托制度传入日本，出现了大银行设立的信托部和专业化经营的信托公司。1922年起日本政府颁布了《信托法》等法规，不断规范信托业的运作。

中国的第一家专业信托公司成立于1921年8月，名为中国通商信托公司，由民族资本家经营。此后，一些信托公司相继成立，一些银行也成立了信托部，另外还有官办的信托社（局）。1949年，中华人民共和国成立以后，人民政府接管了旧中国官办的信托机构，私营信托业中一部分信托公司停业，一部分继续营业。至1952年12月公私合营银行成立，信托业务被停办。十一届三中全会后，金融信托业务重新恢复。

1979年10月，中国国际信托投资公司正式成立，地方性的国际信托投资公司也相继组建，银行也于1980年起开办了信托业务。之后，各专业银行均先后设立了独立的信托投资类公司，承担了各专业银行原先的信托业务，行业主管部门也纷纷办起各种形式的信托投资公司，到1988年最高峰时共有1000多家。

改革开放以来，中国的信托业已经有了20多年的发展历史，但由于缺乏明确的定位和基本业务规范、监管法律滞后，信托业的运作一直存在着主业不明、界限不清的问题。一些信托投资公司经营混乱，资不抵债。经过多次整顿，在1999年中国人民银行对信托业进行的又一次整顿前，仅剩下239家。经过这次整顿，一些信托投资公司获准重新登记，重新获准登记的信托投资公司达到数十家。通过信托业的整顿和重新登记，进一步确立了信托业与银行业、证券业与保险业分业经营的框架。

2001年以来，多部与信托业直接相关的法律、法规出台和实施，包括2001年10月开始实施的《信托法》，2002年6月修订实施的《信托投资公司管理办法》和2002年7月实施的《信托投资公司资金信托管理暂行办法》等，从而以法律、法规的形式明确了信托业的地位，强调了信托的本源业务。随着信托业规范的进程加快，信托业作为继银行业、证券业、保险业之后的现代金融重要支柱的现实性在不断增强，中国的信托业包括房地产信托又迎来了新的健康发展的机遇。

与美国的信托运作以银行兼营信托业务为主不同，也与世界信托业发源地的英国以个人受托为主不同，我国信托运作目前以信托机构运作为主，并且是实行专业的信托投资公司运作模式。

2. 信托原理和信托种类

（1）信托原理

信托体现多边的经济关系，这种多边的经济关系即为信托关系，是一种包括委托人、受托人和受益人在内的多边经济关系。一项信托行为的产生、信托关系的设立，需要有三个方面的关系人：

①委托人

委托人应当是具备完全民事行为能力的自然人、法人或者依法成立的其他组织，在信托业务中又可称为信托人，他既是信托财产的所有者或者是有权独立支配信托财产的人，又是最初提出信托要求的人，在整个信托关系中处于主动的地位。委托人提出信托要求是整个信托行为的起点。

②受托人

受托人通常应当是具有完全民事行为能力的自然人、法人，是受让信托财产并允诺代为管理处分的人。他是讲信誉、有经营管理能力、为委托人所信赖的人，他接受并承办委托人的信托要求，根据委托人的要求对信托财产进行管理或处理。受托人对信托财产管理或处理的结果直接决定着是否能达到委托人预期的目的或利益，也影响着这种信托关系能否继续维持。因而，信托关系中受托人的行为是关键，受托人在整个信托行为中处于关键环节。

③受益人

受益人是享受信托利益的人，受益人可以是自然人、法人或者依法成立的其他组织。在信托业务中，如果没有受益人，信托行为就无效。受益人可以是委托人本人，也可以是委托人指定的第三者。但在任何情况下，受托人不得是同一信托的惟一受益人。在信托关系中，受益人享受到应有的收益或信托财产，这是信托行为的终点。

设立信托必须有合法的信托目的、确定的信托财产以及符合规定要求的书面表现形式。

让受益人获得收益或信托财产是设立信托关系的目的。在信托关系中，委托人提出委托行为，要求受托人代为管理或处理其财产，并将由此产生的利益移转给受益人。受托人接受委托人的委托，代为管理或处理财产，并按委托人的要求将财产利益移转给受益人。受益人享受财产利益。

信托关系是围绕信托财产而存在的。信托财产就是委托人托付给受托人管理或处理的财产，也就是受托人承诺信托而取得的财产。信托财产有多种形式，如有形财产，包括房屋、现金等；无形财产，如专利权、土地使用权等。在信托关系中，财产权是信托成立的前提，委托人必须享有对信托财产合法的所有权或支配权。信托关系实质上也是一种财产关系，它包含了各方关系人对信托财产应有的权利和责任。信托财产不属于受托人的固有财产，也不属于受托人对受益人的负债。受托人死亡或者依法解散、被依法撤消、被宣告破产而终止时，信托财产不属于其遗产或者清算财产。

信托关系中，受托人首先是为受益人的利益管理或处理信托财产，而不是首先为自己的利益去管理或处理信托财产的,受托人必须恪尽职守,履行诚实、信用、谨慎、有效管理的职责和义务,为受益人的最大利益来管理、处分信托财产,依照信托文件的约定取得报酬。受托人因处理信托事务而支出的费用、负担的债务,以信托财产承担,但应在书面信托文件中列明或明确告知委托人。受托人以其固有财产先行支付的,对信托财产享有优先受偿的权利。但是,受托人不得利用信托财产为自己谋取约定报酬以外的利益,受托人也不承担管理或处理信托财产所发生的亏损。这就是信托财产核算的他主性。当然,为了保护受益人的正当利益,应该事先规定信托财产的运用范围,受托人违背管理职责或者超出限定范围不负责任地运用信托财产而发生的亏损应由其承担赔偿责任。

(2) 信托种类

信托是一种金融行为,它具有融通资金以及融资与融物、融资与财产管理相结合的特点,是一种金融信托。它不同于贸易机构接受客户的委托从事商品代买、代卖的贸易信托。信托业务的种类按照不同的角度可以有多种分类。如按信托关系建立的方式不同,分为任意信托和法定信托;按委托人或受托人的性质不同,分为法人信托和个人信托;按受益对象的不同,分为自益信托和他益信托;按信托的目的不同,分为公益信托和私益信托;按信托事项的性质不同,分为商事信托和民事信托;按信托资产的不同,分为资金信托、动产信托、不动产信托和其他财产信托。此外,信托从广义上来说,还包括了代理。从理论上讲,代理与狭义信托的区别就在于财产权的转移与否,代理不涉及财产权转移,而狭义的信托则涉及财产权的转移。

我国信托机构的信托业务可以分为四大类:

①受托业务。这是指财产的所有人或有支配权的人为了自己或其指定的他人的利益,将资财委托给信托机构,要求按照一定的目的进行营运或处置的业务。

②代理业务。这是指信托机构根据单位和个人的授权,代办收付、代理催收欠款和其他客户委托代理事项的业务。

③征信、咨询和担保业务。这是指信托机构为客户进行资信调查、提供各种经济信息咨询和经济担保的业务。

④中介业务。这是指信托机构经营企业资产的重组、购并及项目融资公司理财、财务顾问等中介业务。

此外,信托机构可以将其所有者权益项下依照规定可以运用的资金存放于银行或者用于同业拆放、贷款、融资租赁和投资。其中融资租赁也可以视作是一种融资与融物相结合的、用以解决企业对施工机械、模板等财产的长期性或临时性需要的信托兼营业务。

3. 房地产信托的内容与作用

房地产信托是指房地产信托机构受委托人的委托，为了受益人的利益，代为管理、营运或处理委托人托管的房地产及相关资财的一种信托行为。房地产信托是一种灵活的金融业务形式，房地产信托财产的管理、营运或处理的方式可以根据委托人的意愿，根据市场需要，适应客观情况变化而采取灵活多样的形式，设置房地产信托业务品种。房地产信托的主要内容有：房地产资金信托、房地产财产信托、房地产代理和保管以及房地产咨询等内容。

随着我国城市土地使用制度改革和城镇住房制度改革的深化，房地产市场开始形成，而金融体制改革的纵深发展，又使包括房地产信托在内的信托业成为整个金融业不可或缺的组成部分。房地产业与金融业的结合，当然也应该包括房地产业与信托业的结合。信托业特有的"受人之托、代人理财"功能的发挥，会对房地产业的发展起到积极的促进作用。这些作用主要表现在以下几个方面：

(1) 利用房地产信托的社会理财的职能，促进房地产业的发展

房地产信托机构通过开办各种与房地产业有关的信托业务，为资财所有者提供广泛的理财服务。如为向房地产投融资的资财所有者提供合适、有效的途径，通过专业理财服务，提高其资金使用的有效性和安全性；利用房地产信托机构信息渠道多和客户面广的优势，为委托人办理房屋出租和物业管理等业务，促进房地产业的发展。

(2) 利用房地产信托的金融职能，促进房地产资金的融通

在房地产信托机构为委托人办理涉及房地产资金信托的业务中，客观上起到了融通房地产资金的作用。房地产信托机构利用其良好的信誉和金融职能，把分散的资金通过资金信托手段集聚起来或者作为投资基金或者基金管理公司的发起人从事房地产投资基金业务，将有关资金运用于房地产的开发经营活动，促进房地产业的发展。同时，在信托文件有效期限内，利用房地产信托创造房地产受益权证书，通过受益权证书的转让，使持有者（受益人）也获得了资金融通，以有利于房地产资金的良性循环。

(3) 利用房地产信托的金融服务职能，对房地产业提供相关服务

信托机构素有"金融百货公司"之称，房地产信托机构也不例外。房地产信托机构可以利用其拥有的多种专业的专门人才、手段与资格，对房地产业提供多种相关服务。如资信调查、经济担保、房屋造价审价、房地产会计辅导与代理和代办房屋的各种登记、过户、纳税等手续以及房地产市场信息与房地产交易知识咨询等，方便委托人。

4. 房地产信托的设立和生效

房地产信托的设立，应当采取书面形式。书面形式一般包括房地产信托合

同、遗嘱或者法律法规规定的其他书面文件等。书面文件中应当载明下列事项：
（1）信托目的；
（2）委托人、受托人的姓名或者名称、住所；
（3）受益人或者受益人范围；
（4）信托财产的范围、种类及状况；
（5）受益人取得信托利益的形式、方法。

此外，一般还应该载明信托期限、信托财产的管理方法、受托人的报酬、新受托人的选任方式、信托终止事由等事项。

房地产信托采取信托合同形式设立的，房地产信托合同签订时，房地产信托成立；房地产信托采取其他书面形式设立的，房地产信托受托人承诺信托时，房地产信托成立。房地产信托受托人因承诺信托而取得房地产信托财产，并且根据有关法律法规规定应当办理登记手续的，应当依法办理该房地产信托财产信托登记，房地产信托才生效。除了房地产信托文件另有规定的外，房地产信托受益人自信托生效之日起享有信托利益。房地产信托书面文件签订时，受托人尤其是房地产信托机构一般应该与委托人签订房地产信托管理、运用、处分的风险声明书。

（二）房地产资金信托和其他受托业务

1. 房地产资金信托

房地产资金信托是指委托人基于对房地产信托机构的信任，将自己合法拥有的资金委托给房地产信托机构，由房地产信托机构按照委托人的意愿以自己的名义，为受益人的利益或者特定目的在房地产领域管理、运用和处分的行为。房地产信托机构办理房地产资金信托业务可以根据信托文件的约定，按照委托人的意愿，单独或者集合管理、运用、处分信托资金。单独管理、运用、处分信托资金是指房地产信托机构接受单个委托人委托、依据委托人确定的管理方式单独管理和运用信托资金的行为。集合管理、运用、处分信托资金是指房地产信托机构接受两个或两个以上委托人委托、按照委托人确定的管理方式或由房地产信托机构代为确定的管理方式管理和运用信托资金的行为。

房地产信托机构单独或者集合管理、运用、处分房地产信托资金可以采取房地产贷款、房地产投资等方式进行。房地产资金信托尤其是房地产集合资金信托能够利用信托制度聚集资金功能将资金运用于需要大量资金的房地产开发项目，以期获得较高的收益。房地产信托机构应该发挥在房地产贷款、房地产投资等领域的专业优势，对贷款或者投资等项目运营状况实行严格的事前审核和事中监控，及时发现其运营中可能对信托财产造成损失的问题，并在发现贷款或者投资等项目可能影响房地产信托资金安全的情况下，及时采取措施。房地产资金信托产生的贷款利息收入、投资收益等在规定的房地产资金信托收益分配前可以进行同业拆放、国债回购、银行存款和国债投资，所产生的收益构成房地产资金信托收益。信托期满，房地产信托机构将信托财产（通常以资金的形式）分配给受益人或者按照委托人认购房地产资金信托产品的信托资金比例将信托财产分配给受益人。

2. 房地产其他受托业务

（1）房地产实物财产信托

房地产实物财产信托是指房地产信托机构以信托方式接受委托人委托的房地产实物，按照委托人的意愿以自己的名义，为受益人的利益或者特定目的管理、运用和处分的行为。委托人因种种原因，在不能亲自经营自己的房地产，又找不到合适的个人代为照料的情况下，房地产信托机构可以接受委托代为管理、运用和处分。这一代为管理、运用和处分包括受托代理保管、修理房地产、出租房地产并代收租金、按期缴纳税款、支付物业管理等费用以及用多种形式帮助出售房地产。可以代为管理、运用和处分的房地产包括办公用房、商铺、酒店宾馆、厂房等商业用房和住房。如房地产购买者因为经济能力无法一次性付款，房地产销售者作为委托人将房地产权利移交给房地产信托机构，并且委托房地产信托机构代为收取房地产款，等到房地产购买者付清房地产款，交易了结，房地产权利才过户到房地产购买者名下。在这里，房地产信托机构可以凭借自己的信誉和实力接受房地产销售者的委托，并且利用对房地产购买者资信的了解能力促成交易的完成，这样可以有效地维护买卖双方的利益，从而促进了房地产交易。随着房地产市场的发展和细分，房地产信托机构经营管理能力的提高，房地产实物财产信托将有较大的发展前景。

（2）房地产债权信托

房地产债权信托是指房地产债权人将其所拥有的房地产债权委托给房地产信托机构，由房地产信托机构以受托人的身份发给受益权证书，然后由委托人通过将受益权证书转让给第三者等方式收回资金，从而使原已固定的债权转为流动化的资金的行为。取得受益权证书的受让人就成为受益人，有权向房地产信托机构索取有关收益。这种房地产债权信托，常用于个人住房贷款债权信托。

在这项业务中，房地产金融贷款机构为委托人将其持有的以个人为对象的住房贷款债权委托给房地产信托机构，由房地产信托机构以受托人的身份发行受益权证书（证券），获得资金交给房地产金融贷款机构，提供资金购买受益权证书者（证券投资者）作为受益人，以后由房地产金融贷款机构作为最初个人住房贷款的发放人代为收取贷款本息，然后转给房地产信托机构，再由房地产信托机构按规定交付给购买受益权证书的受益者（证券投资者）。

在这里,房地产信托机构其实就是充当了资产证券化(个人住房贷款证券化)过程中的特殊目的机构(SPV),通过信托制度,房地产金融贷款机构转移给房地产信托机构的被证券化的个人住房贷款债权资产成为有独立法律地位的信托财产,在名义上归房地产信托机构所有,脱离了房地产金融贷款机构的完全控制,即使房地产金融贷款机构出现经营风险也不会殃及此信托财产。同时,信托财产不同于房地产信托机构的固有财产,即使房地产信托机构遇到不测,如依法解散、被依法撤销,或被宣告破产而终止时,此信托财产不属于房地产信托机构清算财产,可以保障受益权证书的受益者(证券投资者)的受益权。房地产债权信托尤其是个人住房贷款债权信托有利于房地产金融贷款机构的资金周转,对搞活个人住房贷款市场,满足购房者的贷款需求有着重要的意义。

(3)动拆迁信托

在城市旧区开发建设时,房地产信托机构可以受托承担旧区原有单位、居民动迁和原有房屋拆除工作,方便房地产施工单位施工。

房屋动拆迁工作一般包括逐户走访,调查核实,确定拆迁方案和安置方案,拟订费用计划,申请拆迁,签订拆迁安置协议,实施单位、居民搬迁和房屋设施拆除等工作。

房地产信托机构与委托人(如房地产开发经营企业等)签订动拆迁信托合同,在合同规定的期限内完成动拆迁工作。房地产信托机构根据动拆迁量、动拆迁难度和动拆迁费用等与委托人商定信托报酬。

(4)委托代建信托

这是建房单位委托房地产信托机构代理建房。建房资金由委托人在委托时一次全部付给房地产信托机构。委托代建的产生是由于建房单位因无力组织施工,将基建计划与资金等交给房地产信托机构,委托房地产信托机构按照委托人的要求代为办理设计、组织施工管理。房屋建成后,房地产信托机构将房屋交给委托人,并向委托人收取一定的委托代建费作为信托报酬。

(5)房地产开发经营企业托管

房地产开发经营企业托管是指房地产开发经营企业的资产所有者将房地产开发经营企业全部或部分资产的法人财产权以契约形式委托给房地产信托机构,由房地产信托机构在一定条件和期限内,使所委托的资产实现保值与增值的一种信托形式。这是一种权利信托,在信托期内,房地产信托机构对托管的房地产开发经营企业拥有按照信托契约规定的财产经营权。

房地产信托机构对房地产开发经营企业进行托管,首先应对该企业进行诊断分析,然后双方签订托管协议,规定托管期限。至于信托报酬,可以商定在托管期满若所托管的资产保值,房地产信托机构收取一定的资产保值费;若所托管的资产增值,则收取增值额一定比例的增值费;若出现经营亏损,则不收取信托报酬。

房地产信托机构应利用其管理、技术、资金和市场信息的优势,开展房地产开发经营企业托管工作。被托管的房地产开发经营企业可以是亏损企业,也可以是效益不错但发展已至"极限"的企业。

房地产开发经营企业托管工作的展开,主要靠房地产信托机构的高水平管理、高技术手段和较准确的市场分析及适量的资金注入来进行。

(6) 房地产投资基金业务

房地产信托机构可以作为投资基金或者基金管理公司的发起人从事房地产投资基金业务。房地产信托机构利用其专业理财能力,管理和运用投资基金于房地产领域,包括房地产证券市场和房地产实业市场,甚至可以考虑进入基金持有人无法直接进入的市场寻求投资增值机会。如房地产信托机构受符合一定资金量条件的百姓委托,有选择地将资金投资于目前私人尚无法直接投资且限制流通的房地产上市公司法人股拍卖市场,为百姓寻找资金保值、增值的新途径,同时也可以为解决法人股的最终流通创造条件。

(三) 房地产代理、征信、咨询和担保

1. 房地产代理

房地产代理是指房地产信托机构受托代为客户办理有关房地产事项的广义信托业务。它是在委托人(即被代理人)和受托人(即代理人)之间产生的一种法律行为和契约关系。委托人本着一定的目的,与作为代理人的房地产信托机构商订契约,授予房地产信托机构以一定的权限,由房地产信托机构代表委托人办理有关房地产事项。房地产信托机构应在委托人授权范围内尽职尽责,履行代理义务,收取代理报酬。理论上,房地产代理业务与狭义的房地产信托业务的一个主要区别,通常在于房地产代理业务的代理人并不因为代理而取得财产权。

房地产代理业务的内容主要有:

(1) 代理房地产证券业务

房地产信托机构代理房地产证券业务主要包括代理发行经批准的政策性银行房地产金融债券、房地产企业债券等。房地产信托机构还可以代理有关证券的持有者出席股东大会或者持有者大会,行使有关表决权等。

(2) 代理仓库业务

房地产信托机构设置仓库,承办房地产开发经营企业等存放建筑材料和其他有关货物的业务。房地产信托机构代理仓库业务收取一定的栈租和手续费。房地产信托机构开办此代理业务,有利于房地产信托机构房地产资金信托业务中发放房地产开发经营企业流动资金质押贷款等。

（3）房地产业权代理

房地产业权代理是指房地产信托机构受房地产业主的委托，对涉及房地产产业权利的各个方面进行管理。如产权证件的保管与管理；户籍资料的管理和其他涉及房地产业权利变动情况的管理。

2. 征信、咨询和担保

（1）征信

房地产信托机构可以接受委托，对于委托人拟进行经济交往的对方（自然人、法人或者其他组织）资信情况进行调查，如对房产开发者、房产销售者、房产出租者和房产中介者的资信情况进行调查，以减少或者避免在投融资、购房或者租房中的瑕疵。

（2）咨询

房地产信托机构可以利用其专业人才优势和信息优势为自然人、法人或者依法成立的其他组织进行房地产经济咨询，如房地产开发项目可行性研究咨询、房地产市场咨询等。

（3）担保

房地产信托机构可以利用个人和企业信用征信系统，对符合一定要求的个人和房地产开发经营企业等的信用行为提供担保，提高个人和房地产开发经营企业等在经济交往中的信用水平，尤其是可以对一些处于信托期内的、已经委托其从事房地产资金信托业务的受益人提供一定金额、一定时期的信用担保。

此外，房地产信托机构还可以经营房地产开发经营企业资产的重组、购并及项目融资、公司理财、财务顾问等中介业务，受托从事为救济贫困户、救助灾民、扶助残疾人、发展社会公益事业等公益目的而设立的房地产公益信托，如涉及廉租房、救灾房和社会公益用房的信托业务等。

房地产信托作为房地产金融的一种灵活的金融业务方式，可以适时根据需要和可能发展和创设新的形势。

四、房地产保险

作为社会经济保障体系的组成部分，保险是由保险人对经济损失提供的补偿；从被保险人的角度来讲，保险是一种转移机制，它是将大的、不确定的损失，转变为小的、确定的损失的一种经济合作制度。保险因其能消除经济生活及日常生活中损失的不确定性，而成为现代任何企业、家庭或个人生活中不可缺少的保障机制之一。随着中国房地产业逐步成熟，人们对房地产保险的需求日益强烈，一系列的房地产保险种类也随之在保险市场上先后出现。进入21世纪以来，房地产保险作为房地产金融业健康发展的保障，对于中国房地产业的快速发展将发挥着愈来愈重要的作用。

（一）房地产保险概述

作为保险业的重要组成部分——房地产保险是人类社会发展到一定历史阶段的产物，并随着社会经济的发展而不断发展和完善。

1. 房地产业的风险分析

所谓风险，就是指未来灾害损失发生的不确定性。如果损失一定发生或一定不发生就不存在风险。风险是不以人的意志为转移的客观存在，是保险活动产生的前提。

在房地产经营与管理过程中，房屋，（不论其用途）从设计、生产，到销售、分配、使用，每个环节都面临风险，都有可能发生损失，给人们带来经济上的损失和心理上的不安全感。为了减少损失和降低风险，人们就必须根据不同的标准，对风险进行分类，了解其发生的条件、形成的过程及对房地产经营与管理可能带来的不良后果。下面就房地产经营风险的三种类型分别加以陈述，并对损失原因加以剖析。

（1）房地产财产损失与原因分析

房地产财产损失又可分为直接损失和间接损失。

直接损失是指当房地产财产因自然风险和社会风险的作用导致房地产财产本身直接损坏或消失。例如：房屋被大火烧毁；室内墙壁被人破坏等就属于直接损失。

间接损失指的是由于房地产财产的直接损失而引起的未毁损房地产财产价值的降低或收益的下降。例如，当一座房屋严重受损，虽没有完全毁掉，但可能须完全重建，为了重建，该建筑未损坏的部分必须完全毁掉，这种损失就是间接损失。它等于毁掉未受损部分所需的费用和未受损部分的价值。

间接损失中很重要的一种类型就是净收入下降的损失。所谓净收入下降的损失指的是在被损坏的财产被修复完好之前，人们由于全部或部分地丧失了对财产的使用而导致的收益下降或费用上升。对房产的所有人、承租人来讲，因房屋的直接损失而导致的净收入损失主要表现为：

1）租金损失

建筑物如果意外损坏或毁坏，且承租人在该建筑物不适于居住使用期间，没有义务支付租金，那么出租人在修复该建筑至完好的必要时间内，就会蒙受租金的损失。但如果租约中没有明确规定这一点，承租人就要对这种租金负责。

2）费用上升

房屋直接损失常常会带给承租人额外费用的支出。如果承租人是企业，如干洗店、餐馆等，在房产遭受意外时，他们只有不间断经营才能保持客户市场。因此，这些企业为保证正常经营，就要有额外费用发生，如迁至临时场所和从临时场所迁回的成本，临时场所的超额租金等。如果承租人是个人，也会有额外费用的支出，如租住临时住所的超额租金、超额的生活费、交通费等。

造成房地产财产损失的可能原因或危险有许多，我们一般将这些原因或危险分为三种类型：

1）自然原因

自然危险包括火灾、爆炸、风暴、地震、洪水等可以损坏或毁灭房地产财产的自然力量。

2）社会原因

社会危险包括个人品行的背离（如破坏、玩忽职守等）以及群体行为越轨（如战争、暴乱）等。

3）经济原因

经济危险既可能是外部力量造成的也可能是内部责任，如经济不景气使房地产价格下跌属外部的经济危险，而由于经营管理不善导致工程不能按期完成则属于内部原因。

保险承保的是由自然原因或部分社会原因所造成的损失，对由于经济原因造成的损失，保险不予承保。

(2) 房地产责任损失与原因分析

"责任"在保险中可解释为某人的法律义务和法律责任。法律责任一般分为民事责任和刑事责任。刑事责任的法律后果为强制的刑罚，不在我们的讨论之列。这里的责任仅指民事责任。民事责任的实施方法大都以取得货币赔偿为目的，因此，责任损失指的是个人或企业对第三者的人身伤害或财产损失依法承担的赔偿；责任风险指的就是这种依法承担赔偿的可能性。

导致民事责任的原因一般有两类：一是合同原因，如违约、换约，或合同中的有关规定；二是行为或疏忽原因（法律上叫做侵权）。

每个企业或个人都面临由其房地产财产和活动而引起的责任风险，对房屋拥有所有权、使用权和占有权的个人和企业，及设计、建造和经营房屋的企业都是如此。一般而言，由房屋引起的责任大致有：

1）因房产所有权、使用权和占有权而引起的责任

一些严重的责任风险与房产所有权、使用权或占有权有关，其中最主要的是房屋所有人、使用人或占有人对进入房屋的人所负的法律责任。对此，各国的普通法及有关的住宅法中都有明确规定。例如，美国的普通法把进入他人房屋的人划分为：①非法入侵者；②被许可者；③被邀请者。美国的普通法规定房产所有者对未被发现的侵犯者由于不安全房产受到的伤害不负责任；对被许可者，房屋所有者应以合理的谨慎态度保护被许可者免受有意过失对他造成的伤害，房主还

必须告诫被许可者那些已有的隐蔽危险，即房产主对被许可者有普通注意义务。对受邀请者，美国普通法强加给房主一种合理的谨慎的责任，即对任何受邀请而来的人要负责保证房产安全的责任，也就是检查危险和提醒危险的责任。如果房屋是出租的，责任由哪一方承担要视租赁合同的规定而定。如果租赁合同中定有承租人负责条款，则原来本应由房产所有者承担的责任，就要由租户来承担；若没有这类条款，则有关责任仍要由房产所有者承担。

2）妨害他人利益的责任

个人或企业可能因其房产的使用或经营，干扰了他人享用财产及其附属权的权利，或干扰了他人行使公共权利的权利。例如，房产所有者或使用者改建房屋移动了作为支撑物的承重墙，而导致了邻居的人身伤害或财产损失，房产所有者或使用者对此就负有赔偿责任。再如，由于某些建筑物的存在增大了火灾的危险或贮存爆炸物等，均可造成责任损失。

3）房屋的设计、生产、销售、服务中的责任

房屋从其勘探设计、建筑开发，到销售、经营，每一个阶段都存在着特别的责任风险。例如，建筑设计工程师和顾问工程师在职业上的过失，特别是对由于设计不当或监督乏力造成的房屋不适合人们居住问题等，必须承担责任。许多国家还规定，如果房屋被出售，对房屋存在的缺陷，卖房者要承担附加责任。

2. 房地产保险的含义与作用

有风险就会有损失，有损失就有保险的需要。在给房地产保险下定义之前，我们先对保险的概念作以阐释。

（1）保险

从广义上讲，保险是人类为了应付自然灾害或意外事故而采取的社会或集团的经济后备和经济补偿。马克思主义基本原理中关于社会总产品的分配明确指出，在分配之前必须首先扣除一笔后备基金，它将用于应付可能发生的不幸事故或自然灾害等原因带来的损失。这一后备基金也可称为保险基金。这种维持社会再生产所需要的扣除，不以生产方式为转移，在资本主义生产条件下是不可缺少的，在社会主义生产方式下也将继续存在。自然灾害或意外事故的产生和爆发不受任何社会制度所左右，在别的社会制度下可能发生的各种灾害和意外，在社会主义制度下同样可能会发生。

从狭义上讲，保险是分摊意外事故损失的一种财务安排。许多人把损失风险转移给保险组织。由于保险组织集中了大量同质的风险所以能借助大数法则来正确预见损失发生的金额，并据此制订保险费率，通过向所有成员收取保险费来补偿少数成员遭受的意外事故损失。因此，少数不幸的成员的损失由包括受损者在内的所有成员分担。从法律意义上讲，保险是一方同意补偿另一方损失的合同安

排。同意赔偿损失的一方是保险人,被赔偿损失的一方是被保险人。

以上对保险定义的解释是极为简单的,目的是为了通俗易懂。目前,中国大多数保险学教科书把保险的定义表述为:以集中起来的保险费为主要资金来源建立保险基金,用于对被保险人因自然灾害或意外事故造成的经济损失进行补偿,或对人身伤亡或工作能力丧失给付保险金。保险双方订立保险合同,投保人按合同规定向保险人(保险公司)缴付保险费,保险人按合同规定的责任范围,对被保险人或受益人履行损失补偿或给付保险金的义务。应该说,对保险定义的这一种表述是比较严谨和完整的。

(2) 房地产保险

何谓房地产保险,我们很难下一个确切定义,大致可以说成是保险这一独特的风险处理手段在房地产经营中的运用。房地产保险属于广义的财产保险范畴,这一点是确凿无疑的。房地产保险是指对房地产设计、生产,到销售、分配、使用的整个生产、流通和消费过程中,在每个环节上对可能发生的意外损失所采取的经济补偿。具体来讲,就是保险公司通过收取保险费的方式订立保险合同,对被保险人在房屋设计、建筑、安装、销售、使用过程中,由于自然灾害和意外事故对房屋造成损毁或招致的损失及由此带来相关利益的丧失或责任;或由于设计人员的过失、疏忽按照法律应负的民事赔偿责任;或在销售过程中由于信用风险所导致的损失而给予的经济补偿。

社会生产和社会消费都需要一种可靠的保障制度,越是社会化大生产和人口密集的社会消费群,越是需要这种保障制度。只有这样,才能使灾害或意外事故发生时,对其给社会带来的损失以及对生产者造成的影响得到必要的及时的补偿。因而,在社会生产、流通和消费的一切领域建立社会保险制度,就成了一种客观的社会需要。而房地产保险也是一个不可忽视的重要领域。

房地产保险是整个社会保险的组成部分,也是房地产金融业的重要内容。因为保险在实现其经济补偿过程中,可以为房地产业的发展建立必要的资金补偿,为房地产资金的正常运用提供良好条件,从而加速房地产资金的融通。

不论发展何种保险事业,首要的任务是要建立保险基金。保险基金是后备基金的一种。根据中国的具体情况,建立后备基金一般有三种形式:即国家通过财政预算提取财政后备,生产经营单位自身提存"自保"基金和保险公司通过开展保险业来收取保险基金。上述三种形式的后备基金的来源是不同的,这些后备基金的性质和特点也不同。

(3) 房地产保险的主要作用

1) 推动住房制度改革,解除房屋购买者的后顾之忧

房屋保险给购房者带来了安全感。目前,住房制度改革作为经济体制改革的

重要组成部分,在全国各大中城市进行得如火如荼。这一改革涉及到财政、金融、建筑等诸多领域,其中也包括保险。住房制度改革给城镇居民房屋保险业带来新的发展,房屋保险业的新发展又适应了住房制度改革的需要。

城镇居民住房制度改革将改变过去住房构成单一公有的模式,把住房这个大商品引入消费市场。改革的一个重要目标是采取各种优惠政策,鼓励个人购房,减轻国家财政压力,促进房屋建设、使用、管理的良性循环,从而解决城镇居民住房难的问题。随着住房改革的深入,个人买房将逐年增多。

住房作为个人消费品进入家庭这一新情况,要求保险公司为拥有私房的居民及时提供保险服务。因为对于一个家庭来说,作为最大消费品的住房要比彩电、冰箱等家庭耐用品的价值高得多,它的安全与否对一个家庭至关重要。首先,人们在思想上渴望有个安全感,提供住房保险可解除人们的思想负担;其次,近年来由于居民煤气使用比例的增加,以及各种家用电器的增多,家庭火灾的发生率随之增大,客观上也要求保险公司向居民提供保险保障,以安定人们的生活。过去由于住房公有,房屋保险在城市几乎是个空白。近年来,保险公司向社会推出的自购公有住房保险、商品住宅综合保险、房屋质量/责任保险等新险种,解除了广大购房者的后顾之忧,极大地推动了住房制度的改革。

2) 强化房地产业的信用关系,促进社会信用制度的建立

现代经济生活中房地产业的发展离不开信用制度的发展。不论是房地产投资、储蓄、贷款,还是房地产抵押、信托、典当以及房地产证券的发行和流通,都是从不同的侧面来探讨如何运用信用制度来发展房地产业。房地产保险的建立,又可从另一个独特的领域来满足房地产开发的需要。以上所述的众多领域中,不论哪一个环节都有可能发生意想不到的危险,而保险的特有机能便保证了所有房地产信用关系的建立和完满的实现。

当然,房地产保险的自身也是一种信用关系。不论是投保人还是保险人,都要履行自己应尽的义务,都要恪守保险契约中的承诺。而且由于保险基金独有的运行规律,有可能为发展房地产积累一部分资金,从而可以将之通过信用关系用于房地产投资;用于购买房地产股票和各种类型的债券;或者用于直接投资。总之,房地产保险事业的发展,可以一举数得,既强化了原有的房地产信用关系,同时又在很大程度上促进了中国社会信用制度的建立。

3) 保证房地产企业经营活动的顺利进行

保险是商品经济发展的产物。直观而论,保险是一种补偿意外损失的经济方法。但从本质上说,保险体现了一定的经济关系,这种关系是保险人与投保人之间的商品交易关系。不过,这种商品交易是以风险转让的特殊形式来表现的。投保人以交纳保险费为条件,将风险转移给保险人;而保险人则以收取保险费作为

承保风险的"等价物"而承担经济补偿责任。这种商品交易特殊形式的建立和发展，十分有利于房地产的商品经营。房地产的商品化经营是经济发展的必然。不仅居民住房将逐步通过商品化实现自有化，而且厂房、仓库和商业、服务、文化、教育、医疗、体育等用房，也将要逐步作为商品来经营。房地产的商品化经营要求房地产企业独立经营；自负盈亏，要求房地产资金的合理运行以及扩大再生产的不断实现。房地产保险事业的建立和发展，就能为房地产商品经营提供保障安全的作用，满足房地产企业可能遇到的资金障碍，从而实现房地产资金的良性循环。

4）开展保险融资，把一定量的保险基金投资于房地产

随着房地产业的发展，人们对房地产保险的需求增加，由此导致房地产保险业务量的急剧增加。保险公司在保险费的收取和补偿之间有一个时间差，这就形成了一笔可观的闲置资金，保险公司可以用来进行投资，使暂时闲置的保险基金在运动中增值，支援国家的经济建设。保险公司还可将少量的资金用于房地产业投资，推动房地产业的发展，促进房地产业资金的良性循环。

5）防灾防损，减少灾害损失

房地产保险是对自然灾害和意外事故造成的损失实行经济补偿，自然灾害和意外事故对房地产业造成的危险是指带来经济损失的纯粹风险，而不是房地产市场交易中可能产生的获利或亏本的投资风险，房地产经营和消费中的纯粹风险对于个体而论是偶然的，但就社会总体而言是必然的。不过这种风险的发生是不确定的，即对于投保的个体而言，风险是否发生难以预测；发生时间也难以预测；发生风险所造成损失的大小更是难以预测。正由于存在以上所述的这三个难以预测的不确定性，房地产保险才有客观的需要。房地产保险的建立和实施，使难以预测的风险转化为有保障的补偿。房地产一旦出险，可以保证投保人获得与风险损失相应的经济补偿，使被破坏了的房产得到重建，从而实现生产的恢复和发展，保障居民的生活需要和社会安定。

以上所说的房地产保险的多种作用，是其他任何房地产信用环节所难于完成的。因为保险是通过一种契约（合同）行为来制约投保和承保双方的权利和义务的实现，最后达到经济补偿的目的的。

3. 房地产保险的主要特点

房地产保险属于财产保险范畴，是财产保险的一个种类。但是，由于房地产这种财产独特的性质以及管理上的因素，使得房地产保险与其他财产保险险种相比，有自己的特点。

（1）保险标的形态的单一性

财产保险的保险标的主要是有形的物质财产，而在有形物质财产的财产保

当中，其保险标的呈多样化的表现形态。如企业财产保险中，其保险标的既有固定资产，又有流动资产，而在固定资产当中，既含有房屋建筑物，又含有机器设备等；再如家庭财产保险的保险标的，既有个人所有的房屋，又有室内家具、家用电器财产等。而对于房地产保险来说，情况就不同了。就房地产物质构成而言，无非包括两大类财产，即房屋与土地。在中国目前条件下，土地具有无风险的特点，不能作为财产保险的保险标的参加保险。因此，在房地产保险中，能够作为房地产保险标的财产就只有房屋这一种形态。房地产的保险标的形态单一的特点，决定了房地产保险与其他财产险种的差异，也决定了房地产保险承保、理赔业务的特点。

（2）保险险别适用的多样性

房地产业是从事房地产开发和经营的行业，其内容非常广泛，包括土地的开发经营、房屋的建造、房屋的出售和出租、房屋的维修以及房产的管理等。在房地产经营、管理的全过程中，除土地开发这一环节不具备保险条件以外，其他环节都存在一定风险，即从房屋自备料开始到建成商品房以至房屋售出为止，都有可能由于各种自然灾害或意外事故给房屋在建造过程中诸方面的利益人造成经济上的损失，从而使房屋保险具有很大的必要性。中国目前针对房屋建筑物设计的险别很多，如针对房屋建筑物在建筑过程中的风险而开办的"建筑安装工程保险"和"在建工程保险"；对已建筑完工的房屋开办的"房屋保险"；房屋成为商品出卖或出租后，还可根据其性质和用途，分别选择不同的险种投保，如单位公用房屋，可投保企业财产保险中的"固定资产保险"，个人所有房屋可投保"家庭财产保险"或"房屋保险"等。总之，在房地产保险业务中，针对房屋的保险种类较多，这给房屋关系利益人选择保险范围提供了较大的余地，从而能使其从房屋建造、经营、管理各不同时期将风险转嫁给保险人，以保证房地产保险业务的顺利开展。

（3）保险主体的广泛性

保险主体是指参加保险这一民事法律关系并享有权利和承担义务的人，简言之为订立保险合同的双方当事人，即保险人（保险公司）与被保险人。根据保险条例的有关规定，凡是与保险标的有着法律上可以主张的利益的人，都可以作为保险合同的保险主体之一，与保险人签订保险合同。房地产在开发、经营、管理的全过程中，涉及到上下左右诸方面的行政、业务关系，如管理就涉及到住房建设管理、房地产综合开发管理、房地产业管理等，房地产经营方面又会涉及到房地产（住宅建设）开发公司、房产经营公司、房屋修缮公司、房屋建筑材料公司等诸家经营单位的相互业务联系等，所有这些，使房地产在开发、经营、管理过程中与多方面产生了不同性质上的利益关系。根据可保利益原则，上述与房地产开发、经营、管理过程有关的管理部门、企业单位或个人，只要与房屋（在建的与完工均包括在内）有着法律上可以主张的利益，都可作为房屋的投保人或被保险人，向保险人投保房地产保险，从而成为保险合同的当事人，即保险主体。

目前中国的保险市场已初步形成，作为保险主体之一的保险人也具有一定的广泛性，房地产保险的被保险人可以根据各自的需求和保险市场的实际情况，来选择不同的保险人。

4. 房地产保险的基本条件

房地产保险的基本条件是指开展房地产保险业务的前提条件及相关参与者。其主要有：

（1）特定的危险事故或约定的事件

如上所述，在房地产经营的各个环节中，不可避免地存在着诸多风险，会引起巨大的损失，而保险是处理风险的一种有效经济手段。但是，并不是所有的风险都可以通过购买保险的方式转嫁给保险公司的，房地产保险所承保的风险必须是双方特别约定的风险——首先，这种风险属于纯粹风险，如火灾引起房屋烧毁，对房屋的主人来讲，通常只有损失的可能而无获利的机会。房地产开发公司由于决策失误，市场预测发生偏差，一味建造高层次的商业用楼房，造成销售上的积压，引起资金短缺，使企业濒临破产，保险公司对此类动态损失则不予承保。其次，风险导致的损失必须是意外的、非故意的，如纵火使房屋化为灰烬，保险公司对此损失不予承保。再如房屋折旧虽非故意，但属正常损耗而非意外，保险公司对此类风险也不予承保。再次，这种风险必须具有宏观上的确定性与微观上的不确定性之特点。

尽管房地产保险的内涵很广，涉及到房屋在设计、建造、安装、销售、使用等诸多环节存在的风险，但是保险人所承保的风险，仍然必须是特定的，而这种特定的、可保的风险以保险责任的形式，反映在各种保险的条款之中，保险人只对保险责任范围内的危险事故或约定事件带来的损失负责。

（2）多数人的结合

多数人的结合即意味着多数经济单位或个人结合，这是保险必须具备的另一个重要因素。房地产业的兴起，引起众多的企业和个人在房屋的设计、建造、装修、销售、使用过程中面临着相似的风险。保险公司通过签订保险合同，收取保险费的方式，将他们结合起来。只有这样，保险经营才能符合大数法则，达到分散危险，分摊损失的目的。否则，没有多数经济单位或个人共同参加，大数法则就难以发挥它的科学作用。

（3）合理的计算

运用保险技术进行合理计算，公平分摊损失，也是房地产保险的一个前提条件。遭遇特定危险事故的单位或个人的经济损失必须由其他没有蒙受损害的单位或个人共同分担，共同分担的金额来源于他们缴纳的保险费。保险是以商品等价交换作为它的经营原则的，必须根据危险的大小来决定保险费，而危险的大小又是根据对同类危险发生的概率与损失程度的预测来确定的。因此保险费率的高低必须与危险发生的频率、损毁程度以及保险责任范围相适应，这样才能满足保险经营必须符合商品价值规律的要求。

经过对大量房产损失进行的长期观察所得出的损失概率，就是保险费率计算的基础。所以保险人收取的保险费多少是有科学依据的，危险大的收费多，危险小的收费少。对于负担保险费的众多要求保险的人来说，其分摊损失的原则是公平合理的。

（4）房地产保险基金的建立

建立保险基金是保险人履行赔偿义务的重要物质基础，也是经营房地产保险业务的必要条件。保险基金是由投保人缴纳的保险费建立起来的，因此，建立保险基金以及对它加以妥善管理和合理运用是发挥房地产保险经济效能的重要环节。

（5）社会经济互助

社会经济互助实际上体现了社会上人与人之间的相互关系。"众为一人，一人为众"就是产生保险原始形态的社会思想基础，也是当前房地产经营中需要保险的一个重要成因。保险离开了多数人的经济互助，就无法发挥作用。

（二）房地产保险的种类与内容

随着生产的发展，保险领域的不断扩大，为房地产服务的保险种类也日益增多。房地产保险是一个综合的保险概念，它不是一个独立的业务种类，它涉及到财产险、责任险、信用险等各业务险别。下面我们将对房地产保险的具体种类进行简要阐述。

1. 保险种类概述

当前，随着现代经济生活的发展，国际上保险业务名目繁多，其种类不下几百种。这些保险业务可以按照保险对象、实施方式、保险主体和保障范围来进行分类。

按保险对象可划分为财产保险和人身保险两大类。后者又可分为：人寿保险、人身意外伤害保险和疾病保险。房地产保险中财产保险占多数。

按保险实施的方式分为强制保险和自愿保险两种。强制保险是指非出于投保人的意愿而由国家规定必须投保的保险。自愿保险与强制保险是相对的。房地产保险一般均为自愿保险。

按保险主体分类可分为企业、团体和公民个人三类。这三类在房地产保险中都有广泛的发展。有房地产企业的经营者、房产社会团体所有者以及居民个人的房产保险。

按保障的范围可分为：财产保险、责任保险、保证保险和人身保险。以上四种在房地产保险中一般均有发展。现在将保险种类和目前开展的房地产险种分别予以图示。图4-9为保险种类分解。

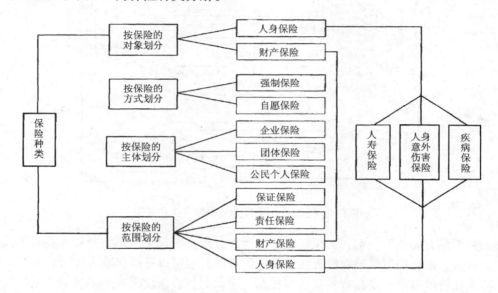

图4-9　保险种类示意图

2. 房地产险种及其主要内容

这里所说的房地产险种是指目前国内外各金融保险机构开办的房地产保险业务。虽然各地名称不一，但概括起来有：房屋财产保险、房屋利益保险、房屋责任保险、房屋建筑工程保险、房地产抵押贷款保险、房地产建筑企业职工人身安全险以及房地产综合保险等。随着中国房地产业和保险业的日益发展，房地产险种也在不断扩大。房地产险种与一般保险种类的关系见图4-10。

（1）房屋财产保险

房屋财产保险是财产保险的一种。财产保险也叫"损害保险"，是指以物质财产发生损害为保险标的物的保险。中国现行的《财产保险合同条例》中规定了房屋财产保险分属于企业财产保险和家庭财产保险两个险种之中，由此可以分别划为企业团体房产保险和居民住房保险。不论是国有企业、集体企业、国家机关、事业单位、群众团体还是居民个人，都可以作为房屋财产保险的投保人。

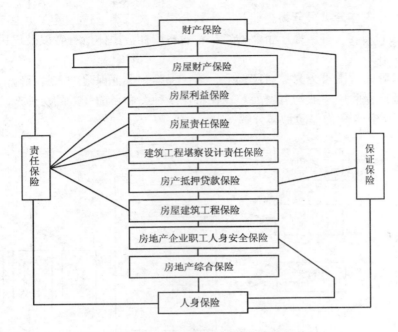

图 4-10 房地产保险险种与保险种类相关图

根据有关法律规定，房屋保险的投保人必须是所投保房屋的所有人或与他人共有人，而且房屋是被保险人负责管理的房产；也可以是被保险人经营管理或为他人托管的财产；是具有其他法律关系上承认的与被保险人有经济权益关系的房产。凡违章建筑、危险建房、没有完工的房产以及未经正式合法批准手续非法占地的建房不能参与房产保险。现将房屋财产分属于企业或个人来分类，分别阐述。

1）企业房产保险

企业房产保险赔偿的责任范围有：火灾（异常性燃烧、他人纵火、物质自燃等造成的火灾）；爆炸（物理、化学性爆炸）；雷击（雷电酿成的火灾）；风暴和暴雨（暴风雨引起的房屋损坏）；洪水（山洪暴发、河水泛滥、潮水上岸冲倒了房产）；破坏性地震造成的房屋损坏；地面崩塌（必须是自然原因造成的房产损失才是保险责任以内的，因建筑施工不慎造成的地基下沉而引起的房产损失不负责赔偿）；突然性滑坡造成的房产损失；雪灾压塌的房屋损失；雹灾造成的房屋损失；冰凌毁房损失；泥石流爆发成灾；空中运行物坠落成灾（包括陨石坠落、飞行物撞毁、吊车吊装物体坠落均属保险责任范围之内）。在施工过程中，因人为因素造成保险房产的损失，应由造成损失的第三方负责赔偿，也可以由保险人先行赔付，再向第三方追偿。建筑物倒塌、倾倒而造成房产损失者，如同上述涉及第三者责任同样处理。但对建筑物本身的损失，即使属于保险房产，保险人也不负责赔偿。

当房屋受到自然灾害和不幸事故时，房屋投保人为了力争减少损失而采取必要措施所支出的合理费用，将由保险人负责支付。

由于战争或军事行动、暴乱、污染、核辐射所造成的房产损毁，以及被保险人由于故意行为而造成的房产损失、房屋自身的自然损坏，保险人均不负赔偿责任。

企业房屋保险签约之前，必须明确保险房产的范围和保险责任范围。同时，对于投保房产的保险金额与赔偿、保险费率以及保险期等也应有明确规定，载入保险单或保险合同（契约）之中。

保险金额是最高赔偿限额，不是房产保险事故发生后的赔偿金额。赔偿金额要根据房产实际受损而定，可能会低于保险金额，但不能高于保险金额。保险金额也不一定代表房产价值。保险金额如相当于房产实际价值的投保，称为足额保险，这一险种在保险事故发生后，能够取得足额的赔偿。保险金额低于房产实际价值者为不足额保险，保险事故发生时，只能取得部分赔偿，其余部分是投保人的自保。

企业房产保险金额有三种确定方式：一是按照账面原值确定保险金额，这是一种不足额投保；二是账面原值加成数确定保险金额的足额投保；三是按重置价值投保。房产出险时，不同投保方式采取不同的赔偿处理方法。a. 如房产发生全部损失，按保险金额赔偿，如受损房产的保险金额高于重置价值时，偿付金额不能高于重置价值。b. 如房产发生部分损毁时，则分两种情况：一是按账面原值投保的，根据保险金额和房产损失程度或修复费用的比例计算赔偿金额；二是按账面原值加成数或按重置价值投保的，以实际损失计算赔偿金额。当损失发生时，有施救费用支出者，其保险人赔付支出与以上计算方式相同。

企业房产保险的期限以不超过一年为限。保险责任从双方约定的起保日零时开始到期满24时为止。在此期间为保险有效期。

企业房产保险费率主要取决于房屋的建筑结构和房屋占用性质，前者的主要因素是，要区别是钢筋水泥或砖石、木质结构；要区别是否是抗震建筑物，是抗震建筑物者地震损失频率较低。房屋占用性质不同可能发生损失的频率和损失程度也完全不同，如建筑物作为仓库使用或作为办公室使用，前者发生损失的可能性要远远多于后者。另外，建筑物所在周围环境、防火设备情况等也是保险费率所要考虑的因素。

2）居民住房保险

居民私人住房，有的投保家庭财产保险，有的投保居民住房保险。但不保违章建房、危险建筑、未完工建筑以及用易燃物作屋顶和外墙的简陋棚屋。居民住房无账册可依，保险金额由投保人根据实际情况自行估定。遇损时，凡属保险责任范围内的灾害事故而造成的全部损失，按保险金额赔付。如果保险金额大于实际损失，则按实际损失赔偿。被保险住房如遭部分损失，保险人根据损失程度，按损失部分的市场价格赔付。保险人对保险住房部分赔付后，保险合同继续有效，但保险金额将成为原保险金额与赔付费之差。部分损失折合金额过小（50元以下）者免赔。就总体而论，居民住房的保险费率要远低于企业房产保险费率，因为它仅属于居住性质。

在中国，目前不论是企业房产保险，还是居民住房保险，其有关条款都不够完善，甚至对建筑物的定义也不够具体，保险责任不够明确，房屋价值、损失价值的确定不够科学，从而造成了保险费率过高。随着社会主义市场经济体制的建立和市场经济的发展，作为无形贸易的保险事业，必将按照市场经济的规律行事。财产保险及其住房保险费率的合理调整是必然趋势。同时，降低房产保险费率应与科学、合理地分解险种联系起来。世界上很多国家房屋保险仅保火灾；或加爆炸和雷电所造成的损失，中国财产保险及其房产保险所保范围过宽，有些原有条款有明显的不妥之处。例如市区房产保险责任范围的"泥石流"灾害，可能是不切实际的。总之，要适应社会主义市场经济发展的需要和住房制度改革的要求，不断发展和完善中国房产保险事业。

（2）房屋利益保险

房屋利益保险是房屋财产保险的责任范围的扩大，是房屋财产保险的附加险。它所保的是因房屋遭受保险责任范围内的事故受损而带来利益的损失，诸如收入的减少和费用的增加。这种利益损失包括由于房屋的损毁而造成租金收入减少和费用支出增加（租用临时用房租金支出和超额生活费用支出等）。房屋利益保险所承保的危险与房屋财产保险所保内容相同。若要投保房屋利益保险，被保险人必须首先将所需保险房屋投保房屋财产保险，只有这样，当遭到保险责任范围的灾害事故的损失时，在取得房屋财产保险赔偿的同时，才能对由此引起的利益损失获得保险人的房屋利益赔偿。不是保险责任范围所造成的房屋损毁而带来的利益损失，诸如经营管理不善，违法经营等造成的利益损失，保险人不负赔偿责任。房屋利益保险期限与房屋财产保险期限一致，但赔偿期可推迟到事故发生后一年以内。

（3）房屋抵押贷款保险

房屋抵押贷款保险是指发放房地产抵押贷款的金融机构，为了获得房屋抵押贷款的安全保障，在放贷时，规定借款人需要将作为抵押的房产向保险公司投保的保险。从而，取得贷款的抵押房屋一旦发生保险责任范围内的灾害或意外事故时，可以获得保险公司的赔付，免除了贷款的风险。房屋抵押贷款保险实际是一种信用保证，因为开展了抵押贷款保险，就保证了房屋抵押贷款信用的正常运行，因此，它从属于保险分类中的保证保险。保证保险是一种担保业务，即由保险人为被保险人向权利人提供担保。以房屋抵押贷款保险为例，投保人也就是房屋出押人，即被保险人向房屋受押人，也就是权利人（债权人）提供了出押房屋在保险责任范围内的赔偿担保。

房屋抵押贷款保险要在贷款取得以前办理，实际上成了出押人取得贷款的必要条件。在银行发放抵押贷款以前，借款人应将具有法定主权的房屋向保险公司投保房屋保险，取得房产保险契约（保险单）；然后，借款人连同房产契约和房屋保险单以及保险公司出具的保险批件一并交给申请抵押贷款的金融机构，作为取得贷款的抵押品，才能取得贷款。房产抵押贷款归还时，贷款金融机构向保险公司提出批改申请，连同房产主权契约一起归还房主。房地产抵押贷款保险就此终止。

通过抵押再加保险等信用保证来取得住房贷款，是二次大战后美国和加拿大等国家住房抵押形式的重大变化，也可以说是战后住房融资的重要特征。在这些国家，借款人，即住房的出押人以住房作抵押品从金融机构取得贷款，如无其他保险保证，这种住房抵押贷款称之为普通抵押贷款。这种普通抵押贷款首次付现金额较高，借贷条件比较苛刻。后来，在普通抵押贷款的基础上发展为保险抵押或称抵押保险，它减少了金融机构的贷款风险。因此，美国一些经济学者把抵押加保险的住房贷款说成是一种对贷款的保护，其实保护的是银行资产者的利益。西方国家的保险抵押贷款借贷条件虽然放宽了，但是由于贷期延长，押上加保的做法远远超出贷款偿还的保证限度，因而是更加隐蔽而苛刻的借贷条件。无论怎样，抵押加保险的住房融资方式为贷款提供了信用保证，扩大了融资范围，促进了房地产业的发展，从而在更大程度上满足了居民的住房需求，解决了住房困难，这是我们应该借鉴的。

如上文所述，典型的房屋抵押贷款保险是由出押者即借款人向保险公司投保，将保险单作为取得抵押贷款的必要条件。国外对此已有发展。普遍的做法是由国家机关或私人机构专门从事提供保险或充当保证人。如果借款人不能如期偿还贷款，则由保证人负责偿还债务。美国联邦住宅管理署（FHA）和退伍军人管理署（VA）是国家提供住宅抵押保险保证的专门机构。既有住宅作抵押，又有国家有关机构作保险和保证，金融机构的借贷风险可以降低到最小限度。目前中国尚无这种机构，也无此类保险。应该在住房制度改革和市场经济体制的形成和完善中作进一步探讨。

（4）房屋责任保险

责任保险是保险分类中按保险保障的范围来划分的一个大类。它是以被保险人的民事损害赔偿责任作为保险标的的保险，是一种无形财产保险。责任保险的目的是事先为企业或个人承保法律上的责任，当受害人受到损失时，为被保险人负赔偿责任。责任保险的标的，既不是特定的财产，也不是人身，而是被保险人对于第三人应负的赔偿责任。根据责任保险的这个基本含义，房地产责任保险可以分为公众责任保险和职业责任保险两类。

1）房屋公众责任保险

房屋公众责任保险是承保被保险人在固定地点进行房地产生产经营活动，由于意外事故导致第三者人身伤害或财产损失，依法应由被保险人承担的经济赔偿责任。这种赔偿责任包括两部分：a. 房地产投保人因生产经营中的疏忽大意和不测过失而造成第三者人身伤害和财产损毁，依法应承担的经济赔偿责任；b. 房地产投保人由于责任事故发生可能引起诉讼，因此而需要承担的有关诉讼费用及其他费用。房屋责任保险对战争等社会原因引起的责任，雇佣关系中的雇主责任以及投保人自己人身伤害和财产损失不予负责。

房屋责任保险的保险标的的价值没有客观依据，保险金额难于确定。因此，其保险单上没有保险金额的规定，而是由投保人和保险人约定一个责任限额，作为保险人可能承担的最高金额。房屋责任保险的赔偿限额可以分为多种：a. 每次责任事故赔偿限额，即在保险期限内，无论发生多少次索赔，只要每次索赔金额在事先商定的限额以内，保险人均负赔偿责任；b. 累计赔偿限额，即保险期限内多次索赔不能超过规定限额；c. 每次限额和累计限额分别规定。目前国外采用累计限额的并不多见。房屋责任保险对涉及人身和财产两部分可以合并规定，也可以分别规定。关于保险费率，根据投保人从事业务性质、管理水平、风险类型来确定。如果投保人以往已经投保，则参考其历史记录，包括赔偿情况、赔偿限额和免赔额的高低而定。

根据国外的做法，中国房屋公众责任保险可以设计成以下一些险种：

①房屋所有人、出租人和承租人责任保险。此种责任保险的保险责任范围是投保房屋的所有权和使用权在实施过程中发生的责任，并承保该房屋在经营活动中产生的责任。该险种的除外责任有：因房屋结构改变而造成的责任事故损失；因完工产品责任保险承保了的各类损失。

②房屋完工责任保险。投保房屋建成完工而产生的责任，如建筑过程中的缺陷。完工索赔的条件是损害发生在建筑场地之外，而且工程已被认定完工之后，但因现有建筑用具、未安装设备、遗弃或使用过的材料等造成的损害不在此种保险责任范围之内。

③房屋建造商和承包商责任保险。这种责任保险是为建造商和承包商，提供

保障的保险。其性质与所有人、出租人和承租人责任保险相似。保险范围适用于所承包场所公众人员提出的索赔或被保险人经营活动中引起的索赔。其除外责任是，由独立承包商进行的作业活动；被保险人自有或租用房产，因维护、修理活动而引起的损害。

④房屋建造独立承包商责任保险。这种责任保险承保所有人、出租人和承租人责任保险的除外责任，以及承包房屋建造商和承包商责任保险中的除外责任。也就是承保因房屋结构改变而造成的责任事故损失和因完工产品责任事故损失。还有独立承包商进行作业活动所引起的责任事故损失。

⑤房产综合普通责任保险。这种保险将上述四种责任保险的责任范围集中在一起保险，设置在同一张保险单上。其除外责任与上述四种保险除外责任相同。

2）房屋职业责任保险

房屋责任保险除了以上所述的房屋公众责任保险以外，还有房屋职业责任保险。这种保险承保从事房地产业的各种专业人员因工作上的疏忽或过失造成的对对方或他人的人身伤害和财产损失的经济赔偿责任。具体说来，其责任范围有两项：a. 被保险人及其雇员因职业事故应承担的赔偿金；b. 被保险人因职业事故引起的诉讼费。

房地产职业责任保险赔偿额以及影响其保险费率的因素与房地产公众责任保险相同。

（5）建筑工程勘察设计责任保险

这是目前中国部分省市有些地区已经开展的一项责任保险，它属于职业责任保险。其保险对象是法定的勘察设计单位。保险责任范围是，因勘察设计而造成工程重大质量事故应负的赔偿责任。该种责任保险的除外责任有：被保险人故意不当行为所造成的责任损失；冒用持证单位的名义进行勘察设计或合法经营单位转让、转托单位和个人造成的损失；勘察设计项目违反国家规定的建设程序而造成的损失；勘察设计单位超级承担任务、拖延工期所带来的损失等。

此项责任保险的保险金额是被保障人应收的勘察设计费。保险费率明确规定为千分之二。保险期限为自投保人接受任务签订合同时开始民用项目至竣工验收为合格时终止；工业等生产性项目至正式投产前时终止。如果竣工后未经验收试产而直接交付委托方使用者，保险期从委托方使用之日起至半年终止。由于投保人自身在勘察设计上的错误而造成的较大的工程质量事故而导致的赔偿责任，受损超过其勘察设计费的 50% 者，超过部分由投保人负责，即保险人最高赔偿金额不超过受损部分勘察设计费的 150%。

责任保险在中国房地产业发展过程中是一个新领域。随着住房建设规模的加大和房地产业的蓬勃发展，应该设计出更多的险种，以适应经济发展的需要。

(6) 建筑工程保险

建筑工程保险的保险对象是工程进行期间，对所建工程承担一定风险，并具有保险利益的各方。这里所指各方包括：工程所有人、主承包人或分承包人、雇用的建筑师、设计师、工程师、工程管理监督人及其他专业顾问等。为了防止被保险人各方之间权益和责任的不同而引起的相互追偿，保险单都加贴共保交叉责任条款。一旦发生各被保险人之间相互的责任事故，每个负有责任的被保险人都可以在保险单所规定的项下得到保障。

此项保险承保的财产是房地产建筑工程，以合同内容为依据，其内容有：建筑工程及工地的物料；建筑用机械、工具、设备和临时工房及其房内存放物件；业主或承包人在工地的原有财产；附带安装工程项目；工地内的现成建筑物和业主或承包人在工地上的其他财产。

建筑工程保险承保的危险和损失除了自然灾害导致的损失外，还包括盗窃、恶意行为等人为风险，企业所有职工因缺乏工作经验、疏忽或因过失造成的事故损失，原材料质量问题或工艺不善所引起的事故造成的损失，其他除外责任以外的不可预料的自然灾害（地震、洪水等）或意外事故以及清理现场的费用。

建筑工程保险除外责任有：被保险人故意行为致损；战争、罢工、自然磨损、停工等造成的损失；因错误设计引起的损失，费用或责任；换置、修理或矫正标的物本身的原材料缺陷或工艺不善所支付的费用；非外力造成的机械或电器装置的损毁或建筑用机器、设备、装置的失灵；企业具有的车辆、船舶、飞机的损毁应另有保险者；有关文件、账簿、票据、现金和有价证券以及图表资料的损失；盘查货物当时发现的短缺和免赔额内的损失等。建筑工程第三者责任保险应另行保险，其责任不在本保险险种范围之内。

建设工程的总价值即为本险种的保险金额，包括设计费、建设所需材料设备费、施工费、运杂费、保险费和税款以及其他费用之总和。为使被保险人获得足够的补偿，先按预计的合同工程价格投保，完工后再按工程实际价格调整工程保险金额，保险费也按调整后的投保金额再作结算。

建筑工程保险费率根据工程的不同性质来确定。具体的决定因素有：承保责任范围的大小；承包工程本身的危险程度；承包商和其他承办人的资信情况；经营管理水平以及经验等；保险公司同类业务的以往损失记录，等等。保险费率一般按年费率计算。因为建筑工程多数平地建起，初期财产较少，随着建设工期的延续，财产不断增加，需依此来估算保险风险的增长；同时还应考虑季节自然灾害损失的可能性，据此来确定保险费率。

建筑工程保险责任期限，一般起始时间从工程开工日起或自承保项目所用材料卸至工地时起。保险责任终止则按以下规定中先发生者为准：保险单规定的保险日期终止；工程建筑或安装完毕，移交工程的业主或签发完工证明时终止；工程业主开始使用建筑工程时终止，如部分使用，则使用部分保险责任终止。除此之外，建筑工程完工交给业主使用后，尚有一个保证时期，在此期间，建筑物发现质量问题，甚至造成损失事故者，承包人根据工程合同的规定需负责赔偿的，可以加保保证期间的保险责任。

建筑工程保险的理赔，以恢复保险项目受损前的状态为限，可以现金支付，也可以重置受损项目或进行修理。保险金额如低于建成工程总价值、重置价值，其差额视为被保险人所自保。

(7) 房屋系列综合保险

房屋系列综合保险，也称房屋"一揽子"保险。在国外，房屋系列综合保险往往与抵押贷款保险结合在一起，称为一揽子交易。它采取押上加保，多保相连的方法。一揽子交易要求抵押合同中不仅规定借款人应偿还贷款的本息，而且还规定借款人必须进行建筑保险、财产保险、责任保险或人寿保险等。把多种保险组合在一张保险单上承保的保险，称为系列综合保险。这种保险业务是 20 世纪 60 年代西方国家推出的一种房产保险新业务。房屋系列保险所支付的保险费比分别购买它所包括的各个个别险种保险费之和低得多，因此有更大的吸引力。而且，对被保险人来说，管理一个保险合同以及只需要与一个保险人打交道要方便得多。更重要的是，房屋系列综合保险保障了保险双方的多方位安全。例如，借款人和出押人按照金融机构的要求进行人寿保险，如果借款人按期偿还本息，则从人寿保险公司得到的收益仍归借款人，即投保人所有；如果借款人在未还清住房抵押贷款以前身亡，那么，贷放机构不仅可以依据抵押合同得到抵押品（房屋）的所有权，而且可以用人寿保险公司的赔偿抵付贷款本息。当然，国外人寿保险和种类有多种，上述做法仅是其中之一。

世界上有的国家，金融机构不仅要求把人寿保险、建筑保险、财产保险、责任保险等列入一揽子交易，而且还要求把借款人（投保人）的房地产税、住宅维修费用等也列入一揽子交易。借款人和投保者定期将这些款项交给金融机构管理，金融机构将这些有关房地产的款项记入专门设立的"契约账户"内，通过这种方式，使房地产资金得到更好地融通。金融机构也能从契约账户中得到更多的利益。从一揽子交易的实际内容来说，它把房地产的贷款、抵押、信托和多种保险结合在一起了，这是房地产业进一步发展的客观要求，中国可以借鉴。就保险形式来说，房屋系列综合保险有两种形式：一是家庭系列综合保险；另一种是特别多种危险保险。前者是为家庭个人提供的一揽子保险，其保险标的包括房屋及附属建筑、室内财产及设施等综合性个人财产等。对房屋承租人开办这种保险时不包括对建筑物的保险。家庭系列综合保险的保险责任范围既包括了自然灾害和意外事故所造成的损失，也包括了责任损失。特别多种危险保险是一种适合于多数企业的房屋系列综合保险。它所承保的危险责任范围包括房屋的财产保险、利益保险、综合普通责任保险、锅炉和机器的保险和其他综合保险。这种系列综合保险在中国还没有广泛地开展起来。

（三）房地产保险的构成要素

房地产保险的构成要素是指保险业运行的必备条件。保险基金的建立是其首要条件，除此以外的房地产保险的投保人、保险人、保险单、保险危险及理赔等，都是房地产保险的主要构成要素。下面我们对这些构成要素进行简要论述。

1. 房地产投保人

房地产投保人是指住房所有者，需要保险的人，也就是对保险住房具有保险利益、与保险人订立保险契约并交纳保险费的人。住房保险投保人可以是法人，也可以是个人，即公民自然人。住房财产保险的投保人，必须是被保险住房的所有人或经营管理人，或者是对保险住房有利害关系的人。

房地产投保人的义务是：（1）按期如数交纳保险费。否则，保险人可以分别情况要求投保人补交保险费及其利息，或者按比例减少保险金额，或者终止合同。（2）被保险住房一旦出险，如实向保险人报告发生危险的情况。否则，保险人有权解除保险合同。（3）在住房财产保险中，投保人应当及时维护被保险住房的安全，并接受保险人对住房安全的监督和合理建议，切实做好安全防灾工作。否则，由此发生事故所造成的损失应由投保人自己负责，保险人不负赔偿的责任。（4）住房保险范围内事故发生后，投保人应及时通知保险人。如果不履行及时通知义务，保险人有权解除合同，或者相应地减少赔款等。（5）住房财产保险的投保人当事故发生时，应积极采取措施，，以防止损失的扩大。（6）如果投保人将住房出售或转让给第三人的时候，如按合同规定，需要通知保险人的，应及时通知。否则，保险人对发生保险事故所造成的损失，不承担赔偿责任。

投保人有权按保险契约获得保险赔偿。

2. 房地产保险人

房地产保险人，就是指房地产保险契约中当事人的一方，也就是与房地产投保人订立保险契约，收取保险费和在住房出险后负责赔偿的人。住房保险人一般是指承办保险业务的保险金融企业，如保险公司、房地产保险公司以及承办保险业务的银行金融机构。

保险人的义务是：（1）在约定的保险事故发生后，承担赔偿责任，支付按照合同规定并进行调查后审定的损失费，叫做保险赔偿，也称理赔。理赔工作的合理与否，直接关系到保险人的信誉和业务的发展。保险人为了做好理赔工作，必须重合同，守信用，分清责任合理定损，既不惜赔，也不滥赔。（2）当保险事故发生后，保险人应该立即履行对投保人承担的义务，查勘现场，并根据损失的实际情况，核算确定经济补偿金额予以赔偿。（3）住房保险人要积极开展保险标的物的防损工作，及时检查住房可能发生的危险隐患，并予以消除。防损工作不仅与保险人自身的经营成果有关，而且对于减少社会危险也有积极意义。

3. 房地产保险单和保险责任的确定

房地产保险单是载明房地产投保人与保险人所约定的权利与义务的书面证书，也是保险凭证。保险单上主要载有房地产投保人和保险人的名称、保险标的、保险金额、保险期限、保险费、赔偿或给付的责任范围以及需要约定的其他事项。保险单根据投保人的申请，由保险人单方签署，交由投保人收执。

保险单上必须载明住房保险责任，它是住房保险人承担的约定住房经济赔偿范围和责任。住房保险一旦签约，从投保人交纳保险费时起，保险契约就开始生效。住房风险即由投保人转嫁给保险人，保险人成了住房风险的承担者。在约定保险责任范围内发生的住房经济损失，保险人都要负责赔偿。由于保险人所设立的各险种保险范围和内容与投保人要求保障的范围和内容不同，保险人承担的责任也就有区别，这在保险单上都应有明确的规定。

住房保险责任范围可分为基本责任和特约责任两类。基本保险责任包括住房投保人要求保险人承担直接和间接的赔偿责任。直接赔偿责任是指对约定的自然灾害和意外事故对住房造成的直接经济损失所承担的赔偿责任。这种赔偿责任由单一风险责任和综合风险责任组成，保险单上也需明确保险的是前者，还是后者。前者是指保险单上规定只对某一种风险造成的损失给予经济补偿，例如对住房火险保障，则只对火灾所造成的损失负有赔偿责任，如果发生除火灾以外的其他灾害事故，则保险人不予赔偿。综合风险责任，则指保险单上明确规定对多种风险承担赔偿责任。如财产保险中，对火灾、冰雹、雷击、洪水、地震、地陷、龙卷风、雪灾等多种自然灾害对财产所造成的损失都负责赔偿。间接赔偿责任是指住房在遭受约定的自然灾害所造成的直接损失以外的损失，例如对为了控制灾害的扩大，减少经济损失而支付的施救费用所承担的赔偿责任。

除了基本责任外，还有特约责任。这种特约责任是除了基本责任外，由投保人和保险人协议商定后，在保险单上特别注明的一种风险责任。家庭住房财产保险的特约责任可以是，除了自然灾害责任外的如防盗窃保险，即对住房内的财物因被盗而造成的经济损失承担赔偿责任。

在保险单上还有"除外责任"规定。除外责任是指排除在外的责任，即保险人并非对住房所受到的任何经济损失都承担赔偿责任。住房保险中的除外责任有：住房投保人自行放火毁房所造成的损失；住房投保人由于不履行约定的义务而造成的损失；以及其他不属于住房保险责任范围内的灾害造成的损失。对于除外责任范围的损失保险人都可以不承担赔偿责任。

保险责任在住房价值量上的规定一般分为三种：（1）住房全价责任保险，这是指投保人要求对住房的全部价值，即实际损失进行赔偿。（2）住房成本价值保险，这是指房屋遭到损失时只赔偿房屋的成本支出，不包括投保人在建造房产时为社会创造的那部分价值。（3）住房部分成本责任保险，它是指仅赔偿住房价值中的生产资料消耗费用部分，不包括成本中的活劳动支出所反映的价值。这种住房部分成本责任保险对于农村住房保险是有意义的，因为农村住房建设费用中往往不计算活劳动的消耗。住房保险责任的上述不同层次一般在确定保险金额时认定。

4. 房地产保险危险的存在

从前面的论述我们已知，房地产保险危险是指在房屋保险中尚未发生的保险事故，也就是房地产保险人承担的风险责任。保险风险是保险公司承保的"危险"，这种危险又称风险。危险，它有可能发生和不可能发生两重性。任何人都无法确切地预先得知某种意外事件是否发生，发生后又会使投保人蒙受怎样的损失。但是危险发生的偶然性可以通过较长时期内大量的偶然性来探测危险发生的必然。例如房屋火灾的发生是一种偶然事故，但通过长期的观察与统计，就能知道发生房屋火灾的概率。这种通过大量观察所揭示出来的潜在危险，是客观存在，是保险公司承保"危险"的基础。

保险危险可以根据一定的要求进行科学划分。一般从以下两个方面分类。

从保险对象的差别来区分，则房地产保险有房产财产危险、责任危险等。房产财产危险是指房产的损毁、灭失等危险；房屋责任危险是指根据房地产契约或法律上的规定，应对他人的房产负经济赔偿责任的危险。

从危险产生的原因上来划分，房产风险有自然风险、社会风险和经济风险三种。自然风险是指房产因自然灾害造成的危险；社会风险是指社会行为造成的风险，如战争、罢工等所造成房产的风险损失；经济风险是指经济原因造成的风险。

房屋保险危险必须具备一定的条件才能保险，保险人不是对房屋可能发生的一切危险都能承保。房屋承保的条件有：（1）房屋危险的非投机性，即只保非房屋投机的危险。（2）危险必须是偶然性的。保险的危险有发生的可能性，但必须是偶然发生的，而且事先是不可知的。（3）危险必须是意外的。所谓意外有两层意思：一是指不是必然发生的危险；二是指不是投保人或被保险人的故意行为所引起的。（4）危险必须是导致经济损失比较大的，如果只是一点轻微损失，就不需要保险来获得保障。

5. 房地产保险理赔

房地产保险理赔是指被保险住房出险后的赔偿处理。它是投保人享受保险权益和保险人履行义务，即实现承保责任的具体反映。理赔也是发挥保险作用的重要体现，因为通过房产理赔可以使灾害损失得到经济补偿，有利于加速恢复生产和安定生活。住房保险作用的发挥，需要具体落实在理赔上。理赔也是加强住房防灾措施的重要依据，因为在住房保险的理赔过程中，能够从中发现危险发生的直接原因和防灾工作中存在的问题，及时总结经验和教训，作为今后加强防损的参考。住房理赔是检验住房保险工作状况的主要环节，是反映住房保险工作质量的重要方面。

理赔开始于投保房产出险后保险人接到投保人的出险通知。投保房屋在保险期内一旦出险，投保人应立即通知有关部门和保险公司，并负责保护事故现场，以便保险公司的理赔人员及时查勘现场，确定灾情，估算损失，付给赔偿。保险公司对房屋损失的赔偿方法以房屋保险单（保险合同）为依据，即保险单上载明的保险金额，按照出险的实际损失的价值赔款。所以，只要投保人按房产一定价值足额投保，必将得到所遭损失的充分赔偿。

住房理赔过程中有关问题的处理：

（1）投保人在房产出险时，为了减少投保财产的损失而进行施救、保护、整理工作而支出的合理费用，只要施救的是发生在保险责任范围内的灾害和事故，这些费用保险人应负责偿付。与保险房产的损失赔偿金额分别计算，但其最高数额以不超过保险金额为限。

（2）保险房产出险后，如果根据法律规定或者有关约定，应当由第三者负责赔偿的，则由保险人先予赔偿。投保人应当将追偿权移交给保险人，并协助保险人共同向第三者追偿。

（3）保险住房遭受损失后的残余部分，应当充分利用，协议作价折归投保人，并在赔款中扣除。必要时也可以由保险人处理。

保险房产在遭受部分损失并赔偿以后，未到期的保险单继续有效，但其保险金额应当相应减少，由保险人出具批单批注，保险费不退。

（四）房地产保险的运行原则与实施

房地产保险是整个社会保险不可缺少的一个重要组成部分。房地产保险通过对房地产领域因自然灾害和意外事故造成的属于保险责任范围的损失提供经济补偿或资金支付，对房地产业的发展和成熟发挥着十分重要的作用。因此，必须坚持一定的运行原则以保证房地产保险业务的顺利开展。

1. 房地产保险的运行原则

保险是一种合同行为，订立合同的双方根据合同承担一定的义务，享有一定的权利。为了合理确定合同双方的权益,订立保险合同应遵循几项原则,这些原则对房地产保险合同也同样适用。

(1) 最大诚信原则

诚信,就是诚实和守信用。诚信原则要求合同双方必须以最大的诚实态度对待双方,被保险人尤其要遵守诚信原则。

之所以在保险中把诚信原则作为首要原则,是因为合同的双方当事人对风险发生与否以及造成的损失程度只能进行推测。一般情况下,用来计算保险标的物损失概率的具体事实和情况只有被保险人最清楚,即使保险人承保之前进行调查和了解,但毕竟很难全面深入,保险人只能根据被保险人的陈述来决定是否承保和如何承保,投保人的陈述是否完全和准确,对保险人的承担的义务关系极大。为保护保险人的利益,必须要求被保险人坚守诚信。

这项原则对被保险人提出的诚实要求主要有两个方面:

1) 透露一切重要事实

被保险人必须在投保时向保险人透露一切有关的重要事实。重要事实指的是与保险合同是否有效有密切关系以及影响到费率选择的情况与事实,如:超出正常的情况;关于危险因素的陈述;关于道德风险的陈述;有关申请人本人的事实等。

2) 不可对保险人作虚伪陈述

虚伪陈述指的是投保人在填写投保单时,填写的有关事项违反事实,如房屋本是用来贮藏危险品的仓库,却填写为一般仓库。索赔时提供假证明等也属虚伪陈述。

诚信原则还要求被保险人在保险单转期时,在保险有效期间,危险因素有所改变也须如实告知保险人。

不论是不透露重要事实,还是作虚伪陈述,都违反最大诚信原则,保险方有权解除合同或不负赔偿责任。

(2) 可保权益原则

可保权益原则要求被保险人对所投保的保险标的拥有可保权益。这项原则是财产保险特有的原则。

拥有权益是指某人对于一项财产具有某种法律承认的权利或利害关系,它具有客观存在性,即假如财产安全,他就能得益,反之,如果财产遭受损毁,他便会蒙受损失。只有对财产具有这种利害关系,被保险人才能将财产投保,也惟有如此,保险人才会接受投保,这种可就此进行保险的权益就叫可保权益。

例如,某人自己有一所房屋,如房屋安全,他就可以居住,还可以出租、变卖房屋来得益。如果房屋被损毁,他便无法居住,还要另行花钱买房,经济上就受到损失。正是因为他对他的房屋存在利害关系，他才考虑房屋的安全，将房屋投保财产保险；而保险人也正因为他对这一房屋存在利害关系，具备了可保利益才给他以保障，允许他进行保险。只要该人对该财产具有为法律上承认的利害关系，那么，他对该项财产就具有可保权益。

可保权益还包括预期的、非物质的权益。

从可保权益的产生和存在角度看，概括起来有三方面的来源：

1）因所有权而产生的可保权益。财产所有人对其所有的财产具有可保权益，不论这财产是个人所有还是与他人共有。受托人、受益人对财产也具有可保权益。当财产委托给他人保管时，受托人就是法定所有人；享有别人利益的人叫受益人，他是有效的所有人。这两种人都对财产具有可保权益。

2）因据有权而产生的可保权益。财产虽非所有，但对财产因一定目的而据有时，对财产具有可保权益。对财产具有留置权的人，对该项财产也有可保权益。

3）由合同规定而产生的可保权益。对财产享有抵押权的人，对受抵押的财产具有可保权益。这是因为，如果这些财产受到损坏，债权人从债务人收回放贷的能力就会降低。受押人对抵押财产的可保权益只限于相当于其所借出款项的部分。在这一情况下，可由抵押人和受押人联名投保，或由抵押人投保全部财产，并附贴"赔款支付"条款，说明在债权责任范围内应尽先赔款给债权人。如抵押人以价值100万的房屋向受押人抵押贷款60万元，如果房屋在保险期限内发生全部损失，则保险人尽先将60万元赔给受押人，将剩余的40万元赔给抵押人。依据租约享有权益的承租人，对承租的房屋也具有一定的可保权益。一般情况下承租人对房屋没有可保权益，但如果租约中规定，承租人归还主人财产时的财产状况与接收时的状况必须一样好，承租人对因意外事故和自己疏忽造成的损失负有赔偿责任时，他对房屋就具有可保权益。

投保财产保险的人在保险事故发生时或在保险合同成立时，对保险标的必须具有可保权益，否则保险合同无效。

（3）赔偿原则

财产保险合同是赔偿性质的合同，当被保险人的财产发生保险责任范围内的灾害事故而遭受损失时，保险人应按合同所规定的条件进行赔偿，在履行赔偿责任时，应遵循以下几项原则：

1）赔偿金额有一定限度

赔偿金额的确定分三种情况：

①以实际损失为限。保险人对被保险人损失的赔偿应以实际损失为限，被保险人不能得到超过其实际损失的赔偿。

②以保险金额为限。保险金额为被保险人与保险人双方共同约定的保险人赔偿最高金额的限度；赔偿金额只能低于、等于保险金额，不能高于保险金额。

③以可保利益为限。例如财产受押人在受押财产发生保险责任范围内的损失时，只能得到相当于其借出款项的赔偿金。

2）保险人对赔偿方式可以选择

保险人的赔偿意图是使被保险人在遭受损失后，经过补偿恢复到他在发生损失前的经济状态。保险人可以选择货币支付或修复原状或换置的方法来补偿被保险人的损失。

3）被保险人不能通过赔偿得到额外的利益

财产保险的赔偿原则是对损失进行补偿，而不能使被保险人通过补偿来获得更多的好处。对此，各国的法律都有所规定。这些规定体现在对权益转让的规定和重复保险的规定上。

①权益转让的规定，

如果保险事故是由第三方责任所引起，第三方对此就负有赔偿的责任。如果被保险人从第三方那里获得了补偿，他就没有损失，不能再向保险人提出索赔要求；如果被保险人从保险人那里获得了赔偿，那么他要将原应享有的向第三方索赔的权益转让给保险人，即被保险人不能因一笔财产遭受了损失而获得双份的补偿。

权益转让还包括以下含义：其一，被保险人从任何方面得到的赔偿和收益都得转让，但慈善性赠款除外。其二，保险人获得权益转让一般是在给付了赔款之外，但也有在保单上注明"不论在赔付之前或赔付之后，保险人都可应用权益转让"的规定。其三，保险人在权益转让中仅享有保险人可以享有的权益，不能超过保险人赔付的金额。保险人因享有权益而追偿到的金额若小于或等于赔付金额，全归保险人；若追回的金额大于赔偿金额，则超出部分应还给被保险人。

②重复保险的规定

虽然一个被保险人可以以其财产就同一危险投保多张保险单，但他从多个保险人那里获得赔偿总值不能超过其财产本身的价值。

（4）公平合理原则

公平合理原则是指签订保险合同和遇损理赔都要从投保人和保险人应得的利益出发，双方协商一致，公平合理。

公平合理原则的贯彻在确定保险费率时应该认真执行。公平，是指被保险人的保险费负担基本上应该按照保险标的危险大小来确定；合理，是指保险费率的档次划分、净费率中的附加费率、业务开支费用的第二附加费率以及保险公司的积累和利润都要恰当。公平合理还表现在费率制定应能保证保险公司具备相应的偿付能力。过高当然会加重投保人的负担；过低则会影响保险人的偿付能力，也会使被保险人的经济保障建立在不可靠的基础上。公平合理的保险费率在相当时期内保持相对稳定，这会有利于投保和保险人的经济核算。公平合理的保险费率，也有利于保险防损工作的开展，既可减少赔款支出，又可减少社会物质财富的损失。从长远看，经过一定时期，还能使保险费率标准相应降低，形成更加公平合理的保险费率。

（5）近因原则

一起事故发生造成财产损失，原因往往不止一个，有时这些原因非常错综复杂。这些原因中必有一个是造成损失的直接原因，即近因。只有承保的风险是损失发生的近因时，保险人才会对损失进行赔偿，若不是近因，保险人不负赔偿责任。

财产保险的这些原则规定是非常重要的，它可以明确保险责任，防止将保险变为赌博，并可以减少道德风险的发生。

2. 房地产保险的实施

（1）房地产保险的投保与生效

房地产保险的实施首先是需要保险的企业或个人，即投保人向保险公司提出保险要求，这是实施保险的第一步。投保方式有两种：一是投保者直接与保险人联系，到保险公司接受咨询服务，确定投保险种，领取保险单空白表。另一种是通过中间代理与保险公司联系。由于保险业务比较复杂，从保险合同的签订到一旦出险后的定损、理赔或保险责任终止，涉及到很多具体的技术细节，投保人不可能精通所有险种的每个环节的具体要求和有关实施程序。因而在经济发达，保险事业广泛开展的一些国家，产生了一批专门为企业或个人提供风险分析，做出科学、合理建议，设计和执行最佳保险计划的专业咨询服务人员，也称保险顾问。通过他们与保险公司取得联系而进行保险，具有一定的客观性和公正性。

房地产保险合同是经济合同的一种。它是保险人与被保险人双方在自愿的基础上订立的明确相互权利和义务的一种法律上具有约束力的协议。

个人与企业欲投保房地产险时，首先应与有关保险公司联系。采取的方式可以直接找保险人联系，也可以通过中间人（代理人）与保险公司联系。房地产保险的基本程序为：

1）投保人填写投保单。投保人在投保时，必须向保险公司提供自身完整的、真实的材料。提供材料的方法就是填写保险公司提供的保险单。投保单是投保人要约的凭证，构成保险合同的基础，投保人必须保证其填写的主要内容的真实性。

2）保险公司受理投保单。投保人将填写好的投保单交保险人或保险代理人，由其进行审核以决定接受或驳回投保单。

保险人在审核投保单时，如发现填写内容不符合规定或不清楚时，应及时与投保人联系，予以补充或更正。当保险人经审核对投保人填具的投保单没有疑义决定承保后，将签发保险单。否则驳回投保单。

3）保险人签发保险单。保险单是投保人与保险人双方确立保险合同的书面凭证，是保险人在接受投保人（被保险人）的申请经过签署交投保人收执的凭证。

房地产保险单载明的事项主要有：被保险人的姓名（单位名称）和住所（地址）；保险标的；保险责任，即指保险合同中规定保险人在约定保险事故发生时所应承担的赔偿责任（包括损害赔偿，责任赔偿，施救，救助费用，诉讼费用等）；保险金额或最高赔偿限额；保险费和保险费率；保险期限；保险公司或代理人的签名。

在保险有效期间内，被保险人或保险标的物可能因客观原因而发生一些变化，如保险财产的转让、保险金额的变更、占用性质变化等，这时双方就要对此进行协商，如需变更保险合同，应由被保险人提出书面申请，经保险人同意后出列批单贴在保险单上或在保险单上背书。保险单内容与批单有抵触时，以批单为准。

4）保险费的交付。保险费是被保险人支付的费用，作为保险人根据保险合同的约定提供经济保障的代价，即保险人分摊危险的代价。保险合同规定，投保方有在规定的期限内缴纳保险费的义务，家庭财产保险一般是起保的当天一次缴清保费；企业财产险可在签订合同之日起15日内按保险费规定一次缴清保费；其他房地产保险的保险费可根据双方约定，分年、月或者季度来收取。

经过填具投保单，保险人处理投保单和同意承保并签发保险单和交纳了保险费后，保险合同即告成立，保险就开始生效。

（2）房地产保险宣传和保险防损

中国保险业自20世纪80年代初恢复国内业务以来，获得了迅猛发展，保险费收入和保险基金逐年增加。截至2002年底，中国保险市场上的保险机构数量达到44个，职工人数达到194382人（见表4-17），总资产为6494亿元；截至2003年6月底，中国保险业总资产达到7800亿元，保费收入为2126.1亿元。这些为开展房地产保险创造了有利的物质条件，也为从保险资金中提出一部分投向房地产业提供了有力保证。但是房地产保险对众多的人来说，还是一个比较生疏的问题，需要广泛开展宣传和咨询服务，让更多的人了解和熟悉房地产保险，争取有更多的房地产投保人。

到 2002 年底中国保险公司的发展状况　　　　　　　　表 4-17

项目		机构数（个）	职工人数（人）
中资保险公司	国有公司	5	126 077
	股份制公司	11	65 300
中外合资保险公司	中外合资公司	11	1 248
	外资分公司	17	1 758
合计		44	194 383

资料来源：根据《中国统计年鉴》（2003）相关资料整理。

在加强保险宣传的同时，房地产保险部门要重视房地产开发、流通过程中风险的调查与评估，为保险条款的拟定、保险范围的规定和保险费率的制订提供科学依据。而且，保险公司在做好以上工作的同时，还要十分重视保险防损工作，尽量减少保险赔偿。目前世界上很多保险公司都从事社会防损工作。危险在任何社会里都是客观存在的，保险人负有承担和分散危险的责任，做好防损工作是一个关键环节。无论就其职业联系或自身经营成果来说，保险公司都应该积极参加社会防损工作，尽量减少危险的发生。这也正是开展保险的重要意义所在。

（3）房地产保险理赔与索赔

如前所述，保险理赔是指保险的赔偿处理。当保险标的物在保险有效期内发生损失或损害时，投保人可以要求保险人按保险单的规定给予赔偿。这种合理要求，对于被保险人来说是保险索赔，是被保险人享受保险权益的重要体现；也是保险人履行承保责任的具体体现，是应作的保险理赔。

当保险标的物在保险有效期内发生损失或损害时，被保险人可要求保险人按保险单规定给予赔偿，叫做索赔，保险人处理被保险人提出索赔的要求，叫做理赔。

1）索赔的基本程序

①被保险人的索赔程序。在损失发生后，被保险人必须发出出险通知。在损失发生时，被保险人要及时将事故发生的时间、地点、原因及其有关情况，以最快方式通知保险人，以便其查勘。被保险人有通知的义务。

②被保险人应设法避免损失进一步扩大。保险合同规定，保险财产发生保险事故时，被保险人应当积极施救，使损失减少至最低限度。被保险人有施救义务。

③被保险人应保持损失现场的完整。保险事故发生后，损失现场是否完整，将影响损失金额的理算和保险人责任的确认。

④提供必要的索赔文件。不同的险种所要求的索赔文件有所不同。

⑤领取赔偿金。保险赔偿金额一经双方确认,被保险人即可领取赔偿金,但当赔偿涉及第三者责任时,被保险人还应该出具权益转让书,将向第三者追偿责任的权利,转让给保险人,并有义务协助保险人向第三者追偿。

⑥索赔的时效问题。保险合同对保险的索赔时效有一定的规定。

2) 理赔的基本程序

①立案编号,现场查勘。

②审核保单。通常要审核以下几个方面的内容:事故是否在承保范围内致损;保险事故是否发生在保单的有效期内;已毁损的财产是否是被保险的财产;损失发生时被保险人对保险财产是否有可保利益等。

③损失核赔。确定保险标的的实际损失,准确计算赔偿金额。

④给付赔偿金。保险赔偿金额一经保险合同双方确认,保险公司应在约定的时间内一次支付赔款并结案。

⑤代位求偿权的取得。当保险财产发生保险责任范围内的损失,应当由第三方负责赔偿时,被保险人应向第三方索赔。如果被保险人向保险人提出赔偿请求时,保险人可按保险合同的有关规定先予以赔偿,但被保险人必须将向第三方追偿的权益转让给保险人,并协助保险人向第三方追偿。

第五章　房地产中介与服务

房地产中介活动越来越频繁地参与到房地产开发经营与管理过程当中来，狭义的房地产中介，是指在房地产市场中，以提供房地产供需咨询、协助供需双方公平交易、促进房地产交易形成为目的而进行的房地产租售的经纪、委托代理业务或价格评估等活动的总称；而广义的房地产中介，是指覆盖房地产投资、经营管理、流通消费的各个环节和各个方面，为房地产的生产、流通、消费提供多元化的中介服务，通常称之为房地产中介服务。

第一节　房地产咨询

房地产咨询业务是直接为房地产开发、经营服务的，它的服务内容涉及面广，主要集中在信息咨询、投资决策咨询和项目策划等方面。从咨询产业内部的行业分类来看，咨询产业可大致分为信息咨询、科技咨询、决策咨询、工程咨询、企业管理咨询、涉外咨询等。它又不同于房地产中介服务中的居间、代理、经纪等业务。

目前，中国房地产咨询的主要业务范围可以分为两个方面：一是信息的收集、加工与处理。比如有关房地产价格的变化与趋势预测、房地产交易的数据、政策变动等。几乎所有的房地产中介机构的业务范围都包含信息咨询服务，这对于每一个咨询机构来说都是首要的工作。二是投资顾问服务。包括在房地产法律、房地产开发方案、可行性研究、项目策划等方面提供专业服务，它作为咨询机构的主要业务，目前得到很大的发展。

一、信息咨询服务

（一）信息咨询服务业的发展

我国房地产咨询业中，信息咨询是中国房地产中介行业中起步最早、发展最快的行业。最初的市场信息的收集发布机构大多是由政府有关部门、新闻单位或协会主办，当时涉及房地产不多，所发布的信息也往往缺乏系统性。10世纪80年代房地产开发的高潮中，各地开始出现一些专门从事房地产信息咨询服务的公司，但是这些公司往往内部管理不善，咨询收费也没有统一标准，为此，各地政府先后对这些机构进行了一些整顿。1992年邓小平南巡讲话和党的十四大后，带来了房地产开发新热潮,各类咨询机构纷纷设立,特别是一些台资、港资的中介咨询机构开始在大陆设立办事处,成为大陆房地产中介市场上的重要力量之一。1993年国家实行宏观调控,房地产中介行业在经历了一个竞争淘汰的过程后,一些规模较大、业务素质较高的机构脱颖而出。

经过大约20年的发展,中国房地产咨询机构的数量、规模有了较大发展。几乎所有的房地产中介机构的业务范围都包含信息咨询服务,同时一些金融机构、律师事务所、新闻单位的信息咨询机构也兼营房地产信息。房地产咨询机构实行了多元化,有全民所有、集体所有,还有私人经营、中外合资的。随着市场竞争的不断加剧,咨询机构的信息收集和加工水平也不断提高。房地产信息传递的方式也逐渐多样化。原来主要是由政府部门统计发布的信息和一些大型咨询机构自行统计分析并编制的市场报告及行业性的报纸,现在无论是中央还是地方的电视台、广播电台、报纸大多开有房地产专版,一些大型咨询机构大都发行自己的房地产信息专刊,网络数据库也成为查询房地产信息的重要途径。

此外,有一些专门从事房地产信息咨询服务的公司,如北京中大筑业房地产信息咨询服务有限公司,以信息服务为主要业务,包括编辑出版发行《中国地产》、提供房地产行业政策性咨询、投资顾问、举办房地产行业会议、论谈等。公司拥有一批长期从事房地产行业新闻采编的专业人员,依托政府和资深行业专家、学者,致力于宣传报道房地产信息,报道最新行业动态、宣传房地产企业,在沟通政府与社会、政府与企业、企业与社会间发挥着桥梁作用。

(二)房地产信息咨询的重要性

人流、物流、信息流是现代市场经济发展的必要条件和宝贵资源,房地产交易作为不动产流通更离不开信息咨询服务。所谓房地产信息就是指满足房地产市场需要的相关政策法规、供求关系、价格行情等社会经济技术情报资料的统称。房地产信息是房地产市场决策的依据。

信息咨询服务是房地产中介业务活动的重要基础,是开展房地产居间、代理服务的必要条件,也是房地产经纪的基本方式和业务内容。

房地产中介服务机构必须重视信息收集加工和整理工作,这不仅是开展信息咨询业务的重要前提和基础,也是开展其他服务业务的重要保障。

提高房地产中介服务机构的房地产市场信息服务水平有利于降低交易成本,强化市场竞争,提高市场效率。

(三)房地产信息咨询内容及服务方式

1. 房地产信息咨询内容

(1)法律、法规、政策咨询;

房地产市场的参与者对房地产法律、法规和规章制度的了解和熟悉程度不是一致的，有的可能很少接触，茫然无知，所以他们需要房地产法律知识的援助。房地产法律咨询业务大致有以下五类：

①为委托人提供解决房地产纠纷处理的法律依据；

②兼有律师资格的可以受聘担任各类房地产企业的法律顾问；

③为委托人化解可能因法律事务所带来的风险；

④为维护委托人的正当利益提供法律依据；

⑤为委托人组织诉讼文件资料，通过法庭保护委托人合法权益。

（2）房地产交易办事程序咨询

房地产开发经营管理过程是一个相当复杂的过程，参与房地产市场的各个主体，可能对开发房地产业务过程中的各种程序并不熟悉，有经验的房地产中介服务机构利用自己的专长和经验为参与者提供各种咨询服务。

（3）房地产经营管理业务咨询

房地产企业尤其是大型房地产企业要按照现代企业制度的要求来组织管理，是一件十分复杂的、专业化程度很高的工作。房地产企业管理工作与其他各类企业之间有共性的方面，也有房地产企业特殊性的要求，每一项管理工作都有其相应的专业要求。要使各项管理工作做到比较完善的地步，往往不是一个企业内部自己管理所能完成的，这就为房地产企业管理的咨询开拓了一个活动空间。

（4）房地产工程技术业务咨询

房地产开发过程中涉及到相当多的工程技术方面的问题，如对规划设计方面的选定、对工程投资、质量、工期、合同管理等，需要这方面的专家来参与。

（5）其他咨询

包括房地产资金融通和运用、房地产税收处理、物业管理等。

以上所提到的咨询内容中可能有一部分与下面谈到的房地产投资顾问服务可能有所重叠。事实上，投资顾问服务中也必然有一部分信息咨询服务的内容。

2. 房地产信息咨询服务方式

（1）信息资料查询业务

房地产咨询机构除了拥有"高智能"的各类专家外，一般都拥有资料齐全的数据库以及随时为数据库采集、输送信息的渠道。收集到的信息经过专业咨询人员的筛选、整理、加工、分析，使无序的信息变成有价值的信息资源，随时可为不同的客户服务。目前，我国房地产经纪机构中从事咨询服务的主要工作，就是收集房地产产市场的各种信息、数据，为客户提供信息服务。

例如，组织房源登记，建立商品房客户需求信息查询系统，方便客户查询交易对象。

（2）信息咨询业务

房地产咨询机构在进行信息收集和分析的基础上，根据客户的要求，为客户提供专家建议。可分为口头咨询和书面咨询。口头咨询即通过口头回答客户提问方式，进行释疑解惑，提供的咨询服务。书面咨询一般要求根据客户特殊委托，提交专业性咨询报告，因此属于代理服务业务范畴。

（3）信息代理业务

信息咨询代理服务既属于信息咨询服务，又属于经纪代理业务。是房地产经纪信息的较高级形式。对于客户来说这种服务往往要求满足其经营决策的特殊需要；对于房地产经纪机构来说，需要具备较高的技术素质和业务实力。例如市场调研能力，投资分析决策能力，企业经营诊断能力等，需要通过授权委托，签订委托合同的方式进行，最终要向客户提供咨询书面报告。

（四）房地产信息咨询的主要步骤

通常，在房地产咨询公司接到的咨询个案中，委托方可能要求咨询公司就某一专题进行调查，得出初步的分析结论，以印证委托方内部的一些看法，例如希望咨询公司在调研的基础上，对某些新开发产品的市场前景进行客观的预测；也可能是委托方在发展过程中，逐步发现自身的一些战略问题无法从企业内部得到准确的回答，需要依靠外部的力量来进行判断、推动，例如一些大型的房地产开发企业内部在"多元化经营"还是"专业化经营"的问题上产生分歧，想通过咨询公司找到答案，等等。这中间的房地产咨询的目的和采用的方法当然会有很大的区别，但是其运作程序基本一致，大体上是按照以下程序开展的（见图5-1）。

1. 初步接洽、确定咨询课题

这是咨询公司与客户间的初次接触。在这一阶段，双方进行最初的交流。敏感的咨询者通过初次接洽，就会对客户以及客户存在的问题有了一个初步的判断。同时介绍咨询工作、树立自身形象、衡量受理能力、判断受理条件。注意，正式的接洽最好要与客户的主要决策人进行。为了做出正确判断，咨询顾问除了与客户直接接触外，还要作适当的间接调查。了解客户基本情况，估计接受该客户的风险有多大，考察其是否适于作公司的客户。比如，有的咨询公司强调客户法人意志统一原则，如果客户决策者意见总是不统一，那么咨询工作会很难开展。研究后，无论有否合作意向，咨询公司都要给客户以正式答复。有合作意向时，要向客户提出双方合作的初步方案，供客户考虑。当客户提出咨询申请时，应当与客户就咨询课题的内容、要求、期限、费用预算等问题，达成原则性的协议，确定课题设立。

2. 组成课题研究小组

经过对问题的初步分析，咨询企业会把项目确定下来，提出工作设想与客户商定课题的范围、研究时间以及可能的结果。同时还要着手建立项目小组。项目

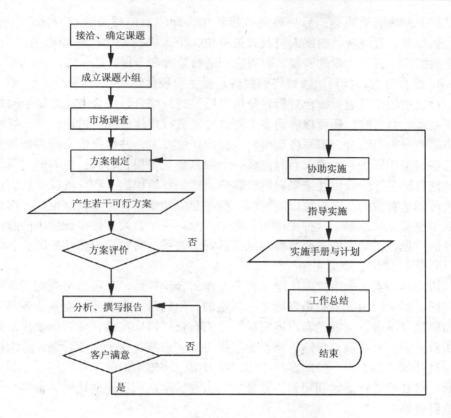

图 5-1 房地产信息咨询的主要步骤

小组的建立要考虑项目的特点和咨询专家知识结构、经验、业绩、年龄及性格特点，进行合理安排。如果咨询企业是按照矩阵结构或多维结构组织的，那么项目小组就很容易简便合理地组建起来，因为咨询人员是按专业、功能、地区分类，按项目组合的，既灵活又具有最强的针对性。确定小组成员后，要明确规定组长（或称项目经理）的权力和职责，每个组员的任务、责任以及上下级关系。如果与其他单位有协作，还应明确彼此的关系和责任。

3. 开展调查、深入分析

课题和研究小组组成以后，就要开始进行调查研究工作。在调查和收集资料时，首先应当查看有关的档案、文献；有关人员座谈，进一步了解调查对象的历史和现状；到实地进行考察，掌握第一手资料。项目小组要大量利用本企业和外部的信息资源，同时尽量争取客户的帮助，广泛收集数据信息和文献。收集数据的手段多种多样，大体可分为两种，一种是间接收集，如利用图书馆、信息中心、有关的政府机构等；另一种是直接收集，即项目组成员直接对客户、竞争者、供给者、管理者、内部人员及有关单位、个人进行采访，整理出书面记录，建立数据库。有了大量的资料，要对它们进行处理和分析。

4. 综合分析、撰写阶段性咨询报告、提供阶段性结果

对收集的信息进行综合分析，分析之后要进行综合，综合考虑对每个问题的分析结果。必要时，还可以聘请多个外部专家进行集体交流、讨论。项目组经过对问题的分析与综合，编写咨询报告，提出建议方案，并把报告交给咨询的委托者，咨询工作即告一段落。有时完成一个项目要花费很长时间，咨询顾问可以不断地把自己工作的阶段性结果提供给客户，比如发给他们一些阶段性资料。这种做法可能是有益的，客户可以随时作一些必要的调整，有时项目结束时，客户已经取得了明显的效果。这种做法需要两个保障：一是咨询方要保证提供的阶段性结果的质量；二是咨询方要与客户保持良好的关系，得到客户密切的配合。

5. 提出建议、协助实施

协助客户实施决策方案，既是咨询工作的合理延伸，又可以是咨询工作的重要内容。这是因为，方案是咨询专家制定的，他们对方案实施的要点、各环节之间的衔接最了解，方案经客户审定后，他们有责任协助实施，使咨询工作最终产生实效。当一项建议被采纳，项目小组将协助客户准备一个实施计划，并组织一个项目计划实施小组，协助客户实施建议方案。实施小组的工作包括：编写实施手册，对客户进行讲解和培训，监督方案实施，定期或不定期地回访指导，并实测改善效果。

6. 工作总结及总结报告

工作总结指咨询专家对课题组接受任务以来所有工作的概括总结，主要包括三部分内容：

（1）对接受课题以来所作的工作及客户对课题组的配合工作进行概括性回顾，并实事求是地评价整个工作的得失和经验教训

（2）咨询效果的评价和预测。课题组撤离时，决策方案刚刚实施完毕，其效果刚刚体现出来。课题组应在总结报告中实事求是地总结方案实施的效果，并对未来可能产生的效果进行恰如其分的预测。

（3）对客户的建议，包括两个内容：一是如何巩固和发展方案实施效果；二是方案完全实施后，客户还会遇到哪些问题，以及怎样解决等。

以上所讲的房地产信息咨询程序对开展房地产咨询工作有一般性指导意义，在实际工作中，可视具体情况、具体目的科学合理地安排。

（五）房地产信息咨询服务案例介绍

为了更好地说明房地产信息咨询的业务情况，下面对著名的房地产信息咨询

系统"中房指数系统"作一介绍。

中房指数系统（CREIS）是"中国房地产指数系统（China Real Estate Index System）"的简称，是一套以价格指数形式来反映全国各主要城市房地产市场发展变化轨迹和当前高层状况的指标体系和分析方法。

1. 由来和发展

中房指数是市场呼唤的产物，是适应我国房地产业发展的内在要求，针对市场信息零散，盲目的投资行为等状况，为促进房地产业的健康发展，促进房地产投资科学化而酝酿产生的。1993年，中国房地产开发集团提出了建立房地产监控体系的设想，并与中国房地产业协会、国务院发展研究中心情报中心联合发起了这方面的研究，最后确定以简练、明了、定量的中房指数作为主要形式，并于1994年底完成了系统的初步设计。

1995年1月中房指数系统通过了初步论证，并开始发布中房北京价格指数。随后又逐步推广到了上海、大连、天津、武汉等主要城市，在国内外引起了很大反响。

经过半年多的试运行和不断完善，1995年9月，由国务院发展研究中心主持召开了"中国房地产指数系统"的部级评审会。指数系统顺利通过评审，并获得了与会专家的一致好评，评审意见认为"系统的建立标志着我国房地产信息业的发展上了一个新台阶……可以比较全面、及时、定量、客观地反映房地产市场的态势和变化轨迹，对监控市场、引导投资、促进房地产业健康发展具有重要的现实意义，从试运行的效果看，中房指数已成为各界了解、分析和把握房地产市场态势的重要工具"。

评审后，指数系统日益成熟规范，并向全国房地产业发展成就比较突出，投资潜力较大的20个左右的重要城市推广。可以确信，不断发展的中房指数系统将会对各地区房地产业的招商引资和健康发展起到重要的引导作用。

2. 指数产品内容

CREIS现在主要以中房价格指数为主，并由中房总指数系列和中房城市指数系统组成。城市指数系列包括反映相应城市（地区）房地产状况的中房城市指数和中房城市（按功用）分类物业指数。以此，实质上形成一套以指数为主导的全国及各重要城市房地产市场监控系统，每季度对全国及各重要城市房地产形势及走势进行系统分析，揭示每季度各城市房地产分物业、分档次、分区位的价格变化情况、销售情况、供给情况、成本效益情况、投资环境情况等，并分析其走势。同时，中房指数专家问卷系统集中国国内数百位专业人士的智慧，对若干重要城市的房地产形势及走势予以权威揭示。

3. 系统理论基础

中房指数系统以指数理论为主，同时结合房地产理论、统计调查理论、多元统计分析、计量经济方法和系统理论的成果，是全面、灵敏、科学开放的系统。在指数公式选择方面，考虑到房地产业的特点和市场特征，选用一种调整的拉氏公式作为基本公式：

其中第一部分表现为该物业与基准物业的比价指数，包括两方面：(1) 两类物业价格的差异；(2) 物业构成比例的差异。

第二部分表现为该物业报告期相对于基期的价格水平的变化，为拉氏公式的基本形式。

4. 系统资料来源

市场调查是指数系统获得数据的最主要方式，其中又分为总体调查、抽样调查和跟踪调查，在实施方式上采取了深入实地调查等方式。

其次有关部门、企业的计划统计资料作为进行市场调查也是中房指数系统的资料来源之一。

此外，指数系统正成为相关房地产企业、包括咨询机构、交易市场、开发企业等的信息集结地。系统通过通讯网络从这些相关企业获得最新的进度交易信息，为样本调查提供依据。

另外，中房指数系统拥有强大的专家队伍，专家问卷调查已成为中房指数系统对房地产景气状况进行评价的重要参考依据。

5. 系统服务对象

中房指数系统是为市场服务的，所以市场的各个主体皆为指数的服务对象，具体来说：

①对政府部门，中房指数能够反映以若干城市房地产市场为代表的中国房地产市场整体走势，因此各级政府可以利用中房指数了解全国房地产业发展状况和行业结构，从而为调控全国各行业结构和引导行业发展服务。同时，通过城市指数，各级政府还可以了解各地房地产的供求情况，并通过各地指数的对比，了解各地房地产业的发展水平，为调整房地产业的地区结构提供参考。另外，各级政府也可以通过地区房地产指数与其他行业发展水平的对比，掌握其行业的均衡发展的情况。对于地方政府，除了指导对行业发展速度进行调控外，还可以通过与各地指数的对比，了解本地房地产业在全国房地产市场中所占的地位，更好地作好本地房地产业的发展决策。②对投资商，中房指数可以使他们及时了解中国房地产业的整体状况和内部结构及其发展状况，提高其投资时机、投资结构的决策准确程度；中房城市指数可以使他们了解到各城市房地产市场的不同供需状况，在地点选择和物业选择上为之提供帮助，减少投资风险；通过中房指数的动态比较，可以更好地判断房地产发展所处的周期性阶段，以把握市场形势，决定或调整投资时机。③对房地产中介咨询服务业，中房指数的发布，可以为之提供咨询

的参考，提高咨询机构对市场发展变化的科学预见和判断能力，有利于房地产投资服务业的健康发展。

此外，中房指数的发布，还能为消费者购房决策提供区位、时点选择的帮助，为其他经济研究机构、科研人员提供有效的信息及分析工具。正如前面所指出的，中房指数系统的服务对象是整个市场、系统将以不同层次的指数产品满足市场各个层次的需要。另外，指统系统的详尽完备的数据库和定期分析报告，对市场各个主体同样具有重要价值。

6. 中房指数信息资料库

中房指数信息资料库（简称"中指库"）是由中房指数系统、搜房研究院，基于搜房网（www.SouFun.com）向房地产业界集中提供各种房地产数据、信息资料和市场研究产品的专业栏目，是一种面向市场、经过深层次组织加工的，为房地产投资、开发、经营及相关业务提供便捷、集成式数据资料查的服务形式。

"中指库"已形成以国家统计局、中国房地产指数系统、搜房网网络调查系统等为主的稳定信息资料源，保证数据资料与分析研究产品能及时、准确、全面的提供。

"中指库"的宗旨是凭借信息、网络优势、市场分析研究优势和高效的服务，着眼于为房地产开发投资商及相关机构提供一站式、有价值的、便捷的房地产数据信息资料。

二、房地产投资顾问服务

（一）投资顾问业的发展

中国的房地产业发展过程，是伴随着房地产业的专业分工细化进行的。总的来说，分工大致有以下几个过程：

1. 从甲方到开发商

中国的房地产业在发展初期，开发商都是从建筑公司或各种甲方单位发展演化出来的，开发商从建房到销售都独立完成，因为当时的开发任务主要以自建联建的开工为主。住房供给市场化以后，开发商才开始以独立法人的身份在市场上开发商品房，并由自己组织的销售部门销售。

2. 从开发商到代理商

由于房地产市场的发展，特别是住宅产业市场化程度越来越高，商品房销售成为专业待业逐渐独立出来，出现了大量的代理商。代理商与开发商的销售不同，由于代理商专门从事销售，所以比开发商更加了解市场上消费者的口味和偏好，更连续地把握消费偏好的变化，更了解不同区位和不同价位消费群之间的差异。

3. 从代理商到策划人

代理商赖以生存的手段是广告宣传、提供精致的样板间、楼书、销售培训及人力资源等。代理商所提供的服务中所包含的科技含量和文化含量都显得过于单薄,很容易被复制和模仿。在市场竞争激烈的情况下,代理商之间的竞争也越来越激烈。

由于代理商与开发商的关系是委托和被委托的关系,这就意味着代理商往往要看开发商的眼色行事,开发商拖欠代理商的佣金也是常有的事。即使在这种情况下,不少代理商依然不能与开发商对簿公堂,原因是担心其他开发商知道,再也接不到项目。还有的开发商把初期的楼盘交给代理商向市场推广,一旦楼盘好卖了,就收回来自己卖,不让代理商分一杯羹。

在这种情况下,代理商的生存与发展空间越来越小,不得不接受各种问题楼盘。在市场不景气的情况下,这样的楼盘很多,代理商不得不靠广告策划上出奇出新,以推出楼盘。于是,一时间又出现了很多所谓策划人。1995年前后,有不少点石成金的策划救活了楼盘。

4. 从策划人到投资顾问

策划人大行其道的同时,人们也开始发现,"点子"不是万能的,更非战无不胜。策划人一个点子救活的楼盘比起烂尾楼的数量来还是凤毛麟角。于是大多数代理商和策划人转向投资顾问的专业化道路。

房地产投资顾问服务是近几年发展起来的一种咨询公司的业务,并且逐渐成为这类公司的主要业务。房地产市场发展和竞争程度的加剧,市场对开发商的要求越来越高。房地产本身是一个综合性的行业,新技术、新材料、新造型和新时尚等波及文化、科技、政治与经济等方方面面。要把各方面的变数都考虑到,把方方面面的资源都很好地整合起来,不是开发商一方面能完成的,所以需要一个专门的机构把各方面的人才组织起来,做开发商的投资顾问。这样的机构中要有建筑设计、经济分析、财务测算及市场营销等方面的专业人士共同工作,在开发前期就介入到项目的策划中,理性地分析市场,寻找和研究目标客户,开发适合他们消费口味的产品,这就产生了投资顾问业。根据发达国家和地区的经验,这是一个有前途的"朝阳产业"。目前,很多以前专门从事房地产销售代理的中介公司已经进入到投资顾问业中。

(二)投资顾问业务的介绍

为了方面介绍,下面以北京伟业房地产投资顾问公司的投资顾问业务为例来介绍这项业务。

伟业的投资顾问业务发展开展于1996年,经过与发展商几年的合作中不断探索完善,在投资顾问领域已经基本形成一套系统、专业、规范的业务流程,简单来说,就是"二、三、四"原则,"两个核心、三条线索、四项工作",依据这一原则,伟业的投资顾问业务在实践中一次次得到了市场的验证和发展商的认可。

1. 投资顾问解决的核心问题

伟业的投资顾问公司主要任务是与我们的合作伙伴共同解决项目开发前期的两个核心问题，即项目的市场定位与产品定位。这也是一个房地产项目开发前期所需要研究和确定的根本问题。

所谓市场定位，主要包括三个方面：项目的客户是谁？客户需要什么价格的产品？客户需要什么类型的产品？

这是房地产发展商开发项目时所必须面对的问题，也只有明确以上三点，项目设计才能作到有的放矢。在伟业多年来运作中，一直把他们作为致力研究分析的重点，在公司数据库的支持与专业设计力量的不停努力探索下，已经有了一些自己的经验，可以说是伟业较为熟悉的业务领域。

而产品定位，其实是要帮助发展商解决项目开发的核心问题，即符合目标客户需求的产品究竟是什么？并在此基础上帮助发展商明确思想，最终设计出真正符合市场需求的产品。

2. 伟业投资顾问公司的主要工作

为了解决上面两个关键问题，伟业投资顾问公司需与合作伙伴主要共同进行四方面的大量工作：

（1）地块分析

拿到一个项目，首先需要为发展商进行包括项目位置、交通、规划与限制、周边设施和优势劣势等诸多方面的详细分析，明确项目地块的先天条件对项目定位的影响。这主要是为了与发展商共同深化对项目自身条件的理解，惟其如此，才能扬长避短，充分发挥项目地块的优势与特色，并为今后的具体设计奠定基调。这是为项目进行进一步策划的先决条件。

（2）市场调查和市场研究

作为项目前期设计中最为重要的一部分工作，市场调研又可以具体分为三部分：

①总体市场分析

包括北京市宏观经济形势、房地产市场情况以及政策分析，明确项目开发的宏观经济和总体市场背景，了解项目开发的宏观基础是否理想。

②市场竞争分析

在深入的市场调研的基础上分析项目竞争区域的特点、可比项目的供应及销售情况、竞争项目的特征等，明确项目所处的市场竞争程度和内容，为项目的市场定位提供依据。

③市场需求分析

包括潜在客户定位、客户需求特征调查等，明确项目可能的潜在客户群及其对产品的需求特点，为项目的市场定位和产品定位提供依据。

如果说地块分析是"知己知彼"中的"知己",那么市场调研就是"知彼"了。通过伟业顾问对宏观市场的把握与对项目所在区域市场的调查研究,以客观、准确的数据为基础,投资顾问项目组希望可以为项目的市场定位做出合理的假设,从而能够保证项目具有自己鲜明的特色,并基本符合市场需求。

(3) 产品定位及产品概念设计

明确了市场情况,伟业就可以根据市场定位以及潜在客户对产品的需求特征,确定项目的产品定位,并进行产品概念设计,包括总体规划、外立面、户型配比、户型面积、平面布置、户型特色等方面。产品定位与概念设计是整个投资顾问业务中专业性最强的部分,也是决定产品后期市场推广成败的关键所在。伟业投资顾问项目组在对项目自身情况与市场状况充分理解后,从市场需求出发,依据多年运作经验、对房地产市场的深刻感知以及高素质的专业队伍,根据发展商的具体要求,为发展商提供深入到不同层次的各项服务,直至协助发展商做出产品设计的具体方案。

(4) 经济测算

这是伟业近年开辟的业务范畴,主要根据项目的市场定位和产品定位方案,预测项目的市场表现(销售速度和销售率),进行经济测算及多方案比较,从经济上考虑项目的最佳定位,在保证发展商利益的基础上,设计出最合理的财务方案。

以上的几项工作基本涵盖了投资顾问业务的主要方面。而在实际业务中,伟业可以依据合作伙伴的具体要求,进行某一方面或几方面的深入工作,最大限度地满足发展商的需求。

3. 投资顾问整体工作流程

在多年的探索中,伟业依据几十个项目投资顾问工作的经验与理论上的研究,不断在实践中总结,逐渐建立较为完善的流程,首创出依据三条主线来贯穿整个工作过程的投资顾问工作模式(见图5-2),并在业务实践中得到有力的验证。

三条主线的根本原则是以发展商要求和政府规划条件为基础,以市场情况为依据,投资顾问的专业流程为主导,贯彻始终的业务模式。

左边一条线是投资顾问业务的前提,即是项目定位的限制因素,主要包括两个方面:

发展商的要求:包括对项目利润总额、利润率、资金投入总额、所能承受的最大资金压力、资金回收速度等经济方面的要求,对品牌、口碑等社会方面的要求,以及发展商自身的特点(如知名度、口碑等)对项目定位的影响等。

政府规划限制:包括对项目用地功能、容积率、高度、间距、建筑密度、出入口、停车、绿化等等规划上的限制以及项目周边地区的发展规划对项目定位的影响。

这两方面的要求是投资顾问公司完成任务的基础。项目所有的假设和定位都

第一节 房地产咨询　315

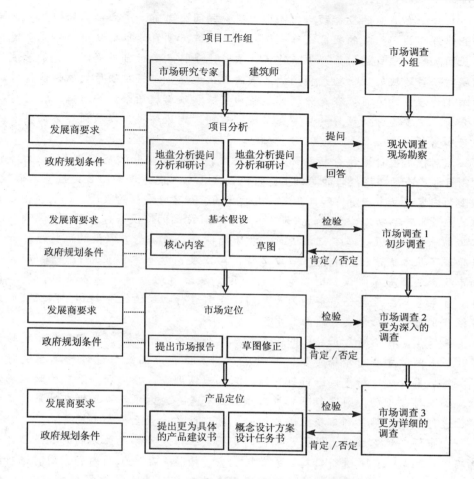

图 5-2　三条主线式的投资顾问工作模式

必须满足这两方面的限制条件的要求。

　　右面一条线是市场情况的调查，主要包括三个方面：

　　项目用地现场及周边区域现状调查；项目所面临的市场竞争调查；客户需求调查。

　　伟业进行的市场调查不是漫无目的，而是有针对性的市场调查，为项目的定位方案提供思路和进行验证。伟业顾问多年从事代理的积累客户网络，现有的数十个业务点与长期进行专业化市场调查的队伍，可以基本保证按照项目开发的要求，提供大量客观必要的市场数据。

　　中间是我们的工作主线。

在接受发展商的投资顾问业务后，投资顾问公司首先建立由市场研究专家与专业建筑师共同组成的项目工作小组，以全面进行项目的市场分析与研究。建立专业团队后，项目组的第一步工作将就项目地盘特点进行自我提问，并带着这些问题对项目地块的现场踏勘和周边区域的现状调查，以将对项目的感性认知进一步细化为理性的条目。在充分研究发展商要求和政府规划条件的基础上，进行项目分析，主要是分析项目的自身在用地、规划、周边环境、发展商等方面具有的优势和劣势。

然后根据项目地块分析的结论，考虑发展商的要求和政府规划条件的限制，在项目组已有的市场经验的基础上，讨论设定几个不同方案的项目定位基本假设。假设的内容包括市场定位和产品定位大的方面，如客户定位的假设、档次、价格定位的假设，产品功能、类型的假设，规划、设计方面的假设（包括草图）等等。

第一步针对几个基本假设进行初步市场调查，验证基本假设的可行性。如市场验证了基本假设，则进行下一步工作，与发展商就基本假设进行论证与选择；如市场否定了基本假设，则重新进行假设，然后再通过市场调查验证，循环往复，直至基本假设符合了市场为止。同时还需进行初步的经济测算，以保证假设在经济上可行或符合发展商的要求。

第三步，在不断修正自己的假设，基本符合市场情况后，我们会将市场验证了的基本假设发展为市场定位，同时对产品定位和产品概念设计的草图进行修正。然后再针对市场定位进行针对性的深入市场调查，根据调查结果检验市场定位，如果符合市场，则进行下一步工作；如有差异，则根据市场调查结果将市场定位进行修正，再拿到市场上进行检验，循环往复，直至符合市场为止。

在市场定位完成后，根据已确定的市场定位以及产品定位方面的假设，伟业将确定产品定位，并进行针对性的市场调查，检验产品定位的内容，同时进行经济测算。最终产品定位在经济上可行或符合发展商的要求，并得到市场认可后，项目组将最终完成产品的概念设计图，并协助发展商形成图纸的设计任务书，直接为合作伙伴诠释每一步工作的具体过程，帮助发展商清晰、准确的完成项目开发的各项流程，直至完成最终产品。

第二节 房地产经纪

一、房地产经纪的产生与发展

房地产经纪业是房地产市场的重要组成部分，它在推动房地产交易、活跃房地产市场、促进房地产市场的发育和成熟方面发挥着极其重要的作为，有房地产市场就必然有房地产经纪业，房地产经纪业既是市场的产物，又是推动房地产市场发展的重要力量。房地产经纪业是一个古老的行业，早在我国明清年代就已经出现。开始时活动很少，后来逐渐增多，慢慢发展成为一个行业。第一次鸦片战争以后，因许多外商在通商口岸和租借地从事，所以在上海等地出现了转手承租的"二房东"。在20世纪20~30年代，出现的专门从事房地产经纪活动的从业人员，在上海称为"白蚂蚁"，在北京被称为"房纤"、"掮客"等，都含有贬义。在民国时期，经纪业也没有形成行业组织。新中国成立后，在极"左"思想影响下，政府将房地产经纪行为视为投机倒把的非法行为予以取缔，经纪人一度被认为是不正当的，甚至是非法的。

改革开放以来，随着商品经济的发展以及思想上的拨乱反正，经纪人得以恢复和发展，经纪业务也从地下状态的非法经营走向公开合法从业。1986年9月，在重庆成立的"重庆经纪人交易所"成为全国首家经纪人公开活动场所。目前，我国的经纪人事业发展迅速，业务涉及股票、期货、文化、体育、房地产、信息、运输、旅游、劳动力等各个市场。在一些经纪人活动比较集中的地区已经建立起一大批经纪人事务所。1995年11月，我国颁布了第一部规范经纪人活动的全国性行政规章《经纪人管理办法》，各个地方也因地制宜的制定了一些地方性法规和制度来对经纪人进行管理。政府管理经纪人的部门主要是工商行政管理部门和税务行政管理部门。1996年1月，政府颁布了《城市房地产中介服务管理规定》，其中规定"房地产经纪人必须是经过考试、注册并取得《房地产经纪人资格证》的人员"。除了对人员的管理外，一些城市已开始对房地产经纪企业进行评级工作。我国的房地产经济业开始走向正轨。

但是总的来说，我国的经纪人市场发展还不够成熟，服务质量难以保证，违规、违法行为时有发生。目前，我国的房地产经纪业有以下几个特点：①规模小，资金实力弱。行业进入"门槛"较低，大多数经纪企业从业人员大约为3至10人。②起步晚，操作水平低。尤其在中、小城市，大多数经纪企业的服务范围停留在较为原始的初级阶段。③从业人员素质不一，良莠不齐。有持照的合法经纪，也有无照的黑市经纪。有精通业务的专业人员，也有水平低，甚至进行欺诈的人。④影响不大，知名度低。房地产经纪行业在社会影响仍不大，甚至还没有被社会所完全认同和接受，国产名牌经纪企业还没有出现。⑤各地区经纪服务水平参差不齐，服务内容也有差别。在一些市场经纪较为发达的地区，如深圳、广州、北京、上海等地，已经出现了一些操作水平较高，有一定影响的内资经纪企业，而在一些市场经纪不太发达的地区，经纪服务仍停留在房屋买卖、租赁的中介代理上。⑥出现房地产经纪人协会。

未来我国房地产经纪业的发展，有房地产经纪企业规模化、房地产经纪企业专业化（包括从业人员操作水平的专业化和企业内部组织分工的专业化）、房地产经纪企业规范化、房地产经纪企业信息网络化与共享化（包括企业内部信息，企业之间信息和企业与客户之间信息的网络化）、房地产经纪企业服务的品牌化及政府、专业协会、经纪企业和消费者之间相互关系明晰化等六大趋势。

二、房地产经纪人

（一）房地产经纪人员

房地产经纪人员即在房地产经纪机构中直接执行房地产经纪业务的人员，必须是依法取得房地产经纪人员相应的职业资格证书并经有关主管部门注册生效的人员。未取得房地产经纪人员职业资格证书的人员一律不得执行房地产经纪业务。取得房地产经纪人员职业资格证书的人员，只能在其取得的职业资格证书种类所规定允许从事的房地产经纪业务范围内执行房地产经纪业务，不得超越。

根据可从事的房地产经纪业务范围的不同，房地产经纪人员职业资格分为房地产经纪人执业资格和房地产经纪人协理从业资格两种。《中华人民共和国房地产经纪人执业资格证书》和《中华人民共和国房地产经纪人协理从业资格证书》是房地产经纪人职业资格的证明文件，未经合法取得《中华人民共和国房地产经纪人执业资格证书》和《中华人民共和国房地产经纪人协理从业资格证书》的，不得从事房地产经纪业务。房地产经纪人员必须取得相应的职业资格，这是对从事房地产经纪业务的人员的基本要求。同时，称职的房地产经纪人员还必须在职业道德、心理素质、礼仪、知识结构和职业技能方面具备基本的素质。

取得房地产经纪人执业资格是进入房地产经纪活动关键岗位和发起设立房地产经纪机构的必备条件。取得房地产经纪人协理从业资格，是从事房地产经纪活动的基本条件。

（二）地方性房地产经纪人员

需要特别指出的是，除了以上所述的可以在全国范围内执业的房地产经纪人员外，各地方房地产管理部门也对在地方行政区域内进行执业的房地产经纪人员有自己的规定。如北京市规定：申请取得《北京市房地产经纪资格考试合格证》的人员应具备以下条件：（1）具有完全的民事行为能力；（2）在本市有固定住所；（3）具有高中或中专以上学历；（4）具有房地产或相关专业技术职称及相应的专业技能（相关专业主要包括建筑、财经、法律专业）；（5）申请房地产经纪资格之前三年没有犯罪和经济违法行为。符合以上条件的人员参加由市国土房管局（现职能归入市建委）和市工商局共同组织的从业资格考试，考试合格后取得《北京市房地产经纪资格考试合格证》，可在相应机构开展业务。但其开展业务只能局限于北京市范围。

三、房地产经纪机构

按照《中华人民共和国城市房地产管理法》第56条规定："房地产中介服

务机构包括房地产咨询机构、房地产价格评估机构、房地产经纪机构等。"可见,房地产经纪机构属于房地产中介服务机构的范畴,房地产交易方式和特点决定了房地产交易成交离不开房地产经纪活动,房地产经纪机构是活跃在房地产市场中介服务机构的重要组成部分。房地产经纪机构是指在房地产转让、租赁、置换等活动中,以收取佣金为目的,为促成他人交易而进行居间、代理等行为的经济组织。

(一)类型

1. 按经营业务的方式分

一般来说,房地产经纪机构包括专业房地产经纪机构和兼营房地产经纪机构。

专业房地产经纪机构企业名称应以"房地产经纪"为行业特征,经营项目统一核定为"房地产经纪",专业从事房地产经纪活动。

兼营房地产经纪机构包括房地产评估机构、受托房屋拆迁单位、物业管理公司等三种类型,其他企业不得兼营房地产经纪业务。兼营房地产经纪机构在办理工商增项并经资审取得资质证书后,在从事其主要业务的同时,可以兼营房地产经纪业务。

2. 按法律形式来分

从法律形式上来说,房地产经纪机构,是指符合执业条件,并依法设立,从事房地产经纪活动的公司、合伙机构、个人独资机构。另外,境内外房地产经纪机构在境内外设立的分支机构也可以以自己的名义独立经营房地产经纪业务。

房地产经纪公司是指依照《中华人民共和国公司法》和有关房地产经纪管理部门规章,在中国境内设立的经营房地产经纪业务的有限责任公司和股份有限公司。

合伙制房地产经纪机构是指依照《中华人民共和国合伙机构法》和有关房地产经纪管理的部门规章在中国境内设立的由各合伙人订立合伙协议,共同出资、合伙经营、共事收益、共担风险,并对合伙机构债务承担无限连带责任的从事房地产经纪活动的营利性组织。

个人独资房地产经纪机构是指依照《中华人民共和国个人独资机构法》和有关房地产经纪管理的部门规章在中国境内设立,由一个自然人投资,财产为投资人个人所有,投资人以其个人财产对机构债务承担无限责任的从事房地产经纪活动的经营实体。

此外,在中华人民共和国境内设立的房地产经纪机构(包括房地产经纪公司、合伙制房地产经纪机构、个人独资房地产经纪机构)、国外房地产经纪机构,经拟设立的分支机构所在地主管部门审批,都可以在中华人民共和国境内设立分支机构。分支机构能独立开展房地产经纪业务，但不具有法人资格。国内房地产经纪机构经国内房地产经纪机构所在地主管部门及拟设立分支机构的境外当地政府主管部门批准，也可在境外设立分支机构。分支机构是否具有法人资格视分支机构所在地法律而定。分支机构撤销、解散及债务的清偿等程序按照分支机构所在地法律进行，但不应该违反中国法律。

（二）房地产经纪机构的经营模式

房地产经纪机构的经营模式是指房地产经纪机构承接及开展业务的渠道及其外在表现形式。根据房地产经纪机构是否通过店铺来承接和开展房地产经纪业务，可以将房地产经纪机构的经营模式分为无店铺模式和有店铺模式。

1. 无店铺模式

无店铺模式的房地产经纪机构并不依靠店铺来承接业务，而是主要靠业务人员乃至机构的高层管理人员直接深入各种场所与潜在客户接触来承接业务，这类机构通常有两种：

一种是个人独资形式设立的房地产经纪机构，面向机构客户和大宗房地产业主的房地产经纪机构；另一种是面向机构客户和大宗房地产业主的房地产经纪机构，如专营商品房销售代理的房地产经纪机构。商品房销售代理机构的业务开展似乎表现为有店铺－售楼处，但售楼处实质上并不是房地产经纪机构的店铺，不过这类机构通常有固定的办公场所。个人独资机构往往没有固定的办公场所，其所面向的客户大多是零星客户，如单宗房地产的业主、住房消费者，但其中也有少量机构面对大型机构客户如房地产开发商，从事房地产转让等的居间业务。

2. 有店铺模式

有店铺模式的房地产经纪机构通常依靠店铺来承接业务，通常是面向零散房地产业主及消费者，从事二手房买卖居间和房屋租赁居间、代理的房地产经纪机构。其中，又可根据店铺数量的多少分为单店铺模式、多店铺模式和连锁店模式。

单店铺即只有一个店铺，它通常也是经纪机构惟一的办公场所，这是大多数小型房地产经纪机构所采取的形式。

多店铺模式是指一个房地产经纪机构拥有几个店铺的模式，通常的情况是这些不同店铺分别由房地产经纪机构及其设立的分公司来经营，这些店铺也是它们各自的办公场所。这是一些小型房地产经纪机构有了初步发展以后常采取的经营模式。由于机构的发展还不够成熟，店铺数量也不多，因而这些店铺常常是各自独立经营，未能实现有效的信息联网和连锁经营。

连锁店模式是一些大型房地产经纪机构所采取的经营模式，通常拥有十几家、几十家乃至几百家店铺，且采取信息共享、连锁经营的方式。这一模式包括直接连锁经营模式和特许加盟经营模式两种。

(1) 直营连锁经营模式

连锁经营形式是零售业在 20 世纪的一项重要发展。直营连锁经营，即由同一公司所有，统一经营管理，具有统一的企业识别系统（CIS），实行集中采购和销售，由两个或两个以上连锁分店组成的一种形式。在一般零售业中，由于连锁经营规模大，具有大量采购大量销售的能力，使其能获得进货价格上的数量折扣，成本较低，从而售价也较低。连锁经营方式下，每家连锁店都有标准的商店门面和平面布置，以便于顾客识别和购物，并增加销售量。与一般零售业的连锁经营有所不同，现代房地产经纪机构进行连锁经营的目的主要是获得更多信息资源，并借助网络技术实现信息资源共享、扩大有效服务半径，以规模化经营实现运营成本的降低。

连锁经营有效地克服了零售企业由于店址固定、顾客分散造成的单店规模小、经营成本高等缺点，使企业可通过统一的信息管理、统一的标准化管理和统一的广告宣传形成规模效益。

(2) 特许加盟连锁经营模式

特许经营起源于美国，是指特许者将自己所拥有的商标（包括服务商标）、商号、产品、专利和专有技术、经营模式等以特许经营合同的形式授予被特许者使用。被特许者按合同规定，在特许者统一的业务模式下从事经营活动，并向特许者支付相应的费用。这种经营模式理已在包括餐饮业、零售商业、房地产中介等多个行业中得到广泛应用。如在美国，特许经营已经成为发展最快和渗透性最高的商业模式。其中零售业中有 40%～50% 的销售额来源于特许经营商。特许经营在房地产中介行业中的应用也是相当广泛的。

特许经营具有以下 4 个共同特点：

①特许者对商标、服务标志、独特概念、专利、经营诀窍等拥有所有权；
②权利所有者授权其他人使用上述权利；
③在授权合同中包含一些调整和控制条款，以指导受许人的经营活动；
④受许人需要支付权利使用费和其他费用。

特许经营能够在全球范围内得到广泛应用和发展，其主要原因在于特许经营作为一种企业经营管理模式，有利于企业的快速发展、成长和扩张。对于特许人而言，可以不受资金的限制，迅速扩张规模，在当今经济全球化的趋势下，更可以加快国际化发展战略。特许人还可能降低经营费用，集中精力提高企业管理水平。

另一方面，对于那些资金有限，缺乏经验，但又想投资创业的人而言具有极强的吸引力，因为一旦加盟实行特许经营的企业，就可以得到一个已被实践检验行之有效的商业模式和经营管理方法,以及一个价值很高的品牌的使用权,还可以得到特许人的指导和帮助,所有这些都将大大减低他的投资创业风险。

3. 网上联盟

目前,随着计算机网络技术的发展。房地产经纪行业内还出现了一个新的经营模式——一家房地产专业网站联合众多中小房地产经纪机构乃至大型房地产经纪机构而组成的网上联盟经营模式,联盟内的各成员机构均可通过一个专业的房地产网站来承接、开展业务。从目前情况来看,参与这种网上联盟的房地产经纪机构大多主要从事二手房买卖和房屋租赁的居间、代理,通常还同时保留其有形的店铺。

(三) 房地产经纪机构经营模式的选择

房地产经纪机构选择经营模式时,主要考虑的是三个方面,是否有店铺、企业规模、规模化经营的方式。

房地产经纪机构是否开设店铺主要是根据机构所面向的客户的类型,一般而言,面向零散客户的经纪机构通常需要开设店铺。

面向机构类大型客户的经纪机构不一定要开设店铺,这就是为什么目前从事二手房居间的机构大多有店铺,而从事商品房销售代理的机构通常不设店铺的主要原因。但是,随着计算机信息技术的推广,即使面向零散客户的经纪机构也有可能以网上虚拟店铺来代替有形店铺,当然这要根据机构所面向的细分市场上潜在客户应用网络技术的情况。如在一些特大城市已出现了主要为外籍人士进行房屋租赁代理的机构,它不设店铺而是在互联网上开设专业的网帖甚至网页,受理准备入境的外籍人士的委托,为其寻找合适的房屋,并代理其与出租方签订租赁合同。

经纪机构对企业规模的选择,首先要遵循规模经济的一般原理,其次要根据经纪机构的自身特点,着重考虑经营规模与以下三方面因素的匹配程度:信息资源、人力资源、管理水平。房地产经纪机构以信息为主要资源,如果没有充足的客户信息和房源信息,那么过多的店铺或机构部门都会成为浪费的资源。经纪机构是服务性企业,人力资源是最重要的资源,而且这种人力资源是专业性很强的人力资源,主要包括具有房地产经纪人员职业资格的业务人员和企业管理人员,因此房地产经纪机构经营规模的大小必须与其已拥有及可能拥有条件相适应。管理水平决定着经纪机构能否在规模扩大时保持乃至提高其整体服务质量和水准,所以也是经纪机构在选择经营规模时必须充分关注的。管理水平一方面取决于人力资源中企业管理人员的数量和素质,另一方面还取决于经纪机构是否建立了有效并相对稳定的管理模式,好的管理模式可以保证经纪机构避免因管理人员人事变动给企业管理带来的不稳定。

同与任何企业一样，每一个房地产经纪机构总是不断谋求由小变大的发展。当经纪机构发展到一定规模时，就必须认真考虑其规模化经营的具体方式。无店铺的经纪机构规模化运作时，需要考虑机构内部部门的扩张和结构更新或设立分支机构。有店铺的经纪机构规模化运作的主要方式是进行连锁经营。规模化使经纪机构对资金的需求大幅增长，这就要求考虑资金的来源渠道，是在原有投资人范围内解决，还是吸收外来资金？这就影响到规模化经营的具体方式。如果在原有投资人范围内解决，经纪机构可以采取开设分公司、全资子公司、直营连锁店的方式；如果要吸收外来资金，经纪机构可以采取与他人合资成立经纪公司、特许加盟连锁经营的方式。目前。沿海特大城市中出现了一些超大型的规模化房地产经纪机构，它们进行规模化经营的方式虽然各有不同，但最主要的为直营连锁经营和特许加盟经营两种。

直营连锁经营和特许经营可能在外在表现形式上都表现为统一标识系统、统一的经营方式，但对于房地产经纪机构而言，这两种方式却是大不相同的。

在直营连锁经营方式下，整个经纪机构是在一个相对封闭的组织下进行运作，各连锁店之间虽然也可能存在利益竞争关系，但是由于所有的连锁店都为一个机构所拥有，因此各连锁店在整体上的利益关系是一致的，可以通过内部的利益协调机制或者管理层的协调来解决。同时，因为各连锁店隶属于同一个所有者和管理者，对各连锁店具有绝对的控制权，因此作为房地产经纪机构更容易管理，更容易贯彻自己的经营理念。但是，作为连锁经营而言，随着连锁经营规模的扩大。会对房地产经纪机构的人力、财力提出更高的要求，其扩张成本会相对较高。

特许经营模式目前正在为越来越多的大型房地产经纪机构所接受，大型房地产经纪机构正试图通过特许经营来实现低成本、高速扩张，抢占更多的市场份额。但是由于每一家加盟连锁店都是独立拥有的，在目前中国房地产经纪市场尚还处于发展的初期，市场竞争十分激烈，整个市场环境的秩序有待进一步规范。在经纪机构人员的素质参差不齐的情况下。对服务质量和信息的监控就显得尤为重要。服务质量和服务水准是特许经营取得成功的基础，由于每一家加盟的经纪机构情况都不同，因此要求每一家加盟店都按统一的标准提供服务是有一定难度的。而与餐饮等其他行业不同的另一个特点是，在房地产经纪企业中，信息是每一家加盟店的重要资源，因而对信息的控制对于整个特许经营体系就显得更为重要。

（四）房地产经纪机构的部门设置

不同类型的房地产经纪机构。如主营房地产代理业务的机构与主营房地产居间业务的机构，其部门设置会有很大差异，但不论这种差异有多大。各类房地产经纪机构内的部门不外乎四类：业务部门、业务支持部门、客户服务部门和其他部门。以下介绍这四类部门的一些可供选择的具体形式。一个新开的房地产经纪机构可以根据自身的情况选择其中的某些具体部门形式。

1. 业务部门

业务部门一般由隶属于公司总部的业务部门和分支机构（主要是连锁店）构成。

（1）公司总部的业务部门

在没有连锁店的经纪机构中，业务部门是直接从事经纪业务的部门。而在有连锁店的经纪机构中，其业务部门的主要工作是业务管理和负责规模。资金较大的业务项目。两者会略有不同。

一般情况下，公司总部的业务部门也可以根据需要进行不同的设置：

①根据物业类别不同进行设置。由于不同类型的房地产在交易过程中客户对象、需求、交易手续等许多方面都具有不同的特性。所以。可以根据房地产类型来设置房地产经纪机构的业务部门，如住宅部、办公楼部、商铺部等。每一个部门都负责各自类型的房地产经纪业务。

②根据业务类型不同进行设置。例如根据业务类型不同可以划分为置换业务部、租赁部、销售部等部门。

③根据业务区域范围进行设置。例如根据业务覆盖区域不同划分为东区业务部、西区业务部、南区业务部、北区业务部等。

（2）连锁店（办事处）

在连锁店（办事处）必须有一名以上的取得房地产经纪人执业资格的房地产经纪人。没有取得房地产经纪人执业资格或有效执业资格的房地产经纪机构的分支机构从事房地产经纪活动都是违规的。

2. 业务支持部门

业务支持部门主要是为经纪业务开展提供必须的支持及保障的一些部门。包括交易管理部、评估部、网络信息部、研究发展部、办证部等。这些部门的设置可以根据公司规模等实际情况的不同做一定的调整。

（1）交易管理部

房地产经纪机构要对所属经纪人的行为承担法律责任。交易管理部门主要负责对房地产经纪人与客户签订的合同进行管理，维护经纪机构的利益。

（2）评估部

评估部主要是对某些需要提供价格意见的业务出具参考意见。这里评估部出具的是供交易双方参考的一个价格参考意见，而非正式的具有法律效力的评估报告（正式的评估报告应该由具有房地产价格评估资质的评估机构出具）。

(3) 网络信息部

信息对于房地产经纪机构的意义无异于水与鱼的关系。没有了信息。房地产经纪机构也就失去了在市场上的立足之本，因此信息对于房地产机构而言是非常重要的，信息管理也就显得更加重要。网络信息部的主要职责就是负责信息系统软硬件的管理和维护。

(4) 研究发展部

负责市场调查分析，原业务调整方案的制定，新业务品种的研究等工作。

(5) 办证部

负责为客户到房地产交易中心办理房地产权证过户，合同登记备案，以及协助客户办理有关商业贷款、公积金贷款申请手续等。

3. 客户服务部门

这里对客户服务部门的定义是综合性的。它的任务既包含了对客户服务以及受理各类客户的投诉，同时也包括对经纪人业务行为的监督。设立这样一个部门特别是在中国入世的大背景下是非常重要也是非常有意义的。作为一个服务性行业，经纪业务绝不是"一锤子买卖"，售后服务是非常重要的，这直接关系到房地产经纪机构的形象。而对经纪人行为的监察则是保证经纪人在提供服务时能够严格按照公司要求提供规范服务。

4. 其他部门

其他部门主要是指一些常设部门，如行政部、人事部、财务部等。

行政部：主要负责公司的日常行政工作和事务性工作。

人事部：主要负责人事考核、人员奖惩，制定员工培训方案，制定员工福利政策等事务。

财务部：主要负责处理公司内的账务以及佣金、奖金结算等工作。

四、房地产经纪业务

(一) 房地产经纪业务的类型

1. 经纪业务的类型

按照市场经济一般要求，经纪活动包括：居间、代理和行纪等方式。

所谓"居间"就是经纪人为交易双方提供交易信息、条件及其媒介，撮合双方交易成功的商业行为。其特点在于：服务范围大、地域广。这是为经纪业务普遍采用的最基本的服务方式，也是较为初级的经纪方式。

所谓"代理"就是经纪人直接受交易当事人委托，以委托人的名义，在受托权限范围内进行交易，并由委托人直接承担相应的法律责任的商业行为。代理服务可以划分为卖方代理或买方代理，也可划分为多家代理或独家代理等不同形式。其特点在于经纪人可以以委托人名义开展营销活动，交易活动的权利和责任一般要由委托人承担。经纪人只是提供服务，收取佣金。由于上述特点，经纪人实行代理服务，必须与委托人建立良好的商业信誉关系。这是市场经济较为成熟的条件下采用的经纪方式。

所谓"行纪"就是经纪人接受交易当事人委托，以自己的名义，与第三方进行交易，并承担相应法律权利和责任的商业行为。其特点在于经纪人有较大的自主权，服务方式上类似于"自营"。但是其目的仍然在于为委托人提供服务，促成交易来收取佣金。行纪服务属于经纪的较为高级的服务方式。

2. 房地产经纪业务的类型

由于房地产经营属于不动产交易，投资额巨大，权属关系复杂，因此根据我国国情和有关法律，房地产经纪活动一般只包括房地产居间和房地产代理两种基本方式，而不允许开展房地产行纪。

(二) 房地产居间

1. 房地产居间概念

房地产"居间"就是房地产经纪人为促成商品房买卖，租赁交易成功，为交易双方提供交易信息、条件及其媒介，撮合双方交易成功的商业行为。

房地产"居间"可以划分为内部"居间"和外部"居间"两种具体方式。

开发商成立销售部，推销自己开发建设的商品房就属于内部"居间"。即可以理解为开发企业的销售人员在开发商和购房者之间进行的"居间"活动。

房地产经纪公司自主开展的租、售业务一般属于外部"居间"。即房地产经纪人在房屋买卖、租赁交易双方进行的"居间"活动。

2. 房地产居间特点

房地产"居间"是房地产经纪活动中最常见、最普遍的经营方式，就是在房地产市场交易时，房地产经纪人客观、公正地站在买卖交易双方之间，发挥相互联系的桥梁和纽带作用提供专业化优质服务，促成交易的中介服务行为。

其本质特征在于：房地产经纪人与房地产交易双方联系无紧密的合同法律制约关系，房地产经纪机构或销售部门只是通过提供交易信息，建立联系渠道等方式促成交易双方达成交易。交易的法律权益责任由交易双方自行承担。所收取的费用也只是提供交易信息和促成交易的服务费用。

其主要特点在于：服务范围大、地域广，业务开展方式灵活多样，成为经纪业务普遍采用的最基本的服务方式。因此"居间"不仅是较为初级的经纪方式，也是从事房地产经纪业务的基础。

3. 房地产居间服务程序

(1) 发现和寻求房地产交易对象。

即为买房（承租）人寻找卖房（出租）人和交易房源的人，通常需要与有交易需求的双方签订居间合同，或为卖房（出租）人寻找买房（承租）人，通常需要与有交易需求的双方签订居间合同。

（2）为买卖双方沟通供求信息，建立联系渠道和方式。

即通过了解客户需求信息，掌握交易客体对象（交易房地产）状况的同时，了解交易主体的情况和服务需求，使交易主体与房地产经纪机构建立必要的联系渠道和沟通方式。

（3）协助交易双方进行租售谈判。

安排房地产交易双方进行交易谈判，提供房地产交易相关专业业务咨询服务，促成双方成交。

（4）协助交易双方办理房地产权属登记手续。

帮助交易双方办理房地产交易登记、纳税、交费手续。

（5）收取信息、咨询、服务费用。

（三）房地产代理

1. 房地产代理概念

所谓房地产代理就是房地产经纪人直接受房地产交易租售双方当事人委托，以委托人的名义，在受托权限范围内进行交易，并由委托人直接承担相应的法律责任的商业行为。房地产代理服务可以划分为卖方代理或买方代理。

所谓卖方代理就是接受开发商或房屋产权人合同委托，进行的以销售和出租商品房为目的的代理行为；所谓买方代理就是接受购房人或承租人合同委托，进行的选购和承租商品房的代理行为。

2. 房地产代理方式

房地产代理也可划分为多家代理或独家代理等不同形式。

多家代理一般是指：卖方代理业务中，卖房人把自己的房屋委托给两个以上房地产经纪机构进行销售或允许房地产经纪机构接受两个以上代理人的委托进行的经纪代理行为。

独家代理是指卖房人和一家房地产经纪机构授权约定只允许其代理销售的经纪代理行为。

3. 房地产代理业务种类

房地产经纪代理业务主要包括以下三方面内容：

（1）代理销售。

（2）代办手续。

主要包括：代办土地使用权出让手续；房地产转让审批手续；房屋租赁审批手续；房地产抵押登记手续；产权转让、赠与、继承等手续。

（3）委托房地产权属登记，代领证件。

①房地产权属证书

主要包括：土地使用证；房屋所有权证；房屋租赁审批手续；房地房屋租赁证；房地产抵押登记证。

②房地产开发经营其他证书

主要包括：商品房预售许可证；商品房销售许可证；建设用地规划许可证；建设规划条件通知书；建设工程规划许可证；建设用地批准书；房屋拆迁许可证；建设工程施工许可证等。

4. 房地产代理的特点

房地产代理的特点在于：房地产经纪机构可以以委托人名义开展营销活动，并且交易活动的权利和责任一般要由委托人承担。所以房地产经纪人必须与委托人具有良好的经济信用关系。经纪人要在委托合同规定的权利义务及业务要求范围内开展销售经营活动，按照合同约定提供服务，收取佣金。

由于上述特点，房地产经纪人实行代理，必须与委托人建立良好的商业信誉关系。这是市场经济较为成熟的条件下采用的经纪方式。市场实践证明，只有人员素质较高、业务能力较强和服务水准较好的、有一定知名度和服务品牌的房地产经纪机构才有可能从事房地产代理业务。相较之下，收费标准和佣金也高于一般居间业务。

5. 房地产代理服务程序

（1）接受房地产交易当事人委托，与委托人签订代理合同；

（2）按照代理合同约定寻找交易对象，开展租售业务；

（3）确定交易目标，促成交易；

（4）协助房地产交易双方办理权属登记手续；

（5）按照代理合同的约定收取费用。

五、房地产经纪业务操作与服务收费

（一）房地产经纪业务操作流程

1. 客户开拓

这一步的主要工作是争取客户，一般房地产经纪机构都会通过广告宣传和公共关系活动，来宣传自己，进而吸引客户。但是更重要的是在所承接的每一项业务中，要切实为客户提供高质量的服务，以质量信誉来赢得客户。目前，越来越多的房地产经纪机构注重运用品牌战略来稳步开拓市场，争取客户。

2. 业务洽谈

当委托人已有初步委托意向时，房地产经纪机构就要派出房地产经纪人与其进行业务洽谈。业务洽谈的首要环节是倾听，即倾听客户的陈述，以充分了解委托人的意图与要求，衡量自身接受委托、完成任务的能力。其次是了解，即如果委托人为购房者或承租者，则需要了解客户的经济承受能力、需求的急迫性、产生需求的原因等具体情况；如果委托人为售房者或出租者，则应通过查验有关证件如身份证、公司营业执照、产权证、土地使用证、新建工程规划许可证以及施工许可证等来了解委托人的主体资格、生产经营状况及信誉等。第三是告知，即要向客户告知自己及房地产经纪机构的姓名、名称、资格以及按房地产经纪执业规范必须告知的所有事项。最后是协商，要就经纪方式、佣金标准、服务标准以及拟采用的经纪合同类型及文本等关键事项与客户进行协商，达成委托意向。

3. 物业查验

房地产经纪人无论是接受委托销（预）售（租）的商品房或二手房，还是接受委托要买入（承租）的商品房或者二手房，都应对房屋基本情况进行物业查验。

（1）物业查验的主要内容

①物业的物质状况

包括物业所处地块的具体位置和形状、朝向、房屋建筑的结构、设备、装修情况、房屋建筑的成新。

②物业权属情况

a. 物业权属的类别与范围

在商品房预（销）售代理业务中，一般被代理的物业都是所有权，但经济适用房与普通商品房之间仍有一定的差异。在二手房居间业务中，一定要搞清楚标的物业是所有权还是使用权房。如果是所有权的，要注意如果房地产权属归两个以上或两人以上所有，该房地产即为共有房地产。对共有房地产的转让和交易，须得到其他共有人的书面同意。如未经其他共有人书面同意，该房地产也不得转让、抵押和租赁，其委托代理的居间业务也不能建立。如果是使用权房，也要注意独用成套房与非独用成套住房地差别，而且各地的有关政策规定不尽相同，如售后公房上市的规定，各地就有一定的差异，房地产经纪人必须及时了解这方面的政策动态。

b. 房地产权属的确定

房地产权属是否清晰，是能否交易的必要前提。对权属有争议的、未取得房地产权证的、房屋被司法或行政部门依法限制和查封的、依法收回房地产权证等的产权房，都不得转让出租、抵押，因而涉及此类物业的经纪业务不能成立。

c. 房地产其他权利设定情况

即是否设定抵押权、租赁权？如果有，权利人是谁？期限如何确定？诸如此类的情况，对标的物交易的难易、价格、手续均会产生重大影响，必须在事先搞清楚。

(2) 物业查验的基本途径

①文字资料了解。

通过查阅房地产权证、售楼说明书、项目批准文件、工程概况等文件资料，了解房屋的结构、层次、面积、房型、价格、绿化面积等。但要注意具有法律效力的文件（如产权证、项目批准文件）与非法律文件（如售楼说明书）的区别，非法律文件只能作为参考，不可作为确认物业的依据。

②现场实地察看。

通过现场实地察看，以了解房屋的成新、外形、房屋的质量（如屋顶、楼面、墙面有无渗漏水迹，有无裂缝；门窗开启是否灵活；上下水道及煤气管道有无渗漏情况等）、房屋的平面布置、公用部位情况、楼宇周围环境、房屋所处地段、交通环境等。

③向有关人员了解。

房地产经纪人员可以向已入住的业主了解房屋使用情况，业主往往是房屋质量的第一见证人。也可以向代理楼盘邻近的开发商了解有关楼盘情况，以比较出该楼盘与邻近楼盘之间的区别和特点。

总之，在接受代理前应多了解一些物业情况，以便知己知彼，在协商和接受委托时才能得心应手。

4. 签订房地产经纪合同

接受委托人委托，应签订委托合同（委托协议），委托合同也称经纪合同，具体形式应根据业务类型的不同而异，如居间业务应签署房地产居间合同，代理业务应签署房地产代理合同。委托合同的当事双方既可以都是公民或法人，也可以一方是公民另一方是法人。公民必须具有完全民事行为能力。作为委托人的公民或法人对委托事务必须具备相应的权利能力，即只有委托人依法有权进行的事务才可委托他人办理，否则委托合同无效。

5. 信息收集与传播

房地产经纪人受理了委托业务后，主要应收集、整理三方面的信息：标的物业信息、与标的物业相关的市场信息和委托方信息。标的物业信息是指标的物业物质状况、权属状况、环境状况等方面的信息；与标的物业相关的市场信息是指标的物业所属的房地产分类市场（如中心城区二手住宅市场、城市边缘区别墅市场等）的供求信息、价格信息等；委托方信息包括委托方的类型（如个人或法人，法人的经营类型）、信誉情况等。由于各种经济信息有真有假，要进行筛选、分析、整理。去伪存真，去粗取精。同时，信息的时间性很强，必须注意其时效性。有些经济信息还有一定的局限性和偶然性，采用时不能片面，不适应实际情况不能采用，因此对以上信息辨别、分析、整理后，房地产经纪人对委托标的的成交对象、可能的成交价格就有了一定的把握。接下来就要进行信息传播，以吸引潜在的交易对象。信息传播的主要内容是委托标的物和委托方的信息（主要在代理销售商品房时）。传播方式可能通过报纸、电视广告、经纪机构店铺招贴、人员推介、网络、邮发函件等方式。值得注意的是，目前很多房产经纪机构及执业人员都非常重视运用信息高速公路及互联网技术进行信息的采集及传递，使信息成为房地产经纪人的知识财富并转化为实际经营能力。这已成为各房地产经纪机构及执业人员提高其竞争能力的有效途径。

6. 引领买方（承租方）看房

由于房地产是不动产，现场看房是房地产交易中必不可少的环节。无论作为买方代理，还是卖方代理，抑或是从事居间业务，房地产经纪人都有义务引领买方（承租方）全面查验标的物业的结构、设备、装修等实体状况和物业的使用状况、环境状况，并充分告知与该物业有关的一切有利或不利因素。

7. 代理（或协助）交易达成

无论是哪一种经纪行为，最终要促成交易。因此这一环节是整个流程中的关键。房地产经纪人在这一环节中的主要工作是：

（1）协调交易价格

通常情况下，交易双方总是各自站在自己的立场上来判断房地产价格。因此，常常不能就成交价格达成一致意见。这就需要房地产经纪人以专业的身份和经验来协调双方的认识。一般而言，房地产经纪人应以标的物业的客观市场价值为基准来协调交易双方，必要时还可借助房地产评估机构的力量。

（2）代理或协助签订交易合同

签订交易合同是成交的标志。房地产经纪机构应代理（或）协助委托方与交易对象签订合同。由于房地产交易合同是比较复杂的经纪合同，客户因受自身知识、经验的局限，常常不能把握合同的各个细节。因此房地产经纪人要特别提醒客户注意许多容易忽视的细节。必要时，应建议客户委托律师进行协助。

8. 产权过户与登记

房地产交易要么涉及房地产产权的转移（如买卖），要么涉及他项权利的设立（如抵押、租赁等），而房地产登记是保证这类权利变更有效性的基本手段。大多数情况下，房地产经纪人需代理客户办理各类产权登记手续。有时客户要亲自办理这类手续，房地产经纪人也应进行协助。如告知登记部门的工作地点、办公时间及必须准备的资料等。

9. 物业交验

物业交验是房地产交易过程中最容易暴露问题和产生矛盾的一环。房地产经纪人应在交易合同所约定的交房日之前,先向卖方(出租房)确认交房时间,然后书面通知买方(承租方)。由于房地产是权益复杂的商品,其功能和价值受多种内部及外部因素的影响。一份周全的交易合同,通常会对这些因素作了一一界定。物业交接时买方就要校对物业实际情况是否与合同规定相符,如设备、装修的规格、质量等。这时房地产经纪人必须充分发挥自己的专业知识和经验,协助买方客户进行校对。即使委托方是卖方,房地产经纪人也应该这样做。因为这是避免日后纠纷的重要手段。

此外,由于物业交接与签订成交合同之间常常有一个时间过程。难免一些因素会在其间发生变动,因此,如何就这些变动达成解决方案也是避免纠纷的主要环节。有时,一份不够周全的交易合同,也会在物业交验时引起双方的争议。此时,房地产经纪人更应运用自己的市场经验,发挥良好的沟通、协调能力,在交易双方之间进行斡旋,促成调解方案。

10. 佣金结算

交易过程完成后,房地产经纪人应及时与委托人(或交易双方)进行交易结算,佣金金额和结算方式应按经纪合同约定来定。房地产经纪人在按时完成委托的经纪业务之后,也应善于把握好这一环节,以保护自己的合法权益。

以上业务流程中的各个环节,在不同经纪业务(如商品房销售代理、二手房居间)实际操作时,相互之间可能会有一些交叉,有些则不能一次完成。房地产经纪人员可根据实际情况灵活掌握,但不应遗漏任何基本环节,以保证每笔经纪业务的顺利完成。

11. 售后服务

售后服务是房地产经纪机构提高服务,稳定老客户的重要环节。售后服务的内容可包括三个主要方面:第一是延伸服务,如作为买方代理时为买方进一步提供装修、家具配置、搬家等服务;第二是改进服务,即了解客户对本次交易的满意程度,对客户感到不满意的环节进行必要的补救;第三是跟踪服务,即了解客户是否有新的需求意向,并提供针对性的服务如买了二室户住房的客户,一段时间后又要买更大的住房等。这样做,既能为客户提供最大的便利,也有助于今后业务的进一步开拓。

(二)经纪合同的形式与收费

1. 房地产经纪服务收费

由国家计委、国家经贸委、财政部、监察部、审计署、国务院纠风办依据《中华人民共和国价格法》联合制定的《中介服务收费管理办法》规定中明确指出:

中介服务收费实行在国家价格政策调控、引导下,主要由市场形成价格的制度。对咨询、拍卖、职业介绍、婚姻介绍、广告设计收费等具备市场充分竞争条件的中介收费实行市场调节价，对评估、代理、认证、招标服务收费等市场竞争不充分或服务双方达不到平行、公开服务条件的中介服务收费实行政府指导价；对检验、鉴定、公证、仲裁收费等少数具有行业技术垄断的中介服务收费实行政府定价。

实行市场调节价的中介服务收费标准由中介机构自主确定。实施服务收费时，中介机构可依据已确定的标准，与委托人商定具体收费标准。

北京市物价局、原北京市房地局制定的《关于房地产中介服务收费的通知》规定，实行政府指导价的房地产中介收费是书面咨询费、房屋租赁代理费和房屋买卖代理费。"普通咨询报告，每份收费300～1000元，技术难度大、情况复杂、耗用人员和时间较多的咨询报告，可适当提高收费标准，收费标准最高不超过毅然决然标的额的0.5%"。"房屋租赁代理费，按成交价格总额分档累进计收"，其幅度是0.5%～2.5%，实行独家代理的最高收费标准不得超过成交价格总额的2.8%。

实行协商定价的房地产经纪服务，是房地产开发投资、经营管理及代办手续、代领证件等经纪服务。所谓协商定价，即由委托人与受托人双方协商议定房地产经纪服务的收费金额与收费方法，只要双方自愿接受就可以确定。

2. 房地产经纪合同与经纪运作方式

按照经纪类型的不同，房地产经纪合同包括房地产代理合同与房地产居间合同两种基本形式，按照交易性质的不同，又可分为房地产买卖经纪合同与房地产租赁经纪合同，按照交易对象的不同，又可分为一手房经纪合同与二手房经纪合同等。目前代理合同是房地产经纪合同中应用较多的一种合同形式。

根据房地产经纪人与卖主签署的代理合同的不同，美国房地产经纪人运作方式有以下6种：

（1）经纪人独家销售。即经纪人有独家销售该房屋的权利，在代理合同的有效期内，不论是经纪人或卖主将该房屋卖掉，卖主都必须支付佣金给经纪人。

（2）卖主与经纪人独家销售。在这种协议下，尽管经纪人有独家销售该房屋的权利，但如果卖主在合同有效期内自行找到买主，则不需付给经纪人佣金。而卖主只能与一位经纪人签署委托合同，不可以同时与多家（一家以上）的经纪人签约。

（3）开放式销售。即卖主选择多家经纪人，给若干个经纪人一个平行竞争的机会，谁卖掉房屋谁拿佣金。在这种合同的有效期内，业主仍可保留自己销售该房地产的权力，若自销成功则无需要支付佣金给经纪人。

（4）报底价销售。即卖主对其出卖的房屋标定底价，超底价（售价与原价之间的差价）部分作为佣金付给经纪人。经纪人必须将差价告诉对方。

（5）联合专卖销售。为了使卖主能在短期内将房屋出售掉，各种类型的房地产机构与多位经纪人联手，共同建立信息系统，组成联合销售服务，每一位成员均采用独家销售的方式，成员所签的代售合同要转给所有的会员，以提高市场流通率。

（6）优先购买。即当经纪人与卖主签约后，若卖主想以较低价售予他人时，必须先通过经纪人，经纪人有优先购买权。

以上 6 种运作方式由卖主自行选择，最常用的是独家销售方式。

第三节　房地产评估

房地产评估是房地产专业估价人员运用一定的专业方法对房地产的客观合理价格的估价、推测或判断，是房地产中介服务的重要内容。关于房地产评估的基本理论和方法本书有专门章节进行论述，此处不再重复，为使读者能全面了解房地产中介服务的整体内容，本节讨论我国房地产评估的体系。

我国房地产估价行业管理是注册房地产评估体系、注册土地评估体系和注册资产评估体系三大体系并存。三个体系的管理机制类同，但资格认证相互独立，管理机构也不同，所能从事的房地产评估业务类型也有差异。虽然房地产评估师、土地评估师和资产评估师都涉及部分房地产评估业务，但由于种种原因，任何一种职业资格都无法承担所有类型的房地产评估业务。2000 年 7 月 14 日，按国务院下发［2000］51 号文件《关于经济鉴证类社会中介机构与政府部门实行脱钩改制的意见》，房地产评估中介机构在 2000 年 10 月 30 日前完成了的脱钩改制，成为独立的运作机构。

一、注册房地产评估体系

我国从 20 世纪 80 年代中期开始尝试建立房地产价格评估制度，1988 年开始实行房地产估价从业人员持证上岗制度；1992 年建立了房地产估价师执业资格制度；1994 年 7 月 5 日，第八届全国人民代表大会常务委员会第八次会议通过的《中华人民共和国城市房地产管理法》明确规定，"国家实行房地产估价人员执业资格认证和注册登记制度"；1995 年实施了全国统一的房地产估价师执业资格考试。迄今为止，全国取得房地产估价师执业资格者约 14500 余人，房地产估价从业人员约 10 万人，从事房地产估价的中介机构近 5000 家。房地产估价师广泛分布在房地产建设行政管理、国土资源管理、税务、物价等政府部门和法院、银行、律师事务所、会计事务所等各类机构。

房地产评估中介服务的主管部门为国家建设部，主要管理职能是：负责拟定房地产评估的规章制度并监督执行；提出房地产评估中介服务机构的资质标准；提出房地产估价专业技术人员资格标准；管理对房地产估价师的考试和发证工作等。1999年，国家质量技术监督局与建设部联合发布并要求实施《中华人民共和国国家标准房地产估价规范》，对评估方法的选取和应用做出了较详细的规定。

1994年成立房地产估价师的全国性行业组织——中国房地产估价师学会（现改名为中国房地产估价师与房地产经纪人学会），隶属于国家建设部，下设5个专门工作委员会，分别为：考试注册委员会、教育培训委员会、学术委员会、国际交流委员会、估价标准委员会。它的主要职能是负责制定并执行专业守则和估价标准；协助政府主管部门进行房地产估价师的考试、注册等方面的管理工作；组织房地产估价专业培训；指导高等院校房地产专业的课程设置，开展与国外房地产评估机构及专业组织的合作与交流等等。在管理体制方面，我国与美国等国家的做法不同，美国等国主要对评估人员进行管理，而我国既有房地产估价人员注册制度，也有房地产估价机构管理制度。我国房地产评估机构主要有独资、一般合伙制、有限责任制公司、有限责任合伙制等四种组织形式。评估业务只能由房地产评估机构承接，房地产评估师不能单独承接业务，因此我国也不存在独资形式的房地产估价机构。

二、注册土地评估师体系

土地评估师体系是随着改革开放以来，我国城镇土地使用制度的改革和土地进入市场进行转让交易，对土地估价中介服务业务提出了客观需要出现的。特别是1986年《土地管理法》颁布后，土地估价中介服务有了更快的发展。随着市场化改革的进展，对原为划拨土地的存量建设用地，需要通过市场机制进行重新配置；国有企业改革和战略性结构调整中土地资产需要重新盘活；农用地市场开始形成，农村集体建设用地市场已经发育；各级政府逐步提高了土地出让过程中的招标、拍卖比例等等。这些市场化取向的改革都对土地估价中介服务提出了更多的市场需求，客观上要求土地评估中介服务业务的拓展。

土地评估中介服务的主管部门为国家国土资源部。为适应市场上的客观要求，1993年，原国家土地管理局制定了《土地估价师资格考试暂行办法》，规定对土地估价资格实行全国统一考试。到目前为止已进行了5次考试，全国已有12000多人取得了土地估价师资格。1994年成立土地估价的全国性行业组织——中国土地估价师协会。

地产评估机构脱钩改制是深化地产评估体制改革的重大举措，是我国地产评估业的一场革命。在此之前，由于地产评估服务具有收益性及利益的驱动，对这一市场和业务行使行政管理或施加影响的行政职能部门很多，多个部门在对地产评估市场和业务的管理上各行其是，无法形成统一的法律法规、管理制度，把完整的地产评估市场和业务管理分割成条条块块，使得评估机构和执业人员无所适从。另外，地产评估机构和地产评估行为带有很浓的行政色彩，依附于行政管理部门，存在行业垄断；地产评估立项、估价、审核、确认行政一条龙，难以遵循委托平等自愿，评估公平、公正、公开的原则，不利于评估人员业务素质和评估量的提高。另外，评估机构内部组织机构不规范，评估业务水平参差不齐。由于我国地产估价师系列设置单一，没有资深或高级土地估价师和房产、水电、设备等配套专业的估价师，使估价人员的业务层次和素质不能适应复杂的地产评估业务的要求。

通过脱钩改制，从体制上彻底切断与挂靠部门的财务、人事、名称和管理等方面的联系，能在制度上保证其按照市场规律和国家政策，行使独立、客观、公正的市场中介职责，承担行为责任，为地产评估业的发展和规范创造更加有利的环境。改制后，土地估价师独立承担法律责任，成为自主经营、自担风险、自我约束、自我发展的社会中介组织，这必将对地产评估业的发展产生深远的影响。

三、注册资产评估师体系

改革开放以来，产权交易行为日益增多，中外合资、股份制改造、企业联合、兼并、破产、租赁、承包、抵押等经济行为都要求对资产有一个公正的评价。在各类产权变动行为迅速增长、科学计量资产价值的迫切需要下，资产评估行业应运而生，在20世纪80年代末，为优化国有资产管理，资产评估成为新兴行业登上了我国的经济舞台，先后在吉林、上海、深圳、武汉等省、市得到了开展。

资产评估中介服务的行政主管部门为财政部。1990年7月，经国家编委正式批准，在国家国有资产管理局正式成立了我国第一个管理全国资产评估行业的机构——资产评估中心，由该中心对全国资产评估进行管理，主要包括：制定评估管理法规、审批评估机构、考核评估人员状况、确认评估项目结果等。1991年11月，国务院发布了对全国资产评估进行管理的最高法令《国有资产管理办法》（国务院第91号令），成为我国资产评估管理的基本法规。1993年12月，成立了中国资产评估协会，为了充分发挥协会行业管理职能，加强资产评估行业管理，国家国有资产管理局资产评估中心进入协会，作为协会的常设办事机构。至此，中国资产评估协会成为对全国资产评估统一管理的行业性自律组织。1995年3月，中国资产评估协会代表中国的评估行业加入了国际资产评估行业组织——国际评估标准委员会，成为该组织的会员。

为加强对资产评估人员的规范管理，1995年5月，人事部和原国家国有资产管理局联合颁发《注册资产评估师执业资格制度暂行规定》及《注册资产评估师执业资格考试实施办法》，国家国有资产管理局正式批准实施注册资产评估师执业资格制度。从此建立了资产评估行业人员执业资格制度。截至1999年9月，全国共计13万余人次报名参加考试，14000余人获得中国注册资产评估师资格。注册资产评估师执业资格制度对于加强资产评估人员的执业准入控制，规范资产评估行业人员管理，提高资产评估人员素质和执业水平，促进我国评估行业的发展，具有重要意义。

第四节 房地产资产管理

物业与资产管理是房地产开发的延续和房地产开发企业新增价值链环节。在房地产企业由房地产开发为主向房地产开发投资并重的转变过程中，物业与资产管理将逐渐发展为房地产企业的另一个核心价值链环节。

单纯的房地产开发业务，极大地制约着房地产企业跨地区经营战略的实施，房地产开发过程的高风险特征，几乎不可能使房地产开发企业成为"百年老店"。从发达国家的经验来看，房地产企业"做实、做大、做稳、做好"的关键，是拓展房地产投资及与之相关的房地产资产管理业务。

因为房地产资产管理业务目前多数由专门的机构承担，所以本书将其归入到房地产中介与服务一章，主要介绍房地产资产管理相关业务的主要内容。

一、房地产资产管理的概念

从开发项目竣工投入使用开始，到对房地产资产进行全寿命周期的管理，是由包括物业管理、设施管理、资产管理和组合投资管理在内的房地产管理人员的责任。虽然房地产管理的上述四个职能之间有一定的冲突和重叠，但都有一个共同的目标，这就是房地产的价值最大化。物业管理、设施管理、资产管理和组合投资管理的关系如图5-3所示。

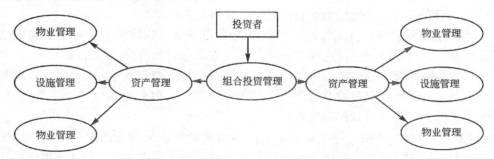

图 5-3 房地产资产管理四个职能之间的关系

二、物业管理

物业管理的核心工作是对房地产资产进行日常的维护与维修，并向入住的客户或业主提供服务,以保障其始终处在正常的运行状态。对于居住物业,物业管理就是房地产资产管理的全部内容,然而,对于收益性物业或大型非房地产公司拥有的自用物业,除物业管理外,还要进行相应的资产管理和组合投资管理。此时的物业管理除进行物业的日常管理外,还要执行资产管理所确定的战略方针,以满足组合投资管理的目标。

物业管理关注的重点是租用建筑物的承租人对其所使用的物业的环境感到满意,并希望继续租用本物业。所以,物业管理中的每一部分工作,都应以满足当前租客的需要并吸引未来的新租客为中心。因此,通常将商业物业管理工作分成以下几个相互联系和影响的方面:

1. 在一宗空置的商业物业寻找合适的承租人之前,物业管理人员首先要清楚地了解物业在当地同类竞争性物业市场中的地位,对物业进行市场定位。

2. 物业管理目标。物业管理目标的制定过程实际是在物业发展目标和物业管理实际工作的各个方面寻找平衡点的过程。尤其是租客管理和财务管理的目标与内容,应与战略性物业管理目标相协调。

3. 租客管理。其目的是为现有的租客在其承租本物业期间提供令其满意的服务,以使现有的租客在其租约期满后能够续租,同时也为物业创造良好的声誉,并以此来吸引新租客,提高物业的市场竞争力、提升物业租金。

4. 租务市场管理。其工作内容包括吸引和发现可能的租客、对租客进行评估筛选并与其进行租约谈判,以最终签订租赁合同。

5. 租赁期间管理。其工作内容包括对租客履行租约义务的情况进行监督、制定有效的租金收取政策、服务费管理、租金调整、续租谈判和租期结束时的管理等工作。

6. 人力资源管理。其工作内容包括聘用合格的工作人员、对员工进行上岗前的培训和尽可能稳定能干、有责任心、有贡献的员工。

7. 建筑物管理。其工作内容包括制定适当的建筑物维修养护标准、建筑物管理办法,对建筑物进行定期检查和公共设施设备的维修养护与管理。

8. 财务管理。业主投资于物业最主要的是要获取投资收益,因此,管理和确保业主的财务收入是物业管理最重要的一项责任。财务管理的主要工作包括:编制预算、处理纳税和保险事宜以及财务档案管理。

9. 经营绩效评估。物业管理企业应经常更新和评估物业的财务状况,以便从中发现物业经营状况好坏的原因,并将分析的结果报告业主,以便采取正确的方法或改变策略来适应未来的市场状况。目前使用的主要经营绩效评估指标包括:预计的租金水平与实际租金水平的比较;预计和实际的物业资本价值的增长;物业的竞争能力与其市场竞争对手的比较;资本回报率即年净收益与物业资本价值的比率；净收益即毛收益减去经营成本；空置水平；服务收费水平；租金拖欠和坏账情况；财务内部收益率；对于机构投资者来说，本物业在其房地产投资组合中的位置。

三、设施管理

设施管理是一种新型房地产服务业务，其主要功能是通过对人和工作的协调，为某一机构创造一个良好的办公环境。设施管理是融合了企业管理、建筑学、行为科学和工程学的交叉学科。人们越来越强烈地认识到，拥有一个管理有序、高效率的办公环境对企业的成功非常重要；新技术、环境意识和对健康的日益关注，也导致了对设施管理专业服务需求的日益增加。

设施管理的传统服务主要集中在设施的运行管理与维护，但目前设施管理专业人员的服务扩展到了为写字楼内的雇员提供一个安全、有效的工作环境。例如，设施管理人员要负责保持写字楼内良好的空气质量，为楼宇更新安全控制系统，为残疾人提供无障碍的通行设施，保证设施符合政府法规和环境、健康、安全标准等。

1. 设施管理的主要内容

（1）房地产的购买和处置，包括选址、购买建筑物、获得所有权、出租、处置等；

（2）建设项目管理，包括采购管理、项目管理等；

（3）空间的规划、分配和管理，包括空间预测、空间控制、空间分配等；

（4）建筑规划和设计，包括建筑设计、工程设计、交通工程设计等；

（5）工作空间的规划、分配和管理，包括工作空间规划设计、设备购买和分配、设备维护等；

（6）建筑物和设备的维护，包括外部维护（屋顶、外墙和门窗）、预防性的维护、细部的维护、周期性的维护、有害物和侵蚀物的控制和处理（如石棉、有害空气）、垃圾的清理、灾祸防御等；

（7）工作场所的安排，包括室内改造、日常用品的安置、传声设备的安装、日常用品的供应等；

（8）安全和人身保障管理，包括保安、工作环境保障、犯罪调查等；

（9）电路、电讯和网络管理，包括运作管理、检测、维护等；

（10）一般的经营服务，包括食品服务、复印服务、邮件和信息服务、交通和车辆管理、卫生服务、绿化管理、采购服务等；

（11）预算和经济评价，包括资本费用、管理费用、运作和维护费用、回收费用的计划、预算和经济评价。

2. 设施管理的作用

由此可见，设施管理已经超越了传统物业管理的概念，大大扩展了它的范畴。设施管理引入和拓宽了费用有效性、生产力提高、高效率性和雇员生活质量等概念。目前在工作环境方面已经出现了很多问题，例如在写字楼里工作的白领发现办公室的空气质量不如人意、室内温度不宜人、办公室里不洁净、没有足够的文件存放空间、计算机经常出问题、没有足够的停车位、工作效率逐渐降低等问题。他们对这些问题极为关心，并渴望得到解决。设施管理的目标就是解决这些矛盾，为雇员提供舒适的工作环境，使雇员的工作效率提高从而带来经济效益。合理的实施设施管理可给公司带来以下的益处：

（1）设备计划与公司计划相一致；

（2）无论何时何地，都可以获得所需的空间；

（3）实现资本支出的计划和控制；

（4）雇员工作效率最大化；

（5）费用最小化，并且能够一直保持对费用的预测。

3. 国外设施管理的相关理论

在国外对设施管理的相关研究中，学者提出了设施管理的一些理论，例如：

（1）将设施管理看作是一种商业职能；

（2）设施管理经理应该集中对公司的雇员们负责；

（3）设施管理经理应该在他所做的每件事中节约费用，从而尽可能地降低成本；

（4）必须有专人对每一项固定资产直接负责，每一项固定资产都应该对之进行寿命周期内的维护；

（5）预算是一项重要的管理手段，设施管理经理应对此付出精力，并监控它的执行，还要按预算来安排设施管理信息系统的优先次序；

（6）设施管理经理应当积极参与到建筑物设计和施工过程中，并提出一些变更的建议，这些建议应该有利于降低成本并提高工作效率；

（7）设施管理经理需要为自己的工作制定详细的计划，并不断进行反馈和调整；

（8）设施管理经理需要和各方建立并维持长期的关系，因为成功的设施管理需要各个方面的合作和参与，包括雇员、供应商、承包商和顾问；

（9）牢记顾客，只有顾客才是设施管理服务的最终目标，设施管理经理必须时刻注意他的顾客是怎样地评价他的服务；

（10）设施管理经理应该对各部门工作的有效性和工作效率进行有规律的调节。

随着设施管理人员服务内容的扩展，从事设施管理工作的专业人员数量不断增加，在美国的许多大学设置了设施管理本科和硕士课程。作为设施管理专业人士的第一个也是最具影响力的国际组织，国际设施管理协会（International Facility Management Association，IFMA）成立于 1980 年，其会员来自世界 67 个国家和地区，成为该协会的会员必须拥有该学会颁发的"注册设施经理（CFM）"资格证书。

四、资产管理

资产管理所涉及的范围比物业管理和设施管理大得多，因此资产管理公司通常聘请若干物业管理公司和设施管理公司为其提供服务。资产管理经理领导物业经理和设施经理，监督考核他们的管理绩效，指导他们制定物业管理、设施管理计划，以满足组合投资管理者对资产价值最大化的要求。

资产管理的工作内容主要包括：制定物业策略计划，进行持有或出售分析，把握物业重新定位的机会、审批主要的费用支出，监控物业运行绩效，根据物业在同类物业竞争市场上的表现管理并评估物业管理公司的工作，协调物业管理公司与租客的关系，定期进行资产的投资分析和运营状况分析。

五、房地产组合投资管理

房地产组合投资管理所涉及的范围就更广，包括确定业主的投资目标，评估资产管理公司的表现，审批资产管理公司提出的物业更新改造计划以保持资产的良好运行状态和市场竞争力，管理资产以实现组合投资收益的最大化，就新购置物业或处置物业做出决策等。

组合投资管理的工作内容主要包括：与投资者沟通并制定组合投资目标和投资准则，制定并执行组合投资策略，设计和调整房地产资产的资本结构，负责策略性资产的配置和衍生工具的应用，监督物业购买、处置、资产管理和再投资决策，评估组合投资绩效、客户报告与进行现金管理。

六、企业房地产管理

公司房地产（Corporate Real Estate，CRE）是指公司（组织）开展核心业务所需要的所有建筑物和土地。公司房地产管理（Corporate Real Estate Management）的目的是调整公司房地产，使之符合企业战略，获得增值。其内容包括所有计划、获取、管理和处置 CRE 的活动，涉及到企业常规管理、资产管理、物业与设施管理和成本控制等方面，是企业管理的一个重要组成部分。

15 年以前，大型企业的管理层通常认为房地产管理在其集团管理功能中并不重要。今天，他们发现其资产负债表中的主要资产是房地产，在竞争日趋激烈的当今世界，对这些固定资产的管理与企业的成功至关重要。房地产的市场价值通常占到企业资产的 25%~40%，房地产对于公司的重要性不仅在于其运行成本和价值预期，还在于其位置、空间格局等，关系到企业运行的绩效和员工的生活质量。

由于办公或生产用房的成本是仅次于员工工资的第二大费用支出，因此在满足企业空间需求的前提下，尽可能降低空间使用成本就成为企业房地产管理的重要工作。在20世纪90年代初期，许多大型跨国公司为降低运行成本付出了巨大努力，这些公司负责房地产管理的部门在这个过程中发挥了关键作用。准确估计公司房地产资产的价值，为在企业资产负债表中恰当地反映房地产资产的价值提供了基础。有效的资产管理提升了上市公司每股净资产的价值，降低了企业持有房地产资产的风险。

企业房地产管理主要包括：决定企业购买房地产时的选址工作，协助租、买物业决策并负责相关的融资工作；与企业领导班子一起，建立能持续管理和监督房地产资产运行的组织架构，并领导建立与此相关的管理信息系统；发现多余或利用率不足的房地产资产并设法使这些资产充分利用起来；代表公司就购买或租赁物业进行谈判；提出拥有或承租物业的选择方案；探讨通过建立合资企业来间接享受拥有房地产资产的好处。

第五节　房地产其他服务

房地产开发经营是一个系统性工程，需要多方主体的参与，如景观设计、规划、建筑专家等，随着房地产的发展，与房地产相关的众多服务业也如雨后春笋般产生。表5-1所列的是房地产开发经营过程中所需要参与方及其所起的作用。

房地产开发经营中的服务参与者　　　　　　表5-1

参与服务者	参与的工作	所起的作用
宏观经济预测专家	1. 项目前分析 2. 可行性研究	a. 确定此时投资是不是时候 b. 选择理想的投资区域 c. 估测商业风险
城市经济观察专家	1. 项目的分析 2. 市场研究 3. 项目定位	a. 选择理想的投资区位 b. 选择合适的项目 c. 明确项目功能定位 d. 明确客户定位 e. 制定规避风险的策略
城市规划专家	1. 城市规划研究 2. 项目筛选	a. 寻找城市规划的增长点 b. 根据增长点筛选项目
房地产行情分析专家	1. 市场调查 2. 市场研究 3. 项目定位 4. 销售策划	a. 制定价格策略 b. 制定竞争策略 c. 制定销售方案

续表

参与服务者	参与的工作	所起的作用
社会观察分析专家	1. 项目前研究 2. 市场调查 3. 市场研究 4. 销售策划	a. 估测非商业风险 b. 制定规避非商业风险策略 c. 进行买方行为分析 d. 制定公关策略
大商场经营策划专家	1. 项目定位 2. 建筑设计要求 3. 物业管理及经营构思	a. 明确项目身份 b. 提出商场环境要求 c. 制定商场推广计划
心理分析专家	1. 建筑设计 2. 要求销售策划 3. 客户心理分析	a. 提供科学的风水意见 b. 进行买方行为分析
财务专家	1. 可行性研究 2. 项目策划	a. 成本核算 b. 销售策划
建筑设计专家	建筑设计要求	a. 建筑设计创意 b. 建筑语言选择
工程管理专家	工程施工监理	a. 建筑工程质量、进度和成本控制以及合同、信息管理和进行协调工作 b. 提供建筑施工技术指导
建筑材料专家	建筑设计要求	a. 建筑设计中建筑材料选择 b. 决定建筑材料采购
公关专家	全过程	处理各种社会关系
物业管理专家	物业管理理念和经营构思	c. 制定物业管理计划 d. 提供技术及经营指导
媒体传播专家	销售策划	制定媒体转播策略
文案高手	全过程	起草和设计所有的文案
律师	合同文本起草及审核	规避法律责任
行政主管	全过程	处理公司日常事务
房展专家	房地产销售	为房地产销售创造与购房者沟通的机会
房地产拍卖专家	房地产销售	以尽可能高的价格销售房地产

下面对部分房地产开发经营过程中所涉及到的服务业务进行简单介绍。

一、房地产拍卖

（一）房地产拍卖的发展

房地产业的巨大魅力，正在吸引着越来越多的行业加入其中。现在，被视为较古老的拍卖业也涉足其中,正在发挥着令人眩目的作用。作为新的买卖住房的交易方式,房地产拍卖越来越受到人们的关注。

从 1987 年开始,拍卖行在广东、上海、北京等地陆续恢复,如雨后春笋般,迅速发展到现在的近千家拍卖企业、三万余从业人员,年成交额近 400 亿元人民币。虽然这在国民经济中所占份额极小,无法与支柱产业相提并论,但其行业影响确是百余年不能比拟的。而这其中,房地产拍卖的份额越来越重,例如 2002 年北京市房地产拍卖场次比上一年增长 20% 以上,拍卖成交额超过 10 亿元,2003 年上海拍卖行业拍卖成交总额达到了 141 亿元,和上世纪末的 1999 年相比,增长了 3 倍,其中房地产拍卖成交额为 57.3 亿元,占总额的 42%,2003 年广东全省房地产拍卖总金额高达 80 多亿元,占广东拍卖业务总金额的七成多。从该数字可以看出,房产已经成了目前拍卖行业的重中之重,而社会也开始逐渐意识到通过拍卖来买房子是个新鲜又划算的新渠道。

(二)房地产拍卖的程序

房地产拍卖的程序一般包括以下步骤:

1. 接受拍卖委托;
2. 拍卖房地产标的的调查与确认;
3. 接受委托、签订委托拍卖合同书;
4. 房地产拍卖底价确定;
5. 发布拍卖公告,组织接待竞买人;
6. 现场拍卖;
7. 产权过户。

(三)房地产拍卖需要注意的问题

房地产拍卖属特殊商品的拍卖,它较之其他商品的拍卖有一些特殊性。房地产拍卖是一项专业性和法律性都很强的业务,它涉及到国家有关房地产的法律、法规;涉及国家各行政管理部门的协调;涉及到房地产标的的产权证件、政府各项批文、市场价值、产权过户等诸多因素。在房地产拍卖的整个过程中需要做大量而复杂的工作。按照合理的拍卖程序,认真做好房地产拍卖的各项工作,对实现房地产拍卖,完成房地产最后的产权过户具有重要意义。

1. 拍卖公司要调查拍卖标的的权属,同时要分析标的,提高拍卖成功率

由于房地产从立项、规划、设计、抵押、建设到确权、预售登记、转让、过户等,环节众多,涉及部门多,相关关系人多,极易产生各种纠纷。对于法人、自然人委托拍卖的房产,拍卖公司应该对委托人提供的产权证明尽快到房地产管理部门进行查证、核实,查清拍卖标的是否具备齐全的手续和明晰的产权。同时还要对拍卖标的进行现场勘察,了解标的的基本状况、周边环境特点等。对于执

法机关委托拍卖的抵押、抵债物，有些由于涉案的被执行人不配合，大多标的的资料不完善甚至不提供，拍卖公司更要慎重查证有关资料。

2. 合理确定房地产的拍卖底价和起拍价

对于强制拍卖的房地产一般都是由执法机关委托专门的评估机构进行评估，评估价是确定拍卖底价即保留价的依据。当拍卖公司经现场勘察后根据房地产市场情况及积累的经验对评估结果有疑义时，可向委托方提出并建议重新进行评估。保留价在评估价的基础上打一定的折扣来确定。对于产权所有者委托的一般拍卖，一般由委托方提出拍卖的保留价，但拍卖公司可根据掌握的市场情况及经验给委托方提出一个价格参考。

确定科学、合理的拍卖底价和起拍价对成功拍卖起着重大作用。起拍价定的太高，无异于门槛太高，把一些想参加竞买的人挡在了门外，使得拍卖会场竞拍者过少，场面气氛冷清；起拍价定的太低，有失严肃，拍不好会损害委托人的利益。拍卖公司应在认真分析、研究影响拍卖价格的一般因素、环境因素及市场等因素后，与委托方商议、确定起拍价。

3. 房地产拍卖的拍卖公告期应当延长

根据《中华人民共和国拍卖法》之规定：拍卖人应当于拍卖日 7 日前发布拍卖公告。这一规定是相对于一般的拍品而言，而房地产的拍卖公告期要长一些。要根据拍卖房地产的规模大小确定拍卖公告期。对于一般房产的拍卖，拍卖公告期至少应在两星期以上；对于规模大一些的房产、土地使用权及在建工程等，拍卖公告期应在一个月以上。这是因为：第一，由房产位置的固定性和不可移动性决定的。方便要参与竞买的竞买人有充足的时间了解标的的有关情况，了解标的的规划状况、市场配套设施、教育及商业服务设施的配置等，考虑买后的用途及判断是否有升值潜力以便作出决策。第二、拍卖的目的就是快速变现。而房地产的拍卖不同于一般普通商品的拍卖，它往往需要的资金量比较大，少则几十万元，多则成千上亿元，因此无论是对自然人来说，还是法人来说，每一位竞买人都要有充分的时间考虑自己的资金实力，在相对短的时间内筹措到购买资金。第三、房地产拍卖公告期适当长一些，给欲参与竞买的竞买人充分的时间对房地产市场状况调查了解，这样有利于拍卖公司的招商工作，使更多的自然人或法人单位参与竞买。

4. 对大型的房地产拍卖项目竞买登记时要严把资信审核关

大型的房地产项目拍卖要求买受人有相当的资金实力。竞买登记时，拍卖公司除对欲参与竞买的人或单位提供的营业执照、法人代表证明等材料认真审验外，还必须要求参与竞买者提供银行出具的资信证明，这种资信证明必须是银行出具的标准文本资信证明，而不是人工写出的加盖银行公章的资信证明，并将竞买者提供的资料经委托方认可后，方才具备竞买人资格。不能只为了多凑几个竞买人而放松了对资信证明的审核，以减少拍卖成交后买受人不能如期交付拍卖价款的后患。如 2002 年某公司拍卖的起拍价 1.4 亿元的"万福海大厦"商业办公楼在建工程项目，因该项目地理位置及价格等因素，吸引了不少欲参加的竞买者，该公司和委托方共同认真严把资信审核关，虽然少了几个竞买人，但由于在整个拍卖过程中认真做了大量细致的工作，该标的最终以 2.3 亿元成交，高出起拍价 9000 万元，创造了当年拍卖标的增幅之最，而最终的买受人由于自身具备相当的实力及很强的融资能力，很快在委托方规定的时间内将成交价款付清。

5. 提供完善的售后服务工作，树立企业形象

拍卖结束后，拍卖公司还应向买受人提供完善的售后服务工作。它包括协助买受人办理拍卖标的的产权过户手续，这有利于树立拍卖公司的良好形象，有利于拍卖公司营造良好的声誉。

二、房地产包销

房地产包销与前面所述的房地产经纪有所不同。房地产经纪活动目前只包括房地产居间和房地产代理两种形式，但房地产包销形式有点类似于行纪的特点。所谓行纪，是行纪人受他人委托，以自己的名义代他人购物、从事贸易活动或寄售物品，并取得报酬的法律行为。房地产包销是指一定的机构收购开发商的空置商品房，在未将产权过户到自己名下的情况下，以自己的名义向市场销售。其主要特点是房地产经纪机构与出售房地产的业主自愿达成了一个协议，房地产经纪机构按双方约定的价格向业主支付房款，房地产中介机构可以自行决定标的房地产的市场出售价格。与行纪的区别是，有时房地产中介机构并不以自己的名义向市场出售。目前，对此行为是否真正属于行纪行为，以及其合法性问题，尚有很多争论，但是可以肯定的是，这种行为与房地产居间、代理已有本质区别。

三、工程建设监理

建设工程项目管理简称建设监理，国外统称工程咨询，是建设工程项目实施过程中一种科学的管理方法。它把建设工程项目的管理纳入社会化、法制化的轨道，做到高效、严格、科学、经济。建设监理盛行于西方发达国家，目前已形成国际惯例。

建设监理是建设前期的工程咨询、建设实施阶段的招标投标、勘察设计、施工验收、直至建设后期的运转保修在内的各个阶段的管理与监督。符合规定条件而经批准成立、取得资格证书和营业执照的监理单位，受业主委托依据国家法律、法规、规范批准的设计文件和合同条款，对工程建设实施监理。业主可以委托一个单位监理，也可同时委托几个单位监理，监理范围可以是工程建设的全过程监理，也可以是阶段监理，即项目决策阶段的监理和项目实施阶段的监理。

四、房地产其他类服务

为适应房地产市场发展的需要,房地产中介和服务机构必须有创新和创新精神,结合房地产市场发展,开拓新的服务领域和新的服务方式,扩展自己的业务范围和经营范围。下面列举了近几年来房地产中介服务市场开展的一些新的业务。

(一)房地产代办

房地产代办包括房地产权属登记备案代办和房地产抵押贷款手续代办等业务。

房地产权属登记是保障房地产权利人合法权益的基本手段。由于许多权利人并不了解房地产权属登记过程中所需要的各种前提条件和需要准备的资料以及应遵循程序,因此人们常常委托房地产服务机构代为办理,而且,房地产中介服务机构可以将自己所承揽的多笔代办业务集中办理,降低每笔登记所耗费的时间和精力。

由于以房地产作抵押取得金融机构贷款的担保,是房地产开发和购买活动中通行的作法,房地产中介服务机构将在这方面开展业务。

(二)房展会

房展会是沟通房地产开发商和购房者之间的重要桥梁,也是房地产开发行业内部交流的重要渠道。一些房地产服务机构,如房地产媒体、房地产广告公司、模型制作公司、中介机构等为了宣传的需要和承揽业务,也在房展会上承租展台。房地产中介服务机构策划组织房地产交易展示会,邀请其他房地产开发、消费者等参加房地产营销活动也变得有利可图,所以房展会近几年来随着房地产开发交易的火爆而发展得相当快。例如著名的北京四季房展会,以房地产展示交易会作为平台,通过展会前后的延伸服务,已经在北京乃至全国房地产界产生了一定的影响。

(三)房地产公关活动服务

随着房地产开发企业竞争越来越激烈,房地产公关正越来越受到人的重视,目前有部分企业自己成立了公共关系部或有相应的部门承揽公关职能,但也有专门的房地产公关公司,由于拥有专业化策划及全案操作水准,正活跃在房地产公关活动现场和幕后,这些活动涉及开盘、封顶、促销以及各种节假日的嘉年华,如北京市场上的较有名的赛博方舟公关顾问公司、启明东方传播机构等。

第六章 房地产估价

第一节 概　述

随着经济体制改革的深化和对外开放政策的实行，房地产估价行业在我国已经逐步发展成为社会主义市场经济中不可缺少的组成部分。

一、房地产估价的概念

尽管在现实的房地产交易中，房地产的成交价格容易受交易者个别行为或动机、偏好等的影响，但是从某种意义上讲，房地产价格是客观存在的，是不以个别人的主观意志为转移的。因此，专业意义上的房地产估价（real estate appraisal 或 property valuation），是指由专业的估价人员根据特定的估价目的，遵循估价原则，按照一定的估价程序，选用适宜的估价方法，并在综合分析影响房地产价格因素的基础上，对估价对象在某一估价时点的客观合理价格或价值进行估算和判定的一种活动。

（一）相关关键术语

1. 专业估价人员

专业估价人员是指经房地产估价人员资格考试合格，由有关主管部门审定注册并取得职业资格证书后，专门从事房地产估价的人员。在我国，根据其从业经验和所通过的考试级别的不同，分为估价师和估价员。根据估价师从业领域的不同，分为房地产估价师、土地估价师和资产评估师。国家对这三类专业估价人员均实行资格认证制度。英国和香港等地的房地产估价师称为测量师，日本和韩国则被称为不动产鉴定士。

专业的估价人员须符合下列3条要求：

（1）掌握扎实的估价理论知识。包括房地产估价理论和方法及相关的房地产制度政策、开发经营、经济、建筑、城市规划、法律等方面的知识。

（2）有丰富的估价实践经验。

（3）有良好的职业道德修养。专业估价人员应遵循的职业道德包括：不得作任何虚伪的估价；保持估价的独立性，回避与自己、亲属及其他利害关系人有关的估价业务；如果遇到由于自己专业能力有限，难以评估出某房地产的客观合理价格或价值时，原则上不应接受该项估价委托。但如确有必要接受委托的，应至少聘请两人以上的专家参加，并在估价报告中予以说明；应妥善保管委托方的文件资料，未经委托方书面许可，不得擅自公开或泄漏给他人，特别是涉及到国家机密的，应按国家的有关保密规定执行；不得将资格证书转借他人或允许他人使用自己的名义，不得在非自己估价的估价报告上以估价者身份签名、盖章等。

为了达到上述要求，建设部根据《中华人民共和国房地产管理法》和有关法律、法规的规定，于1998年8月颁布了《房地产估价师注册管理办法》，自1998年9月1日起执行。该办法对房地产估价师的考试制度、初始注册、注册变更、续注册、撤销注册、执业、权利与义务、法律等作出了具体规定。

2. 估价目的

估价目的是指一个具体估价项目的估价结果的期望用途，即估价是为了满足何种涉及房地产的经济活动或何种政府行为、民事行为的需要。或者说，完成后的估价报告拿去做什么用。不同的估价目的将影响估价结果。特定的估价目的要求特定的价格类型和价格构成。因此，同一估价对象，估价目的不同，估价依据以及采用的价值标准会有所不同，评估出的客观合理价格或价值也可能有所不同。

在我国社会主义市场经济条件下，房地产估价目的主要有：

（1）各类房地产市场行为（包括房地产买卖价格评估、转让价格评估、租赁价格评估、抵押价格评估、典当价格评估、保险投保价格评估和赔偿价格评估等）；

（2）企业经营和产权变动（包括企业合资、合并、合作、兼并、分立、买卖、租赁经营、承包经营、改制、上市、破产清算等行为中涉及到的房地产价格评估）；

（3）土地与房地产管理涉及到的房地产估价（包括土地使用权出让价格评估、征地、课税估价和房屋拆迁补偿估价等）；

（4）涉案或纠纷中的房地产价格复核或鉴定及房地产拍卖底价评估等；

（5）其他目的，如继承、赠与、可行性研究等行为涉及到的房地产价格估价。

估价目的也限制了估价报告的用途，特定的估价目的下得出的估价结果，不能盲目地套用于其他用途。

3. 估价原则

是指人们在对房地产价格形成和运动的客观规律认识的基础上，总结出的在房地产估价实务活动中应当遵循的标准或注意的事项。规定估价原则的目的是为了确保不同的估价人员在遵循一定的估价程序，采用适宜的估价方法和正确的处理方式的前提下，尽量减少估价误差，对同一个估价对象能得出一致性的估价结果。

4. 估价程序

是指房地产估价全过程中，按照各项具体工作的内在联系排列出的先后进行的次序。即评估一宗房地产价格时，应当先做什么，后做什么。房地产估价是一项较为复杂的活动，规定一定的估价程序是为了实现房地产估价的规范化，避免不必要的反复和浪费，确保在一定的时间内高质量地完成估价作业。

5. 估价方法

根据估价目的和估价对象的不同，可以选用不同的估价方法。估价人员通常应当熟练掌握房地产估价的三大基本方法（市场比较法、成本法和收益法）和假设开发法、基准地价修正法及这些方法的综合运用。由于每种估价方法本身都具有一定的局限性，同时估价过程中采用的各种数据资料具有一定的不确定性，这样采用任何一种方法都难以确保完全准确地反映估价对象客观合理的价格或价值，因此，对同一估价对象应当选用两种以上的方法进行估价，有助于消除不确定性对估价结果准确性的影响。

6. 影响房地产价格的因素

房地产价格是多种影响因素综合作用的结果。估价人员必须熟知各种影响房地产价格的因素，以及它们是如何并且在何种程度上对房地产价格产生影响。

7. 估价对象

是指一个具体估价项目中需要估价的房地产。在估价实务中，估价对象的物质实体可能是房地合一的状态，也可能只是其中某一部分如单纯的土地、建筑物、构筑物、附属设施或者在建工程等。

8. 估价时点

是估价结果对应的具体日期，即在该日期上估价对象才与该估价结果对应。一般用公历的年、月、日表示。估价时点不是随意给定的，也不同于估价作业日期。是由委托方提出，经由估价人员根据估价目的来确定的。

9. 客观合理价格或价值

是指估价对象在某估价目的特定条件下形成的能够为当事人或社会一般人所信服和接受的正常价格。房地产估价不同于定价，是对客观合理价格或价值的估算和判定。

（二）房地产估价的特点

1. 房地产估价具有客观性和科学性

房地产估价人员在长期的实践和理论探索中，总结出了房地产价格形成与变化的基本规律，建立了房地产估价的基本理论，在此基础上，形成了一整套系统而严谨的估价方法及估价步骤，使房地产估价行为有章可循。另外，估价过程中还涉及到规划、建筑、结构、概预算、法律及宏观经济等方面的理论和知识。因此，房地产估价是估价人员通过科学的评估活动把房地产的客观实在价值反映出来，具有很强的客观性和科学性。

2. 房地产估价的艺术性和技巧性

由于房地产价格影响因素繁多而复杂，不能简单地套用数学公式进行计算。所以估价过程中，既要遵循一定的估价理论和方法，又不能完全拘泥于其中。这不仅要求估价人员具有丰富的经验，还要求估价人员具有较强的推理和判断能力，能够准确分析和预测房地产价格变化的趋势，进行合理地判断。房地产估价的技巧性既体现在如何准确核实估价对象的权利状态、确定选取各项参数及尽快撰写估价报告等过程中，又体现在如何保证评估结果的权威性等方面。

3. 房地产估价具有一定的综合性

房地产估价活动较为复杂，它要求估价人员不仅熟练掌握估价理论和方法，还应掌握房地产投资经营与管理、城市规划、建筑结构、概预算、法律、经济等方面的知识，同时应当熟悉各项相关制度与政策。另外，评估过程涉及到有形资产和无形资产的多个方面。并且有的时候需要估价师、结构工程师、建筑师、规划师等协同作业。

（三）房地产估价的必要性

1. 理论上的必要性。

从理论上来讲，由于房地产市场是不完全市场，而且房地产产品具有非匀质性，其价格的形成又较为复杂，因而其价格判断要求由专业的估价人员，根据专门的知识和经验进行。

2. 建立社会主义市场经济体制的需要。

房地产价格特别是其中的地价，在社会主义价格体系中处于十分重要的地位。一切产品的生产都直接或间接地使用土地及其定着物这一基本生产要素，这些产品的价格也都包含着土地价格以及地上建筑物的价格。如果房地产价格不合理，就会影响几乎所有产品价格的合理形成，导致价格体系的不完善或者不合理，进而影响社会主义市场经济体系的建立。

3. 提供价格参考依据，规范和促进各类涉及房地产的经济行为的需要。

目前，无论是土地使用权出让，还是房地产转让（包括买卖、交换、赠与、抵债等）、租赁、抵押、典当、保险、课税、征用拆迁补偿、损害赔偿、分割、合并、纠纷解决，以及企业合资、合作、联营、股份制改组、上市、合并、兼并、分立、买卖、破产清算，还有房地产复核估价等，都需要由房地产估价为其提供价格的参考依据。房地产估价也是房地产开发经营全过程中一项必不可少的基础性工作。

4. 政府加强对房地产业管理的需要。在市场经济体制下，政府部门进行房地产管理的时候不仅要确定资产的数量，更重要的是搞清楚这些房地产的价值量。此外，通过房地产估价活动，还可为政府对相关市场进行引导和管理提供价格依据。

二、房地产估价原则

房地产估价原则是对房地产价格形成及其变化规律的客观认识和科学总结，是房地产估价实务中必须遵循的基本准则。房地产估价的最高原则是独立、客观、公正，在具体估价时主要应遵循：合法原则、最高最佳使用原则、替代原则、估价时点原则、公平原则、预期收益原则等。

（一）合法原则

房地产估价的合法原则是指房地产估价应以估价对象的合法权益，即合法产权、合法使用、合法处分为前提来进行，应符合国家的法律、法规和相关政策以及当地政府的规定。这是房地产估价的首要原则。

1. 应以房地产权属证书和有关证件为依据，判明估价对象产权状况是否为合法产权。

房地产交易中流转的主要是各项产权。因此房地产估价时必须结合估价对象房地产的权属证书和有关证件，判明其产权状况。现行的房地产权属证书主要有：《房屋所有权证》、《房屋共有权证》、《房屋他项权证》，土地权属证书有《国有土地使用证》、《集体土地所有证》、《集体土地使用证》、《土地他项权利证明书》。房产管理和土地管理工作由统一的部门负责时，可以制作、颁发统一的房地产权证，主要有：《房地产权证》、《房地产共有权证》、《房地产他项权证》。如果无法确认估价对象产权的合法性，必须在估价报告中说明估价过程和结论在估价对象具有合法产权的假定前提下有效。

2. 应以城市规划、土地用途管制中的相关规定为依据，确认估价对象是否处于合法使用状态下。

房地产利用过程中必须符合城市规划、土地用途管制等政府法律、法规的强制性规定，比如，城市规划规定了土地的用途、容积率、建筑高度等，因而房地产估价就必须考虑这些限制，并在限制的范围内进行。在采用假设开发法设定估价对象未来用途时，也必须保证该用途的合法性。

3. 以法律法规或合同允许的处分方式为依据，确认估价对象房地产的交易或处分方式是否合法。常见的处分方式主要有买卖、租赁、抵押、典当、抵债、赠与等。

（二）最高最佳使用原则

最高最佳使用原则，也即最有效使用原则，它要求房地产估价在合法的前提下，以估价对象的最高最佳使用为前提进行。

由于房地产用途具有多样性，房地产评估时，应当在法律法规等许可范围内，在可以得到房屋建筑工程等方面的技术支持的前提下，选择经济上可行的能够为使用者带来最大效益的用途作为评估设定用途。比如，城市中心商服繁华地段有一房地产，规划用途为商服业用途，由于历史原因，目前为工业用途或生活服务设施，效益明显偏低，其现状用途显然未能最大限度发挥房地产效用。估价时，不应以该现状用途为估价依据，而应以可能的最优用途（商服业）进行估价。又如，城市中的某一块空地，尽管目前的收益为零，甚至为负（如支付必要的管理费用），但并不意味着该宗土地没有价格，只是它目前尚未处于最高最佳使用状态。估价时，也应根据规划要求，设定最佳用途作为估价用途。在选择和判断最高最佳使用方式时，可以根据均衡原理、适合原理和收益递增递减原理来确定其最佳使用用途、最佳规模、最佳集约度。

如果估价对象已经做了某种使用，在估价时应根据最高最佳使用原则对估价前提做下列之一的判断和选择，并应在估价报告中予以说明：

1. 保持现状前提。当估价人员认为保持现状、继续使用最为有利时，应以保持现状、继续使用为前提进行估价。

2. 转换用途前提。当估价人员认为转换用途再予以使用最为有利时，应以转换用途后再予以使用为前提进行估价。

3. 装修改造前提。当估价人员认为装修改造但不转换用途再予以使用最为有利时，应以装修改造但不转换用途再予以使用为前提进行估价。

4. 重新利用前提。当估价人员认为拆除现有建筑物再予以利用最为有利时，应以拆除现有建筑物后再予以利用为前提进行估价。

5. 上述前提组合。最常见的是第三种转换用途与第二种装修改造的组合。或者可以根据情况设定估价对象房地产的一部分保持现状继续使用，另一部分装修改造后但不转换用途再予以使用为估价前提。

（三）替代原则

替代原则要求估价结果不得明显偏离类似房地产在同等条件下的正常价格。其中类似房地产是指与估价对象处于同一供求范围内，并在用途、规模、档次、建筑结构等方面与估价对象相同或相近的房地产。同一供求范围是指与估价对象具有替代关系，价格会相互影响的房地产所处的区域范围。

任何理性的经济主体在市场上的行为，都是要以最小的代价取得最大的效益。如果有两个以上相同的商品同时存在，明智的买者会选择价格最低的；如果有两个以上价格相同的商品同时存在，明智的买者会选择效用最大的。在房地产交易的过程中也同样遵循这一规律。尽管房地产具有独一无二性，但在同一市场上具有相近效用的房地产的价格也是相近的。在现实的房地产交易中，任何理性的买者和卖者都会将其拟交易的房地产与类似房地产进行比较，这样在市场的引导下，最终是类似房地产价格相互牵掣，相互接近。

因此在房地产估价时，如果估价对象房地产附近有若干相近效用的已经发生交易的房地产，可将估价对象与这些已交易的类似的房地产进行比较，对其中差别进行适当修正，就可得到在公开市场上最可能形成或者成立的估价对象的客观合理价格或价值。所以替代原则是市场比较法的理论基础，也是成本法可以成立的依据之一，与收益法也有着密切的关系。替代原则反映了房地产估价的基本原理和最一般的估价过程。

（四）估价时点原则

估价时点原则，要求估价人员根据估价目的确定估价时点，而房地产估价结果应是在该估价时点时的客观合理价格或价值，二者之间一一对应。该原则强调的是估价结论具有很强的时间相关性和时效性。确认估价时点的目的是确定责任交待的界限和评估房地产时值的界限。

房地产估价过程中必须遵循该原则，主要在于：

首先影响房地产价格的因素不断发生变化，房地产市场也是不断变化的，因而房地产价格具有很强的时间性；其次房地产交易是涉及众多法律、法规的权益性交易，法律法规或政策的颁布、修订、实施和权益的确认、登记和过户等都有着明显的时间界限；另外，各估价方法估算的过程也与估价时点紧密相连，比如折旧的估算必须考虑时间界限，不同时点上发生的现金流量对其价值影响也是不同的等等。这些都决定了房地产估价通常仅是求取估价对象在某个特定时间上的价格，即估价时点上的价格。而且这个特定时间必须依据估价目的来确定，非主观随意确定。

不同估价目的下，估价时点可能在过去、现在、未来的某一个时间点上，并非总是与估价作业日期相一致。一般按委托方的要求来确定，如果委托方无特殊要求，可选现场查勘日期为估价时点。

（五）公平原则

公平原则要求房地产估价人员必须站在中立的立场上，客观地评估出一个对各方当事人来说都公平合理的价值。

房地产估价的目标就是要求得一个各方都能够接受的客观合理的价格或价值，倘若评估结果不公平、不合理，很可能使得当事人蒙受损失，也损害了房地产估价工作的声誉，削弱了估价的权威性。因此估价人员必须遵守公平原则，不为私利驱动，不受私念影响。

（六）预期收益原则

预期收益原则要求房地产估价人员在进行价格评估时，更看重该房地产过去的因素，而非未来的因素。

房地产的价值通常不是基于其历史价格、生产它所投入的成本或过去的市场状况，而是基于市场参与者对其未来所能获取的收益或得到的满足、乐趣等的预期。过去收益的重要意义在于为推测未来的收益变化动向提供依据。这就要求估价人员必须了解过去的收益状况并对房地产市场现状、发展趋势、政治经济形式及政策规定对房地产市场的影响进行细致分析和预测，以准确预测估价对象现在以及未来能给权利人带来的利润总和，即收益价格。

三、房地产估价程序

房地产估价是一项比较复杂的专业工作，一套科学严谨的估价工作程序，对于提高估价工作的效率和质量具有相当重要的意义。

（一）获取估价业务

在市场经济条件下，不断地获取估价业务，对房地产估价机构的生存和发展是非常重要的。获取估价业务的途径主要有被动接受和主动获取两类：

1. 被动接受

主要是指坐等委托估价方上门寻求估价服务的方式。委托估价方可以是待估房地产的所有者或使用者，也可以不是。部分机构可能凭借其优质的服务和过硬的评估技术在市场竞争中树立良好的企业品牌，对于这类评估机构，即使不主动寻找业务，也会有许多委托方上门要求服务。另外，在市场发育不全的情况下，某些机构可能凭借其与管理部门的特殊关系，在行业内居于一定的垄断地位，也较容易获取估价业务。

2. 主动获取

主要是指估价机构或估价人员主动到市场中承揽估价业务。在市场竞争比较激烈，房地产估价机构数量较多的情况下，对于尚未确立信誉和特色的估价机构，必须主动走出门去争取业务。

（二）明确估价基本事项，签订估价合同

无论从何种途径获取业务，估价机构都应与委托估价方协商并明确估价基本事项，并签订合同。

1. 明确估价基本事项：

（1）明确估价目的

不同的估价目的形成不同的价格类型，也决定了估价的依据，是基本事项中首先需要明确的。估价目的一般应由委托人提出，但在实务中可能需要估价人员提出，并通过委托方的认可。

（2）明确估价对象

即估价机构应从委托方提交的资料中或通过询问委托方等方式明确待估对象的基本情况，包括估价对象的区位状况、物质实体状况和权益状况。

（3）明确估价时点

估价时点不是由委托方或估价人员任意假定的，估价人员应根据估价目的，与委托方协商确定。估计时点通常情况下要具体到日。在同样的条件下，估价时点越具体，要求的估价精度越高，难度也越大。

（4）明确估价作业日期

估价作业日期的确定意味着估价报告书交付日期的确定。一般情况下，估价报告交付日期由委托方提出。估价人员应充分考虑估价业务的难度，为估价业务留出足够的时间，如有必要应与委托方商议。

2. 签订书面委托估价合同正式受理估价业务

明确基本事项后，双方可签订委托估价合同或协议，以书面形式约定双方的权利和义务。委托估价合同的内容一般包括：（1）签约双方（包括名称或者姓名、企业法定代表人和住所等）；（2）估价目的；（3）估价对象；（4）估价时点；（5）估价报告交付日期；（6）估价服务费用及其支付方式；（7）委托人应提供的资料及对提供资料的真实性、合法性的承诺；（8）双方违约责任和解决争议的方法；（9）双方认为需要约定的其他事项。

（三）拟定估价作业计划

为提高估价工作效率，应预先拟定合理的作业计划。主要包括：

1. 估价技术路线和估价方法

房地产估价的技术路线是指导整个房地产估价过程的技术思路，是估价人员对估价对象房地产的价格形成过程的认识。估价人员确定房地产估价技术路线之前，应充分地认识估价对象房地产本身，并且对交易各方的情况和交易过程有充分的了解。在确定房地产估价技术路线时，首先要明确估价对象的价格内涵，其次要确定其价格形成的过程，然后根据这些再确定估价的测算过程和需要采用的估价方法。

由于不同估价方法所需的资料不完全相同，为了避免后续工作中出现不必要的重复劳动，确定估价技术路线时，应该初步选择估价方法。房地产估价方法本身也反映了人们对房地产价格形成过程的认识，可以说，每种房地产估价方法都体现了一种技术路线。同一个估价对象，采用不同的估价方法，实际上是在模拟不同的价格形成过程，体现的是不同的估价技术路线。不同的方法从不同的角度来衡量价值，从而使估价结果更为客观合理，所以对同一估价对象，宜选用两种以上的估价方法进行估价。

一些简单明确的房地产估价往往比较容易确定估价技术路线，确定估价技术路线的过程也通常可以简化为选择确定估价方法。而一些比较复杂的房地产估价则要先明确价格内涵、价格形成过程，再据此确定技术路线。

2. 根据拟定的估价技术路线和初步选择的估价方法，确定需要调查搜集的资料及渠道

估价材料是应用估价方法、撰写估价报告的依据。

（1）搜集估价材料的渠道主要有：①委托估价方；②实地勘察；③政府有关部门；④房地产交易市场及有关中介机构；⑤有关当事人；⑥专业性刊物。

（2）对于具体的房地产估价项目，如果拟采用的估价方法不同，其所需的估价资料也不完全相同。因此，有些材料是共性的，有些则有所侧重。

其中共性材料主要有：①对房地产价格有普遍影响的资料，主要包括：统计资料、法律法规资料、社会经济资料、城市规划资料等；②对估价对象所在地区的房地产价格有影响的资料，主要包括：市场交易资料、交通条件资料、基础设施资料、建筑物造价资料、环境质量资料等；③估价对象状况的资料，特别是各项权证资料如土地使用权证（包括宗地图）、房屋所有权证（包括房屋平面图）、他项权利登记、建设工程许可证、商品房买卖许可证等。

有侧重性的资料主要包括：

①拟采用市场比较法时应专门搜集比较案例的情况资料，比如交易价格、交易时间、交易情况、比较案例的各项区域因素资料和微观因素资料等。对于不同的房地产类型，其所关注的重点也是不同的。如商业房地产更为关注商服繁华程度，住宅房地产主要关注基础设施和公用设施配套情况、环境状况、交通条件等方面，而工业性房地产则主要关注交通状况、动力供应、积聚规模等。

②拟用收益法时应专门搜集与类似房地产的收益、成本等相关的资料，比如估价时点前三年的，类似房地产市场租金、空置率水平资料；估价时点前三年的，类似房地产平均经营收益水平、经营成本与费用资料；待估房地产所在地区一年期存贷款利率、同行业及相关行业平均收益率与风险水平、同类物业租售比率等资料。

③拟用成本法时应注意搜集与成本、利润、税费相关的资料，比如同一供需圈内的地价资料；前期工程费用资料；市政公共设施建设费用资料；建筑安装工程费用资料；建筑物及设备折旧或成新度评定标准资料；与房地产投资相关的贷款利率、利润、税费资料等。

④拟用假设开发法时注意搜集有关房地产建设项目的批准文件资料，如土地使用权出让合同、建设用地规划许可证、建设工程规划许可证、施工许可证等；

有关建设用地规划资料，包括土地面积、用途、使用年期、建筑密度、容积率、绿地率等；有关建筑设计资料，包括建筑面积、结构、类型、高度、层数、外观、设备、装修、建设工期等；有关建筑造价资料，包括土地取得成本、前期工程费用、市政公共设施建设费用、建筑安装工程费用、利润率、税金、分年度投资计划等；类似房地产的市场交易价格、租金水平、空置率资料；所在地区贷款利率、销售费用等资料。

3. 预计所需的人力、物力、时间、经费

根据评估任务的大小、性质、评估难易程度、本机构估价人员的专长和经费状况，可以确定应投入多少人力、物力、经费及如何进行分工安排。

4. 作业步骤和作业进度

通过拟定估价作业步骤和作业进度，可以对今后要做的各项工作做出具体安排，以便控制进度及协调合作。

对于单宗的小型估价项目，估价作业计划比较容易安排，如有必要可采用横道图的方法进行表述；对于较为复杂的大型项目，可采用网络计划技术的方法制定详细的估价作业计划。

（四）搜集和整理估价所需资料

根据作业计划中拟定的资料搜集渠道，结合所选方法，进行资料搜集。对于搜集到的估价资料，应当及时进行整理。资料整理时应注意：首先，由于所搜集的资料可能存在一定的遗漏、虚假或错误，对于这类资料要及时安排补充调查，或予以完善，或予以更正、剔除，以确保整理后的资料具有全面性和正确性；其次，按资料类型、性质进行整理并归档，使得整理后的资料保持统一性，为建立估价资料数据库打下良好的基础。

（五）实地踏勘

由于房地产具有不可移动性、独一无二性、用途及产权状况的多样性，仅仅根据委托人或有关当事人提供的情况，还不能具体、准确地把握估价对象。因此，估价人员必须亲临现场，实地查明有关情况。

实地勘察的内容主要包括：

1. 估价对象的区位状况。实地勘察时，除应查明地号或门牌号码外，还应对照地籍图判明估价对象的四至及其与邻地和道路的关系。同时，还要观察附近的建筑布局、绿化、卫生状况、地势高低、日照、通风及周围土地利用程度等，并进行实地拍照。

2. 估价对象的利用现状。首先要核实估价对象的实际用途及其与正在用途是否一致，权利状况和数量是否相符。如果属于有收益的房地产，还要查明其出租或经营上的收益与费用；其次要查明建筑物的结构、建成时间、新旧程度、完损等级及内部装修等（应对建筑物进行内外拍照），并了解建筑面积、使用面积或可供出租和营业用的面积等；

3. 了解当地类似房地产市场状况。

实地踏勘时估价人员要在事先准备好的表格中将有关情况和数据记录下来，形成实地踏勘记录。完成实地踏勘后，估价人员和委托方陪同人员都应在记录上签字，并注明勘查日期。

（六）选定方法进行估算

每种估价方法都有其适用范围，估价师首先应熟知、理解并能够正确运用常用的估价方法，并应根据实地踏勘的情况，结合估价对象的特点及评估目的等，重新判断作业计划中初步选择的估价方法是否恰当。如有不妥之处，应当及时进行调整。根据房地产估价规范的要求，有条件选用市场比较法进行评估时，应尽量以该方法为主；对于收益性房地产估价，应当选用收益法作为估价方法之一；具有投资开发或者在开发潜力的房地产可以选择假设开发法进行评估；在无法采用市场比较法、收益法和假设开发法的前提下，可采用成本法作为主要方法。

确定估价方法后，可按照每种方法估算的步骤和技巧，进行初步试算。

（七）确定估价结果

运用不同方法估算出来的试算价格可能具有一定差异，必须对试算价格进行综合分析并予以调整，最终确定估价结果。在确认所有试算结果无误后，可根据情况选用简单算术平均数、加权算术平均数、中位数、众数等数学方法，并充分考虑不可量化的价格影响因素，确定最终结果。估价人员应在估价报告中明确上述过程并阐述其理由。

（八）撰写并交付估价报告

估价报告是全面、公正、客观、准确地记述估价过程和估价成果的文件，是估价机构履行委托估价合同的"产品"，也是相关管理部门评估鉴定估价机构工作质量及资质的重要依据，还是估价机构为估价项目承担法律责任的书面文件。

1. 估价报告的形式和组成部分

估价报告的形式分为口头报告（如专家证词）和书面报告。书面报告按照其格式又可分为表格式报告和叙述式报告。通常情况下，叙述式报告是估价人员履行对委托人责任的最佳方式。

根据《房地产估价规范》（GB/T 50291—1999）（下称"规范"）第 8.0.2 条的要求，一份完整的房地产估价报告通常由下列 8 个部分组成：

（1）封面。一般应注明标题、估价项目名称、委托人、估价机构全称、估价作业日期、估价报告编号等内容。

(2) 目录。

(3) 致委托人函。致委托人函是正式地将估价报告呈送给委托人的信件，在不遗漏必要事项的基础上应尽量简洁。其内容一般应包括致函对象、致函正文、致函落款、致函日期等。

(4) 估价师声明。《规范》中要求该声明通常应包括：估价报告中陈述的事实，是真实的和准确的；估价报告中的分析、意见和结论，是估价人员自己公正的专业分析、意见和结论，但要受估价报告中已说明的假设和限制条件的影响；估价人员与估价报告中的估价对象没有任何（或有已载明的）利益关系，也与有关当事人没有（或有已载明的）个人利害关系和偏见；估价人员依照《规范》的规定进行分析，形成意见和结论，撰写本估价报告；估价人员已对（或没有对）估价报告中的估价对象进行了实地查勘；估价人员在估价中没有得到他人的重要专业帮助（如果有例外，应说明提供了重要专业帮助者的姓名、专业背景及其所提供的重要专业帮助的内容）及其他需要声明的事项。

(5) 估价的假设和限制条件。应说明估价的假设前提，未经调查无法确认或无法调查确认的资料数据，估价中未考虑的因素和一些特殊处理及其可能的影响，估价报告使用的限制条件等。

(6) 估价结果报告。一般应包括：委托人、估价机构、估价人员（姓名、职业资格、本人签名盖章）、估价时点、估价对象、价值定义、估价依据、估价原则、估价方法、估价结果、估价作业日期、估价报告有效期、其他。

(7) 估价技术报告。应详细介绍估价对象的区位、实物和权益状况，详细分析估价对象价值的各种因素，详细说明估价的思路和采用的方法及其理由，详细说明估价的测算过程，参数选取等，详细说明估价结果及其确定的理由。

(8) 附件。通常包括估价对象的位置图、四至和周围环境图、土地形状图、建筑平面图、外观和内部照片、项目有关批准文件、产权证明、估价中引用的其他专用文件资料、估价人员和估价机构的资格证明等。

2. 估价报告的写作原则

房地产估价报告在写作分类中属于应用文体，写作过程中应当遵循：

(1) 目标性原则，即针对估价委托人的某种特定需要进行写作；

(2) 公正性和客观性原则，即估价报告应站在中立的立场上对价格影响因素进行客观地介绍、分析和评论；

(3) 规范性原则，即房地产估价报告的篇章结构和构成要素要程式化，符合统一的要求；

(4) 全面性原则，即估价报告应完整地反映估价所涉及的事实、推理过程和结论，正文内容和附件资料应齐全、配套；

（5）概括性原则，即写作中应尽量使用简洁的文字对估价中所涉及的内容进行高度概括。

3. 估价报告的写作要求

（1）对词义的要求。撰写报告时，要求用词要准确且不可带有较强烈的感情色彩；语义要鲜明，不能含混不清、模棱两可；表述要简练、标准，不堆砌、不生造。

（2）对语句的要求。报告中语句要完整；搭配要得当；逻辑要严密；句子应简洁，不能出现杂揉、赘余等毛病。

（3）尽量使用规范用语。比如，表示很严格，非这样做不可时，正面词采用"必须"，反面词采用"严禁"；表示严格，在正常情况下均应这样做时，正面词采用"应"，反面词采用"不应"或"不得"；表示允许稍有选择，在条件许可时首先应这样做时，正面词采用"宜"，反面词采用"不宜"等。

另外，不应当出现错别字和漏字等。特别是数字不要缺漏。

（4）对制作格式的要求。估价报告应做到图文并茂，所用纸张、封面、装订应有较好的质量。

（九）估价资料归档

估价报告交付后，估价人员应及时对评估中涉及的委托估价合同、估价报告（包括附件）、实地查勘记录、估价项目来源和接洽情况、估价中的不同意见和估价报告定稿之前的重大调整或修改意见等资料进行整理及归档。这有助于累积资料、提高估价水平，也有助于相关管理部门的资质审查和考核。

第二节　房地产价格影响因素

房地产价格是在多种影响因素共同作用下形成的。房地产估价的过程中，需要定性分析与定量分析相结合，在对影响房地产价格因素进行综合分析的基础上进行计算和调整。按照各因素与房地产的关系及其影响范围，可划分为一般因素、区域因素和个别因素，其下又包括诸多子因素。这些因素之间相互作用，并非独立存在。不同因素对房地产价格的影响方向和影响程度是不同的，同一种影响因素对不同类型的房地产也可能有不同的影响。另外，从不同角度看同一因素对同一房地产价格的影响也可能不同。因此，因素类别的划分并不是绝对的；应在动态中综合把握各影响因素。

一、一般因素

一般因素通常是指影响土地价格的一般、普遍、共同的因素，这些因素对广泛地区的房地产市场价格产生影响。主要包括行政因素、经济因素、社会因素、人口因素、心理因素、国际因素等。

（一）行政因素

主要指影响房地产价格的制度、政策、法律法规、行政行为等方面的因素，主要有房地产制度、城市发展战略、城市规划、土地利用规划、房地产价格政策、行政隶属变更、税收政策、特殊政策等。国家从全社会利益和宏观经济发展角度出发，制定的各项房地产制度、政策、法规等对房地产价格的影响至关重大。

1. 房地产制度

房地产制度对房地产价格的影响也许是最大的。包括土地所有制和土地使用制在内的土地制度直接制约着土地价格的存在、上涨或下跌；住房制度的改革，也极大地促进了房地产投资的良性循环，推动了房地产价格的正常浮动。

2. 城市发展战略、城市规划、土地利用规划等

城市发展战略、城市规划、土地利用规划等对房地产价格都会产生较大的影响。当然城市规划、土地利用规划中的部分规定如用途、建筑高度、容积率等，更多地对所涉及区域内的房地产价格产生影响。

3. 房地产价格政策

房地产价格政策是指政府对房地产价格高低的态度以及采取的干预方式、措施等。房地产价格政策可以大致分为两类：高价政策和低价政策。前者指政府可通过控制土地供应量、提高出让土地价格或相关税费、调整产业政策等措施抬高房地产价格；后者指政府通过制定最高限价、标准价、调整土地供应量等措施抑制房地产价格上涨。

4. 行政隶属变更

行政级别的上升、下降或者调整无疑会影响该地区的房地产价格。例如，将某区域从原落后地区划归另一发达地区管辖，必然促进该区域价格的上涨。

5. 税收政策

不同的税种、税率及其征收环节，对房地产价格的影响是不同的。直接或间接地对房地产课税多少，关系到房地产收益的大小，因而影响房地产价格的涨落。

6. 特殊政策

国家在某些地区可能实行特殊的政策或特殊的体制，比如将深圳设为经济特区、上海开发浦东新区等，都带动这些地区及其周边地区房地产价格大幅度上涨。

（二）经济因素

影响房地产价格的经济因素主要包括：经济发展状况、居民收入和消费水

平、利率水平、物价变动等。

1. 经济发展状况

经济发展通常预示着投资、生产、经营活动活跃，对厂房、办公室、商场、住宅和各类文娱设施等的需求增加，引起房地产价格上涨。

2. 居民收入和消费水平

随着居民收入的增加，其生活水平和消费水平将随之提高，表现在房地产消费上则是对居住与活动场所的质量与面积的要求会提高，进而增加对房地产的需求，导致房地产价格上涨。至于上涨的幅度要视居民收入水平及边际消费倾向的大小而定。一般情况下，低收入者收入增加部分主要用于改善衣食状况，对房地产价格的影响不大；中等收入者收入增加部分可能用于改善居住条件，因而增加房地产需求，促使价格上涨；高等收入者收入增加部分收入增加部分如果不用于房地产投资，对房地产价格也不会产生太大影响。

3. 利率水平

由于房地产产品价值高昂，房地产开发建设和流通交易的过程中经常需要通过银行贷款等方式融通资金，因此利率水平的变化对房地产价格将产生直接影响。

4. 物价变动

房地产价格与一般物价的关系非常复杂。一般情况下，物价波动，房地产价格也会随之变动。从较长时期来看，房地产价格的上涨率要高于一般物价的上涨率，但是由于整体或者部分物价上涨带动的不同类型房地产价格的变动幅度不是完全同步，甚至不是同方向的。

（三）社会因素

影响房地产价格的社会因素主要有政治安定状况、社会治安程度、房地产投机和城市化进程等。

1. 政治安定状况

政治安定状况是指国内政治局势的稳定情况。一般来说，政局稳定，则房地产投资的运转正常，风险小，投资者的投资信心和消费者的购买信心都大，房地产价格通常上升。反之，则下跌。

2. 社会治安程度

社会治安程度指社会秩序的好坏。如果房地产所处地区社会治安较差，通常意味着人们的生命财产缺乏安全保障，造成房地产价格低落。

3. 房地产投机

房地产投机是在对未来房地产价格预期的基础上，利用房地产价格的涨落变化从中获取利差收益的行为。这类行为多会引起房地产价格的非正常上涨或下跌，扰乱市场。至于房地产投机具体会导致怎样的结果，要视投机者的素质和心理等多种条件而定。

4. 城市化进程

一般来讲，城市化意味着人口向城市地区集中，造成城市房地产需求不断增加，进而带动房地产价格上涨。

（四）人口因素

房地产的需求主体是人，人的数量、素质和构成对房地产价格会产生很大影响，主要体现在人口数量、人口素质、家庭人口规模等方面。

1. 人口数量

在城市，人口数量增加，对房地产的需求必然增加，从而引起房地产价格上涨。人口密度是反映人口数量的重要指标。一般情况下，人口高密度地区，房地产的供小于求，价格趋高。另外，人口密度增加还有可能刺激商业、服务业等的发展，进一步提高房地产价格。但是在人口密度过高尤其是低收入者大量涌入的情况下，也可能导致环境恶化，从而降低房地产价格。

2. 人口素质

人们的文化教育水平、生活质量和文明程度，可以引起房地产价格高低的变化。一般情况下，人口素质高的区域通常社会秩序安定，环境优美，间接导致房地产价格趋高。如果一个地区中居民的素质低、构成复杂、秩序欠佳，人们多不愿意在此居住，房地产价格必然低落。

3. 家庭人口规模

家庭人口规模，是指全社会或某一地区的家庭平均人口数。随着传统生活方式的改变及城市化的影响，家庭人口规模出现小型化的趋势，即家庭平均人口数的下降，这种变化引起居住单位数的变动，从而引起需用住宅数量的变动，同时对出租物业的需求量也会增加，导致房地产价格上升。

（五）心理因素

房地产交易者对价格的心理预期、购买或出售时的心态、个人欣赏趣味、时尚风气、接近名家住宅心理、讲究风水或追求吉祥数字等心理因素对房地产价格的影响不容忽视。比如，在急买的情况下房地产价格通常偏高，在急卖的情况下房地产价格通常偏低。由于消费者对某些吉祥数字的偏好，可能导致门牌号中含有"6"、"8"、"9"等数字的房地产价格升高。当然，部分心理因素可能只对区域的或者个别房地产项目产生影响。

（六）国际因素

由于国际交往日益频繁，国际经济、政治、军事等环境也可能对某一国家或地区的房地产价格产生影响。主要包括：世界经济状况，特别是周边国家和地区的经济状况；军事冲突状况；政治对立及国际竞争状况等，都可能导致某国或地区房地产价格发生波动。

二、区域因素

区域因素是指对某地区的房地产价格水平有所影响的因素。某区域的自然条件、社会条件和经济条件对该地区内的房地产价格水平有着决定性的影响。

（一）房地产市场供求状况

房地产的价格是由房地产的供给和需求这两种相反的力量共同作用的结果，其中，待售的房地产形成市场供给面，房地产购买者形成市场需求面。其他所有因素对房地产价格的影响或者是通过影响房地产的供给，或者是通过影响房地产需求，或者是同时影响房地产的供给和需求来实现的。因此，要想知道某个因素如何影响房地产价格，应先考虑它将如何影响房地产的供给和需求。由于房地产的不可移动性及变更用途的困难性，使得决定某一房地产价格水平高低的供求状况，主要是本地区本类房地产供求状况。

1. 房地产需求

所谓的某种房地产需求，是指消费者在特定时间、按特定价格愿意且有能力购买的某种房地产数量。某种房地产的需求量本身受到多种因素的影响，比如该种房地产的价格水平、消费者的收入水平、相关房地产的价格水平、消费者的偏好、消费者对未来的预期等。当某种房地产价格上升时，对该类房地产的需求通常会减少，反之，则增加；当消费者收入水平提高时，通常会增加房地产需求，反之，则减少；当消费者对某种房地产偏好程度增加时，通常增加该类房地产需求，反之，则减少；当房地产的替补品价格上升时，其需求通常增加，反之，则下降；当房地产的互补品的价格上升时，其需求通常下降，反之，则上升；当消费者预期未来收入水平上升或某房地产价格将上升时，可能会加大现期需求，否则，可能减少现期需求。

一般情况下，某种房地产的价格与其需求呈正向关系，即在供给不变时，需求增加，则价格上升，反之，则价格下降。

2. 房地产供给

所谓某种房地产的供给，是指房地产开发商和拥有者在一定价格上愿意且能够出售该房地产的数量。房地产的供给也受到该种房地产价格水平、开发成本、开发技术水平、开发商对未来的预期等多种因素影响。一般情况下，某种房地产的价格越高，开发商愿意开发的数量就会越多，反之，则越少；房地产的开发成本主要由土地取得成本、开发成本、管理费用、投资利息、销售税费等构成，在销售价格不变的情况下，各项成本越低，开发技术水平越高，开发利润就越大，该种房地产供给也越大，反之，则越低；当开发商对该种房地产未来预期看好时，常会增加未来供给，同时减少现期供给，反之，则减少供给。

一般情况下，某种房地产的价格与其供给呈反向关系，即在需求不变时，供给越大，价格越低；反之，则价格上升。

3. 均衡价格

当房地产的需求和供给相等时，形成均衡价格。但是均衡只是市场价格运行的趋势。市场价格经常因为某种因素影响了供给或者需求从而偏离了均衡价格，出现过剩或短缺，导致买卖双方之间的竞争，形成价格下降或上升的压力，并最终趋于均衡。当市场的供给和需求同时发生变化时，均衡价格和均衡交易量也会发生变化。

（二）环境因素

影响房地产价格的环境因素主要是指那些房地产周围区域内的大气环境、水文环境、声觉环境、视觉和卫生环境等物理形状因素。

1. 大气环境

如果房地产所处区域空气质量较高，无难闻气味、有害物质和粉尘等，其价格通常较高。反之，如果区域内有某空气污染源，通常会使得附近的房地产价格偏低。

2. 声觉环境

如果区域内有火车站、飞机场、大型工厂等可能形成噪声的设施，通常会导致该区域内住宅、旅馆、办公、学校、科研等房地产价格的下降。

3. 水文环境

如果区域内的地下水、河流、湖海遭受污染的程度较高，通常会导致区域内房地产价格的下降。

4. 视觉和卫生环境

如果房地产所处区域景观赏心悦目、各种设施摆放有序、环境清洁卫生，其价格通常较高，反之，则较低。

（三）基础设施和公用设施条件

区域内的基础设施和公用设施的条件，对房地产价格可能产生较大的影响。主要包括：通上下水、通电、通讯、通暖、通气、通路等基础设施和幼儿园、学校、公园、医院等公共设施的等级、结构、保证率、完备程度和距离等。一般情况下，其设施等级越高、保证率和完备程度越高、与房地产的交通距离越近，则该房地产的价格越高。

（四）交通条件

区域内的整体性交通结构、交通类型、对外联系方式及方便度、道路通达度、公交便捷度及路网密度等对各类房地产价格都将产生重要影响。一般情况下，对外交通的方式越多，道路通达度和公交便捷度越高，房地产价格也越高。当然，对位于交通枢纽地带的住宅类房地产，还应综合考虑交通枢纽地带的噪声污染、交通安全隐患等不利因素可能对房地产价格产生的影响。

（五）商服繁华程度

主要是指区域内商业服务业的规模等级及其对房地产利用的影响程度。一般情况下，商业服务业的规模等级越高，房地产利用的集聚效益越高。而且随着房地产距离商服中心距离的增加，房地产效用呈现递减的变化趋势。

（六）交通管制

某些房地产所处区域的交通状况可能受到交通管制的硬，主要包括严禁某类车辆通行、单行道、步行街等。交通管制对房地产价格的影响结果如何，要看这类管制的内容和房地产的使用性质。对某些房地产实施交通管制可能会降低其价格，而对于另外一些房地产，则有可能提高其价格。例如，在住宅区内道路上禁止货车通行，可能会提高房地产价格。

（七）区域内的城市规划限制条件

主要是指区域内土地利用性质、用地结构和用地限制条件、建筑限高、容积率限制等城市规划条件，也会对房地产价格产生较大影响。例如，同一块土地用于商业、住宅和工业用途时的地价有很大差异。一般地，商业用地效益最高，住宅用地次之，工业用地效益最低。

（八）自然气候条件

主要包括：所处区域的日照、风向、降水量、周期性自然灾害等。通常情况，所处区域日照充分、位于上风区的房地产价格较高；如果区域内降水量适中，洪涝等周期性自然灾害少，其房地产价格通常较高。

另外，对于工业类房地产来讲，区域内的产业集聚度也可能对其价格产生较大影响。一般情况下，产业集聚度越高，其价格也越高。

不同利用类型的房地产，各因素对其价格的影响程度也可能不同。例如，商业性房地产，更看重商服繁华度、交通条件、基础和公用设施条件、客流量等因素；住宅类房地产更看重基础设施和公用设施条件、居住环境质量、交通条件（特别是公交便捷度等）等因素；工业类房地产更看重对外交通便捷度、产业集聚度、距离原材料或者销售市场的远近等因素。

三、个别因素

（一）土地面积及形状

一般情况下，宗地面积必须适宜，过大、过小都不适宜土地利用，从而影响房地产价格。在城市繁华地段对面积大小的敏感度较高，而在市郊或农村则相对较低。宗地面积大小的合适度应视不同地区、不同消费习惯而有所不同。

宗地形状是否规则对地价也有一定影响。宗地形状以矩形为宜。形状不规则的土地一般不能有效利用，其价格通常较低。

（二）地质条件

地质条件决定着土地承载力。对于建设用地，特别是城市建设用地，地质条件对地价的影响较大。在现代城市建设向高层化发展的情况下更是这样。一般情况下，建设用地的地质越坚实，承载力越大，需要的建设费用越低，地价就越高；反之，地质条件越差，地价则越低。但不同的建筑物，如平房、多层建筑、高层建筑，对土地承载力有不同的要求，所以承载力对地价的影响程度也有所不同。

（三）地形、地势

地形是指同一块土地内的地面起伏状况。地势是指本块土地与相邻土地的高低关系，特别是与相邻道路的关系。地形、地势的平坦、起伏、低洼等将影响到房地产的开发建设成本或利用价值，从而影响其价格。一般来说，土地平坦，地价较高；土地高低不平，地价较低。当然，土地坡度不宜过低，否则不利于地面水的汇集和排除。在其他条件相同时，地势高的房地产的价格，要高于地势低的房地产的价格。

（四）建筑物的自身状况

主要包括：建筑的规划设计、平面格局、功能、质量、外观形象、朝向、采光、楼层等因素，对房地产价格均有较大影响。例如，建筑物的结构越坚固耐用、外观越新颖，其价格也越高。如果建筑物的朝向和楼层能充分满足采光、日照和居住视野的要求，其价格也越高；周边有巨大建筑物或其他东西遮挡的房地产价格尤其是住宅价格要低于无遮挡情况下的类似房地产价格。

当然，衡量建筑物的自身状况的标准因各地的气候和习俗的不同也有所不同。

另外，宗地内的基础设施状况、宗地的临街状况、土地使用年限、宗地容积率、建筑物高度、建筑密度等个别因素也对房地产价格产生影响。

第三节 市场比较法

市场比较法（market comparison approach 或 sales comparison approach），又称交易案例比较法，市价法等，是将估价对象与近期内已发生交易的类似房地产进行比较对照，并对这些类似房地产的已成交价格修正得到估价对象房地产客观合理价格的一种方法。

一、理论依据

市场比较法的理论依据是经济学中的替代原理。替代原理广泛应用于一般经济活动中,本章第一节中已经对该原理作了论述。该原理作用于房地产市场,表现为效用相同、条件相近的房地产价格总是相互牵引,趋于一致,即:任何买者不会接受比市场上正常价格高的成交价格,任何卖者也不会接受比市场正常价格低的成交价格,因此买卖双方只能以市场上已成交的类似房地产价格作为基准,通过协商调整,以双方均认可的合理价格成交。在房地产价格评估时,可采用市场比较法反映这一价格形成的过程,将待估房地产与可比实例进行认真分析,比较两者的差异性,并估算由此而产生的价格差异,进而求得待估房地产的市场价格。

二、市场比较法的适用范围和使用条件

市场比较法适用于本身具有交易性的房地产,如商品房、写字楼、商场等。对于很少发生交易或者交易数量过少的房地产则难以采用该方法,如古建筑、学校等。

市场比较法依赖于活跃的房地产市场所提供的市场资料和交易实例,因此运用该方法的前提条件是估价对象所处房地产市场发育健全,可选取的交易实例充足。在房地产市场发育尚不健全,或者即使整体上较为发达成熟,但是由于某些原因导致类似房地产交易案例不充足等情况下,都不适于采用市场比较法。

三、市场比较法的操作步骤

一般可按照下列步骤运用市场比较法进行价格评估:

(一) 搜集交易实例

拥有大量的房地产交易实例资料,是运用市场比较法的先决条件。如果交易实例资料太少,会影响估价结果的准确性和客观性。因此,应尽可能多地搜集交易实例资料。为了保证资料翔实,应针对不同类型房地产制好交易实例调查表,注重日积月累,并建立交易实例资料库。

1. 资料搜集途径

交易实例的资料通常可通过以下途径获取:

(1) 查阅政府有关部门的房地产交易登记资料,如政府出让土地使用权的地价资料;政府确定、公布的房地产市场价格指数、基准地价、标定地价和建筑物重置价格等资料;房地产权利人转让房地产时申报的成交价格资料、交易登记资料等。

(2) 查阅各种报刊、杂志上有关房地产出售、出租的广告以及有关报道。

(3) 参加各种房地产交易展示会、洽谈会、换房会等,收集各方信息。

(4) 以购房者身份直接与房地产出售者洽谈,使所需资料更丰富、更准确。

(5) 向房地产交易当事人、四邻、经纪人、金融机构、司法机关等调查了解有关房地产交易的情况。

(6) 同行之间相互交换信息，以弥补个人搜集资料的片面性和时效性。

(7) 其他途径如利用互联网查询资料。

2. 搜集内容

一般应包括：

(1) 基本交易情况，包括：交易双方的名称、性质、法人代表、住址、交易目的，并确认该交易是否为正常交易，如果是非正常交易，由何种原因导致。

(2) 交易实例房地产的状况，包括：坐落、形状、用途、面积、土地状况、建筑物状况、权利状况、周围环境、景观等。

(3) 成交日期。

(4) 成交价格，包括总价、单价、价格类型、价格单位等。

(5) 付款方式。

（二）选取可比实例

可比实例是被挑选出来用作比较参照的交易实例。可比实例的选择得当与否，直接影响到市场比较法估算结果的准确性。一般情况下，应从至少10宗的较理想的交易实例中，选择至少3宗与估价对象最为接近的交易实例作为可比实例。同时，所选取的可比实例还应符合下列要求：

1. 与待估房地产所处区位相同，或在同一供求范围内的类似地区。

2. 与估价对象用途相同。主要指房地产的大类用途，如果能做到小类用途相同更好。

3. 建筑结构相同。主要指大类建筑结构，如果能做到小类相同更好。

4. 可比实例的交易类型与估价目的相同。

5. 可比实例的成交日期应与估价时点尽量接近。最好选择1年内成交的房地产交易案例作为可比实例。如果房地产市场比较平稳，可适当延长间隔时间，但不宜选择相隔两年以上的实例。

6. 所选取的可比实例为正常交易或可修正为正常交易。所谓正常交易是指在公开的房地产市场上，交易双方均充分了解市场信息，以平等自愿的方式，在没有特殊利害关系的情况下达成的交易。应当首先选择这类交易实例作为可比实例。如果市场上正常交易实例较少，也可选取交易情况较为明了且可修正的实例作为可比实例。

7. 可比实例和估价对象的权利性质相同。

（三）建立价格可比基础

已选取的可比实例可能在付款方式、成交单价、价格单位、面积单位和内涵等方面存在不一致，无法进行直接修正。因此，必须对其进行换算处理，建立价格可比基础，使价格的表述方式和内涵统一，以利于后续修正。换算处理主要包括：

1. 房地产交易中经常采用分期付款的方式支付，因而出现了名义价格和实际价格的不同。所以应将分期付款方式下的成交价格统一到在其成交日期一次付清。

2. 将总价表示的成交价格统一折算为单价，土地成交价格还可表示为楼面地价。

3. 对不同币种表示的成交价格应按照使用习惯统一货币币种。汇率折算一般采用成交日期当天的市场汇率，将价格折算为人民币元；也可先按原币种价格进行交易日期修正，然后采用估价时点时的市场汇率对修正后的价格进行折算。

4. 统一不同的面积单位和面积内涵，通常将平方英尺、坪等单位统一为平方米，将各类面积的价格统一为建筑面积的价格。其常用的折算公式分别为：

建筑面积的价格 = 使用面积的价格 × 使用面积/建筑面积

平方米的价格 = 亩的价格/666.67

平方米的价格 = 公顷的价格/10000

（四）交易情况修正

房地产交易的过程容易受某些特殊因素的影响，从而导致个别成交价格偏离正常价格水平。进行交易情况修正的目的是排除交易行为中的某些特殊因素造成的可比实例成交价格的偏差，将其修正为正常成交价格。

可能导致成交价格出现偏差的原因主要有：

1. 交易双方之间有某种特殊利害关系，如亲友之间、关联公司之间的交易；
2. 买方或卖方有特别动机或偏好的交易；
3. 交易双方或一方对市场行情缺乏充分了解；
4. 交易过程中有急买急卖等现象，通常情况下急买价格偏低，急卖价格偏高；
5. 拍卖等特殊交易方式可能导致价格出现偏差；
6. 交易过程中存在税费非正常负担的现象；
7. 相邻房地产进行合并交易时，由于合并可能产生增值效益，原所有者往往以高于其单独存在时的交易价格成交；
8. 受债权债务关系影响的交易，如附带抵押、典当或拖欠工程款等的交易价格通常偏低。

交易情况修正时首先需要估价人员根据已掌握的同类型房地产交易资料，结合自身经验，分析判断所选可比实例交易过程中是否受到特殊因素影响，该特殊

因素对成交价格的影响程度有多大,从而确定修正额或者修正比例;然后可选择下列计算式将非正常交易价格修正为正常价格:

正常价格 = 可比实例的成交价格 ± 交易情况修正额

正常价格 = 可比实例的成交价格 × 交易情况修正系数

其中,确定交易情况修正系数时以正常价格为基准,依据所得到的修正比例。假设可比实例的成交价格比其正常市场价格高低的百分率为 ±S%(当可比实例的成交价格比其正常市场价格高时,为 +S%;低时,为 -S%),则:

$$\text{其交易情况修正系数} = \frac{1}{1 \pm S\%} \text{ 或 } \frac{100}{100 \pm S}$$

(五)交易日期修正

不同时点下的房地产市场状况不同,其可能形成的价格也不同。如果可比实例成交日期与估价时点不同,应将可比实例在成交日期下的价格修正到估价时点下的价格。假设从成交日期到估价时点时,可比实例价格涨跌的百分率为 ±T%(从成交日期到估价时点时,当可比实例的价格上涨的,为 ±T%;下跌的,为 -T%),则:

$$\text{可比实例在估价时点的价格} = \text{可比实例在成交日期的价格} \times \text{交易日期修正系数}$$

其中,交易日期修正系数为 (1±T%) 或 100/(100±T)。

可见,交易日期修正的关键,是要把握类似房地产的价格自可比实例成交日期以来随着时间的变化而涨落的规律,据此对可比实例的成交价格进行交易日期修正。具体可通过房地产价格指数或价格变动率进行调整,也可采用时间序列分析建立价格与时间的相互关系模型来求取。

1. 利用价格指数进行修正。常见的价格指数有定基价格指数和环比价格指数。

采用定基价格指数进行修正时:

$$\text{可比实例在估价时点的价格} = \text{可比实例在成交日期的价格} \times \frac{\text{估价时点时的价格指数}}{\text{可比实例成交日期时的价格指数}}$$

采用环比价格指数进行修正时:

可比实例在估价时点时的价格 = 可比实例在成交日期的价格 × 成交日期的下一个时期的价格指数 × 再下一个时期的价格指数 × ⋯ × 估价时点时的价格指数

2. 利用价格变动率进行修正。常见的价格变动率有逐期递增或递减的价格变动率和期内平均上升或下降的价格变动率。

以逐期递增或递减的价格变动率进行修正时:

$$\text{可比实例在估价时点的价格} = \text{可比实例在成交日期的价格} \times (1 \pm \text{价格变动率})^{\text{期数}}$$

以期内平均上升或下降的价格变动率进行修正：

$$\frac{可比实例}{在估价时点的价格} = \frac{可比实例}{在成交日期的价格} \times (1 \pm 价格变动率 \times 期数)$$

（六）区域因素修正

区域因素修正的主要目的是排除由于可比实例相对于估价对象在区域因素方面的差异对价格产生的影响，使得修正后的可比实例价格能够与估价对象所处地段的实际情况相符。

1. 修正的主要内容包括：区域因素主要考虑所处区位的繁华程度、交通便捷度、环境状况、景观状况、公共设施配套完备程度、城市规划限制条件等。个别因素修正时，对土地主要考虑面积大小、形状、临路状况、基础设施完备程度、土地平整程度、地势、地质水文状况、规划管制条件、土地使用权年限等；对建筑物主要考虑新旧程度、装修、设施设备、平面布置、工程质量、建筑结构、楼层、朝向等。不同用途的房地产，影响其价格的区域因素和个别因素也可能有所不同。具体比较时，应分别加以选择。

2. 修正的方法。进行区域因素和个别因素修正均可采用直接比较和间接比较两种方式。

（1）直接比较修正。即以估价对象的区域因素为基准（通常定为100），将可比实例的区域因素分别与之逐项比较打分。如果可比实例的区域因素状况劣于估价对象的区域因素，其分值应低于100；如果可比实例的区域因素状况优于估价对象的区域因素状况，其分值应高于100。然后根据所得分值确定修正系数进行修正，如表6-1。

区域因素直接比较表 表6-1

区域因素	权重	估价对象	可比实例A	可比实例B	可比实例C
因素1	f_1	100			
因素2	f_2	100			
因素3	f_3	100			
.	.				
.	.				
.	.				
因素n	f_n	100			
综合	1	100			

修正的一般公式可表述为：

$$\frac{可比实例在估价对象区域因素下的价格}{} = \frac{可比实例在自身区域因素下的价格}{} \times 区域因素修正系数$$

即

$$\frac{可比实例在估价对象区域因素下的价格}{} = \frac{可比实例在自身区域因素下的价格}{} \times \frac{100}{(\ )}$$

（2）间接比较修正。即以设定的某标准房地产的各项区域因素为基准，将可比实例及估价对象的区域因素均与之逐项比较打分，然后根据所得分值先进行标准化，再进行区域因素修正，如表6-2所示。

区域因素间接比较表　　　　　　　　　　　表6-2

区域因素	权重	标准状况	估价对象	可比实例A	可比实例B	可比实例C
因素1	f_1	100				
因素2	f_2	100				
因素3	f_3	100				
.	.					
.	.					
.	.					
因素n	f_n	100				
综合	1	100				

修正的一般公式可表述为：

$$\frac{可比实例在估价对象区域因素下的价格}{} = \frac{可比实例在自身区域因素下的价格}{} \times \frac{100}{(\ )}_{标准化修正} \times \frac{(\ )}{100}_{区域因素修正}$$

（七）个别因素修正

个别因素修正的主要目的是排除由于可比实例相对于估价对象在个别因素方面的差异对价格产生的影响。

1. 修正的主要内容包括：对土地主要考虑面积大小、形状、临路状况、基础设施完备程度、土地平整程度、地势、地质水文状况、规划管制条件、土地使用权年限等；对建筑物主要考虑新旧程度、装修、设施设备、平面布置、工程质量、建筑结构、楼层、朝向等。不同用途的房地产，影响其价格的个别因素也可能有所不同。具体比较时，应分别加以选择。

2. 修正的方法。进行个别因素修正时也可采用直接比较和间接比较两种方式。具体方法与区域因素修正相同。

（1）直接比较修正。以估价对象自身的个别因素状况为基准，将可比实例与之进行直接比较修正的一般公式可表述为：

$$\frac{\text{可比实例在估价对象}}{\text{个别因素下的价格}} = \frac{\text{可比实例在自身}}{\text{个别因素下的价格}} \times \text{个别因素修正系数}$$

即

$$\frac{\text{可比实例在估价对象}}{\text{个别因素下的价格}} = \frac{\text{可比实例在自身}}{\text{个别因素下的价格}} \times \frac{100}{(\quad)}$$

（2）间接比较修正。即设想具有代表性的标准房地产并以之为基准，将可比实例与估价对象的个别因素均与之逐项比较打分，然后根据所得分值先进行标准化，在进行个别因素修正。修正的一般公式可表述为：

$$\frac{\text{可比实例在估价对象}}{\text{个别因素下的价格}} = \frac{\text{可比实例在自身}}{\text{个别因素下的价格}} \times \frac{100}{(\quad)}_{\text{标准化修正}} \times \frac{(\quad)}{100}_{\text{个别因素修正}}$$

（八）确定比准价格

经过上述交易情况修正、交易日期修正、区域因素修正和个别因素修正后，可比实例的成交价格被逐步修正为在估价时点的正常交易状况下与估价对象的区域和个别因素相同的价格，即单项比准价格。

1. 直接比较下的综合修正计算式为：

$$\text{单项比准价格} = \frac{\text{可比实例成交价格}}{} \times \frac{\text{交易情况修正系数}}{} \times \frac{\text{交易日期修正系数}}{} \times \frac{\text{区域因素修正系数}}{} \times \frac{\text{个别因素修正系数}}{}$$

即

$$\text{单项比准价格} = \text{可比实例成交价格} \times \frac{100}{(\quad)} \times \frac{(\quad)}{100} \times \frac{100}{(\quad)} \times \frac{100}{(\quad)}$$

2. 间接比较下的综合修正计算式为：

$$\text{单项比准价格} = \text{可比实例成交价格} \times \frac{100}{(\quad)} \times \frac{(\quad)}{100} \times \frac{100}{(\quad)} \times \frac{(\quad)}{100} \times \frac{100}{(\quad)} \times \frac{(\quad)}{100}$$

确定单项比准价格后，可用简单算术平均、加权算术平均、以某个单项比准价格为主、众数、众位数等方式计算得到最终比准价格。

在房地产市场发育较为成熟、交易实例资料丰富的地区，应当尽可能地首先选用市场比较法进行价格评估。另外，市场比较法除可直接用于评估房地产价格外，还可用于其他估价方法中有关参数的求取。

第四节 成 本 法

成本法（cost approach 或 contractors method），又称成本逼近法、积算法等，

是通过求取估价对象在估价时点时的重新购建价格，从中扣除折旧，以此估算估价对象的客观合理价格或价值的一种方法。

一、理论依据

成本法的理论依据，可以从卖方的角度或买方的角度来考虑。

对卖方来讲，卖方愿意接受的最低价格，不能低于其为开发或建造该房地产已花费的代价，否则就要亏本。基于房地产的生产费用，正常成交价格应当能够弥补卖方的各项投入。因此从卖方出发，成本法的理论依据是生产费用价值论。

对买方来说，买方愿意支付的价格，不能高于其所预计的重新开发建造该房地产所需花费的代价，否则，还不如自己开发建造（或者委托另外的人开发建造）。因此，从买方出发，基于房地产将产生的效用，成本法的理论依据是替代原理。

由此，房地产的成交价格一方面不应低于开发建造已花费的代价，另一方面不应高于预计重新开发建造所需花费的代价，这样买卖双方可接受的共同点必然是等于正常的代价（包含正常的费用、税金和利润）。所以，在进行价格评估时，可以开发或建造估价对象所需的正常费用、税金和利润之和扣减一定的折旧来估算其价格。成本法的实质是通过估算估价对象房地产各组成部分的市场价格，最终确定估价对象的整体市场价格。采用此方法求得的价格，称为积算价格。

二、成本法的适用范围和适用条件

（一）适用范围

一般而言，只要是新开发土地和新建房地产都可以采用成本法估价。成本法特别适用于下列房地产价格评估：

1. 既无收益又很少发生交易的房地产，如住宅、学校、图书馆、医院、政府办公楼、军队营房、公园等公用、公益房地产；

2. 有独特设计或只针对个别用户的特殊用途而建的房地产的估价，如特殊工业厂房、油库、发电站、码头、油田等；

3. 单纯的建筑物的估价；

4. 无市场依据或市场依据不充分而不宜采用市场比较法进行估价的房地产；

5. 房地产保险及损害赔偿中涉及到的房地产估价。

（二）适用条件

成本法的运用基于价格等于成本加平均利润的理论基础。但是价格等于成本加平均利润，只有在特定条件下才成立，一方面它要求所处房地产市场是长期存在的自由竞争市场，另一方面与估价对象类似的房地产商品可以大量重复生产。即使上述条件都具备，价格也只是趋向于成本加平均利润。现实生活中房地产的价格直接取决于其效用，而非花费的成本，房地产成本的增加并不一定能增加其价值，低成本也不一定价值不高。因此，运用成本法估价时一是要区分实际成本和客观成本，估价中应采用客观成本，而非实际成本；二是要结合市场供求状况确定最终的房地产价格。

成本法估价相对来讲比较费时费力，它要求估价人员有丰富的经验和良好的建筑、结构等方面的知识。在对折旧进行估算时，往往需要结合估价人员的主观判断，具有一定的主观性。另外，采用各项成本费用分离估价再逐项累加的方式估算价格，不能很好地体现房地综合效应。因此通常情况下，在不宜采用市场比较法、收益法和假设开发法进行估价的情况下，可采用成本法作为主要估价方法。

三、成本法的操作步骤

（一）搜集有关房地产开发的成本、利润、税费等资料

（二）估算重新购建价格

1. 重新购建价格的概念和类型

重新购建价格是在估价时点重新取得或重新开发、重新建造全新状态的估价对象所需的各项合理必要的费用、利润和税金之和。

建筑物的重新购建价格有重置价格和重建价格两类。其中重置价格，又称更新重置成本，是采用估价时点时的建筑材料、建筑构配件、建筑技术和设备等，按照估价时点时的价格水平，重新建造与估价对象具有同等功能效用的全新建筑物的正常价格。这种重新购建价格是技术进步的结果，宜用于一般建筑物和因年代久远复原旧有建筑物困难的建筑物估价。重建价格，又称复原重置成本，是采用估价对象建筑物原有的建筑材料、设备、构配件、建筑技术等，按照估价时点的价格水平，重新建造与估价对象建筑物完全相同的全新建筑物的正常价格。这种重新购建价格宜用于有特殊保护价值的建筑物的估价。

2. 重新购建价格的构成

不同地区、不同时期、不同类型的房地产的重新购建价格可能不同，但是一般情况下，从取得土地一直到建筑物建成销售的全过程中，重新购建价格通常包括下列各项：

（1）土地取得成本。即取得开发用地所需的费用、税金等。如果房地产开发取得土地的途径不同，其土地取得成本也有所不同：

①通过征用农地取得土地时，土地取得成本包括农地征用费和土地使用权出让金等。其中农地征用费包括土地补偿费、安置补助费、青苗补偿费、地上附着物补偿费、耕地占用税、耕地开垦费、新菜地开发建设基金（如果征用城市郊区菜地）、征地管理费等。

②通过在城市中进行房屋拆迁取得土地时，土地取得成本包括城市房屋拆迁补偿安置费和土地使用权出让金等。

③通过在市场"购买"取得土地时，土地取得成本包括购买土地的价款和在购买时应由买方缴纳的税费（如交易手续费、契税）等。

（2）开发成本。即取得开发用地后进行土地开发和房屋建设所需的直接费用、税金等。主要包括：

① 勘察设计和前期工程费用，包括可行性研究、规划、勘察、设计及"三通一平"等工程前期发生的费用；

② 基础设施建设费用，包括所需的道路、给水、排水、电力、通讯、燃气、热力等建设费用；

③ 建筑安装工程费用，包括房屋及其附属工程所发生的土建费和安装费；

④ 公共配套设施建设费用，包括所需的非营业性的公共配套设施的建设费用；

⑤开发过程中的税费。

（3）管理费用。主要是指开办费和开发过程中管理人员工资等。通常用前两项之和乘以一定比率来计算。

（4）投资利息。包括土地取得成本、开发成本和管理费用在内的投资应计利息。这与会计上的财务费用仅考虑借贷资本的利息不同。计算投资利息的关键在于确定计息方式、计息基数、计息周期和利息率。

（5）销售税费。主要指销售过程中支付的费用及应由卖方支付的税费。包括广告费和销售代理费在内的销售费用；营业税、城市维护建设税、教育费附加等各类销售税金；交易手续费等其他费用。通常用售价乘以一定比率来计算。

（6）开发利润。是指在正常条件下开发商能获得的平均利润，而不是个别开发商最终获得的实际利润或者期望利润。一般情况下可按一定的基数乘以同一市场上类似房地产开发项目所要求的相应平均利润率来计算。

在估算重新购建价格时，在分离估算再逐项加总的过程中，必须注意成本构成划分和相互衔接，防止漏项或重复计算。

3. 求取重新购建价格的方法

（1）求取土地的重新购建价格时，应直接求取其在估价时点状况下的重新购建价格。除了在农村地区、城乡结合部、新开发地区及旧城改造地区外，一般不宜采用成本法评估土地重新购建价格。当不便采用成本法时，可以酌情选用市场比较法、基准地价修正法等方法评估土地的价格。

（2）求取建筑物重新购建价格时，具体可采用如下方法：

①单位比较法，是指将近期建成的类似建筑物的单位成本乘以估价对象建筑

物的单位数量来计算其重新购建价格的方法。该方法简便、迅速，但较为粗略。

②分部分项法，是指将建筑物的各个独立构件或工程的单位成本乘以相应的数量得到各分项工程或独立构件的价格，然后将各分项价格相加得到建筑物重新购建价格的方法。

③工料测量法，是指将建筑物所需各种材料、设备和人工的数量，乘以估价时点时的材料、设备和人工的单价，然后加总得到建筑物重新购建价格的方法。该方法较为翔实，但是费时费力。

④指数调整法，是运用建筑成本指数或变动率将估价对象建筑物的原始账面价值调整到估价时点上的方法。

（三）估算折旧

房地产折旧是指由于各种原因造成的房地产价值的减损。这种价值减损不同于会计上的折旧。房地产折旧从建成甚至在建过程中就开始发生。

1. 产生折旧的原因及其分类

（1）由于自然老化、正常使用的磨损、意外的破坏损毁、延迟维修等原因可能造成房地产物质实体上的磨损，即物质性折旧，又称物质磨损、有形损耗。这类折旧主要发生在建筑物。

（2）由于消费观念的变更、规划设计的更新、技术的进步等原因使得建筑物在功能方面相对残缺、落后或不适用可能造成的价值损失，即功能性折旧，又称精神磨损、无形损耗。

（3）由于供给过量、需求不足、自然环境恶化、交通拥挤、城市规划改变等房地产本身以外的各种不利因素造成的价值损失，即经济性折旧，又称外部性折旧。

物质性、功能性和经济性折旧对建筑物价格的影响并非完全独立的，大多是相互作用，互相关联的。因而大多数情况下，可一并计算。

2. 求取折旧的方法

一般情况下，折旧主要发生在建筑物上。由于土地资源的稀缺性，通常认为土地价格处于不断上升中，不存在价值的减损。实际上，外部经济性因素也可能导致土地存在部分经济性折旧。特别是在我国还应当考虑到土地使用权年限限制对于土地价值的影响。对于单纯的土地评估时，除进行土地使用年期修正外，如果存在经济性折旧，应当由估价人员根据实际情况，给出减价额予以修正。对于房地合一的估价对象，估算其折旧时，可以建筑物为主，并考虑土地使用年期的修正。求取建筑物折旧的方法主要有：

（1）耐用年限法，是假定建筑物在其经济耐用年限内每年的折旧额相等，即按相等数额逐年折旧的方法。运用该方法计算年折旧额的公式为：

$$D_i = (C-S)/N = C(1-R)/N$$

式中　D_i——第 i 年的折旧额。

　　　C——建筑物在估价时点下的重新购建价格。

　　　S——预计的建筑物的净残值，简称残值，是预计建筑物达到经济寿命，经拆除后可以收回的残余价值减去拆除清理费用后的数额。

　　　N——建筑物的经济耐用年限，该年限是从建筑物建成之日起到预期产生的收入大于运营费用的持续年数。需根据建筑物的结构、用途和维修保养情况，结合市场状况、周围环境、经营收益状况、剩余土地使用年期等综合判断。

　　　R——预计的建筑物的残值率，是净残值与重新购建价格的比率，即：$R = S/C \times 100\%$。

有效经过年数为 t 年的建筑物的折旧总额的计算公式为：

$$Et = D \times t = (C-S)t/N = C(1-R)t/N$$

建筑物现值为：$V = C - Et = C - (C-S)t/N = C[1-(1-R)t/N]$

【例6-1】　某建筑物的建筑面积 $200m^2$，经过年数 15 年，单位建筑面积的重置价格 1000 元$/m^2$，经济寿命 40 年，残值率 2%。试用直线法计算该建筑物的年折旧额、折旧总额、建筑物现值。

已知：$C = 1000 \times 200 = 200000$ 元；$R = 2\%$；$N = 40$ 年；$t = 15$ 年。

则：年折旧额 $D_i = C(1-R)/N = 200000 \times (1-2\%)/40 = 4900$ 元

折旧总额 $Et = D_i \times t = 4900 \times 15 = 73500$ 元

建筑物现值 $V = C - Et = 200000 - 73500 = 126500$ 元

（2）成新折扣法，是根据建筑物的建成年代，和估价人员进行现场勘察观察和判断出的建筑物的新旧程度等，确定建筑物的成新率，直接求取建筑物的现值的方法。其计算公式为：$V = C \times q$ 其中，q 为建筑物的成新率（%）。

（3）综合运用。实际估价中可综合运用上述方法确定成新率。

①先用年限法计算成新率：$q = [1-(1-R) \times t/N] \times 100\%$；

②再根据建筑物的建成年代对上述计算结果作初步判断，看是否吻合；

③采用实际观察法对上述结果做进一步的调整修正，并说明调整修正的理由。

（四）求取积算价格

求取积算价格的一般公式为：

房地产积算价格 = 土地重新取得费用 + 建筑物重新购建价格 - 折旧

根据估价对象的不同，其积算价格构成也可能有所不同。另外，如果采用成新折扣法估算折旧时，求取积算价格的公式为：

房地产积算价格 = 土地重新取得费用 + 建筑物重新购建价格 × 折旧率

【例 6-2】 某城市建成区内一专用仓库,土地总面积 $2000m^2$,1990 年 9 月底获得 40 年期的出让土地使用权。地上仓库建成于 1992 年 9 月底,建筑容积率为 4,建筑结构为砖混结构一等,该类建筑耐用年限一般为 50 年,残值率为 2%。在该仓库附近地区调查选取了 A、B、C 三宗土地交易实例作为可比实例,见表 6-3。

表 6-3

	可比实例 A	可比实例 B	可比实例 C
成交价格（元/m²）	1050	1120	900
成交日期	2004 年 2 月 31 日	2004 年 5 月 31 日	2004 年 7 月 31 日
交易情况	+2%	0	−3%
区域因素	0	+3%	+2%
个别因素	−1%	−2%	+1%

上表交易情况中正（负）值表示可比实例价格高（低）区域因素和个别因素中,正（负）值表示可比实例的相应因素优（劣）于估价对象的幅度。从 2004 年 1 月 1 日至 2004 年 11 月 30 日该类土地的市场价格平均每月比上月递增 0.5%。据评估人员调查与该仓库类似的建筑物造价为每平方米建筑面积 1300 元（含合理利润、税费等）。试利用上述资料估算该仓库 2004 年 11 月 30 日的正常单价（如需计算平均值,采用简单算术平均法）。

【解】 设所求仓库价格为 V。据题意:$V = V_L + V_B$

其中,土地价格 V_L 可用市场比较法求取,建筑物价格 V_B 可用成本法求取。

1. 用市场比较法求取 V_L,三宗可比实例的单项比准价格分别为:

$$V_{LA} = 1050 \times \frac{100}{100+2} \times (1+1\%)^9 \times \frac{100}{100} \times \frac{100}{99} = 1137.2 \text{ 元}/m^2$$

$$V_{LB} = 1120 \times \frac{100}{100} \times (1+1\%)^6 \times \frac{100}{100+3} \times \frac{100}{100-2} = 1177.8 \text{ 元}/m^2$$

$$V_{LC} = 900 \times \frac{100}{100-3} \times (1-1\%)^4 \times \frac{100}{100+2} \times \frac{100}{100+1} = 937.2 \text{ 元}/m^2$$

最终比准价格为:$V_L = (V_{LA} + V_{LB} + V_{LC}) \div 3 = 1084.1 \text{ 元}/m^2$

总价为:$V_L = V_L \times S_L = 1084.1 \times 2000 = 216.8$ 万元

2. 用成本法求取地上仓库的价格 V_B。

仓库的重新购建价格:$C = 1300 \times 2000 \times 4 = 1040$ 万元

年折旧：$D_i = (C-S)/N = C(1-R)/N$ 其中：$R = 2\%$ $N = 39$ 年，
折旧：$D = 1040 \times (1-2\%) \times 12.17/38 = 326.4$ 万元
地上仓库的积算价格：$V_B = C - E = C - D = 1040 - 326.4 = 713.6$ 万元
3. 仓库的总价格：$V = V_L + V_B = 216.8 + 713.6 = 930.4$ 万元
单价：$V = V/S_B = 930.4/8000 = 1163$ 元/年
综上，该仓库 2004 年 11 月 30 日的总价为 930.4 万元，单价 1163 元/年。

第五节 收 益 法

收益法（income approach 或 income capitalization approach），又称收益还原法、收益资本化法，是通过预计估价对象未来的正常净收益，选用适当的资本化率，将其折现到估价时点后累加，以此估算估价对象客观合理价格或价值的一种方法。

一、理论依据

收益法以经济学中的预期收益原理为理论基础。由于房地产使用长久，在其耐用年限内，将会源源不断地给权利人带来经济收益。因而，房地产的价格可以产权人在拥有该房地产的期间内从中所获得的全部经济收益的现值来体现。可见，预期收益原理强调决定房地产价值的是房地产未来所能获得的收益，而不是过去已获得的收益，或者过去投入的生产成本和过去的市场状况。

用收益法进行房地产价格评估的基本思想是：如果在估价时点购买估价对象房地产，那么在未来若干收益年限内可源源不断地获得净收益，将全部净收益折现到估价时点后的累加和即为交易双方愿意成交的房地产价格。考虑到资金的时间价值，其价值的高低取决于：（1）可获净收益的大小；（2）可获净收益期限的长短；（3）获得该净收益的可靠性。

二、适用范围和适用条件

收益法适用于有收益或有潜在收益能力，并且收益和风险都能够量化的房地产价格评估，如旅馆、写字楼、游乐场、厂房等。该方法还可用于检验市场比较法和成本法评估值的可靠性。

收益法适用的条件是房地产的收益和风险都易于量化。如对于学校、公园、博物馆等公用、公益房地产由于其收益或潜在收益难以量化，不宜采用收益法。

三、操作步骤

（一）搜集有关房地产收入和费用的资料
（二）估算潜在毛收入
潜在毛收入是假定房地产在充分利用、无空置状态下可获得的收入。

（三）估算有效毛收入

有效毛收入是有潜在毛收入扣除正常的空置、拖欠租金及其他原因造成的收入损失后得到的收入。

（四）估算运营费用

运营费用是指维持房地产正常生产和使用所必须支付的费用以及归属于其他资本或经营的收益。有效运营费用与有效毛收入之比被称为有效运营费用率。这里的运营费用不同于会计上的成本费用。它不包含房地产抵押贷款还本付息额、建筑物折旧、土地摊提费、房屋改扩建费用和所得税等项内容。

（五）估算净收益

净收益是由有效毛收入扣除合理运营费用后得到的归属于待估房地产的客观收益。净收益的估算是收益法运用的关键点之一。只有全面了解收益性房地产的各种收益情况，才能客观地求取房地产的净收益，准确估算房地产价格。

1. 不同类型房地产净收益的求取

（1）出租型的房地产应根据租赁资料扣除维修费、管理费、保险费、税金以及租赁代理费，所得余额为净收益。租赁收入包括有效毛租金收入和租赁保证金、押金等地利息收入。在实际求取时，应结合租赁合约进行分析。在租约期内按租约求取净收益，在租约期外按客观净收益求取。

（2）商业经营型房地产应从商品销售收入中扣除商品销售成本、经营费用、商品销售税金及附加、管理费用、财务费用、商业利润等，所得余额为净收益。

（3）生产经营型房地产应从产品销售收入中扣除生产成本、产品销售费用、产品销售税金及附加、管理费、财务费用、生产利润等，所得余额为净收益。

（4）自用或未用的房地产应比照同一市场上有收益的类似房地产的有关资料按上述相应的方式计算，或直接比较得出净收益。

在估算净收益时，应当注意到：估价过程中采用的潜在毛收入、有效毛收入、运营费用或净收益，除有租约限制以外，都应采用正常客观的收入和费用数据。利用估价对象自身的资料直接推算出的各项数据应与类似房地产的正常情况下的相关数据进行比较，如有不符，应进行适当调整。

2. 净收益流量的类型

求取净收益时，应根据净收益过去、现在、未来的变动情况及可获取净收益的年限，确定未来净收益流量，并判断其流量类型，以利于选择恰当的收益公式进行价格的估算。常见的类型主要有：

（1）每年净收益基本不变；

（2）每年净收益按照某一固定数额递增或递减；

（3）每年净收益按照某一比率额递增或递减；

（4）其他类型。

3. 可获益年限的确定

（1）对于单独土地和单独建筑物的估价，应分别根据土地使用权年限和建筑物经济寿命确定未来可获益年限，选用对应的有限年的收益法计算公式。

（2）对于房地合一的估价对象，应结合建筑物的经济寿命和土地使用年限确定未来可获益年限。如果建筑物的经济寿命晚于或与土地使用年限一起结束的，从建筑物竣工之日起至土地使用年限结束之日为未来可获益年限；如果建筑物的经济寿命早于土地使用年限而结束的，可采用下列方式之一处理：

①先根据建筑物的经济寿命确定未来可获益的年限，选用对应的有限年的收益法计算房地产合一状态下的收益价格；然后估算超出建筑物经济寿命的土地剩余使用年限价值的折现值。

②将未来可获益的年限设想为无限年，选用无限年的收益法计算公式估算收益价格。其中净收益求取时应扣除建筑物折旧费和土地摊提费，即：

$$V = \frac{a - D_B - D_L}{r}$$

或者

$$V = \frac{a}{r + d_B + d_L}$$

式中　D_B——建筑物折旧费；

　　　D_L——土地摊提费；

　　　d_B——建筑物折旧率；

　　　d_L——土地费用摊提率。

扣除建筑物折旧费和土地摊提费，相当于在每次建筑物经济寿命和土地使用年限到期时，分别积累一笔资金可用于对建筑物和土地进行不断地"复制"，相当于无限拓展房地产的收益年限。

（六）选用适当的资本化率

资本化率是用以将净收益转换为价格的一种比率。实质上是一种投资收益率。在运用收益法时，房地产价格对资本化率反映极为敏感，确定合适的资本化率也是收益法运用过程中的关键点和难点之一。如果资本化率选取不当，即使净收益的估算很精确，计算结果也可能偏离正常价格水平。

1. 资本化率的类型

针对不同的估价对象，应采用的资本化率分为综合资本化率、土地资本化率、建筑物资本化率。综合资本化率是求取房地合一的估价对象价值时应采用的资本化率；土地资本化率是求取单纯土地的价值时应采用的资本化率；建筑物资本化率是求取单纯的地上建筑物时应采用的资本化率。它们之间的关系可按下式确定：
$$R_0 = L \times R_L + B \times R_B$$

式中　R_0——综合资本化率（%）；

R_L——土地资本化率（%）；

R_B——建筑物资本化率（%）；

L——土地价值占房地价值的比率（%）；

B——建筑物价值占房地价值的比率（%）。

2. 资本化率的求取方法

(1) 市场提取法，即通过搜集市场上三宗以上类似房地产的价格、净收益等资料，选用相应的收益法计算公式，求出资本化利率。房地产市场发达，交易资料易获取时，可采用该方法。

①在 $V = \dfrac{a}{r}$ 的情况下，通过 $r = a/V$ 来求取 r，即可以采用同一市场上类似房地产的净收益与其成交价格的比率作为资本化率。

②在 $V = \dfrac{a}{r}\left[1 - \dfrac{1}{(1+r)^n}\right]$ 的情况下，通过 $V - \dfrac{a}{r}\left[1 - \dfrac{1}{(1+r)^n}\right] = 0$ 来求取 r。具体先采用试错法，计算到一定精度后再采用线性内插法求取。

③$V = a/(r-g)$ 的情况下，通过 $r = a/V + g$ 来求取。

(2) 累加法，即以安全利率加上风险调整值作为资本化率的方法。其中：

①安全利率为无风险投资的收益率，通常可选用同一时期的一年定期存款法定利率或一年期国债利率；

②风险调整值 = 投资风险补偿 + 管理负担补偿 + 缺乏流动性补偿 – 投资带来的优惠。当安全利率为一年期定期存款法定利率时，上述各项补偿值变为估价对象相对于投资一年期定期存款的各项补偿和优惠。一般情况下，各类房地产风险值大小排序为：商业零售风险 > 写字楼 > 住宅 > 工业。

(3) 复合投资收益率法，即将购买房地产的抵押贷款收益率与自有资本收益率的加权平均数作为资本化率。其计算公式为：

$$r = M \times r_m + (1 - M) \times r_E$$

式中　r——资本化率（%）；

r_m——抵押贷款资本化率（%）；

r_E——自有资本收益率（%）；

M——贷款价值比率（%），即抵押贷款占房地产价值的比率。

(4) 投资收益率排序插入法，即找出相关投资类型及其收益率、风险程度，按风险大小排序，将估价对象与这些投资的风险程度进行比较、判断，从而确定资本化率。

（七）选用适宜的计算公式求出收益价格

确定净收益和资本化率后，可以根据所求取的净收益流量类型、获益年限及资本化率，选择适宜公式进行计算。常用公式主要有：

1. 基本公式：$V = \sum_{i=1}^{n} \frac{a_i}{(1+r)^i}$

式中　V——收益价格；
　　　a_i——第 i 年净收益；
　　　r——资本化率；
　　　n——可获益年限。

2. 净收益 a 每年不变，可获益年期为无限年且资本化率大于零为 r 时的公式为：

$$V = \frac{a}{r}$$

该公式可直接用于估算土地收益价格。

3. 净收益 a 每年不变，可获益年期为有限 n 年且资本化率大于零为 r 时的公式为：

$$V = \frac{a}{r}\left[1 - \frac{1}{(1+r)^n}\right]$$

除用于收益价格估算外，该公式还可用于：

（1）直接用于计算价格；
（2）不同年限价格的换算；
（3）比较不同年限价格的高低；
（4）用于比较法中土地使用年限修正；

4. 净收益 a_i 在未来的前 t 年有变化，可获益年限为无限年且资本化利率大于零为 r 时的公式为：

$$V = \sum_{i=1}^{t} \frac{a_i}{(1+r)^i} + \frac{a}{r(1+r)^t}$$

式中 a 为 t 年后每年净收益。

5. 净收益 a_i 在未来的前 t 年有变化，可获益年限为有限 n 年且资本化利率大于零为 r 时的公式为：

$$V = \sum_{i=1}^{t} \frac{a_i}{(1+r)^i} + \frac{a}{r(1+r)^t}\left[1 - \frac{1}{(1+r)^{n-t}}\right]$$

式中 a 为 t 年后每年净收益，n 为可获益年限。

【例6-3】 某两层商场每层可供出租面积均为500m², 一层于2002年5月31日出租, 租期5年, 可出租面积的月租金收入为200元/m², 且每年不变, 二层现暂空置, 附近类似商场一层、二层可出租面积的正常月租金分别为220元/m²和140元/m², 运营费用率为25%, 土地使用权年限40年, 从2000年5月31日起计, 该类房地产资本化率9%, 试评估该商场2004年11月30日带租约出售时的正常价格。

【解】 首先求取租约期内的净收益:
一层: 每年的有效毛收入 = 200 × 500 × 12 = 120万元
　　　每年的净收益 = 140 × (1 - 25%) = 105万元
二层: 每年的净收益 = 140 × 500 × 12 × (1 - 25%) = 63万元
求取租约期外的净收益:
一层: 每年的净收益 = 220 × 500 × 12 × (1 - 25%) = 99万元
二层: 与租约期内的净收益相同。
商店一层:

$$V = \frac{90}{(1+9\%)} + \frac{90}{(1+9\%)^2} + \frac{90}{(1+9\%)^{2.5}} + \frac{99}{9\%(1+9\%)^{2.5}}\left[1 - \frac{1}{(1+9\%)^{33}}\right]$$

= 1880.3万元

商店二层:

$$V = \frac{105}{9\%}\left[1 - \frac{1}{(1+9\%)^{35.5}}\right] = 1111.9 \text{万元}$$

该商店正常价格 = 商店一层的价格 + 商店二层的价格
　　　　　　 = 1880.3 + 1111.9 = 2992.2万元

所以, 该商店2004年11月30日带租约出租的正常价格为2992.2万元。

第六节　假设开发法

假设开发法 (the hypothetical development method), 又称剩余法、倒算法, 是通过预计估价对象开发完成以后的房地产价值, 从中扣除预计的正常的开发成本、税费和利润等, 以此估算估价对象客观合理价格或价值的一种方法。

一、理论依据

假设开发法的基本理论依据是预期收益原理。从假设开发法的估价思路中可以看出该方法在形式上是评估新建房地产价格的成本法的倒算, 在估算开发完成后的房地产价值时, 又可以结合市场比较法等方法。所以替代原理、供求理论、生产费用价值论、地租理论等经济学原理也是其运用过程中的理论依据。

二、适用范围和条件

假设开发法适用于具有投资开发或再开发潜力的房地产估价，具体包括：待开发的生地、毛地、熟地；具有装修改造潜力的旧房；再开发待拆迁的房地产；在建工程等。另外，假设开发法还经常用于房地产开发项目投资分析。

假设开发法估价结果的可靠性主要取决于：一方面能否正确判断房地产的最佳开发利用方式（包括用途、规模、档次等），另一方面能否正确预测开发完成后房地产价值。要保证上述判断的准确性，要求所处房地产市场比较规范、稳定，具体表现为：

（1）各项房地产政策，特别是有关房地产投资开发和交易税费的政策应当明朗、开放、全面并且较为稳定；

（2）房地产法规统一、严谨并且较为健全；

（3）房地产资料库完整、公开，透明度高；

（4）土地供给（出让）计划和城市发展规划长远、公开、稳定。

如果这些条件不具备，在运用假设开发法估价时会加大各项预测的难度。

三、操作步骤

（一）调查待估房地产的基本情况

主要包括以下四个方面：

1. 调查待估房地产的坐落位置，为选择最佳的土地用途服务。包括土地所在城市的性质、土地所在区域的性质和土地的具体坐落状态等。

2. 调查待估房地产的自然状况，为估算开发成本、费用等服务。包括土地面积大小、形状、平整程度、基础设施通达程度、地质和水文状况、已建地上建筑物或构筑物的建筑结构及面积等。

3. 调查政府的规划限制，为确定最佳的开发利用方式服务。包括规划许可的用途、建筑高度、容积率等。

4. 调查待估房地产的各项权利，为预估未来的售价、租金水平等服务。包括待估房地产的权利性质、使用年限、可否续期，以及对转让、出租、抵押等的有关规定等。

（二）确定待开发房地产的最佳开发利用方式

根据已调查得到的待估房地产的基本情况和当地的房地产市场状况，在规划及法律许可的范围内，确定待估房地产的最佳开发利用方式，包括用途、规模、档次等，其中最重要的是确定最佳用途。所谓最佳开发利用方式，应当是在该方式下能使得开发过程获得最高受益。

（三）估计开发经营期

开发经营周期是指从取得待估房地产一直到房地产全部销售或出租完毕的这

一段时期。开发经营期包括开发期和经营期。开发期从取得待估房地产开始至预计待估房地产开发完成止。根据房地产开发完成后经营使用方式的不同,其经营期的起止有所不同。如果采用销售的方式,则销售期从开始预售至全部销售完毕。如果采取出租、营业或自用等经营方式,运营期通常从开发完成至开发完成后的房地产的经济寿命结束止。估计开发经营期的主要目的是把握各项成本、费用投入的时间和数额,预测开发完成后的房地产价值以及对资金的时间价值进行处理。开发经营期的确定可采用结合同一供求范围内的类似项目已有的正常开发经营期来估计。

(四) 预测开发完成后的房地产价值

开发完成后的房地产价值,是指开发完成的房地产在当时的房地产状况下的市场价值。根据开发完成后经营利用的类型,开发完成后的房地产总价可通过两条途径预测:

1. 对于出售的房地产,宜采用市场比较法,并应考虑类似房地产价格的未来变动趋势,具体可采用市场比较法结合长期趋势法确定开发完成后的房地产总价。例如,要推测某待估房地产2年后建成时的价格,可以通过搜集当地该类房地产过去若干年和现在的价格资料,并将之按时间排序形成时间序列,选择数学曲线拟合法、平均增减量法或者平均发展速度法等长期趋势分析方法来推测确定其未来可能的变化趋势。

2. 对于出租的房地产,可采用市场比较法确定开发完成后的房地产的租赁和经营收益,再采用收益还原法将出租收益转化为房地产总价。

(五) 估算开发成本、管理费用、投资利息、销售税费、开发利润、投资者购买待估房地产时应负担的税费等

由于假设开发法实际上相当于成本法的倒算,其开发成本、管理费用、销售税费等的构成和估算与成本法中相同,不同之处在于成本法估算的是已经发生的各项费用,假设开发法中需要预测这些费用可能的发生值。

投资利息和开发利润的测算只有在传统方法中才需要。其测算方法与成本法中投资利息的计算相同。计息期通常到开发完成时止,即既不考虑预售,也不考虑延迟销售。

投资者购买待估房地产应负担的税费,是指在购买待估房地产时作为买方应支付的税费如契税、交易手续费等。该项税费通常是根据当地的规定,按待估房地产价值的一定比率测算。

(六) 确定资金时间价值的处理方式,选择适用公式计算待开发房地产价格

1. 资金时间价值的处理方式

房地产开发周期较长,运用假设开发法估价必须考虑资金的时间价值。一般

情况下，资金时间价值可有两种不同的处理方式：

（1）折现。采用该方式下的假设开发法被称为现金流量折现法。现金流量折现法须预测未来发生的各项收入、支出，并考虑其发生时间的不同，将各项收入、支出统一折现到估价时点上，然后再相加减。其中，折现率的求取方法与资本化率类似，它等同于所处房地产市场上类似房地产项目的平均报酬率，包含了资金的利率和开发利润率两部分，因此运用该方法时不必再单独计算投资利息和开发利润。

（2）计算利息。采用该方式下的假设开发法被称为传统法。传统法中应根据估价时的房地产市场状况对各项收入、支出作出静态估算，并且可将各项收入、支出直接相加减，不必考虑其各自发生时间的不同，但要计算利息。另外还应单独计算开发利润。

（3）以上两种处理方式即现金流量折现法和传统法的优缺点

从理论上讲，现金流量折现法测算的结果比较精确，但比较复杂；传统方法测算的结果比较粗略，但相对要简单些。但由于现金流量折现法估算过程要求做到"先知先觉"，所以在实务中众多的未知因素和偶然因素可能会使预测偏离实际。尽管如此，估价中仍宜采用现金流量折现法；在难以采用现金流量折现法时，可采用传统方法。

2. 假设开发法的计算公式

（1）基本公式为：待估房地产价值 = 开发完成后的房地产价值 – 开发成本 – 管理费用 – 投资利息 – 销售税费 – 开发利润 – 投资者购买待估房地产应缴纳的税费

（2）根据房地产开发前后状况的不同，上述公式可以细化为：

①生地价值 = 开发后的房地产价值 – 由生地开始开发建造所支付的开发成本 – 开发过程中的管理费用 – 投资利息 – 销售税费 – 开发利润 – 买方购买生地时支付的税费

②毛地价值 = 开发后的房地产价值 – 由毛地开始开发建造所支付的开发成本 – 开发过程中的管理费用 – 投资利息 – 销售税费 – 开发利润 – 买方购买毛地时支付的税费

③熟地价值 = 开发后的房地产价值 – 由熟地开始开发建造所支付的开发成本 – 开发过程中的管理费用 – 投资利息 – 销售税费 – 开发利润 – 买方购买熟地时支付的税费

④在建工程价值 = 续建完成后的房地产价值 – 续建成本 – 续建过程中的管理费用 – 投资利息 – 销售税费 – 续建投资利润 – 买方购买在建工程时支付的税费

⑤旧房地价值 = 装修改造完成后的房地产价值 – 装修改造成本 – 装修过程中

的管理费用 - 投资利息 - 销售税费 - 装修改造利润 - 买方购买旧房地时支付的税费

运用上述公式时，一方面应把握待估房地产开发前后的状况，一方面要把握开发后的经营利用方式。

【例6-4】 某在建工程开工于2003年5月31日，拟建为住宅；总用地面积3000m^2，土地使用权年限70年，从开工之日起计；规划建筑总面积15000m^2，该工程正常施工期3年，建筑费每平方米建筑面积2300元，专业费为建筑费的10%；至2003年11月30日已完成7层主体结构，已投入总建筑费及专业费的30%，还需要投入总建筑费及专业费的70%（假设均匀投入，视同发生在该投入期中）；贷款年利率为9%。预计该工程建成后即可售出：住宅售价为每平方米建筑面积5000元，销售税费为售价的8%，折现率为13%。购买该在建工程时支付的税费为其价值的4%。试利用上述资料以现金流量折现法估计该在建工程于2004年11月30日的正常总价格。

【解】 设该在建工程的现值为V。

在建工程现值 = 开发完成以后的住宅现值 - 续建成本费用现值 - 销售税费现值 - 购买在建工程时交纳的税费

1. 开发完成后的住宅现值 = $\dfrac{5000 \times 15000}{(1 + 13\%)^{1.5}}$ = 6243.7万元

2. 续建成本费用现值 = $\dfrac{2300 \times 15000}{(1 + 13\%)^{0.75}}$ = 3147.8万元

3. 销售税费现值 = 6243.7 × 8% = 498.8万元

4. 购买在建工程时的税费 = $V \times 4\%$

代入上述公式：$V = 6243.7 - 3147.8 - 498.8 - V \times 4\%$

解得：$V = 2497.2$万元

第七节 基准地价修正法

基准地价修正法是指在政府确定并公布的基准地价覆盖区域内，以估价对象所处地段的基准地价为基础，按照替代原理，利用基准地价修正体系，对影响待估宗地地价的区域因素和个别因素进行比较修正，得到估价对象宗地价格的方法。这是宗地价格评估中常用的方法之一。

基准地价系数修正法的实质是比较法，在基准地价评估基础上编制的修正体系是比较的标准。该方法适用于具备基准地价及其修正体系成果的城镇土地估价。特别适用于在较短时间内对大量宗地进行价格评估。

一、基准地价的涵义和主要作用

(一) 基准地价的涵义

基准地价，即城镇国有土地的基本标准地价，是指在城镇规划区范围内，根据用途相似、地块相连、地价相近的原则划分地价区段，按照科学的估价方法，分别评估确定的各区段内的不同用途土地在某一估价期日上法定最高年限的土地使用权平均价格。

一般来说，基准地价有以下特征：

1. 全域性，即城市规划区域内的所有土地都在基准地价覆盖范围内；
2. 权威性，即基准地价一般由政府组织或委托有关专家和有资质的估价机构进行估算，并由政府审定、认可及定期公布；
3. 分用途，即同一地价区段中，不同土地利用类型的土地，有不同的基准地价标准；
4. 平均性，即基准地价反映了一定土地等级、特定用途、一定估价时点下的平均价格；
5. 有限期，即基准地价是有限年期的土地使用权价格，通常是法定最高年期下的价格；
6. 时效性，即基准地价作为一种价格标准，只能反映特定时点的土地市场价格水平，必须及时更新才能保证其有效性。

(二) 基准地价作为一种具有指导性作用的土地价格标准，对政府、企事业单位和居民都有十分重要的作用。具体表现在：

1. 是政府制定地价政策、加强房地产市场宏观调控的重要依据和手段之一，是政府调节土地总量和结构平衡的有效经济杠杆；
2. 为国家计征土地使用税、土地增值税等税费提供重要依据；
3. 基准地价客观地反映了土地价值量大小及变动趋势，表明了土地利用的经济效果，可作为企业投资预算的参考；
4. 是评估标定地价、出让底标等宗地地价的基础，是正确制定城市国有土地使用权出让价格的参考标准。

二、城镇基准地价评估的步骤

建立城镇基准地价及其修正体系是采用基准地价修正法评估土地价格的基本前提。

(一) 确定并划分基准地价评估的区域范围

以一个具体城镇为对象，根据实际需要和可投入评估的人力、财力、物力等情况来确定其基准地价评估的区域范围。目前，划分基准地价评估区域的方法有两种：一是利用影响城镇土地使用价值的因素的差异性和一致性来划分土地级别；二是直接在城镇土地利用分区的基础上，按区域土地利用条件差异，来划分不同的土地条件均质区域。对已按《城镇土地定级规程》完成土地级别划分的城镇，可以用土地级别作为基准地价评估区域，也可以用分值相同的单元作为评估区域。若没有划分土地级别，可以根据地租、地价高低，参考土地利用条件，结合城镇规划要求，直接划分土地级别或将均质区域作为基准地价评估区域。各地价区段之间的分界线应以道路、沟渠或其他易于辨认的界线为准；但商业路线价区段应以标准深度为分界线。

（二）明确基准地价的内涵、构成、表达方式、基准日期等

基准地价是在设定土地级别或均质地域内的一定用途、权利状况、容积率和开发程度下的法定最高出让年期的土地平均价格。必须明确拟评估的基准地价所对应的土地条件或状况，包括土地的基础设施完备程度、平整程度、权利性质、使用年限、用途（通常分为商业、办公、居住、工业等不同的用途）、容积率等。

（三）调查、收集并整理基准地价评估所需资料

在资料调查收集前，首先必须有周密细致的计划，其中包括调查的范围、类型、方法、人员和组织等。应统筹安排整个调查工作，进行业务人员的专门培训。根据调查需要，确定调查收集对象后，可划分调查区，确定调查方法，编制调查表格，将收集到的资料以表格形式填写。

（四）测算样点基准地价并建立样点数据库

在划分出的各地价区段内，选择若干具有代表性宗地作为样点。利用收集到的房地产市场交易、出租和土地利用收益等资料，首先采用收益法、成本法和剩余法等测算样点地价（通常应求出单价或楼面地价）；然后对样点地价进行使用年期、交易期日、交易情况和容积率等内容的修正，将样点地价修正为设定的基准地价内涵下的价格；最后对样点数据进行分类统计和检验，剔除异常数据，编制样点地价分布图，建立样点信息数据库。

（五）计算区段地价

区段地价是某个特定地价区段的单价或楼面地价，它代表或反映着以该地价区段为范围，各该地价区段内所抽查评估出的样点基准单价或楼面地价的平均数、中位数或众数。

（六）确定基准地价

在上述区段地价计算的基础上做适当的调整后即是基准地价。在确定基准地价时，应先把握各地价区段间的好坏层次（通常是从好到差排序），再把握其间的地价高低层次，以避免出现条件较差的区段的基准地价高于条件较好的区段地价。

基准地价的确定，主要遵循以下原则：

1. 以实际数据测算的结果为主，以比较评估的结果为辅；
2. 土地市场发育的城镇，应以市场交易资料评估结果为准，利用级差收益测算结果进行修正；
3. 土地市场不发育的城镇，可以收益测算结果为准，并用市场交易资料测算结果验证；
4. 要以评估结果为基础，并充分体现政府的地价管理政策。

在土地级别级差收益测算或均质地域平均水平计算的基础上，应结合城镇土地利用与管理政策及市场发展趋势，经过城市规划、土地管理等相关领域的专家论证、调整，确定城镇不同土地级别和不同均质地域内不同用地类型土地的基准地价。

（七）基准地价修正系数表的编制

为了更好地发挥基准地价的作用，满足土地管理和土地交易活动等的现实需要，应分析宗地地价影响因素与基准地价、宗地地价的关系，应用替代原理，建立基准地价、宗地地价及其影响因素之间的关系，编制出基准地价在不同因素条件下修正为宗地地价的系数体系，包括具体区位条件、土地使用年限、容积率、土地形状、临街状况方面的修正方法和修正系数，以便能在宗地条件调查的基础上，按对应的修正系数，快速、高效、及时地评估宗地地价。在运用基准地价修正法进行宗地价格评估时，估价的精度与基准地价修正体系的精度有着密切的关系。

按照基准地价成果及相应修正系数编制方法得到的基准地价修正系数表，要利用城镇中已发生交易的正常交易地价，进行准确性验证。一般情况下，从已收集的宗地实例中，根据样点的代表性，从低到高地至少选择出20宗以上宗地地价的样点。对选定的样点地价，按宗地的位置、用途确定所在地区的基准地价，同时调查影响宗地价格的有关因素，确定宗地的修正系数，并利用基准地价修正系数评估宗地地价的方法，评估出宗地地价。将实际的宗地地价与根据基准地价修正评估得到的宗地地价进行比较，当两者价格之差的相对百分数不超过15%时，表示评估结果基本符合要求。在上述精度控制下，不符合要求的样本数不超过5%，则编制的基准地价修正系数表符合要求。否则，应重新审核、检查编制过程，分析各种过程处理方法的正确性，调整修正系数，再重新检验，直到所编制的修正系数表符合上述精度要求为止。

（八）基准地价评估成果的整理和更新

基准地价评估成果整理的内容包括基准地价图、基准地价表、基准地价修正系数表及其他相关图表和基准地价评估报告的编写等，成果应当齐全完整。另外，整理过程中应采用恰当的整理方法和正确的表示方式。各类图件成果的整理要符合图件编制的一般要求。

为了使基准地价在土地管理与土地市场中发挥正常的作用，有必要根据社会经济的发展、城市规划的调整、土地市场的变化等，用土地收益、市场地价或地价指数等及时调整和更新基准地价及其修正系数表，以保持基准地价及其修正体系的现时性。

城镇基准地价更新的技术途径主要有：

1. 以土地定级（或均质地域）为基础，以市场交易地价资料为依据，更新基准地价；

2. 以土地定级为基础，以土地收益为依据，以市场交易地价资料为参考，更新基准地价；

3. 以土地定级（或均质地域）为基础，以地价指数为依据，更新基准地价。

三、基准地价系数修正法的操作步骤

运用基准地价修正法评估宗地地价时可按照下列步骤进行：

（一）搜集有关基准地价的资料

由于房地产市场具有区域性的特点，加上城市规模不一，各地的基准地价水平之间缺少可比性，运用基准地价修正法评估宗地价格时，应以当地政府公布的基准地价水平和基准地价修正系数为准进行估价。因此，估价前必须收集当地基准地价成果资料作为估价基础，主要包括：基准地价土地级别图及其文字说明、基准地价表、基准地价修正系数表及其他相关图表等。

（二）明确待估宗地所处的位置和用途，进而确定与之对应的基准地价及其修正项目

根据待估宗地的位置、用途，并对照所收集的基准地价成果资料，确定待估宗地所处的土地级别、基准地价和相应的因素条件说明表、因素修正系数表、该级别土地平均开发程度和基准地价内涵等，以确定与之对应的基准地价及需要对比修正的价格影响因素。

修正因素指标的调查，应充分利用已收集的资料和土地登记资料及有关图件，同时应进行实地考察，在考察基础上，确定宗地地价因素指标数据。

（三）土地开发程度差异修正

比较待估宗地价格定义与基准地价内涵，当二者内涵一致，开发程度相同时，则不必进行土地开发程度修正；当二者不一致时，则要进行土地开发程度差异修正，将基准地价修正为待估宗地地价设定的土地开发程度条件下的地价。例如，位于城市四级住宅用地地段内的某待估宗地，其估价设定开发程度为"六通一平"，而对应的基准地价的开发程度为"五通一平"，则应在市场调查的基

础上，对比二者开发程度上的差异（待估宗地多出"通煤气管道"一项），并对原基准地价进行修正。若原基准地价为1200元/m²，据调查，该级别煤气管道安装费为80元/m²；则该级别"六通一平"条件下的基准地价应修正为1200 + 80 = 1280元/m²。

（四）进行交易日期修正

基准地价反映的是一定评估基准日期下的地价水平，随着时间的推移，地价水平会发生变化。因此，必须对基准地价进行交易日期修正，将基准地价在其基准日期时的值调整为估价时点的值。交易日期修正一般根据地价变动率或地价指数确定交易日期修正系数，具体的方法，同市场比较法中的交易日期修正方法。如以定基地价指数进行修正，则交易日期修正系数为：

$$T = \frac{估价时点的地价指数}{基准地价评估基准日的地价指数}$$

（五）进行土地使用年期修正

基准地价对应的使用年期，是各用途土地使用权的最高出让年期，而具体待估宗地的使用年期可能各不相同，因此必须进行年期修正。土地使用年期修正系数可按下式计算：

$$y = \frac{1 - \left(\frac{1}{1+r}\right)^m}{1 - \left(\frac{1}{1+r}\right)^n}$$

式中　y——待估宗地年期修正系数；

　　　r——土地还原利率；

　　　m——待估宗地剩余土地使用年期；

　　　n——该用途法定最高出让土地使用权年期。

（六）确定容积率修正系数

基准地价对应的通常是该用途土地在该级别或均质地域内的平均容积率，各宗地的容积率可能不同，而容积率对地价影响较大，编制基准地价因素修正系数表时，通常难以考虑进去，因此需要将基准地价对应的平均容积率修正到宗地实际容积率水平。容积率修正系数按下式计算：

$$Q_{ij} = Q_i / Q_j$$

式中　Q_{ij}——容积率修正系数；

　　　Q_i——待估宗地容积率对应的地价水平指数；

　　　Q_j——平均容积率对应的地价水平指数。

（七）确定宗地地价影响因素修正系数

影响因素修正系数是指除容积率、交易日期、土地使用年期等之外的其他地价影响因素的综合修正系数。可以按照宗地用途和所处区域，查对修正系数表对应的各项因素指标说明表，确定各价格影响因素的优劣状况；按优劣状况，结合基准地价系数修正表，得到该因素的修正系数。

$$K = \sum_{i=1}^{n} K_i K = \sum_{i=1}^{n} K_i$$

式中　K——宗地地价影响因素总修正值；
　　　K_i——宗地第 i 个影响因素修正值；
　　　n——修正因素的个数。

其影响因素修正与市场比较法中的区域因素修正和个别因素修正相似。

（八）求出待估宗地地价

$$p' = p \times (1 + K) \times y \times T \times Q_{ij}$$

式中　p'——待估宗地地价；
　　　p——待估宗地对应的基准地价。

第七章 发达国家与地区房地产

第一节 美国房地产

一、房地产业与美国经济

住房问题是困扰各国政府的普遍的社会问题，西方各国政府都把解决住房问题放在十分重要的战略地位。房地产业同时对经济发展存在巨大的推动作用，很多国家将房地产业列为国民经济的支柱产业。

早在1931年的美国的首次住房会议上，美国总统胡福说过："没有什么东西比住房对于人民幸福和社会安定更重要。"从美国战后经济的发展历程看，房地产业与建筑业相结合，为美国经济的高速发展提供了强大的物质保证，房地产业已和建筑业一起成为美国的重大经济支柱之一，其增加值约占美国国民生产总值的10%～15%，全国2/3的有形资产是房地产。房地产业影响到美国10%以上的经济活动，房地产业的繁荣兴旺给美国居民带来了巨大财富，目前约2/3的美国家庭拥有自己的住房。据最新统计，住房约占美国家庭资产的30%。

在20世纪30年代以前，房地产业发展得并不快，政府采取不干预政策；20年代佛罗里达房地产市场的一度繁荣征服了所有的美国人，但随着1929年经济风暴的来临，繁荣转瞬即逝。

30年代的大危机之中，新房建设下降了90%，住房供给严重不足，政府开始对住房建设进行干预。1932年建立了联邦住房贷款银行体系，1933年政府帮助建立了房主贷款公司，1934年第一部《住宅法》宣布实施，1934年建立了联邦住房管理委员会，目的是提供帮助建房的资金，政府出面向私人贷款，金融机构提供担保和保险业务等。这些措施大大改善了住宅抵押贷款条件，较大促进了住房建筑业的发展。整个30年代至40年代初期，房地产业都处于萧条期，美国政府专门制定了大量促进房地产业发展的政策。

第二次世界大战结束之后，到1946年底，美国经济经历了一个复苏阶段。从1947年起，美国重新走上资本主义经济正常周期运行的轨道，并逐渐出现了周期性的经济"高涨"。这一时期，出现了对包括房屋在内的耐用消费品的旺盛需求。1947年消费者用于购买耐用品和住宅的金额为300亿美元，而1949年上升为 400 亿美元。从 40 年代中后期至 60 年代中期为美国房地产市场持续繁荣发展期，此间有在正常水平以上的回落（1949 年和 1953 年）。据有关资料显示，从 1955 年的繁荣期经过 1964 年衰退期以后，再进入 1972 年繁荣期，历时 18 年。此后，从 1972 年的繁荣期经过 1975～1976 年衰退期再次进入 1981 年繁荣期，从而完成了一次较小的房地产景气循环，历时 9 年。

在经历了 80 年代初期和 90 年代初期迅速急剧的衰退以后，美国的房地产市场萧条冷落，几近沉寂。然而房地产业显示了强大的生命力，近些年来，很多房地产市场出现了多年以来的首次稳定并开始走向复苏。

从 1992 年克林顿总统上台以后，美国连续 100 多个月经济景气、社会稳定，除了发展高新科技的因素外，房地产业也是最重要的晴雨表和运行指数。据美国经济学家爱德华·霍尔夫研究，近年来从住宅升值获益的美国家庭远远多于从股市上扬得益的家庭。从表 7-1 可以看出，1992～2000 年美国房地产业增加值约占美国国民生产总值的 11%，已和建筑业一起成为美国的重大经济支柱之一。

美国房地产业、建筑业 GDP 与全国 GDP 之间的关系　　　表 7-1

	年份	1992	1993	1994	1995	1996	1997	1998	1999	2000
	全部 GDP（10 亿美元）	6318.9	6642.3	7054.3	7400.5	7813.2	8318.4	8781.5	9268.6	9872.9
	增长率（%）	2.4	2.4	2.1	2.2	1.9	1.9	1.2	1.4	2.3
房地产业	房地产业 GDP（10 亿美元）	725.2	791.4	832.6	871.6	920.1	981.6	1051.2	1116.3	751.6
	城市住宅服务	543.4	593.9	628.9	654.6	679.1	718.7	764.4	810.5	558.1
	其他房地产服务	181.8	197.5	203.7	217.0	241.0	262.9	286.8	305.8	193.5
	占全部 GDP 的比例（%）	11.5	11.2	11.3	11.2	11.1	11.2	11.3	11.3	11.3
	对 GDP 增长的贡献*（百分点）	0.8	0.5	0.7	0.6	0.6	0.4	0.1	0.2	0.6
建筑业	建筑业 GDP（10 亿美元）	234.4	275.3	290.3	316.4	338.2	380.8	425.5	463.6	248.9
	占全部 GDP 的比例（%）	3.7	3.9	3.9	4.0	4.1	4.3	4.6	4.7	3.7
	对 GDP 增长的贡献（百分点）	0.0	0.1	0.2	0.1	0.2	0.2	0.2	0.3	0.1

* 为金融保险和房地产对 GDP 的贡献。

2000 年年中美国股市出现大崩盘，经济增长速度在 2000 年第四季度骤然下滑到 1%，但仅出现了一个季度的负增长，之后就开始以较快的速度回升。在此次衰退中，企业倒闭、失业上升、股市缩水等多重因素对消费信心不断形成打击，但美国的消费在衰退期间为何没有出现负增长？最新的研究成果表明，住宅价格的变化对消费心理和行为的影响，普遍要大大超过股市升降对人们心理的影响。美国有 2/3 的家庭拥有自己的住房,尽管股市泡沫破灭使不少人由富变穷,但房价的飙升,不但抵消了股市下跌形成的负面心理影响,甚至还使更多的人感到自己更加富有,从而使住宅财富效应代替了 2000 年之前的股市财富效应。继续刺激着美国人的消费增长,最终使美国经济绕过了衰退深渊。据统计,在美国经济出现衰退的 2001 年,除了硅谷等少数地区房价出现较大幅度下跌外,多数地区的房价都是以两位数的比例不断上扬,美国的年平均房价竟上升了 9%,创了实际房价增长的历史最高记录。房地产业一枝独秀,在美国经济中的支柱地位更加显著。

近两三年中,虽然美国经济发展速度步履蹒跚,但是房地产市场却始终保持强劲,成为美国经济中少见的亮点之一。究其原因,抵押贷款利率不断走低是其中最主要的原因。

自 2003 年以来,美国经济学界近来正在展开一场关于房地产泡沫的辩论,媒体连篇累牍地警告称,美国房屋市场存在泡沫并终将破灭,然而住宅建设公司却不断创下新屋开工记录。一些地区的新屋价格也在持续上升——其中部分地区的新屋价格比去年同期高出 20%。多数经济学家相信,2004 年美国房地产业仍将蓬勃发展,将继续充当美国经济的主动力。但部分经济学家却警告人们,美国房地产业的繁荣景象不但正成强弩之末,且可能使美国经济出现继股市泡沫之后的又一次泡沫破裂,甚至拖累刚开始恢复的美国经济再次下滑。

对美国房地产前景担心的经济学家认为,住宅价格上涨已造成难以为继的态势,尤其是价格和收入之间的比例已经严重失衡。在正常情况下,房屋价格和收入的比率一般为 1.2,而现在这一比率已经上升到 1.6,相当于上次房地产价格持续下降开始的 1989 年。美国目前的经济态势与 1989 年前后的日本非常相似,当时,日本的房地产也是随着股市不断飙升,但在股市崩溃后一年左右也跟着崩溃。

二、美国房地产业的宏观管理

在美国的房地产市场运行过程中,政府的宏观管理作用主要表现在以下几个方面:

(一)区域规划与管理

美国政府对房地产进行区域规划和管理的目的,是在统一综合规划下,达到对土地最大限度的合理使用,增进社区的健康安全、便利、繁荣等公共福利,保护环境等。区域规划与管理主要由地方政府(县、市政府)负责,实施规划与管理的调节工具主要有以下六种:

1. 分区制(Zoning Ordinance)

这是在统一规划下,将土地划分为一系列不同的区块,分别作为居民区、商业区、工业区，除特殊情况外，通常不可以混杂，如不能将商店等商业设施开设在居民区内。

2. 再分类制（Subdivision Regulation）

它是在分区制的基础上，对土地的使用做出进一步的细分。如在居民区内，把不同的地块划分为独立屋住宅区、多住户住宅区和公寓住宅区。

3. 建筑法（Building Codes）

它要求所建的建筑物必须达到基本的安全标准，以保护公共卫生与安全。如规定建筑物的高度、一定区域内建筑物的数量、每一建筑物之间的距离、建筑物使用的建筑材料、建筑技术、建筑标准等。

4. 开发规划（Growth Planning）

这主要通过政府的预先规划，引导和管理房地产的开发进程，以保护有限的资源和历史古迹与风貌。

5. 提供公共物品

这主要是通过政府提供道路交通、下水道等公共物品，影响房地产的开发和使用。

6. 税收

运用财产税工具调节土地的规划和使用。

(二) 美国的住房福利政策

美国政府为解决低收入家庭的住房困难，运用直接的援助手段，为他们提供住房福利。美国政府对低收入家庭提供的住房帮助主要有以下几种形式：(1) 贷款利息补贴，即为帮助低收入家庭购买住房，政府通过利率补贴的形式，使低收入家庭获得低于市场利率的抵押贷款。(2) 租金补贴，是由政府给低收入家庭提供低租金的公共住房，从而使他们获得直接的租金补贴。(3) 住房补贴，由政府直接提供给低收入家庭用于住房开支，以帮助低收入家庭租房或买房，减轻他们的住房负担。在以上三种补贴形式中，住房补贴是主要的形式。

(三) 通过税收优惠刺激房地产市场的发展

为了刺激房地产市场的发展，美国政府运用减免税的优惠政策，引导人们向房地产投资。这项政策对中高收入者具有较大的吸引力，实际上，中高收入者也是房地产市场的主要需求者。他们在房地产投资中，从政府的税收优惠中可以得到较大的经济利益，这是他们投资于房地产的一个重要原因。

例如，在居民住宅买卖过程中，购买者可以获得如下三方面的税收优惠：

1. 免税

根据美国税法规定，住宅购买者可在以下两项情况下免缴个人所得税：第一，不购买住宅者因租赁住宅需支付租金，但租金不可以从应税收入中扣除，即租房不给予税收优惠。购买住宅者因居住在自己的住宅中而无须支付租金，节省的这笔租金实际上是一种收入，但住宅购买者却可以不把它作为应税收入。这项税收政策实际上是鼓励人们买房而不是租房。第二，55岁以上的美国公民或居民，在销售自用住宅的所得中，一生一次可扣除125000美元，无须缴纳个人所得税，但要求他在销售自用住宅的前5年中，必须至少有3年居住或使用该住宅。这实际上是鼓励中高收入家庭购买高价值的新房，加快住房折旧。

2. 减税

住宅购买者在计算自己当年度的应税收入时，可从自己的总应税收入中扣除支付的地方税和住宅贷款利息，从而减少自己的应税收入，也即减少纳税额。根据美国税法的规定，这种税收优惠仅限于居民购买的第一栋住宅和第二栋住宅，而且这两栋住宅为自己所使用，不能出租给他人，同时扣减的贷款利息最高额为110万美元贷款的利息额。

3. 延税

住宅购买者如因购买新的自用住宅，而将旧的自用住宅卖掉，他可以将出售旧住宅的所得，不计入当年度的应税收入总额中，享受此税收优惠的住宅购买者必须是在出售旧住宅的前后两年内购买新住宅作为自己的自用住宅，而且购买的新住宅的价格必须不低于旧住宅的销售价格。

在保有税方面，美国对不动产保有课税只设置单一的税种，称之为财产税。财产税是美国地方政府重要的财政来源，是地方税的主体税种，它占地方政府所有税收收入的比重一直超过80%。美国财产税的纳税义务人为不动产的所有人。课税对象是纳税人所拥有的不动产，主要包括土地和房屋建筑物。财产价值的估算是美国财产税制度的核心。经过多年以来的发展，美国各地方政府都拥有自己的房地产估价部门，并形成系统的财产估价标准和估价方法体系。评估主要采用三种方法：一是比照销售法，即通过比较最近在被售出的类似财产的价格来估价；二是成本法，即在历史成本的基础上根据折旧予以调整；三是收入法，即根据财产未来产生的净收入现值来估算财产的价值。财产税的税率是由各地方政府自行规定的，税率一般依据地方的支出规模、非财产税收入额以及可征税财产的估价来确定。各地方政府为加强对财产税的征收，还建立了比较详细的财产信息管理制度。

（四）对消费者和环境提供保护

为了保障消费者的基本权利、安全、健康和福利，美国政府采取多种形式对消费者实施保护，主要有：对销售人员实行执照许可证；要求贷款者公布全部贷款费用信息；租金控制等。环境保护是政府必须承担的另一项重要职责。在美国，这一职责主要由联邦政府承担，它通过全国环境保护政策法，在房地产开发过程中，保护有限的土地资源，保护水资源不被污染，防止噪声污染等。为了保护环境，在必要的情况下，可以对私人财产权进行限制，越来越多的人认为，公共的利益高于个人权利。

（五）为市场的有效运作提供信息

房地产市场的地方性和区域性特点，使人们难以获得充分的信息以作为决策。为了克服这一市场失灵，美国政府提供了有关的信息服务，如提供财产所有者的名单，评估财产的价值，这一方面为政府收取财产税提供了依据，另一方面也为房地产交易中明确交易主体和交易价格提供了保证；又如政府提供的家庭收入状况、人口状况、住房状况等信息，有利于房地产的合理开发，实现资源的优化配置。此外，政府发起或资助成立房地产研究机构，如由德州政府依法成立的德克萨斯州农工大学房地产中心，其主要任务是根据市民的需求开展研究括动，并将研究成果无偿提供给社会。它的口号是"通过研究解决问题"，房地产中心主要通过杂志和网站公布研究成果。至2001年，该中心已完成了1500多份专著、书籍、报告或论文，对促进德州房地产发展起到了重要作用。

三、美国的住房金融体系

美国是世界上较好地解决了住房问题的国家之一。其住房金融体系的发展历史悠久，拥有全球最为发达的住房金融市场。其住房金融二级市场的发达程度是其他国家所无法比拟的。其开创的住房抵押贷款证券化已经成为各国争相学习的典范。

历史上，美国采用的也是一种合同储蓄的住房金融模式，储蓄银行及储蓄和贷款协会等都是为合同储蓄服务的金融机构。但在20世纪60年代中后期美国开始实行抵押贷款证券化以后，美国逐渐转变为资本市场融资模式；到80年代，住房抵押贷款证券化已经开始占主导地位。

美国住房金融体系的一个显著特点是，在一级市场上充分发挥商业性金融机构的作用。在一级市场上为家庭直接提供住房贷款的机构（即抵押贷款的发起人）主要有储蓄机构、商业银行、抵押银行和人寿保险公司等其他金融机构。储蓄机构包括储蓄与贷款协会、储蓄银行和信用合作社，是美国住房金融体系的创立者。1816年美国成立了第一家储蓄银行，1831年诞生了储蓄与贷款协会，1908年成立了第一家信用合作社。抵押银行是美国最具特色的住房金融机构之一。抵押银行不吸收存款，主要通过商业票据和商业银行短期贷款融资。抵押银行并不持有自己发起的贷款，它们在处理和交割抵押贷款后就将其出售，但一般会保留贷款的运作权。抵押银行发起的抵押贷款的市场份额随时间稳步上升，到20世纪90年代，它们发起的抵押贷款多于商业银行和储蓄与贷款协会的总和。

美国抵押贷款的类型非常丰富。在20世纪80年代前，美国抵押贷款还主要是固定利率抵押贷款；但随着储蓄与贷款协会危机的发生，可调整利率抵押贷款、渐进还款抵押贷款、价格水平调整抵押贷款等贷款类型纷纷出现，给美国的家庭提供了更多的选择。

美国政府对住房金融一级市场的参与主要体现在住房抵押贷款保险上，目标是帮助中低收入家庭解决住房问题。1934 年的《联邦住宅法》要求成立住宅抵押贷款担保机构。

联邦住宅管理局（Federal Housing Administration，FHA）于 1934 年成立、为普通家庭的住房抵押贷款提供担保。退伍军人管理局（Veterans Administration，VA）是 1944 年为解决第二次世界大战后退伍军人的住宅问题而成立的，负责为现役和退役军人的住房抵押贷款提供担保。除了 FHA 和 VA 等政府抵押贷款保险机构外，美国还存在很多私营的抵押贷款保险公司，它们在抵押贷款保险市场上占有比政府机构更高的份额。

二级市场是买卖抵押贷款的市场。在发起抵押贷款后，部分储蓄机构和全部抵押银行会在二级市场出售这些贷款。从二级市场购买抵押贷款的机构和企业通常通过发行债券或其他类型的债务工具筹集购买所需的资金。他们会把这些抵押贷款作为他们发行的债务的担保。发行的债务由于有抵押贷款的担保而被称为抵押贷款相关证券或者抵押贷款支持证券。这些证券也在二级市场买卖，并被看作二级市场的一部分。

美国联邦政府在二级抵押市场的发展中一直起着决定性的作用。没有联邦政府金融机构在二级抵押市场上的努力，就不可能有今天强大的二级交易市场。FHA 和 VA 推广抵押贷款标准化和实行信用提升为抵押市场流动创造了前提。美国政府还先后创设了三家参与二级抵押贷款市场的机构：联邦国民抵押协会（Federal National Mortgage Association，FNMA）、政府国民抵押协会（Government National Mortgage Association，GNMA）和联邦住宅贷款抵押公司（Federal Home Loan Mortgage Corporation，FHLMC）。

联邦国民抵押协会于 1938 年成立。它通过购买抵押贷款和发行抵押贷款支持证券支持二级市场。信用的提升来自于联邦国民抵押协会有从美国财政部借款的能力。联邦国民抵押协会的权益来源于出售普通股和优先股股票。政府国民抵押协会于 1968 年成立。该机构通过为抵押贷款支持证券提供担保支持 FHA 和 VA（以及在很小的程度上，农民住宅管理局）贷款市场。政府国民抵押协会既不购买抵押贷款，也不发行证券，它只提供担保。联邦住宅贷款抵押公司的作用和联邦国民抵押协会类似，只是联邦国民抵押协会主要经营 FHA 和 VA 贷款，住房贷款抵押公司则主要经营传统的抵押贷款（无政府保障或担保）。

美国发达的住房金融二级市场使资金能十分便利地从资金剩余的地区和机构

向资金赤字的地区和机构流动。二级市场所创立的流动性高、违约风险低的抵押贷款支持证券进一步方便资金的这种流动。发达的二级市场还使抵押贷款的发起人能够将利率风险转移给更有能力处理这些风险的投资者，降低了整体的金融风险。

四、美国的房地产信托业务

房地产投资信托（REIT-Real Estate Investment Trust）的雏形起源于美国的19世纪末，当时在新格兰顿这个地方，为了发展房地产业，以富裕阶层作为对象，发放较大金额面值的信托凭证，共同投资到房地产业，这种信托组织被认为是房地产投资信托的起源。尽管由于30年代的美国经济大萧条，这种信托组织的发展开始停滞。但是，50年代末期，这种信托组织的构想在房地产界被越来越受到重视，以致房地产界努力争取把这种构想通过立法得以承认。1960年，在艾森豪尔大总统任期的最后几个月前，签署了《房地产投资信托法》的856-859条的法文，规定满足了一定条件的房地产投资信托业务可以免征所得税和资本利得税，这就是最初的房地产投资信托法。

房地产投资信托根据它的投资对象可分为权益型（Equity REIT）、不动产担保借贷型（Mortgage REIT）和混合型（Hybrid REIT）三种类型。从1961年到1967年间，美国成立的房地产投资信托在法律上只承认直接所有型（权益型）的房地产投资信托，再加上股票市场的低迷，在这一期间总共只有38家直接所有型的房地产投资信托成立。但是，这以后不动产担保贷款型的房地产投资信托也被法律认可，而且房地产投资信托对于咨询公司也好，对于投资者也好，都成了非常需要的金融商品。从1968年到1973年，有209家的直接所有型房地产投资信托和103家的不动产担保贷款型房地产投资信托成立，在这5年间，房地产投资信托的总资产大约是以前的20倍。不动产担保贷款型房地产投资信托开始高速发展。在1969年有10亿美元，在1970年有13亿美元以上的资金流入到房地产投资信托中。在1970年初，银行和储蓄金融机构也开始扩大贷款，银行的贷款并没有大量、直接投放到房地产市场，而是选择了对房地产投资信托的贷款来扩大贷款规模，使不动产担保贷款型房地产投资信托进一步扩大。1973年，FRB（美国联邦储备银行）再一次提高利率，同年又爆发了石油危机，经济不景气，房地产投资信托受到严重的打击，近30家房地产投资信托倒闭。房地产投资信托又经受了一次危机。

从1980年初开始，REIT市场开始复苏并迅速发展。1981年，美国政府规定有限责任合资公司投资的房地产，可以加速提取房地产的折旧，这对投资者来说可以起到节税的效果。正是这样，美国的机构投资者以及国外的投资者积极投资于房地产，使美国的建设和房地产业得到空前的大发展。但是到了1986年，由于税制改正法，对于有限责任合资公司的税制上的优惠被取消，而房地产投资信托公司却被允许直接开发房地产项目。可以说，这时的房地产投资信托完全取代了有限责任合资公司，成为了最具有代表性的房地产投资手段。

随着 20 世纪 80 年代后期商业房地产的急跌，房地产市场经过几年的调整，在 1992 年前后，美国房地产市场开始出现复苏的迹象。以房地产投资信托为主的各种投资家开始从 RTC（1989 年成立的、专门处理金融机构不良债权的整理信托公社 Resolution Trust Corporation）中大量购买已经不良化了的债权（这些证券主要是用于担保的不动产），从中获取高额的收益。但是，房地产投资信托本身由于资金不足，在 1992 年前后，房地产投资信托公司开始公开上市，这样，不但在短期内可以从市场上筹集大量的资金，而且，那些还没有上市的房地产投资信托所拥有的房地产通过公开上市还可以获得减税。从 1988 年到 1992 年 5 年间，公开上市的房地产投资信托公司只有 50 家，而 1993 年一年间却公开上市了 50 家房地产投资信托公司，筹集了 93 亿美元。1994 年又上市了 45 家，筹集了 72 亿美元。1990 年美国房地产投资信托公司的时价总值为 87 亿美元，而到 1997 年房地产投资信托公司的总值则达到 1405 亿美元，可以说房地产投资信托的发展在 20 世纪 90 年代已经达到了空前的高潮。

五、美国个人投资房地产

美国近几年来许多地区房地产价格一路上扬，许多人因此变得越来越富有，房地产价格在短时期内大幅攀升着实令人头晕目眩。全美房地产经纪人协会首席经济学家大卫·艾理瑞说："没有人意识到拥有自己的房产后，财富会悄悄增长。上世纪 90 年代，证券市场非常火爆，人人都在考虑进入股市让资金很快翻倍，但结果并未如愿以偿。从 90 年代起，对于美国家庭来说，房产却一直在悄悄增值。"

在美国，对于低收入和中等收入家庭来说，拥有房产是主要的财富增长之源。全美房地产经纪人协会在 2001 年所做的一项调查显示，典型私房主的房产价值为 5 万美元；年收入大于 7.5 万美元的私房主的房产价值为 10 万美元；年收入低于 4 万美元的私房主的房产价值为 4 万美元。美联储公布，2002 年第三季度，美国人的房产净值为 7.56 万亿美元，自 2000 年第三季度以来，房产净值增长了 2.7 万亿美元。相反，证券在同期减少了 2.29 万亿美元。

私房主可以通过再融资、房产权益贷款或房产权益信贷额度等途径来让资产增值，也可以利用房产灵活地重新整合资产。

房地产具有杠杆作用，房地产可以让小额投资获得丰厚的回报。投入的资金越多，杠杆作用越大，获得的利润就越丰厚。即使房价在一年中上涨 5%，股票上涨 10%，房地产的杠杆作用仍可以让投资房地产的人先期获利。

购买10万美元的股票，通常要实际投入10万美元。如果买一套10万美元的房产，只需投入2万美元，然后等着投资增值到10万美元。假设过了一段时间，扣除销售成本等因素后10万美元的房产增值了10%，这套房产售价为11万美元，这1万美元的利润相当于当初投资2万美元得到的回报，回报率为50%。

当前房产预付定金在下降，许多私房主按低于房价的20%付款。在上述例子中，如果买房人只预付10%的定金，那么他将获得100%的回报率。

但不得不承认，住宅价值确实在缩水，尽管住宅经济学家们喜欢说从1969年起美国全国的住宅价格一直保持着每年不降的纪录，但这却不是事实。在过去的33年中，有11年住宅价格增长低于通胀率，因此，价格存在净跌现象。

经济学家还会说，虽然价格跌了，但只有在卖房的时候房主才能感觉到价格的下降。专家提醒，房地产是一项长期投资，而不是致富的捷径；买房者应该至少将房产保留5年后再出售，这样可以保证有所回报。统计资料显示，房主持有房产的时间越长，回报率越高。

据美国哈佛住宅研究联合中心报告，如果私房主遇上了每年5%的房地产增值率，同时他只付了10%的预付定金，那么5年后他将房产出售后获得的投资回报率通常为225%。如果是10年后出售房产的话，预付定金的回报率则高达623%。

投资收益、保值增值、资产净值、减税政策是人们普遍选择投资房地产的主要原因。

根据最近美国人口普查办公署公布的数据资料显示，在房地产市场上的投资者当中，75%的家庭投资者的年龄在45岁以上，这些人当中超过半数（51.6%）拥有5套以上住宅。以家庭为单位的住宅投资者依靠房租获得的收入，已经占到他们总收入的31%左右。大多数的家庭投资者进入房地产市场的时间都比较晚，一是他们普遍都非常关注自己将来的退休生活；二是他们正处在事业的高峰期，预期的收入比较可观；三是一部分人开始从父辈那里继承下来一些遗产，美国人口普查办公署公布的数据资料表明，他们当中48%的人都有从父辈手中继承房产的记录。

人们普遍选择投资房地产的主要原因据研究有四：

1. 投资收益。这是最主要的原因，在一些城市投资房地产仍然具有很好的回报，换句话说，投资的收益能够覆盖下列成本：贷款利息、房屋维修、可能发生的空置期、房屋管理等。把这些成本扣除后，仍然会有不错的余额留下来。如果银行评估你的预期投资收益不佳的话，多数的银行会拒绝向借款人发放贷款。

2. 保值增值。目前美国的人口处于持续增长状态，美国人口普查办公署公布的数据资料指出,每14秒钟就会净增加一个美国人。截至2002年2月6日美国东部时间10点08分34秒为止,美国的全国人口是286,401,757人。预计到2050年,美国的人口会达到4亿。如果我们保守地按照供给与需求的规律来估算,并依据目前的移民政策和人口增长速度,未来50年会继续保持对住宅的持续需求。当然,这主要取决于供需的平衡,投资成本的变动,建筑成本和土地成本的上升,以及房屋地基结构的不同。只要政府继续保持在常规项目下增加对发展商的收费,投资者的不动产投资就会维持稳定的保值增值率。

在上世纪70年代,一个普通的住宅的平均售价是23400美元;2000年,一个同类的住宅在市场上的平均售价是169,000美元。这样计算下来,每年的增长率是8%。当然,增值情况会因为地段、房屋条件和当地经济状况的不同而不同。

3. 资产净值。简单地说,扣除贷款和贷款利息,剩余的部分就是投资者的净资产。如果投资者的月供或者周供数额比较大的话,本金投入就会相应地减少;同时,贷款期限越短,净资产增长的速度就越快。

4. 减税政策。每年填写收入税单的时候,根据美国税务机关的规定,除了地产商以外,"山姆大叔"允许每个人把他们的地产投资在税务表上进行冲减,对于居民住宅减税期超过27.5年,商用物业则超过39年。

投资者完全可以利用政府提供的机会来赚钱。不过,请记住,政府的开支需要政府自己付账单,所以当投资者出售不动产房屋时,政府也会和投资者一起分享房屋增值的收益,投资者必须拿出增值部分的20%向政府交税,事实是投资者把从减税政策中所获得的好处又交回给了政府。如果投资者是卖了原来的房产又买其他的房子并填写了1031项税款延期申请的话,这笔应缴费用也同样可以获得延期;换句话说,你不用重复交税。下面的例子可以用来说明住宅地产投资的收益:

投资50万美元买了价值150万美元的房产,每年的投资收益是8%,增值率是4%,每年的净资产和税务冲减额是4.3万美元,综合计算每年的投资回报率超过20%,这会让投资者觉得他做了一个非常明智的投资决定。

无论你在地产上的投资额有多大,你都会有所回报。选择你认为最佳的地产去投资,而不是买你第一个碰到的,这一点非常重要。这样做的好处是少犯或者不犯错误,规划出一个有潜力的长期投资计划。

另外一个做法是挑选一个经验丰富的地产经纪人来帮忙,这位经纪人必须已经为他自己做过这方面的投资安排;再选择一家口碑好的物业管理公司帮助打理,使你生活、投资相得益彰。

最后要说明一点,并不是所有的地产投资都会有一个美好的结果,这需要一定的时间、足够的经验和独到的眼光。特别是美国的房地产产权制度与我国有很大的差别,所以我国个人投资房地产收益和美国相比将有不同的结果。

第二节 英国房地产

一、房地产业与英国经济

英国是世界上最早进行房地产综合开发的国家,房地产业发展历史悠久。19世纪60年代,英国的第二大城市伯明翰为适应当时工业发展的需要,围绕市中心开发了大片工人住宅和适量的中上阶层住宅,此后为各个国家所效仿。如今,英国已经形成了发达的房地产业和一整套成熟机制,房地产业在国民经济中占有重要的支柱地位,作为国民经济的重要组成部分,其增加值占国内生产总值的10%左右。

1891年以来,由于产业革命的推动和经济的快速发展,英国房地产业总体上经历了由快速发展到平稳趋缓的过程,其间虽然战争和经济衰退曾给英国住宅业造成较大冲击,但由于经济的恢复和发展以及房地产业发展机制的逐步完善,20世纪英国房地产的产权结构发生了实质性的变化,自有住房的比例从1914年的10%(北爱尔兰除外,下同)上升到1993年的近70%,租住出租房的比例从1914年的90%下降到1993年的10.8%,绝大多数人"居者有其屋"的梦想得以实现。2001年,英国建筑业的年产值为473.27亿英镑,占国内生产总值(GDP)的4.79%;房地产业(不包括住宅的出租)的年产值为1428.71亿英镑,占GDP的14.46%。这其中虽然包含经济增长带动居住水平提高的自然原因,也离不开成熟的市场机制,健全的金融支持系统和完善的公共住房政策。

英国的住房社会保障含量很高,公共住房政策很完善。产业革命完成后,英国的社会经济得到了飞速发展,人口也持续增长,从1911年的4083.1万人增至1931年的4479.5万人;同时城市人口激增;这一切带来了严重的城市住房问题。于是英国政府进行了多方面的努力,如在1919年制定并实施了《住宅法》和《城镇规划法》,对用于出售或出租的私人建房者,政府提供260英镑补贴,鼓励住宅建设,建成了20多万套住房;1924年《住宅法》增加了国家对用于出租并在控制租金范围内的住宅建设的补贴,在这一法案的激励下,到1932年,建成了50多万套住房。但是,这一切对于改善整个英国城市住宅状况成效并不大。在英国北部、威尔士和苏格兰的老工业区,住房状况仍然很差。

第二次世界大战期间,英国住宅遭到了很大破坏,被德国空军炸毁20.8万座,轻度损坏15万座,重度损坏25万座,共计约71万座。这使得英国住房极度短缺,住房问题更加突出。战后英国住宅业有了很大发展,取得很大成就,在战后30年时间内就基本解决了工业化以来长期存在的住房问题。1971年英国人均住房达到1.6间，户均住房达到4.6间。1986年在英国2200万套住宅中，住房自有率达到62%。估计超过80%的英国人的住所为一至三层，带有花园和车库的小别墅。

英国政府对住宅业的投资巨大，如1976、1977、1978、1979年住宅总支出分别为148、126、120、121亿英镑，政府在住宅方面的财政支出在欧美国家中首屈一指，政府投资兴建的公房比例1970年达到48.6%，在欧美国家中位居第一，远远超过其他国家。但这也为政府带来了沉重的财政负担，70年代英国政府开始实行住房体制改革，推行住宅私有化。这一措施的实行取得了明显效果，1978年公房比例下降到31.7%，1983年占28.7%，1991年占23%。1979~1989年间，英国政府公房出售收入达159.76亿英镑，住宅销售收入占政府财政收入的15%以上。住宅私有化促成了空前庞大的住宅市场，在国民经济中的地位明显上升。

从20世纪60年代开始，英国的住宅价格就持续上涨，1965~1973年英国住宅价格涨了3倍。70年代初投机活动开始活跃。1986年和1987年的价格增长比例在7%~10%。最近十几年来，英国房地产价格一直处于升势，从上世纪90年代开始，英国房地产价格年均升幅都超过8%，尤其是伦敦市中心的房价，过去8年内升值了180%。英国房地产市场需求旺盛是过去十几年来房地产市场价格快速增长的重要因素。

2001年以来，美国和日本的经济车轮双双减速，号称欧洲经济火车头的德国经济亦在衰退边缘挣扎，惟有英国经济表现较佳。国内消费强劲是英国经济形势优于其他主要发达国家的主要原因。2001年以来，英国房地产市场持续升温，一直是英国经济中的一个亮点。由于2001年英国中央银行降息，在此带动下，住房抵押贷款利率也不断下降，目前已降到34年来的最低水平，加之经济相对平衡和失业率较低，住房贷款市场更趋活跃，英国房地产市场进入一个新的上涨周期。据英国抵押贷款机构全国建筑协会的统计，2001年房地产价格月升幅最大的9月份达到2.8%，全年的价格升幅在10%左右。在世界经济普遍下滑的环境中，英国房地产业的持续繁荣，无疑为英国经济增长起到了强有力的刺激作用。

二、英国的房地产业宏观管理

（一）英国的土地制度

英国的全部土地在法律上都归英王或国家所有，英王与国家是惟一绝对的土地所有人，个人、企业和各种机构团体仅拥有土地的使用权。拥有土地使用权者在英国法律中被称为土地持有人或租借人。英王作为法律上的抽象的国家象征对土地的拥有权，与英王作为个人所拥有、占用的房地产具有本质区别。事实上，英国土地所有制结构是极其复杂的，在土地构成中，中央政府占 2.6%，地方政府占 11%，私人占 65.5%，法人团体占 14.4%，其他占 6.5%。土地持有人只要不违反相关法规或侵占他人利益，就可以依法利用与交易。使用土地通过批租获得，国家控制土地市场并获得大量批租收入。土地所有权与使用权分离，所有权属于国家，使用权进入市场，这种模式对英联邦制的其他国家也产生了重大影响。

英国的土地租赁市场十分活跃，历久不衰。土地持有机构并不经常发售手中的土地所有权，而是将土地出租给开发商，通过契约对房地产的开发和使用进行直接控制，以获取最大的收益。租期届满，土地和建筑物无偿归于土地所有者。

租赁方式主要有四种：(1) 出让制，即土地所有者一次性收取出租期内的地租；(2) 固定地租年租制，即以年为单位计算和收取地租，地租在租赁期内不作调整；(3) 变动地租年租制，即按年计算和收取地租，地租在租赁期内定期调整；(4) 出让年租混合制，即提前收取部分地租，余下部分按年计算和收取，地租在租赁期内定期调整。过去，英国土地出租以方式 (2) 为主，现在转为以方式 (3) 为主，方式 (4) 为辅，开发用地包括商业、办公、住宅和工业用地。其中，商业、办公和工业用地多采用变动地租年租制，住宅用地采用出让年租混合制。住宅用地租赁用在多层住宅开发上，房价已包括了部分地租，其余的地租由购房者每年缴纳。在租赁期限方面，历史上曾有 999 年的租期，这些租约现在还有未到期的。19 世纪和 20 世纪初期广泛使用的期限 99 年。20 世纪 60 年代以来，为 125 年的期限，而到了 90 年代后，则扩大为 150 年的期限。在地租标准方面，目前地租一般占房地产租金收入的 10%～15%，部分达到 20%。在租赁管理方面，土地所有者对土地租赁期间内如何使用土地拥有一定的权利，承租者要按租赁合同规定的方式使用土地。由于地租与房地产的实际租金挂钩，土地承租者经营房地产的好坏直接影响到土地所有者的权益，因此，土地所有者要求土地承租者在出租方式、选择承租人、租金水平、纯收入等方面要征得其同意。在租赁双方的权利与义务方面，土地租赁后，土地承租者要按租赁合同的规定进行房地产开发，在开发期间土地所有者对建筑物规划设计有发言权。土地承租者要按租赁合同的规定缴交地租，如果土地承租者不按时缴地租，在一定的条件下土地所有者可收回土地租赁权。如出现空租期，没有房地产承租人，土地承租者也需照付地租。

在旧城区改造方面，由于旧城区地价较高，开发所需资金量大，开发险大、周期长，地方政府多以土地租赁方式，吸引开发商和金融机构来，建设期不收地租，待建好再按原定的协议收地租。对风险特别大的项目，地方政府还提供租金保证，或租下建成的房地产作转租。在城市新区开发方面，由于新区房地产市场尚未确立，开发风险大，地方政府强制征地以年租方式向开发商出租土地，减少开发商的初次投入，降低开发风险，使新区能顺利开发，政府也可分享新区开发后的土地增值。

（二）英国的房地产交易管理

在英国房地产交易必须进行登记。由政府登记局统一从事土地所有权的审查、确认、登记、发证以及办理过户换证。土地所有权证书具有法律效力，登记保密，但可供律师查阅。英国平均每 12.6km^2、每 4186.9 人就有一个登记人员，仅英格兰、威尔士大约有 2200 万宗房地产，已登记的 1300 万宗，97% 属于城市土地。近两年政府登记局就已登记 400 多万宗房地产（包括抵押登记）。英国有专门的《土地登记法》、《地产管理法》、《财产法》等规定地产交易登记的程序范围。英国征地补偿费一般以市价计算。英国土地估价制度与美国不同，估价师既有官方的，也有民间的。英国皇家特许测量学会是在 1881 年由维多利亚女王授予"皇家特许"状的。土地估价师资格的取得，一般要具备较强的专业实践与专业理论知识，并要通过皇家特许测量师学会主持的考试。例如，考试科目除了估价与法律外，还包括不动产代理、市场调查与推销决策等。官方估价师供职于英格兰及威尔士土地估价办公室、区域办公室、地方区估价师署、土地法庭等。土地法庭一般由 7 人组成，主席 1 人，估价师 3 人，律师 3 人。可见，估价师在土地法庭中的重要性。民间估价师从事契约估价（土地买卖、租赁、金融、开发等）和法定估价（土地规划补偿、土地税课征的查估、土地交易等）。总之，英国通过登记、估价、垄断所有权等，对房地产交易进行有效管理。

（三）英国的不动产税

英国目前惟一的地方税就是住房财产税（直译为地方议会税），是对居民住宅按房产价值征收的一种税。纳税人为年满 18 岁的住房所有者或住房承租者（含地方政府自有房屋的租客），包括永久地契居住人、租约居住人、特许居住人、业主等几类。如一处住房为多人所有或多人居住，则这些人将共同负有纳税义务。居民住宅包括楼房、平房、公寓、分层式居住房间、活动房屋、船宅等。住宅房产的价值由国内收入署的房产估价部门评估，每 5 年重估一次，按房产的价值分为 A～H 共 8 个级别，分别征收不同的税额。一般情况下最高税率是最低税率的 25 倍。具体每个级别的税率全国并不作统一规定，由各地区政府根据当年预算支出情况而定。英国住房财产税减免政策主要有折扣、优惠、伤残减免、过渡减免四大类。其中，优惠主要是针对没有收入支持或低收入的纳税人，优惠多少则取决于纳税人的收入、储蓄和个人境况，最高可达 100%。伤残减免主要是针对某些伤残者，在征税时，可以降低其住房价值应纳税的档次，给予适当的减税照顾。

（四）英国的住房福利政策

在第二次世界大战以后，英国政府为解决严重的住房问题，实行了国家津贴的"地方当局营造房屋"计划，兴建了大批公共住宅。为此，英国政府投入巨大，如1976年住宅总支出为148亿英镑。英国政府在住宅方面的支出在欧美国家是首屈一指的，公房占建成住房总数的比例也远远超过其他欧美国家。以1970年为例，英国的比例为48.6%，同期法国为0.7%，荷兰为16.3%，美国为2.3%。英国政府将建成的公共住宅以低于市场价的成本租金出租给居民，为相当一批居民解决了住房问题。1977年，租住地方当局公房者占居民总数的32%。

英国政府鼓励和支持社会力量兴建住宅。1951年，保守党政府授权私人承包商建造大批公共住宅，主要服务于贫穷家庭和老人的民间互助组织——住宅协会也因在1974年《住宅法》实施后得到政府资助而迅速发展。

1970年以后，英国政府开始尝试出售公有住房。1979年撒切尔政府上台后，加大了住宅私有化力度，减少公共住宅建设投资。居民购买公有住房可以享受一系列折扣、长期贷款、税款减免等优惠。英国政府的住宅私有化政策取得了很大成功，1979~1987年，出售给现租户的公房占旧公房的80%以上，极大地减轻了政府负担，并为住宅市场和住宅金融服务业的发展打下了良好基础。

但是，英国仍有相当一批居民缺房和无房，贫困人口申请公有住房并不容易；占英国总人口4%的黑人和亚洲移民的住宿条件往往很差，许多人住在被称为"伦敦贫民窟"的伦敦东区。而且公有住宅质量低下和管理不善也是严重的问题。

三、英国的房贷

英国是住房金融出现比较早的国家之一，已有200多年的历史，目前英国经办住房抵押贷款的金融机构和协会等有百家以上。多年来，向顾客提供品种多样和灵活可靠的抵押贷款。

现在，哈利法克斯抵押贷款银行和全国建筑协会是英国最大的两家专业抵押贷款银行，国民阿比银行和英国最大的商业银行汇丰银行等也都排在承办抵押贷款的金融机构的前10名之内。这些银行虽然在抵押贷款利率以及借还贷条件方面有些细微差别，但大致的贷款和还贷原则基本相同。随着近几年来英国房地产市场的活跃和发展，各家金融机构的贷款业务十分兴旺。

英国抵押贷款的运作方式和可以选择的方案多种多样，五花八门。从贷款资格和条件方面看，只要有职业和工资收入，任何人都可申请抵押贷款。签订贷款合同之前，银行在向你推荐贷款品种前首先要详细了解贷款人的具体情况，诸如何时毕业、何时参加工作、收入情况、身份证明等。同时，贷款人必须在所贷款银行或其他银行有相当于贷款额10%的存款。各项细目都必须在贷款申请单上详细填写，输入电脑。从借款期限和金额来看，通常从5年到25年不等，最长的有30年期，一种与养老金挂钩的贷款可达40年。贷款金额一般为准备购买住房价格的70%到90%，不同机构略有不同，大致为个人年收入的3.5倍。如果夫妻共同买房，则是一方收入的3.5倍加上另一方收入的1.5倍或双方收入相加的2.75倍。贷款买房时还必须通过律师并交付1%到4%的印花税。

从贷款和还贷样式来看，也有各种选择，大致有利息和本金一起按月或按双月等分期偿还；平常只付利息，到贷款期限一笔还清本金；还可以分期分批两者混合安排等等。贷款利息大致分固定利息和随调利息，完全视贷款方式而定，不下数十种，是抵押贷款中最为复杂的。应交利息数额也根据具体情况各异。一般各家抵押贷款机构还会在中央银行调整利息后相应调整抵押贷款利率。英国最新一次把利率下调0.25个百分点之后，英国一家抵押贷款经纪公司预计，如果抵押贷款银行随之调整利率的话，全国住房抵押贷款人员今年总共可节省41亿英镑。

贷款人不管是按预先规定的固定分期还付方式的满期还贷，还是中途提前还清贷款，抑或增加月还贷额以缩短还贷期限，贷款人都可自由选择，银行根据签订合同时双方同意的相关规定灵活处置，不给还款数额设限，但利息会有调整。不过，提前还清贷款，贷款人总可节省大笔利息费用。当然，如果借款人不能正常履行合同按时还贷，贷款机构则有权把住房收回。但这种情况一般不会出现，由于英国完善的信用制度和信誉文化，任何个人都不敢让自己在信誉上沾染污点，否则将无法在社会立足。不过，如果非故意原因如失业和其他突发灾难导致不能按时还贷，政府就业部门一般都会帮助安排就业，使人们不至于失去还贷能力。而且，银行一般在给贷款时还会推荐住房和财产保险服务。还可以把房产转给银行，转给哪家贷款银行也可自己选择，银行根据当时房价做出评估。

另外，在还贷期间住房转卖、首次置业、二次买房、买房供出租、与养老金挂钩的贷款等等都有不同的交易规则和措施。

由于英国的抵押贷款提供的品种多，各品种的还贷条件不同，普通人要弄清楚选择哪种贷款最适合自己的经济条件和生活消费方式，十分困难。因此，银行一般都有专门的咨询人员向准备贷款买房的人士提供详细咨询和介绍，英国也有专门以为人选择设计最佳贷款交易为业的经销商。通过这些人，购买抵押贷款的人要选择最适合自己的贷款方案就会方便得多。

在还贷期间，遇到问题，也可以投诉。各家抵押贷款机构在抵押贷款指南上一般都会明确告诉消费者，可以就哪些问题向什么部门投诉，以及受理投诉部门的详细地址和投诉电话。在投诉得不到满意解决的情况下,贷款部门还向消费者提供英国金融监察服务机构的地址和联系电话,消费者可向上投诉。另外,各家承办抵押贷款机构还须参加英国金融服务补偿机制,该机制在金融机构一旦破产后可确保贷款者的损失得到补偿。

现在,英国金融管理部门对从事抵押贷款的金融机构采取一种自愿接受监管的原则。各家金融机构只是根据市场规则进行运做。为了保护消费者利益不受损害,英国金融管理机构——金融服务管理局正在制定相应规则,并将从2004年10月31日开始实施。这些规则包括要求银行提高咨询标准、借贷价格和条件更加透明,以及清楚告诉消费者各种借贷方案可能遇到的风险。另外,还将根据咨询服务情况给银行划分等级,并在借贷咨询人员资格、对消费者能力评估、申请借贷前关键事实介绍、向消费者推销借贷等方面有更加严格的规定等等。

从2001年以来,在英国央行连续降息的带动下,英国抵押贷款利率也随之下降,现维持在48年来的最低水平,加之经济平稳和低失业率,房地产市场异常活跃,抵押贷款买房的人不断增加。目前,英国人拥有房产的人数已经超过70%,其中大部分都是抵押贷款户,因此住房房契也都暂时"被保管"在提供抵押贷款的银行内,住房也只能等到还清贷款之后才能真正成为自己的财产。

四、英国的物业管理

(一)物业管理的基本模式

19世纪60年代,英国就出现了物业管理行业,当时正值英国工业化大发展,大量农民进入城市,房屋出租比较普遍。为维护住户的权益,需要一套行之有效的管理方法,于是出现了专业的物业管理。

英国的物业管理是社会化的服务行业,实行行业管理,政府一般不直接干预,具体工作由住宅中介协会负责协调。ARMG(住宅管理协会)是英格兰和威尔士地区惟一一个负责物业管理的专业机构,该协会旨在鼓励和促进成员间的统一化操作标准,并为促进公众对物业管理新法规的讨论提供一个平台。目前已有90%的物业管理公司是协会会员。作为协会的成员,都要履行由ARMG和皇家特许监督部门制定的操作规章,其宗旨是要保证物业公司的服务水平达到相应的标准,并促使收费水平下降。

在英国,任何人、任何公司都可以从事物业管理,只要具备条件、领取营业执照即可。这些公司或机构大多数是自主经营、自负盈亏的经济实体。管理公司(机构)人员精干,效率高,固定人员少,临时聘用较多,以达到节约开支的目的。

英国物业管理的服务项目很多,内容广泛,涉及物业建设前后及使用全过程的管理。通常由业主或用户委托物业公司进行物业管理,管理方式灵活。小修工程、日常维修由物业公司内部人员完成,而大、中修工程可以采取承包方式转给另外的专业公司完成。一个项目或工程如绿化管理,可单项承包也可整体承包。

(二)物业管理服务收费情况

英国的物业管理服务收费由委托方与物业管理公司(或机构),根据市场供求状况、地区环境以及房屋质量和数量,由双方协商议定,一般无统一标准。在住户购买住宅时,合同中规定出物业公司服务的基本内容,如清洁、照明、保安巡视等。住户也可要求物业公司提供更多的服务。物业管理服务内容、收费标准完全由市场形成,具体提供什么服务、收多少管理费,由业主(委托方)与管理公司(受托方)双方协商决定。政府对具体的服务内容和收费标准不作任何规定。

当物业管理收费标准过高或双方难以达成协议时,双方可通过法律机构,即租用房产估值法庭仲裁解决。为体现仲裁结果的合理、公正,租用房产估值法庭的合议庭由三人组成:一名律师,一名专业人员(估价师),一名临时代表,该代表由与当事双方无关的普通市民担任。该合议厅对服务项目、收费标准进行裁定,以保障双方的利益。一经裁定,当事双方即执行裁定的服务项目和收费标准。

目前英国物价管理收费标准低的每年每平方米100镑,高的每年每平方米数百镑,主要根据服务内容和物业管理公司测算出的业主能够接受的标准,再结合市场供求状况、地区环境以及房屋质量和数量,按照住宅面积交纳物业管理费。购买政府别墅的用户,除交纳物业管理费外,还象征性地交纳一定数额的费用,证明不是土地所有人,而只是使用人。租用政府公寓房的用户只交纳租金,不交物业管理费。

第三节 日本房地产

一、房地产业与日本经济

第二次世界大战后,日本元气大伤,百废待兴。尤其是住宅市场,供应严重不足,住房紧缺成为全国一个严重的社会问题。为解决这一难题,日本政府采取了由政府、民间、个人共同集资的政策,并通过立法由政府强制执行,这种措施产生了良好的效果,战后日本住宅建设在国民生产总值中所占比例保持在6%~8%左右,在国民经济中占有重要地位。

日本经济自60年代以后便快速发展,经济实力也迅速增强。当时的日本政府提出了日本国民所得倍增计划,从而促进了日本工业以较高的速度向前发展,产生了以工业用地为首的第一次土地价格猛涨,工业用地涨价最高的一年比上年同期增长53.2%。这一时期的GNP实际增长率平均为9.4%，住宅质量也从战后初期低标准的简易房提高到设施齐全的较高标准住房。

1973年前后，随着著名的"日本列岛改造论"的提出，产生了以住宅用地为主的地价上涨，住宅用地价格上涨最高的一年比前一年同期上涨了37.8%，这段时期仍然是经济的高速发展期。

1978~1980年，日本经济的高速发展期结束，进入了稳定增长期，实际GNP平均增长率为4.2%。此时日本全国的地价平均上涨率为5.5%，远低于1955~1966年20.9%的水平以及1966~1976年11.2%的上涨率。

至1981年，全日本基本解决了房地产供需之间的数量上以及质量上的矛盾。此后，日本在继续开发新建住宅区的同时，加快了旧区改造工作，并提出了"向21世纪新城镇目标迈进"的计划，并在很多地区开始实施。政府在实现最低居住水准的同时提出了诱导性的居住水准，这种水准的居住面积比最低居住标准翻了将近一番。

1985~1990年，由于第三产业的加快发展，地价以更快的速度上涨，日本的房地产业经历了一个极为迅速的发展过程。到1990年，日本地产的总价值约为20万亿美元，大约是1955年的75倍，相当于当时全球股市总市值的2倍。日本的地价极高，从价值量上来说，单东京的地价总值就相当于当时整个美国地价总值。也就是说，只要当时的布什总统批准，日本就可以通过卖掉东京而买下全美国。"日本的经济发展可以突破一般的世界经济规律，日本的地价永远不会下降"，这种信念使日本出现了地产投机风潮，其结果是地产价格不断上扬，泡沫越吹越大。此时日本政府不明智地提高利率，最终使泡沫崩溃，

国民经济开始了长达八九年的低迷和萧条。房地产的下跌几乎与股市同步。经济不景气，人们收入下降以及对未来预期的悲观，因此缺乏对住宅用地的购买欲望。由于企业进行重组，大大影响了办公楼需求，房地产业开始连续8年的下跌，"日本"神话破灭，虽然政府采取了财政补贴的方式，支持房地产业，但效果不明显。

一般来说，在国民经济发展顺利的时期，房地产业会率先发展并获取相当高的利润；而在国民经济萧条时期，它也会首先"滑坡"并产生相当大的亏损。直至今日，许多发达国家的房地产业仍然是荣衰更替、波浪式地发展着。然而日本的情况有些特殊，在1955~1990年的35年间，日本的房地产价格总是通过地价的带动而不断上涨，形成所谓的"土地神话"，其增长速度远远高于国民经济的增长速度。但近年来，终于泡沫崩溃，一发不可收拾。房地产业GDP占全部GDP的比重由20世纪90年代初的10%左右减少到5%~6%（见表7-2）。

日本房地产业与 GDP 之间的关系　　　　表 7-2

年份	1990	1991	1992	1993	1994	1995	1996	1997	1998	1999
全部 GDP（万亿日元）	455.2	486.3	500.7	504.1	510.0	517.8	529.9	543.2	537.5	533.9
增长率（%）	—	6.8	3.0	0.7	1.2	1.5	2.3	2.5	-1.1	-0.7
房地产业 GDP（万亿日元）	46.77	49.68	53.07	26.11	28.85	29.36	28.94	30.24	29.32	31.99
占全部 GDP 的比例（%）	10.3	10.2	10.6	5.2	5.7	5.7	5.5	5.6	5.5	6.0

　　日本国土交通省 2001 年发表的一份报告表明，2000 年日本的土地价格比 1999 年下跌了 4.9%，这也是日本土地价格连续第 10 年下跌。在这一年里，住宅用地的价格下跌了 4.2%，跌幅比 1999 年还高 4.1%；商业用地的价格下跌了 7.5%，跌幅略低于上一年的 8%。

　　与此同时，2000 年日本建筑行业的破产企业达到了 6214 家，占全部破产企业的 1/3。2000 年建筑企业的破产数量比 1999 年增加了 33.6%，这也是 1984 年以来建筑业年破产企业首次超过 6000 家。

　　日本都市开发协会公布的调查结果显示，2003 年东京地区销售公寓的平均价格相当于普通工薪阶层家庭年收入的 5.22 倍，这一数字是 1986 年以来最低的，公寓价格下跌的幅度已超过收入减少的幅度。

　　由上可见，日本房地产市场仍处于继续低迷状态，房地产业的前景仍不容乐观。

　　另外，房地产业的发展情况是国家经济状况的重要指标，日本房地产业低迷的现状与日本经济复苏乏力的整体形势是分不开的。自 2000 年秋开始，随着美国经济减速、股市下跌，日本经济的复苏势头也受到影响。尽管日本政府为振兴房地产业提出了一系列计划，但由于目前日本整体经济复苏乏力，2000 年第四季度，日本的国内生产总值比上一季度仅增长 0.8%。2001 年第一季度以来，日本经济状态继续恶化，1 月份的住宅开工率比上年同期减少 11%。日本房地产业在国民经济中占有重要地位，经济的复苏很大程度上影响着房地产业的发展，房地产业的复苏可能仍然需要一段时间。

二、日本的房地产业管理

（一）房地产开发经营

　　日本房地产市场非常发达。由于全部土地的 3/4 掌握在私人和企业手中，国有土地仅占 1/4，而且主要是山林，所以，私人和企业是房地产市场的主体。除了私人之间进行的房地产交易之外，一些公司向地主买来土地，进行住宅和游乐设施等开发经营。专门推销房地产的机构随处可见。为了维护公平交易,各地政府设有不动产价格鉴定和土地测量人员,规定土地交易必须向土地管理部门申报。

此外,日本还设有200多个各种公团组织,专门从事社会基础设施和普通居民住宅的建设和经营。这些公团利用政府财政投融资资金,进行非赢利性工程建设,负责投资的还本付息。如70年代为了建设筑波科学城,组建了筑波建设公团,用二十年时间建成了一座现代化的科研、教育中心。大版市用公团组织的形式,主要运用政府低息贷款,进行耗资巨大的填海造地工程,累计造地2000多公顷,建造了新的港口和国际贸易中心,水上机场也正在建设中。为了把本州和四国连接起来,日本政府组建本四建桥公团,计划建造三座跨海大桥。日前已建成一座,正在施工中的明石大桥耗资4000亿日元,其中10%由中央和地方政府投资,90%由银行提供低息贷款,年利率5%左右。公路、机场、港口等工程建设,也都是由公团完成的。

(二) 日本的土地交易

如前面所述,战后日本出现了三次地价暴涨。第一次是20世纪50年代,经济高速增长,产业结构急剧变化,人口和产业大量向东京、大阪等大城市转移;第二次是60年代,政府推行列岛改造计划,人们预期地价上涨,纷纷买地;第三次是80年代中期,人们集中向大城市及其周围购置房地产。地价的不断上涨,使价格远远背离了它的价值。如1974年地价比1970年上涨2.4倍,东京市区地价每平方米有的竟高达4000万日元以上。土地问题成为制约经济发展和居民福利提高的十分关键的社会经济问题。日本政府便从限制土地交易入手,加强房地产交易管理。

日本房地产交易市场活跃,但土地需求与供应之间的矛盾突出,政府的有效管理与调控就愈加显得重要。日本国土面积只有37.78万km^2,比我国有的一个省面积还小,人口密度高达327.37人/km^2。日本现有土地构成中,私人土地占65%,国家和地方自治团体占35%。国有和地方公有土地大部分是山林、河川、海滨地。以资产而论,国有和公有土地资产仅占日本全部土地资产总值的不到6%。私人和企业是房地产交易市场的主体,私人之间的房地产交易非常活跃。全国共有1.6亿个地段,每年进行交易达200万个。各地政府确定不动产价格以鉴定土地并设有土地测量人员,实行土地交易许可制、土地交易申报制、土地交易事前确认制、土地交易监视区制度和空闲地制度。

1. 土地交易许可制

土地交易许可制是政府控制土地交易活动的重要手段。在城市规划区以内或以外,对于土地投机活动集中的地区,以及地价上涨过快或有可能出现上涨过快的地区，地方政府可以确定为"限制区域"。"限制区域"一经确定，该区域内土地交易超过一定面积标准，就必须得到地方政府的"许可"批准。各项"许可"审查，主要是从交易价格和用途两个方面进行。地价以附近地价水平及政府确定的指定地价（限制价格）为依据。用途倾向于鼓励公益事业征用，住宅用地、公共福利事业项目、债权担保，以及公共事业的"先买"等。

2. 土地交易申报制

土地交易申报制利于控制那些足以影响土地市价或土地用途的大规模的土地交易。在"监视区"，超过一定面积的土地交易要向地方政府申报。在非监视区，市区以内超过 $2000m^2$ 的土地交易、市区以外规划区以内超过 $5000m^2$ 的土地交易、城市规划区以外超过 $10000m^2$ 的土地也必须申报。申报的主要项目也是地价和用途。地方政府对申报的土地，如认为地价过高或土地利用不合理，则可根据土地利用审查会的意见，向申报者提出降低或改变用途的劝告。多数听从劝告，修改原地价或目的；不服从劝告的，交易合同仍有法律效力，但将被公开"曝光"，很少有交易商去冒这个风险。申报劝告制实际上是日本宏观管理的调控房地产市场的一种有力手段。

3. 土地交易事前确认制

土地交易事前确认制是对申报制的一种补充。交易双方价格和用途不违背申报制的基准，可以向地方政府提出事先确认申请，以简便手续。

4. 土地交易监视区制度

土地交易监视区制度用于监视地价上涨过快的小规模土地交易。除了通过申报制控制大规模土地交易外，日本也重视监视小规模土地交易。凡地方政府认为某一地区地价上涨太快，或由于上涨影响土地合理利用，均可依法确定为地价监视区，时效5年。例如福冈市近年地价涨幅大，已有55%的地区确定为监视区。

5. 空闲地制度

空闲地制度利于防止投机性囤积土地。"空闲地"的条件是：（1）市区以内 $2000m^2$ 以上、市区以外规划区以内 $5000m^2$ 以上、规划区以外 $10000m^2$ 以上的土地；（2）该土地所有者取得土地已超过3年以上的时间；（3）该土地未做任何利用，或利用程度低，未按照土地利用规划进行利用。对于"空闲地"，政府提出利用意见；对于不服从者，地方政府选择地方公共团体购买者，通知当事人进行交易，还可根据城市规划及土地利用规划采取进一步措施。

（三）日本的不动产税

日本对不动产保有课税的税种主要有固定财产税和城市规划税，按应税财产所在地，由各市町村或都道府县分别征收，是地方政府收入的主要来源。

固定财产税是对土地、房屋和建筑物、商业有形资产征收。城市规划税是城市规划事业和土地规划事业的财源，对土地和房屋的所有者课征。固定财产税的税基为各市町村《固定财产登记册》中所列示的应税财产评估价值。在评估土地的价值时，每次单独对同一类土地进行评估，如住宅用地、农业用地和森林用地等。然后以某一区域内一定数量和标准的土地，作为同一类土地价值的标准，每块土地的价值可以依据标准土地的价值并结合周围环境而定。在评估房屋和建筑物的价值时，根据住房供给政策，对房屋提供税收减免。具体减免规定为，2002年3月31日前新建的面积为 50~120m² 的房屋，在头3个纳税年度减征50%；2002年3月31日前新建的3层以上的耐火住宅，面积为 50~280m² 的，前5个纳税年度减征50%。除此住房供给政策的减免规定之外，公路、墓地或用于教育、宗教、社会福利以及地方税法案规定的其他用途的财产免税，中央政府、都道府县和市町村以及外国大使馆所拥有的财产也免税。《固定财产登记册》中所列的房屋、土地或建筑物的评估价值，依据土地市价、房屋或建筑物的替代成本的变化，每三年修订一次。每年从3月1日起，《固定财产登记册》都要向纳税人公开展示20多天。在此期间，纳税人可以进行查询，如果对评估价值有疑问，可以向固定财产评估委员会提出申诉。

三、日本的地价泡沫

（一）日本的地价波动情况

纵观世界各国房地产业的发展历史，房地产业都是荣衰更替波浪式地发展前进，日本也是如此。在1955~2000年的45年间，日本先后经历了4次以地价涨跌为特征的经济周期，地价可谓日本宏观经济发展的晴雨表。但与众不同的是日本的房地产价格在1955~1991年的35年期间持续上升，创造了"地价神话"，这在各国发展历史上是罕见的。

第二次世界大战结束后，日本经济处于复兴阶段，1950年朝鲜战争的爆发大大带动了日本重工业的发展，连续出现了"神武景气"和"岩户景气"。1960年日本政府提出"国民所得倍增计划"，实施促进工业化，实现经济高速增长的政策，对工业用地的需求大大增加，这就促成了日本第一次地价猛涨。由于六大都市战争期间受到了严重破坏，因此在这些地区进行了重点投资，其地价上升更为显著。工业用地地价的上升带动了住宅地价和商业地价的上涨。

1973年左右随着田中内阁"日本列岛改造论"的出台，日本政府积极增加公共投资，放宽金融限制，鼓励民间投资。在经济高速增长时期，大约有2000万农村青壮年涌进城市，掀起了以六大都市为主的住宅地价猛涨狂潮。由于高速公路网以及新干线的修建，地方城市也出现了建设高潮。尤其是1971年美元改成浮动汇率制后，日元保持原有汇率不变，大量美元迅速流入日本，大大刺激了房地产交易，连一般的商社都涉足房地产领域，形成了"狂乱地价期"，直到第一次石油危机的冲击才趋向萧条。

20世纪80年代随着日元和美元自由兑换协议的签订，东京成为世界首要的金融中心，对于写字楼的需求大大增加，刺激了东京地区的商业和住宅用地地价的上涨，并从东京中心商业区波及到东京全市，最后在全日本掀起了新一轮地价上涨的高潮。

日本地价的持续上涨，其速度远远超过国内生产总值上升的速度，被人们称为"泡沫经济"的主要表现，这给整个国民经济发展带来了严重的后果。日本政府自1991年开始采取宏观调控措施，1992年至今房地产价格指数持续下降。

（二）造成日本地价泡沫的原因

首先，日本的国土面积狭小，人均耕地仅为0.03ha。日本一贯保持着较高的森林和绿化面积，比例高达67.1%，且由于日本政府农产品自给自足的政策，耕地始终保持着较高的比例，所以可以用来进行住宅、商业和工业开发的土地资源实在有限。然而30多年来日本经济的多次大发展不断提出增加建设用地的要求，土地资源的稀缺性决定了不可能大规模地开发建设用地。因此1985~1998年的13年间，用于建设的开发用地只增加了2600平方公里。这就决定了日本的每一次经济发展所带来的必然是地价的持续上涨，随之而来的就是房地产价格的全面上涨，且居高不下，严重影响了国民经济的可持续发展。

其次，战后日本的产业结构变化大致经历了4个阶段（见表7-3）。随着产业结构的不断调整，日本的每平方米国土面积的GDP跃至世界前列，达到了10美元/m^2，是韩国、德国、法国、英国这些国土面积较小国家的1.6~4倍，是中国、加拿大、澳大利亚和美国这些国土面积较大国家的10~270倍。单位国土面积经济活动量的高位势导致了对土地的高需求，这是房地产价格持续上涨的基本原因。

20世纪日本战后的产业结构变化　　　　表7-3

阶段	时间	主要产业	对房地产价格影响
1	战争结束到50年代末	钢铁、煤炭、电力	战后首次地价上涨
2	60年代	产业结构高级化、重工业化、贸易和资本自由化	出现了第一次房地产价格暴涨
3	70年代前期	知识密集型产业为主	第二次房地产价格暴涨
4	80年代	国际协调的产业协调政策、国际化、信息化、服务化	地价再次高涨

另外，房地产是经济活动的重要生产要素，同时也是重要的资产，尤其是土地资源。日本房地产市场存在的一个重要问题就是过多的突出了土地的资产属性，未能充分发挥土地的生产要素作用。当实现低货币利率政策时，一旦土地的期望收益率超过货币利率，必然引起土地需求的增加，导致地价的上涨。1976～1999年，日本的历年年平均存款利率大概只有美国的35%左右，到1999年只有美国的2%。尤其是80年代，日本连续降低官方贴现率，而且长期维持低息，给土地投机提供了可乘之机，直接导致了80年代中后期的地价暴涨。

地产的价格不仅受国民经济景气循环的影响，而且对国民经济发展有着反作用。

首先，房地产价格与金融扩张形成恶性循环。随着70年代房地产价格的上涨，金融资产得到了迅速膨胀。由于中央银行实行低贴现率等宽松的金融政策，1972的居民住宅贷款额比1971年增长了1.3倍；居民为了获得价格高昂的住宅，不得不把收入中的大部分用于住宅储蓄；土地抵押贷款迅速增长——高储蓄和高存贷比成为日本投资主导型经济高速增长的主导因素，也给日本带来了"泡沫经济"的噩梦。1985～1989年土地的评估额达到日本GDP的2.5倍，银行贷款的增加额为128万亿日元，其中有50%左右的流向为房地产业和非金融机构。更严重的是80年代后期由于日元大幅升值，国内需求又严重不足，资本大量外流，导致80年代末美国大量的房地产被日本所收购。

随着90年代日本泡沫经济的破灭，金融业逐渐崩溃，房地产市场陷入严重的困境，大批房地产公司破产，造成银行系统的大量不良债权（仅1991年，破产房地产公司的负债总额就有8万亿日元之多）。经济泡沫的破灭和房地产价格的跌落，使得金融业因不良债权问题一蹶不振。据估算，日本银行最终无法收回的不良债权额大约在10～15万亿日元以上。泡沫的破灭使日本经济损失惨重。

其次，国家社会财富急剧恶化。国家财富指一国的全部资产（土地等有形资产及股票、债券等金融资产）中扣除负债（如国债、债券）后剩下的纯资产。1985年日本的国家财富中有57.1%是土地，住宅占8.6%；而1975年英国住宅占国家财富的比例是42.9%，土地占5.3%。对于土地私有的住宅，日本将其价值几乎全部集中在土地，而英国则集中在建筑物上。

由于地价高涨，日本土地资产由1985年的952万亿日元上升到1990年的2338万亿日元，占国家财富的比例由57.1%上升到64%，而1990年日本GDP为430万亿日元，土地资产是其5倍多，可谓典型的"地本主义"。日本的地价持续上涨，并且远远超过GDP上升的速度，是"泡沫经济"的主要表现。

再有，高价造成了经济的结构失衡和社会结构的重组。结构失衡主要表现为基础设施建设投资不充分，公共投资的相对比重下降。由于投资预算的增加，不少人认为在高地价的市区进行投资是不利的，进一步导致公共投入的相对缩减，形成经济发展的瓶颈。如东京进行道路建设时，征用土地的费用高达总造价的43.3%，个别地段高达99%。另一方面，由于城市地价的持续高涨，土地被认为是一种最安全、收益率最高的资产，使其作为资产被保有和用于投机的倾向非常明显。为了能够随时变卖，土地的开发计划往往被取消，导致土地利用率降低，本来就稀少的土地大量闲置或者低度使用。

日本作为著名的经济大国，却又是闻名的"消费小国"，高房价是其中的重要原因。广大工薪阶层买不起也租不起市中心的房子，如1991年日本职工的月平均工资为35万日元，而东京湾填海造地的公寓一套84平方米装修较好的月租达24万日元。按照房价收入比计算，国际通用的成套房房价与一般家庭年收入之比通常为3~6，1990年东京圈的中高层住宅超过了10，而东京市中心达到20左右。许多居民只能去远郊区租房或者买房，城市中心地区大量居民迁出，迅速造成中心城市的"空心化"，原有社会结构逐渐解体。同时由于房地产价格的上涨，造成了社会分配新的不公。房地产持有者与非房地产持有者、大都市圈与地方圈的资产差距越来越大。富者越富，穷者越穷，严重挫伤了劳动者的积极性，形成非常严重的社会问题。最后，造成了房地产市场的不正常运作。房地产行业被普遍认为是风险性较高的产业，市场行情正常情况下总是存在着上下波动。日本的房地产价格经历了35年的上涨，而且是有周期的猛涨，给社会各界形成了房地产价格绝对不会下降的概念。因此，80年代末90年代初日本乘美国经济低迷在美国大肆收购房地产，一些日本公司甚至提出要收购整个美国。然而泡沫经济的破灭却使其不得不抛售不动产，许多物业的抛售价格只有抵押价格的10%~20%，让人深思。

房地产价格应当随着宏观经济形势的走向进行必要的调整，并不是越高越好，也不是越低越好。在国内生产总值持续高速增长的情况下保持适度的房地产价格上涨速度对于宏观经济的发展能够起到一定的促进作用，一旦经济增长速度放慢，必须对房地产价格进行适当的宏观调控。房地产价格应当成为宏观经济发展的"晴雨表"。

四、日本的房地产投资信托

日本的房地产证券化理论和房地产投资信托的理论开始盛行是在1985年前后，当时正是日本泡沫经济的时候，人们对房地产和房地产的有关话题非常热衷。理论界对房地产的证券化特别是对房地产投资信托的探讨异常活跃，但是，由于当时房地产价格正在不断地上涨，投资者只要直接购买房地产很快就可以得到增值，房地产公司的担保能力也大幅增加，很简单就能从银行里得到贷款，因此，那时的房地产公司对于采取多样化的筹集资金手段的必要性也认识不够，这样,投资者和房地产公司对于房地产投资信托这种金融商品都没有现实的需求。

1987年,一些人把房地产投资信托的几个法律提案提交到日本国会,但是由于受到强烈的反对而最后没有被采纳。反对这些提案的理由主要有两个;一是房地产投资信托会进一步引起对房地产的潜在需求,从而引起房地产价格的上涨;二是日本的银行有大量富余的资金,即使不实行房地产投资信托制度,对促进房地产的发展不会产生任何的不利影响。对于以上两个理由,当时看来似乎有些道理,但是现在回头来看是多么的鼠目寸光。这对日本来说是个经验教训,而对中国现在来说则是一种对经验教训的学习和启示。

20世纪90年代初,日本的泡沫经济开始破灭,股票和房地产的价格暴跌,日本房地产经历了13年连续下跌,金融机构和房地产公司再也不能像以前那样依赖房地产的增值来进行融资和开发。相反,金融机构却留下大量贬值的抵押房地产,从而形成大量的不良资产,使金融机构接二连三地破产。面对这样的现实,金融机构和房地产公司也开始认真考虑房地产的流动性,认识到房地产证券化的必要性,开始极力推出有关房地产的证券化产品,同时政府也在1998年9月开始实施《关于特定目的公司的特定资产的流动化的法》,2001年10月,房地产投资信托公司被允许在证券市场上市。但是,房地产投资信托的发展并不是那么简单的事。日本的房地产证券化和房地产投资信托的发展并没有像预期的那样快,它既没有解决金融机构的抵押房地产的流动性问题,也没能马上阻止房地产价格的下跌,房地产证券化和房地产投资信托并没能给日本房地产业带来更多的生机。

第四节 香港地区房地产

一、房地产业与香港经济

香港位于中国大陆的东南方,面积约为1100km², 包括香港岛、九龙和新界及离岛,2001年人口为672.49万。1840年鸦片战争以后,香港被英国占领,1997年回归祖国。经过100多年的发展,香港已经成为世界上经济较为发达的地区之一,同时也是重要的国际金融中心、贸易中心、旅游中心和航运中心。

香港的房地产业是在第二次世界大战之后发展起来的,目前已经成为高度成熟的行业,是香港的经济支柱之一,在整个社会经济领域中扮演了重要的角色,被称为香港经济的寒暑表。

第二次世界大战之前香港房地产市场由英资的房地产公司控制,其中最著名的是香港置地公司,当时中环最贵重的土地及最有名的建筑物差不多都是置地及其他英资公司所占有,至今香港置地仍然拥有中环40%的写字楼。但利希慎等华资地产界巨头在香港也有一定的势力。1941年日本军国主义者占领香港后,毁坏了大量房屋,到处断瓦残垣,惨不忍睹,人口由164万下降至60万,香港的房地产市场一落千丈。

第二次世界大战后香港房地产发展共经历了7个阶段:1945~1952年的恢复期,1953~1958年的热身期,1959~1969年的第一冲刺期,1970~1975年的第二冲刺期,1976~1984年的定型期,1985~1997年的过渡期以及1998年至今的低迷调整期。

1. 第一阶段(1945~1952年)恢复期

第二次世界大战结束后,被战争逐离家园的香港居民纷纷返港,新移民也因为香港的特殊政治地位而不断迁移过来,1947年香港人口增至170万。由于住房奇缺,大约有30万人挤在铁皮、木板搭建起来的木屋中,港英政府采取措施鼓励重修房屋,使港岛大多数房屋迅速得到修复。1949年前后来港人数增多,部分人具有较多资产,需要一些较好的住宅和商业楼宇,开始兴建新的楼宇。这个阶段香港的房地产市场并没有太大的发展。1952年联合国通过对新中国"禁运"后,香港的房地产也跟着衰退。

2. 第二阶段(1953~1958年)热身期

1953年圣诞之夜,石夹尾木屋区发生了一场历史上最大的火灾,造成5万灾民无家可归,港府开始投入大量资金兴建公共屋屯以平息由住房问题引起的动乱。同时由于朝鲜战争的结束,经济逐渐恢复,房地产业的发展有了一定的资金和市场基础。香港政府颁布了刺激房地产发展的3个条例:容许在路面较宽、位置较佳的地皮兴建较高的楼宇,允许楼宇分层出售、分层发契,允许分期付款。50年代中期香港房地产业最令人瞩目的变化是经营方式的变革,尤以1954年香港立信置业公司首创的"卖楼花"为典型。尽管如此,由于当时香港居民的生活水平有限,不敢奢望购买住房,因此房地产业的发展较为缓慢。1956年被房地产界誉称为"三剑侠"之一的李兆基向房地产业进军,1958年香港地产大王李嘉诚进入房地产市场。由于当时资本主义世界发生经济危机,香港的房地产业又开始走向下坡。

3. 第三阶段(1959~1969年)第一冲刺期

此时香港的工业进入巩固阶段,许多厂商有条件大举扩充厂房,1959年后来自东南亚的"逃资"进入香港房地产市场,同时大量的专业人士由于收入急剧增加,刺激了他们自置住房的欲望,因此这个阶段香港房地产的发展比较明显。由李兆基等组成的新鸿基企业公司看准香港小企业急需购买厂房的行情大建工业楼宇,分层出租或十年分期付款出售,雄霸香港楼宇工厂市场。铜锣湾、湾仔、尖沙咀、旺角等商业区面貌日新，大量私人资金投入建造住宅楼房，香港政府也拨出公共开支兴建廉租尾村。房地产业成为香港的四大经济支柱之一。

1962年港府颁布新的建筑条例，规定了各种用途的土地容积率，允许的建筑面积比以前少了20%左右。由于此条例到1966年才开始实施，地产商大量购入地皮抢建更多的楼宇，向银行大量贷款，造成许多银行的放贷超过其承受能力。1965年初发生了银行挤兑事件，造成银根紧缩，众多房地产商倒闭，地产进入低潮。1967年发生了暴动事件，内地的文化大革命也波及香港，香港的经济大受影响，地产业又一次受挫。

4. 第四阶段（1970~1975年）第二冲刺期

70年代初香港的经济有所好转，外流的资本与人才纷纷回归，南洋资金与各国资金也进一步向香港进军，房地产业成了一个热门的投资项目。不少地产商通过股票上市获取资金，一些游资也在股市小炒作房地产股，房地产业一片兴旺景象。许多地产商不但在土地买卖中获利丰厚，而且在股市中成为暴发户，李嘉诚的长江实业及新鸿基均是这个时期的典型代表。1972年港府推出了"十年建屋计划"。但是由于地产的虚假需求与股市的过度膨胀，1973年危机爆发，再加上相继的能源危机的波及，香港地产业再次陷入低潮。

5. 第五阶段（1976~1984年）定型期

1976年后香港的经济迅速发展，成为世界第三大金融中心，为香港的地产业发展提供了巨大的资金来源与强有力的市场。各国的资本纷纷以香港为跳板进军大陆，加之大陆的企业逐步以香港为窗口走向世界，对楼宇的需求量急剧增加。同时由于居民收入不断提高，1977年香港政府开始推行"居者有其屋"计划，1980年香港的房地产业在许多方面已达到世界水平。1982年，世界经济危机又一次波及香港，并且在中英两国关于香港问题谈判期间谣言四起，地产界陷入第二次世界大战后最大的一次低潮。直到1984年3月，中英两国草签了关于香港前途的联合声明，世界经济也逐步复苏，香港的房地产业才从衰退中恢复过来。

6. 第六阶段（1985~1997年）过渡期

联合声明生效后香港市民人心思定，外资也纷纷进军香港，市场上对高级住宅和写字楼需求旺盛，来自日本、南洋和澳洲的资金也大举投资房地产，再加上香港的外贸上升，对工厂的需求量增加，以及银行的贷款利息降低，促使更多的市民分期付款买房，因此香港的房地产业得到迅速发展。1997年香港顺利回归时，香港已经成为世界上房地产价格最昂贵的地区之一。房地产业总的状况是中小型住宅交易平淡，价格下落；豪华住宅楼宇交易活跃，租金上升；商铺供应短缺，价格日涨；工业楼宇中的多用途的工商大厦受到欢迎。

7. 第七阶段（1998年至今）低迷调整期

受亚洲金融危机的影响，1998年香港的房地产市场开始暴跌，1998年8月跌到最低位，下跌幅度达60%。亚洲金融危机也使香港的经商环境大受影响，不少外资企业把亚太地区总部撤离了香港，一些企业停止了在港办事处的营业。2000年香港的房地产市场开始反弹，但价格仍比高峰期低40%。尽管如此，香港的房价仍是亚洲最高昂的。

2001年美国"9·11事件"造成了以美国和日本为首的全球性经济衰退，香港首当其冲地受到波及，因此香港的房地产市场一直处于低迷的调整期。

二、香港房地产管理制度与政策

（一）香港房地产管理体系

香港房地产管理体系包括决策体系、执行体系、保障体系和监督体系，是很严密的。分别由土地发展委员会、城市设计委员会、房屋委员会、地政公务科这些机构来执行，在政府监督下进行公房和楼宇建设，保障政府土地产权等。

政府例行的行政管理由布政司依据法律和条例的规定领导实施，并由布政司下设的房屋署和屋宇地政署具体进行。

房屋署设置四个处：（1）行政及规划处，负责行政、人事、财务、公屋、建设规划等项工作。（2）屋村（住宅小区）管理处，负责屋村管理、"居者有其屋"（政府优惠出售商品房）事务管理、公屋的政策研究，管理公屋申请、编配等事务工作。（3）行动处，负责房屋的拆迁、临时房屋的管理，以及对非法违章建筑的管制和改善工作。（4）建筑处，负责房屋的建筑设计和结构设计，房屋维修养护、装修及工料定额管理工作。房屋署的中心任务是推行经港督批准的，由香港房屋委员会拟制并组织实施的公屋发展规划和公屋政策，并协助该委员会进行公屋建筑、税收、出售、管理、修缮等各项工作。

屋宇地政署下设五个处：（1）地政处，负责土地的批租、征用和地产管理事务。（2）建筑物条例执行处，负责根据法例管制具有危险状况的楼宇、招牌、建筑设施、地铁等各类建筑物的设计、施工和使用。（3）城市规划处，负责制定规划政策、规划标准、规划法例、法定城市图则和次区域规划图则。（4）测检处，负责各类土地测量和工程测量以及地图绘制及复制工作。（5）行政处。屋宇地政署主要担负香港一切与土地和房屋发展有关的行政管理事务。

（二）土地批租制度

土地批租制度有几个特点：一是批租土地使用权，所有权不卖断。二是批租除一次性收取全部批租地价外，在批租期间内，每年还要收象征性的地租，表示对土地所有权的承认。三是土地批租，政府按照不同的用途确定用划拨、协议、招标、拍卖等不同的形式。公屋用地是划拨，不收土地使用费；私人用地一般是通过招标或拍卖。批租年限是 11 年到 99 年不等，一般多为 75~99 年。《中英联合声明》有个特殊规定，在过渡时期批地年限的下限，一律是到 2047 年 6 月 30 日。四是每年批地的数量有一定的限量，由土地发展委员会来控制。

（三）房地产税收制度

香港的税收体系有：

差饷税，是港府对物业征收的一种间接税，征收比例由立法局一年一评。差饷税收入占税收总数的 6%；

印花税，是对物业及契约买卖和签约行为课征的一种税，是香港的第三大税种，占税收总额的 13%；

物业税，是对物业经营者实际租金收入课征的税，税率为 15%，计税方法是按物业收入扣除 20% 以后计征，实际是按收入的 80% 收税，占税收总额 2%；

政府地税，这种税很少，分地段按年征收，标准为 3~30 元。

（四）香港的物业管理体制

香港的物业管理机制比较健全，在全世界是首创，内地正在引进。

（五）房地产金融体系

香港有一个发达的房地产金融体系。其一是按揭，按揭贷款量比较大，达到房价的 90%~95%，期限是 20 年。其二是预售楼花。其三是发行股票，香港股市上的大盘多为房地产，房地产上市公司占整个上市公司的 30%，房地产上市股票价值占全港股市总价值的比重也是 30%。香港房地产金融发达，房地产股票是一大项。

（六）香港的住房福利政策

1. 对中低收入者的居屋政策

在香港所谓居屋政策，就是对中低收入者优惠售房，是居者有其屋政策的体现。具体有以下优惠政策：其一，建造居屋用地不计价，不计入成本，其土地来自香港扩展署，是经过三通一平的熟地，不收钱，用记账方式交建房的房委会使用，但要按土地价格的 5% 收取利息。土地保证金是推行居屋的一大政策。其二，购房者资格的确定，家庭月收入不超 2 万港元，这是动态的。其三，出售房屋的价格优惠，居屋价格一般只相当于市场价格的 60%~70%。以 1993 年为例，居屋价格是 23400 港元/m^2，市场价格是 45000 港元/m^2，前者是后者的 52%。其四，给购买居屋者提供抵押贷款，贷款比例为全部房价的 95%，期限 20 年，由房委会出面担保，赖账的很少。其五，产权问题。一般买房后 10 年内不允许上市。如果必须出手，在买房后第一个五年内出售，只能原价出售给房委会；第二个五年出售，业主以退房时居屋价卖给房委会；10 年以后既可按第二个五年办，也可在市场上卖，不过要把 45%~55% 的增值交给房委会。其六，资金来源。资金来源于政府建立的"居者有其屋基金"。

2. 廉租屋政策

廉租屋也就是"公屋",与自有居屋相对应。廉租屋或公屋实际是优惠租房。首先是租房资格的限制:单身汉月收入 4600 元以下;两口之家月收入不超过 7600 元;三口之家月收入不超过 9500 元;10 口以上的家庭月收入不超过 2 万元(1993~1994 年的标准)。其次是租金标准,它是根据居住情况来决定的。人均建筑面积 $5.5m^2$ 者,租金占家庭收入的 15%;人均 $7m^2$ 的,租金占家庭收入的 18.5%。租金相当市场租金的 30%。实际执行过程中,房租只占家庭收入的 8%,租金相当低,也存在着租售比价不合理的问题。

3. 公务员住房政策

一是对低薪公务员(25 薪点以下的公务员),由港府分给房子。每年按兴建的公共住房的 15%(约 1000 套)分给低薪公务员。二是兴建公务员宿舍。这是合作建房,有两个优惠条件:地价相当于市价 1/3;贷款期限 20 年,利息从优。三是自购居屋资助计划。推行这一计划的目的在于稳定高中层公务员,所以条件限制比较严格,津贴资助也较丰厚。同时还鼓励公务员自己买房。四是一些学校的住房问题。对所有的学校政府有关部门发给每个职工每月 1.5~1.8 万元的住房津贴,学校和单位负责建房,房子租给职工。津贴直接交给学校房管部门,实际属于无偿用房。但是职工离开学校或退休时,房子要交还。如果有人不住学校房拿津贴去买房,一旦发现就算违法即不准将津贴用于市场买房或租房。离开学校,这些人什么也得不到,心理不平衡。

三、香港房地产的开发与经营

(一)香港房地产的开发建设

1. 房地产开发用地的取得

香港只有 $1000km^2$ 的土地,其中大部分为山地,自开埠以来港府不断地移山填海,以增加可供发展之土地,土地的开发由港府全面控制,由政府部门负责整体规划设计及整体开发的步骤,按市场的需要通过拍卖或招标方式批租土地给发展商,发展商取得土地后须与政府签订《批地条款》及交纳地价。除了政府供地外,发展商也可向旧楼的业权人购买整栋的旧楼,然后重建。如若旧楼的部分单位由业权人租予他人,发展商购得旧楼后,可按法例向租客收回该单位。

2. 规划申请

发展商取得(购买)用地后,申请规划许可适用于在分区计划大纲图和发展审批地区图所涵盖地区的房地产开发或其他建设,但并不是所有用地均需申请规划许可。如属于大纲图和地区图用途分区内经常准许的用途,只要符合地契条款和《建筑物条例》及其他有关法例的规定,便可进行开发建设而无须申请规划许可,如属下列情况则需申请规划许可:(1)不是用途分区经常准许的用途;(2)法定图划的《注释》内明确要求须事先申请,并可能在批准申请时有附带条件。一般分为如下三类:①改变用途;②拟在划作公共用途的土地上进行私人住宅发展;③超出用途分区所准许的发展密度。规划申请交回规划署由其转交城市规划委员会秘书,委员会收到申请书后会在2个月内审议该宗申请,并将决定以书面形式通知申请人。在香港土地用途的限制是非常严格的,当然有时业主也可申请改作别的作用,如黄埔船厂的地皮是工业用地,业主申请改为住宅,经批准并补交了地价3.9亿港元。

3. 建筑工程报建(建筑图则申请)

发展商或有关人士在进行土地开发建设前,须根据地契条款制定发展建议书(建筑图则)递交地政处(或由屋宇署转递)批准或由其报建筑会批准。递交目的是确保发展建议符合地契条款及合理发展。建筑图则分为两种:(1)总纲发展蓝图(属建筑项目的总体规划图),一般超过两公顷的建设项目须提交,目的是确保大型项目发展的性质及规划获得政府接纳及确保整幅地是以有规划及综合方式发展。(2)一般建筑图则属建筑设计图,此图所载建议较总纲发展蓝图详细,显示发展楼宇设计、规划及高度。

4. 建筑资金的筹措(筹集)

房地产的生产、流通、消费过程都需要巨大的资金才能得以顺利实施,发展商仅依靠积累的资金去解决房地产的开发经营或购置房地产的毕竟只是极少数,大多数都是通过向银行贷款、通过发行债券或股票、股份的形式以及自身的积累等途径筹集巨额的经营资金。另外预售楼花所取得的定金,也是支付房地产建筑费用的一种来源。

5. 建筑工程的施工与管理

按照香港的习惯做法,建筑工程都是采用总、分包的形式进行施工的。施工队伍也通过招标、投标的方式择优录用。发展商(业主)委托设计单位——建筑师楼作为施工管理的全权指挥,业主关于工程建设的指令不直接下发至施工单位,而是通过建筑师楼以建筑师指令的形式向施工单位下达,同时建筑师楼也负责对工程质量和进度的控制、设计和施工协调,业主聘请的各专业顾问公司协调以及总包单位按实际进度拨付工程款(即粮单)申请的审核,然后呈报告给业主,由业主认可及支付各类款项,当然业主也对施工质量和进度进行监督。

6. 完工证的发放

完工证即相当国内的竣工验收合格证。当建筑工程完工后,发展商(业主)提出要求,法律咨询及用土转移处提出要求,由屋宇署发出允许申请人或相关人士进入新建建筑物居住或使用的文件(即入伙纸),地政处在经实地视察和会同有关部门的意见后，认为开发建设的地块已符合下列条件：所有地契条款规定的责任均已履行；临时或最终入伙纸已签发，根据批地条件须缴交的地价已付清或按期，则签发完工证。发放的完工证可供公众查阅。

（二）香港房地产的经营

香港的房地产买卖是自由进行的，一般经历洽谈、订约、完工产权转户三个阶段，楼宇的买卖分两种：购买楼花和购买现货及有入伙纸的楼宇，虽然两种的买卖程序不尽相同，但都要通过律师楼办理手续才属有效。

1. 洽谈

发展商通过宣传渠道宣传其拟出售的楼宇，有兴趣的置业者及律师即与发展商或其代理商接洽，并询问有关计划及兴建事宜，有时还视察拟购买之物业，若是个别业主售卖其物业，买方可直接与卖方洽谈或与业主经纪人洽谈。

2. 订约

如若买方与卖方谈妥条件，买方决定购买楼宇后，双方即签订临时买卖合约，买方交付指定数额的临时定金，由卖方律师楼起草正式买卖合约，并将合约草稿和有关条件交买方律师审查，买方律师通常会到土地注册处查核，以确定楼宇是注册业主并产权没有疑义，然后在临时合约规定的时间内买方到卖方指定的律师楼签订正式合约。根据《土地登记条例》，正式买卖合约可以在田土庭登记，如在短期内（4个星期）能完成产权转产手续，可以不必进行登记。若4个星期不能完成产权转产，买方律师一般都会及时在田土庭登记以保证买方产权利益。

3. 产权转产

产权转产按合约规定日期进行，买方付足楼价余款，卖方将物业契据交与买方，交易即完成。如买方需要贷款（即通常所说的银行按揭）完成交易，则需以物业契据作为抵押品通过律师楼与银行办理按揭手续，银行经律师将贷出的款项付给卖房者，产权转产后，买方把一份产权转产契约摘要送交土地注册处登记。任何抵押都要登记，并依时缴付印花税，然后双方向各自的律师支付费用，通常按地产成交价的一个百分比支付，但不是硬性规定。

4. 楼花的买卖

政府对楼花出售的管制。在香港楼花是指未建成或未能即时入住（须申请入伙纸）的楼宇，香港的土地因不同时间批出，楼花销售亦因土地批出时间不同而分为两个管理办法，即港府和律师会分别采用行政措施及专业措施管制买卖楼花，把楼花买卖分为"受同意方案管制"和"不受同意方案管制"两种。前者受地政监督同意方案管制，即在批地条件中加入若干为保障买方的条件，卖方遵守此条件即可将未完成的楼宇单位出售，具体监督由地政总署的法律咨询及田地转易处执行；后者由律师令特定的手续办理。"受同意方案管制"的楼花，都是建于新批出土地上的物业，政府新批土地都要求开发商在销售楼花前，先征得田地转易处的地政监督同意，在承诺遵守若干楼花销售条件即"同意条款"后，才能发售楼花。"同意条款"由地政总署以通告形式公告，公告条款包括：楼花买卖合约须按规定格式；规定发展商最少投资发展资金及发展商将地皮抵押借取发展资金时贷款人应有的承诺；发展商律师向买家收取楼款，依建筑进度分期交于发展商。发展商如未履行"同意条款"，属违反卖地契约，政府有权收回土地。"不受同意方案管制"的楼花，指因不受批地条款限制，不必向田土转易处申请就可以出售的楼花。这类土地主要是旧有土地，在"受同意方案管制"出台前已批出的土地，其重建的楼花买卖由律师会依特定规则及使用同一标准楼花买卖合约办理。香港的楼花转让手续是律师专有的工作，这类土地的楼花销售管制和因香港的土地转让制度特点，由政府间接通过律师会的专业操行规定，以管理律师工作去管理旧有土地楼花销售。楼花的买卖一般是购买者在发展商或其代理公司的办事处签署一份认购备忘录或临时买卖合约及交付订金，然后在指定期限内到发展商约定的律师楼签署正式买卖合约，并缴交包括临时定金在内的通常等于楼款10%的订金，买家可以选择即供或建筑期分期方法支付余下的楼款。即供通常是签订正式买卖合约后一个月内支付余下楼款的全数，采取此方法，通常得到折扣优惠。若买家选择建筑期分期方式的话，则买家要在建筑期内分期支付楼款余额给发展商。楼宇入伙纸发出后再签署转产契约。

5. 按揭贷款

按揭贷款在香港房地产市场是一种较普遍及活跃的置业手法，港府虽然对房地产实行"积极不干预"的政策，但在特别情况下也会以银行的按揭成数去间接干预市场。按揭贷款是香港银行业支持私人购买住宅所采取的贷款形式。银行向买房者提供大部分买房款项，买房者以稳定的收入（如工资等）分期向银行还本付息，而在未还本息之前，将其买房契约向银行抵押。本息还清后，买房者则成完全的业主；若买房者不能按期还清本息，银行可收房屋出售，以抵销其欠款。银行给予按揭贷款通常从房屋预售时开始，即在买"楼花"时，银行就开始提供"按揭"服务。此外，按揭期间借款必须购买火险，购买火险是为了保证银行贷款的安全。

第八章 房地产的发展趋势

第一节 经济的发展趋势

一、工业经济发展存在的问题

人类历史上经历过采集狩猎经济时代、农业经济时代、工业经济时代。农业经济时代起源于公元前八千年的亚洲西部，然后经历五千年开展到欧洲。农业革命给人类带来的文明是：建造住房和城镇，使用斧子、锤子从事手工业劳动，生产啤酒和面包，纺纱织布，采矿和冶炼金属。

工业经济时代开始于18世纪中叶。工业革命在经历蒸汽革命、电力革命和原子能革命这三个阶段。工业革命在二百年内使世界人口从1780年的8亿增加到1980年的45亿。使工业成为主导产业，使城市成为人类的主要聚居地。使国民财富及人类生活水平成倍增长。

不管工业经济给人类带来的贡献是多么的巨大，它有一个致命的弱点，即对物质资源消耗的过分依赖，所以工业经济时代又可称为物质经济时代。

物质经济膨胀所产生的能源危机和环境危机与人类生活由高额群众消费阶段向追求生活质量阶段转变相矛盾。

二、可持续发展观点的提出

可持续发展问题与人口、资源、生态环境问题密切相关，尽管工业革命以来人类社会取得了巨大的成就，但人口、资源、生态环境问题也日益突出和严重，由此促使世界各国政府和学者认真思考过去的发展过程、现在的发展模式和未来发展的不可持续性问题。

"可持续发展"作为一个问题已存在很长时间，但作为一个概念，直到1980年才被自然保护国际联盟（International union for the conservation of nature）所接受。而作为一种思想，直至1987年，在环境与发展世界委员会（World commission on environment and development）作发表的《我们共同的未来》（Our common future）一书中才被正式提出。

（一）可持续发展的定义

人类对可持续发展的概念存在争论和不同的认识。为此，联合国环境署理事会于1989年就可持续发展概念的定义专门发表了《关于可持续发展的声明》一文。该声明认为:"可持续发展系指满足当前需要而又不削弱子孙后代满足其需要能力的发展,而且绝不包含侵犯国家主权的合作。环境署理事会认为,要达到可持续的发展,涉及国内合作及跨越国界的合作。可持续的发展意味着走向国家和国际的均等,包括按照发展中国家的国家发展计划的轻重缓急及发展目的向发展中国家提供援助。此外,可持续的经济增长与发展,这对于环境的良好管理具有很大重要性。可持续发展还意味着在发展计划和政策中纳入对环境的关注和考虑,但不代表在援助或发展资助方面的一种新形式的附加条件。"这一声明得到发达国家和发展中国家的普遍认可,被视为可持续发展概念的权威定义。

这一定义包含了五个方面的内容:第一,可持续发展既要满足当代人的需求,又不损害后人满足其需求的能力;第二,全球和全人类的可持续发展不能成为侵犯一国主权的借口;第三,可持续发展不仅仅是一国或一个区域的问题,而且也是全球和全人类的共同问题,需要全球合作和国际援助;第四,发展是可持续发展的前提,尤其要首先消除发展中国家的贫困和实现经济增长与经济发展;第五,可持续发展是经济、社会和生态环境的协调发展。

(二)可持续发展的基本原则

相对于传统的发展观和思维方式,可持续发展提出了新的挑战。环境与发展世界委员会(WCED)认为,可持续发展应具有三个基本特征:维持全面的生活质量;维持对自然资源的永续利用;避免持续的环境损害。为了实现可持续发展,必须坚持以下四个原则:

1. 持续性原则。它要求人类社会发展具有持续性,这是可持续发展观的核心。人类生存和发展的持续性包括生态持续、经济持续和社会持续性三方面。要实现持续性,必须使三者相结合,形成一个统一的整体。持续性意味着维持乃至提高自然资本(森林、土壤、水体、大气、矿产等)、人力资本(知识、技能和人的素质等)、制造资本(道路、工厂、机器等)和社会资本(组织、管理、制度、文化和行为方式等)存量的总体生产率。

2. 系统性原则。环境与发展世界委员会报告指出:"我们可以将地球作为一个有机体加以认识和研究,它的健康取决于它的各组成部分的健康。"可持续发展是将人类及其赖以生产的地球看成一个以人为中心、以自然环境为基础的系统,系统内自然、经济、社会和政治因素是相互联系的。系统的可持续发展有赖于资源的承载能力、环境的缓冲能力、经济的生产能力、社会的需求能力、管理的调控能力的提高,以及各种能力的相互调适。评价系统的运行状况应以系统的整体和长远利益为衡量标准,即在宏观的成本效益分析基础上进行取舍,使局部利益与整体利益、短期利益与长期利益、合理的发展目标与适当的环境目标相统一，我们不能任意扩大或缩小某个因素的得与失。系统性原则为人类活动提供了整体框架，它所要求的发展必须是全面的发展。

3. 公平性原则。许多资源紧张与环境压力是由经济和政治权力的不平等造成的。可持续发展要求满足所有人的基本需求和给所有人机会以满足他们过较好生活的愿望，这又必须通过提高生产潜力和确保每个人都有平等的机会来实现。这里的公平观是提供一种广义的平等，包括在资源分配、发展权利、技术转让、资金供给、文明成果共享等方面。它具有两层含义：一层是空间上的公平，即当代人之间的横向公平；另一层是时间上的公平，即世代间的纵向公平或称代际公平，当代人不应忽视后代对资源、环境要求的权利。同样，因为上一代利用各种机会和世界资源发展起来的发达国家也应对当代的资源环境等问题承担更多的责任，为解决当代的不公平尽更多的义务，承认发展中国家的发展机会和发展权利。因此，上述两层含义又是相互关联的，处于不同时代的人都应具有同样的选择空间和机会，而不能是某一代人在资源的开发与利用上居于主宰地位。这是可持续发展思想与其他发展思想的区别之一。实际上，这种公平观是跨越时空范围的整体公平，以期达成系统内各组成部分的平等，因而与系统观又是密切相联的。

4. 和谐性原则。环境与发展世界委员会在《我们共同的未来》中总结说："从广义上讲，可持续发展的战略旨在促进人类之间以及人与自然之间的和谐。人与自然系统是可持续发展方式建立的基础，而人与自然的和谐是可持续发展追求的最高目标。可持续发展关注自然的承受限度，但又不拘泥于这一限度，而是从人的角度出发，通过调整人类的行为，遵循自然规律去利用、调节和适应自然，达到人与自然的和谐，实现人类社会的持续发展。"

三、信息经济的产生和发展

信息革命正在把人类从工业社会引向信息社会。相对应的是信息社会的经济可以称之为信息经济。信息经济的兴起，并不会否定农业经济、工业经济和服务经济的存在，而是促使这三种经济的素质通过信息化后有所提升，并导致信息经济在整个经济中占据主导地位。

（一）信息经济的产生

所谓信息经济，是以现代信息技术等高技术为物质基础的，信息产业起主导作用的，基于信息、知识、智力的一种新型经济。和信息经济具有同样内涵的名词是知识经济。经济合作与发展组织就是将知识和信息相提并论的，即知识经济是建立在知识和信息的生产、分配和使用基础上的经济。实际上，知识是浓缩的系统化了的信息，信息经过提炼成为知识。显然，没有信息，就谈不上什么知识。

早在1959年，美国管理学家彼得·德鲁克就从对社会劳动力结构的分析中预言了"知识劳动者"将取代"体力劳动者"成为社会劳动力的主体，后来又提出了"知识社会"的概念。1962年，美国经济学家费里茨·马克卢普在《美国知识的生产与分配》一书中提出了"知识产业"的概念，并将其分为教育、研究与发展、电讯传播业、信息设备和信息服务等五个部分，还以此作为衡量美国知识存量与增量变化的依据。70年代初，美国国家安全事务助理布热津斯基在《两个时代之间——美国在电子技术时代的任务》一文中提出我们面临一个"电子技术时代"。1993年，美国社会学家丹尼尔·贝尔又提出"后工业社会"。美国未来学家托夫勒1980年在《第三次浪潮》一书中又提出了"超工业社会"、"后工业经济"，认为出现了一种不同于工业经济社会的经济。美国未来学家奈斯比特1984年在《大趋势》一书中提到"信息经济"，他认为"信息社会里知识是最主要的因素"，"我们使知识系统化，从而加强了我们的脑力，以工业来比喻，我们现在大量生产知识，而这种知识是我们经济社会的驱动力"。1986年，英国的福莱斯特在《高技术社会》一书中提出"高技术经济"。1990年，联合国研究机构提出了"知识经济"的说法。这一年，未来学家托夫勒在《力量的转移》一书中写到："知识的变化是引起大规模力量转移的原因或部分原因。当代经济方面最重要的事情是一种创造财富的新体系的崛起，这种体系不再是以肌肉（体力）为基础，而是以头脑（脑力）为基础。"1992年，中国的吴季松博士在《国际社会科学》杂志上提出了"智力经济"的概念。1996年，美国管理学家威廉姆·哈拉尔在他的《新管理学》中，提出了知识是一种重要的生产要素，管理是一种高知识的劳动。1996年12月美国《商业周刊》发表一组文章提出"新经济"一词。世界银行撰写发行的《世界发展报告》1998年版定名为《发展的知识》（Knowledge for development）。电子技术时代、后工业社会、后工业经济、超工业社会、信息经济、高技术社会、知识经济、智力经济、新经济发展等名词，尽管提法不同，实际是一个意思，即强调信息和知识的经济作用。我国著名学者乌家培认为："信息经济最能直接反映信息社会经济的本质，并能同信息革命、信息技术、信息产业、信息文化、信息社会等一系列概念相统一。"我们赞同乌家培教授的提法，将信息社会的经济形态称之为信息经济。

（二）信息经济的含义及其特征

1. 信息经济的含义

信息经济有两种含义，一种指的是信息社会的经济，需从社会经济的宏观层次需理解它，另一种指的是信息部门的经济，需要从部门经济的中观层次上去理解它。前一种理解是广义的，后一种理解是狭义的。广义的信息经济，正像广义的工业经济指的是工业局主导地位的经济形态一样,所要表明的是信息产业局主导地位的一种经济形态,较为强调信息产业与其他非信息产业之间的联系和协调。狭义的信息经济,也像狭义的工业经济指的是工业部门经济一样,所要表明的是信息部门经济本身,而不涉及同时存在的农业、非信息的制造业和服务业等其他经济部门。

2. 信息经济的特征

信息经济与以往的经济形态有很大的不同,要理解信息经济的规律首先必须揭示其特征。这里主要研究广义信息经济的特征。从信息革命与产业革命相结合的角度进行分析,信息经济具有以下特征:

(1) 知识型。信息经济的发展主要不是依靠体力而是靠智力。应用知识、添加创意成了经济活动的核心问题。财富再定义和权力再分配取决于拥有的信息、知识和智力。智能工具与人力工具、动力工具相比处于主导地位。智力劳动者在整个劳动者中的比重高于以往任何时期。为了获取和运用知识,学习成了工作和生活的重要内容,三者的关系在变化。终身学习将成为必然的需要和事实。

(2) 创新型。信息经济的活力源于创新。信息经济是以创新的速度、方向决定成败的经济。它改变了过去那种以资源和资本的总量和增量决定的模式,以创新优势来弥补资源和资本上的劣势。以往的劳力经济和资源经济的发展虽然也离不开创新,但是,这些技术创新所经历的时间相对比较长,范围比较有限。而信息经济中创新的速度大大加快,范围将覆盖全社会,创新成为经济增长的最重要动力。技术创新、制度创新、管理创新、观念创新,以及各种创新的相互结合,成了生存和发展诀窍,成了经济增长的引擎。二次创新与自主创新相结合,渐进式创新和质变式创新相结合。在技术和产品的生命周期日益缩短的情况下,唯有持续创新和全面创新,使技术与经济以及教育和文化有机结合、综合协调、一体化发展,才能赢得和保持竞争优势。

(3) 整合型。信息经济是在整合即综合集成中发展的。信息整合,经济整合,整合本身就是突破,能使生产力大发展。多项功能的整合,多种产品的整合,以及多个部门(或组织)的整合,都会带来根本性的变化。

信息经济是建立在工业经济之上,并广泛渗透于其中的新经济形态。信息经济的产生于发展并不是对工业经济的否定,相反,它将为工业经济进一步发展创造新的机会。正如工业的发展曾彻底改变了农业而不是排斥农业那样。在信息经济时代,仍然是各种经济形态共存,各自都有不可替代的位置,只不过竞争的焦点和创造价值的重点转移到信息经济形态中。

由于网络信息传播的广泛性和信息技术的高渗透性,信息经济是典型的高渗透型经济，其主要表现在它全面融合于社会和产业的各个部门，渗透于服务于社会经济的各个领域，可以产生巨大的直接效益和间接效益。

（4）互联型。信息经济是建立在无处不在的公用信息基础设施之上的一种互联互动的经济。从世界互联网和各种内部网络的发展可以看出，各部分经济及其发展的相互依存性，达到了空前紧密的地步。各类经济组织与企业、公司以及它们内部的信息交流和业务联系，均不是单向的，而是双向和多向的。企业通过网络在互联中开展活动。封闭和孤立已被开放和互联所取代，而成为历史。互联网建立了企业与市场之间的桥梁，企业可以快速、准确地了解市场动态和顾客需求，传统的大规模生产和推销可能被灵活、高效的信息服务所取代。

（5）数字化。信息化发展最大的趋势表现为数字化。人类正由物质化信息时代向数字化信息时代迈进。

二战以后，随着科学技术的高度发展，第一台计算机的问世，兴起了第三次科学技术革命，这次科技革命的技术目标和主要特征，就是扩展人类的信息功能，其主流和核心便是信息科学技术的革命，即信息革命。计算机技术是一门处理数字化信息的技术，它最早用于数学计算，随着技术更新，功能扩展，人类的各种信息诸如声音、文字、图像、图形、图表等都可以转换成数字形式，由一系列的"0"和"1"代码表征，因此快速拓展了计算机技术的应用。现代信息技术又将计算机技术、通讯技术和网络技术连为一体。

数字化信息技术的独特之处在于，准确性、易传输性、可更改性和处理能力。由于信息都是以数字形式储存，非0即1，因此与以往的仿真技术相比自然更精确。易传输性是显而易见的，一方面数字化信息存储介质——磁盘、光盘具有高存储能力，一张高密盘能存储650兆字节，而一本400页左右的书相当于1.5兆字节。这样大大减少了传输介质的物理体积。另一方面，数字化信息可以通过电子方式传送，随着通讯网络的建立与发展，传输速率得以快速提高，传输协议标准化工作正在进行，这将允许我们以每秒28 000字节的速率传输信息。排除技术和知识产权的干扰，对数字化信息产品的更正和修改是很容易实现的。处理能力实际上是上述三种特点的必然结果。静态的数字化信息意义不大，只有对它们进行收集、加工、整理和传输之后才能实现其作为资源的价值，因此处理能力尤为重要。

（6）虚拟化。信息经济是一种虚拟的现实经济或现实的虚拟经济。经济活动的数字化和网络化，一方面使空间变小了，世界成了"地球村"，另一方面又使空间扩大了，除物理空间外多了一个虚拟空间（cyberspace）。因此，经济活动不仅可以在物理世界中进行，还可以在虚拟空间中进行。种种虚拟现实，如虚拟商店、虚拟市场、虚拟银行、虚拟公司、虚拟研究中心，以至远距离的多主体的虚拟合作等等，纷纷涌现出来。虚拟现实系统能提供动态反馈，并使数据和实时信息形象化而有直观性。

(7) 全球化。数字化将通过数字代码实现人类各种不同信息的统一采集、处理、传输和利用。数字化将通过机器翻译等软件技术的发展，逐步消除不同国家、不同民族在文字、语言等交流方面的根本屏障。数字化导致的网络信息化将把整个世界连为一体，极大地缩短人们之间的时空距离，距离对经济活动的约束日益弱化。传统意义上的远隔重洋、千里迢迢在网络化面前都近在咫尺，庞大的地球变为一个小小的数字村。数字化革命从根本上引发了全球信息化，使人类的科技、经济、军事、政治、文化的信息、交流与沟通变得十分容易简单，而信息及信息的交流将成为人类的主要活动。

全球信息化将直接加快全球经济一体化的进程。实现全球信息化，在网络信息数字地球村中，内陆、边远、闭塞等传统的概念将消失。任何人、任何企业、任何地区、任何国家均置身于世界信息的前沿和中心，通过网络，无论和谁、何事，随时、随地都能取得直接的联系。在网络数字村里，信息对任何人、任何国家、任何地区都是公平的。人们利用信息网络，深化信息资源开发利用，从事各种社会和经济活动，促进了国际贸易、国际金融、跨国生产经营和跨国信息交换的发展，大大加快了世界经济一体化进程。在全球信息技术已经发展到计算机通讯网络化的时代，无论是发达国家、新兴工业化国家还是发展中国家，不管是抵抗还是自觉适应，都不可避免地被卷入到信息化世界风暴中，世界各国都已认识到信息时代正在来临。只有抓住全球大变革的最好时机，才能抓住生产力大发展的机遇，掌握世界变革的主动权。科技、经济、文化、军事、政治信息的全球化是信息化发展的必然趋势。

全球化导致了竞争的激烈化。

(8) 中空化。传统工业经济是迂回经济，信息经济是直接经济。工业社会生产方式的本质是迂回生产，通过生产和消费之间的中间链条来取得价值回报。而信息社会的生产方式的本质特征是缩短生产和消费之间的中间环节，通过直接接近目标来获取价值。信息经济能够带来大量的新产品和服务，并降低生产成本。从买方市场看，信息经济具有广泛的社会需求，能激发巨大的信息消费市场。从卖方市场看，信息经济给企业带来了新的发展机遇，网络使企业突破了在与客户和供应商打交道时交易成本的限制。企业可以在更大范围内收集客户资料，进行市场营销。网络成为直接连接企业与最终客户的捷径，传统的中间商业环节将面临着被替代的可能性。如果商品生产厂家通过网络以出厂价格或批发价格将产品直接出售给顾客，使企业与客户分享原本中间环节获得的利润，网络化企业在价格上就具有比传统企业更大的优势和吸引力。

信息化导致最高决策层能同最基层的执行单位直接联系，而使中间组织失去存在的必要性。因此，管理的层次在减少，中间管理层（或管理者）的作用会消失。中间"梗阻"的现象不易发生。

（9）可持续性。从经济学角度看，工业化时代是从机电技术革命开始，而且以机电技术为核心的经济年代。随着工业化的发展，人类创造了极其丰富的物质文明。但是随着工业化的发展，也带来了以机电技术为核心的工业经济本身难以克服的问题，主要是能源、材料等物质资源的过度消耗及由此带来的环境污染，这就迫使人们转向另一种经济发展模式——大力发展信息经济。它的实质是通过信息的大量生产与消费来降低原料和能量的消费，信息经济的兴起具有历史必然性。正当能源、水资源、矿产资源、土地资源日益短缺并威胁到人类的生存之际，人类又从知识爆炸，信息爆炸中获得了新的启示：信息资源不仅储量无限，而且还会在开发利用中不断增值。因此，加快信息资源的开发和利用就成为社会发展的必由之路。实际上，提出信息化概念的一个很重要的背景是20世纪70年代初的石油危机，它使日本认识到作为资源稀缺国发展重工业经济面临的危险，所以发展一种知识密集型的产业结构成为日本经济的重要选择。正因为如此，20世纪60年代以来，许多发达国家一直致力于推行信息化政策，试图通过大力发展信息产业来扩大信息经济的规模，力求形成一种物质经济和信息经济共同发展，互补共进的新格局。信息经济不仅要大力开发信息资源，而且还要将信息作为投入要素广泛地运用到经济的所有领域，这就必然在整个经济领域掀起"经济信息花"的浪潮。

由于信息知识在产品中的含量增大，产品的附加值成倍提高。人们将这种以信息知识投入带来优化的经济称之为"转型经济"或"减少原材料的经济"。如在美国，其国内生产总值如果以吨位来衡量，几乎同100年前差不多，但其实际价值却增长了20倍。

（三）信息经济的发展

信息经济的发展过程体现为信息化的过程。信息化是和工业化相对应的概念。人类社会经历了狩猎社会、农业社会、工业社会，并逐步向信息社会发展。农业社会、工业社会是以开发和利用物质资料和能量资源为主要特征的社会，而以开发和利用信息资源为主要特征的信息社会，以信息产品的生产、交换和利用为主流，并以信息产品引导和控制物质型产品的生产，因而是一种信息型的经济。信息经济首先是从发达国家提出并且从发达国家开始产生的。现代社会之所以称作信息社会，正是因为社会创造的财富约有2/3是通过交换信息而使原有资源得到更充分利用而获得的，而直接从生产中得到的财富反而只占总财富的1/3。

1. 信息产业化。信息产业化首先是指信息技术的产业化。包括微电子技术、光电子技术、通信技术、计算机技术和软件技术在内的信息技术产业，将为传统产业的改造和第三产业的发展提供技术基础。其次是指信息生产或服务的产业化。信息生产必将产生一系列新的信息服务业，把传统信息服务业改造为以智力生产为特征的新产业。

由于新兴信息技术的特性，导致信息产业的兴起，从而使国民经济中信息生产所占的份额和劳动力比重逐年增大，即超过农业、工业或服务业的比重。这一过程使国家经济结构发生重大变化，并对社会各领域产生重大影响，其影响深度和广度将超过工业化的影响，使国家进入信息社会发展阶段。目前，世界上主要发达国家大多已进入这一发展阶段。

信息产业的规模迅速扩大。信息产业发展使得信息技术产品的性能迅速提高、成本快速下降，加速了信息技术的应用和产业的发展。计世资讯的研究表明："2003年中国IT市场支出总额为2520亿元，同比增长11%，2004年将达到2898亿元，增长率为15%。其中硬件市场规模为1901亿元，增长率为10%；软件、服务市场规模分别为539亿元和458亿元，增长率为25%和27%。"

2. 产业信息化。当代信息技术是由微电子技术、计算机技术、通信技术和软件技术等四大技术构成。在微电子技术方面，处理器的信息处理能力极大地提高而成本又逐年下降，导致了计算机领域的"微机革命"，从根本上改变了计算机的结构和发展方向，使计算机的功能大大增强，而性能/价格比却急剧下降。计算机硬件的可靠性也大大高于其他机器设备。软件技术的发展同样令人惊讶。原则上可以写出任何可以完成的逻辑操作并适合于网络运行的软件，无论经济、社会生活的哪一个领域有这样的需求都可以。计算机通信技术的发展，使得计算机不仅是一种信息处理工具，而且也是通信工具，即信息传递的工具。体积减小，性能上升，价格降低，可靠性提高，再加上智能化的逻辑处理能力和通信能力，使得信息技术越来越广泛地应用于各种产业和基础设施装备之中，也促成了人类组织产业活动方式的改变，形成了新一轮的产业革命浪潮，即所谓的"信息革命"。

信息技术是一门推动和"催化"其他技术领域的基础技术，信息产业也不仅仅是国民经济的一个产业部门，而是推动其他产业部门实现现代化和自动化的"发动机"。利用信息技术提高国民经济活动中信息采集、处理、传输和利用的能力，提高整个国民经济运行的有效性，提高生产率；同时增强国民经济的国际竞争能力。这方面的主要任务是建设国家信息基础设施和国家信息网；建设各种专用和公用大型信息系统工程，以及广泛的信息资源的开发和利用。产业信息化的过程，也是信息资源开发的过程。所谓信息资源的开发，就是信息资源的计算机化，也就是将数据、声音、图像、文字、影视等多种形式的信息经过处理和加工后贮存于计算机中，实现计算机化的管理与交换。一般来说，绝大多数信息资源的开发过程都伴随产业信息化过程而进行的。

传统经济加速与信息技术融合。一方面，传统产业信息化既是促进传统产业技术升级、提高竞争能力的有效途径，也为信息产业迅速发展提供了主要的市场驱动力，因此，从信息产业持续快速发展的结果中可以反映出传统产业信息化的步伐正在加快。另一方面，信息经济开始重组传统经济，为传统经济带来新的推动力量，创造出新的经济发展模式。信息经济可以满足传统经济扩张资本、拓展市场、改变经营模式、提高效率等方面的需求，并突破其发展的瓶颈。目前，传统经济企业纷纷涉足网络经济，网络经济企业开始并购传统经济企业，这些经济活动也正说明了网络经济和传统经济正在融合。

包括农业、工业、服务业的传统产业都是新兴的信息产业赖以发展的基础，而新兴的信息产业则对传统产业起改造和提升作用，引发第二产业、第三产业的结构性变革。这主要表现为：

产业组织结构将进行大调整、大重组。传统的金字塔型的组织框架被打破，代之以快速应变、灵活机动的网络化组织机构和形式，为适应经济不断增长的复杂性而要求更高级的系统整合和管理。非批量化生产成为企业生产的根本特征，生产规模小型化，工作单元在缩小。产品的生产、分配和流通已不再是群体性的行为。工人的工作性质发生变化，由重复性劳动的可替代性转变为高智能的不可替代性等等。另外，社会的就业结构也体现出信息化的特征。社会的职业结构整体升级，其中越来越多的岗位分配给那些具有较高知识和技能的劳动者。

3. 生活和社会信息化。

信息化与工业化相区别的一个关键特征是，它没有停留在产业、劳动、科学、技术研究领域内的深化上，而是向教育、福利、娱乐、交往等广泛的精神领域和日常社会生活领域扩展。也就是说，它正向我们的整个生活渗透，我们的生活也被信息化了。

社会信息化是一场涉及到社会生活方方面面的、内容广泛的变迁。人类社会是个有机的整体，社会中的各种现象都不是孤立存在的依存、密切相关的。因此，社会信息化必然是一个整体性的过程。同时，社会信息化是一个异常迅速的社会变迁过程。在70年代初期，一位法国经济学家曾进行过一次估算。他认为，今天我们每三年发生的变化，相当于旧石器时期3 000年的变化。这个估算是否精确，我们姑且不去管它，但有一点是肯定的，这就是人类社会的变化速度是越来越快了。

第二节 房地产业可持续发展

一、建筑物的资源消耗问题

相关资料表明：当今，世界人均能源消耗量正以每年 1.3% 的速度增加，如包括人口增长在内，则每年增加 3.4%。预计到 2050 年人类一年内将消耗 6.4×10^{14} 千瓦的能量，而其中超过 45% 的能量被用于建筑活动。除此之外，建筑业还将消耗全球大约 1/6 的净水、25% 的木材以及 40% 的粗石、碎石和沙等材料。但是建筑活动之后输出到自然生态环境中的，却是占废物总量 20%~26% 的垃圾及 90%~100% 的废热。

显然，建筑活动作为人类改造自然能力的重要表现之一，给整个自然生态环境造成严重的扰动与改变，同时这种扰动与改变又对建筑使用者的生理与心理健康造成了伤害。具体而言，这种因建筑而产生的"非健康状态"表现在以下几个方面：

1. 建筑对环境的负面效应

据美国环保局的研究表明，20 世纪 80 年代 CO_2 对全球温室效应的贡献是 49%，2000 年到 2010 年该贡献值将上升到 71%。而据测算，CO_2 浓度增加一倍，全球气温会上升 1.5℃ 至 4.5℃。化石燃料（煤炭、石油、天然气）的燃烧和水泥的制造过程产生出大量的 CO_2，而其中约 50% 的化石燃料消费是与建筑物的生产和运行活动相关的，建筑物可称为是 CO_2 气体的主要排放源。对臭氧层具有长期破坏作用的氟氯烃气体，其中绝大部分产生于建筑物中的空调机、制冷系统、灭火系统及一些绝热材料等。因此，建筑产品的生产和使用活动是导致全球温室效应和臭氧层破坏的关键因素。

此外，建筑物和配套设施的人工表面改变了地表的热交换与大气的动力学特征。由于人类密集活动所释放出来的巨额热量及其新陈代谢放出的 CO_2、SO_2、水及其他颗粒物，改变了该地区大气的组成，从而引起温、湿、风、雨、热、尘、雾等气候及大气条件的较大变化，产生局部范围内的热岛效应、气候穹隆和逆温层，导致区域范围内的温室效应、酸雨、臭氧层损耗以及全球范围内的能量交换和氮碳循环失调。这些变化反过来又对人类的生产和生活活动带来一系列消极影响。

2. 建筑与资源及能源的消耗

建筑业是个典型的需要消耗大量资源及能源的产业。从全球范围来看，全部的建筑业将消耗世界资源和能源的 40%。而据估计，目前美国建筑物和配套设施的价值已占到国家财富的 70%。作为一种生产产品的建筑物，比其他任何工业的产品都要"大"。这里"大"的概念不仅指建筑产品体积大，而且指其涉及到的相关产品种类繁多、范围广泛。建筑产品的生产和使用过程，要消耗砂石、木材、水泥、玻璃、钢铁、清洁水等各类物质与资源；而其直接消耗的建筑材料等物质，又要由其他物质和资源经过各道工序处理来制造，由此带来一系列间接消耗的物质和资源。如以水资源为例，建筑业中制造 1t 干水泥粉需要 3.6t 水，制造 1t 钢需要 300t 水。而人类为生存每天只需要 1L 水，食品和饮料中的水平均消费为每人每天 2L。全世界建筑所用钢材、水泥的生产过程年耗水量就达 200 亿 t。

此外，建筑还是能源的最大吞噬者。建筑总能耗一般包括建材生产能耗、建材运输能耗、建筑施工能耗、建筑运行能耗、建筑拆除能耗等。世界各国的平均建筑能耗已经占到社会商品总能耗的三分之一左右，中国在 2000 年该比例达到 27.8%，但随着城市化进程不断推进，人民生活水平不断提高，城镇建设将保持高速发展，根据发达国家经验，中国未来建筑能耗在社会商品总能耗中的比例必将上升到 35% 左右。

建筑物生产和运行过程中的资源和能源消耗已成为社会资源和能源消耗的主要部分。而在社会资源和能源稀缺性日益凸显的情形下，以"可持续发展"为主题的保护生态环境、合理利用自然资源等一系列活动已在全球范围内展开，中国政府也制定了可持续发展战略，提出"资源开发与节约并举，把节约放在首位，提高资源利用率"的指导方针，其中建筑活动的资源优化和能源节约则是实现建筑业可持续发展的重要步骤。

3. 建筑与人的身心健康

尽管今天的建筑正消耗着数目巨大的能量与资源，但耗能多少与环境的健康舒适之间似乎并未存在某种简单的正比关系。恰恰相反，在许多高能耗的全空调建筑中，人们常常感到身体的不适，表现出越来越严重的病态反应。1983 年世界卫生组织提出了病态建筑综合症（SBS，sick building syndrome）的概念，即因建筑物使用而产生的病状，包括眼睛发红、流鼻涕、嗓子疼、困倦、头痛、恶心、头晕、哮喘和皮肤瘙痒等症状。SBS 问题的产生主要是由于室内热微气候、室内空气品质、室内声环境和室内光环境不佳而造成的。

①热环境不佳

热舒适环境是指人在心理状态上感到满意的热环境，包括室内温度和湿度两项因素。过热的环境会使人心跳加快，皮肤血管内的血流量激烈增加；过冷的环境会影响人的情绪和动作的灵活性；过高的湿度会影响人体与环境的水分平衡，使人感到胸闷难受，增加细菌和病毒的繁殖能力；过低的湿度会损伤皮肤，使人感到干燥焦渴，引发呼吸道疾病。由于不均衡的辐射热造成室内温度过高，而不能够根据使用情况进行局部温度和湿度的调节都会使人感到身体的不适。

②室内空气污染

建筑物构件、建筑材料和内部设施可能含有挥发性有机物，会影响人体中枢神经系统功能，引起机体免疫功能失调；室内的燃烧产物和烹调油烟，以及建筑物的密闭性和通风不畅会使室内空气中可吸入颗粒物、CO_2、SO_2、NO_x、CO 等有毒气体的浓度明显提高，影响人体呼吸系统、心血管系统和神经系统等，由此导致居民急性呼吸道感染、心脏病、癌症等疾病的发病率增加；电视机、微波炉、组合音响等家用电器带来的电磁辐射也会给人类的身心健康带来较大影响。

③噪声污染

现代社会的人们全天有 80% 的时间活动在室内，若建筑材料的声音阻隔效果较差，不仅影响人类正常的工作和生活，降低效率，同时较强的噪声还会引起耳部的不适，如耳鸣、耳痛和听力损伤等。若长期处于高噪声的环境中，会损害心血管，加速心脏衰老和引起神经系统功能紊乱。

④光环境不佳

人从外界得到的信息约有 80% 来自光和视觉系统。因此舒适的光环境对人类是至关重要的。室内光线的明和暗、色彩的深和浅都会影响人的视力和心理状态。对光线强度未加控制的室内照明设施的闪烁，以及对阳光未加控制的窗中亮度的强烈反差所带来的眩光会降低视觉功效，导致眼睛疲劳，分散注意力，造成人心情烦躁，反应迟钝。

由此可见，那种认为建筑物是居住的机器，是人类借助于先进科学技术加钢筋、混凝土形成的与自然的隔绝物的传统思想已经开始接受现实问题的无情挑战。人类逐渐意识到，建筑、人、自然之间的关系是不可割裂的，只有三者达到一个统一的均衡点，才能给建筑物的使用者带来舒适度和愉悦感。按照可持续发展思想的要求，人类的生产、生活方式应与地球承载力相平衡，保护地球的生命力和生物多样性；或者"转向更清洁、更有效的技术，尽可能接近'零排放或密闭式'工艺方法，以此减少能源和其他自然资源的消耗"。建筑产品作为与社会、环境、人类生活息息相关的物质，其可持续发展的实现也必将达到以上的内涵要求，才能承担起减轻全球变暖、森林破坏、臭氧层损耗、土壤流失、酸雨、废弃物排放等生态环境破坏现象的任务。

二、房地产活动对环境的影响

尽管房地产业所开发的房地产是由建筑业建设的，但是房地产业比建筑业更加能够控制建筑产品的选材、施工方式、功能、性能与影响，所以房地产业对房地产使用中所出现的与人体健康相关的问题有着直接的责任关系。

1998 年 11 月 29 日，国务院发布了《建设项目环境保护管理条例》，条例第

6条规定，国家实行建设项目环境影响评价制度。第7条规定，根据建设项目对环境可能造成重大影响、轻度影响和影响很小的程度，分别编制详细环境影响报告书或专项影响评价报告书和填报环境影响登记表。

1. 房地产用材的可持续发展

房地产业的可持续发展，首先应该保证建筑材料来源的可持续性，例如木材。全世界每年减少的森林面积为46万km^2公里，根据国家有关文件，目前我国森林总面积呈上升趋势，但我国森林覆盖率仅为12.93%，远远低于其他国家30%~70%的水平和世界平均22%的水平。因此，在房地产开发中节约木材，保护森林是房地产用材可持续发展的一条重要途径。

其次要求建筑材料的生产和采购要符合建筑物的长期、安全、清洁的使用要求。这样才能保证房地产业的可持续发展，既具有内部经济性，又具有外部经济性。用于建筑结构的建筑材料应该符合相应的使用要求。我国水泥工业发展迅速，产量连续翻番。1997年全球水泥产量13.4亿t，我国产量5.1亿t，占全世界产量的三分之一强，人均消耗量416kg，与一些发达国家不相上下；1998年人均消耗量达到431.5kg，总产量达到5.4亿t；到1999年总产量又比上一年增长了6.9%，达到5.73亿t。但是，我国生产的水泥中，大约只有10%左右的525R和部分425R及525R水泥达到国际先进水平，大部分水泥质量较差，并且不稳定。低质量的水泥导致建筑物经常出现一些质量问题，并且降低了建筑物的耐久性。其他建筑材料也存在着同样的问题。这就要求：

第一，应该选择性能较高的建筑材料。如果将建筑材料的性能提高，使建筑物耐久性提高一倍，那么将大大节省人力、物力和财力。

第二，建筑施工的过程应该本着可持续发展的思想。例如，混凝土是当今世界上使用量最大的人工材料，建筑施工中，混凝土的商品化，使混凝土的生产摆脱了经营分散、劳动强度大、技术含量低的落后状况，提高劳动生产率200%以上，节约水泥10%以上，降低生产成本5%左右，并且可以保证质量，缩短工期，是混凝土技术的发展方向。但是，采用了商品混凝土之后，目前仍然存在着一些不足：商品混凝土生产和使用过程中的废水、废渣、水泥粉尘等的排放对城市环境造成了严重影响。因此，实现商品混凝土的零排放是房地产建设可持续要求。专家们研究后认为，开发改造相关设备与工艺，将排放出的水、砂、石分离，经过处理分别进入原材料库与初始原材料一起重新投入使用，从而可以实现零排放的要求，而且每生产1立方米商品混凝土可节省成本0.2元。所以实现商品混凝土的零排放，不仅能够创造良好的环境社会效益，还能够创造良好的经济效益。

建材市场竞争的无序，市场管理的薄弱在这里充分体现出来。所以，推行房地产建设的可持续发展,应该得到社会各界和政府在各方面的支持。这就要求建材业进行一场绿色革命,它要求建筑材料应该向着健康、环保、安全的方向发展,严禁非绿色的建材进入市场和使用;将促使建筑材料上档次、上水平,能够充分保障人类生活和工作空间的环境质量,造福于人类。

2. 房地产开发与生物保护

房地产业的开发活动,应该同时注重保护生物。房地产开发占用了土地,使原生动、植物的生存环境受到影响,甚至从根本上破坏了其生存环境,使它们无法在当地继续生存。西方发达国家十分重视动植物的保护工作。在城市规划中比较充分地考虑了动植物生活环境的保留和保护。例如,美国华盛顿州在实施区域和城市规划设计中,通过设置生态廊道将城市中零散分布的公园与野外生物群落地域直接联系起来,使野鸭等禽类从郊邑的大自然进入城市公园中。这样,在发展城市的同时,也基本实现了对生物物种的保护。

发达国家对濒危动植物的保护工作更是关心倍至。并制订了专门的保护法。由于存在法律上的限制,房地产开发活动基本上不能在一些动植物的保护区域开展。但是,许多国家土地是私有财产,禁止房地产开发建设活动会使土地所有者蒙受经济上的损失。为了既保护动植物,又使土地的所有者尽量少受损失。这些国家在现实中,往往在保护区域划出一定的范围,允许进行房地产开发活动。

我国城市的总体规划一般都考虑了城市开发和生物保护之间的共生关系,为保护生物多样性及其生态习性创造了良好的条件。如南京市,由紫金山、中山植物园、玄武湖及小九华山、北极阁、鼓楼高地、五台山和清凉山构成于自然开敞的空间廊带。

我国个别大型建设项目在规划选址中也对保护生物多样性进行了考虑。例如,上海浦东国际机场的建设中,为避免影响鸟类生存,在东侧海滩围海促淤造地 18 平方公里,并种植芦苇和互花米草,为鸟类创造了更好的生存环境。

然而,大部分城市在房地产开发的过程中,规划不断地被人为变更,原来的规划绿地插入了一点房地产项目之后,更多的项目相继占用了规划绿地;还有一些开发商以低容积率获取土地使用权后,通过各种关系千方百计把容积率提高,加大开发强度,从中获得高额回报也使绿地面积相对缩小,使大量的生物在房地产开发项目的扩张下消失。房地产业的发展应该注重对生物的保护。

3. 房地产与环境污染

(1) 房地产与噪声

一方面,房地产开发过程中产生的建筑噪声对周边房地产的使用造成影响;另一方面,房地产使用过程中周边的工业噪声、交通噪声对房地产的使用也造成影响,前者是污染了环境,后者是被污染的环境所影响。

世界各国噪声污染的情况不断加剧，例如美国在进入20世纪90年代以后，城市噪声的响度增强了一倍，使全美8000万人深受噪声的危害。其中，4000万人面临失去听力的威胁。美国居民所患神经性疾病中有52%归咎于噪声，35%的自杀事件和30%的犯罪狂是噪声引起的，在大城市中，每年因噪声死亡的人数为1200人。

世界卫生组织（WHO）于1993年公布了为保护人们免受噪声干扰的有关标准规定，为避免大多数人在昼间受严重干扰，生活区户外的稳态噪声等效连续声级不能超过55dB（A）；为了使多数人不受中等程度干扰，噪声级不得超过50dB（A）；夜间户外噪声级不得超过45dB（A）；建议卧室内的等效连续噪声级在开窗条件下为30dB（A）。我国《城市区域环境噪声标准》（GB 3096—93）规定了城市五类区域的环境噪声最高限值，由于缺乏有效合理的监督和处理方式，在全国范围内，该标准执行情况普遍不好。1995年对47个城市进行了调查，其中34个城市噪声超标扰民，平均等效声级超过70分贝。居民文教区噪声超标率为97.6%。据调查，我国建筑施工、工业生产和交通运输的噪声超标比较普遍。例如某城市一块10平方公里的地域内有8处建筑工地，其中7家超过规定的噪声限值。苏南某市一个混合区内的24家工厂有16家厂界噪声超过规定标准1~20dB。

解决房地产业噪声污染问题主要有如下几个途径：

第一，建设前合理规划，将各种类型的房地产建设与噪声污染源分离开来。

第二，在房地产建设过程中运用低噪机械，采用各种降噪设施和手段。

第三，对房地产周边的噪声采取行之有效的监督和控制。

第四，国家鼓励降噪技术的科技创新。

第五，制定并严格实施关于噪声控制和事件处理的法律条文。

（2）房地产与粉尘、建筑垃圾

房地产开发建设活动产生大量粉尘，一部分落到地上形成地表浮灰，另一部分滞留在空气中，对在附近一定区域内工作和生活的人的身体健康造成危害。另外，在城市空气流动较慢或特殊的气候状况下，滞留的空气、大量的粉尘在城市上空形成粉尘、烟雾的穹顶和城市热岛。

房地产开发建设活动和报废拆除过程中，将产生大量建筑垃圾，这些垃圾多属于无机物，不能进行焚烧。目前只能以露天堆放和少量填埋的方式处理。无论露天堆放还是填埋处理，都将占用大量的土地，使我国土地短缺的形式更加严峻。

解决粉尘与建筑垃圾问题的措施主要有如下几个方面：

第一，在房地产建设过程中采取有效措施，减少建筑粉尘的产生和散发，减少建筑垃圾的产生。

第二，积极研究并推广建筑垃圾回收再利用技术。

第三，对房地产开发中的建筑粉尘和建筑垃圾采取有效的监督和控制，征收高额的排放投资，迫使建筑企业和开发商积极利用环境保护技术。

第四，国家对减少建筑粉尘、建筑垃圾的技术在税收和推广上给予积极支持。

第五，严格实施关于控制建筑粉尘和建筑垃圾的法律文件。

三、绿色建筑及绿色房地产全寿命周期管理

1. 基本概念

（1）绿色建筑

绿色建筑是指规划、设计时充分考虑并利用了环境因素，施工过程中对环境的影响最低，运行使用阶段能为人们提供健康、舒适、低耗、无害的生活居住环境，拆除后可再利用并对环境危害降到最低的建筑。开发绿色建筑目的是通过降低资源和能源的消耗，减少废弃物的产生，最终实现与自然共生的建筑，它是"可持续发展建筑"的形象代名词。如果将绿色的/可持续发展的原则结合到建筑项目之中，所产生的效益包括资源和能源的有效利用、有益健康的建筑物、有利环保的建筑材料、对生态环境的保护以及对地方经济的促进。

（2）生态建筑

生态建筑是在绿色建筑基础上的概念扩展，它将环境和健康因素同时考虑进来，指根据当地的自然生态环境，运用生态学、建筑学以及现代高新技术，合理安排、组织建筑和其他领域相关因素之间的关系，能够与自然环境、人体健康之间形成一个有机结合体的建筑。它具有良好的室内气候条件和较强的生物气候调节能力，可以满足人们居住环境舒适的要求，使人、建筑和环境之间形成一个良性循环系统。

1974年，建筑师西姆·凡·得·瑞恩综合使用了太阳能供热、回收的废弃物、自产粮食等多种绿色技术，设计建造了全美国第一座循环自给性城市住宅，被誉为"生态建筑"。

（3）房地产全寿命周期管理

全寿命周期指一个产品从设计、制造、使用，一直到报废为止的整个时期。建筑产品的全寿命周期包括：原材料的开采、运输、加工及建筑产品的规划、设计、施工、使用、维护、修缮、更新、拆除和处理的整个过程。

房地产全寿命周期管理，是指在房地产的规划、设计、生产建造和运行使用中，时刻考虑到生态环境的保护，通过运用决策、计划、组织、控制、领导和激励等有效的管理手段，降低资源与能源的消耗，减少废弃物的产生，形成健康、

舒适、无害的生活空间，营造以人为本、与自然共生的生态建筑的过程。

2. 绿色房地产全寿命周期管理

绿色房地产的开发，重在管理。

（1）绿色房地产开发建设的原则

①满足使用功能的原则。使用要求是房地产建设最根本的目的和出发点。如果抛弃使用功能上的要求，而过分地强调其他方面的要求，从而牺牲使用功能，是一种舍本逐末的行为。反之，完全不顾生态、资源、环境要求的做法，则是急功近利的表现。

②节省资源的原则。这里的资源包括广义的土地（自然资源）、资本、劳动力和企业家才能。在世界普遍面临自然资源日益短缺的今天，节省广义土地资源，在其中显得最为重要。我们不仅要考虑这些自然资源能够满足当代的需求，而且还要考虑它们也能够被我们的子孙后代持续地利用。

③环境保护的原则。从某种意义上来看，理想化的绿色房地产应该融入自然和生态环境，归结为生态环境的一个重要部分，成为人类社会与自然生态环境相协调的联系纽带，或者可以看成是自然生态环境社会化功能的有宜补充，而不能成为破坏它的一种社会产品。因此，绿色房地产应在建设、使用、维修、拆除等过程中满足环境保护要求，不能因房地产的开发和存在使环境恶化或遭受重大破坏。

（2）管理方式和管理内容应考虑的因素

①确定合理的建筑规模

通过精心的设计，高效率地安排和使用空间，避免大而不切实际的建筑尺度和不必要的豪华装修，这样既可以减少资源和能源的浪费及建筑物的运行维护投资，又有益于环境保护和提高社会的整体福利。

②重视现场调查和分析

在规划阶段要对用地资源进行仔细的评估，了解光照条件、风向、排水模式、土壤成分、植被、水资源、微气候环境等情况，让这些信息指导设计。建筑所在场地的地形、植被、水体等自然要素和景观作为自然生态系统与地貌特征的组成部分，其本身就是一种自然风景资源，这一点已被愈来愈多的人所认识。但是，在多数情况下，由于平整的土地被认为是实现施工合理化的最经济的先决条件，人们仍然使用推土机一类的现代化设备对地形、地貌进行大规模的改造。这种技术至上的做法使土地原有的格局和价值遭到破坏，甚至导致水土流失、环境污染，动植物栖息生长地破坏等生态问题。因此，在对建筑产品实施绿色管理过程中，进行规划设计时应超越用地红线，从更广的范围来评估建设项目对周围环境的影响，同时尽可能考虑到建筑对施工现场附近一定范围内的生态系统、野生动物栖息环境等的影响，不得以破坏自然生态环境为代价而获取短期的经济效益。

③将"绿色"作为重要的设计目标

考虑在建筑中使用高效率的热绝缘措施、高性能的窗户、紧凑的维护结构等以减少建筑对材料和能源的消耗。这不仅仅可以降低建筑产品的全寿命周期成本，还可以在建成后运行使用过程中促进能源效率的提高和环境污染的减少。

④节约能源

a. 节约使用材料资源

首先需由建筑设计师确定合理的层高和建筑尺度，使用先进的结构系统或更精确的结构设计，简化建筑不必要的形体变化，以避免建筑材料的过度浪费。但是由于上述工作过程比较复杂，传统的建筑设计中工程师往往并不花费过多时间做更精确的计算。在基于可持续发展理念的生态建筑设计中，材料资源的节约是其需要考虑的因素之一，所以在建筑产品的绿色管理模式下，应注重从设计阶段就充分考虑材料使用的节约。选择耐久性好、品质保证的建材和产品，最大限度地发挥材料的使用功能；考虑建筑构件和设备在使用周期中更换的便利程度；将材料重复使用直到其性能和寿命的极限。材料资源节约利用的同时也将会减少为材料生产、加工和运输而消耗的能源以及排放的废弃物。

b. 充分利用可再生能源

减少建筑生产和运行过程中不可再生能源的消耗，赋予建筑使用可再生能源的能力，积极主动地尝试利用被动式太阳能、自然光照明、自然通风和降温；考虑太阳能光电转换系统，或者在设计中为这些系统的安装留下余地等。

c. 节约使用能源

减少能源消耗的首要措施是设计良好的维护结构，包括较好的建筑密封和绝缘性能、密封性好的开口、孔洞、空气流的引导和建筑室内外及室内不同部份之间热量流动的控制等等。但这并不意味着减少通风，只是在满足舒适通风环境的条件下，减少空调通风设备，以避免不必要的热量损失或集聚。其次是在使用风扇、水泵、马达、空调及其他家电设备时，应选择使用效率高的设备以有助于提高建筑的能源效率。提高能源使用效率、降低能耗损失是建筑节能的主要途径。减少额外的能源消耗，将为人类提供更舒适的室内环境，同时有助于减缓酸雨、臭氧层破坏、全球环境变暖等现象。

d. 节约使用水资源

注意雨水和中水的使用潜力。可将从屋顶、水箱、淋浴间等排出的水回收进入中水处理系统，经过适当处理后作为绿化用水或景观用水。如果现行的法规和技术限制中水的循环使用，那么应当考虑设计时预留出管道，以便于将来的改造。

⑤避免潜在的健康危险

建筑施工过程中应避免使用含有毒有害物质的建筑材料、装修材料，建筑节点的设计避免昆虫进入，以减少在室内杀虫剂的使用，保证良好的室内空气品质；采用保温隔热性能好的建筑材料和质量优良的供暖制冷设备，保证室内舒适的热环境；应用效果良好的通风系统和合适的建筑结构设计，保证室内良好的气环境；进行有效的门窗和灯光照明系统设计，避免眩光和室外的光污染；采用声音阻隔效果显著的材料减少室内噪声污染等等。通过采取上述一系列措施，减少对人类身心健康有害的一切建筑中的潜在因素。

⑥充分利用旧建筑

应具备延长现有建筑使用寿命的意识，对于将要拆除的建筑，考察并选择其中可重复使用的材料和构件加以利用。改造和使用旧建筑要比在未开发的地点建造新的建筑具有天然的优势，既可以减少人力、物力、财力的大量投入，又可以避免拆除过程中带来的严重环境污染。

⑦减少对机动车的依靠

由于机动车以柴油或汽油作为动力燃料，汽车尾气的排放带来了严重的空气污染，影响了城市的整体生态环境。生态建筑的设计，应充分利用公共交通设施和非机动车交通工具，建筑场址规划设置在临近公共交通的地方；鼓励将自行车作为主要交通工具或者采取步行（在我国、使用自行车显然不是受到鼓励的结果，而是经济因素的限制）；配置完善的后勤服务设施以减少居民出行次数和缩短出行距离等。此外，新型的工作方式——"在家办公"也有助于减少交通量。因此，建筑设计时可结合人们"在家办公"的需要，考虑进行相应的布局设计和网络系统设置等。

⑧减少固体垃圾排放

在建设过程中循环使用废弃的材料和垃圾，仔细计划材料需用量，做到材料的节约使用，这些都将大大减少建筑固体废物的排放量。而在建成的生态建筑小区内，垃圾筒的配置对垃圾处理和回收利用起着关键的作用。一是要从摆放距离和设计结构上考虑满足使用方便的要求；二是要将垃圾分类存放，以提高垃圾分类处理和再回收利用的效率。

⑨加强环境污染控制

一般而言，从源头防止污染的产生所需要的花费只是清除污染所需花费的四分之一，这对室内外空气、地表、水污染而言都是一样的。因此，减少室内环境污染最明智的办法就是消除、减少、替代、隔绝会产生污染物质的建筑材料。材料选择要考虑室内环境质量以及功能要求、耐久性、清洁管理等。

在空气湿度较大的地区，采用高效的防潮措施以防湿气通过管道、空调或渗透性材料进入室内，减少室内水汽的产生量，可避免室内微生物的繁殖，提高室内的卫生质量，也有助于延长建筑的使用寿命和内部设备的保护。

⑩塑造整体管理观念

对建筑产品全寿命周期过程进行有效的管理要综合考虑各种要素——生态的、社会的、环境的、技术的、心理的，以满足人类身体和精神健康的需要。例如在考虑建筑的室内环境时不仅包括室内空气质量，也包括热舒适度、良好光照、声学环境及空间大小等。而建筑的室内环境质量问题在整个规划、设计、施工、运行、拆除等过程中都应得到充分考虑。

在整个寿命周期内，进行生产决策和实施管理活动时都要综合、全面、长远地考虑建筑产品对生态环境和人体健康的影响。实施绿色管理策略将有助于理解和减轻建筑给人类生存环境带来的危险，以采取充足措施避免危险的产生。

(3) 绿色房地产开发建设的过程管理

①可行性研究控制中的绿色管理。绿色房地产的开发建设，在开发过程的第一步——可行性研究阶段就应该开始贯彻它的绿色理念。这一阶段，不仅仅包含以往房地产开发建设项目的经济可行性研究、社会性评价等内容，更重要的是应该包含以下两点：

第一，要进行资源优化的研究与评价。对建设项目所要投入的土地、劳动力、管理技术、建筑材料、自然资源等资源要素进行优化，综合考虑房地产使用期限内产生的各种影响、发生的各种投资，合理地确定所要投入的要素满足长短期的经济合理性和生态协调性的要求。不能为了使项目的前期投入较低，而使使用阶段的各项投资增加，也不能单单为追求方便或者享受而使自然资源遭到破坏，甚至破坏了生态平衡。

第二，要进行环境影响研究与评价。我国可行性研究标准格式中，已经规定了环境影响和评价的内容。但是，除了涉外项目（如世界银行贷款项目等）和个别特殊房地产项目以外，都没有进行环境影响研究和评价。在绿色房地产项目的可行性研究中，环境影响研究和评价将是整个可行性研究的重要内容之一。研究从土地征用开始，包括拆迁、安置、建设、使用、运行、维护、改造等各环节，直至拆除再利用的房地产全寿命周期内的活动对环境所造成的影响和评价，这是使房地产成为绿色房地产的基础。

②策划和营销阶段的绿色管理。在绿色房地产项目策划阶段，制定房地产设计的绿色目标，将项目的进程用图表表示出来，详细说明达到这些目标的程序，并对所期望的结果有一个明确的理解。这个绿色目标结合了场地选择与设计、建筑的设计和体系、建造过程以及建筑的运行与维护等有关的诸多问题，指导着整个项目的决策过程。

在策划中，对项目所涉及的设计和施工队伍等人员进行研究，是策划工作的另外一个重要的工作点。为了确保项目绿色目标的实现，开发商、建筑师、土木工程师、监理工程师、政府、未来业主等各方面相互协同努力的工作关系，是事先必须要周密考虑的。但是，不得不承认，偶然和人为因素总是存在的，周密的策划所能做到的是尽量避免这些因素影响项目目标的实现。

绿色房地产的营销工作首先要注重绿色主题概念的宣传，采取现代的宣传媒介，运用现代的宣传技术手段，使消费者对其绿色特性能够深刻认识，使这种绿色观念与消费者的切身利益紧密联系在一起，从而促使消费者产生对绿色房地产的消费需求。其次，营销工作还应该对消费者使用的这种产品的方式、方法进行引导甚至培训，使这种绿色产品在使用中能够真正是"绿色"的。另外，收集消费者对该产品的反馈意见也是营销工作必不可少的一个重要环节。通过相关专业技术人员对消费者反馈意见的分析，再应用于实践工作的指导，可以促进产品继续完善，并可使下一次开发的产品更加完美。

③规划设计和工程设计阶段的绿色管理。首先应该进行的是可持续的场地规划设计。针对场地的办公、商业、居住等用途，综合考虑周边的建筑和自然情况，对场地的地理、水文、生态等性质进行合理的修改。然后计算资源利用的程度和对现有自然系统干扰的程度，考虑绿色房地产项目的运输工具、交通基础设施、市政和电讯管网的连接，最优的场地规划是使建筑物对现有场地干扰程度最小。在这一阶段，应收集、考查的基础资料有：场地的特性（形状、材料、朝向、纬度、构造、承载力等），场地的日照和气候特征，土壤和地下水的检测，土壤对于回填、放坡和渗透的适宜性，存在的重要生物种类，潜在危险，行人、车辆通行及驻留，地方交通状况，文化历史资料，给水排水能力和质量等等。

场地规划设计之后，沿着规划设计的脉络进行工程设计。这一阶段，除了以往建筑、结构、水、暖、电、通风、绿化设计的传统内容以外，特别要在建筑材料的资源来源及其环境影响，给水的品质、节约用水和水的循环利用，阳光的充分利用和建筑保温节能，室内外空气品质等方面进行详细的设计考虑。

④施工过程的绿色管理。有些建筑材料在设计阶段就选择好了，而有些建筑材料直到施工时才选择。如，水泥、砂石等等。这些材料的经济性及其对环境和人体的负面影响，应该在施工中加以考虑并控制。另外，施工场地的粉尘、噪声、垃圾一直是施工过程管理的疏漏，它们对社会造成的巨大污染，不仅危害施工人员的身心健康，而且影响场地周围单位和居民的生产和生活。提高建筑施工人员的环保生态意识，在建筑施工过程中增设除尘装置和降噪装置，尽量避免采用产生大量建筑粉尘和噪声的建筑施工工艺和方法，是控制并降低施工污染的有效手段。对于建筑垃圾，一方面应该控制其产生，另一方面要研究它的合理处理

方法（包括再利用和无害化处理）。

⑤运行、维护和使用过程中的绿色管理。室内外环境品质对使用者的健康和工作效率是极其重要的，它强调室内空气品质、热舒适性、照明和声环境。在运行和维护中对它们加以调节和控制是十分重要的。同时，使用过程所产生的生产生活垃圾和排放的废水、废气应该进行重新循环利用和无害化处理。运行、维护和使用的相关人员应该根据设计的意图，结合应用中的实际情况，正确地操作，以保证绿色房地产能够达到其建设所要达到的目的。

⑥改造和拆除过程中的绿色管理。在绿色房地产寿命期满时，可以对它进行改造以满足其他使用用途的需要，或者将其拆除。对于前者，改建的设计、施工和运行过程中的绿色管理如前所述。对于后者，除应该考虑拆除施工过程中的环境保护以外，更为重要的两点是：第一，优先考虑拆除材料、设备的重新循环利用，包括作为原材料重新进入生产的过程和直接再次利用两方面。第二，对于不能参与循环利用的废弃物，应该在进行无害化处理后以适当的方式进行处理。

四、绿色房地产的评价

在绿色房地产寿命期完成之后，应该对它在寿命周期内所产生的一系列问题进行一次完整的评价。通过制定一套完整的评价指标和评价方法体系，评价绿色房地产在整个开发建设和使用过程中的综合效果，比较是否达到原来设想的功能和效果，总结经验，用以指导以后的建设。

1. 英国的 BREEAM 系统

著名的"英国建筑研究所"（BRE）于 1990 年首次推出"建筑环境评价方法"（BREEAM）。它是国际上第一套实际应用于市场和管理之中的绿色建筑评价体系，其评价目标主要是英国的办公建筑。该机构同时为建筑师和开发商提供相关技术咨询，在国际上受到广泛的关注。"生态家园"（EcoHomes）是"建筑环境评价方法"（BREEAM）的住宅版，首次发布于 2000 年。它满足了近年来英国市场对住宅类建筑进行绿色生态评价的新需求。其评价内容包括：能源、交通、污染、材料、水、生态与土地利用以及健康等七个大的方面。具体又包括 CO_2 的年释放量，建筑外维护结构热工性能（与标准做法相比）的改进量，节能型室外照明系统的采用，场址规划使住宅接近公共交通的程度，家庭办公空间和服务设施的提供，可持续资源的采用，可再生废物储存方式的提供，年节水量，对建设用地生态价值的影响和改变，建筑的自然采光程度，建筑物的隔声程度，半私密室外空间的提供等 20 多个分项。最后的评价结果是根据总分高低，给出通过、好、很好、优秀四个不同等级的证书。由于英国建筑师协会的参与，该证书在英国具有相当的权威性和有效性。

BREEAM 评价体系的推出，为规范生态建筑概念，以及推动生态建筑的健康发展,做出了开拓性的贡献,成为世界各国建立生态建筑评价指标体系所必不可少的重要参考依据。

2. 美国的 LEED 系统

"LEED 绿色建筑等级体系"由美国绿色建筑委员会于 1993 年开始着手制定(1998 年 8 月发布第一版,2000 年 8 月发布第二版)。它受到英国 BREEAM 的启发,主要用于评价美国商业(办公)建筑整体在全寿命周期中的绿色生态表现。其评价内容包括:合理的建筑选址、节水、能源与环境、材料与资源、室内环境质量和设计过程的创新等六个大的方面。每一大项下面都明确规定了各自的得分点和评分标准(见表 8-1)。评价结果是根据得分高低,给出通过(26~32 分)、铜质(33~38 分)、金质(39~51 分)、白金(52 分以上)四个不同等级的证书。

美国绿色建筑评估体系(LEED)　　　　表 8-1

项目名称	得 分 点	分值
1. 合理的建筑选址	(1) 建筑选址	1
	(2) 城市改造	1
	(3) 褐地开发	1
	(4) 可供选择的交通设施	1~4
	(5) 减少施工影响	1~2
	(6) 地表径流的管理	1~2
	(7) 利用园林绿化/建筑外部设计以减少热岛效应	1~2
	(8) 减少光污染	1
2. 节水	(1) 节水规划	1~2
	(2) 废水回收创新技术	1
	(3) 节约用水	1~2
3. 能源与环境	(1) 优化能源利用	2~10
	(2) 可再生能源	1~3
	(3) 其他项目委托	1
	(4) 禁止使用氟氯烃(CFC)和卤盐(Halons)产品	1
	(5) 检查和校核	1
	(6) 绿色动力和能源	1

续表

项目名称	得 分 点	分值
4. 材料和资源	(1) 现有建筑的改造	1~3
	(2) 施工废物管理	1~2
	(3) 资源再利用	1~2
	(4) 可循环利用的物质	1~2
	(5) 就地取材	1~2
	(6) 可快速再生的材料	1
	(7) 使用经过认证的木材	1
5. 室内环境质量	(1) 二氧化碳监测	1
	(2) 提高通风效率	1
	(3) 施工现场室内空气质量管理方案	1~2
	(4) 低挥发材料	1~3
	(5) 室内化学品和污染源控制	1
	(6) 系统控制	1~2
	(7) 热舒适度	1~2
	(8) 天然采光和景色	1~2
6. 符合能源和环境设计的创新		1~4
7. 经过 LEED 认证的专业人员		1

该套体系的主要优点体现在其透明性和可操作性，使建筑师、业主等能够更加明确评价项目的依据、自己努力的方向以及可以采用的改进措施等。

3. 加拿大的 GBTool 系统

"绿色建筑挑战"（GBC）是从 1998 年起由加拿大发起并有 20 多个国家参加的一项国际合作行动。其核心内容是通过"绿色建筑评价工具"（GBTool）的开发和应用研究，为世界各国各地区绿色生态建筑的评价提供一个较为统一的国际化的平台，从而推动国际绿色生态建筑整体的全面发展。评价内容包括：资源消耗、环境负荷、室内环境质量、服务质量、经济效益、项目管理和社区公共交通等七大项和"全寿命周期中的能源消耗"、"土地使用及其生态价值的影响"等相关子项。全部评价过程均在 EXCEL 软件内进行，最后的评价结果（包括总体表现以及每个大项和子项的表现）根据预设在软件内的公式和规则自动计算生成，并以直方图的形式直观地加以表现。

由于提出了基本的评价内容和统一的评价框架，各个国家可以通过确定具体评价项目、评价基准和权重系数而拥有本国或本地区版的评价指标体系，因此使得不同版本的 GBTool 同时具备了地区适用性和国际可比性。

4. 日本的环境共生住宅系统

这是由日本建设省住宅局和环境共生住宅推进协会共同制订的生态住宅评价体系。其评价流程分为：（1）规划设计的综合评价（定性的评价）；（2）基本性能评价（定量的评价）；（3）建筑全寿命周期环境冲击评价；（4）事后的检证。共包括能源消耗、CO_2 排放、水资源利用、垃圾分类回收、社区绿化、新能源利用、室内物理环境、住户反映调查等多个方面的指标。

5. 澳大利亚的 NABERS 系统

NABERS 是一个最新开发（尚未正式使用）的适应澳大利亚国情的绿色生态建筑评价工具。其评价内容包括：生物多样性、材料含能、能源、室内空气质量、资源高效利用、选址问题等六个方面（其中对材料含能的研究和评价在国际上具有领先地位）。

国外一些国家已经针对自身的国情制订了相应的绿色建筑或生态建筑评价指标体系，并在本国或本地区范围内取得了较好的应用效果，极大地推动了绿色建筑和生态建筑的开发建设。但是由于世界各国的自然资源禀赋、国家财富、人民生活水平和技术发展程度存在差异，评价标准的确定只能适用于当地国家或地区。因此我国需在结合自身实际情况的基础上，借鉴国际上现有的绿色生态建筑评价指标，建立符合我国国情的、具有可操作性的自己的评价指标体系。

6. 国内相关评价指标体系

我国于 2001 年 9 月由全国工商联合会发布了《中国生态住宅技术评估手册》第一版，并结合手册应用过程中的信息反馈和不断出现的新情况，分别于 2002 年和 2003 年发布了升级版。评估手册中包括小区环境规划设计、能源与环境、室内环境质量、小区水环境、材料与资源五大部分，每一部分下又划分为若干小项（见表 8-2）。

《中国生态住宅技术评估手册》评价体系　　表 8-2

项目名称	项目细分	满分值
1. 小区环境规划设计（100分）	1.1 小区区位选址	20
	1.2 小区交通	10
	1.3 规划有利于施工	10
	1.4 小区绿化	15
	1.5 小区空气质量	10
	1.6 降低噪声污染	10
	1.7 日照与采光	10
	1.8 改善小区微环境	15
2. 能源与环境（100分）	2.1 建筑主体节能	35
	2.2 常规能源系统的优化利用	35
	2.3 可再生能源	15
	2.4 能耗对环境的影响	15
3. 室内环境质量（100分）	3.1 室内空气质量	38
	3.2 室内热环境	12
	3.3 室内光环境	20
	3.4 室内声环境	30
4. 住区水环境（100分）	4.1 用水规划	22
	4.2 给排水系统	18
	4.3 污水处理与回收利用	24
	4.4 雨水利用	11
	4.5 绿化、景观用水	25
5. 材料与资源（100分）	5.1 使用绿色建材	30
	5.2 就地取材	10
	5.3 资源再利用	15
	5.4 住宅室内装修	20
	5.5 垃圾处理	25

此外，国家有关部门从建筑功能、人体健康与环境影响三者相结合方面着手，发布了一系列与生态建筑的建设和管理相关的技术指标和指导规则。例如：（1）《健康住宅建设技术要点》，由国家住宅与居住环境工程中心于 2001 年 10 月首次发布，并于 2002 年发布了修订版，它主要从人居环境的健康性、自然环

境的亲和性、居住环境的保护和健康环境的保障等四个方面提供了健康住宅在项目策划、规划设计、建设管理和销售服务各个阶段应遵循的技术准则。(2)《绿色生态住宅小区建设要点与技术导则（试行）》，由建设部住宅产业化促进中心于 2001 年通过专家论证并予颁布实施，它提出生态住宅应从能源系统、水环境系统、气环境系统、声环境系统、光环境系统、热环境系统、绿化系统、废弃物管理与处置系统、绿色建筑材料系统这九大方面符合规定的技术条件。(3)《小康住宅十大标准》，由建设部于 2002 年发布，从住宅的平面布局设计、空间分隔、采光、通风、隔音、照明、交通、绿化、垃圾处理、智能化等方面提出了小康住宅应具有的十大特征，其定位的宗旨是"科技先导，适度超前"。

第三节　房地产业与信息化

一、信息技术对国民经济与社会的影响

信息化，是基于现代电子技术（特别是计算机与通信技术）的信息技术的应用，向生产、销售、各种经济活动、社会活动全方位渗透的过程。

信息技术对国民经济与社会的影响，或者说，信息技术对国民经济与社会的作用，可以从如下十个层面考察：

1. 改变消费产品的性能与质量

改变消费产品的性能与质量可以分为两个方面：

①由于信息技术（相应的硬件与软件）直接体现在产品中，而使产品的性能和质量有了新的飞跃。如 TV、VCD、DVD、冰箱、汽车、洗衣机、炊具、电控窗帘、电控卫生用具，等等。

②由于信息技术渗透到生产技术中，（间接地）使得产品的性能和质量有了新的飞跃。如高档仿毛、仿麻纤维及其面料等。

2. 改变生产性产品的性能与质量

信息技术（相应的硬件与软件）直接体现在生产性产品中，会引起的生产性产品的性能与质量的飞跃。例如，数控机床、机械手、机器人等。由于信息技术对生产性产品的渗入，使得使用这些生产工具时，能够有效地降低材料消耗，降低能耗，降低人工工时消耗等，节约的就不仅仅是信息成本（不少专家认为，信息技术对经济的作用在于节约信息成本。并不全面）。

3. 改变生产过程或生产线的控制

信息技术对生产过程的作用，不仅表现在生产工具（生产性产品）上，而且表现在对整个生产线，乃至整个生产过程的控制上，可以实现柔性生产、精益生产（leanproduction），做到准时生产（just in time），做到零库存，从而提高整

个生产过程的效益与效率。

4. 改变企业管理的模式与效率

企业管理的信息化，可以表现在单功能软件，如财务管理软件，采购管理软件，库存管理软件等，也可以表现为多功能集成软件，如企业资源计划软件（ERP）等，还可以进而表现在系统性更强的企业内部网（Intranet）和企业外联网（Extranet）上，以及表现在基于因特网（Internet）的经营整合与经营决策问题上。

企业管理的信息化，可以强化对企业财务的控制，优化对物流等的控制，使企业的多个层面上的决策，能够做到及时、恰当，从而减少物质的积压，减少资金的占用，降低企业运行的成本，抓住市场机遇，提高企业的效益。

以上四个方面，是信息技术对经济活动的微观层面的影响，

以下六个方面是对经济与社会的宏观层面的影响：

5. 提高行业管理效率，引导行业的有序竞争

行业管理的信息化可以有效地实施行业指导，减少行业内的过度竞争，减少行业垄断，引导行业的有序竞争，指导行业及时向正确的方向发展，增强行业的国际竞争力。除了工业的诸多行业外，农业的诸多行业也非常需要国内外信息的及时指导。

6. 实时监控国民经济运行状况，及时调整宏观经济政策

国民经济宏观管理的信息化，有利于管理层实时监控国民经济运行状况，及时做出正确决策，及时出台恰当的政策，调整国民经济平稳高效的运行。

7. 改变政府工作的方式，提高政府工作效率，更好地为公民服务

政府工作的信息化，包括党政领导工作和政府职能部门内部工作的信息化，以及政府对公众服务职能的信息化，例如，网上审批、网上政府招标、网上纳税、网上通关、网上市长信箱等，将推动政府业务流程的改革，大大提高政府的工作效率，提高透明度，减少传统审批中的腐败问题的发生，更加高效地为公民服务。

8. 提高科教文体卫等事业单位的工作效率，提高对公民的服务水平

事业单位工作的信息化，包括事业单位内部工作的信息化、对社会公众提供服务的信息化，及与政府有联系的工作的信息化。例如，医院内部工作的信息化，医院对患者服务的信息化，数字图书馆的建设及其对读者服务的信息化等。这些方面的信息化的发展，将大大提高这些事业单位的工作效率，以及相关的为公民服务的水平，也有利于其部分业务的企业化改造。

9. 改变社会生活的方式，提高公民生活质量

社会生活层面的信息化，是政府、企业、事业单位与居民有关的信息化的结

果。例如，网上教育，网上挂号（专家门诊预约），网上医疗卫生的咨询，网上借书，网上体育比赛的点播，网上旅游信息的查询、订票、订房，网上办理保险，网上娱乐等，都极大地改变了社会生活的方式与质量。

10. 改变社会观念，提高公民的民主意识，有利于精神文明的发展

社会生产、生活信息化水平的提高，公民通过网络购买、咨询、看病、阅读、学习、查询、参政、议政等的活动的增加，必然将改变公民的社会观念。例如，消费观念、平等观念、民主观念、参政意识等，都会随着相应活动的日常化而发生重大的改变，有利于精神文明的发展。

所谓"国民经济与社会信息化"，就是以上十个方面的经济活动、社会活动的信息化。或者说，以上十个方面的经济活动与社会生活在相当大的程度上，建立在现代信息技术与信息产品的基础之上了。

二、信息技术对房地产业的影响

信息技术对房地产业的影响主要发生在两个层面：一是信息技术使房屋的功能得到改善，各种各样的智能型房屋开始出现；二是信息技术正在改变传统的房地产经营方式。

1. 信息技术对房屋功能的改善

应用数码科技开发的数码住宅和宽频社区，成为房地产的新卖点。许多国际著名的厂商已开始纷纷推出"互联网家庭"、"电子化住宅"，向人们展示了21世纪房地产业的发展趋势。

2000年全球领先的互联网设备和解决方案提供商——美国思科系统公司正式推出了"互联网家庭"，向世界展示了由高速、不间断的互联网连接以及众多带有网络功能的家用电器所带来的激动人心的生活方式。面对这一巨大商机，英特尔公司也不甘落后，大力推广"电子化住宅"（e-home），即以个人电脑为中心，采用各种有线、无线方式连接各种家电，包括数码相机、电子显微镜、集声器等。针对电子化住宅，英特尔公司备有用户端、伺服器、网络、服务等方案。

芬兰准备推出以网络技术为主题的新型城市小区，小区将被命名为"网络城"，城中除了电子购物商场这些已经进入人们生活的技术外，还将有影视墙、家庭机器人、家庭剧院、可视电话、网络医生、虚拟存在等等设施。

日本松下公司则把"数码住宅"概念应用到养老院中。使居者可以在各自的房间里向护理中心发出有关体温、血压等重要数据。宠物机器人还可以提供各种服务。在日本，一家名为NTT-ME的公司从2000年4月开始提供家庭局域网（LAN）服务，替消费者在新建的房屋内配制LAN接口，以及可接受通讯卫星和传播卫星信号的多用途插头，使消费者能在家中随时上网和享受其他资讯服务。多数业内人士看好这种住宅的销售前景。

台湾和香港在智能化住宅的开发中也不落人后。台湾中国文化大学日前设立了一座数码环境设计中心，中心下设四个实验室：智慧建筑模拟实验室、建筑多媒体实验室、数码建筑信息实验室以及建筑环境模拟实验室。建筑业者可在该中心看到未来建筑的新趋势和新技术，消费者则可充分感受到智能建筑带来的亲切与便利。2000年3月，香港理工大学推出了香港首个智能家居原型。该原型是一个由网络控制的中心枢纽，它以互联网为基础，将家居的各个生活设施组合在一起，形成一个自动化系统，为使用者提供全面的家居控制和管理服务。

2. 信息技术改变了传统的房地产经营方式

在美国，信息技术正在改变以经纪人为主要载体的传统房地产经营方式。1995年初美国房地产网站大约只有100个，至今已超过1万个。美国房地产经纪人协会共有70万名成员，上网的成员比例已由1997年的27%上升为目前的72%，90%的经纪人拥有个人电脑，60%的经纪人使用电子邮件与客户联系，72%的房地产公司通过互联网的方式进行房屋销售。美国最大的房地产网站——"家居顾问"（Home Advisor）今年网站上列出的待售的房屋有100多万套，约占全美房地产销售量的20%。

电子商务通过Internet以及全球信息基础设施，打破地域的分隔，缩短信息流动的时间，使生产和消费更为贴近，大大降低物流、资金流及信息流有效传输和处理的成本，并为每一个企业提供更为广泛、公平竞争的市场，为每一位消费者提供了能更好地满足其消费偏好的良好机会。虽然与其他行业相比，房地产业电子商务的应用和发展目前还比较滞后，但它正逐渐成为当前世界信息技术的重要方向。2000年，保加利亚为活跃该国内的土地市场，已通过专用免费信息系统，在因特网上开始土地的买卖和租赁业务。亚洲的网上物业信息服务也在展开，PMI作为香港特区政府资助的提供网上物业信息服务的公司，1999年推出了其首项产品Pyramid。Pyramid资料来自全球248家物业资料供应公司，其资料库载有包括中国、日本等11个国家和地区总共超过1100幢具有投资价值的工、商楼盘、住宅及3000间酒店资料，可针对不同人士的投资需求提供上述国家和地区物业市场的"公司分析"、"市场评估"、"市场资料"、"存量与供应"、"最新消息与成交"等五大类信息服务，由此提高亚洲市场的透明度，并协助投资者做出精明选择。

信息技术还可以大大降低房地产交易投资，并带来就业水平和收入分配方式上的变化。以美国为例，传统上美国房地产市场信息大部分为房地产代理商所控制，买卖双方在交易时必须向代理商支付占房价6%～7%的服务费，而网络技术正把以前掌握在代理商手中的有偿信息转化为无偿信息，许多交易不通过代理商也能完成。网络技术还给房地产评估业者提供了智能化的评估工具，大大加快了评估的速度和准确性。在房地产抵押市场上，则出现了提供全天候服务的网络银行，这加强了行业之间的竞争，缩短了申请贷款所需要的时间。

三、房地产的智能化

随着生活质量的提高，社会对房地产的综合使用质量的要求越来越高，在信息科技发达的当今年代，这种综合质量可以最终归结为智能化程度。1984年，世界上第一座智能办公大楼在美国康涅狄格州建成，由此掀开了人类建造智能建筑的第一页。美国、日本、法国等西方发达国家为适应信息社会的需要，正大力发展智能建筑。

美国智能建筑学会（American Intelligent Building Institute-AIBI）把智能建筑定义为：通过对建筑物几个基本要素即从结构、系统、服务、运营和管理以及它们之间的相互联系全面综合，并达到最佳组合，获得的高效率、高功能与高服务性的大楼。在日本突出智能建筑就是高功能大楼，是方便有效地利用现代化信息与通讯设备，并采用楼宇自动化技术，具有高度综合管理功能的大楼。在新加坡，规定智能建筑，必须具备三个条件：一是先进的自动化控制系统和调节大厦内状况的各种设施，包括室温、湿度、灯光、保安、消防等，以创造舒适的环境；二是良好的通讯网络设施使数据能在大厦内进行联网；三是提供足够的对外通讯设施，并向国内外进行联网。发达国家房地产朝着智能化的方向发展的结果是，使在其中生活和工作的人们的使用质量有了巨大的提高。

最初人们把具有建筑自动化（BA）、办公自动化（OA）、通信自动化（CA）的办公大楼，称为智能大楼，后来，人们又将消防自动化（FA）和安保自动化（SA）包括在内，构成所谓的5A的智能化建筑。因此智能建筑最初指智能写字楼。

智能建筑作为高科技的一个新领域和建筑中的新行业才二十年，但发展很快。现代化建筑向智能建筑发展已成为当今建筑技术领域的一大趋势。目前，国外智能建筑正朝着两个方向发展：

（1）智能建筑已不仅限于智能化写字楼，正向公寓、医院、商场、体育馆等扩展，特别是向住宅扩展而形成智能化住宅。

（2）智能建筑由单体向区域性规划发展，最近提出了"智能广场"、"智能小区"新概念。

智能化住宅与智能化办公楼区别在于它对OA的内容和规模的要求不同，智能化住宅和智能大楼一样，也要强调自动化，这就是住宅自动化和家庭自动化（House Automation，缩写为HA），住宅自动化（HA）是智能化建筑的一大要素。虽然尚未有统一的定义，但它一般是指将家庭各种设备构成系统来实现高性能的自动化和信息化的手段，亦即它是利用家庭先进的信息和通信技术，实现新型生活安排的总称。

如上所述，智能化房地产并不仅仅局限于智能化办公楼和智能化住宅，几乎所有人工建造的房地产都有实现智能化的可能性。但房地产朝着智能化方向发展是提高人民生活水平、改善工作条件的一个重要方向。

从另一个角度来看，智能化也意味高成本，因此房地产的智能化也将提高房地产的价格（或租金），因此，要根据我国国情和国内智能化住宅产业的状况，以及用户的当前需求和预见将来的发展，来确定适合我国实际特点的智能化房地产。

四、数字社区

1. 数字城市

1998年1月31日美国副总统 A1·Gore 在美国加利福尼亚科学中心的讲演中提出"数字地球"（Digital Earth）的概念以来，世界上掀起了研究数字地球的浪潮。A1·Gore 又于 1998 年 9 月提出"数字化舒适社区建设"的倡议。数字城市是数字地球应用的重要部分之一，也是数字地球最基本的空间层次之一。世界上许多国家（如新加坡、日本等国）相继展开了数字化城市的示范和建设工作。我国也将数字化城市建设问题提到了重要的城市建设规划日程。

数字城市是指在城市规划建设与运营管理以及城市的生产与生活活动中，利用数字化信息处理技术和网络通信技术，将城市的各种数字信息及各种信息资源加以整合并充分利用。

数字城市的建设，第一是数字信息基础平台设施建设，这是指数字城市要建设有四通八达高速宽带网络和相应的网络交换系统、计算机服务系统，作为数字城市信息交换、共享和服务的平台。"数字大厦"和"数字社区"是数字城市基础平台设施建设的最后一公里，正是把数字信息之"路"修到每一个人的工作、生活的地方。第二是数据信息的建设。实现数字城市要有大量的反映城市内容的数字化信息量。举例来说，只有路没有车的数字城市没有什么意义，也绝不能称其为"数字城市"。因此，要在"数字城市"建设中大量进行"电子政务"、"电子商务"、"远程教育"、"远程医疗"、"数字社区"、"企业上网"等等的建设。

2. 数字社区

"数字社区"是人类社会进入到信息时代的产物。可以说，"数字社区"是构成"数字地球"的一个组成区域；"数字社区"是构成"数字社会"的一个基层组织。

"数字社区"不等同于"智能小区"。"数字社区"是由"数字地球"、"数字社会"引申出来的。城市是人们生活的地方，要能够生存，必须要生产与消费。随之而来的要有工厂、商店、学校、医院、住宅和人们生活所需要的一切。到了信息时代，宽带网把它们都连接起来，并加以自动化与智能化，便构成了"数字城市"。"数字城市"中的各个区域则构成了"数字社区"。

因此，数字城市、数字社区的基本属性仍是"城市"和"社区"。

(1) 数字社区的类型

"数字社区"应当覆盖整个城市，因此，它有许多不同的类型。以北京为例，有科技园型（如中关村）、工业园型（如上地信息产业区）、农业园型（如小汤山特菜基地）、商贸圈型（如王府井、朝阳商贸圈）、旅游区型（如八达岭）、民居区型（如望京小区）等等。当各种类型的"数字社区"都建成以后，才能构成丰富多彩的"数字城市"；只有最后整个地球都"数字化"了，才能真正实现社区"数字化"。

(2) 数字社区的内涵

数字社区冠以"数字"，表示该社区的科技水平，然而其基本属性仍是"社区"。如前所述，它应当是一个设施齐全、环境优雅、有利工作、方便生活、且具有高尚文化品位的社会基层区域。因此，数字社区应当是一个科技社区、人文社区、绿色社区。

①科技社区是数字社区的基础

"科技社区"是针对社区的网络化、智能化、自动化水平而言；"基础"是指社区内的物理网和相应的应用系统。

数字社区由四个网络系统组成，即宽带计算机网、通信网、有线电视网和智能监控网。拓扑结构可分为三层、四类节点（社区中心节点、楼宇节点、家庭节点和终端节点）。社区中心节点一个，向上与城域网相连，向下通过环型或星型网与社区内的办公楼、住宅、商店、医院、学校、幼儿园、康乐中心、停车场等建筑内的楼宇节点相连；楼宇节点可以通过星型网与建筑内的各独立单元（如科室、家庭）的家庭节点相连。这两层网络构成社区局域网。再向下是家庭网，通过星型网将家庭节点与各终端节点连接起来。

上述网络的传输，可以采用有线方式，也可以采用无线方式。若用有线传输方式，城域网到社区中心节点，再到楼宇节点最好用光缆；楼宇节点往下都可以用双绞线，因为现在已有在铜线上传千兆的技术。家庭内部尽量用无线，因为家庭内部可能经常改变室内布置，移动方便，没有电线也安全。对于早已建成的社区，用无线也有一定优越性，因为这样可以减少土建工程；况且，目前已有传输2M、10M、34M的无线网卡可用，足以解决一些问题。

上述四个网的核心是宽带计算机网。从目前的技术水平来讲，"四网合一"不成问题。从数字社区的功能来看，没有宽带计算机网根本谈不上社区的"数字化"。这里说的宽带计算机网是个系统概念,它应当包括物理网、支持软件和应用软件。就目前情况看,开发应用软件,提供信息资源是当务之急。

②人文社区是数字社区的灵魂

"人文社区"是针对社区文化而言;"灵魂"是指社区内人们的道德风尚、文化素养和社区精神。

当各种类型的"数字社区"都建好以后,则构成了"数字城市",继而形成了"数字地球"。到那时,数字政府、网上学校、数字图书馆、网上医院、网上商店等到处都是。人们通过宽带网和多媒体技术,进行网上办公、网上学习、网上查询、网上就医、网上购物、网上交友、网上聊天等等,它把地球真正变成了一个大家庭。如前所述,人们将生活在"数字社会"中。宽联网把人们的距离拉得更近,社会成员之间的影响比现在的社会更广泛,更深刻。到"数字社区"建成时,人人都上网,什么信息都上网,网络对人们思想和生活正、反两方面的巨大影响现在是无法估量的。所以在建"数字社区"之初,切莫只注意数字社区的科技水平,而不注意它的人文素质。要物质文明和精神文明一起建设,这才是合格的"数字社区"。

③绿色社区是数字社区生存的条件

"绿色社区"不单是指社区环境的绿化美化,而强调的是社区的节能、环保等生态效也"生存的条件"是指数字社区的可持续发展性。

建成数字社区以后,美丽温馨的环境、温湿度适宜的居室、新鲜的空气、舒适的办公条件、丰富的娱乐生活,将消耗大量的水、电和燃气。在消耗大量能源的同时,也会对环境造成污染。在数字社区建设之初就应当充分考虑这些问题。比如采用智能开关,不用电时随时断电;采用智能水龙头,智能燃气闸门,不用水或燃气时自动断水、断气。还要注意减少电磁场对环境的污染,以及垃圾、污水的自动处理等等。

五、电子商务在房地产经营管理中的应用

1. 电子商务的概念与特点

电子商务的概念至今还没有统一的说法。可以认为:电子商务是一种新形式的商务活动,它采用现代信息技术手段,以数字化通信网络和计算机系统替代传统的纸介质为信息载体,来进行信息的传递、存储、处理、发布,实现商品或服务的低成本交易,控制物流和资金流,提高效率,降低交易投资,其内容涉及到企业的市场营销、账目结算、商务谈判等。简单地说,电子商务是指买卖双方之间利用 Internet 按一定的标准进行的各类商务活动。

可以根据电子商务的定义总结出电子商务有如下特性:

(1)电子商务系统是一种以网络通信和电子数据交换为基础的企业经营管

理模式，该模式在结构上可分为两大类：基于电子数据交换（EDI）的结构和基于 Internet 的结构。前者是一个以 EDI 服务中心为核心的网络结构，各个参与部门如用户、银行、商检、货运、海关等都通过 EDI 中心来交换数据，这些数据都有固定格式；后者的结构可通过 Internet、Intranet：和 Extranet 将卖方、买方和各种合作伙伴联系在一起进行商务活动。

（2）电子商务系统主要用于处理、传递、存储商业活动过程中的数据，也可用来向消费者提供静态查询或动态查询服务，以便让消费者更多地了解产品的价格、品质、供应商信息等情况，为消费者提供更多信息，影响和促进消费者的购买决策。

（3）电子商务系统建立在网络通信和电子数据交换的基础上，这就对要开展电子商务的企业提供了更高的技术要求；企业必须购买合适稳定的硬件与软件搭建一个安全、可靠的商务系统环境；并配备懂行的技术人员。

（4）电子商务系统是一个综合系统，涉及面广。各个企业单位应该在相关部门的统筹规划下，开发本企业的商务信息系统，这样就能使各企业的商务系统彼此联网，促进信息共享和流通。

（5）利用电子商务系统，可以实现快节奏高效率大容量的信息传递；可以在全球范围内进行信息交流获得更多商务机会；可以实现远距离产品设计、查看、销售：可以大大节约交易投资。

2. 房地产电子商务的模式

房地产电子商务的模式如图 8-1 所示。

（1）企业对政府的电子商务（B2G）

房地产企业在经营管理过程中要与众多的政府部门打交道，如房屋管理部门，土地管理部门、计划部门、城市规划部门、物价部门、市政部门、税务部门、工商管理部门、公安部门等单位。房地产企业受让或转让土地要到土地管理部门登记并取得相应权证；房地产企业准备投资一个项目，需要到计划部门审批立项，取得批文；需要去建设部门和规划部门取得建设用地许可证和规划用地许可证；如果开发商品房，还需要取得预售许可证；

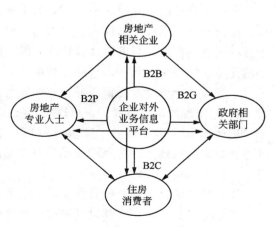

图 8-1　房地产电子商务的模式

制定房屋价格还要受物价部门制约；房屋过户买卖时还须到土地部门和房屋部门办理过户手续，登记注册。而且在项目开发过程中，房地产企业还须与施工单位、监理单位、设计单位等来往。

鉴于房地产业的特殊性——需与众多政府机构往来，且从提高政府和企业办事效率来看，发展房地产企业与政府机构的电子商务非常具有现实意义。

通过B2G模式，房地产企业可将项目可行性报告、立项申请通过网络发送到政府部门电脑上，政府部门审阅后将反馈意见或批文通过网络发送给企业，这将大大减少文牍往来的时间，特别是政府机构与房地产企业在地理位置上相距遥远时，采用这种方法更为有效。

同样地，房地产企业可通过网络向土地管理部门、房屋管理部门、规划部门发出变更登记请求、申请建设用地批文和申请规划用地批文的请求，在获得肯定答复后，房地产企业应直接去这些政府部门登记或领取批文。按今后网络发展的趋势，各种土地证、房屋产权证和许可证都可以电子化，即房地产开发企业进行房地产开发所必需的一切证件都以电子加密文件的形式存储，有访问权限的政府机构在需要时可审核这些证件是否完备，是否合法，从而决定该企业的开发活动是否被批准，这些电子加密文件应在相应政府机构和企业处都留存一份。

采用B2G模式，也可加快二、三级房产市场的繁荣。利用B2G模式对二、三级市场上房屋、土地产权更迭的信息相应部门能很快得知，并作相应记录，避免了房屋土地登记滞后于交易的现象。这样可以消灭很多产权纠纷，降低了交易投资和交易不确定性，从而促进市场的繁荣与发展。

（2）企业对消费者的电子商务（B2C）

在电子商务的各种模式中，B2C电子商务占有一个很重要的地位，由于其直接面向消费者，因此受众面大，成为电子商务模式中最基础的交易模式。但是由于各种因素的制约，目前以及较长的一段时间内，这个层次的业务还只能占比较小的比重。如果用一句话来描述这种电子商务，可以这样说？它是以Internet为手段，实现公众消费及提供服务，并保证与其相关的付款方式的电子化。它是随着www的出现而迅速发展的，可以将其看作是一种电子化的零售"。

房地产B2C电子商务，应该视为B2C电子商务中较为特殊的一种。说其特殊主要是因为房地产作为一种商品具有普通商品所不具有的特殊性，它包括以下三点：

①房地产商品一般价值较大，消费者购买非常慎重。
②房地产是一种不可移动的商品，房地产实物不具有流动性。
③房地产是一个非标准化商品，每一件房地产都具有独一无二性。

正是由于以上三点，决定了房地产B2C电子商务有着不同于一般B2C电子商务的特点：

①房地产 B2C 电子商务虽然可以很方便地实现资金交易的网络化，但由于房地产价值额巨大，消费者对网上的资金交易的安全性和信用还存在疑虑，所以资金流一般在网下完成。这也在一定程度上成为房地产 B2C 发展的一个障碍。

②房地产 B2C 电子商务不需要一般 B2C 电子商务的物流配送这个环节。房地产作为一种不动产，其物理位置相对固定，不会因为房屋的所有权或使用权的变换而产生标的的流动。从而房地产 B2C 电子商务可以省略困扰大多数 B2C 电子商务的物流配送的问题。

③房地产 B2C 电子商务中涉及的每一件具体的商品——房屋都是惟一的，并且商品内容复杂，质量不可简单确定。这就需要房地产 B2C 电子商务不仅要为消费者提供网上看房的服务；还要提供现场看房服务。

（3）房地产企业间的电子商务（B2B）

B2B 房地产电子商务涉及的面非常广，从房地产的开发、建造开始，直到房屋最终装潢，要涉及到大量房地产行业的相关企业。

①设计和施工招投标

企业对企业的业务首先体现在设计和施工的招投标过程中，因为项目业务的获得是企业生存和发展的前提。房地产开发企业通过基于 Internet 的项目管理信息系统，发布设计和施工的招标公告，以及制作标书的要求和格式，投标单位可以通过万维网获取有关项目的信息，并通过万维网和房地产开发企业交流信息、投递标书。房地产开发企业可以通过开发了的辅助评标程序，对标书进行自动处理，形成比较报表，供评标专家参考。评标工作一结束，中标结果就被公布在网上的作业空间。

由此可见，如果房地产开发企业招标实现了电子化，设计和施工企业为了获取业务必须响应招标方的要求，这对其自身的信息化产生了影响。

②设计和施工过程中信息共享

20 世纪 80 年代以来，国内外的工程建设项目的发展显示出了高、大、精、深等特点。大型、特大型、复杂、高科技的项目越来越多。由于现代建设项目的复杂性，使得参与单位众多，而且变动性大。使得设计和施工工作不可能完全由一个单位独立完成，往往是众多单位合作完成一个项目的建设，这对各单位之间的统一协调，信息共享提出了很高的要求。

在传统的建设项目管理模式中，项目上各种信息的存储主要是基于表格或单据等纸面形式，信息的加工和整理完全由大量的手工计算来完成，信息的交流则依赖于人与人之间的手工传递甚至口头传递，信息的检索则完全依赖于对文档资料的翻阅和查看。

美国 Bricsnet.com 公司的统计认为，项目建设成本的 3%~5% 是由于可以避免的错误所引起的，其中 30% 则是因为采用了不准确或过期的图纸所直接造成的。每年美国建筑业为了传递工程文件和图纸在联邦快递（FedEx）上花费大约 5 亿美元。项目建设成本的 1%~2% 仅仅是与打印、复印和传真等有关的文牍办公投资。

EDI 是电子商务的基石。根据研究分析，使用 EDI 可以实现如下经济效益：商业文件传递速度可以提高 81%；文件成本投资降低 44%；疏漏造成的商业损失减少 40%；文件处理成本降低 38%。

据统计，2001 年，我国 B2B 电子商务成交金额为 1075 亿元，其中建材和建筑行业分别占了 15.2% 和 8.6%。

目前，B2B 房地产电子商务已经主要运用在建筑建材以及装潢等行业，其目的是为企业间建立一个电子化的高效率的交易平台。可以认为，这种企业间的交易将是未来房地产电子商务中发展最快、规模最大的模式。

建筑建材行业发展 B2B 电子商务不仅仅是时代发展的要求和必然趋势，更是由该行业的地位和自身的特点所决定的。

①建筑建材行业是国民经济建设的支柱产业之一，通过引入电子商务可以带来更大的收益。建筑建材行业的任务主要是实现固定资产投资。建国以来，我国的固定资产投资每年都有很大增长，改革开放后增长速度更快，幅度更大。我国 1994 年至 2000 年的固定资产投资中约 60% 是通过建筑行业实现的，而且工程建筑业的产值约占国民生产总值的 30%。由此可见，建筑项目的招投标，建材市场的交易都是大宗的交易和企业经营行为。建筑建材行业的发展状况对国民经济影响甚大，引入电子商务可以为参与各方带来更大的收益。

②建筑建材行业的分散和多样性。建筑建材行业本身具有分散多样的性质，并且随着越来越多国内建筑建材企业加入到国际竞争的行列，从事国际工程承包事业和国际的建材经营，更加充分地体现出"分散"和"多样性"的特点：一是可能需要横跨多个市场，在短时间内切换于不同的工程领域或开展多种产品的经营；二是具有批量大而且复杂的物流，这些特点决定了它将比其他行业更加需要且更受益于 B2B 的电子商务。

3. 网络营销与房地产企业客户关系管理

（1）房地产网络营销

传统的房地产市场营销主要通过各种媒介组合进行广告宣传，并通过售楼处的物业模型以及样板房来吸引顾客（可称之为 POP 广告）。这种方式对于有购房欲望的顾客来说，信息收集成本太高，信息的收集也非常不便。因为顾客不得不从报纸、杂志、广播、电视、POP 广告上到处收集相关广告，在找到合适的物业后，又不得不花费时间和精力亲自到售楼处专门察看广告所述是否属实。

互联网络的出现将大大改善这种情形。房地产企业只须建立自己的主页或委托专业房地产 ICP，建立相关链接将自身物业的区位、社会环境、自然环境、交通便捷度、商务繁华度、户型、房型、房屋单价、所余房屋套数、与周边物业的对比结论以及样板房的多角度的图像，全放到网页上，这样顾客足不出户便可通过浏览主页而对物业情况了如指掌。若企业已建立好了直接面向顾客的电子商务系统，则顾客就不用到售楼处买房了，直接通过点击鼠标即可搞定。

用网页形式发布房地产广告，具有更新速度快、信息量大而集中、不受时空限制、投资较传统媒体大为降低的优点。因此，网络经济时代的房地产企业应改变过去传统的营销方式，利用网络无时空限制的特点，进行网上营销，随着我国电子商务应用的逐步深入，网上房屋置换、网上房屋买卖；网上房屋拍卖、网上房屋展示将成为房地产网络营销的主要方面。

（2）客户关系管理

客户关系管理（CRM，Customer Relationship Management）由 Gartner Group 提出，目的在于建立一个系统，使企业在客户服务、市场竞争、销售及支持方面形成彼此协调的关系实体，为企业带来长久的竞争优势。其实质是通过改善企业与客户之间的关系，以吸引和保持更多的客户。CRM 既是一种概念，也是一套管理软件和技术，利用 CRM 系统，企业能搜集、追踪和分析每一个客户的信息，从而知道他们是谁，他们需要什么，并把客户想要的送到他们手中。通利用 CRM，企业和客户的关系以及企业盈利都得到最优化。

CRM 是在网络经济时代提出的一种崭新的管理思想，主要是为了适应互联网的发展带给企业的影响。比如，客户在互联网上只需轻按几下鼠标，就能轻而易举地找到几十家相互竞争的企业，并做出购买选择；而企业也可利用互联网与顾客接触，识别出每一个客户的不同需要。并最大限度地满足他们的需求。这些变化意味着企业关注的焦点应从企业内部动作转移到客户关系上来。

房地产企业在物业销售过程中同样可使用 CRM 系统收集来的资料，为潜在购买者提供个性化服务。比如，企业得知某位购买者母亲的生日后，可派人送上一束花；得知某位购买者有个正读书的孩子时，送上一堆学习资料；并建议购房者买一处高层安静的房子，以利孩子的学习。总之采用以上种种方法，来保持企业与客户的良好关系，即使该客户最终没有购买，但他也会对该开发企业留下深刻印象，会介绍别人来购买，对与房地产企业来说，是有百利而无一害的方法。

可以预见 CRM 系统与房地产企业对消费者电子商务的结合将会成为未来的发展方向。

参 考 文 献

1. 张圣亮．市场营销原理与实务．北京：中国科技大学出版社，2003
2. 姚玲珍．房地产市场营销．上海：上海财经大学出版社，2004
3. 潘蜀健、陈琳．房地产市场营销．北京：中国建筑工业出版社，2003
4. 余凯．房地产市场营销实务．北京：中国建材工业出版社，2004
5. 叶剑平．房地产市场营销．北京：中国人民大学出版社，2000
6. 邓永成．房地产营销．上海：立信会计出版社，2004
7. 杨慧、吴志军．市场营销学．北京：经济管理出版社，1997
8. 林增杰、武永祥、吕萍《房地产经济学》．北京：中国建筑工业出版社，2000
9. 葛京凤．地产价格评估原理与方法．北京：中国环境科学出版社，2002
10. 中国房地产估价师学会．房地产估价理论与方法．北京：中国建筑工业出版社，2004
11. 中国房地产估价师学会．房地产估价案例与分析．北京：中国建筑工业出版社，2004
12. 国土资源部土地估价师资格考试委员会．土地估价理论与方法．北京：地质出版社，2000
13. 中国房地产估价师学会．2003年房地产估价报告精选．北京：中国建筑工业出版社，2003
14. 薛姝．房地产估价．北京：高等教育出版社，2003
15. 王克忠．房地产估价理论与方法．北京：高等教育出版社，1998
16. 刘长滨．房地产估价．北京：中国计划出版社，1999
17. 顾云昌，刘洪玉．世界房地产业100年．北京：中国轻工业出版社，2003
18. 刘洪玉．房地产开发．北京：首都经济贸易大学出版社，2001
19. 吴翔华．房地产中介运作指南 南京：江苏科学技术出版社，2003
20. 中国房地产估价师学会．房地产经纪实务．北京：中国建筑工业出版社，2003
21. 中国房地产估价师学会．房地产经纪概论．北京：中国建筑工业出版社，2003
22. 郑华．房地产市场分析方法．北京：电子工业出版社，2003
23. 孙斌世．现代房地产市场研究理论和方法．上海：上海人民出版社，2003
24. 杨同利．中国房地产业可持续发展研究．哈尔滨工业大学博士学位论文，2000
25. 浙江省哲学社会科学规划办公室．信息化建设：难点、误区与对策．北京：中国社会科学出版社，2002
26. 董潘，王家庭．房地产金融．大连：东北财经大学出版社，2004
27. 华伟．房地产金融学．上海：复旦大学出版社，2004
28. 谢经荣等．房地产金融．北京：中国人民大学出版社，2002
29. 曹建元．房地产金融．上海：上海财经大学出版社，2003
30. 俞明轩．房地产投资分析．北京：首都经济贸易大学出版社，2004
31. 李伟．房地产投资分析与综合开发．北京：机械工业出版社，2003
32. 彭俊，刘卫东．房地产投资分析．上海：同济大学出版社，2004
33. 董傅年．社区环境建设与管理．北京：机械工业出版社，2004

34. 肖敦余，肖泉等．社区规划与设计．天津：天津大学出版社，2003
35. 朱家瑾．居住区规划设计．北京：中国建筑工业出版社，2000
36. 林增杰．网络时代的房地产业．天津：天津大学出版社，2000
37. 谭术魁．房地产项目管理．北京：机械工业出版社，2004
38. 刘长滨．建筑产品全寿命周期资源优化及绿色管理问题研究报告，2004
39. 国家质量技术监督局、中华人民共和国建设部联合发布．中华人民共和国国家标准房地产估价规范（GB/T 50291—1999），1999
40. 《中华人民共和国国家标准城镇土地估价规程》（GB/T 18508—2001），2001
41. 周义．英国的房地产市场与住房政策及其启示．学术研究，2003（6）
42. 宋如萍，王淑琴．英国房地产物业管理的现状及对我们的启示．北京物价，2002（12）
43. 陈婵华，李志千．香港房地产的开发与经营，97 粤港
44. 建筑网络世界．美国地产市场的政府管理政策．http：//www.cnw21.com/maindoc/new/research/world/hghj/zcgl/world-zcgl.htm
45. 佚名．美、日房地产投资信托发展与启示．http：//trust.icxo.com/htmlnews/2004/07/13/263223.htm